# Ökologie der Sucht

*Das Beziehungsgefüge Mensch - Umwelt - Droge*

von
Felix Tretter

Hogrefe · Verlag für Psychologie
Göttingen · Bern · Toronto · Seattle

Dr. Dr. Dr. Felix Tretter, geb. 1949. 1969-1980 Studium der Psychologie, Soziologie und Medizin in Wien und München. 1972-1979 Forschungstätigkeit in der Hirnforschung am Max-Planck-Institut für Psychiatrie in München. Seit 1992 Leitender Arzt der Suchtabteilung am Bezirkskrankenhaus Haar/München. Lehrbeauftragter für Klinische Psychologie an der Universität München.

Die Deutsche Bibliothek - CIP - Einheitsaufnahme

**Tretter, Felix:**
Ökologie der Sucht : das Beziehungsgefüge Mensch - Umwelt - Droge / von Felix Tretter. - Göttingen ; Bern ; Toronto ; Seattle : Hogrefe, Verl. für Psychologie, 1998
ISBN 3-8017-1013-0

© by Hogrefe-Verlag, Göttingen · Bern · Toronto · Seattle 1998
Rohnsweg 25, D-37085 Göttingen

Das Werk einschließlich aller seiner Teile ist urheberrechtlich geschützt. Jede Verwertung außerhalb der engen Grenzen des Urheberrechtsgesetzes ist ohne Zustimmung des Verlages unzulässig und strafbar. Das gilt insbesondere für Vervielfältigungen, Übersetzungen, Mikroverfilmungen und die Einspeicherung und Verarbeitung in elektronischen Systemen.

Umschlagentwurf: Felix Tretter
Gesamtherstellung: Dieterichsche Universitätsbuchdruckerei
W. Fr. Kaestner GmbH & Co. KG, D-37124 Göttingen-Rosdorf
Printed in Germany
Auf säurefreiem Papier gedruckt

ISBN 3-8017-1013-0

# Inhalt

Vorwort

**Einleitung** . . . . . . . . . . . . . . . . . . . . 11

| | | |
|---|---|---|
| **1** | **Philosophie** . . . . . . . . . . . . . . . . . . . | 22 |
| 1.1 | Aktuelle Aspekte der Philosophie . . . . . . . . . . . | 22 |
| 1.2 | Naturphilosophie und Sozialphilosophie . . . . . . . . . | 24 |
| 1.3 | Wissenschaftsphilosophie . . . . . . . . . . . . . . | 26 |
| 1.4 | Konstruktivismus und Epistemologie . . . . . . . . . . | 27 |
| 1.5 | Kritik am Konstruktivismus . . . . . . . . . . . . . | 31 |
| 1.6 | Therapie-praktische Relevanz des Konstruktivismus . . . . . | 34 |
| 1.7 | Der Wissenschaftler und sein Gegenstand . . . . . . . . | 35 |
| 1.8 | Wissenschaft als zyklischer Prozeß . . . . . . . . . . | 38 |
| 1.9 | Systemphilosophie . . . . . . . . . . . . . . . . | 42 |
| 1.10 | Ökologische Philosophie . . . . . . . . . . . . . . | 44 |
| 1.11 | Analytische Konsequenzen der Metatheorie . . . . . . . . | 46 |
| | Fazit . . . . . . . . . . . . . . . . . . . . | 49 |
| | | |
| **2** | **Systemwissenschaft** . . . . . . . . . . . . . . . . | 51 |
| 2.1 | Ideen, Geschichte und Position der Systemwissenschaft . . . . | 51 |
| 2.2 | Begriffe . . . . . . . . . . . . . . . . . . . . | 55 |
| 2.3 | Systemische Methodologie . . . . . . . . . . . . . . | 56 |
| 2.4 | Theorien und Modelle . . . . . . . . . . . . . . . | 60 |
| 2.5 | Schaltkreise in Netzwerken . . . . . . . . . . . . . | 61 |
| 2.6 | Grenzen des systemischen Denkens . . . . . . . . . . . | 66 |
| | Fazit . . . . . . . . . . . . . . . . . . . . | 67 |
| | | |
| **3** | **Systemtheorie sozialer Systeme** . . . . . . . . . . . . | 68 |
| 3.1 | Allgemeine Systemtheorie . . . . . . . . . . . . . . | 68 |
| 3.2 | Systemtheorie von Luhmann . . . . . . . . . . . . . | 70 |
| 3.3 | Kritik an der Systemtheorie . . . . . . . . . . . . . | 72 |
| 3.4 | Andere makrosoziologische Theoriansätze . . . . . . . . | 74 |
| 3.5 | Organisationen als soziale Systeme . . . . . . . . . . | 75 |
| 3.6 | Probleme der empirischen Organisationsforschung . . . . . | 76 |
| | Fazit . . . . . . . . . . . . . . . . . . . . | 77 |
| | | |
| **4** | **Humanökologie** . . . . . . . . . . . . . . . . . | 79 |
| 4.1 | Umweltproblematik, Ökologie und Humanökologie . . . . . | 79 |
| 4.2 | Geschichte der Humanökologie . . . . . . . . . . . . | 81 |
| 4.3 | Wissenschaftliches Profil der Humanökologie . . . . . . . | 83 |
| 4.4 | Das ökologische Paradigma in den Sozialwissenschaften . . . | 88 |
| 4.5 | Das ökologische Paradigma in den Individualwissenschaften . . | 92 |

| | | |
|---|---|---|
| 4.6 | Das ökologische Paradigma in den „Umweltwissenschaften" | 96 |
| | Fazit | 97 |

## 5 Individualökologie der Person — 98
| | | |
|---|---|---|
| 5.1 | Bausteine der Ökologie der Person | 98 |
| 5.2 | Der Begriff „Beziehung" | 101 |
| 5.3 | Modelle einer „Ökologie der Person" | 105 |
| | Fazit | 111 |

## 6 Ökologie des Jugendlichen — 112
| | | |
|---|---|---|
| 6.1 | Grundsituation | 112 |
| 6.2 | Multioptionalität der Umwelt | 113 |
| 6.3 | Umwelt „Familie" | 114 |
| 6.4 | Umwelt „Schule" | 115 |
| 6.5 | Die „Szene" | 116 |
| 6.6 | Ökonomie der Jugendlichen | 118 |
| 6.7 | Jugendsprache | 119 |
| 6.8 | Sport | 120 |
| 6.9 | Fan – Kultur | 120 |
| 6.10 | Medien | 121 |
| 6.11 | Musik | 121 |
| 6.12 | Freizeitsettings | 122 |
| | Fazit | 124 |

## 7 Die Suchtproblematik — 125
| | | |
|---|---|---|
| 7.1 | Phänomenologie der Süchte | 125 |
| 7.2 | Epidemiologie | 126 |
| 7.3 | Definition und Diagnostik der Sucht | 128 |
| 7.4 | Alkoholismus: Mißbrauch und Abhängigkeit | 129 |
| 7.5 | Ursachen der Sucht | 132 |
| | Fazit | 141 |

## 8 Systemische Perspektiven der Suchtentwicklung — 143
| | | |
|---|---|---|
| 8.1 | Zirkularität und Nichtlinearität | 143 |
| 8.2 | Systemische Modellierung | 150 |
| | Fazit | 154 |

## 9 Neurokybernetik der Sucht — 155
| | | |
|---|---|---|
| 9.1 | Grundaspekte | 155 |
| 9.2 | Methodologische Probleme der neuropsychologischen Forschung | 156 |
| 9.3 | Grundfragen der Neuropsychologie der Sucht | 158 |
| 9.4 | Elektrochemische Grundprozesse der Nervenzelle | 160 |
| 9.5 | Gehirntopographie, Verhaltensbiologie und einige Neurotransmitter | 166 |
| 9.6 | Neurokybernetische Schaltkreise der Sucht | 169 |
| 9.7 | Mehr Details zu den Schaltkreisen des Gehirns | 171 |

| | | |
|---|---|---|
| 9.8 | Neurotransmittersysteme | 174 |
| 9.9 | Biochemie einzelner Drogen | 179 |
| 9.10 | Synopse der neurochemischen Systemdynamik | 183 |
| | Fazit | 189 |

**10 Sozialökologie des Drogenproblems** .......... 190
- 10.1 Soziokultureller Kontext des Rauschstoffkonsums ....... 190
- 10.2 Sozialökologie als Forschungsansatz ........... 194
- 10.3 Sozialökologie des Drogenkonsums in Europa ........ 196
- 10.4 Kulturgeographie ................... 198
- 10.5 Kulturgeschichte der legalen Drogen ........... 202
- 10.6 Kulturgeschichte der illegalen Drogen .......... 210
- 10.7 Sozialökologie der Drogen in Südamerika ......... 217
- Fazit ....................... 226

**11 Drogenökonomie** ................... 227
- 11.1 Grundlagen der Ökonomie ............... 227
- 11.2 Ökonomie der Drogen ................. 229
- 11.3 Globale ökonomische Ungleichheit ............ 231
- 11.4 Mikroökonomie der Drogen ............... 232
- 11.5 Alkoholökonomie ................... 234
- 11.6 Heroinökonomie ................... 235
- 11.7 Haschisch-Szenario .................. 238
- 11.8 Moderne Medizin und die Drogenproduktion ......... 241
- 11.9 „Karrieren" einzelner moderner Drogen .......... 243
- Fazit ....................... 248

**12 Kulturökologie der Rockmusikszene** ........... 249
- 12.1 Rockmusik, Jugend, Drogen und der kulturelle Kontext ..... 249
- 12.2 Musik als Teil der akustischen Alltagsumwelt ........ 250
- 12.3 Probleme der Analyse der Rockmusikszene ......... 252
- 12.4 Geschichte der Rockmusik als Musikstil .......... 254
- 12.5 Lebenswelt der Rockstars ............... 258
- 12.6 Frauen und Rockmusik ................ 260
- 12.7 Stars und die Drogen ................. 263
- 12.8 Rockgruppen .................... 266
- 12.9 Drogenkonsum der 60er Jahre .............. 271
- 12.10 Drogentote der Rockszene ............... 272
- 12.11 Sozialer Kontext und die Produktionsbedingungen von Rockstars .. 274
- 12.12 Beziehung der Rockstars zu ihren Fans .......... 278
- 12.13 Drogen und Musikrezeption .............. 279
- 12.14 Rockmusik der 90er Jahre ............... 281
- Fazit ....................... 283

| 13 | **Stadtökologie der Drogenabhängigkeit** | 285 |
|---|---|---|
| 13.1 | Stadtanalyse | 285 |
| 13.2 | Geschichte amerikanischer „Drogenstädte" | 289 |
| 13.3 | Grundlagen der Stadtökologie der Drogenabhängigkeit | 290 |
| 13.4 | Methodenprobleme der Epidemiologie von Drogenabhängigkeit | 293 |
| 13.5 | Deskriptive Epidemiologie des Drogenkonsums in europäischen Städten | 296 |
| 13.6 | Verhaltensbedingende Merkmale von Städten | 297 |
| 13.7 | Qualitative Beschreibung der Städte | 305 |
| 13.8 | Semiquantitative Beschreibung der Merkmale der Städte | 307 |
|  | Fazit | 311 |

| 14 | **Individualökologie der Sucht** | 312 |
|---|---|---|
| 14.1 | Drei-Faktoren-Modell der Suchtentwicklung | 312 |
| 14.2 | Suchtentwicklung am Beispiel der Christine F. | 315 |
|  | Fazit | 320 |

| 15 | **Systemische Psychologie der Sucht** | 321 |
|---|---|---|
| 15.1 | Begriffe der Psychologie | 321 |
| 15.2 | Methoden der Psychologie | 323 |
| 15.3 | Psyche als System | 324 |
| 15.4 | Sucht als klinisches Praxisbeispiel | 332 |
|  | Fazit | 342 |

| 16 | **Systemische Familientherapie** | 343 |
|---|---|---|
| 16.1 | Grundlagen | 343 |
| 16.2 | Systemische Analyse und Therapie der Familie | 345 |
| 16.3 | Systemische Einzeltherapie | 348 |
| 16.4 | Sucht und Familiensystem | 350 |
|  | Fazit | 352 |

| 17 | **Suchthilfe als Öksystem** | 353 |
|---|---|---|
| 17.1 | Das Suchthilfesystem | 353 |
| 17.2 | Therapie als Programm | 360 |
| 17.3 | Suchthilfeorganisationen als Umwelt | 366 |
|  | Fazit | 370 |

| 18 | **Perspektiven** | 372 |
|---|---|---|
| 18.1 | Rückblick auf die „Ökologie der Sucht" | 372 |
| 18.2 | Seitenblick auf die klinischen „Psychofächer" | 375 |
| 18.3 | Ausblick auf eine „klinische Humanökologie" | 377 |

| 19 | **Literatur** | 382 |
|---|---|---|

# Vorwort

Dieses Buch wurde in mühevoller Nebentätigkeit neben dem Klinikalltag über mehrere Jahre hinweg angefertigt. Viele Personen haben bei der Diskussion und der Korrektur des Textes mitgewirkt. Ihnen sei mein tiefer Dank ausgesprochen. Besonders ist die Mitwirkung von Frau cand. med. Waltraud Gottschling, Frau cand. med. Alexandra Rößner, Herrn cand. mad. Maximilian Federmann, Frau Dipl. Biol. Martina Schuller und Herrn cand. psych. Wolfgang Zettner zu betonen, die an umfangreichen inhaltlichen Diskussionen und Korrekturarbeiten mitgewirkt haben. Auch Frau Monika Rohland hat bei der Erstellung wichtiger Teile des Manuskripts tatkräftig mitgewirkt.

Die Druckvorbereitung hat Herr Wilfried Wirth in entgegenkommender Weise durchgeführt. Dem Verlag Hogrefe ist für die Übernahme dieses Buches in das Verlagsprogramm zu danken.

Felix Tretter, München, November 1996          Frühjahr 1997

# Einleitung

## Ziele

Die Absicht des vorliegenden Buches „Ökologie der Sucht" besteht darin, verschiedene Betrachtungsweisen eines klinischen Problems wie der Sucht in einen *integrativen konzeptuellen Rahmen*, nämlich in eine humanökologische Betrachtungsweise, einzubinden, wodurch einerseits Verbindungen zwischen einzelnen Wissensbereichen hergestellt werden sollen, andererseits aber auch die Unterschiede der Forschungsansätze nicht nivelliert werden.

Dieses Buch überschreitet damit bewußt die Fachgrenzen. Es soll den Nutzen integrativen Denkens, das aber Differenzierungen aufrecht erhält, demonstrieren. Bei einer Beurteilung dieser Bemühungen aus einer einzelnen Fachperspektive heraus mögen die Ausführungen vielleicht unzulänglich erscheinen. Dies liegt daran, daß die Argumente notwendigerweise oberflächlich bleiben müssen. Es muß auch an das Dilemma gedacht werden, daß einerseits ein lesbarer Textumfang eingehalten werden muß, andererseits aber auch Lesern aus anderen Fächern tiefere Einsichten geboten werden sollen. Es kann und soll auch kein Kompendium über die verschiedenen Fachperspektiven vorgelegt werden, sondern es kann nur eine Skizze vom Ganzen des Problemfeldes Sucht dargeboten werden.

Ein Teilziel der Arbeit ist es, einerseits die *Praxisrelevanz* der humanökologischen Perspektive an einem klinischen Fallbeispiel, nämlich an den Suchtkrankheiten, zu demonstrieren, andererseits sollen in einem allgemeinen Teil die Grundlagen des ökologisch-systemischen Denkens dargelegt werden.

Die dabei verwandten Beispiele sind ein Versuch, bekannte Themen neu zu beleuchten, es kann jedoch verständlicherweise kein geschlossener Entwurf vorgelegt werden.

Dem Leser soll sich zeigen, daß mit einem ganzheitsorientierten Denkansatz ein Gebiet besser strukturierbar und über die Fachgrenzen hinaus integrierbar ist, wobei hier die psychologische Betrachtungsweise als transdisziplinäre Perspektive gewählt wird.

## Persönliche Basis

Solch ein inhaltlich heterogenes Publikationsprojekt benötigt zunächst für den Leser einen nachvollziehbaren Einstieg, der an dieser Stelle sehr stark an einzelnen Personen im Bereich Forschung, Lehre und Praxis ausgerichtet ist und auch persönliche Aspekte des Autors einfließen läßt. Eine derartig persönlich gehaltene Einführung ins Thema ist ungewöhnlich, erscheint aber besonders gut dafür geeignet zu sein, dem Leser einen Einstieg in den ideellen Hintergrund der Arbeit zu geben.

Zwar zielt gerade der Versuch, eine *„Humanökologie der Sucht"* zu entwerfen, auf einen im Grunde genommen *eigenständigen Denkansatz* hin, er leitet sich jedoch ideengeschichtlich aus einer Vielzahl von Arbeiten von Autoren ab, die wichtige Vordenker in dieser Richtung waren. Er beruht aber auch auf heterogenen persönlichen Erfahrungen und Kenntnissen. Darauf soll zur Orientierung des Lesers kurz eingegangen werden.

Zunächst habe ich ab 1969 als Student über alle Fakultäten hinweg im Rahmen eines *Studiums irregulare* an der Universität Wien im Bereich der *Naturwissenschaften* (z.B. Medizin, Biokybernetik), der *Geisteswissenschaften* (Psychologie, Philosophie) und der *Sozialwissenschaften* (Soziologie, Wirtschaftsstatistik) die jeweiligen spezifischen Begriffe, Methoden, empirischen Erkenntnisse, Praxisfelder und Theorien kennengelernt und mir in jahrelanger, mühevoller Kleinarbeit angeeignet. Mit einzelnen Studienabschlüssen glaube ich, auch dieses Bemühen bereichsweise zu einer gewissen akademischen Reife gebracht zu haben.

Die einzelnen wissenschaftlichen Ansätze sind hier in folgender Weise relevant.

## 1. Naturwissenschaftliche Basis

Besonders eindrucksvoll war für mich als Student die Vorlesung über *Kybernetik* in Wien bei Robert Trappl. Hier wurde mein Interesse an einer neuen Art zu denken geweckt. Später, auf einer Studienreise (1971) durch die USA, war ich an der neurobiologischen Erforschung der Sinnessysteme interessiert und lernte die Forschergruppe um Lettvin, Mc Culloch und Pitts am Massachusetts Institute of Technology (MIT) kennen, in der auch die nun als Systemiker und Konstruktivisten bekannten Forscher Umberto Maturana und Francisco Varela arbeiteten: Die Entdeckung dieser Forschergruppe, daß Nervenzellen in der Netzhaut des Frosches, als „Fliegendetektoren" fungieren könnten, hat die *Neurophysiologie* der Wahrnehmung enorm beeinflußt (vgl. Maturana et al. 1960). Parallel dazu hatten auf der Havard Medical School David Hubel und Torsten Wiesel die funktionelle Struktur der Sehrinde von Säugetieren entschlüsselt und dafür 1981 den Nobelpreis für Medizin bekommen. Diese Forschungsrichtung, die in den späten 50er Jahren einen entscheidenden Durchbruch erfuhr, war nur durch die elektronische Technik der Verstärker von Biosignalen und durch die elektronische Datenverarbeitung möglich. Zugleich hat sich auch der Bereich der Theorie der Informationsprozesse, nämlich die *Kybernetik*, die Norbert Wiener begründet hat, weiterentwickelt. Diese Schnittstellen von Biologie, Elektronik und theoretischer Kybernetik haben mich so fasziniert, daß ich in der Folge 7 Jahre am Max Planck Institut (MPI) für Psychiatrie (München) in der Hirnforschung bei Wolf Singer gearbeitet habe. Mein Arbeitsschwerpunkt war die *experimentelle Neurobiologie und Neuropsychologie* des Sinnessystems. Es bestanden am MPI für Psychiatrie Kooperationen mit Ernst Pöppel, Detlev von Cranach und Josef Zihl. Aus dieser Tätigkeit ging eine Doktorarbeit in Psychologie hervor. Diese Erfahrungen konvergierten zu einem zunächst impliziten Konzept der Biokybernetik, das auch am MPI für Verhaltensbiologie, vor allem in der Arbeit von Horst von Mittelstaedt und Norbert Bischof zum Ausdruck kam.

## 2. Geisteswissenschaftliche Basis

Die *Philosophie,* die ich in München bei Wolfgang Stegmüller kennenlernte, hat mich sehr interessiert. Sie bot den Anschluß zu den Wissenschaften, quasi als Reflexionsinstrument, im Gegensatz zu der abgehobenen Philosophie, die ich sonst als Student zu hören bekam.

Auch im Bereich der *Literatur-* und *Kunstwissenschaft* konnte ich Methoden der hermeneutischen Text- und Bildanalyse kennenlernen. Besonders interessierte mich dieses Verfahren im Hinblick auf Formalisierungen, wie ich sie durch Manfred Titzmann kennenlernen konnte. Auch die Lektüre der psychologischen Phänomenologie von E.E. Boesch beeindruckte mich wegen ihres Alltagsbezugs sehr.

Nicht zuletzt sind Analysen von Arbeiten aus dem Bereich der *Künste* hier eingeflossen. Beispielsweise sind einigen Schriftstellern, die unter Rauschmittelabhängigkeit litten, durch ihre Beschreibungen der Rauschzustände, der Entzugsphase und der Abhängigkeitssymptomatik wesentliche Anregungen zuzuschreiben. Es sind dies namentlich Charles Baudelaire, Thomas De Quincey, Jack London u.a. Besonders lehrreich in dieser Hinsicht sind Filme und die Filmanalysen, deren Technik ich durch die Deutsche Gesellschaft für Semiotik durch Maria Lange-Seidl und Günther Bentele kennengelernt habe.

Ein weiterer Bereich künstlerischer Anwendungen, nämlich der Bereich der *bildenden Künste* prägte meine Sichtweise sehr: Erfahrungen in der *Kunsttherapie* zeigten viele wichtige Aspekte des Erlebens der Suchtkranken auf, die zunächst jenseits des sprachlich-analytischen Zugangs, wie er in der üblichen psychiatrischen Therpie gewählt wird, lagen (Tretter u. Bender 1995).

Der Phänomenologie der Entzugspsychosen war schließlich meine medizinische Doktorarbeit gewidmet. Wegen der stärker naturwissenschaftlichen Orientierung der hier vorliegenden Arbeit kommen diese Methoden allerdings nur wenig zum Ausdruck, sie finden aber ihren respektierten Platz.

## 3. Sozialwissenschaftliche Basis

Im Rahmen meiner Doktorarbeit in *Soziologie* konnte ich mich mit den Anwendungen der Systemtheorie in der Soziologie auseinandersetzen (1978). Es war sehr lehrreich, bei Herrn Walter Bühl diesen Bereich kennen zu lernen. In jener Zeit waren allerdings noch die Vorläufer der Theorie kommunikativen Handelns von Habermas in studentischen Kreisen beliebter, als beispielsweise die Systemtheorie von Niklas Luhmann. Problematisch war damals (wie heute auch noch) die Praxisferne dieser Theorie. Es war daher sehr hilfreich, bei Herrn Siegfried Lamnek die Techniken der empirischen Sozialforschung kennenzulernen. Auch die Teilnahme an Universitätsveranstaltungen im Bereich der Betriebs- und Organisationswissenschaften waren sehr wertvoll, ein Grundverständnis für Fragestellungen und Theorien der Sozialwissenschaften zu bekommen. Gerade jetzt, in der Zeit des Umbruchs des deutschen Gesundheitswesens sind diese Kenntnisse für das Verständnis der Veränderungsprozesse sehr hilfreich. Dieser Bereich wird allerdings in den folgenden Ausführungen nur sehr marginal abgehandelt. Dennoch: Aus der Sicht des Patienten ist die institutionelle Umwelt des Krankenhauses ein relevanter Faktor, was sein Befinden betrifft, egal wegen welcher Krankheit er ein Krankenhaus aufsuchen muß.

*4. Klinische Basis*

Das zunehmende Bedürfnis, mehr *klinischen Praxisbezug* herzustellen, führte mich in das Bezirkskrankenhaus Haar (1981). Die schwierige, nun bereits 15-jährige ärztliche Tätigkeit in der Nervenklinik hat das weiterhin wachgebliebene Interesse an der Forschung und an komplexen Theorien immer wieder in die nüchterne Klinikrealität zurückgeholt, aber auch zur weiteren Auseinandersetzung mit der Theorie angeregt. Meine Haupttätigkeit als Nervenarzt und als Psychotherapeut in der Psychiatrie bestand in den letzten Jahren in der Therapie von Suchtkranken in verschiedenen Stadien und mit unterschiedlichen Formen.

## Relevante Spezialdisziplinen als Basis

Die einzelnen Disziplinen, die in dieser Arbeit besonders stark genutzt werden, sollen noch gesondert aufgeführt werden:

*Psychologie*

Gegenwärtig noch immer einflußreich ist die Kommunikationspsychologie von Paul Watzlawik, die vor allem im Bereich der systemischen Familientherapie wichtig geworden ist. Die dadurch ausgelösten Umwälzungen in Bereichen der klinisch-psychologischen Arbeit und im Denken werden hier allerdings nicht sehr weit nachvollzogen. Vor allem die erkenntnistheoretische Dimension psychotherapeutischen Handelns in Form des „Konstruktivismus" wird in dieser Arbeit nur in grober Annäherung angesprochen.

Im Bereich der psychologischen Modellentwicklung prägt die von Heinz Heckhausen gestaltete *Handlungstheorie* das hier vorgestellte zentrale psychologische Störungsmodell. Auch das *Selbstmanagement-Modell* von Kanfer ist Baustein der in der vorliegenden Arbeit weiterentwickelten systemischen Psychopathologie. Nicht zuletzt hat mein Psychologielehrer Hubert Rohracher (Wien) mit seinem Versuch, die seelischen Prozesse und Zustände in einer *systematischen allgemeinen Psychologie* zu ordnen und begrifflich zu klären, eine theoretische Grundlage geschaffen, auf die ich mich stütze. In Anlehnung dazu ist die systematische Psychopathologie von Christian Scharfetter (Zürich) ein wichtiger Bezugspunkt für die psychopathologischen Ausführungen.

Aus dem Bereich der Psychoanalyse war vor allem die „Objekt-Beziehungstheorie" von Kernberg klärend. Auch die „Beziehungsanalyse" von Frau Thea Bauriedl ist hier anzuführen, wobei in dieser Arbeit vor allem die Anschlußfähigkeit des hier explizierten Konzepts von „Beziehung" mit der psychoanalytischen Theorie offen bleiben muß.

## *Medizin*

Aus dem Kreis der für mich einflußreichen Mediziner ist vor allem Thure von Uexküll zu nennen, der mit seiner Theorie der Humanmedizin und mit seinem Entwurf einer Psychosomatik ein differenziertes und dennoch integriertes Bild eines *biopsychosozialen Krankheitsmodells* entwickelt hat. Auch der Sozialmediziner Hans Schaefer, der sich ausdrücklich um eine humanökologische Perspektive in der Medizin bemüht hat, ist ebenso wie Heinrich Schippberges, der zuletzt mit seinen Mitarbeitern die *„Regelkreise der Lebensführung"* dargestellt hat, als Autor zu nennen, dessen Ideen mich zur Entwicklung der „klinischen Humanökologie" und der „Ökologie der Person" sehr angeregt haben.

Aus dem Kreis der *Psychiater* haben vor allem Diskussionen mit Luc Ciompi (Bern) in zweifacher Hinsicht geholfen: Zum einen ist die *systemische Konzeption der Psyche*, die er in seiner *„Affektlogik"* zur Entwicklung systemischer Konzepte dargelegt hat, hilfreich gewesen. Darüber hinaus ist sein umweltorientiertes Denken, das sich beispielsweise in der Soteria als spezifisches Behandlungsmilieu für ersterkrankte Schizophrene äußert, sehr anregend gewesen.

Unter den Psychiatern ist auch Hans Bochnik zu nennen, der mit seinem Konzept der „Beziehungsanalyse" wichtige Anregungen für ein ökologisches Beziehungsmodell geboten hat. Einen besonderen Reiz hatte die grundlegende Integration der topologischen Psychologie in die Psychiatrie, die von Kisker stammt.

Klaus Dörner hat sich in der Psychiatrie am weitesten vorangewagt, eine ökologische Konzeption zu entwickeln, wenngleich er, wie er mir in Diskussionen verdeutlichte, als praktischer Sozialpsychiater der hier bevorzugten Position der *akademischen Ökopsychologie* als Basis skeptisch gegenüber steht. Die Wohngemeinschaften und die Firmen für psychisch Kranke, für die auch ich mich in dem Verein „Regenbogen e.V." engagierte, sind ein Beispiel „praktizierter ökologischer Psychiatrie".

In *psychopathologischer* Richtung wurde auch dem Werk „Strukturdynamik" von Janzarik große Beachtung beigemessen, wenngleich die sprachliche Zugänglichkeit dieser Gedanken nicht so ohne weiteres gegeben ist. Aus Diskussionen mit Hinderk Emrich (Hannover), der in besonders vielfältiger Weise Psychiatrie betreibt - vom Biologischen über das Systemische zum Psychotherapeutischen, Anthropologischen und letztlich auch Künstlerischen - ist die Gewißheit hergeleitet, daß ganzheitsorientierte Ansätze in der Psychiatrie vielleicht in der akademischen Psychiatrie nicht so sehr geschätzt werden, aber zumindest für die Patienten wertvoll sind.

Bereichert wurde diese Arbeit auch durch die neuere Entwicklung, daß das Fach *Umweltmedizin* als Zusatztitel für die Deutsche Ärzteschaft seit 1992 angeboten wird.

*Suchtforschung*

Besonders bemerkenswert in Hinblick auf die *Suchtforschung* sind die Arbeiten von Vaillant, der durch seine Langzeitverlaufstudie ein Bild der *Eigendynamik* des Verlaufs *der Suchtkrankheiten* zeichnete. Er legte auf die *Biographieforschung* großes Gewicht. Vergleichbar sind auch die Arbeiten von Griffith Edwards. Diesen beiden Alkoholismusforschern ist eine übergreifende Sichtweise zu verdanken, die sich jenseits der psychologischen Partikularmodelle, wie der Psychoanalyse oder der Lerntheorie, aufhält.

*Familientherapie*

Im klinischen Bereich ist die „systemische (Familien)therapie" sehr einflußreich. Was diesen Bereich betrifft, haben die theoretischen Ausführungen von DeShazer bei mir große Faszination hervorgerufen. Auch die Studien und Seminare von Rosemarie Welter-Enderlin, Josef Duus von Werdt, Walter Schwertl und Wolfgang Reiter waren äußerst einflußreich auf diese Arbeit. Fritz Simon, Gunthard Weber und Gunther Schmid haben in diesem Bereich konsequente, provokante Extrempositionen dargelegt, die in dieser Arbeit teilweise diskutiert werden.

Dieses Gebiet ist im rapiden Wandel, die „Moden" wechseln äußerst rasch, worauf Wolfgang Reiter (1992) hingewiesen hat.

## Integrativdisziplinen

*Systemwissenschaft*

Systemwissenschaft ist eine Integrativdisziplin insofern sie Konzepte bietet, die „transdisziplinär" verwendet werden können.

Viele theoretische Konzepte, die in diesem Buch entwickelt werden, beruhen auf jahrelangen Diskussionen im Rahmen des Arbeitskreises „Systemwissenschaft und Medizin", die von den chaostheoretischen Entwicklungen von Uwe An der Heiden (Mathematik, Universität Witten-Herdecke) und Hans Schwegler (Biophysik, Universität Bremen) geprägt waren.

In Hinblick auf die *systemischen Denkansätze* ist neben der *biokybernetischen Forschungsrichtung* vor allem an die *soziologische Systemtheorie* von Niklas Luhmann mit seiner „Theorie der sozialen Systeme" (1984) zu denken. Durch Beteiligung eines seiner Mitarbeiter ( Dirk Baecker) bei unserem Systemtheorie-Arbeitskreis für Mediziner und durch Teilnahme an Vorlesungen und Vortragsveranstaltungen von Luhmann an der Universität München war es nun möglich, seine Konzepte genauer kennenzulernen. Die vielfältigen Ausführungen Luhmanns zu Aspekten sozialer Systeme werden in dieser Arbeit jedoch nur vereinzelt berücksichtigt. Sehr wesentlich ist hier allerdings der Gedanke, daß die Evolution und wesentliche Prozesse von sozialen Systemen auf der System-Umwelt-Differenz aufbauen. Für Fragen der Praxis muß die abstrakte Theorie Luhmanns konkreter gemacht werden. Für solche Theorien „mittlerer Reichweite" allerdings sind andere Konzepte nützlich, nämlich die „Systemtechnik" als analytisches und synthetisches Werkzeug der Problemanalyse und des Problemmanagements. Aus dieser systemtechnischen Sicht hat vor allem die Sankt Gallener Management-Schule um Probst mit ihren Publikationen wichtige Anregungen geboten, insofern dort eine Technik der qualitativen Systemanalyse entwickelt wurde (Probst u. Gomez 1991).

*Ökologie*

Was die ideengeschichtlichen Hintergründe des *ökologischen Denkens*, also der Humanökologie anbelangt, wird hier die Konzeption der sogenannten „Wiener Schule", die Helmut Knötig (1972) initiiert hat, als Ausgangsebene angesehen. Kennzeichen dieser Konzeption ist eine detaillierte Systematik, die letztlich - ähnlich wie in der Biologie - zwischen einer „Demökologie" (Sozialökologie) und einer „Autökologie" (Individualökologie) unterscheidet. Gerade die Konzeption einer *„Individualökologie"* gestattet es, ökologische Ansätze der Einzeldisziplinen, wie sie vorher zum Teil genannt worden sind, unter einem Denkgebäude zu vereinigen. Kerngedanke der Humanökologie in diesen Zusammenhängen ist, das Verhältnis der „ökologischen Potenz" des Menschen in Hinblick auf die „ökologische Valenz" der Umwelt zu untersuchen. Damit wird der Haushalts- und Beziehungsgedanke vorrangig.

In Hinblick auf die ökologische Perspektive im akademischen Sinne ist vor allem Uri Bronfenbrenner mit seiner *„Ökologie der Entwicklung"* (1981) anzuführen. Seine Gastvorlesung an der Universität München konnte ich besuchen. Er hat in seinem Werk eine differenzierte *Systematik des Umweltbegriffs* (Mikro-, Meso-, Exo-, Makro-System) eingeführt. Damit ist die Vorstellung, daß der Mensch sich nicht nur als psychophysische Einheit, sondern auch in seinen Umweltbeziehungen entwickelt, für diese Arbeit ein wichtiger Leitgedanke: „Wo Exo war, soll Meso werden". Grundlegend ist diese Arbeit auch den Gedanken des Gestaltpsychologen Kurt Lewin und seiner *topologischen Psychologie* verbunden. Ebenso gehen die in diesem Buch dargelegten Gedankengänge auf den ausdrücklichen Begründer der *ökologischen Psychologie*, Robert Barker, zurück. Das zentrale Konstrukt „Behavior setting" wird allerdings als hier nicht sonderlich nützlich eingestuft. Auch methodologische Gedankengänge der New Yorker *umweltpsychologischen Schule*, die von William Ittelson, Harold Proshansky, Gary Winkel und Leanne Rivlin begründet wurden, fließen hier ein. Frau Rivlin konnte ich in New York besuchen und die aktuellen stadtökologischen Forschungsarbeiten des Instituts für Environmental Research in Hinblick auf die Obdachlosenproblematik kennenlernen. Die Arbeiten von Gerhard Kaminski, die vor allem die Einarbeitung der amerikanischen ökologischen Psychologie ins Deutsche umfaßten und die durch die kritische Auseinandersetzung mit wichtigen Problemen der ökologischen Psychologie gekennzeichnet sind, liefern weitere Bausteine für den hier dargelegten Ansatz. In Hinblick auf bestimmte Bereiche der Methodik wird die Phänomenologie von E.E. Boesch genutzt. Seine *Phänomenologie des Alltagslebens* ist vor allem in klinischen Anwendungsbereichen nützlich und hilft so zur Verbesserung konkreter Verständigungsprozesse mit den Patienten.

Das humanökologische Konzept ist auch sehr eng verwoben mit der *Psychologie der Situation* von Magnusson. Rolf Oerter hat in seinen Arbeiten immer wieder die ökopsychologische Perspektive eingearbeitet. Er hat mit seiner Auseinandersetzung mit der *phantasierten Umwelt* des Kindes, die sich in der Bedeutungserteilung im konkreten Gegenstandsbezug äußert (z.B. beim Spielen) wichtige theoretische Fragen der Umweltbezüge der Klärung näher gebracht.

Theoretisch besonders beeindruckend waren die Arbeiten der „*Gerontoökologie*" wie sie von Kahana, Lawton oder Carp in Form von Beziehungsmodellen entwickelt worden sind.

Wichtige Impulse stammen aus der jahrelangen Diskussion in der *Deutschen Gesellschaft für Humanökologie* (Vorstand: Bernhard Glaeser, Wissenschaftszentrum Berlin), die ein Forum für viele wichtige Fachtagungen war. Beispielsweise beruhen die Überlegungen zur „Kulturökologie der Sucht" auf kulturökologisch ausgerichteten Tagungen dieser Gesellschaft. Zuletzt war die Tagung „Gesundheitsförderung" des Arbeitskreises „Umwelt und Medizin" ein Anlaß, Fragestellungen, die diese Arbeiten berühren, zu thematisieren. In den Diskussionen mit Barbara Hazard und Karl Aurand wurden wichtige Bausteine des humanökologischen Konzeptes überprüft.

Was die *Sozialökologie* betrifft, sind die Arbeiten von Faris und Dunham bzw. von Park und auch von Jürgen Friedrichs relevant. Es sind im Grunde genommen auch Perspektiven der Sozialgeographie, wie sie der Geograph Peter Weichhart immer wieder vorführte. Sie werden hier in Hinblick auf die Sozialökologie der Stadt (Stadtökologie), was die unterschiedlichen Drogenszenen betrifft, diskutiert. Dabei soll gezeigt werden, welche inhaltliche Bereicherung die Epidemiologie bekommen kann, wenn der Anschluß zu aktuellen Konzepten der Stadtforschung gefunden wird. Ebenso interessieren soziale Zusammenhänge bezüglich des Alkoholkonsums.

Auch die *Kulturökologie*, wie sie von Julian Steward oder aber auch zuletzt von Julian Bennett entwickelt worden ist, führt zu einer Relativierung der Sichtweisen, die beispielsweise auch im Umgang mit dem Drogenproblem indiziert zu sein scheint. Josef Schmid war hierbei ein wichtiger Diskussionspartner. Die internationale Vernetztheit der kulturellen Bezüge der drogenbezogenen Probleme werden im kulturökologischen Ansatz besser als in einem anderen wissenschaftlichen Ansatz verständlich. Der Versuch, auf die kulturelle Einbettung des Drogenkonsums einzugehen, zeigt die Relativität der drogenpolitischen Strategien. Auch die kulturökologische Analyse von Jugendkulturen eröffnen interessante Perspektiven im Verständnis der Ursachen des Drogenkonsums Jugendlicher.

Im Bereich der *klinisch* orientierten *ökologischen* Denkansätze sind Gregory Bateson wesentliche Anregungen zu verdanken, der mit seinem Buch „Die Ökologie des Geistes" (1981) für die klinische Psychologie und für die Psychiatrie wichtige Impulse gesetzt hat. Bemerkenswert ist, daß Bateson den Begriff „Ökologie" nicht im akademischen Sinne gebrauchte, sondern damit vorwiegend die Kontextbezogenheit von Verhalten zum Ausdruck bringen wollte. In dem Kapitel „Die Kybernetik des Selbst" schildert Bateson die Beziehung von Alkoholikern zu ihrer Umwelt und charakterisiert sie als zunächst symmetrisches und dann - wenn schließlich die Kapitulation vor der Sucht auftritt- als komplementäres Verhältnis der betroffenen Person zu ihrer Umwelt. Interessanterweise hat sich Bateson vor allem auf die Erfahrungen der Selbsthilfegruppe der „Anonymen Alkoholiker" gestützt. Dies ist ein Hinweis, daß neue Konzepte nicht nur durch neue exakte empirische Daten, sondern ebenso durch qualitative Beobachtungen begründet sein können. Auch in diesem Buch wird mehr auf die Erfahrungen mit Patienten rekurriert, als auf einzelne Studien, deren Fragestellungen meist anders ausgerichtet sind.

Grundlegend hat das Buch „Die Grenzen des Wachstums des Club of Rome" das neue humanökologische Paradigma in das Denken der Menschen eingebracht. Umweltschutz und Vernetzung sind Prinzipien, die das Denken für die Zukunft der Menschheit grundlegend mitbestimmen.

## Grundlegende Fragestellung

Die verschiedenen Wissensbereiche der Suchtforschung und Suchttherapie bedürfen noch einer integrativen und die Dynamik der *Sucht* erfassenden Sichtweise:
- Sucht resultiert aus *Wechselbeziehungen zwischen der Person und ihrer Umwelt* und den damit korrelierten Rauschstoffeffekten
- Sucht ist ein *Mehrebenenphänomen*, dessen kulturelle und makrosoziale Ebene häufig vernachlässigt wird und daher eine systemische Perspektive erfordert.
- Sucht beruht auf *subjektiven Phänomenen*, deshalb sind sowohl Analysen der Rauschqualitäten wie auch Konditionierungsmechanismen darzulegen.

Es geht dabei gerade bei psychologisch-kulturell schwer zugänglichen Themen, wie es der Drogenkonsum ist, um die Frage nach der *Methode der Analyse*. Dazu sind drei Fragenkreise wichtig:

### 1. Erkenntnistheorie und Philosophie

Die Gegenwartsphilosophie hat deutlich herausgearbeitet, daß der Anspruch an eine exakte Wissenschaft nur äußerst begrenzt erfüllt werden kann. Im Gegenteil: manche Philosophen gehen davon aus, daß nur unsere *subjektive Wirklichkeit* die Basis unseres Handelns sein kann. Dies ist vor allem im klinisch-psychologischen und psychiatrischen Bereich unter den Konzepten des Konstruktivismus aktuell zu diskutieren: Wenn jeder seine eigene Wirklichkeit hat, ist Wissenschaft beinahe sinnlos, jeder Ansatz zur Erklärung von Phänomenen, insbesondere von intrasubjektiven Phänomenen wie Rausch und Sucht, verkommt zur Beliebigkeit. Für diese Arbeit sind daher aus klinischer Sicht einige Einschränkungen gegenüber dem Konstruktivismus vorzunehmen und zu klären.

## 2. Systemtheorie

Ein Ziel der Untersuchung muß sein, die Aufgabe zu lösen, daß einerseits eine möglichst *ganzheitsorientierte Sicht* aufgebaut wird, daß aber andererseits der Blick für das Detail noch erhalten bleibt. Holistische Bekenntnisse sind unzulänglich. Besonders wichtig zur Begründung der systemischen Sichtweise ist die Einsicht, daß fokale Betrachtungen zu kurz greifen, daß viele Phänomene dessen, was wir Wirklichkeit nennen, eine Folge vieler kleiner Ursachen und nicht einer großen Ursache ist. Das bedeutet also, daß Einzelphänomene Resultierende mehrerer Einwirkfaktoren sind. Darüber hinaus verläuft der Zusammenhang von Dosis der Einwirkung und Ausmaß der Auswirkung nur streckenweise linear. Auch das Phänomen der Rückkopplung als Dämpfungsmechanismus ebenso wie als Selbstverstärkungsmechanismus ist ein Grund, im analytisch-formalen Bereich Methoden und Modelle der Systemtheorie zu nutzen.

## 3. Humanökologie

Die Vernetzung realer Systeme im Systemkomplex des Lebendigen, begriffen aus einer gekoppelten System-Umwelt-Differenz, führt zur Nutzung der „Ökologie". Ökologie als Wissenschaft der Beziehungssysteme zwischen Lebewesen und Umwelt kann ein fruchtbares Leitkonzept für die intellektuelle Bewältigung der Gegenwartsprobleme sein. Eine Erweiterung des Konzeptes Ökologie im Sinne der Humanökologie ist dazu erforderlich.
Das Ergebnis einer solchen Analyse kann allerdings nur Anregungen zu neuen Fragen bieten, denn die Beantwortung der hier aufgeworfenen Fragen überfordert bei weitem die strukturellen Voraussetzungen, die einem als im klinischen Bereich Tätiger gegeben sind.

Anzumerken in *terminologischer Hinsicht* ist noch, daß in Hinblick auf weibliche und männliche Rollenträger (z.B. Patienten) die nun moderne, aber schwer umsetzbare Schreibweise „PatientIn" nicht angewendet wird, da solche Terme hier als geschlechtslose Funktionsterme angesehen werden. Gemeint sind aber immer Männer und Frauen. Auch wird der Ausdruck „Patient" dem Ausdruck „Klient" oder „Kunde" bevorzugt, da der Leidensaspekt relevant erscheint.

# Fazit

Die vorliegende Arbeit ist daher ein Anwendungsversuch, eine *„klinische Ökopsychologie"* zu entwickeln. Sie kann jedoch auch als eine Erweiterung in Form einer *„klinischen Humanökologie"* gesehen werden.
    Es handelt sich dabei letztlich um einen Versuch, eine Zusammenschau zustandezubringen, die auf Systemwissenschaft, Humanökologie, ökologischer Psychologie

und Humanökologie im klinischen Bereich beruht. Als Anwendungsfall wird die *Suchtproblematik* herangezogen.

Die vorliegende Arbeit soll daher eine fundierte und nicht nur aufzählende, sondern eine vernetzte Zusammenschau zur Suchtproblematik liefern und dabei zugleich den Ausblick auf mögliche weitere Forschungsfragen eröffnen, die unter der humanökologischen Betrachtung grundlegend andere Akzente ergeben, als sie unter den Kriterien der traditionellen empirischen Forschung bekannt sind.

Die vorabsehbare Kritik, es handle sich bei der Humanökologie um eine überdimensionierten Verstehensansatz ist gehaltlos - *Humanökologie* ist nicht eine Theorie, sondern ein *heuristischer Baukasten mit spezifischen Begriffen, Methoden und Modellen*, die je nach Anwendungsziel modifiziert verwandt werden können.

# 1 Philosophie

Systemwissenschaft ohne Ökologie
ist leer

Ökologie ohne Systemwissenschaft
ist blind

## 1.1 Aktuelle Aspekte der Philosophie

Als Voraussetzung einer umsichtigen *Beschreibung und Analyse* des *Gegenstands* der vorliegenden Arbeit sind einige *metawissenschaftlichen* und damit *philosophische* Voraussetzungen der Arbeit detailliert darzulegen. Es ist zwar bei wissenschaftlichen Arbeiten immer weniger üblich, *philosophische Aspekte* ausdrücklich zu berücksichtigen, die außergewöhnliche methodische Heterogenität und thematische Breite dieser Arbeit legen es aber nahe, diesen Bereich genau zu betrachten. Außerdem hat vor allem in Deutschland in den letzten Jahren in der klinischen Psychologie und Psychiatrie wieder eine Diskussion eingesetzt, die die Erkenntnismöglichkeiten von Wissenschaft in Frage gestellt hat. Dies beruht auf Diskursen des *„Konstruktivismus"*.
Es ist daher heute wieder sehr wichtig, sich im Bereich der klinischen Psychologie und Psychiatrie mit Fragen der Erkenntnistheorie, Wissenschaftstheorie, Methodologie usw. auseinanderzusetzen (vgl. Möller 1976). Darüber hinaus aber benötigt eine „Ökologie der Sucht" die Berücksichtigung philosophischer Aspekte, da sich Probleme der Integration von Erkenntnissen der Einzelwissenschaften stellen.

Zum Zwecke einer ersten, groben *Gegenstandsbestimmung* der Philosophie mag zunächst die Übersetzung in „die Liebe zur Weisheit" recht hilfreich sein. Die Weisheit kann gewissermaßen als ein Extrakt aus der Lebenserfahrung, mit dem Versuch letzter denkbarer Relativierungen verstanden werden. Philosophieren ist ein Prozeß des Fragens, Zweifelns - es können, aber es müssen nicht allumfassende Antworten gefunden werden. Umfassende Philosophien werden heute nicht mehr erwartet. Sie sind eigentlich unmöglich. *Philosophie* ist daher grundlegend ein *Prozeß*, weniger ein *Produkt*. Anzenbacher (1992) formuliert dies so: „Philosophie ist kritische Vernunftwissenschaft von den Bedingungen der Möglichkeit der Erfahrungswirklichkeit als Ganzer" (Anzenbacher 1995, S.35).

Konkreter gesprochen, versucht die Philosophie nach Kant folgende Fragen zu beantworten (zit. nach DTV-Lexikon der Philosophie 1991; S 11):

1. Was kann ich wissen?
2. Was darf ich hoffen?
3. Was soll ich tun?
4. Was ist der Mensch?

Damit sind die speziellen philosophischen Einzeldisziplinen, nämlich die Erkenntnistheorie und die Logik (1), die Metaphysik (2), die Ethik (3) und die Anthropologie (4) berührt. Für die „Humanökologie", als Ökologie des Menschen, sind vor allem die Fragen (1) wegen der Multidisziplinarität, (3) in Hinblick auf die Naturethik und (4) als Form der Anthropologie bedeutsam.

Es gibt einen weiteren Gesichtspunkt, bei der hier vorgelegten Studie grundlegend auf die Philosophie zu rekurrieren: Philosophieren ist, wie bereits erwähnt, häufig die *Folge von existentiell erschütternden Erfahrungen*. Die ökologische Bedrohung des Menschen am Ende des 20. Jahrhunderts, wo das Ozonloch und andere anthropogene Veränderungen der Natur existenzbedrohend erscheinen und im alten philosophischen Sinne auf die Möglichkeit des Chaos bzw. der Vernichtung des Menschen ohne Kriege hinweisen, ist eine jener Erschütterungen, die neues philosophisches Denken provozieren. Es geht bei solchen Gedanken, um die Möglichkeit eines anderen Umgangs mit „Natur". Allerdings sind noch wenige professionelle Philosophen in dieser Richtung tätig (vgl. jed. Böhme u. Schramm 1985).

Wenn Humanökologie die Wissenschaft von den Beziehungen zwischen Menschen und Umwelt ist, dann ist die Analyse des Verhältnisses des Menschen zur Umwelt zentral: Das hier gewählte Beispiel ist bei solchen Gedanken die süchtige Beziehung des Menschen zur Umwelt. Das Bedürfnis, sich süchtig und exzessiv die Umwelt einzuverleiben, ist für den einzelnen Suchtkranken ähnlich kennzeichnend und existenzbedrohend, wie der exzessive Naturverbrauch für existenzbedrohenden Störungen der Gesamtgesellschaft charakteristisch ist. Es bestehen somit Parallelitäten zwischen der individuellen und der kollektiven Ebene, was die Mensch-Umwelt-Beziehungen betrifft. Hier knüpft einerseits die am Handeln ausgerichtete Frage nach einer *ökologischen Ethik* an, mit der konkreten Frage, was wir mit unserer Zivilisation tun sollen. Andererseits ist die implizite Bescheidenheitsethik der Programmatik der Anonymen Alkoholiker eine mögliche Leitlinie eines neuen Verhältnisses zur Umwelt. Davon wird noch ausführlich die Rede sein.

Die „Daten" der Philosophie, ihre empirischen Referenzen, entstammen grundlegend der allgemeinen Lebenserfahrung. Das bringt allerdings das Problem mit sich, daß sowohl die Phänomenologie der Alltagserfahrung zunächst unhinterfragt in die Überlegungen eingeht, ebenso wie die Sprachgebung unpräzise und unschlüssig sein kann. Diese Methode entspricht dem Prinzip philosophischen Denkens der Antike, des Mittelalters und der Neuzeit vor der linguistischen Wende durch Wittgenstein (Wittgenstein 1984, 2.Bd.). Wittgenstein hat sich zunächst vergeblich um eine Totallösung dieses Problems bemüht (Wittgenstein 1984, 1.Bd). Es gelang ihm nicht, eine umfassende formalisierte Sprache zu entwickeln. Er mußte später die „ordinary language Philosophie" mit ihrer weichen Semantik ( Bedeutung sehen durch Kontext des Sprachgebrauchs ) anerkennen. Dennoch hat die Philosophie vor der Entstehung der Naturwissenschaften, also sozusagen „protowissenschaftlich", vor allem im Bereich der *Ontologie* entscheidende Konzepte über die Struktur und Funktionsweise der nun naturwissenschaftlich bekannten Welt geliefert. Man braucht nur an die Atomlehre von Demokrit (500 v. Chr.) zu denken. Erst durch die Entwicklung der (empirischen)

Naturwissenschaften wurden auch andere Erkenntnisse als empirische Basis für das Philosophieren genutzt (*Naturphilosophie*). Als Beispiele können neben Gottfried Wilhelm Leibniz im 17. Jahrhundert für das 20. Jahrhundert Werner Heisenberg oder Carl Friedrich v. Weizsäcker und natürlich Albert Einstein gelten. Daher kann Philosophie heute im Prinzip nur unter Berücksichtigung der wichtigsten aktuellen Erkenntnisse der empirischen und theoretischen *Wissenschaftsbereiche* weiterführende Überlegungen anstellen (vgl. Stegmüller 1969-1986). Somit erscheint eine Philosophie, die sich nicht mit den Ergebnissen der Wissenschaft auseinandersetzt nur mehr begrenzt relevant zu sein. Sie kann sich als Folge des von Wittgenstein ausgelösten „linguistic turn" als Sprachphilosophie der Frage nach den allgemeinsten Begriffen und ihrer Explikation zuwenden, sie verliert aber dadurch wieder den Bezug zur Wissenschaft, zu der sie sich als wesensfremd darstellt, wie es postmoderne Philosophen betonten (vgl. z.B. Deleuxe u. Guattari 1996). Die seit Marx, Nietzsche und nun vor allem von Konstruktivisten, Dekonstruktivisten und Poststrukturalisten vertretene Ansicht, daß die Philosophie am Ende ist, wird hier nur in Hinblick auf die Allgemeingültigkeit philosophischer Konzepte und den Anspruch auf das allumfassende Wissen geteilt. In dieser Arbeit wird vielmehr ein klassischer und weiterer Begriff von Philosphie vorausgesetzt, der auch die Erkenntnisse der Wissenschaften mit zum Gegenstand der Reflexion macht, und bei dem noch die Spezialisierungen, wie „Naturphilosophie", „Sozialphilosophie" etc. bedeutsam sind. Irrgang sprach in dieser Hinsicht vom notwendigen „naturalistic turn" der Philosophie an der Jahrtausendwende (Irrgang 1996, S. 258). Auch pragmatische Positionen dienen hier als Leitgedanken (Stachowiak 1986, 1987, 1993).

## 1.2 Naturphilosophie und Sozialphilosophie

Seit der Antike hat sich die geistige Beschäftigung mit der Struktur und Funktionsweise der Natur, die *Naturphilosophie,* entwickelt. Gegenstand der Naturphilosophie ist im wesentlichen die äußere Natur der Umwelt und die innere Natur des Menschen. Für diese Disziplin ist heute der Anschluß an die Wissenschaft besonders bedeutsam. Beispielsweise stand die physikalische Erforschung hochdynamischer Prozesse, wie Turbulenzen in Luft- und Wasserströmungen kürzlich noch vor den Grenzen der exakten wissenschaftlichen Beschreibung. Durch die Anwendung leistungsstarker Computer und durch die Entwicklung von Theorien der nichtlinearen Systeme, wie der bekannten Chaostheorie, sind hier neue Durchbrüche im Verständnis der dynamischen Prozesse unserer Welt erzielt worden. Diese Erkenntnisse, die auch die Naturphilosophie der letzten Jahre stark beeinflußt haben, wurden als so relevant für unser Weltbild eingeschätzt, daß sogar von der „Wendezeit" die Rede war: Zentrale Kategorien dieser systemtheoretisch und evolutionstheoretisch orientierten Philosophie sind „Selbstorganisation", „Selbstreferenz", „kooperative Phänomene", „dissipative Strukturen" usw. Autoren, wie Capra (1983), die der naturphilosophisch ausgerichteten *New Age-Philosophie* zuzurechnen sind, und die zum Teil auf die Ökologie und die Systemforschung rekurrieren, vertreten sogar die Ansicht, daß im Buddhismus und im Taoismus Vorwegnahmen der neueren Erkenntnisse der Naturwissenschaften gegeben sind.

Interessant ist in diesem Zusammenhang die Frage, inwieweit auch in der Philosophie der Antike, wie beispielsweise bei Heraklit, einem Pionier dialektischen Denkens, solche Konzepte der Dynamik und des geordneten Wandels und der Entstehung neuer Qualitäten zu erkennen sind. Dies kann hier nur angedeutet werden.

Die zentrale Frage ist also die nach dem Wesen der Ordnung des Lebendigen, der Bewegung und der Veränderung (Identität und Wandel).

Ein weiterer, durch die Fortschritte der Naturwissenschaft, nämlich durch die Neurobiologie, gewichtig gewordener Bereich läßt das klassische und seit Descartes zentral aufgebrachte *Leib-Seele-Problem* (Gehirn-Geist-/Materie-Geist-Problem) neu diskutieren. Traditionsgemäß lassen sich - je nach Klassifikationskriterien - wenigstens zwei (Monismus oder Dualismus) bzw. drei (oder mehr) grundsätzliche Positionen unterscheiden, nämlich der *Materialismus* (z.B. seelische Prozesse als Produkt der Gehirntätigkeit), der *Idealismus* (z.B. Seele als Aktivator des Gehirns) und der *Parallelismus* (Gehirn und Seele zwei unterschiedliche Entitäten; vgl. Irrgang 1996). Die umfangreichen Erkenntnisse der modernen Hirnforschung führen dazu, daß bereits eine „Neurophilosophie" postuliert wird (vgl. Irrgang 1996). Die zunehmende Dominanz der Neurobiologie in der klinischen Psychologie und Psychiatrie verführt nämlich zu kurzschlüssigen Erklärungsversuchen. Wenn beispielsweise in der Suchttheorie der Begriff „Entspannung" zentrale Bedeutung erhält, dann muß geklärt werden, wie das Phänomen neurochemisch organisiert sein kann. Ob etwa die Aktivität von Glutamat-Rezeptoren auf der Makroebene des Verhaltens eine starke Reagibilität bedeutet und ob daher eine Rezeptor-Blockade zu einer Entspannung führt, weil *überzählige Rezeptoren* blockiert sind, und damit die neuronale Aktivität vermindert wird, ist eine Fragestellung, die, genau betrachtet, es nicht schlüssig erlaubt, das phänomenale Erlebnisgefüge einer Spannung und Entspannung auf neurochemische Prozesse zu reduzieren. Auch der Begriff des *Kontrollverlustes* oder der *Suchtdruck*, der *Rückfall* und der *Rausch* sind in neurochemischen Termini derzeit nur unzulänglich abbildbar.

Ein anderer Bereich ist die *Sozialphilosophie*, die Grundstrukturen und -funktionen sozialer Systeme beleuchten soll. Sie ist eng mit der theoretischen Soziologie verwandt. In diesem Bereich wurde inzwischen zur Diagnose der Gegenwartsgesellschaft von einigen Autoren die „Postmoderne" ausgerufen, deren besonderes Merkmal das „pluralistische Erkenntnis- und Normenparadigma" sein soll (Lyotard 1986): Es sei nun die Zeit des Endes der großen Universalkonzepte mit ihren umfassenden und ausschließlichen Geltungs- und Wahrheitsanspruch. „Objektivität" ist eine Fiktion (Habermas 1973). Der Pluralismus, die Existenz von Spezial-Szenen als soziophysische Räume von und für Gruppen, die - sinngemäß sogar im Internet - wieder mehr im direkten Kontakt stehen, beherrscht die soziale Welt. Philosophiegeschichtliche Wurzeln dieser Sichtweise der „Multikulturalität" liegen vor allem bei Wittgenstein, der mit seinen Sprachanalysen auch die Unmöglichkeit universeller Erkenntnisprogramme herausarbeitete (Wittgenstein 1984). Daraus ergibt sich sogar die Notwendigkeit der Annahme pluralistischer Subkulturen mit relativ abgegrenzten, aber gekoppelten Sprech- und Sprachzirkeln (Habermas 1985). Auch soziale Fakten, wie die Diversität der Jugendsubkulturen, untermauern die Pluralitätsthese der „Postmoderne". Ein weiterer Beleg dafür ist der Zusammenbruch des Kommunismus. Auch das Internet, mit seinen Möglichkeiten noch mehr Spezialinteressen weltweit auszudehnen und daher auch für die partikularsten Interessen noch Kommunikationsgemeinschaften zu finden, ist ein weiterer Hinweis für die Diversität der postmodernen Gesellschaft.

In diesem Zusammenhang stellt sich daher die Frage, wie die Ökologie und die Systemwissenschaft als praxisnahe, aber universalistisch orientierte Bezugswissenschaften für die industrialisierte Welt in ihren postmodernen Stadien Bestand haben können. Das postmoderne Sozialklima scheint ja integrative Konzepte auszuschließen. Trotzdem erzeugt der Pluralismus des Alltags auch die Sehnsucht nach ideeller Gemeinsamkeit. Es ist auch möglich, daß die starke innere Strukturiertheit dieser Disziplinen, ebenso wie die zusammenhängende Gliederung des Gegenstandsbereichs (z.B. „Öko-System") Einstiege für Spezialisten bietet, die auf diese Weise Übersichten über „das Ganze" bekommen, aber zugleich auch Ausstiege aus der Gesamtschau in Subsysteme geboten bekommen und spezielle Fragen stellen können. Diese Doppelperspektive ist auch intendiert (vgl. Abschnitt „Humanökologie"). Übergreifende Methoden sind allerdings nur auf der Ebene des Prinzipiellen übergreifend, sie sind nicht umfassend, deswegen sind solche integrativen Wissenschaftsprogramme nur erschwert, aber nicht total unmöglich.

## 1.3 Wissenschaftsphilosophie

Mit der Betonung der Bedeutung der modernen Wissenschaften für die Philosophie tritt die Frage nach den Möglichkeiten der Wissenschaften als Instanz der Rationalität auf. Solchen Fragen geht die *Wissenschaftsphilosophie* (*Wissenschaftstheorie*) nach (Seiffert 1983, 1992). Die Gegenwartsphilosophie des 20. Jahrhunderts steht stark unter dem Einfluß der Fortführung des *Neopositivismus* in Form des *kritischen Rationalismus* und damit unter starker Einwirkung der Wissenschaftstheorie (vgl. Stegmüller 1969, 1986). Da die Wissenschaft heute in der modernen Gesellschaft bestimmt, was im empirischen Sinne „wahr" und was „nicht wahr" ist, muß der Wissenschaftstheorie eine eminente Bedeutung zur Frage des wissenschaftlichen Wertes von Aussagen zugeschrieben werden. Diese Relevanz der Wissenschaftstheorie oszillierte in den letzten 20 Jahren mit einem ständigen Auf und Ab. Psychologie und verwandte geistes- und sozialwissenschaftliche Fächer waren schon seit den Vorsokratikern und Aristoteles Gegenstand kontroverser philosophischer bzw. wissenschaftstheoretischer Diskussionen (vgl. z.B. Schneewind 1976), bei denen einerseits die Erkennbarkeit fremdpsychischen Geschehens nur auf die objektivierbare motorische Verhaltensebene bezogen wurde (Behaviorismus) oder andererseits die wahre Erkenntnis seelischer Vorgänge nur durch die phänomenologische Wesensschau möglich sein sollte (Phänomenologie). Anders formuliert, bewegt sich die wissenschaftstheoretische Diskussion zwischen den Polen „Messen" und „Verstehen". Einige zentrale Fragen der Wissenschaftstheorie bestehen darin, zu klären, wie wissenschaftliche Aussagen mit der Empirie gekoppelt werden können (Induktions-/Deduktionsproblem), welche logischen Regeln bei wissenschaftlichen Aussagen befolgt werden müssen (z.B. Widerspruchsfreiheit) bzw. wie man aufgrund der prozeduralen Logik einer wissenschaftlichen Untersuchung (z.B. Untersuchungsdesign) bestimmte Aussagen machen kann. Manche Autoren sprechen statt von Wissenschaftstheorie von „Metatheorie" oder, wenn an der wissenschaftlichen Praxis orientierte Fragen gestellt werden, von „Methodologie". Auch die Medizin zeigt ein gewisses Interesse an der Wissenschaftstheorie (Deppert 1992).

Diese Kategorien und ihr Gegenstand werden in der Folge in Hinblick auf die Bedeutung der Analysestrategien dieser Arbeit diskutiert werden. Dabei ist jedoch eine noch grundlegendere philosophische Frage zu beleuchten, nämlich die Frage nach dem Wesen und den Möglichkeiten der Erkenntnis, d.h. es muß ein Exkurs in die durch den Konstruktivismus entfachte Diskussion der *Erkennntistheorie (Epistemologie)* unternommen werden.

## 1.4 Konstruktivismus und Epistemologie

Die Frage nach den Bedingungen von Wissen ist Gegenstand der *Erkenntnistheorie* (Epistemologie). Es ist nämlich grundlegend zu klären, ob man voraussetzt, daß es
a) eine tatsächliche *Wahrheit* über die Beschaffenheit der *„Wirklichkeit"* gibt, der sich beispielsweise die Wissenschaft approximativ nähert, oder daß
b) die „Wirklichkeit" nur in Form einer *Konstruktion* des Menschen existiert und keine Entscheidbarkeit über die empirische Wahrheit einer Aussage über die Wirklichkeit besteht.

Diese polaren Positionen existieren seit der Antike - (a) die *Dogmatiker* gingen u.a. von der unmittelbaren Evidenz des *Empirischen* aus, (b) die *Skeptiker* sahen im Faktum der Sinnestäuschung Grund am Zweifel, ob es eine „Wirklichkeit" gibt und ließen bestenfalls das Subjektive als Faktum gelten (z.B. die Idee). Die Position (a) wird aber durch die Wissensgeschichte der Menschheit gestützt, die vom Glauben, daß die Erde eine Scheibe sei, zur heute alltäglichen, bei der Wetteransage im Fernsehen nachvollziehbaren Erkenntnis führte, daß die Erde eine Kugel ist. Logisch überzeugend aber erscheint die Position (b), denn wie kann man durch welche Beobachtungen und/oder Überlegungen wissen können, was die „wirkliche" Wirklichkeit ist.

Ideengeschichtlich ist hinzuzufügen, daß der *Empirismus* im „Positivismus" seine Fortsetzung fand. Darauf kritisch aufbauend hat sich der aktuelle *„kritische Rationalismus"* entwickelt, der vor allem von Popper (1984) herausgearbeitet wurde. Neuerdings hat sich der *„Konstruktivismus"* als Spielform des Skeptizismus und des *Idealismus* wieder Anerkennung verschafft (vgl. Gumin u. Meiere 1992). Er geht davon aus, daß es keine Wirklichkeit gibt und daß menschliche Erfahrung eine durch das Gehirn und durch kollektive Interaktionsprozesse produzierte Konstruktion ist (v. Glasersfeld 1992). Zunächst ist aber eine vertiefende Darstellung der Ansätze des Konstruktivismus und die Kritik dazu vorzunehmen.

Der Konstruktivismus hat in psychologisch-psychotherapeutischen Kreisen Kritik an der aktuellen kritisch-rationalistischen Auffassung von Wahrheit und Wirklichkeit geübt. Es handelt sich dabei um eine neue und zugleich alte erkenntnistheoretische Position, die von der prinzipiellen Nichterkennbarkeit der Welt ausgeht (Agnostizismus), und die unsere Vorstellungen von der Welt als Konstruktionen unseres Gehirns einstuft (vgl. v. Glasersfeld 1992, Maturana 1982).

Diese epistemologische Position geht also davon aus, daß wir auch nicht entscheiden können, ob das, was wir für die Welt halten, auch die Wirklichkeit ist, oder ob es eine dahinterliegende Wirklichkeit gibt usw. Dies ähnelt dem Höhlengleichnis Platons, bei dem Menschen in einer Höhle angekettet nur Schatten sehen und nicht wissen können, daß dies und ob dies Effekte einer Lichtquelle sind, die die Figuren beleuchten. Damit wird der Anspruch von Wissenschaft auf Wahrheitsfindung grundlegend in Frage gestellt.

Die klinisch-psychologische Bedeutung dieses Aspektes des Konstruktivismus wurde grundlegend durch die Kommunikationspsychologie von Watzlawik und Mitarbeitern, von der Stanford-Schule (Watzlawik et al. 1971, Watzlawik 1991) herausgearbeitet. Klinische Beobachtungen, wie beispielsweise in der Paartherapie, legen im Einzelfall sogar nahe, das *Kausalitätsprinzip* und das *Objektivitätsprinzip* aufzugeben: die Unmöglichkeit etwa, bei einem Alkoholiker sicher anzugeben, ob er ursächlich wegen seiner „bösen" Frau trinkt, oder ob die Frau nur so böse zu ihm ist, weil er trinkt, diese Unentscheidbarkeit des „wahren" Grundes führt aus pragmatischer Sicht zu Beschränkungen der Aussagekraft und vor allem auch der Erkenntniskraft und der prinzipiellen therapeutischen Handlungskompetenz der Experten.

Es ist in diesem Fall also weder eine *Ursache vom beobachtenden Experten her sicher nachweisbar*, noch kann die *intersubjektive Gültigkeit*, also Objektivität, *begründet beansprucht werden*.

Im Zusammenhang mit diesen Beobachtungen aus der klinischen Praxis entwickelte sich der Konstruktivismus weiter, der insbesondere von Ernst von Glasersfeld, Heinz von Förster und von Paul Watzlawik, als einer Gruppe von US-Österreichern gestaltet wird.

Eine der generellen populären Thesen der Konstruktivisten ist, daß, zumindest im Rahmen einer radikalen konstruktivistischen Position, eine Unterscheidung zwischen *Landschaft und Landkarte* nicht mehr getroffen werden kann, denn die kategoriale Unterscheidung zwischen Landkarte und Landschaft impliziert wieder eine Entscheidbarkeit über die Qualität der Landkarte, ob sie die Landschaft gut oder schlecht abbildet, was bereits wieder eine Eich-Landkarte voraussetzt und die Begründung der Entscheidung darüber, welche die bessere abbildende Landkarte ist. Eine praxisnahe prinzipielle Klärung ist bei diesen Fragen nicht leicht möglich.

Für die innerhalb eines kommunikativen Zusammenhangs mögliche Konsensbildung über das Gegebensein einer bestimmten Umwelt ist also ein Aushandeln der individuellen Wahrnehmungen der Umwelt möglich und auch erforderlich. Im Regelfall lassen sich immer wieder „Ankerreize" (Referenzreize) ausmachen, durch die eine Verständigung über die Außenwelt hinreichend möglich ist. So sind Fotos von Urlaubsorten in Südeuropa mit Sonne und blauem Himmel ein Bild, das häufig der „Realität" entspricht. Radikale Konstruktivisten sehen allerdings, wie erwähnt, keinen Unterschied zwischen der vor Ort wahrgenommenen Landschaft und einer Ansichtskarte. Die individuelle Ausgestaltung der Bewertung der wahrgenommen Umwelt (Sonne=Hautkrebs/Sonne=Hautbräunung) ist allerdings dann wesentlich schwieriger intersubjektiv zu vergleichen und zu „verstehen". Es ist auch nicht zu bestreiten, daß beispielsweise über das Meer geredet werden kann. Der „Objektbereich Meer" wird zwar von einem Fischer anders gesehen, als von einem Maler, einem Taucher, einem Geophysiker, einem Biologen, einem Urlauber oder einem Seemann. Keiner von den verschiedenen Betrachtern wird jedoch, wenn von den Gefahren des Meeres die Rede ist, hauptsächlich vom ebenso blauen Himmel sprechen.

Die Unentscheidbarkeit über die „Richtigkeit" von Konzepten führt somit zu einer pluralistischen, subjektivistischen Erkenntnistheorie, denn „es kann (vom konstruktivistischen Standpunkt aus) auch nie ein bestimmter gangbarer Weg, eine bestimmte Lösung eines Problems oder eine bestimmte Vorstellung von einem Sachverhalt als die objektiv richtige oder wahre bezeichnet werden" (v. Glasersfeld 1992, S.32). Die komplizierte Diskussion, ob es eine Wahrheit oder eine Wirklichkeit gibt, bzw. ob man die Existenz einer solchen Wirklichkeit postulieren muß, muß spezifischen epistemologischen Diskussionen vorbehalten bleiben (vgl. z.B. Popper 1984, v. Glasersfeld 1992).

Ein zentraler Punkt des Konstruktivismus ist somit die Kritik an einer *abbildtheoretischen Erkenntnistheorie* - die Konzepte von der Welt werden nach Ansicht des Konstruktivisten durch internale (selbstbezügliche) Prozesse und nicht durch externale Anstöße konstituiert. Dennoch bleibt unklar, aus welchen Bausteinen diese Konstruktionen erfolgen. Man könnte experimentell-wissenschaftlich wohl gut begründet annehmen, daß wir unsere Welt aus einer Topologie von Lichtpunkten konstruieren, teils unbewußt, wie dies die Gestaltpsychologie gezeigt hat, teils bewußt, indem interpretative Prozesse unter Einbezugnahme von gelernten Inhalten und gespeicherten Erfahrungen über die Welt genutzt werden.

Die Subjektgebundenheit von Erkenntnis führt nun in der Folge im konstruktivistischen Konzept dazu, den für diese Arbeit zentralen Begriff „Umwelt" als nicht objektivierbare Kategorie einzuordnen. Das konstruktivistische Konzept von Umwelt als Konstrukt des jeweiligen Lebewesens zeigt starke Parallelen zu dem Umweltkonzept von Jakob von Uexküll (Uexküll u. Kriszat 1970), das die Vereinigungsmenge von „Merkwelt" (über die Sinnesorgane aufgebautes Bild der Außenwelt) und „Wirkwelt" (über die Motorik beeinflußbare Außenwelt) umfaßt. Damit ist, wie später zu zeigen sein wird, eigentlich nur ein *rein subjektivistischer Umweltbegriff* zulässig. Dies ist zu beachten, da der Nestor der deutschen Psychosomatik, Thure von Uexküll, unabhängig von der aktuellen Konstruktivismus-Debatte, sich bereits vor zwei Jahrzehnten auf ein Konzept der Wirklichkeitskonstitution von Lebewesen im Sinn des erkenntnistheoretischen Konzepts („Umweltlehre") seines Vaters Jakob von Uexküll stützt (v. Uexküll u. Wesiack 1988).

Diese Einschränkung auf die subjektive Wirklichkeit ist jedoch nicht akzeptabel, da in der Praxis immer wieder festzustellen ist, daß Menschen eine intra- und intersubjektiv teilweise ziemlich gleiche (aber sicher auch unterschiedliche) Welt wahrnehmen und ihr Verhalten danach ausrichten. Dazu sei Platon zitiert: „Wenn ich etwas wahrnehme, nehme ich Etwas wahr; es ist unmöglich, wahrzunehmen, ohne daß da etwas wäre, das wahrgenommen wird, der Gegenstand, sei er nun süss, bitter oder von anderer Eigenschaft, muß Beziehung haben zu einem Wahrnehmer... " (Platon 1578; zit. nach v. Glasersfeld 1992; S. 12).

Die Voraussetzungen der praktischen Anwendung konstruktivistischer Konzepte müssen also in ihren Einschränkungen expliziert werden, sie sind nicht selbstverständlich, denn sonst müßte wenigstens ein Teil der Teilnehmer eines Kongresses über Konstruktivismus zur Mittagspause statt der Speise die Speisekarte essen.

An manchen Stellen wird der radikale Konstruktivismus abgeschwächt, so daß Ähnlichkeiten mit dem kritischen Rationalismus hergestellt werden können. Als Bezug für diese These kann das Beispiel von v. Glasersfeld (1992, S. 19) gelten, der das Prinzip der konstruktivistischen Erkenntnistheorie an einem blinden Wanderer erläutert, der durch einen dichten Wald zu einem Bach kommen will: Der Wanderer erfährt den Wald nur dadurch, daß er beim Gehen mit Hindernissen kollidiert, indem er gegen die Bäume läuft, die er aber als solche nicht erkennen kann. Der Wald besteht für den Blinden nur aus der Menge der erfahrenen Hindernisse. Von Glasersfeld meint, daß auch hier Parallelen zum kritischen Rationalismus bestehen, insofern es sich um Falsifikationen seiner „Da-geht´s-lang"-Hypothesen handelt. Auch betont von Glasersfeld hiermit den Nützlichkeitsaspekt, den Konstruktionsaspekt und den Wirklichkeitsbezug von Erkenntnis durch Scheitern im Handeln. Von Glasersfeld (1992) schlägt in Hinblick auf den kritischen Rationalismus beispielsweise vermittelnd den Begriff der „Viabilität" von Konzepten vor, der sehr eng mit der Eigenschaft von Hypothesen zu tun hat, bei Falsifizierungsversuchen im Sinne des kritischen Rationalismus zu widerstehen. Es handelt sich gewissermaßen um die begriffliche Hervorkehrung der Idee, daß unsere mentalen Konstruktionen über die Wirklichkeit ein gewisses Überlebenspotential zeigen, also unterschiedliche Surviver-Qualitäten haben.:"...'viabel' aber nennen wir ...in diesem Zusammenhang eine Handlungs- und Denkweise, die an allen Hindernissen vorbei...zum erwünschten Ziel führen." (v. Glasersfeld 1992, S. 29). Diese Gedanken hat er weiter ausgebaut (v. Glasersfeld 1992, S. 34):

„Indem es den Fluß seines Erleben segmentiert und Teilstücke aufeinander bezieht und verkettet, schafft sich das Subjekt Modelle von den 'Dingen' und kategorisiert das Erlebensfeld, in dem sie isoliert wurden, als 'Umwelt'. Insofern diese Dinge sich dann als mehr oder weniger dauerhaft erweisen und ihrerseits aufeinander bezogen und verkettet werden können, erwächst die Konstruktion einer kohärenten Wirklichkeit. Hand in Hand mit dieser Konstruktion schafft der Erlebende ein Modell von dem, was er oder sie 'sich selbst' nennt. Auch dieses Selbst wird aus dem Erleben abstrahiert und nach und nach schreibt das handelnde Subjekt ihm bestimmte Eigenschaften, Fähigkeiten und Funktionen zu. Ein Wissen, das es uns ermöglicht, in der Welt unseres Erlebens Ziele zu erreichen, die wir uns selber setzen, reicht vollauf aus, um Wissenschaft, Philosophie und Kunst zu rechtfertigen."

„Wirklichkeit" als Begriff ist daher als maximal gut bestätigte Referenz (Bezugsgröße) in spezifischen Handlungszusammenhängen konstruierbar.

## 1.5 Kritik am Konstruktivismus

Prinzipiell ist der *Konstruktivismus* in der *Psychologie* nicht neu, er wurde in Form des Kognitivismus Mitte der 70er Jahre von Neisser (1967) betont. Auch die Theorie der *kognitiven Dissonanzen* von Festinger (1957) hat die Bedeutung mentaler Konstrukte, ihren systemischen Zusammenhang und ihre Dynamik überzeugend dargestellt, was viele Konstruktivisten, zumindest im klinischen Bereich, zu übersehen scheinen.

Es sollen daher an dieser Stelle weitere wichtige Einschränkungen des Geltungsbereiches einer radikal-konstruktivistischen Position, vor allem in klinischen Anwendungsfeldern, vorgebracht werden:

- Die Kraft der *Imagination und Konstruktion* ist begrenzt. Gerade bei Alkoholikern ist das Schicksal der Obdachlosigkeit, der Verlust der Arbeit udgl. eine Dimension materieller, sozialer Realität, die zwar in der Verarbeitung dieser Ereignisse umgedeutet, jedoch nicht total negiert werden kann: wer keine Arbeit hat, kann sich keine Arbeit wirksam halluzinieren, wer keine Wohnung hat und im Obdachlosenheim wohnt oder unter einer Brücke schläft, kann sich kein Einzelzimmer mit Heizung und Dusche wirksam vorstellen. Auch in Indien sterben solche Menschen trotz Meditationskünsten. Ebenso kann sich ein Tetraplegiker schwerlich als Zehnkämpfer konstruieren. Offensichtlich ist das Spektrum der mental steuerbaren körperlichen Zustandsbilder begrenzt und hängt von einem spezifischen Training ab: Fakire können zwar auf Nägeln sitzen oder Feuerläufer über glühende Kohlen laufen, doch meidet man es in der Regel - das läßt sich im interkulturellen Vergleich feststellen - unbedacht und ungewollt mit Nägeln oder Feuer in körperlichen Kontakt zu kommen, weil es schmerzt und weil man sich schädigen kann. Generell kann man auch sagen, daß es einen *weiten transkulturellen Konsens* über Schadfaktoren (z.B. Feuer, Waffen, Raubtiere usw.) oder „Defizite" (Armut, Obdachlosigkeit usw.) gibt, der Grenzen der Beliebigkeit des mentalen „Konstruierens" verdeutlicht. Umkonstruktionen sind zwar strategisch nützlich, sie sind aber bisher in zu wenigen Bereichen auf ihre Wirksamkeit hin untersucht worden (vgl. Simon 1988). Es besteht daher die Frage nach den Grenzen der systemischen Therapie.

Offensichtlich sind im Bereich Therapie weiterhin *konkrete Hilfen* nötig, und sie müssen bei der Therapie mitbedacht werden, zumindest wenn sie der Patient implizit mitbedenkt. Aus klinischer Perspektive ist daher die Position *des radikalen Konstruktivismus* kaum generell praktikabel - die kognitive Umkonstruierbarkeit der Vorstellungen und der Verhaltensprogramme von Patienten ist begrenzt.

- Für die hier notwendigen *metatheoretischen Überlegungen* wird davon ausgegangen, daß *die Unterscheidung von Landschaft und Landkarte pragmatisch nützlich ist*. Ob die Landschaft wieder eine Konstruktion ist, also beispielsweise eine Konstruktion erster Ordnung, die durch die unmittelbare Anschauung gewonnen wird, ist hier nicht weiter bedeutsam. Manche Konstruktivisten sprechen auch von einer *Wirklichkeit der 1. Ordnung* und einer *Wirklichkeit der 2. Ordn*ung.

Die konstruktivistische Perspektive ist nur in Form des philosophischen Theorems der prinzipiellen Konstruiertheit von „Weltbildern" praktisch relevant. Es muß in der Praxis von einer *Hierarchie „harter" (objektiv-kollektiver)* und *„weicher" (subjektiv-*

*individueller) Konstruktionen* ausgegangen werden, die die physische Realität bzw. die soziale Realität betreffen.

Es wird hier also pragmatisch von der Existenz einer physischen Realität ausgegangen, die den Horizont möglichen Verhaltens einschränkt.

Diese Konzeption paßt gut zu der 3-Welten-Theorie von Popper, die von einer physisch-materiellen Welt, einer biologischen Welt psychischer Phänomene und einer Welt der sprachlichen und ideellen Systeme ausgeht. Im Rahmen einer Systemkonzeption kann dieses Modell auch als 3-Ebenen-Konzeption der Welt gelten (vgl. Miller 1976).

- Zum Thema der „Wirklichkeit" gibt es auch *kulturvergleichende Studien zur menschlichen Wahrnehmung,* die kurz zusammengefaßt zeigen, daß z.B. im Bereich „unbewußter" Wahrnehmungssteuerung (geometrisch-optische Täuschungen), eine recht geringe interkulturelle Variabilität festzustellen ist. Dies scheint dafür zu sprechen, daß voll funktionstüchtige Wahrnehmungssysteme kaum kulturspezifische Funktionsveränderungen aufweisen. Die sensorischen Mechanismen scheinen sich sehr ähnlich zu sein. Damit ist es neben *entwicklungspsychologischen Befunden* (z.B. Leehey et al. 1975) plausibel, daß es angeborene Mechanismen der Wahrnehmung gibt, wie sie auch für emotionale Ausdrucksmechanismen nachgewiesen sind.

Selbst wenn es also keine „Wirklichkeit" gibt, so scheinen Menschen und ihr Erkenntnisapparat relativ ähnlich gebaut zu sein, so daß sie sich über lebenspraktisch Elementares verständigen können.

- *Innen-/Außen-Differenz*: Jeder Mensch hat nach der Geburt die Erfahrung in der Mutter-Kind-Interaktion, daß es ein von einem Selbst abgrenzbares Etwas gibt, das allmählich als Mutter identifiziert wird. Damit ist in der Erfahrung die System/Umwelt-Differenz oder die Person/Umwelt-Differenz geleistet. Daß dieser Prozeß, der zu einer neuen stabilen kognitiven Struktur führt, „innerhalb" der Person stattfindet, entbindet nicht vom weiterhin bestehenden funktionellen Wert der Unterscheidungsleistung von Selbst und Nicht-Selbst. Wenn der Einfachheit halber auch in einer intendierten Kommunikationsgemeinschaft zwischen Arzt und Patient die Begrifflichkeit „Innen" und „Außen" genutzt wird, dann in demselben genannten Verständnis, also mit der zusätzlichen Verallgemeinerung, daß die meisten Menschen solche Differenzierungsleistungen nutzen.

- *Die aktuellen Ergebnisse der neurobiologischen Wahrnehmungsforschung* werden zu wenig berücksichtigt. So hat - entgegen der allgemein verbreiteten Meinung - *der Konstruktivismus* im Bereich *der Neurobiologie der Wahrnehmung keineswegs neue Erklärungsleistungen* vollbracht. Seit der Erkenntnis der kortikalen Detektoren und ihrer hierarchischen Verschaltung (vgl. Hubel u. Wiesel 1963, 1988), über die die Merkmalsextraktion stattfindet, wurde eine begrenzt sinnvolle Beschreibung neuronaler Detektiermechanismen im Bereich der Wahrnehmung entwickelt. Auch die künstliche Intelligenz ist auf der Suche nach entsprechenden Algorithmen. Andere Entwicklungen, wie z.B. das Konzept von der parallelen Informationsverarbeitung, erscheinen ausbaufähig. Überspitzt ist auch die Aussage von v. Glasersfeld (v. Glasersfeld 1992, S. 21): „...unsere Sinnesorgane nehmen Unterschiede wahr, nicht aber

Dinge, die als solches von anderen unterscheiden ließen". Die experimentelle Neurobiologie des Sehsystems zeigt nämlich beispielsweise, daß es bereits in der Netzhaut, im Thalamus und im Cortex Nervenzellen gibt, die selektiv auf nicht bewegte („stationäre") Lichtbalken oder Lichtpunkte anhaltend elektrische Entladungen zeigen, während andere tatsächlich nur auf Veränderungen reagieren, also auf Licht nur mit einer kurzen Entladungssalve reagieren und dann ruhig sind. Es wurden also „Licht-an-Nervenzellen" identifiziert, die anhaltende (d.h. „tonische") Entladungsraten zeigen und damit sozusagen neuronale „Existenzindikatoren" sind, die sagen, daß da etwas ist und noch immer ist, und andere, die nur kurzzeitig aktiv sind, d.h. „phasisch" aktiv sind und somit eher als neuronale „Ereignisindikatoren" fungieren (z.B. da „war" etwas). Es wäre sehr fruchtbar, wenn diese Erkenntnisse der Neurobiologie in der Konstruktivismus-Debatte stärker berücksichtigt und danach korrigiert würden (vgl. Tretter 1974).

Auch die strukturell bedingte Konvergenz und die funktionell bestehende Synergie der einzelnen Sinnessysteme wurde in der erkenntnistheoretischen Debatte zu wenig bedacht: Mit zwei unterschiedlichen Erfahrensweisen - beispielsweise visuell und taktil - kann ein Objekt, wie beispielsweise eine Stechmücke, als „externe Realität" gut identifiziert werden.

- Hier wird von der gut bestätigten Annahme ausgegangen, daß es *eine Wirklichkeit* gibt, die *umfassender* ist *als unser jeweiliges aktuelles Bild von der Wirklichkeit*. Retrospektiv läßt sich dies im Vergleich zwischen der fiktiv-hypothetischen Wirklichkeit (als Konstruktion) und der empirischen Wahrheit (also zutreffen der von Konstruktionen) belegen. Ob das wahre Wesen der Welt gerade erkannt wird oder in Zukunft erkannt werden kann, ist also nachgeordnet.

Die Kombination von sinnlicher Erfahrung mit instrumenteller Erfahrung - beispielsweise mit dem Fotoapparat - läßt eine immer exaktere Beschreibung der externen Umwelt (und auch der Person selbst) zu.

Der philosophisch reflektierende Familientherapeut Ludwig Reiter weist in seiner umfassenden Kritik am Konstruktivisimus grundlegend darauf hin, daß eine Widersprüchlichkeit gegeben ist, insofern Konstruktivisten empirische Argumente aufbringen um zu zeigen, daß es keine Wirklichkeit gibt ( Reiter 1992). Das bedeutet, daß man von einer „höheren Erkenntniswarte" aus betrachtet, sozusagen die Leiter, auf der man hinaufgestiegen ist, umwirft. Auch Niklas Luhman führte zu der Realismus-Antirealismus-Debatte, die von Konstruktivisten angestoßen wurde aus: „Was immer seine Anhänger sagen mögen: selbstverständlich ist der Konstruktivismus eine realistische Erkenntnistheorie, die empirische Argumente benutzt." (Luhmann 1990, S. 15).

Reiter resümiert: „Die gegenwärtige Situation in der systemischen Therapie ist unbefriedigend. Es hat den Anschein, als hätte sich das systemische Feld mit dem Radikalen Konstruktivismus und der Autopoiese-Konzeption arrangiert, ohne ernsthaft Alternativen aus dem Bereich des Kritischen Rationalismus geprüft zu haben. Dies führt m.E. zur Abschottung gegenüber Kritik und in der Folge zur Ritualisierung und Dogmatisierung" (Reiter 1992, S. 28-29).

Der Konstruktivismus hat daher bisher in theorie- und reflexionsschwachen Bereichen, wie sie vor allem in der Medizin gegeben sind, eine gewisse Faszination ausgeübt und daher auch eine weite Verbreitung erfahren. Die tatsächlichen Anregungen liegen sicher in einer Auflockerung des gerade in der Medizin verbreiteten *naiven Empirismus*. Letztlich bestehen aber Zweifel an der Adäquatheit des Konstruktivismus, der sicher im Bereich der sozialen Systeme, also interpersonell konstituierter Regelsysteme eine gute Erklärungskraft hat, insofern nur eine gewisse Beliebigkeit der Sinnhaftigkeit von sozialen Systemen gegeben ist. Aber schon die interkulturell vergleichende Ethnologie zeigt verblüffend viele Ähnlichkeiten in der sozialen Organisation unterschiedlichster ethnischer Gruppen. Nicht zuletzt hat der Strukturalismus transkulturelle Universalien aufgedeckt. Auch im Bereich des Rauschmittelkonsums lassen sich sowohl die negative Sanktionierung von profanen Rauschmittelkonsum mit Berauschungseffekten, wie auch die sakral-rituelle Einbindung von Berauschungen in interkulturellen Vergleichen nachweisen (Völger et al. 1981).

Die Vehemenz, mit der der Konstruktivismus von manchen Therapeuten gefeiert wird, ist teilweise unverständlich - vergleicht man die Fortschritte der Medizin, wie die Infektionslehre mit der Identifikation mikroskopischer Krankheitserreger und die Vorstellung, die mit den Pestursachen noch im Mittelalter verbunden waren, so wird deutlich, daß der Versuch über das reine Denken hinaus die Welt zu verstehen, äußerst begrenzt ist und offensichtlich zu beliebig vielen „Weltmodellen" führt. Das Faktum, daß es bessere Theorien über die Welt gibt, die die Erkennbarkeit oder gar die Beeinflußbarkeit von Krankheiten ermöglicht, ist ein weiterer Hinweis auf die Grenzen konstruktivistischer Wissenschafts- und Erkenntniskritik.

Beim Konstruktivismus läßt sich daher viel Aufregung ohne fundierte Widerlegung des kritischen Rationalismus feststellen. Bedauerlicherweise fand ja auch kein Gespräch der Konstruktivisten mit Sir Karl Popper statt. In dieser Arbeit wird Popper, trotz der Kritik an dem kritischen Rationalismus, weitgehend noch als wissenschaftstheoretische Basis genützt. Als attraktiv erscheint diese Position, da sie nicht extrem ist und man doch davon ausgehen kann, daß Popper sich mit den zeitgenössischen Strömungen der Wissenschaftstheorie kompetent auseinandergesetzt hat. Es handelt sich um eine Position, die jenseits von „-ismen" zu sehen ist.

## 1.6 Therapie-praktische Relevanz des Konstruktivismus

Die Absicht, mit dieser Arbeit auch eine bestimmte Therapierelevanz zu erreichen, erfordert einige Überlegungen zur Metatheorie der Therapie. In dieser Hinsicht haben Konstruktivisten, wie bereits angedeutet, in letzter Zeit fruchtbare Impulse gesetzt. Mehrere Aspekte zeichnen das metatheoretische Grundverständnis von *konstruktivistischer systemischer Therapie* aus. Zentral dabei ist: Das Konzept *der „Autopoiesis"* als Konzept der Selbstbezüglichkeit (Selbstreferentialität) der Aktionen des Lebewesens bzw. des Menschen. Der Mensch ist nicht „Reaktor" auf die Umwelt, sondern im

Gegenteil, er ist eher „Macher" seiner Umwelt. Damit sind theoretische Grundannahmen der Selbststeuerung des Verhaltens an den Untersuchungs- und Behandlungsgegenstand Mensch angelegt, die die Unvollständigkeit von Beobachtungen, Erklärungen und Prognosen implizieren. Daher kann der Therapeut auch nicht auf den Patienten (korrekt: „Kunden") einwirken, sondern er kann nur unspezifische Impulse zur Veränderung geben. Experte des Lebens des Patienten ist er selbst und nicht der Therapeut.

Diese Sichtweise hebt sich von der „Kybernetik erster Ordnung" der trivialen Maschinen ab, die inputdeterminiert sind und kein Innenleben zeigen (Black Box). Sie stützt sich auf die „Kybernetik zweiter Ordnung" der nichttrivialen Maschinen mit Lernen, Zufallsfluktuationen des Zustands udgl. (v. Foerster 1985). Das impliziert das „Paradigma der Autonomie", welches das „Paradigma der Kontrolle" ablösen oder zumindest ergänzen soll. So wird der kranke Mensch nicht als jemand verstanden, der seine Kontrolle verloren hat, sondern als jemand, bei dem sich neue, andersartige Autonomieprozesse zeigen. Dies trifft auch auf das Selbstverständnis der Therapeuten zu, die nicht Kontrolle verstärken können oder sollen, sondern Autonomie anregen können, bzw. bei den Versuchen der Selbstregulation nur mitwirken (noch sanfter formuliert: „teilnehmen") können. Der Therapeut kann daher auch nur reflektieren bzw. kommentieren und nicht intervenieren. Der Therapeut ist nach Ansicht der Konstruktivisten nicht Experte, sondern bestenfalls Kommunikationsexperte, beispielsweise im Andersbeleuchten von Problemdarstellungen, derart, daß sich dann eine Lösung ergibt.

## 1.7 Der Wissenschaftler und sein Gegenstand

Das erkenntnistheorethische Grundmodell, das dem in dieser Arbeit zu Grunde gelegten Wissenschaftskonzept entspricht, geht davon aus, daß *Handeln* und *Beobachten* durch die *Reflexion* und die *Antizipation* verbunden sind: Beobachtung führt durch Reflexion zur Antizipation (Erwartung) und auch zu Handlungen bzw. Handlungsplanung. Es handelt sich also um ein Modell, das Wissenschaft und Erkenntnis als einen in der Zeit sich zirkulär verhaltenden Prozeß begreift.

Die theoretische bzw. empirisch-wissenschaftliche Untersuchung eines Sachverhaltes läßt sich in Anlehnung an Erkenntnisse der analytischen Wissenschaftstheorie und vor allem an den Kybernetiker Klaus (1969) in einem „Black-Box-Schema" beschreiben: Der bezüglich seiner inneren Struktur unbekannte Untersuchungsgegenstand ist eine Black-Box (System), über deren *funktionelles Bedingungsgefüge* und *Wirkungsgefüge* Informationen (Daten, Beobachtungen) vorliegen, die so verarbeitet werden, daß Konzepte über die funktionelle Charakteristik (z. B. empirische Gesetze) konstruiert werden können. Diese Konzepte gelten wieder als Leitlinien für neue Beobachtungsstrategien oder sie werden als Bausteine für Theorien genutzt. Ergänzt werden muß dieses Modell durch ein zweites System, nämlich den Untersucher als erkennendes Subjekt. Beide machen das System der wissenschaftlichen Erkenntnis aus.

Die Inputs bzw. Eingänge (Wahrnehmungen, Beobachtungen) des erkennenden Subjekts (Beobachter) sind eine Teilklasse von Outputs des Untersuchungsobjekts. Ein Teil der Inputs des Objekts können Folgen von (auch unbeabsichtigten, indirekten) Einwirkungen des Beobachters auf das Objekt sein. Dies ist bei Menschen als Untersuchungsobjekt relevant (vgl. z. B. v. Foerster 1981). Der Beobachter stellt schließlich Input-Output-Relationen am Untersuchungsobjekt fest und versucht Einflüsse, die durch die Beobachtung selbst entstehen, durch das systematische Variieren der Bedingungen zu minimieren.

Damit ergibt sich ein allgemeines Grundmodell von Wissenschaft (und menschlicher Erkenntnis), das den Beobachter und den Erkenntnisgegenstand als System explizit umfaßt. Dieses Modell entspricht einem erweiterten „Black-Box-Modell", einem Methodenkonzept, das gegenwärtig wohl fast in allen wissenschaftlichen Disziplinen vertreten ist. Es bietet insbesondere den Vorteil der Formalisierung (vgl. Abb.1).

Metatheoretisch sind noch folgende Aspekte relevant:
– Es ist zweckmäßig, eine klare Trennung von *Beobachtung, Beschreibung und Erklärung* vorzunehmen. Das betrifft auch die Differenzierung von Beschreibungs- und Erklärungsmodellen.
– Ein Grundgedanke, der den Ausführungen zur Theorie zugrunde liegt, ist folgender: Wenn ein bestimmtes Merkmal (Variable) beobachtet wird, kann im einfachsten Fall eine *Konstanz* oder eine *Variation* des Ausprägungsgrades der Variable als Funktion der Zeit festgestellt werden (z.B. dx/dt). Eine Variation kann eine *Zunahme* oder eine *Abnahme* der Merkmalsprägung bedeuten. In der Sichtweise der Kybernetik bzw. der Systemwissenschaft wird die Variation einer Größe im Systemzusammenhang betrachtet. Eine „Erklärung" von Beobachtungen im engeren Sinne kann daher nur durch realwissenschaftliche Ausführungen erfolgen, etwa in dem man bestimmte Gehirnstrukturen identifiziert, deren Aktivität für lustbetontes Verhalten zuständig ist. Allerdings bietet die Kybernetik mit der Modellierung durch Schaltkreise die Möglichkeit, charakteristische Funktionen durch gekoppelte Erregungs- und Hemmungsvorgänge zu erklären. (siehe Kapitel „Systemwissenschaft").
– Die „Beobachter-internen" Repräsentationen der Merkmale des Untersuchungsobjektes sind einesteils Daten, die instrumentell oder nicht instrumentell mit dem „unbewaffneten" Sinnessystem gewonnen wurden (Beobachtungen) und andernteils konstruierte Regeln zur Datenorganisation, die dem Vorwissen entnommen sind. Das stabilisierte Gefüge von kognitiven Elementen, von beurteilten Beobachtungen soll als *Wissen, Konzept* oder *inneres Modell der Umwelt* bezeichnet werden. Das *innere Modell* der Umwelt besteht daher aus empirischen (Beobachtungen) und theoretischen Begriffen.

Sieht man Wissenschaft als neuzeitliches Erkenntnisprogramm an, dann sind zur Frage nach den Vorraussetzungen wissenschaftlicher Erkenntnis (Methodologie), die Ergebnisse der *Wissenschaftsphilosophie* heranzuziehen. Im Lichte dieser wissenschaftlichen Erkenntnis von der *Praxiserfahrung* ausgehend, können als nächste Stufe *Theorien* gebildet werden und Theorien müssen sich in der Praxis erproben lassen.

Theorie gilt als Bereich der Modellierung. Die Grundlagenforschung kann auch experimentell vorgehen. Der dritte Teilbereich der Erkenntnis ist die *Empirie*, die als eine systematische Beobachtung und z.T. experimentelle Erforschung des Gegenstandsbereichs zu verstehen ist.

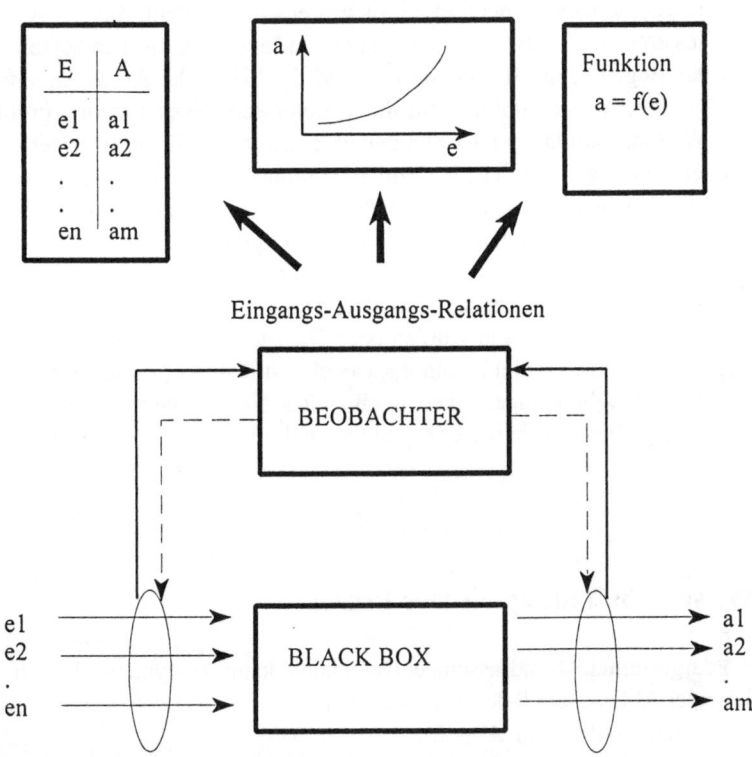

Abb. 1: Die Black-Box-Methode als erkenntnistheoretisches Grundmodell (nach Klaus u. Liebscher 1974, S. 85)

Die Erkenntnismöglichkeiten für den Beobachter ergeben sich demnach durch die Herstellung von Eingangs-/Ausgangs-Relationen (ei-ai-Relation), die der Beobachter bzw. Experimentator („Investigator") jeweils registriert (–) bzw. manipuliert (–). Auch aus dem Muster der Zuordnungen von a1-an (Ausgangsrelationen) kann der Untersucher das System „erkennen". Erkennen soll hier bedeuten, daß die Beobachtungen über das Systemverhalten früheren Beobachtungen oder vorhandenen Kategorien zugeordnet werden. Prägnante Eigenschaften werden dabei systematisch dem Untersuchungsobjekt zugeordnet. Wenn der Pfeil der Ausgänge des Systems, der auf den Beobachter einwirkt, als Teil-Klasse der Ausgänge interpretiert wird, kann auch die Beeinflussung des Sozial- und Verhaltenswissenschaftlers durch seinen Gegenstand in diesem Schema formal erfaßt werden, ebenso, wie der Umstand, daß die Messung selbst den Gegenstand beeinflußt. Es handelt sich also um ein interaktionistisches Erkenntnismodell.

Vor allem die in dieser Arbeit zentrale methodologische Problematik besteht darin, *wissenschaftliche Empirie und Theorie* fachübergreifend zu verbinden. In dieser Arbeit soll der Schwerpunkt auf Theorien gelegt werden, da sie implizit neue Anregungen für empirische Forschung geben. Darüber hinaus stellt sie auch Forderungen für die Praxis und an empirische Forschungen, etwa indem methodische Vorgehensweisen (Studiendesign) als Zyklus vorgegeben werden.

Ein wichtiger Bereich ist noch die Sprache der Wissenschaft, die als System von Aussagen aus empirischen Beobachtungssätzen und aus theoretischen Sätzen besteht. Präzision der Begriffe, ihre Empirisierung und die Logik der Aussagen sind dabei wichtige Aspekte, was in Hinblick auf die soziologische Systemtheorie problematisiert wird. Wissenschaft hat ja als Ziel, intersubjektiv überprüfbare Aussagen zu maximieren. Intersubjektivität heißt aber Kommunikation, d.h. daß in Form der jeweiligen Wissenschaftssprache über den zu untersuchenden Gegenstandsbereich kommuniziert wird. Das geschieht in Arbeiten wie diesen, in Kongreßbeiträgen usw. Letztlich ist jede Kommunikation ein Austauschprozeß von Konstrukten zwischen zwei Subjekten. Inhalt des Austauschprozesses sind *Beobachtungen*, die mit bestimmten (standardisierten) *Methoden* gemacht wurden oder *Theorien*, die von bestimmten Annahmen ausgehen und nach Ableitregeln entwickelt wurden. Auf diese Prinzipien wird hier so weit wie möglich eingegangen, doch zwingt die relative Unerforschtheit einiger Untersuchungsbereiche in dieser Arbeit das analytische Niveau mehrfach zu wechseln.

## 1.8 Wissenschaft als zyklischer Prozeß

Der eben dargestellten Grundfassung entsprechend, kann ein dynamisches phasendifferenzierendes Ablaufmodell der *Wissenschaft als Prozeß* den weiteren Überlegungen zugrunde gelegt werden (vgl. Abb. 2):

Auf die Vorstufe wissenschaftlicher Erkenntnisgewinnung in Form von (z.T. unsystematischen) *Beobachtungen* (Phase B) folgt die *Konzeptionsphase* (Phase K). Daran knüpft die Phase der Entwicklung eines geeigneten *methodischen Instrumentariums* (Phase M) und schließlich kann die systematische *Untersuchung* des Gegenstands erfolgen (Phase U). Diese Phase liefert Daten, die als *systematische Beobachtungen* in einen neuen Zyklus überführen, mit einer zweiten Phase B, der sich wiederum die konzeptorientierte Sortierung und Analyse von Daten anschließt usw.

Der Untersucher oder Forscher (U) nähert sich somit von relativ trivialen Beobachtungen oder Überlegungen dem „tatsächlichen" Sachverhalt des Untersuchungsobjekts (UO) auf approximative Weise meist im zyklischen, nicht-kontinuierlichen Verlauf (vgl. Stegmüller 1969, Kuhn 1973). Dieses zyklische Modell wissenschaftlicher Erkenntnis läßt sich in dem Satz zusammenfassen: „Neue Daten brauchen eine neue Theorie - neue Theorie bringt neue Daten". Oder, wie es Karl Lewin gesagt haben soll: „Nichts ist so praktisch, wie eine gute Theorie" (Lewin 1936).

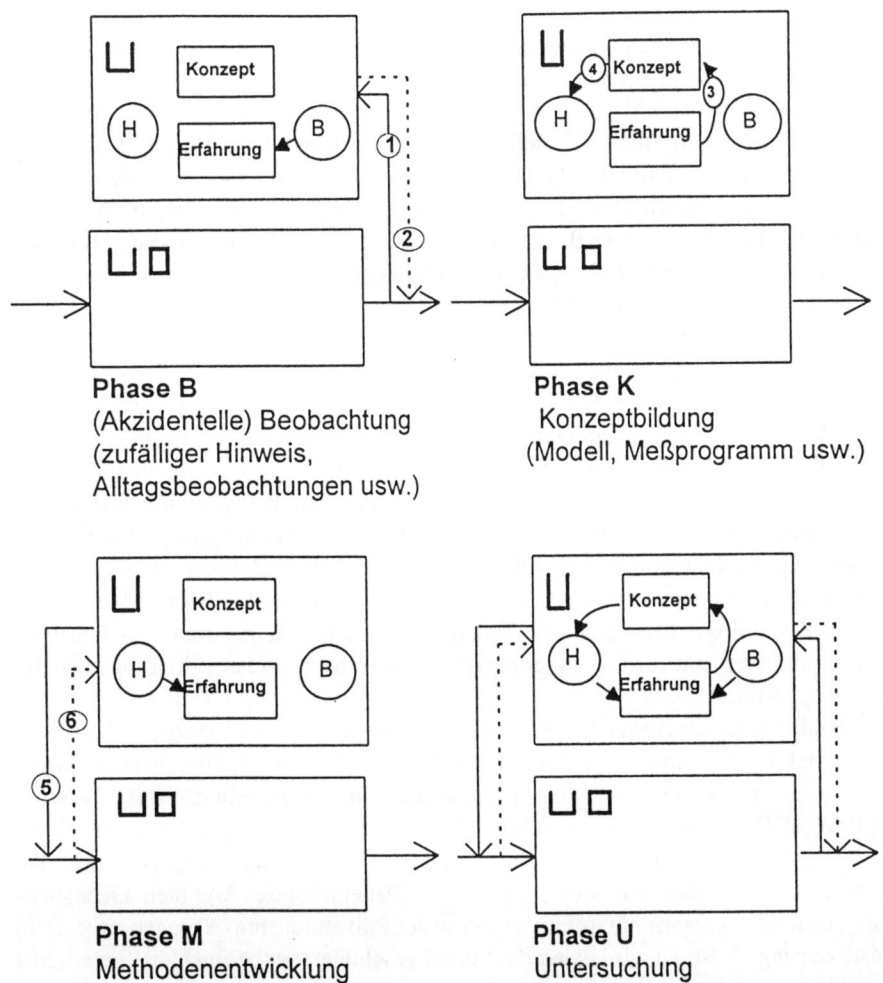

Abb.2: Ein Schema zur Wissenschaft als zyklischer Prozeß.
Erläuterung:
1    Information über das Untersuchungsobjekt
2    Instrumentalisierung der Beobachtung
3    Konzeptbildung aus den gesammelten Beobachtungen
4    Verfahrensprogramm
5    Manipulation des Bedingungsgefüges des Untersuchungsobjektes
6    Kontrollinformation über die Manipulation
U    Untersucher
UO Untersuchungsobjekt
B    Beobachtung
H    Handlung

Für diese Arbeit ist bedeutsam, daß aufgrund der metatheoretisch betrachtet teilweise schlechten Datenlage an manchen Stellen nur präzisere Forschungsfragen formulierbar sind.

Diese Vorüberlegungen sollen als ein elementarer Rahmen für die Ausführungen zur Ökologie der Sucht verstanden werden.

Bei einer Erweiterung dieses Modells, etwa für den Bereich Sucht, ergibt sich folgendes Bild: wissenschaftliches Wissen beruht *auf instrumenteller Beobachtung* (z.B. tier-experimentelle Suchtforschung) und auf begrifflich *präziser und formalisierter Sprache zur Beschreibung* (z.B. psychopharmakologische Dosis-Wirkungs-Relationen) und zur konsistenten *Erklärung* (z.B. Aussagenlogik, mathematische Theorien). Zunächst ist die *Beobachtung* ein auf intersubjektive *Überprüfbarkeit* ausgerichtetes („objektives") Verfahren zum Gewinn von reproduzierbarer (sicherer) Erfahrung (Empirie). Dabei werden theoretisch begründet *Methoden* in Form von verschiedenen Maßen, Meßmethoden und Meßtechniken an den Untersuchungsgegenstand angewandt. Die damit gewonnenen *Daten* sollen den Untersuchungsgegenstand repräsentativ beschreiben. Die Ergebnisse der anschließenden *Datenanalyse* sollen durch *Theorien* erklärt weden. Theorien sollen wiederum empirische *Verhältnisse* vorhersagen. *Der Gültigkeitsbereich* der theoretischen Aussagen muß geklärt werden (Induktionsproblem, Generalisierbarkeit). Durch theoretisch gestützte Hypothesen werden auf diese Weise neue empirische Untersuchungen angeregt. In der Medizin und in der klinischen Psychologie kann auch die Erfahrung von *Praktikern* zu empirischen Forschungsvorhaben und zur Formulierung qualitativer theoretischer Erklärungsmodelle anregen (s. Abb.3).

In Hinblick auf die *Abstufungen der Wissenschaftlichkeit von Aussagen* gilt als Kriterium, daß sie prinzipiell empirisch überprüfbar (z.B. „falsifizierbar") sein müssen, sonst laufen sie Gefahr, gegen empirische Testung immun zu sein. Beispiel: Wenn in der Präventionstheorie behauptet wird, daß Rauchen die Einstiegsdroge in die Heroinabhängigkeit ist, dann ist festzustellen, daß fast alle Heroinabhängigen rauchen, daß aber nicht alle Raucher heroinabhängig werden. Daher ist dieses Argument nicht stichhaltig, es wird aber trotzdem immer wieder in der Präventionspraxis eingebracht. Dem Falsifizierungs-Postulat wird daher das vorher geschilderte experimentelle Paradigma gerecht, dem auch die „Wahrheitsfindung" gerecht werden muß.

*Kritik* gegenüber solchen Kriterien exakter Wissenschaft wurde von Feyerabend (1976, 1979) entgegengebracht, der „Wider den Methodenzwang" argumentierte.

Auch wurde von Kuhn gezeigt, daß Wissenschaft nicht nur ein Prozeß linearer Kumulation von Wissen ist, sondern, daß es „Erkenntnisrevolutionen" gibt, die teilweise nicht nach Gesetzen der Rationalität verlaufen.

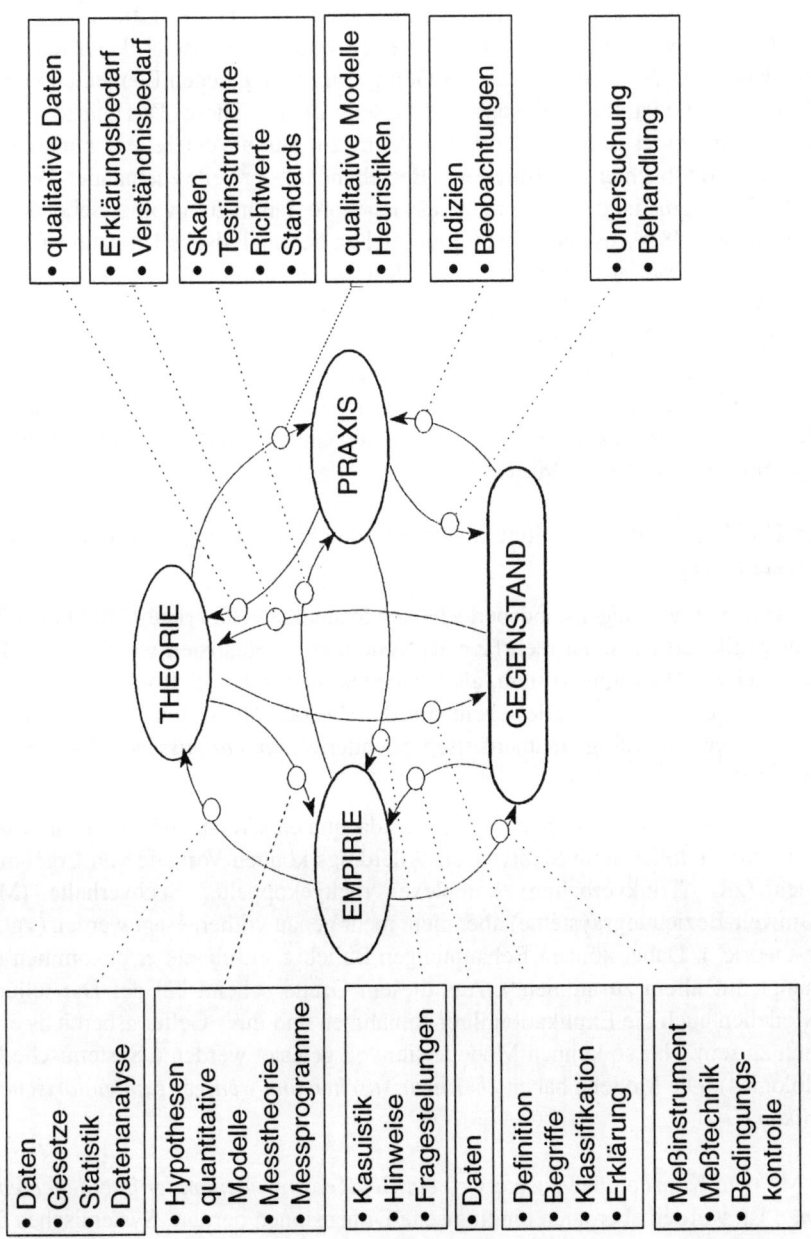

Abb. 3: Die Struktur von Medizin als Wissenschaft - das Verhältnis von Gegenstand (Krankheit), Theorie, Empirie (empirische Forschung) und Praxis.
Leseweise in Pfeilrichtung: „ A bringt x für B" (z.B. Empirie bringt Daten für Theorie )

## 1.9 Systemphilosophie

Setzt man im Bereich philosophischer Überlegungen den Begriff „System" sehr zentral, dann könnte man von „Systemphilosophie" sprechen (Laszlo 1972). Grundlegend, das haben die Kybernetik und die Systemtheorie gezeigt, kann jeder Gegenstandsbereich als „System", d.h. als Gefüge von verbundenen Elementen verstanden werden. Damit ist das „philosophische Gesetz" mit der These „Das Ganze ist mehr als die Summe seiner Teile" besser verständlich - zur Summe der Teile kommen die (auch evtl. vom Beobachter konstruierten) „Beziehungen" der Teile zueinander. Das systemsiche Paradigma ist damit ein relatives Gegenprogramm zum vorherrschenden reduktionistischen Wissenschaftsparadigma. Ziel ist der analytische Umgang mit Komplexität (vgl. Dörner et al. 1983, Dörner 1989). Wenn auf diese Weise auch jeder Gegenstandsbereich systemisch konzeptualisiert werden kann, so ist zu klären, ob es zweckmäßige „Mehr-Ebenen-System-Modelle" gibt, die praktisch effektiver, das heißt, heuristisch wertvoller, sind. Die „Mehr-Ebenen-Systemmodelle", die von Evolutionstheoretikern aufgestellt wurden, scheinen dies vor allem im Hinblick auf den Aspekt der „Emeregenz" als Auftreten neuer Phänomene auf höheren Hierarchieebenen des Systems zu leisten (vgl. Miller 1976).

Im Hinblick auf die Konstitution einer Systemphilosophie sind daher einige Grundaspekte zu beachten:

- Die Weite des Gegenstandsbereichs des Systembegriffs erlaubt, daß beinahe alles, was gegliedert ist, sogar mehrfach als System konzeptualisiert werden kann: Familie läßt sich als Handlungssystem, als Personensystem oder als Rollensystem verstehen (Mehr-Ebenen Aspekt). Die scheinbare Beliebigkeit des Systembegriffs erfordert zur Präzisierung allerdings mathematisch orientierte *Explikationsregeln* bzw. Systemdefinitionen.

- Explizites *vernetztes Denken* bringt ein adaequateres Verständnis für *komplexe Sachverhalte* als fokussierte Sichtweisen. Allerdings können Verläufe von Ergebnisvariablen (z.B. Trinkverhalten) komplexer rückgekoppelter Sachverhalte (Mensch-Umwelt-Beziehungssysteme) aber nicht mehr genau vorhergesagt werden (vgl. „Chaostheorie"). Dabei können Behauptungen Beliebigkeitscharakter bekommen („Alles hängt mit allem zusammen"). Aus diesem Grund scheint bei der Darstellung von Modellen auch die Explikation ihrer Annahmen und ihres Geltungsbereichs erforderlich zu sein. Nur so können Modelle sinnvoll getestet werden („Systemische Methodologie"). Die Modelle haben *eher heuristischen und weniger explanatorischen Charakter*.

- Mit dem Konzept, daß unsere *Welt ein Gefüge von voneinander interdepenten Systemen* ist, werden aber auch ontologische Dimensionen berührt. Systemisches Denken tangiert daher die Kategorien von Aristoteles vom Doppelcharakter von analytischer und ontologischer Begrifflichkeit.

- Auch findet sich in der modernen Systemanalyse die *Ursachenlehre* von Aristoteles auf dem Prüfstand - Finalursache, Materialursache, Zweckursache, Wirkursache. Vor allem letzeteres ist hier relevant (vgl. Tretter 1979).

- Das Konzept der *„Polyskopischen"* Modelle stützt sich darauf, daß der Mehr-Ebenen-Ansatz bei der Systemanalyse hilfreich ist. Die weitere Diskussion wird mehrfach zeigen, daß flexible Modelle in Hinsicht auf den Aggregationsgrad der Beobachtungen und der Konzeptreichweite für die soziologische Theorie, aber auch für die Medizin, bedeutsam sind. Diese hierarchischen Modelle müssen den Wechsel von *makro-, meso-* und *mikroskopischen Betrachtungen* erlauben. Solche Eigenschaften sollen hier provisorisch als „Polyskopie" oder „Multiperspektivität" der Mehr-Ebenen-Modelle bezeichnet werden, d.h. daß man grundlegend davon ausgeht, daß mehrere Modellebenen miteinander verbunden sind. Bei der systemischen Betrachtungsstrategie kann dann die Technik des „Zooming-in" und „Zooming-out" angewendet werden. Das Zooming-in ist auf die untergeordneten Ebenen des Systems ausgerichtet und zielt auf eine Detailsicht, das Zooming-out zielt auf die übergeordnete Ebene und ermöglicht die Globalsicht (Abb. 4).

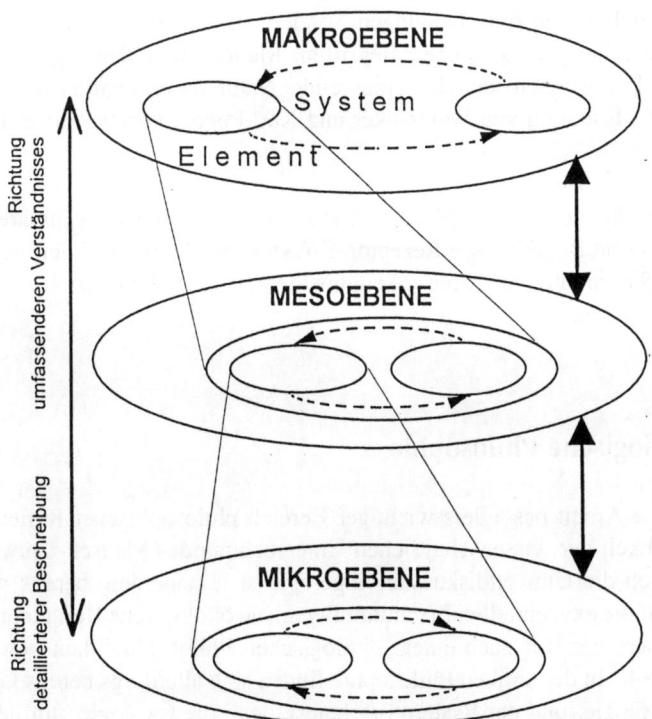

Abb. 4: Das „systemische Mehrebenen-Modell" das die integrierte „Multiperspektivität" erlaubt (veränd. nach Mesarovic u. Pestel 1974).
Ein Element eines Systems kann als Teilsystem betrachtet werden.

- *Systemisches Denken* muß sich im Bereich der *Realwissenschaften* messen lassen. Diese Prozedur der Konkretion wird aber in der metatheoretischen Diskussion von „Systemikern" gerne als unzulässige „Reifizierung" abqualifiziert. Diese Reifizierung ist allerdings eine Operationalisierung des Systembegriffs in dem Systeme konkret interpretiert werden. So ist bei den faszinierenden Ausführungen von Niklas Luhmann immer wieder die fehlende empirische Konkretion des Systembegriffs zu bedauern.

- Das Konstrukt „*Emergenz*", das unter anderem von Popper genutzt wurde, verweist auf den Umstand, daß vor allem lebende Systeme Eigenschaften haben, die auf der niedrigeren Organsiationsebene von Materie nicht vorhergesagt werden können, sondern quasi durch die Netzwerkeigenschaften des Systems zustande kommen. Damit sind auch die Grenzen eines sinnvollen Reduktionismus gesetzt. Ein physikalischer Reduktionismus ist also nicht anzustreben. Andererseits lassen sich Begriffe der Physik sinnvoll zur Typisierung von Prozessen in lebenden Systemen verwenden. Positive Evidenzen für das Phänomen der *Emergenz*, also von neuen Phänomenen in lebenden Systemen, die nicht sofort und einfach auf physikochemische Prozesse zurückgeführt werden können, sind gegeben. Auch die Reduktion von Chemie als Physik der äußeren Elektronenbahnen würde zumindest zu einer Verkomplizierung in der Beschreibung führen. Daher handelt es sich bei der Definition von Systemebenen nicht um typologische Entscheidungen, sondern um die Wahl von Beschreibungen, Sprachen und ihren wesentlichen Begriffen. Manche Grundaussagen naturwissenschaftlicher Philosophen oder philosphierender Naturwissenschaftler wie Werner Heisenberg, Carl Friedrich von Weizsäcker und Karl Popper korrespondieren mit dieser Ansicht.

- *Analogbegriffe,* die Prozeßtypiken beschreiben, sind bei transdisziplinären Analysen hilfreich. Es sind Begriffe, wie Rezeptor, Effektor, Induktion, Aktivierung, Disinhibition usw. Sie müßten in ihrer erkenntnistheoretischen Dimension noch genauer beleuchtet werden.

## 1.10 Ökologische Philosophie

Ein für diese Arbeit besonders wichtiger Bereich philosophischer Reflexion betrifft die Möglichkeit der wissenschaftlichen Untersuchung des Mensch-Umwelt-Verhältnisses. Durch die Umweltdiskussion angeregt, ist ja außerdem bereits mehrfach in Hinblick auf die existentiellen Erschütterungen, die ökologische Bestandanalysen verursacht haben, der Ruf nach einer „ökologischen Philosophie" laut geworden (vgl. Sachsse 1984). In der antiken Philosophie finden sich allerdings bereits Grundgedanken der Ökologie (und der Systemforschung), denn die Ökologie, mit dem Konzept des vielschichtigen evolutiven Ökosystems, zeigt Korrespondenzen zu gewissen Spielformen der *Ontologie*. Theoretisch ist dann bedeutsam, daß eine Gliederung dessen, was „Welt" und „Umwelt" sein soll, vorgenommen werden muß. Dabei kann man bereits auf den Baum des Porphyrus (ca. 280 n.Chr.) zurückgreifen, der Untergliederungen der Welt in materiell - immateriell vornahm, wobei er Materielles in Körper unterteilte, die belebt oder nicht belebt sind. Belebte Körper gibt es mit Sinnen (Tiere u. Menschen) und als Lebewesen ohne Sinne (Pflanzen ) usw. Solche kategorialen Untergliederungen des Gegenstandsbereichs führen auch wieder rasch in die systemische Philosphie, insofern zumindest eine konzeptuelle Strukturierung dessen, was wir Welt nennen, erforderlich ist, um sinnvoll über systemische Prozesse sprechen zu können. Damit verbunden ist aber auf der wissenschaftlichen Ebene das Problem der Integration unterschiedlicher Wissenschaften, wie der Sozial- und Naturwissenschaften.

So ist mit dem Auftreten der Ökologie und der Humanökologie wegen der Integration von unterschiedlichen Wissensbereichen die Frage nach *der Vereinbarkeit von Wissen aus den Einzelwissenschaften* gestellt. Nach Carnap kann in dieser Hinsicht die Frage nach der Konkretion einer Einheitwissenschaft gestellt werden. Die allgemeinste Einteilung ist im Sinne des Wiener Kreises die Unterscheidung von „Realwissenschaften", als empirisch orientierte Wissenschaften und „Formalwissenschaften" (vgl. Anzenbacher 1995). Die Realwissenschaften können in „Kulturwissenschaften" und in „Naturwissenschaften" unterteilt werden. Somit besteht das methodologische Hauptproblem der Humanökologie darin, eine Verbindung zwischen Kultur-, (Sozial-) und Naturwissenschaften zu leisten. Diese Verbindung erfolgt nicht nur im Bereich der Ökologisierung der Sozialwissenschaften, sondern durch die „Individualökologie" auch im Bereich der Individualwissenschaften (Medizin, Psychologie, Pädagogik).

Globales Denken ist gefordert, daher besteht die Aufgabe, die Einzelerkenntnisse zur Natur, zur Technik, zur Gesellschaft und zum Menschen miteinander zu verbinden und gemeinsam zu betrachten. Die sozusagen „transdisziplinär" gelagerten Formalwissenschaften wie Mathematik, Logik, Statistik und auch die Systemwissenschaft können eine wichtige Achse an Verbindungen der Realwissenschaften ausmachen. Selbst wenn die Notwendigkeit integrativwissenschaftlichen Arbeitens für die Menschheit existentielles Gewicht bekommen hat, so ist die Akzeptanz solcher Bemühungen in breiten Kreisen der „Intelligenz", wie erwähnt, aufgrund der Interpretation der Gegenwart als „Postmoderne", nicht zu erwarten. Humanökologie ist ein Projekt interdisziplinärer Kooperation, das ein umfassenderes Verständnis der Mensch-Umwelt-Verhältnisse ermöglicht als die Einzelwissenschaften und dabei aber auch inhaltliche Aussagen trifft. Letzteres steht im Gegensatz zur Systemforschung, die nur die Prozeßstruktur interdependenter Systemteile zu klären hilft.

Eng verknüpft damit ist verständlicherweise die Ethik als *„ökologische Ethik"* mit der Frage: Was sollen wir mit unserer Zivilisation tun? Es geht bei der ökologischen Philosophie vor allem aber um die *sozialökologische Ethik*, die sich in dieser Arbeit in der Frage nach dem Umgang mit der Drogenanbaupolitik der Entwicklungsländer verbinden wird - nicht nur der historisch gewachsene Naturbezug der Kokabauern und die imperativen Mandate, die die Industrieländer gegenüber diesen Anbaukulturen haben, sondern auch die Relativität der Wertstrukturen der dortigen Bevölkerungsgruppen, die mit dem Drogenbereich zu tun haben, bedarf gründlicher Betrachtung (vgl. Ambos 1994).

Es kann mit dem hier vorliegenden Versuch, eine Humanökologie der Sucht zu explizieren, nur darum gehen, ein Konzept vorzuschlagen und auszutesten, das disziplinübergreifend auf eine *Beziehungstheorie* ausgerichtet ist, bei der das Konstrukt „*Haushalt*" (im weiteren Sinne) zu explizieren und anzuwenden und auf seine Fruchtbarkeit hin zu untersuchen ist.

Dieses Konzept soll allgemein gestaltet sein, um möglichst viele Anknüpfungspunkte zu zeigen, andererseits soll es Strategien der Präzisierung ausweisen, was in den speziellen Kapiteln geschehen soll.

## 1.11 Analytische Konsequenzen der Metatheorie

Aus dem bisher gesagten soll deutlich werden, daß es bei Forschungsprojekten klärend sein kann, den gewählten Arbeitsansatz und seine Probleme, auf eine philosophische Ebene bezogen, im voraus zu bestimmen. Es soll daher unter Rückbezug auf Aspekte des Kapitels zur Wissenschaftsphilosophie noch kurz auf praktische Fragen eingegangen werden.

### *Terminologie und Begriffe*

Sprache ist im wissenschaftlichen Handlungskontext von eminenter Bedeutung. Es geht ja um die Objektivierung (im Sinne der Intersubjektivierung) von Beobachtungen (Daten) und Gedanken (Theorie). Vor allem bei einer fachübergreifenden Gegenstandsbestimmung bestehen Schwierigkeiten, geeignete Terme zu wählen, die spezifisch, aber auch verständlich sind. Die Sprachgebung mag in dieser Arbeit manchmal befremdlich wirken, da sie stellenweise außerordentlich künstlich wirkt und auch relativ starr angewendet wird. Das wird vor allem bei den Begriffen *Beziehung, Nehmen, Geben* usw. auffällig sein. Es soll jedoch mit einer solchen relativ starr angewandten Terminologie das Konstruktionsprinzip verdeutlicht werden, eine ordnende Systematik aufzustellen. Vor allem die Begriffstaxonomien *Umwelt* und *Beziehung* führen hier zu *Schwierigkeiten. Systematiken* bieten Orientierungshilfen, sie sollen keine Zwangskorsette sein. Die hier vorgeschlagenen kategorischen Taxonomien (z.B. Umweltbegriff) sind sicher mangelhaft und müssen erst breit ausgetestet werden. Die Begriffstaxonomien sollen auch nur Anregungen zu konzeptuellen Ordnungsversuchen sein. Sie stehen bewußt abgesetzt zu dem gegenwärtigen Trend, der die Beliebigkeit von Konstruktionen bevorzugt, der wie bereits diskutiert, vor allem von „Systemikern", im Kreise der Familientherapie, vertreten wird. Manchmal wird gezielt statt von „Beziehungen" oder „Ökologie", vom „Beziehungshaushalt" gesprochen. „*Ökologie*" wird hier als Ökologie des Menschen, also „Humanökologie" verstanden, manchmal wird jedoch zur Vereinfachung nur von „Ökologie" gesprochen. Ökologie ist allgemein die Wissenschaft von den Umweltbeziehungen von Lebewesen. Vor allem auch zum Zweck der Pointierung soll Humanökologie hier vereinfachend als Ökologie bezeichnet werden. Dies ist allerdings auch mißverständlich, da manchmal *der*

*Gegenstand* und an anderen Stellen *die Wissenschaft* gemeint ist, was in der Umgangssprache auch zur Verwechslung und falschen Gleichsetzung von Umwelt und Ökologie führt: Sauberes Wasser ist ein Teil einer sauberen Umwelt, Wasser aber bedeutet in seiner Bezogenheit auf den Menschen mehr, es ist Transportmittel, hat eine Deponiefunktion für biologisch abbaubaren Müll, eine lokale Population wird sich sogar vor Wasser schützen usw. Es hängt also die Bedeutung von Wasser als Umwelt von der Bewertung, d.h. von der Nutzperspektive ab. Daher gibt es auch keine Ökologie für den Menschen, wenn nicht dabei die Ökonomie berücksichtigt wird. Ökologie ist daher nur ein überlagertes Abstraktum, erst Humanökologie integriert die Ökonomie.

Der Begriff *„Beziehungen"* ist ein besonders allgemeiner Begriff und ist in der Ökologie von zentraler Bedeutung. Wenig wird zu diesem Begriff an begriffs- und sprachanalytischen Arbeiten angeboten. In dieser Arbeit werden erste Klärungen geleistet, die zwar randständig in der Konsequenz sind, aber bedeutsam für die gedankliche Strukturierung des Gegenstandsbereichs. Besonders zentral ist der Gedanke, daß Störungen der Person, also Krankheiten der Person, auf Störungen des Beziehungshaushaltes zurückzuführen sind. Durch unterschiedliche Formen der Darstellung, insofern beispielsweise auch Begriffe wie „Bezug" oder „Beziehungsbeziehungen" oder „Haushalt" udgl. miteinander begrifflich verbunden werden, soll die intendierte Betonung einer spezifischen Bedeutung des Beziehungsbegriffs, der sich eher mathematisch orientiert, verdeutlicht werden. Nicht (pathogene) „Reize", sondern Beziehungen und Bezugsverhältnisse, die zwar als Reize begriffen werden, bewirken Störungen (Kältereiz bei resistenen Lebewesen erzeugt keine Erkältung). Die erkenntnistheoretischen Probleme des Begriffs „Beziehung" können hier nicht vertieft werden.

*„System"* ist ein weiterer wichtiger Begriff. Ein System wird auch häufig als „Gefüge", seltener als „Struktur" bezeichnet. Der Begriff „systemisch" wird in dieser Arbeit eher vermieden, da er häufig einer Schule innerhalb der Familientherapie zugerechnet wird. Wenn er hier verwendet wird, dann nicht im Sinne einer Schulenzuweisung. „Systemisch" soll hier bedeuten, daß als Verfahrensinstrument *die Systemanalyse* oder *die Systemtechnik* verwendet wird. Es ist damit nicht gleich eine „Theorie" gemeint, sondern eher das systemische Verfahren.

*„Analog-Begriffe"* sind ein weiterer wichtiger Bereich. Die Nutzung von Begriffen in der Psychoanalyse wie die „Sublimation" oder „Energie", die aus der Physik stammen, beruht auf einer sinnvollen Analogisierung der Merkmale der betreffenden wissenschaftlichen Bereiche, die den Typus von Prozessen betonen wollen. Solche transdisziplinäre Begriffe sind: *Rezeptor, Detektor, Selektor* usw. Sie sind qualitative theoretische Begriffe, die sich im Rahmen der Physik und der Kybernetik entwickelt haben und eine Neufassung der allgemeinen Systemtheorie ermöglichen. Man könnte diese Begriffe als spezielle Klasse von transdisziplinären, qualitativ-theoretischen Begriffen verstehen (Tretter 1979).

Die traditionelle, nachrichten- und elektrotechnisch orientierte Systemtheorie wiederum beruht auf eigentlich physikalischen Grundgesetzen der Dynamik im Bereich der Mechanik und Elektromagnetik. Hier lassen sich formale und begriffliche Analogien entdecken, die in jeder der genannten Subdisziplinen eine spezielle, aber auch eine allgemeine Bedeutung haben. Begriffe wie Spannung, Intensität und Widerstand, die das Verhalten eines Stromkreises charakterisieren helfen (U=R*I), sind in ihrer tieferen Bedeutungsstruktur ja auch für die Psychologie von Freud relevant gewesen, um gewisse Vorstellungen über psychische Zustände und Prozesse zu indizieren. Entspannung ist dann ein Verhältnis zwischen zwei Elementen, das bei deren Verbindung zu einer Aktivität führt. Ein Widerstand ist ein Element, das diese Verbindung verhindert. Die Spannung steigt mit dem Widerstand und mit der Stromstärke. Die metaphorische Verwendung dieses Konzepts in der Psychologie hat einen gewissen heuristischen Wert.

Ein Begriff, der sehr allgemein gefaßt zu sein scheint und weite Verbreitung findet, ist beispielsweise der Begriff „Funktion". In der Mathematik bedeutet er Zuordnung, Abbildung u. dgl., in der Biologie, Psychologie und Soziologie jedoch Aufgabe, Tätigkeit. In dieser Arbeit wird bei der Verwendung des Funktionsbegriffs eher auf die semantische Nähe zu den Begriffen „Beziehung" und „Aktivität" gezielt, was auch Möglichkeiten zur Mathematisierung bietet, z.B. Aktivität als Funktion der Zeit.

Die Begriffe *„Theorie"* und *„Modell"* werden in dieser Arbeit nicht genauer unterschieden.

An den Ausführungen vieler sozial- und verhaltenswissenschaftlichen Theoretiker ist allerdings kritikabel, daß sie in der Selbsteinstufung ihrer Arbeiten meist alle nicht als „Beobachtungssätze" ausgewiesenen Äußerungen als „Theorie" deklarieren. Dies führt beispielsweise dazu, daß der Ausdruck „Systemtheorie" in der sozialwissenschaftlichen Literatur verwendet wird, ohne daß klar wird, welche Annahmen, Hypothesen, Beobachtungen etc. für die Konstruktion der Theorie herangezogen werden. In dieser Arbeit wird neben dem Theoriebegriff auch der Begriff „Modell" verwendet. Der Modellbegriff läßt sich gut wie folgt beschreiben: „A model is a representation of a system in a form that, while being different from the real systems nonetheless exhibits it's essential features" (Toates 1975, S. 73). Dieser Modellbegriff unterscheidet sich vom mathematischen Modellbegriff, wo ein spezieller Formalismus ein Modell einer Theorie darstellen kann. In der mathematischen Systemtheorie könnte die folgende Konzeption des Modellbegriffs gelten: „Such a (mathematical, d. Verf.) model shows the essential structure of a system in the form of mathematical operators that characterize the performance of the system" (Toates 1975, S. 75).

*Darstellungstechnik*

Die vorliegende Arbeit ist mit der Verknüpfung von weit auseinanderliegenden, umfangreichen Bereichen befaßt, statt daß wie üblich, die vorgegebenen Linien der Fokussierung verfolgt werden.

Die Breite des Themenfeldes ergibt Schwierigkeiten der verbalen Darstellung, da nur Schritt für Schritt dargestellte Überlegungen leicht gelesen werden können, verschiedene Themenbereiche aber hier unter verschiedenen Gesichtspunkten wiederholt abgehandelt werden müssen. Dieses Problem scheinen einige Autoren mit belletristischer Eleganz umschiffen zu können, indem sie hochredundante Darstellungen vornehmen, die sich allerdings flüssig lesen lassen. Dennoch bieten *schematische Darstellungen,* insbesondere *Grafiken,* Möglichkeiten zu groben Orientierungen für die schnelle Rezeption. Ein weiter nicht zu vernachlässigender Aspekt, der für schematische Visualisierungen spricht, ist der Zwang zur Präzisierung der Begriffe und Zusammenhangsaussagen, der bei solchen Darstellungen notwendig ist.

*Empirische Methodologie*

Die empirische Forschung nutzt möglichst standardisierte Meßinstrumente in möglichst standardisierten bzw. kontrollierten Untersuchungssettings. Das wären Merkmale der *quantitativen empirischen Forschung*. In der klinischen Praxis jedoch sind diese Kriterien kaum erfüllbar. Daher ist in diesem Bereich der systematischen Erhebung von klinischen Daten zunächst die *qualitative empirische Forschung* angesagt. Die übliche Abwertung der qualitativen Forschung gegenüber der quantitativen Forschung ist unbegründet. Das wurde auch durch die Darstellung des zyklischen Wissenschaftsprozesses gezeigt (vgl. Lamnek 1988). Entscheidend sind Kasuistiken, unstrukturierte Interviews und Beobachtungen aus der Praxis.

Die qualitative Methodik hat aber mehrere *Nachteile:*
- Die *Objektivität* wird vermindert.
- Die *Repräsentativität* ist vermindert.
- Die Kontrolle von *Störfaktoren* ist vermindert.
- Die *Standardisierung* ist nicht gegeben.
- Die *Wiederholungsrehabilität* ist gering.
Der *Vorteil* besteht jedoch darin, daß die *Validität* hoch ist.

# Fazit

Für eine fundierte, disziplinenübergreifende Forschungsarbeit sind noch einige philosophische Fragen grundlegend zu bearbeiten. Es fehlt eine explizite Methodologie für interdisziplinäre Studien. Vor allem in Hinblick auf die aktuelle konstruktivistische Perspektive in der klinischen Psychologie müssen noch Fragen der praktischen Umsetzung des *konstruktivistischen Paradigmas* in der empirischen Forschung geklärt werden. Das hängt mit dem Umstand zusammen, daß noch zu wenige Fachleute aus der Perspektive des kritischen Rationalismus sich zu den interessanten Fragen des *kritischen Rationalismus* detailliert und zugleich breitenwirksam geäußert haben. Es scheint daher für die weiteren Ausführungen sinnvoll zu sein, die Grundhaltung des kritischen Rationalismus zu nutzen. Leitkonzept ist das im Abschnitt Wissenschaftsphilosophie dargestellte zyklische Ablaufstrukturmodell wissenschaftlicher Erkenntnis. Es läßt die im folgenden dargelegten Überlegungen als „qualitative Analyse" einstufen.

Letztlich könnte das hier angedeutete Potential der ökologischen Wissenschaften und der Systemwissenschaften philosophische Fragen aufzuwerfen, durchwegs Anstöße zu einer Rückkehr der Philosophie in das alltägliche Denken geben. Philosophie-Bereitschaft des Menschen im Alltag wäre sicher auch ein wünschenswerter Umstand, der Sinnkrise der Gegenwart wirksam entgegensteuern. Nicht zuletzt könnten auf diese Weise Suchtpotentiale des gegenwärtigen kulturellen Hintergrundes gemindert werden. Dazu ist aber eine große Vermittlungsaufgabe zwischen Philosophie, Systemwissenschaften, Ökologie und Lebenspraxis zu leisten.

# 2 Systemwissenschaft

## 2.1 Ideengeschichte und Position der Systemwissenschaft

In den 80er und 90er Jahren hat der Ausdruck und Begriff *„System"* eine extreme Verbreitung bekommen. So sind vor allem in der psychologischen, psychoanalytischen, psychotherapeutischen und psychiatrischen Literatur Begriffe wie „systemisch«, „Selbstregulation", „Nicht-Gleichgewicht", „Input", „Output", „Struktur", „Dynamik" udgl. geradezu schon selbstverständlich geworden (vgl. Wunsch 1985). Diese Begriffe kommen aus wissenschaftlichen Bereichen, die als Kybernetik, Systemwissenschaft oder Computerwissenschaft bezeichnet werden (vgl. Klaus 1969, Klaus u. Liebscher 1974, Vogt 1983). Es ist beispielsweise von *„systemischem Denken"* oder von „Vernetztheit" die Rede. Damit ist ein Denken gemeint, das die Beachtung von *komplexen Zusammenhängen* anstrebt. Denken beruht auf der Gesamtvorstellung von der wechselseitigen Intedependenz und der Einbettung einzelner Systeme in *Obersysteme* (Suprasysteme) und die Unterteilung einzelner System in *Untersysteme* (Partialsysteme). Dieses Grundkonzept führt zur Gesamtkonzeption der Welt als Systemkomplex. In diesem Buch interessieren vor allem empirische, d.h. beobachtbare Systeme, die in einem Prozeßzusammenhang stehen. Beispielsweise sind ganz allgemein örtlich ausmachbare Akteure, die „viel in Bewegung bringen«, ein Systemteil aktiver Elemente. Ein Ensemble aktiver Elemente macht ein System oder einen zentralen Anteil eines Systems aus.

Über die Welt hin betrachtet, sind beispielweise geographische Regionen Systeme, wie etwa Europa, Amerika und Asien. Diese Dreiteilung der gegenwärtigen Machtzentren der Welt ist vor allem für die Epidemiologie und für die Entwicklung der Kulturökologie der Drogenproblematik relevant. Man kann aber ebenso fünf bis sieben unterschiedliche Entwicklungsregionen unterscheiden, je nach Untersuchungsinteresse.

Am stärksten entwickelte sich das systemische Denken für klinische Fragen in den letzten Jahren in der *systemischen Familientherapie* (vgl. Simon 1988). Darauf wird hier nicht gesondert, sondern nur punktuell an verschiedenen Stellen eingegangen (vgl. jedoch Simon u. Stierlin 1984, Simon 1988, Reiter et al. 1988). Eine fundierte, kritische Auseinandersetzung mit den Grundpositionen der systemischen Familientherapie findet sich bei Reiter (1992).

In besonderem Ausmaß wurde der Begriff „Systemtheorie" auch in der Soziologie in den 70er Jahren zu einem Gegenstand der Debatte, insofern damit nicht nur die Theoriebildung erfolge, sondern insofern Systemtheorie auch als Instrument der Systemstabilisierung diene (vgl. Habermas in: Habermas u. Luhmann 1971).

In der *Hirnforschung* haben schon seit der „Erfindung" der Kybernetik Konzepte der Systemtheorie und der Computerwissenschaft als Metaphern für das Verständnis von Hirnfunktionen besonders wichtige Anregungen geboten (vgl. Arbib 1987, Eccles 1990). Das beabsichtigte bereits Wiener (1948), der Begründer der Kybernetik, mit seinem Buch „Control and communication in man and machines«. Ein Problem mit der Diskussion um die „Systemtheorie" ist daher, daß sie keine Theorie ist, sondern als nicht offiziell konstituierte oder institutionalisierte *Systemwissenschaft* eigentlich einen eigenständigen *Forschungsansatz* darstellt, mit *spezifischen Begriffen* (System, Element, Funktion usw.), *Methoden* (Systemanalyse, Computersimulation) und *theoretischen Modellen* (nichtlineare Differentialgleichungssysteme, Räuber-Beute-Modelle, gekoppelte mathematische Pendel usw.; vgl. Arbib u. Robinson 1990, Mc Celland u. Rumelhardt 1986, Bossel 1989, 1992, Tretter 1988a, 1989a, 1993a).

„Systemtheorie" ist zunächst eher eine Methode systemischen Konzeptualisierens des Gegenstandsbereichs, weniger eine universell anwendbare Theorie. Die Problematik zeigt sich beispielsweise bei dem etwas künstlich wirkenden Versuch vorzeitiger Modellbildung von Miller (1976), im Mehr-Ebenen-Systemkonzept („The living systems«) von der Zelle bis zur supranationalen Organisation wesentliche Prozesse in lebenden Systemen anhand von elementaren Funktionsbegriffen zu beschreiben (Ingestor, Rezeptor, etc.) (vgl. Tretter 1979). Ein anderer Problemfall liegt im Anwendungsbereich der systemischen Familientherapie, die bisher zu wenig auf die klassische Regeltheorie („Regelkreis«) zugunsten der „evolutionären Dynamik" eingegangen ist.

Der sich in diesen Bereichen abzeichnende „systemische" Jargon ist Auswirkung von zwei gedanklichen Ansätzen der 40er Jahre - die „Kybernetik" von Norbert Wiener (vgl. Wiener 1948) und die „Allgemeine Systemtheorie" von Ludwig von Bertalanffy (vgl. v. Bertalanffy 1968). Beide Ansätze waren von ihren „Konstrukteuren" großräumiger geplant als sie es heute sind - eigentlich wäre die allgemeine Systemtheorie innerhalb des Gebäudes der Kybernetik anzusiedeln, so ähnlich wie es Klaus u. Liebscher bereits in den 70er Jahren vorgeschlagen haben (Klaus u. Liebscher 1974). Andererseits kann die Kybernetik als die Theorie der geregelten Systeme verstanden werden, womit sie ein Teilbereich der Systemtheorie wäre. Diese wissenschaftsgeschichtliche Problematik wurde an anderer Stelle bereits diskutiert (vgl. Tretter 1979). Eine integrative Position vertritt noch Trappl, als Organisator interdisziplinärer und internationaler Kongresse zu beiden Themen in Wien (vgl. z.B. Trappl et al. 1982).

Die allgemeine Systemtheorie ist als extrem heterogenes Gebiet in die verschiedensten Wissenschaftsbereiche eingedrungen und hat das kybernetische Prinzip, das sich im wesentlichen auf das Konzept des Regelkreises stützt, verdrängt. Dies vor allem deswegen, weil in den verschiedenen Wissensgebieten bereits in den 70er Jahren nicht mehr das an Prozeßdämpfungen ausgerichtete „*Kontrollparadigma*", sondern das an Aufbauprozessen orientierte „*Evolutionsparadigma*" interessierte. Letzteres betrifft vor allem Prozesse im Bereich des „Nichtgleichgewichts«, wo sich Strukturbildung udgl. nachweisen läßt. Es handelt sich im einzelnen um die *Katastrophentheorie*, die *Theorie der dissipativen Prozesse*, das Konzept der *Hyperzyklen* und um die *Chaostheorie*. Diese Theorien werden teilweise metaphorisch in wissenschaftlich „weiche" Disziplinen übernommen und sind dann zwar gedanklich stimulierend, in ihren Ergebnissen jedoch eher enttäuschend. Auch dies ist durch zu geringes Methodenbewußtsein bedingt. Die Frage nach der Zuordnung verschiedener Theorien ist nicht unwichtig, denn ihre Nichtbeachtung hat zur Situation geführt, daß vor allem im klinisch-psychologischen Bereich die Systemtheorie ohne ausreichendes Methodenbewußtsein angewendet wird.

Aus diesen Gründen wird, wie bereits vorgeschlagen, von dem Konzept einer eigenen „*Systemwissenschaft*" ausgegangen. Metatheoretische Aspekte der Systemtheorie bleiben aber bisher weitgehend unbeachtet (vgl. jed. Kapitel „Systemphilosophie"). Beiträge dazu kommen von Lenk und Ropohl (1978) und auch von Konstruktivisten wie Maturana (1982) oder Watzlawik (1991), aber auch von kritischen Rationalisten wie Wohlgenannt (1969) oder vor allem von Stegmüller (1969, 1983).

Unter „*Systemwissenschaft*" wird hier das Gesamtgebiet jener wissenschaftlichen Instrumente verstanden, die zur *Konzeptualisierung, Untersuchung* und *Modellierung* eines Objektbereichs als System verwendet werden. Die Grundperspektive der Systemwissenschaft besteht darin, daß jedes empirische System als Gefüge von Prozessen, unabhängig vom Substrat des Systems, allgemein beschrieben, erklärt und modelliert werden kann. Die Systemwissenschaft hebt sich somit von den Realwissenschaften und der Praxis ab (vgl. Abb. 5).

Systemwissenschaft ist die Erforschung von Systemen als Gefüge von interdependenten Komponenten. Der Objektbereich kann materielle, belebte oder ideelle Objekte umfassen. Systemisches Denken geht von der inneren Vernetztheit des Gegenstandsbereiches aus. Jeder beliebige Gegenstandsbereich wird als „Wirkungsgefüge" betracht. Regulative und eskalatorische Prozesse interessieren dabei. Es geht um das *Wie* der Abläufe im Verbund. Zentraler Gegenstand sind Veränderungen vor allem konkret auf die Dimension Zeit bezogen (mathematisch: $dx/dt$). Systemwissenschaft läßt sich als Komplex von Teilen der Informationswissenschaften, Kommunikationswissenschaften, Elektrotechnik, Computerwissenschaften und der Mathematik begreifen. Insbesondere die Physik bietet wichtige Grundlagen und zwar vor allem im Bereich der Untersuchung dynamischer Systeme, wie in der Mechanik, der Hydrodynamik, der Thermodynamik oder der Elektrodynamik. In diesen Bereichen sind wesentliche Durchbrüche systemischen Denkens zu verzeichnen. Systemwissenschaft ist daher eine *Struktur- und Prozeßwissenschaft*.

In klinischen Bereichen wird auf der Basis des Konstruktivismus die Systemforschung dahingehend kritisiert, daß sie zu wenig die Eigendynamik der lebenden Systeme beachte und diese wie technisch-physikalische Systeme nach der Black-box Methode im Sinne einer Kybernetik der ersten Ordnung untersuche. Es sei vielmehr angebracht, lebende Systeme und ihr Verhalten unter Berücksichtigung der Bedingung der Beobachtung durch einen Beobachter, der selber ein lebendes System ist, zu untersuchen (Kybernetik 2. Ordnung).

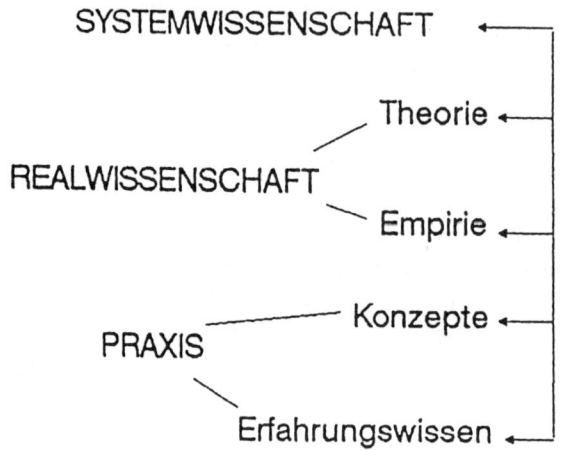

Abb. 5: Grundlegende Beziehungen zwischen Systemwissenschaft und Realwissenschaft - Theorie, Empirie. Konzepte der Praxis und Erfahrungswissen im Austausch. (veränd. nach Tretter 1993a)

Es ist, in Hinblick auf diese gängige Diskussion der Systemtheorie in der Soziologie, Psychologie und Familientherapie, folgendes festzustellen:
- Eine Kritik des klassischen Input-Output-Modells, wie sie von Konstruktivisten und vor allem von v. Foerster (1992) vorgebracht wird, übersieht häufig den methodischen Nutzen dieses Verfahrens. Es bildet eine Grundlage, die ergänzt werden kann.
- Auch in der klinischen Psychologie ist das Regelkreismodell noch unzulänglich expliziert worden (vgl. Kanfer et al 1991). Es ist in weiten Bereichen des Verhaltens zutreffend.
- Die allgemeine Systemtheorie hat noch kein explizites Inventar an Konzeptualisierungstechniken (von der qualitatitiven Analyse zur quantiativen Analyse, wie etwa in Form von Differenzen- oder Differentialgleichungssystemen bis zur Computersimulation). Dieser Bereich - vor allem Methoden der Entwicklung qualitativer Modelle - soll in der Folge ausführlich dargestellt werden. Theoretische Blockdiagramme zu zeichnen, ohne Hinweise auf die Explikation der Pfeile (Relationen), ist kein Erkenntnisgewinn.
- Systemisches Denken im klinischen Bereich berücksichtigt auch zu wenig, andere System-Begriffe einzuführen und sie hinreichend empirisch zu explizieren. Wissenschaftliche Ansätze, wie jene, die in den Ingenieurwissenschaften (Marko 1995) oder in den Managementwissenschaften entwickelt wurden, schränken den Wirkungsbereich der Theorie ein (Patzak 1982, Probst 1987).
- Die Explikation des Konstrukts „Beziehung" (bzw. „Relation«) ist bisher vernachlässigt worden und sollte in Zukunft genauer untersucht werden - wie läßt sich eine Beziehung empirisch explizieren?

- Systemisches Denken in der klinischen Psychologie vernachlässigt bisher die Systemhaftigkeit psychischer Prozesse, also das Zusammenspiel von Wahrnehmung, Denken, Gedächtnis, Gefühl usw. Eine Explikation des Konstrukts „Psyche als System" kann heuristisch wertvoll sein (Tretter 1993a). Dies soll für das „süchtige Syndrom" im Abschnitt „Systemische Perspektiven der Suchtentwicklung«, vor allem mit dem Beispiel des „Teufelskreises" des Trinkers in der Erzählung vom „Kleinen Prinzen«, dargestellt werden (Tretter u. Küfner 1992).

Es sollen nun die wichtigsten Bausteine einer adäquaten systemischen Forschung dargelegt werden, sofern sie für die folgenden Ausführungen zur Ökologie der Sucht relevant sind.

## 2.2 Begriffe

Bereits die Gegenstandsbeschreibung der Systemwissenschaft stellt den Kernbegriff *„System"* in den Vordergrund: Ein System ist ein Gefüge von *„Elementen"* oder, mathematischer gesprochen, die Menge der Elemente und die Menge der *„Relationen"* zwischen den Elementen (vgl. Czayka 1974).

Das entscheidende Problem liegt also darin, zu begründen, warum eine bestimmte Komponente eines Systems als Element angesehen wird und ein anderer Bestandteil wieder nicht. Wenn man auf einen Strand schaut, dann sind viele Menschen zu sehen. Sie gehen, stehen, sitzen oder liegen nebeneinander. Einige sprechen miteinander, andere spielen gemeinsam Ball. Diese letzteren Gruppierungen wären dann als System bezeichenbar. Sie grenzen sich selbst von den anderen Personen am Strand ab oder sind, zumindest vom Beobachter aus, abgrenzbar und begrifflich zusammenfaßbar. Wenn nun der „Zustand" des Systems beschrieben werden soll, kann beispielsweise ein Gleichgewichtzustand festgestellt werden. Bei den ballspielenden Personen ist die Beteiligung aller ein Zeichen von Gleichgewichtung der Aktivitäten im System, es gibt keinen Ausschluß wegen eines Regelverstoßes. Es muß also bedacht werden, daß irgendwelche Variablen expliziert werden müssen, wenn von „Gleichgewicht" oder ähnlichen Begriffen die Rede ist. Dies kann auch mit nur semiquantitativ erhebbaren Variablen geschehen.

Der Systembegriff wird in der Literatur oft extrem abstrakt verwandt. So wird beispielsweise zum Begriff System in der systemischen Familientherapie, in Hinblick auf den „Indexpatienten«, häufig folgendes gesagt: „Das System Familie erzeugt das Problem und das Problem erzeugt das System Familie!«. Damit wird die zirkuläre Prozeßdynamik zwar gut beschrieben, doch es wird nichts erklärt. Familiale Strukturen sollen also beispielsweise paranoide Psychosen erzeugen. Wahn und Halluzinationen können nämlich auch durch gestörte Hirnfunktionen verursacht werden, weswegen theoretisch ein Brückenkonzept zwischen der Semantik und der Neurobiologie und dem Statischen und dem Dynamischen erforderlich wäre. Wenn das wohl durch kognitive Strukturen bedingte veränderte Verhalten in der Familie als „Problem" behandelt wird, dann organisiert sich die Familie als Personensystem um den Kranken und verändert auch ihre Interaktionsstruktur, ihr Selbstverständnis als nicht mehr intakte Familie (mit der Folge etwa, daß ein Familienmitglied auszieht udgl.).

Bei der genauen Betrachtung „systemischer" Fachliteratur werfen sich also viele Fragen der Konkretion der Begriffe, der Systemebenen, der Interdependenzen, der Wirkungskomponenten, der Determinanten des Systems usw. auf - welche Elemente (Personen?, Kognitionen?) und welche Relationen (intergenerationale Kommunikationen?) zwischen den Elementen machen das interessierende System aus?

Ähnliches gilt für den Begriff „Struktur«, der auch als „Beziehungsgefüge" übersetzt werden könnte. Es drängt sich also die Forderung nach präziser Begriffsexplikation in klinischen Handlungsfeldern auf.

Mehrere systematische Arbeiten haben wesentliche Begriffe wie „System", „Struktur", „Element", „Gleichgewicht" usw. expliziert (vgl. z.B. Klaus 1969, Czayka 1974, Patzak 1982, Simon u. Stierlin 1984, Böse u. Schiepek 1989). Zu bedenken ist, daß die Begriffe, trotz ihrer Allgemeinheit, ihre Bedeutung jeweils im Kontext spezifischer Theorien haben. Besonders vielfältig ist das Bedeutungsspektrum beim Begriff *Information* - neuerdings wird im Rahmen des Konstruktivismus Information, als „Unterschied, der einen Unterschied macht«, definiert (vgl. Simon 1988). Es sei daher nur kurz auf eine hier interessierende Begriffsexplikation hingewiesen (vgl. Tab. 1).

Der Vorteil der Abstraktheit dieser Begriffe bringt Schwierigkeiten in der empirischen Interpretation oder der Operationalisierung von Kategorien wie „Gleichgewicht" - wie werden die „Gewichte" (z.B. Liebe) gemessen, die gleich sein sollen? Ein häufiges Problem ist auch der Wechsel der Bezugsebene bei der Verwendung der Begriffe.

Von großer Bedeutung in der „qualitativen" Systemanalyse und Systemmodellierung sind klassifikatorische Begriffe, die die funktionelle und strukturelle Typik der Elemente eines Systems genauer bestimmen, wie „Rezeptor", „Detektor" usw. (vgl. Tretter 1979, 1982).

Komplexere Begriffe sind Begriffe wie „Selbstorganisation" („Autopoesis«) usw. (vgl. Roth u. Schwegler 1980). Sie sind Kernstücke von Theorien und Metatheorien von lebenden Systemen.

## 2.3 Systemische Methodologie

Entscheidend für das Merkmal „systemisch" ist also vor allem eine typische Herangehensweise (Methodik) an die Problemstellungen. Vester (1983) beschreibt das Grundlegende der systemischen Methodik auf folgende Weise:
- Die Betrachtung der *Wechselwirkungen zwischen Elementen* ist bedeutsamer als die isolierende Betrachtung.
- Die *Ganzheit* des Unternehmungsgegenstandes wird betont.
- *Gruppen von Variablen* werden *zugleich* betrachtet.
- Zeitverläufe werden in die Untersuchung einbezogen.
- Detailwissen ist weniger wichtig als *Zusammenhangswissen*.

Tab. 1 Einige Begriffe der Systemwissenschaft ( nach Tretter u. Küfner 1992)

*„System"* = die Menge seiner „Elemente" und der „Relationen" zwischen den Elementen. Ein System kann auch in Untersysteme gegliedert oder als Untersystem eines Obersystems konzeptualisiert werden usw.

*„Element"* = nicht weiter unterschiedene Teile des Systems, Elemente können aber wieder als Systeme begriffen werden, sie sind dann Untersysteme des interessierenden Systems. Elemente, typisiert nach ihrem Aktionsmodus wie „Rezeptor", „Sensor" , „Prozessor", „Selektor", „Inhibitor", „Aktivator", „Effektor" erlauben qualitative Beschreibungen von komplexen Wirkungsgefügen.

*„Struktur"* („Relationen", „Beziehungen", „Kopplungen") = Beziehungen zwischen den Elementen. Eine Unterteilung in aktivierende und in hemmende Kopplungen ist zur Analyse von Wirkungsgefügen relevant.

*„Funktion"* = Form der spontanen Aktion oder Reaktion eines Elements oder Systems ausgedrückt in Zustandsänderungen.

---

Es gibt eine zunehmende Vielfalt an systemtechnischen Verfahren der Systemanalyse und der Systemmodell-Synthese (Vester 1980, Patzak 1982, Zeigler 1985, Bossel 1989, Bossel 1992). Systemisches Denken ist eine „Analyse zur Synthese«.

Grundlegend ist die Betrachtungsweise, die von der leeren *„Black-box"* ausgeht und aufgrund von Beobachtungen von Eingangs-Ausgangs-Beziehungen Zusammenhangsvermutungen hypothetischer Funktonselemente vornimmt (Kybernetik der 1. Ordnung). Bei lebenden Systemen ist noch das innere, zirkulär organisierte System der Informationsverarbeitung besonders zu berücksichtigen, da sich lebende Systeme nicht Input-determiniert verhalten, wie viele physikalische Systeme (Kybernetik 2. Ordnung). Das sind metatheoretische Gesichtspunkte, die hier nicht weiter ausgeführt werden (vgl. z.B. Simon 1988). Die These, daß neue Logiken für die Analyse von Bedeutungssystemen erforderlich sind, ist nicht ausreichend ausdiskutiert, beispielsweise ist die strukturale Textanalyse ein äußerst fruchtbares heuristisches Werkzeug für die Analyse semantischer Systeme (vgl. Titzmann 1977).

Als Hinweis für das praktische Verfahren einer Systemanalyse sollen an dieser Stelle einige Aspekte herausgegriffen und später bei der Systemmodellierung des Nervensystems angewandt werden (vgl. Tretter 1979, Schiepek 1991, Schaub 1993):

*1. Fragen zur Analyse der Struktur:*
o Welche Elemente umfaßt das System (Personen, Bereiche)?
o Welche regelhaften Beziehungen sind zwischen Einzelelementen erkennbar (einseitig, wechselseitig etc.)?

o Welche und wieviele Ein-Wirkungen hat ein Element?
o Welche und wieviele Aus-Wirkungen hat ein Element?
o Gibt es zentrale Elemente?
o Gibt es Puffer-Elemente, die nicht sofort reagieren, sondern eher stabilisieren?
o Gibt es unveränderbare Elemente?
o Gibt es Teilsysteme?

2. *Fragen zur Analyse der Dynamik:*
o Welcher Typ der Beziehung zwischen den Elementen als Zustandsveränderungen über die Zeit liegt vor (hemmende, aktivierende, modulierende usw. Prozesse)?
o Welche dynamischen Entwicklungen sind erkennbar (Oszillationen, Fluktuationen, Verzögerungen, etc.)?
o Sind Prozesse des Wachstums oder der Schrumpfung erkennbar?
o Gibt es untere und obere Schwellenwerte?
o Unter welchen Bedingungen treten wichtige Aktivitäten auf?
o Gibt es irreversible oder reversible Veränderungen?
o Welche Elemente zeigen rasche, welche langsame Veränderungen?
o Sind die Aktivitätsprofile über die Zeit stark veränderlich oder stabil?
o Welche Grenzen werden vom System nicht überschritten?

Nach dieser Methodik sollen Modellierungen einiger Phänomene süchtigen Verhaltens vorgenommen werden.

Der Prozeß des Modellierens dynamischer Systeme kann zusammenfassend ganz gut wie folgt beschrieben werden (vgl. Bossel 1989, 1992; vgl. Abb. 6):

Bei der empirischen Bestimmung des Gegenstandsbereichs erfolgt eine *Identifikation* des Gegenstandsbereichs, d.h. es wird geklärt, was zum System gerechnet wird (z.B. Netzwerk von Nervenzellen, psychisches System, Familie oder Problemsystem). Dies kann durch eine globale Definition („die Familie«, „das Gehirn" usw.) und dem folgenden Spezifizieren der Elemente oder im sammelnden Darstellen der Elemente und einer anschließenden Abgrenzung von System und Umwelt (oder: Umfeld) erfolgen. Eine erste *verbale Darstellung* ist dann möglich, etwa indem die Elemente des Systems (Gefühle, Gedanken, Wahrnehmungen usw. oder Einstellungen, Haltungen) und deren Wechselbeziehungen (z.B. Beziehungen zwischen Gefühlen und Gedanken) expliziert werden. Dies kann beispielsweise durch die Liste der Elemente erfolgen, zwischen denen dann die Wirkungen eingezeichnet werden.

In weiteren Schritten werden diese *Beziehungen* in ihrer *Wirkung typisiert* (anregende oder blockierende Wirkung von einzelnen Nervenzellen, Gedanken oder Gefühlen) und möglichst quantitativ bestimmt. Das kann auch approximativ etwa in dreistufigen Skalen in Form von Wertematrizen („Papiercomputer" nach Vester 1983) erfolgen (vgl. Probst u. Gomez 1991). Es werden, wie bereits dargelegt, in der Systemanalyse aktive und passive Elemente, zentrale Elemente, die Zeitverläufe und die einfach skalierte Stärke der Einwirkungen und Auswirkungen usw. identifiziert und ein Gesamtzusammenhang hergestellt. Diese Interpretation der Relationen zwischen den Elementen kann verbal, grafisch oder semiquantiativ auf Ordinalskalenniveau erfolgen. So kann dann, je nach Sprachpraeferenz des Systemanalytikers, ein *Wortmodell* formuliert werden, das anschließend in ein graphisches *Wirkungsdiagramm* zur besseren Übersichtlichkeit und zur Präzisierung transformiert werden soll. In letzter Zeit haben die graphischen Darstellungstechniken vor allem in der Analyse soziotechnischer Problemkomplexe, etwa im systemischen Management, große Verbreitung gefunden (vgl. Probst u. Gomez 1991). In einem nächsten Schritt kann eine *mathematische Modellierung* erfolgen. Sollte ausreichendes Datenmaterial vorliegen, dann kann eine *Algorithmisierung* in einer Computersprache erfolgen und schließlich ist eine *Computersimulation* durchführbar. Dazu existieren bereits anwenderfreundliche Mathematikprogramme, wie „Mathematica", „Mathlab" usw. Anschließend können *Modelltests* durchgeführt werden. Schließlich kann das qualitative Modell modifiziert werden usw. Durch diese Art des Modellierens wird man beim Theoretisieren zu mehr Präzision gezwungen. Evidenzen auf verbaler Ebene werden rasch als unzutreffend oder unzulänglich entlarvt (vgl. Schwegler et al. 1991).

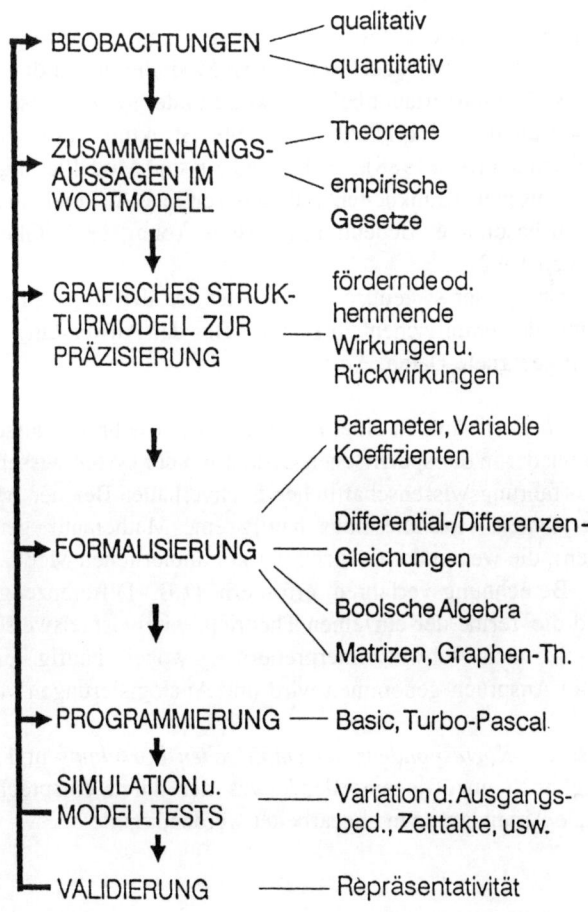

Abb. 6: Prozeßstufen des systemischen Modellierens (nach Tretter 1993)

## 2.4 Theorien und Modelle

Theorien der Systemwissenschaften leiten sich aus verschiedenen Bereichen der Mathematik, der Elektrotechnik, der Thermodynamik und anderen naturwissenschaftlichen Bereichen her (vgl. Tab. 2).

Beispielsweise haben die differentialtopologisch begründete „*Katastrophentheorie*" oder die teilweise in der theoretischen Meteorologie entwickelte „*Chaostheorie*", als *qualitative mathematische* Verfahren, großes Interesse in der Biosignalanalyse des EEGs oder des EKGs hervorgerufen. Es wird sozusagen an dem Zeitverlauf zunächst ungeordnet verlaufender Zeitreihen von Signalen eine Ordnung herausgerechnet, deren Algorithmus auch regelhafte Abläufe (Rhythmen) zu beschreiben gestattet. Psychopathologische Anwendungen scheitern bisher weitgehend an der problematischen Datenlage, die allerdings ihrerseits durch die Charakteristik der zu beschreibenden Krankheiten bedingt ist (vgl. Ambühl et al. 1992).

Häufig wird auch zwischen Theorien der Kontrolle (z.B. Regeltheorie) und Theorien der Autonomie bzw. Selbstorganisation (z.B. Chaostheorie) unterschieden (vgl. Probst 1987). Die systemwissenschaftlichen Theorien sind in der Regel hochgradig mathematisiert. Es gibt allerdings auch qualitative Modellierungen durch die „Netzwerktechnik«. Diese Technik erlaubt beispielsweise in der systemwissenschaftlichen Managementwissenschaft die Explikation relevanter Strukturen in soziotechnischen Systemen (vgl. Ulrich u. Probst 1988).Für die Medizin sind Modellierungen nach dem Konzept der „dynamischen Krankheiten", die das zeitliche Auf und Ab der Symptome betrachten, von besonderer Bedeutung (Glass u. Young 1979, Glass u. McKey 1988, An der Heiden 1992).

Ein besonderes Problem der systemischen Theorien ist allerdings ihre mangelhafte Korrespondenz mit der empirischen Forschung. Bei der Anwendung von Systemtheorien fehlen oft geeignete Daten.

Eine *neue Theorie bedarf* nämlich einer *neuen Empirie* (mehr Verlaufsdaten!). Dies zeigt sich immer wieder in der spezifischen Diskussion der systemwissenschaftlichen Thematisierung erfahrungswissenschaftlicher Sachverhalte. Bei der Mathematisierung empirischer Daten wird allerdings häufig eine Mathematik genutzt (Differentialgleichungen), die wegen der Grenzen der kontinuierlichen Meßbarkeit, formal bedingt, andere Berechnungsverfahren erfordern (z.B. Differenzengleichungen). Andererseits sind die Terme der einzelnen Theorien, wie beispielsweise der Chaostheorie, empirisch auch schwer interpretierbar, wobei häufig eine gewisse Metaphorologie in Anspruch genommen wird und Analogisierungen vorgenommen werden.

Derzeit ist also die *Korrespondenz* der *empirischen Forschung* und der *theoretischen Forschung* noch unzufriedenstellend, was nur durch entsprechende multidisziplinär besetzte Arbeitsgruppen abgearbeitet werden könnte.

Tab. 2: Systemwissenschaftliche Theorien (nach Tretter u. Küfner 1992)

| | |
|---|---|
| „Regeltheorie" = | mathematische Beschreibung von Regelprozessen |
| „Informationstheorie" | mathematische Theorie der Informationsübertragung |
| „Spieltheorie" = | Theorie der Entscheidungsstrategien in Gewinn- und Verlustsituationen |
| „Bifurkatonstheorie" = | Beschreibung von Verzweigungen von Zustandsverläufen in „bimodale Bereiche" (z.B. „gesunde" oder „kranke" Bereiche) durch die geringfügige Verstellung von Parametern (vgl. das Konzept der „dynamischen Krankheiten" nach Mackey u. An der Heiden 1982). |
| „Katastrophentheorie" = | eine differentialtopologisch aufgebaute Theorie nichtlinearen und bifurkierenden (sich spaltenden) Systemverhaltens. Ein einfaches Modell der Katastrophentheorie ist das Kuspenmodell (formal: $f_{(a,b,x)} = x^4/4 + a^2/2 + bx$). Dabei kann man sich den Verhaltensraum anschaulich wie eine Falte eines Tischtuchs vorstellen. An der Kante dieser Falte „springt" dann der Verhaltenspfad des Systems hinauf oder hinunter (Nichtlinearität). In anderen Verhaltensbereichen jenseits der Falte gibt es aber glatte Verläufe (Linearität) (vgl. Saunders 1986). |
| „Chaostheorie" = | Fluktuationen von Verhaltensmustern werden als reguläre und irreguläre Muster in einem formalen Ansatz ($x_{t+1} = ax_t - ax_t^2$) beschrieben (vgl. Glass u. Mackey 1988, Schuster 1988). |
| „Populationsdynamischen Gleichungen" = | Differentialgleichungssysteme können die Oszillationen von Räuber-Beute-Systemen in Form von gekoppelten Schwankungen der Populationsgrößen beschreiben. |
| „Nichtgleichgewichtsthermodynamik" = | Beschreibung von Ordnungsbildung in thermodynamischen Systemen (vgl. Prigogine 1985). Das Konstrukt der „dissipativen Strukturen" als fokale Unordnung, die neue Ordnung erzeugt, ist hierbei transdisziplinär relevant geworden. |
| „Synergetik" = | spezieller Ansatz zum Thema „Selbstorganisation" durch Kontroll- und Ordnungsparameter wie etwa beim Laser (Haken 1983). |

## 2.5 Schaltkreise in Netzwerken

Die Analyse komplexer Systeme kann auf die Analyse einfacher Schaltkreise reduziert werden. Es können, zwei-, drei- oder vierelementige Schaltkreise in Betracht gezogen werden, wie es hier zur Analyse der Schaltkreise der Neurobiologie der Sucht vorgenommen wird.

Dazu nur ein kurzer Einblick in die qualitative Analyse der Dynamik von Schaltkreisen (oder abstrakter: „Wirkungsgefügen"; vgl. Ashby 1974):

Wichtig ist zunächst die Festlegung, ob eine *aktivierende* oder eine *hemmende* Kopplung zwischen den Netzwerken vorliegt. Besonders bedeutsam ist dabei die *Gewichtung* der Stärke einzelner *Kopplungen* der einzelnen Eingänge oder Einwirkungen (Inputs) auf die Elemente des Netzwerks. Die Aktivität (Outputs) der Elemente wird dadurch beeinflußt. Die Kopplung kann theoretisch formal durch die Explikation von Kopplungsparametern unterschiedlich stark gewichtet werden.

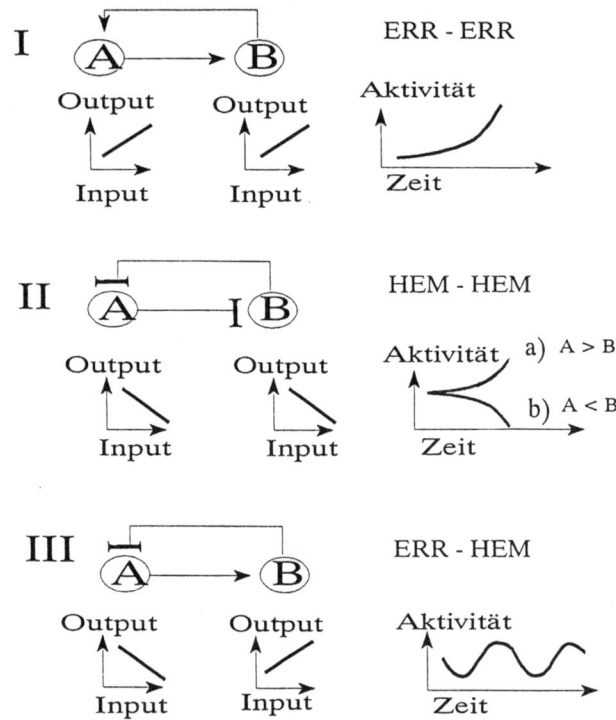

Abb. 7: Ein „zwei-elementiger" Schaltkreis mit erregenden (ERR) bzw. hemmenden (HEM) Kopplungen. Die Aktivität eines Elements (Output) als Funktion des Inputs hängt von der Art der Kopplungen ab. Für jedes aktivierende Element (Input = ERR) gilt: Wenn der Input stark ist, dann ist der Qutput stark. Für jedes gehemmte Element (Input = HEM) gilt: Wenn der Input stark ist, dann ist der Qutput schwach.
I: Wechselseitig aktivierende Kopplungen (ERR-ERR), mit der Folge des sich aufschaukelnden Schaltkreises („Teufelskreis").
II: Wechselseitig hemmende Kopplungen (HEM-HEM), mit der Folge der gegenseitigen Herabdämpfung in Abhängigkeit vom Ausgangszustand.
Der konkrete Verhaltensablauf im System hängt von den individuellen Voraussetzungen (Ausgangszustand) oder externen Zusatzkopplungen (externe Inputs) der jeweiligen Elemente ab. Das Gesamtsystem zeigt somit ein verzweigendes („bifurkierendes«) Verhalten, d.h. daß das System zwei qualitativ unterschiedliche stabile Zustände einnehmen kann (A>B oder B>A).
III: Aktivierende und hemmende Kopplung (ERR-HEM) mit dem Effekt des oszillatorischen Verlaufs der Aktivität über die Zeit.

Ein *zweielementiger Schaltkreis*, der aus den Elementen A und B besteht, kann beispielsweise aus zwei aktivierenden oder zwei hemmenden Kopplungen oder einer hemmenden und einer aktivierenden Kopplung bestehen. Das bedeutet unter der Annahme bestimmter Bedingungen (z.B. Niveau der Spontanaktivität einer Nervenzelle) im Detail folgendes (vgl. Abb.7) :

1. Zwischen den beiden Elementen A und B besteht eine *wechselseitig erregende (aktivierende) Kopplung* (ERR-ERR), d.h folgende Sätze des „Wortmodells" gelten: „Je aktiver A ist, desto aktiver ist B; je aktiver B ist, desto aktiver ist A". Dieser Schaltkreis zeigt Phänomene der Eskalation und kann sich in seiner Aktivität bis zum energetischen Zusammenbruch des Systems hochschaukeln, wenn nicht zusätzlich eine aktivitätsabhängige Sicherungskopplung zugeschaltet ist, die die Obergrenze der Aktivierung funktionell festlegt (vgl. Abb.7).

2. Zwischen den beiden Elementen A und B besteht eine *wechselseitige Hemmung* (HEM-HEM). Dann gilt die Regel: „Je hemmender A aktiv ist, desto stärker wird B gehemmt; je stärker B gehemmt wird, desto weniger wird A gehemmt, desto stärker kann A wieder B hemmen«. Das System verhält sich etwa so, wie wenn zwei ungefähr gleichstarke Ringer im Clinch sind, wo einmal der eine, dann der andere dominiert. Bei diesen Kopplungsverhältnissen läuft sich das Gesamtsystem im Prinzip tot, denn es kann bei dieser Konstellation der Fall sein, daß bei entsprechender Spontanaktivität nur ein Element des Systems aktiv bleibt.
- In einem Fall zeigt sich eine gesteigerte Hemm-Aktivität von A, die zum Erlöschen der Aktivitäten von B führt.
- In einem anderen Fall kann A von B initial so intensiv gehemmt werden, daß A rasch zunehmend gehemmt und schließlich total inaktiviert wird.

3. Zwischen den Elementen A und B kann eine *aktivierende Kopplung* von *A nach B* und eine *hemmende Kopplung von B nach A* gegeben sein (ERR-HEM). In diesem Fall wird bei hoher Aktivität von A diese Aktivität rasch begrenzt werden, da dann B besonders stark hemmend zurückwirkt. Erlischt die Aktivität von A beinahe, dann wird die Hemmung von B auch schwächer, so daß bei genügender Spontanaktivität von A sich A wieder erholt und aktiver werden kann. Die wieder erwachsende Aktivität von A wird durch die nun analog anwachsende Hemmung durch B allmählich wieder gedämpft.
Dieses System zeigt daher, über längere Zeitabschnitte betrachtet, oszillatorische Eigenschaften (siehe Abb. 7, III). Sehr häufig wird eine Modellversion dieses Schaltkreises in Form des mathematisierten „Räuber-Beute-Modells" nach Volterra und Lotka (vgl. Batschelet 1975) angewendet: Je mehr Beutetiere (z.B. Hasen) es gibt, desto besser gedeiht eine Räuberpopulation (z.B. Füchse), die aber durch ihr Wohlergehen zugleich die Beutepopulation mindert. Wenn die Beute beinahe auf Null gesunken ist, sterben einige Räuber ab, bis wieder mehr Beutetiere aufkommen. Der Prozeß beginnt wieder von vorne, allerdings phasenverzögert, denn das Beutetier-Teilsystem braucht an dieser Stelle eine Erholungspause. Dieses Modell läßt sich sehr gut in der neurobiologischen Theorie der synaptischen Prozessdynamik anwenden (vgl. Scherer u. Tretter 1995).

Für die *qualitative System-Analyse* kann eine graphische Darstellung unter der Annahme hoher bzw. niedriger Aktivität eines relevanten Systemelements nützlich sein (Abb. 8).

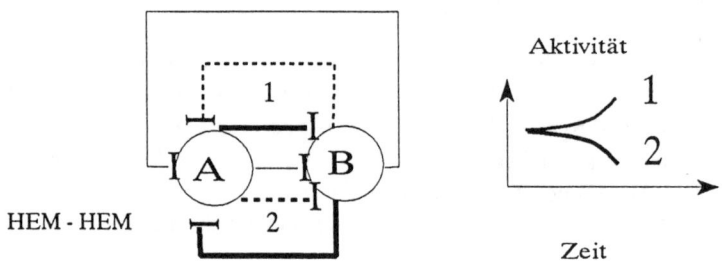

Abb. 8: Graphische Darstellung einer qualitativen Analyse eines zwei-elementigen Schaltkreises mit wechselseitig gehemmten Elementen (HEM-HEM):
1. Bei einer relativ hohen Aktivität von A (dicke Linie 1) wird B stark gehemmt, mit der Folge einer geringen Hemmung von A (gestrichelte Linie), wodurch die Aktivität von A ansteigt.
2. Ist die Aktivität von A relativ gering (gestrichelte Linie 2), dann wird die Hemmung von B geringer, wodurch B dann A stärker hemmt (dicke Linie), sodaß schließlich die Aktivität von A erlischt.
Durch diese Darstellungsform kann die Wirkweise von komplexeren Schaltkreisen einfach und qualitativ veranschaulicht werden.

Die Schaltkreise können aber auch aus drei, vier oder mehr Elementen bestehen (s. Abb. 9). Die Effekte sind dann noch komplizierter und nicht mehr so ohne weiteres anschaulich darstellbar, aber prinzipiell aus dem hier gesagten herleitbar. Bei einem dreielementigen Schaltkreis kann beispielsweise im Fall einer doppelten Hemmung (Disinhibition, ERR-HEM-HEM) ebenfalls ein bifurkierendes Verhalten auftreten (vgl. Abb. 9, I). Bei nur einer Hemmung (ERR-HEM-ERR) tritt eine Art Servofunktion auf, mit Dämpfungen im Bereich maximaler Aktivität und Stimulationen im unteren Aktivitätsbereich von A (Oszillationen, vgl. Abb 9, II).
Ein Schaltkreis kann aber, so wie das im Nervensystem der Regelfall ist, auch mit anderen Schaltkreisen gekoppelt sein. Das Ergebnis kann funktionell jedoch nur in einer Zunahme oder Abnahme in einem der interessierenden Elemente des angekoppelten Regelkreises bestehen. Das Zeitprofil der Aktivität („Ein", „Aus") ist dann relevant: Rechteckförmige, rampenförmige oder sägezahnförmige Profile können unterschieden werden (vgl. Abb. 10). Das läßt sich bei Störungen der unwillkürlichen Motorik gut nachvollziehen - die nur (rampenförmig) langsam aktivierbare Motorik beim Parkinson-Syndrom und die (rechteckförmig) einschießende motorische Überaktivität beim Choreatischen Syndrom beruhen auf Defiziten spezieller Start- bzw. Stop-Funktionselemente des extrapyramidalen motorischen Systems.
Eine adäquate Analyse neuronaler Schaltkreise erfordert allerdings eine spezielle und vertiefende Beschäftigung mit der Kybernetik bzw. der Systemtheorie (vgl. Bossel 1992).

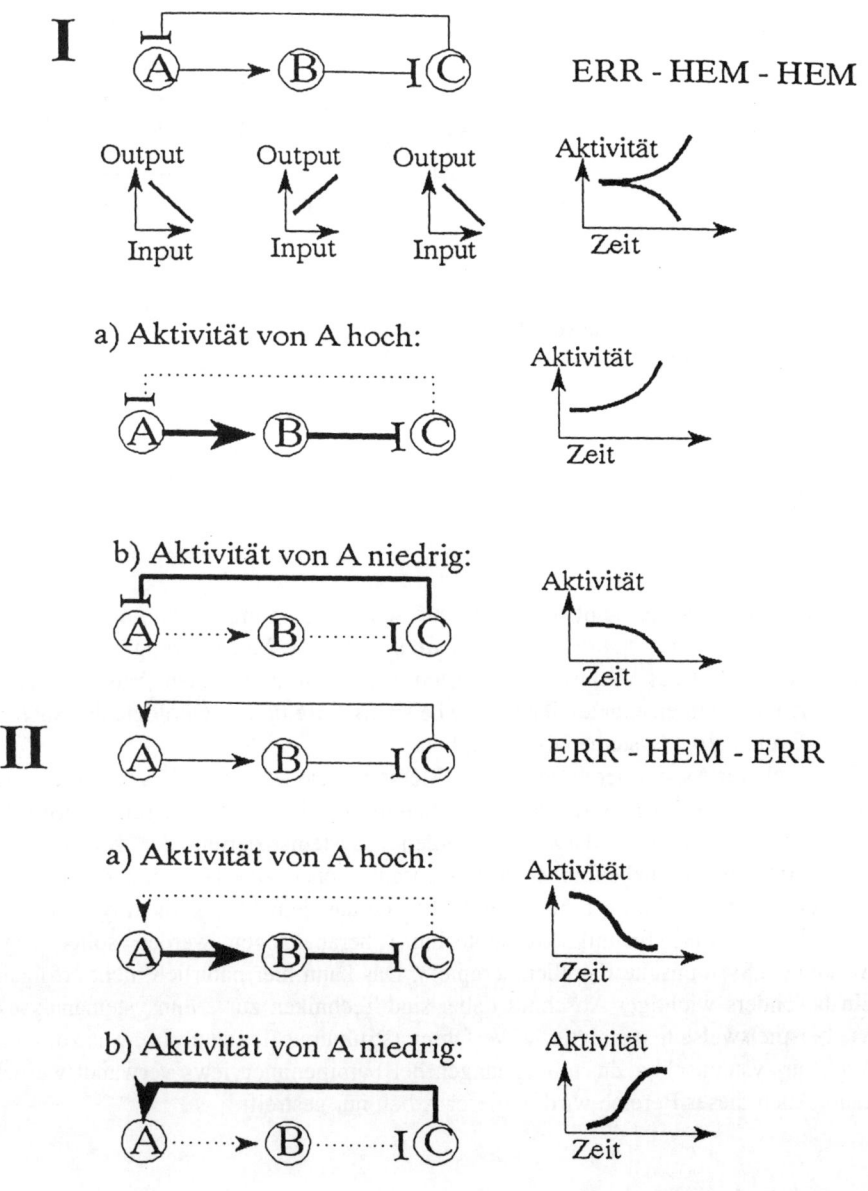

Abb. 9: Drei-elementige Schaltkreise und verschiedene Kopplungen.
I: Eine erregende und zwei hemmende Kopplungen mit dem Effekt der Servofunktion, je nach Trend der Aktivität von A bzw. je nach Kopplungsgewichten.
II: Eine Hemmung und zwei aktivierende Kopplungen mit dem Effekt der gegenläufigen Entwicklung (Hohe Aktivität von A dämpft A, geringe Aktivität von A stimuliert A).

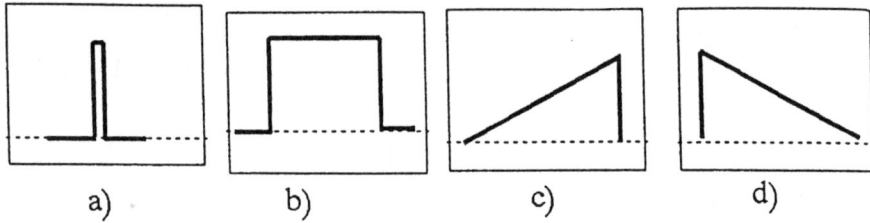

Abb. 10: Aktivitäts-Zeitprofile von aktiven Elementen:
a) Es gibt rasch ansteigende und rasch abfallende Profile (phasische Aktivität),
b) anhaltende Aktivität (tonische Aktivität),
c) rampenförmig langsam ansteigende und rasch abfallende Aktivität und
d) sägezahnförmig steil ansteigende und langsam abfallende Aktivität.
Schaltkreise, die aus Elementen mit verschiedenen Aktivitätsprofilen bestehen, verhalten sich trotz qualitativ gleicher Verschaltung unterschiedlich.

Besonders wichtig erscheint noch die Unterscheidung in eine „qualitative Systemanalyse" und in eine „quantitative Systemanalyse" (bzw. Modellierung). Unterscheidungsmerkmal ist das Meßniveau der Daten. Häufig ist in „weichen" Wissenschaftsbereichen, bei Fehlen exakter Daten, wie beispielsweise in der „Ökologie der Sucht", nur eine qualitative Systemanalyse möglich.

Ein weiterer Aspekt der systemischen Methodologie ist wichtig: Es müßte eigentlich die systemische Technik des Modellierens und Konzeptualisierens transdisziplinär zusammenfassend dargestellt werden („Systematisierung der systemischen Methodik"), wobei neben ingenieurwissenschaftlichen Ansätzen und qualitativen Techniken der Familientherapie auch Techniken aus dem Management (Checkland-Technik, Netzwerk-Technik, Systemtechnik) herangezogen werden sollen (vgl. Abschnitt „Systemische Familientherapie"). Das kann hier natürlich nicht erfolgen. Ein besonders wichtiger Abschnitt dabei sind Techniken zur „Sinnsystemanalyse", wie beispielsweise textanalytische Verfahren (strukturale Textanalyse), was zur Analyse von systemischen Zusammenhängen bei Familieninterviews verwandt werden kann. Auch dieser Bereich wird in dieser Arbeit nur gestreift.

## 2.6 Grenzen des systemischen Denkens

Die Entwicklung des systemischen Denkens hat eine noch relativ kurze Geschichte. Eingrenzungen erscheinen daher nicht gut begründet. Dennoch soll vor allem in Hinblick auf die klinische Psychologie und die Psychiatrie auf die Grenzen hingewiesen werden (vgl. Plänkers 1986):

- die klinische Empirie beruht auf intuitiven Verarbeitungen von Wahrnehmungen und auf interpretativen Prozessen. Gerade in der Psychotherapie ist das Assoziative, das scheinbar Regellose bedeutsam. Es stellt sich hier die Frage, inwieweit sich nicht dabei Grenzen der systemischen Interpretation ergeben.

- eine ganzheitliche Erfassung psychischer Phänomene scheint schwer realisierbar zu sein, vor allem da systemisches Denken die Elemente definieren muß: die Analyse zur Synthese bleibt trotzdem eine Analyse. Auch die Geschwindigkeit des intuitiven ganzheitlichen Erfassens ist vermutlich größer als die simultane Visualisierung der Zusammenhänge der Elemente.

- der Charakter der Regelwissenschaftlichkeit (Nomothethik) widerspricht dem therapeutischen Imperativ, die Individualität zu erkennen. Dennoch läßt sich in diesem Bereich, auf der Basis idiographischer Modellierungen, einiges an Boden gewinnen (vgl. Schiepek 1992).

Systemisches Denken kann also als ein Instrument für Therapeuten deren Methodenrepertoire bereichern, aber es ersetzt nicht sein therapeutisches Fühlen und Handeln oder Fähigkeiten wie Empathie, Echtheit usw. Das soll nur erwähnt werden, um Überschätzungen der Systemtechnik entgegen zu wirken.

Die Komplexität der Frage nach dem Nutzen dieser systemwissenschaftlichen Denkansätze in der klinischen Psychologie erfordert, wie zu erkennen ist, auch eine Beteiligung mehrerer wissenschaftlicher Disziplinen wie Mathematik, Physik, Neurobiologie, Psychoanalyse, Verhaltenstherapie, Psychiatrie u.a. Eine solche multidisziplinäre Gruppierung wurde vom Autor vor Jahren als Arbeitskreis „Systemwissenschaft und Medizin" konstituiert. Mehrere Tagungen wurden abgehalten. Eine institutionelle Konsolidierung ist jedoch noch nicht gelungen (vgl. Tretter 1988a).

# Fazit

Die Anwendung systemischen Denkens als Strategie, den Untersuchungsgegenstand als Netzwerk zu betrachten, bringt großen Nutzen. Beispielsweise lassen sich in physischen Systemen Wirkungskreisläufe sehr anschaulich modellieren. Dazu ist allerdings die Nutzung einer Methodologie der systemischen Analyse und Synthese erforderlich. Die Anwendung der systemischen Terminologie alleine als Systemtheorie zu bezeichnen, läßt keine weiterführenden Kenntnisse erwarten. Die Verkomplizierungen, die bei der Systemanalyse sozialer Systeme entstehen, sind gesondert zu betrachten.

# 3 Systemtheorie sozialer Systeme

## 3.1 Allgemeine Systemtheorie

Dasjenige System, das aus der Sicht des Menschen die höchste Komplexitätsstufe aufweist, ist die *Gesellschaft*. Die Gesellschaft ist ein Gefüge unzähliger *Handlungssysteme*. Der theoretische Soziologe Niklas Luhmann bezeichnet daher die Gesellschaft auch als „*soziales System*" (Luhmann 1984). Es ist nun interessant zu untersuchen, welcher systemwissenschaftliche Theorietyp zur Beschreibung von sozialen Systemen als geeignet erachtet wird (vgl. Willke 1982).

Zunächst soll das Konstrukt „soziales System" genauer betrachtet werden. Entsprechend der im Teil zur Systemphilosophie dargelegten Analyse-Technik der „Multiperspektivität", kann eine Gliederung der unterschiedlichen Aggregationsebenen sozialer Systeme wie folgt vorgenommen werden:

*1. Mikrosysteme*
Mikrosysteme sind *Dyaden* (2-Personen-Systeme), *Gruppen* wie die Familie oder *Organisationen* wie die Schule, der Arbeitsplatz usw. Entscheidend ist hier die überschaubare Anzahl der Partner der *Interaktion,* die als Rollenträger auftreten. Direkte Kommunikation und Interaktion dominieren. In der Familie sind Kognitionssysteme relevant, in Organisationen sind es vor allem (standardisierte, explizierte) Programme. Die Bedeutung mikrosozialer Systeme wird im Kapitel „Systemische Familientherapien" ausführlicher behandelt.

*2. Mesosysteme*
Bei dieser Systemebene handelt es sich um komplexere soziale Aggregate wie die Gemeinde, das Schulwesen oder *Institutionen*. Hier sind die Akteure nicht mehr persönlich miteinander in Kontakt, sie sind teilweise nicht faßbar und nur als Rollenträger bzw. Funktionsinhaber abstrakt vorstellbar. Auch hier sind komplexe Interaktionssysteme als Handlungssysteme essentiell.

*3. Makrosysteme*
Auf dieser übergeordneten Betrachtungsebene handelt es sich letztlich um das Gesamtsystem der Gesellschaft als *Gefüge von Institutionen*. Luhmann bezeichnet Gesellschaft als die letzte Ebene aller kommunikativ füreinander erreichbaren Akteure. Daraus läßt sich wegen der Telekommunikation auch die gegenwärtige Situation einer Weltgesellschaft konstruieren, die ja auch de facto mehr oder weniger gegeben ist.

Die soziologische Systemtheorie sozialer Systeme hat derzeit einen eigentümlichen Theoriestatus - die in der deutschen Theoriediskussion vorherrschenden Arbeiten von Luhmann (z.B. Luhmann 1984) scheinen den Anspruch zu erheben, eine Supertheorie zu sein, die die erwähnten sozialen Systeme umfassend und grundlegend beschreibt und erklärt und zugleich mit der allgemeinen Systemtheorie lebender Systeme von Humberto Maturana und Francisco Varela (z.B. Maturana und Varela 1987) verbunden ist. Dennoch ist die „substratfreie" soziologische Systemtheorie nicht ohne Vermittlungsarbeit an die Konzepte der biologischen Kybernetik anschließbar. Das beruht auf der Differenz von Natur- und Sozialwissenschaften, was im Kapitel zur Philosophie bereits angesprochen wurde. Dieses Problem führt zu Verständigungsschwierigkeiten, weshalb hier eine gesonderte Darstellung der Theorie sozialer Systeme erfolgt.

Seit den grundlegenden Arbeiten von Talcott Parsons, den man als den bedeutendsten amerikanischen theoretischen Soziologen dieses Jahrhunderts einstufen muß, bezeichnet man in der Soziologie den zentralen Gegenstand der Untersuchungen als *„soziale Systeme"* (z.B. Parsons 1951, 1968). Soziale Systeme sind, wie erwähnt, interpersonelle Systeme. Parsons war bereits in den 50er Jahren mit der „Allgemeinen Systemtheorie" von Ludwig v. Bertalanffy in Berührung gekommen und stand seither unter ihrem Einfluß. Parsons ist auch der bedeutendste Vertreter des „Funktionalismus" bzw. des „Strukturfunktionalismus", einer Theorierichtung, die der Kategorie „Funktion" (bzw. auch „Struktur") in ihrer Gesellschaftstheorie zentrale Bedeutung gab. Zunächst definierte Parsons ein soziales System so: „A social system consists of a plurality of individual actors interacting with each other in a situation which has at least a physical or environmental aspect, actors who are motivated in terms of a tendency to the optimization of gratification and whose relation to their situation, including each other, is defined and mediated in terms of a system of culturally structured and shared symbols." (Parsons 1951, S. 5). Später allerdings hat er diese Version revidiert und das soziale System abstrakter gefaßt und quasi unabhängig von den handelnden Personen definiert (Parsons 1968, S. 467). Parsons faßte dabei soziale Systeme als eigene abgegrenzte Einheiten auf, sodaß unter anderem das kulturelle System für das soziale System als Umwelt gilt. Da das kulturelle System als „Mastersystem" konzipiert ist, scheint es berechtigt zu sein, ihm auch eine relativ eigenständige Existenz zuzuweisen, was jedoch aus der Sicht von Funktionalisten eine zu vermeidende Verdinglichung („Reifizierung") des Systembegriffs bedeutet. Allerdings bietet der Begriff „Interpenetration" der Systeme eine konzeptionelle Verbindung, die die analytische Trennung wieder entschärft.

Die Funktion sozialer Handlungssysteme beruht nach Parsons auf vier funktionellen Subsystemen. Andererseits hat jedes soziale System solche Funktionen zu realisieren:

- Das *soziale System* : Es dient der sozialen *Integration* (I) und der Differenzierung in Form der Bildung von Subsystemen. Auf gesellschaftlicher Ebene ist dies vor allem das soziale *Subsystem Recht*.
- Das *kulturelle System* : Es dient der *Strukturerhaltung* (L = latent structure) durch Normen mit der Teilfunktion der Wertverallgemeinerung, was erst die breite Integration erlaubt. Auf gesellschaftlicher Ebene ist dies die *„Kultur«*.

- Die *Persönlichkeit*: Sie hat die Hauptfunktion der *Zielverwirklichung*. Auf gesellschaftlicher Ebene definiert das System *Politik*, die Ziele (G = good attainment).
- Der *Organismus* hat die Funktion der *Anpassung* (A). Auf der Ebene der Gesellschaft hat das Teilsystem *Wirtschaft* diese Funktion.

Die *Interrelationen* zwischen den vier Systemen werden von Parsons typisiert (AGIL-Schema) und, wie hier an einigen Beispielen expliziert, konkreter interpretiert:
- Zwischen dem Anpassungssystem und dem Zielsystem müssen Ressourcen mobilisiert werden.
- Zwischen dem Anpassungssystem und dem Sturkturerhaltungssystem müssen Arbeit und Konsum über das Marktsystem ausgetauscht weden.
- Zwischen dem Rechtssystem, als integratives System, und dem Anpassungssystem müssen Standards für die Güterbewegungen (Allokationen) definiert werden.
- Zwischen dem Zielerhaltungssystem Politik und dem System für Strukturerhaltung muß die Legitimation hergestellt werden.
- Zwischen dem Rechtssystem und dem Politiksystem muß die politische Unterstützung gegeben sein.

Parsons führt schließlich eine *Input-Output-Analyse* der Beziehungen, die zwischen diesen Systemen bestehen, durch, indem er den Austausch von Faktoren und Produkten beschreibt. Geld, Einfluß, Macht und Verpflichtungen sind wichtige Kategorien, die diese Prozesse beschreiben. *Macht* ist beispielsweise die generalisierte Fähigkeit zur Sicherung des Einhaltens bindender Verpflichtungen der Einheiten einer kollektiven Organisation (Parsons 1980). Parsons versucht über diese systematisch entwickelten Kategorien Prozesse in sozialen Systemen zu beschreiben.

Dieses etwas unflexibel wirkende Kategoriengerüst wurde von Münch (1992) überarbeitet, aber von der Systemtheorie von Luhmann (1984) überholt.

## 3.2 Systemtheorie von Luhmann

In der deutschen theoretischen Soziologie dominiert seit den frühen 70er Jahren die Systemtheorie von Niklas Luhmann das Denken und die Diskussion. Diese Theorie ist von enormer Abstraktheit und es existieren kaum Anwendungsbeispiele. Es sind ebenfalls keine empirischen Studien gegeben, die diese Theorie testen und radikal gesagt, gibt es auch keine konkrete Empirie, auf die sich diese Theorie bezieht. Ein Theorietest ist offensichtlich auch nicht intendiert, da Luhmann sich im metatheoretischen Bereich sehr auf den erwähnten Konstruktivismus stützt, der in der letzten Konsequenz auch die empirische Forschung weitgehend negieren muß: wenn letztlich alles auf Setzungen von einzelnen Menschen beruht, dann ist es auch nicht sehr sinnvoll, empirische Studien vorzunehmen, da ihre Ergebnisse kaum verbindlichen Charakter haben (vgl. Kapitel „Philosophie"). Die soziologische Diskussion kann somit völlig beliebig verlaufen, was in der Tat auch immer wieder feststellbar ist.

Es wird nun deutlich, daß der Gegenstand der Theorie sozialer Systeme von der neurobiologischen Systemtheorie oder Kybernetik deutlich verschieden ist: Niklas Luhmann charakterisiert soziale Systeme als „*Sinnsysteme*". Ohne hier zunächst weiter in die funktionsanalytische Definition der theoretischen Kategorie Sinn einzusteigen, soll „Sinn" die *Beziehung zu etwas anderem* bedeuten, wobei dieses Andere in Form von „wichtig", bedeutsam für die Person oder das soziale System ist. In dieser vereinfachenden Interpretation hat Sinn sowohl die Bedeutung von „Bedeutung", wie auch die Bedeutung von „Ziel". Daher ist ein Verständnis von sozialen Systemen als deutende und zielorientierte Systeme zulässig: Deutung (z.B. Drogenwissen in der Drogenszene) ohne Ziel (Drogenkonsum) wird marginal, Ziele ohne interpersonelle Deutbarkeit (z.B. hoher Wert des Rausches) sind nicht sozial (z.B. Drogenerwerb).

*Soziale Systeme* sind also Systeme von *Regeln*, die *Handlungen* und *Erwartungen* betreffen. Sie bestehen aus Sollens-Sätzen und Ist-Beschreibungen, die normativ oder deskriptiv sind.

Ein soziales System kann nach Luhmann seine Identiät nur in der Differenz zu, als „Umwelt" deklarierten, anderen Systemen entwickeln. Auf diese Weise wird sein Verhältnis zur Umwelt konstitutiv für die Systembildung. Beispielsweise deklariert ein Verein in seiner Satzung seine Ziele und die diese Ziele anstrebenden Mitglieder. Die Satzung klärt die Aufnahme in den Verein und den Ausschluß davon. Auch die Selbstdefinition der Familie definiert ihre Mitglieder und das zur Familie passende Verhalten (z.B. Heiratsregeln).

Auf dieser mikrosozialen Ebene der *Interaktion* von Personen bzw. von Rollenträgern liegt auch die Basis der Theorie von Luhmann. Die Interaktion von Personen bringt nämlich mit sich, daß die Personen einander wahrnehmen und sich dadurch aufeinander beziehen. Diese Möglichkeiten in der Begegnung, das Verhalten zu steuern und aus dem Repertoire möglichen Verhaltens ein Verhaltensmuster auszuwählen, wird in dem Begriff der *Kontingenz* zentral hervorgehoben. Dieser Begriff bedeutet, daß sich ein Akteur so oder anders verhalten kann. Zwei Akteure können daher kaum Prognosen über das Verhalten (oder die Erwartungen) des jeweils anderen anstellen. Beispielsweise wird ein Tourist in Rußland rasch zu einem Trinkglas voll Wodka eingeladen - er kann das Angebot ablehnen, aber er wird erhebliche Schwierigkeiten haben, daß dies von den „Gastgebern" akzeptiert wird. Diese sehen sich nämlich dadurch auch als Person abgelehnt. Wird aber getrunken, dann muß viel getrunken werden. Diese *Verhaltenserwartungen* und die *Erwartungserwartungen* sind somit Co-Faktoren bei der Entscheidung, welche der situativ möglichen Verhaltenweisen gewählt wird. Aus diesem Kontingenzprinzip leitet sich der *Bedarf nach Sinn* zur Orientierungssicherheit als Erfordernis einer gesellschaftlichen Basis sozialen Handelns ab. Auf diese Weise wird aus der Komplexität möglicher Handlungen eine Selektion erzeugt. Als zentraler Mechanismus gilt die soziale Konstitution von „Sinn", der als „Ordnungsform menschlichen Erlebens und Handelns" wirkt. Es ist beispielsweise schwer möglich, in Rußland in Alltagsbegegnungen mit Russen über die Gesundheitsgefahren des Alkohols zu sprechen und verhaltensrelevante Einigkeit darüber herzustellen. Es ist keine Kommunikation dazu aufbaubar.

Interaktion ist also ein direkter personeller Kontakt, der auch auf der sensorischen Erfahrung (des Ausdrucks) des Interaktionspartners beruht. Darüber hinaus bestehen gedankliche, motivationale und emotionale Zustände und Reaktionen in der Begegnung, die über das rollenbezogene Verhalten hinausgehen (z.B. „Warum sind Sie so ablehnend?"). Die sensorische und motorische Kompatibilität zwischen zwei Akteuren sind wichtige Faktoren des Gelingens von Interaktionen. Interaktionen haben auch häufig den Charakter von *Geben-Nehmen-Relationen*. Darauf beruht der *Austausch*. Anhaltende Dispositionen zur Interaktion machen Beziehungen aus. Beziehungen entwickeln sich wiederum durch Interaktionen. Davon wird im Kapitel „Humanökologie" noch die Rede sein.

Insofern soziale Systeme ein Gefüge von *aufeinander bezogenen Elementen* (Regeln, Handlungen) sind, ist es auch für die Analyse sozialer Systeme und ihrer Operationen wichtig, ganz allgemein den Aspekt der *„Selbstreferentialität"* (Autopoiesis) zu berücksichtigen. Soziale Systeme sind nämlich nach Luhmann operationell geschlossene Systeme, die ihre Umwelt informationell nicht aufnehmen, sondern Umwelt nur als Randbedingung oder Anregung verarbeiten. Dieses Konzept bedeutet, daß sich soziale Systeme sozusagen selbst, ohne Bausteine von außen, schaffen. Sie definieren sich auch selbst, und zwar aus einer Differenz zwischen Umwelt und System, die im wesentlichen aus einem Komplexitätsgefälle besteht.

Zentral ist daher der Begriff *Kommunikation*, der aus den Komponenten Information, Mitteilung und Verstehen besteht.

Ein Beispiel eines sozialen Systems kann die *Wissenschaft* als Institution herangezogen werden. Wissenschaft hat nach Luhmann den „funktionalen Primat" in unserer Gesellschaft. Sie stellt fest, was wahr und was falsch ist. Wissenschaft zeigt Selbstreferentialität, insofern sie selbst über die Wahrheit von Aussagen entscheidet. Auch die Relevanzordnung der Forschungsfragen stellt sie selbst auf. Grundsätzlich ist der Wissenschaft diese Freiheit gesetzlich garantiert. Daraus leitet sich auch die Differenz von wissenschaftlicher Relevanz und praktischer Relevanz ab - Praktiker suchen Orientierungen in der Wissenschaft, ihre Themen werden aber nicht als relevant eingestuft. Andererseits zeigt die Wissenschaft Defizite im Bereich des Praxistransfers. Luhman führt dazu aus, daß bei der Wissenschaft die Gesellschaft das Risiko eingeht, Konstrukte einseitigster und abstraktester Art als wahr akzeptieren zu müssen. Der Grund dieser Akzeptanz liege darin, daß die „wissenschaftliche Wahrheit" von den Wissenschaftlern als zwingend sicher intersubjektiv übertragbar angesehen wird (Luhmann 1984).

## 3.3 Kritik an der Systemtheorie

Die funktionalistische Systemtheorie hat wenig zur *Erklärung konkreter sozialer Phänomene* geleistet. Sie kam über den Versuch, eine systematische Typologie sozialer Funktionen aufzubauen, nicht hinaus. Es mangelt am Bezug zu empirischen Daten. Das AGIL-Schema von Parsons wurde zuletzt von Münch (1992) noch weiter ausdifferenziert. Trotz der beachtlichen intellektuellen Anstrengung ist der konkrete Erklärungswert seiner Arbeit allerdings nicht ohne weiteres evident.

Auch an der Systemtheorie Luhmanns können in Anlehnung an Krawietz u. Welker (1992) folgende Kritikpunkte erhoben werden:

- In Luhmanns Schriften sind *Theorie und Methatheorie ineinander verwoben*, so daß Anwendungen im Bereich der Empirie nur schematisch zur Verdeutlichung, aber nicht zur Erklärung oder Beschreibung erfolgen können.
- Die Systemtheorie von Luhmann ist in einem Frühstadium der Entwicklung einer neuen Theorie und hat daher eine *mangelnde Systematik*.
- Die *Begrifflichkeit* und die *Terminologie* sind neu und nur im Gebrauch deutbar. Es fehlen systematische Darstellungen oder gar eine Darlegung der Axiome und Theorien. So entstehen Mißverständnisse.
- Es besteht ein *Mangel empirischer Explikationen*.
- Die Zentralität des Begriffs *Kommunikation* ist theoretisch äußerst fruchtbar, jedoch *reduktionistisch* und wird damit den aus der Alltagserfahrung heraus beobachtbaren Handlungen (z.B. Konsum von Drogen) und ihrer rein materialen Relevanz nicht gerecht. Es ist nützlich Handlungen auch, aber nicht nur, als Kommunikationen zu verstehen.

Grundlegend sind die Deutungsversuche von konkreten sozialen Systemen im Rahmen der makrosozialen Systemtheorie problematisch. Einerseits hat nämlich die theoretische Soziologie ein Abstraktionsniveau erreicht, das äußerst differenziert ist und zugleich fundamentale Konstruktionen erlaubt. Andererseits fehlt trotz vieler Versuche Luhmanns der Nachweis, daß die *Systemtheorie etwas erklärt*, was empirisch als Frage offen ist. Es scheint vielmehr so zu sein, daß die soziologische Systemtheorie sich ihre Empirie erst schaffen muß.

Ein wesentlicher Kritikpunkt gegenüber der Systemtheorie liegt darin, daß sie den sozialen Wandel in den kommunistischen Ländern nicht vorausgesagt hat. Ein Grund mag darin liegen, daß die empirische Realität in der soziologischen Systemtheorie zu sehr verkürzt wird. Erforderlich sind Theorien der mittleren Reichweite (Merton 1975).

Die Einbindung der konkreten sozialen Realität hat auch Pieper in seiner „sozialen Physik" (Pieper 1989) eingefordert: Gesellschaft findet in einer bestimmten *Zeit* und in einem bestimmten *Raum* statt. Auch sind die *Größenordnungen von Populationen* relevant. Aus diesen Gründen wird später die Sozialökologie als Forschungsansatz für konkrete soziale Aggregate und Prozesse bevorzugt - in der Sozialökologie sind diese Kategorien explizit im Grundansatz sozialer Analyse „eingebaut".

Auch Giddens (1984) betont, daß die Soziologie mehr berücksichtigen muß, daß räumliche und zeitliche Dimensionen auch für soziale Systeme relevant sind. Geht man noch einen Schritt weiter und fordert die Einbindung in konkrete Kategorien des Alltagslebens, wie „Natur", „Menschen" und „Technik", dann ist die Soziologie inhaltlich bereits überfordert. Es ist dann möglich, von der „Sozialökologie" neue Ansätze zu entwickeln.

Was die Theorie zur Gegenwartsgesellschaft betrifft, hat die Systemtheorie auch relativ wenig mit der empirischen Sozialforschung oder mit der qualitativen Empirie der sozialen Erfahrung zu tun und bietet wenig Interpretationshilfen an. Die fruchtbarsten aktuellen soziologischen Theorien sind eher „narrative Texte" und nicht formalisierte Kalküle, in die gesellschaftliche Variablen einbezogen sind. Als Grundansatz dieser Theorien dienen Elemente der Kommunikationswissenschaft und auch der Zeichenwissenschaft (Semiotik, Semiologie), einem Wissenschaftsbereich, der vor allem in Frankreich eine fruchtbare Entwicklung aufweist.

Einige andere Theorieansätze der Beschreibung und Erklärung der Gesellschaft sind daher noch zu berücksichtigen.

## 3.4 Andere makrosoziologische Theorieansätze

Ein weiterer Ansatz der mikro- und mesosoziologischen Theorie, nämlich der *„Strukturalismus"*, muß als wichtige Theorieströmung der Sozialwissenschaften in den 60er Jahren in Frankreich bedacht werden. Wenn nämlich auf der Ebene der Mikroperspektive die Basis von Gesellschaft in Interaktionssystemen angesehen wird, dann sind soziale *Austauschprozesse* zwischen Personen bzw. Rollenträgern genauer zu betrachten: Die Austauschprozesse regeln sich nach „Geben-Nehmen-Relationen" auf verschiedenen Ebenen. Zentrales Moment der Kultur ist in diesem Sinne der Austausch. Darauf hat vor allem Lévi Straus (1967) hingewiesen. Seiner Ansicht nach besteht die Gesellschaft aus Gruppen, die im „Tauschverkehr" miteinander stehen. Lévi Straus unterscheidet im wesentlichen drei Ebenen des Austauschs:
- Frauen
- Güter und Dienstleistungen
- Mitteilungen

Gesellschaftliche Regeln steuern die Prozesse des Austauschs. Beispielsweise steuern Heiratsregeln die Verbindungen zwischen Familien und bestimmen somit die Verwandtschaftssysteme. Zulässige und nicht zulässige Verheiratungen, „Gegenwerte" für Frauen usw. werden festgestellt und zum Standard erklärt. Auch in modernen Gesellschaften haben Verwandtsschaftssysteme noch eine wesentliche Rolle bei der Besetzung von gesellschaftlich relevanten Positionen. Bemerkenswert ist, daß Lévi Straus meinte, daß die Gesellschaft als Ganzes am besten durch eine Kommunikationstheorie zu erklären sei.

Dieser Gedanke wurde in der soziologischen Theorie der „Postmoderne" wieder radikal aufgegriffen. Diese Theorien interpretieren die Gegenwartsgesellschaft auf der Ebene ihrer Merkmale ihrer Kommunikationsstrukturen als „postmoderne" Gesellschaftsformation, die durch die *Pluralisierung der Lebensstile*, auch als Freizeitgesellschaft, Risikogesellschaft, Informationsgesellschaft, Dientsleistungsgesellschaft usw. kennzeichenbar ist. Postmoderne wird als „Verfassung radikaler Pluralität aufgefaßt, in der das unüberschreitbare Recht hochgradig differenter Wissensformen, Lebensentwürfe, Handlungsmuster anerkannt und dementsprechend eine antitotalitäre Option verfolgt wird" (vgl. Welsch 1988). Philosophisch ist für diesen Ansatz die Sprachphilosophie und Erkenntnistheorie von Wittgenstein relevant („Sprachspiele").

Gesellschaft wird als System von Kommunikationen verstanden: Gesellschaft ist eine „große Erzählung" (Lyotard 1986, 1987). Es ist auch von der „Informatisierung" der Gesellschaft die Rede. Gesellschaft ist ein großes System von Diskursen. Die Diskursarten sind Formen, wie gesprochen wird. Diskursregeln steuern die Kommunikationen. So gesehen gibt es in der postmodernen Gesellschaft keinen universellen Metadiskurs mehr. Die Gegenwartsgesellschaft muß sich daher von der Idee der Möglichkeit des soziokulturellen Alleinvertretungsanspruchs lösen und die Grenzen des pluralistischen Vertretungs- und Geltungsanspruchs beachten. Gesellschaft ist heute ein Netzwerk pluraler narrativer Texte. Gesellschaftsanalyse ist daher die Analyse jener Texte, ihrer Strukturen und Bedeutungen (Brown 1987).

Die postmoderne Gesellschaft zeigt eine radikale Multiplizierung partieller Erzählperspektiven während der sinnvolle soziale Kontext, innerhalb dessen Narrative erzählt und verstanden werden können, durch Prozesse der Verwissenschaftlichung, Bürokratisierung, Technisierung und Atomisierung der Gesellschaft zerfallen ist. Die Aufspaltung der gesellschaftlichen Welt in eine *öffentliche Welt* anonymer, fremdbestimmter Funktionsrollen und in eine *private Welt* der Selbstverwirklichung, ergibt eine Situation, die vor allem nach dem Verfall „intermediärer Assoziationen" (Nachbarschaft, Verbände- und Gemeindeöffentlichkeit) keine Möglichkeit bietet, diese Lebensbereiche aufeinander zu beziehen. Es findet gegenwärtig ein emanzipatorischer Diskurs der Bürger statt. Außerdem gibt es einen romantischen Kritizismus, der sich gegen den positivistischen „Expertizismus" wendet oder der zumindest versucht, ihm zu entkommen.

Mit diesen Aufzählungen ist deutlich geworden, daß Information ein wesentliches Element der Gegenwartsgesellschaft ist. So ist bereits im Bereich der Wissenschaftssoziologie, von der „Ökologie des Informationsmeeres" die Rede (Renn 1996). Darüber hinaus ist auch deutlich geworden, daß Soziologie im allgemeinen Verständnis zur Textanalyse verurteilt zu sein scheint (Brown 1989).

Diese kurze Darstellung von Problemen der aktuellen soziologischen Systemtheorie zeigt, daß die Analyse von Funktionen und Strukturen der Gesellschaft noch unbefriedigend ist. Bessere Tests der Anwendbarkeit der soziologischen Systemtheorie liegen im Bereich der Organisationswissenschaft.

## 3.5 Organisationen als soziale Systeme

Interessant ist die Anwendung systemischen Denkens auf soziale Systeme mittlerer Größenordnungen, also beispielsweise in der Organsitationsforschung und in den Managementwissenschaften. Hier zeigt sich bereits im Überblick, daß die Anwendungen makrosoziologisch interessanter Theorien, wie jene von Luhmann, wenig ergiebig sind. Die *Organisation* ist ja die nächst niedrige Aggregationsebene sozialer Systeme, die dem System Gesellschaft folgt und die nächst höhere Aggregationsebene nach der Gruppe, wie es eine Familie ist. Organisationen als soziale Systeme sind beispielsweise Betriebe. Es können Firmen, also Arbeitsplätze und ihre Kontexte für einzelne Personen sein, es kann sich aber auch um Schulen handeln, die Umwelten für Kinder ausmachen.

Organisationen lassen sich nach mehreren Funktionsebenen differenzieren, sie zeigen demnach eine (funktionelle) Organisationsstruktur:
- *Ziele*
- (strukturelle) *Organisation*
- *Personal*
- *Technik*
- *Finanzen*
- *Raum*
- *Zeit*

Diese Ebenen stellen wichtige Dimensionen dar, um Organisationen zu beschreiben. Es wären noch die Merkmale der *Aufbaustrukur,* d.h. die strukturellen Aspekte der Organisation, gesondert zu betrachten. Zusätzlich ist die *Ablaufstruktur* von Aufgaben des Betriebs als ein das Milieu beeinflussender Faktorenkomplex zu beschreiben. In Hinblick auf Organisationen wird hier an therapeutische Einrichtungen gedacht, beispielsweise wäre auch ein lokales Drogenhilfesystem dazu zu rechnen. Die Erforschung dieser Systeme ist noch nicht weit fortgeschritten. Kampe (1991) hat versucht Therapieeinrichtungen nach systemtheoretischen Gesichtspunkten zu beschreiben. Schreyögg (1991) hat im Bereich der Supervision von therapeutischen Einrichtungen systemische Gedanken eingebaut. (vgl. Abschnitt „Ökologie der Therapie").

Auch die Managementwissenschaften, wie sie von der Sankt Gallener Schule um Probst, Gomez, Malik, u.a. entwickelt worden ist, hat in der Theorie der Funktion von Organisationen, wie auch im Bereich der Praxis der Führung von Organistionen wichtige neue Konzepte eingebracht (Probst u. Gomez 1991, Maruyama 1992). Einen mehr kommunikationspsychologischen Ansatz hat der Organisationswissenschaftler Kirsch gewählt (Kirsch et al. 1979).

In dieser Arbeit ist auch der Gesichtspunkt relevant, daß Organsitionen in Umwelten leben und sich nach den wahrgenommenen Merkmalen dieser Umwelten ausrichten - Luhmann spricht hier von der Differenz zwischen System und Umwelt. Umwelten sind andere soziale Systeme, aber auch Personen und physische Strukturen.

Für die Metatheorie ist es interressant, die Tauglichkeit von Systemtheorien in diesem Bereich zu testen. Dazu ist die klassische Forderung nach dem Erklärungswert einer Theorie, als Kriterium anzulegen. Allerdings sind die Daten aus der empirischen Organisationsforschung auch meist unzulänglich (vgl. Hoffmann 1976).

## 3.6 Probleme der empirischen Organisationsforschung

Die empirische Erforschung von Organisationen hat, sofern sie auf Umfragen beruht, mit zwei Grundproblemen zu tun:

1. Die Antworten können, wenn sie die gesamte Organisation betreffen und von einem Repräsentanten der Organisation (z.B. Direktor des Krankenhauses) gegeben werden,

„positiv verfälschte" Darstellungen sein, um die Empfänger der Information (Behörde, Öffentlichkeit) positiv gegenüber der betreffenden Organisation zu disponieren. Das betrifft etwa Geschäftsberichte und andere Selbstdarstellungen psychiatrisch-psychotherapeutischer Einrichtungen.
Bei der Untersuchung der Leistung einer Organisation ist ebenfalls wegen der Einbettung in ein Konkurrenzsystem zu erwarten, daß Tendenzen zu günstigen Antworten auftreten.

2. Im Falle von Mitarbeiterbefragungen über Eigenschaften der Organisation werden im Durchschnitt positive Antworten zu erwarten sein. Angst vor Verlust des Arbeitsplatzes, vor Abweichen aus der Mitte usw. können zu Antworten führen, die ein positives Bild der Organisation ergeben.

Diese Einschränkungen sind hier in Hinblick auf die Validität von Selbsteinschätzungen von Behandlungs-Einrichtungen durch Mitarbeiter und durch Drogenabhängigen bedeutsam. Bei der Erforschung von medizinischen Einrichtungen ist daher zu erwarten, daß in Kenntnis der übergeordneten Instanzen (z.B. Ministerien oder Kostenträger) die Darstellung der inneren und äußeren Funktionen des Betriebes Opportunitätsaussagen beinhaltet, die sich vom Untersucher schwer einschätzen lassen.

Letztendlich sind auch die angeführten Probleme in einem gewissen Maß bewältigbar. Man kann annehmen, daß die private (und z.T. die militärische) Sozialwissenschaft und deren Auftraggeber bereits Informationen besitzen, die derartige formale Bearbeitungen zulassen. Meinungsforschungsinstitute beispielsweise publizieren ihre Ergebnisse nicht, sondern vermitteln sie unter Geheimhaltung an ihre Auftraggeber. Aus der Position des Einzelforschers ist es daher schwer, die notwendige empirische Information zu bekommen. Er muß aus diesem Grund also eher auf qualitativen Beobachtungen beruhende, qualitative theoretische Beschreibungs- oder Erklärungsmodelle erstellen, bzw. er kann nur in wenigen Fällen auf geeignete empirische Studien rekurrieren (s. Abschnitt „Ökologie der Therapie«).

Aus diesem Grund müssen zur Organisationsanalyse vorsichtige Plausibilitätsüberlegungen angestellt werden, wenn qualitative Modellvorstellungen über diesen Sachbereich entwickelt werden sollen.

# Fazit

Die soziologische Theorie zeigt in Hinblick auf das Verständnis empirischer Probleme derzeit noch deutliche Defizite (vgl. Morel et al. 1995). Die Allgemeinheit der Aussagen soziologischer Theorie ist offensichtlich nur in Teilbereichen gültig.
Ziel dieser Arbeit ist es daher nicht, eine bestimmte soziologische Theorie auf ihre Anwendbarkeit zu testen. Das Gegenteil ist der Fall: Es sollen von einer gegebenen

qualitativen Empirie der sozialen Aspekte der Suchtproblematik ausgehend, Grundlagen für eine geeignete Theorie herausgearbeitet werden.

Es ist also erforderlich, sich der Komplexität moderner Gesellschaften auch im Bereich der Gesellschaftsanalyse mit einer entsprechend differenzierten Begrifflichkeit, also beispielsweise mit jener der soziologischen Systemtheorie, zu stellen.

Es ist hier allerdings nicht möglich, die recht vielfältige Diskussion des systemischen Ansatzes in den Sozialwissenschaften ausreichend darzustellen. Dabei müssen neben der theoretischen *Soziologie*, vor allem auch Teile der *Betriebswissenschaften* diskutiert werden. Dies ist hier nur aspekthaft möglich.

Es ist auch bemerkenswert, daß die soziologische Analyse der Suchtproblematik derzeit sogar im anglo-amerikanischen Schrifttum nicht zufriedenstellend ausgearbeitet ist.

# 4 Humanökologie

## 4.1 Umweltproblematik, Ökologie und Humanökologie

Humanökologie kann als die ökologische Perspektive in den Humanwissenschaften verstanden werden. Die Ökologie wiederum hat eine lange Denktradition. Die Ideengeschichte des ökologischen Grundgedankens vom „Haushalt der Natur" läßt sich nämlich bis zu den Griechen der Antike verfolgen. Damals machte die Vorstellung von einem Gleichgewicht der Naturkräfte das Rahmenmodell des Weltbildes aus. So wurde ein außergewöhnlich harter Winter als Folge eines Streits der Götter interpretiert. Diese Störung der gewohnten Abläufe in der Natur soll durch Fürbitte der Menschen und durch Opfer wieder ausgeglichen werden können (vgl. Schramm 1984). Ähnliche Konzepte finden sich auch in anderen Epochen und in anderen Regionen der Welt, vor allem aber bei den Indianern. Große Weltreligionen zeigen ebenfalls Konzepte eines Haushaltes der Natur. Das reicht vom Konzept „Machet Euch die Erde untertan" der Christen bis zu Vorstellungen des Buddhismus von der *Ordnung* der Welt. Diese ökologische Dimension von Religionen wie auch die religiöse Dimension der Ökologie wurde bisher noch wenig beachtet (vgl. Liedke 1979).

Mit der zunehmenden Industrialisierung Europas hat die *Kritik der Naturausbeutung und Naturbelastung* ein immer größeres Gewicht bekommen. Erst in diesem Jahrhundert und dabei vor allem ab Ende der 60er Jahre hat jedoch die sogenannte „ökologische Diskussion" das öffentliche Bewußtsein und auch die Wissenschaften zunehmend beeinflußt. Zunächst bestimmten vor allem Naturschützer mit dem Ziel des Artenschutzes von Pflanzen und Tieren die Diskussion. Allmählich nahm die Erkenntnis zu, daß Boden, Wasser und Luft als Komponenten der sogenannten unbelebten Natur ebenfalls durch menschliche Eingriffe verändert und belastet werden. In der Folge hat sich vor allem im populären Sprachgebrauch der Begriff „Umweltschutz" verbreitet. Besonders einflußreich war in dieser Hinsicht das Buch „Der stumme Frühling" von der Biologin Carson (1971). Durch politische Gruppierungen wurde in diesem Zusammenhang auch zunehmend der Ausdruck „Ökologie" verwendet. Der Ausdruck „Ökologie" kennzeichnet aber vor allem den übergreifenden Aspekt der ökosystemischen *Vernetztheit* der gedanklich und sprachlich häufig getrennten natürlichen Subsysteme *Tiere, Pflanzen, Wasser, Boden* und *Luft*. Darüber hinaus ist die Einwirkung des Menschen auf die *Natur* über *Technik* und *Gesellschaft* angesprochen. Das geht aber wieder weit über das akademische Verständnis von „Ökologie" hinaus, das derzeit überwiegend traditionelle Fragen nach *Stoffkreisläufen*, nach *Energiekreisläufen* oder nach physiko-chemischen Lebensbedingungen verschiedener Tiere und Pflanzen udgl. behandelt (Remmert 1978). Es zeichnen sich zwar Spezialisierungen wie die Landschaftsökologie ab, es werden jedoch die gesellschaftlichen Bezüge nicht ausführlich berücksichtigt. Dennoch diente die akademische Disziplin „Ökologie" gewissermaßen als implizite Leitwissenschaft dazu, die Umweltdiskurse wissenschaftlich zu legitimieren.

Es zeigen sich also Schwierigkeiten der inter- und intrainstitutionellen gesellschaftlichen Kommunikation der ökologischen Problematik. Dies hat Luhmann (1986) in seinem Buch „Ökologische Kommunikation" treffend charakterisiert - „Umwelt" ist in den gesellschaftlichen Institutionen wie Recht, Religion, Wissenschaft oder Wirtschaft keine konstitutive, sondern nur eine marginale Kategorie.

Vor allem die ambivalente Position der *akademischen Ökologie,* die zwischen den öffentlich als ökologische Problemstellungen definierten Fragen und der eigenen wissenschaftlichen Aufgabenstellung und Notwendigkeit der Eingrenzung schwankt, charakterisiert die gegenwärtige Situation. Auch der Konflikt zwischen *Ökonomie* und *Ökologie,* zwischen *Ressourcennutzung* und *Ressourcenschutz,* drängt zu einer Ausweitung der akademischen Ökologie zu einer „sozialen Naturwissenschaft" (nach Böhme und Schramm 1985).

Ursprünglich war die Ökologie ganzheitsorientiert, denn Haeckel konzipierte die Ökologie als die »...gesamte Wissenschaft von den Beziehungen des Organismus zur umgebenden Außenwelt, wohin wir alle Existenzbedingungen rechnen... physikalische und chemische Eigenschaften, anorganische Nahrungsmittel und organische Existenzbedingungen.« (Haeckel 1866, zit. nach Knötig 1972, S. 26). Verkürzend gesprochen bedeutet „*Ökologie*" also im akademischen Sprachkontext die wissenschaftliche Untersuchung der *Lebewesen - Umwelt - Beziehungen.* Ökologie wird auch als *Haushaltslehre der Natur* bezeichnet.

Der Ganzheitsorientierung der Ökologie steht allerdings die erwähnte „Beziehungsproblematik" zwischen Naturschutz (Ökologie) und Naturnutzung (Ökonomie) entgegen. Dieser Widerspruch kann wohl nur durch einen, die naturwissenschaftliche und die sozialwissenschaftliche Perspektive überbrückenden Denk- und Forschungsansatz aufgenommen und verarbeitet werden. In dieser Hinsicht kann derzeit wohl am ehesten die *Humanökologie* eine zusammenfassende Perspektive anbieten, ein Ansatz, der sich in den letzten Jahren immer häufiger in den unterschiedlichsten Publikationen findet (vgl. Young 1983, Glaeser 1989, Steiner u. Nausser 1993). Es handelt sich dabei meist um die Rezeption der *ökologischen Perspektive* in speziellen humanwissenschaftlichen Fragestellungen. Dies geht bis zu einer „ökologischen Philosophie" (Sachsse 1984). Die ökologische Perspektive hat somit nach Kuhn den Charakter eines „Paradigmas" (vgl. Weichhart 1989).

Zur Verdeutlichung der *wissenschaftlichen Basis* des humanökologischen Ansatzes müßten einige wesentlichen *Begriffe, Methoden* und *Modelle* referiert werden (vgl. Tretter 1988b).

## 4.2 Geschichte der Humanökologie

Um ca. 1920 erfolgte in den USA die human- bzw. sozialwissenschaftliche Rezeption des ökologischen Gedankens. Vor allem die „*Demökologie*" als Ökologie der Kollektive fand Interesse bei Chicagoer Stadtsoziologen, vor allem bei Park, Burgess und McKenzie (1925). Diese Forscher entwickelten nach botanischen Konzepten einen Forschungsansatz, der als „*Social Ecology*" und auch als „*Human Ecology*" bezeichnet wurde (vgl.Tretter und Schmid 1979). Davon ist noch ausführlicher die Rede.

Ab Mitte der 70er Jahre ist das Buch „Human Ecology" von Ehrlich, Ehrlich und Holdren (1975) besonders einflußreich geworden. Als Grundaufgabenstellung dieser Konzeption von Humanökologie sollten die Zusammenhänge zwischen Bevölkerungswachstum, Rohstoffverbrauch und Umweltbelastung untersucht werden und für die bestehenden Probleme geeignete Lösungsmöglichkeiten gefunden werden. Diese Variante von Humanökologie konzentriert sich also auf die Untersuchung der *physiko-chemischen Ebene von Ökosystemen*, und zwar vor allem auf den globalen Stoff- und Energiekreislauf.

In Hinblick auf Handlungserfordernisse, nämlich über diese naturwissenschaftlich gesicherte globale humanökologische Problematik zu kommunizieren und Handlungsprogramme zu entwickeln und umzusetzen, wird aber die Einbezugnahme psychosozialer Faktoren essentiell. Damit muß die zunächst nur „bio-physiko-chemisch" orientierte Humanökologie um die sozialwissenschaftliche Dimension erweitert werden.

Um 1972 haben daher Experten aus unterschiedlichen Disziplinen in Wien die „Wiener Schule" der Humanökologie konzipiert, die die unterschiedlichen naturwissenschaftlich, individualwissenschaftlich und sozialwissenschaftlich orientierten Ansätze zu einer *systematisch* aufgebauten „Ökologie des Menschen" integrieren sollte. *Humanökologie* ist in diesem Verständnis als Forschungsperspektive *integrativwissenschaftlich* und *ganzheitlich orientiert*. Humanökologie beruht dabei sowohl auf der Integration der „Ökologisierungen" der Einzelwissenschaften (z.B. „ökologische Pychologie") wie auch auf selbständigen globalen Entwürfen einer humanwissenschaftlichen (bzw. sozialwissenschaftlichen) Ökologie.

Humanökologie ist in dieser Konzeption die Wissenschaft von Mensch-Umwelt-Beziehungen, also keine „Umweltwissenschaft", sondern eine *Umwelt-Beziehungswissenschaft* des Menschen. Der *Mensch* wird dabei als *biopsychisches Wesen* und die *Umwelt* als *Gefüge* nicht nur natürlicher, sondern auch *technischer, personeller, sozialer* und *kultureller Faktoren* begriffen. Diese Gegenstandsbestimmung erfolgt in Anlehnung an die biologische Ökologie nach Haekel (vgl. Knötig 1972, Tretter 1976, Knötig und Panzhauser 1976, Knötig 1976, 1979, Tretter 1988b, Glaeser 1989). Dabei ist ein weiteres Novum zu beachten: Die Wiener Schule unterscheidet ähnlich wie die biologische Ökologie eine sozialwissenchaftlich orientierte Humanökologie (*Sozialökologie*, Humandemökologie) und eine individualwissenschaftlich orientierte Humanökologie (*Individualökologie*, Humanautökologie). Die Individualökologie beruht im wesentlichen auf den *Individualwissenschaften*, die wie Psychologie, Pädagogik oder Medizin den einzelnen Menschen zum Gegenstand haben.

Die „Sozialökologie" stützt sich auf die *Sozialwissenschaften*, wie Soziologie, Ethnologie oder Ökonomie, also Disziplinen, die sich mit menschlichen Kollektiven bzw. mit kollektiven Handlungssystemen beschäftigen.

Darüber hinaus ist es auch in diesem Zusammenhang sinnvoll, von *„Umweltwissenschaften"* im engeren Sinne zu sprechen, die sowohl die Individualökologie wie auch die Sozialökologie mit fundieren, wobei hiermit vor allem die Geographie, die Agronomie, die Architektur, andere Ingenieurwissenschaften und vor allem die Stadtforschung interessieren (Knötig 1976, 1979, vgl. Tretter 1976). Auch *spezielle Humanökologien* werden von der Wiener Schule unterschieden: „Urbanökologie", „Wohnökologie", „Verkehrsökologie", „Arbeitsökologie" usw. (Knötig 1976, 1979, vgl. Tretter 1976).

Zur Integration der komplexen und heterogenen Sachverhalte wird der Systemforschung (bzw. der Kybernetik) eine entscheidende Rolle zugeschrieben (vgl. Tretter 1979). Die Entwicklung impliziter und expliziter ökologischer Grundgedanken in den einzelnen wissenschaftlichen Disziplinen kann im folgenden nur pointiert nachgezeichnet werden.

Im institutionellen Ausbau der Humanökologie führen vor allem Schweden, die USA und Japan. In Schweden wurden kürzlich (1995) Lehrstühle für Humanökologie an der Universität in Göteborg und an der Universität Lund eingerichtet. Mehrere andere Universitäten wie beispielsweise in Schweden die Universität Umea oder Uppsala veranstalten zumindest Kurse für Hörer aller Fakultäten.

In den USA sind mehrere Colleges Zentren der Humanökologie, wie das McCornell College in Ithaka (New York State) oder das College of Atlantic in Bar Harbor (Maine). Derzeit ist noch an keiner staatlichen Universität ein Ausbildungsgang in Humanökologie installiert, jedoch soll die Havard University dies beabsichtigen.

In *Japan* ist vor allem im Bereich Medizin an der Universität von Gunma die Humanökologie installiert.

In der EU, in Brüssel wird nun an der Freien Universität im Geiste der Europäischen Vereinigung ein Kurs Humanökologie abgehalten.

In Deutschland existiert nur eine Deutsche Gesellschaft für Humanökologie (Präsident: Prof. B. Glaeser, Berlin), ohne relevante universitäre Repräsentanz.

Im wesentlichen ist also die Humanökologie in nationalen Fachgesellschaften organisiert. Häufig prägen Einzelpersönlichkeiten die Gestaltung des Konzepts von Humanökologie. Derzeit werden jährlich Kongresse zur Humanökologie abgehalten.

Ähnlich wie sich die ökologische Perspektive bereits in der Psychologie etabliert hat („ökologische Psychologie«) sind in der Psychiatrie und auch in der klinischen Psychologie fruchtbare ökologische Perspektivierungen zu erwarten.

Eine humanökologische Konzeptualisierung klinisch-psychologischer Fragen bedeutet dann eine Ausweitung des Blicks von der symptomzentrierten Sicht auf eine Betrachtungsweise, die die Person-Umwelt-Interaktionen als konstituiven Hintergrund der Krankheit ansieht.

## 4.3 Wissenschaftliches Profil der Humanökologie

Wie jede wissenschaftliche Disziplin ist auch die Humanökologie durch spezifische Explikationen typischer *Begriffe, Methoden und Modelle* zu charakterisieren. Die entsprechende Inventarisierungsarbeit steht noch aus. Viele folgend aufgeführten Beispiele wurzeln in ihren Heimatdisziplinen und nicht explizit in der Humanokologie.

### Begriffe

Gemäß der Gegenstandsbestimmung von Humanökologie bilden die Begriffe (bzw. Kategorien) „Mensch", „Umwelt" und „Beziehungen" den Kern begrifflicher Präzisierungen und Explikationen.

*Mensch:* In diesen Begriff gehen komplexe Rahmenvorstellungen ein, die im wesentlichen auf psychosomatische Modelle rekurrieren oder auf entsprechende Konzepte der Stressforschung oder der kognitiven Psychologie. Zusammenfassende Betrachtungen zu diesem Thema sind rar, was vor allem in der gegenseitigen Abgrenzung der einzelnen Modelle der Psychoanalyse, der Verhaltenstherapie usw. begründet liegt.

*Umwelt:* Dieser Begriff wird differenzierter verwandt als es in anderern Disziplinen oder gar in der Umgangssprache üblich ist (vgl. Bronfenbrenner 1981, Tretter 1977, 1989b, Weichhart 1979). Es kann zunächst epistemologisch begründet eine Unterscheidung in ein „*subjektives*" und in ein „*objektives*" Konzept von Umwelt getroffen werden. *Subjektiv* soll dann die Konzeption von Umwelt kennzeichnen, wie sie die Person sieht. *Objektiv* bedeutet die Umwelt, wie sie der Forscher sieht. Des weiteren kann zwischen verschiedenen Größenordnungen oder Reichweiten der Umwelt unterschieden werden: „*Makro-*", „*Meso-*" und „*Mikro*"-*Umwelt* wären dann etwa zu unterscheiden. Darüber hinaus ist es bei einer Ökologie des Menschen wichtig, Umwelt nach „*Lebensbereichen*", etwa viergliedrig, in Arbeit, Familie, Wohnung, Freizeit usw. zu differenzieren. Für die Humanökologie ist es auch bedeutsam, zwischen verschiedenen *Modalitäten* (oder Komponenten) der Umwelt zu differenzieren, wie etwa „natürliche", „technische", „personelle", „soziale", „ideelle" usw. Umwelt. Für detailliertere Beurteilungen der Umwelt sind dann *Qualitäten* wie „angenehm", „schützend" usw. wichtig zur genaueren Beschreibung. Darüber hinaus sind auch *quantitative* Aspekte wie die Komplexität oder die Intensität der Reizumwelt zu klären. Schließlich ist auch auf die „*funktionellen*" Gesichtspunkte einzugehen, indem „fördernde" und „hemmende" Effekte von Umweltfaktoren mit in die Umweltbeschreibung eingebunden werden (s. Abb. 11).

Auf diese Weise kann die aktuelle Umwelt einer konkreten Person in der klinischen Exploration nach Ebenen der Umweltfaktoren genauer sondiert werden (s. Abb.12). Die Exploration hat dadurch weniger Beliebigkeit, sie kann systematisch erfolgen, insbesondere bei *Analysen situativer Bedingungen problematischer Handlungsverläufe* (z.B. Rückfallanalysen bei Suchtkranken).

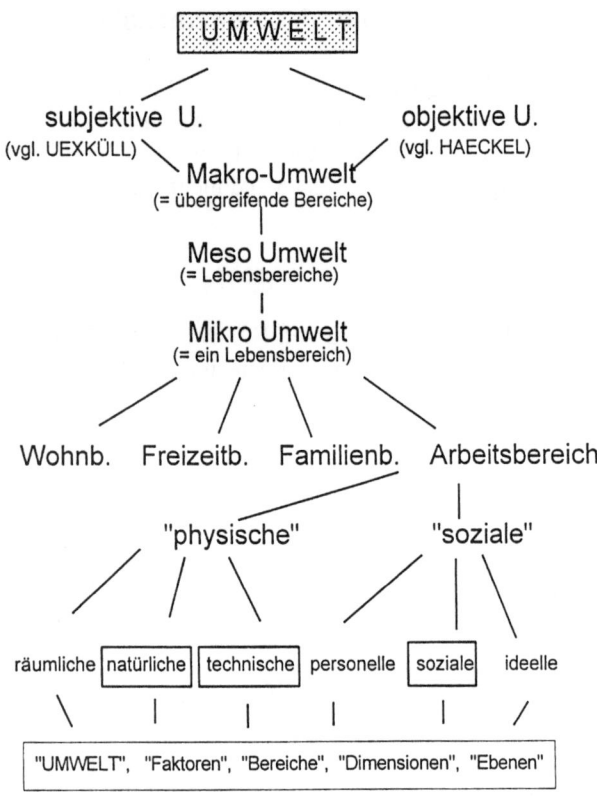

Abb. 11: Semantische Struktur des Umweltbegriffs

Weitere Begriffe wie „Situation", „Nische", „Lebenslage" oder „Territorium" kommen im Kontext der ökologisch orientierter Forschung vor. Sie können als Varianten bzw. Derivate des Umweltbegriffs verstanden werden. Sie drücken aber bereits den Bezug zum Lebewesen, zur Person deutlicher aus. Einzelne Kategorien wurden ausführlich untersucht: „Raum" (Hall 1976, Kruse 1974, 1980), „Situationen" (Magnusson 1981, Hoefert 1982), „Territorium" (Malmberg 1982), „Lebenslage" (Kommer u. Röhrle 1983), „bebaute Umwelten" und „Alltagsräume" ( Mehrabian 1978, Rapoport 1982), „soziale Netzwerke" (Angermeyer u. Klussmann 1989), „soziale Unterstützung" (Badura 1981) usw. Auch die Untersuchung der Einwirkungen des Wohnbereichs auf das Verhalten zeigt bereits umfangreiche Erkenntnisse (vgl. Flade 1987).

*Beziehung:* Der Beziehungsbegriff wird ebenfalls vor allem im Bereich der Psychotherapie in inflationärer Weise gebraucht, ist er doch sehr allgemein gefaßt. Gerade aber in Hinblick auf ökologische Fragestellungen ist eine - zunächst unnötig abstrakt erscheinende - Präzisierung nötig. Grundlegend ist sicher jeder Kontakt zu einem Umweltobjekt von sinnlicher Erfahrung abhängig. So ist Sehen und Hören schon eine Form der (wenigstens einseitigen) Beziehungsaufnahme. Auch zu einer Landschaft

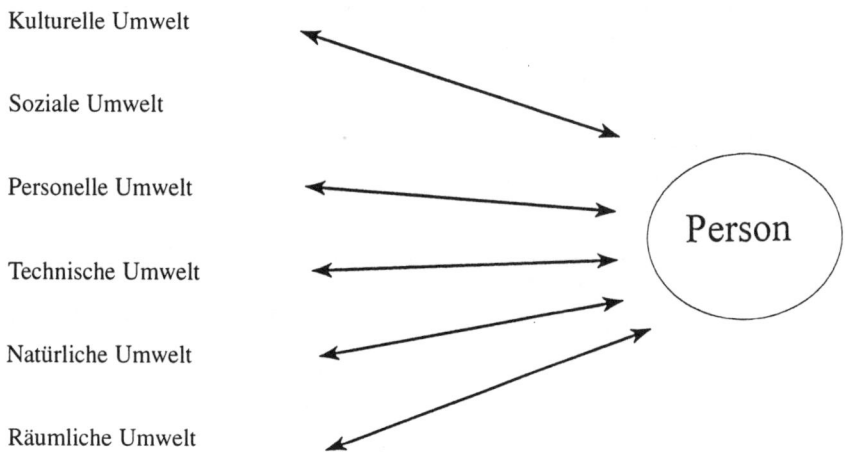

Abb. 12: Person-Umwelt-Beziehungen nach Ebenen der Umweltfaktoren.
*Kulturelle Umwelt* = Wertsystem, Glauben, Wissen, usw.; *Soziale Umwelt* = Loyalität, soziale Regeln, usw.; *Personelle Umwelt* = Alter, Geschlecht der umgebenden Personen, usw.; *Technische Umwelt* = Gebäude, Maschinen, usw.; *Natürliche Umwelt* = Boden, Wasser, Luft, Pflanzen, Tiere, usw.; *Räumliche Umwelt* = lokale, regionale Ausschnitte, physische Aspekte von Territorien usw.

nimmt man auf diese Weise zunächst eine *perzeptive Beziehung* auf. Daran schließt sich eine *kognitive* (erkennende) oder *affektive* (bewertende) oder *motorisch-verhaltensmäßige Beziehung* usw. an. Bisher wurde nur eine Richtung der Beziehung, die Information-aufnehmende oder die Information-abgebende, angesprochen. Da aber auch die (personelle, soziale) *Umwelt* einen Auswirkungskreis hat oder *Reaktionen* auf die Person zeigt sind *Wechselbeziehungen* zwischen Person und Umwelt zu betrachten. Zusätzlich und eigentlich zentral sind auch *Beziehungs-Verhältnisse* (Beziehungsgefüge), wie etwa zwischen „Geben" und „Nehmen", nicht nur zwischen der *Person und der Umwelt* zu untersuchen, sondern auch auf die *einzelne Person bezogen* zu analysieren - nimmt die Person überwiegend von ihrer Umwelt oder gibt sie ihrer Umwelt mehr, bzw. wie registriert dies die Umwelt und wie bewertet dies die Person? Diese Frage nach Gleichgewichtsverhältnissen ist bei der Suchtkrankentherapie äußerst wichtig - der Patient muß sich und anderen Grenzen setzen und Grenzen von anderen akzeptieren. In diesem Zusammenahng ist auch die inhaltliche Ebene der Beziehung zu klären - handelt es sich um Informationen oder um Stoffe oder Energie, und in welcher Form treten diese Objekte oder Inhalte der Interaktion auf? Hier eröffnet sich noch ein Bedarf an begrifflicher Klärung, der ähnlich der Klärung des Umweltbegriffs äußerst diffizil zu handhaben ist.

Von ganz zentraler Bedeutung ist der Begriff „Streß" (Nitsch 1981). Er drückt die belastende Einwirkung der Umwelt auf den Menschen und seinen Umgang damit aus. Ein ebenso relevanter Begriff ist „Lebensstil" (oder „Lebensführung"). Er begründet vor allem neuere soziologische Forschungen (vgl. Müller 1989, Vetter 1991) und kennzeichnet das aktive Einwirken des Menschen auf seine Lebenswelt.

Es ist auch wichtig zu betonen, daß die hier dargestellte Begrifflichkeit bei einer Mehrebenen-Differenzierung der einzelnen Begriffe unterschiedliche Auflösungsgrade der Konstrukte „Umwelt" oder „Person" erlauben (vgl. Abb. 13).

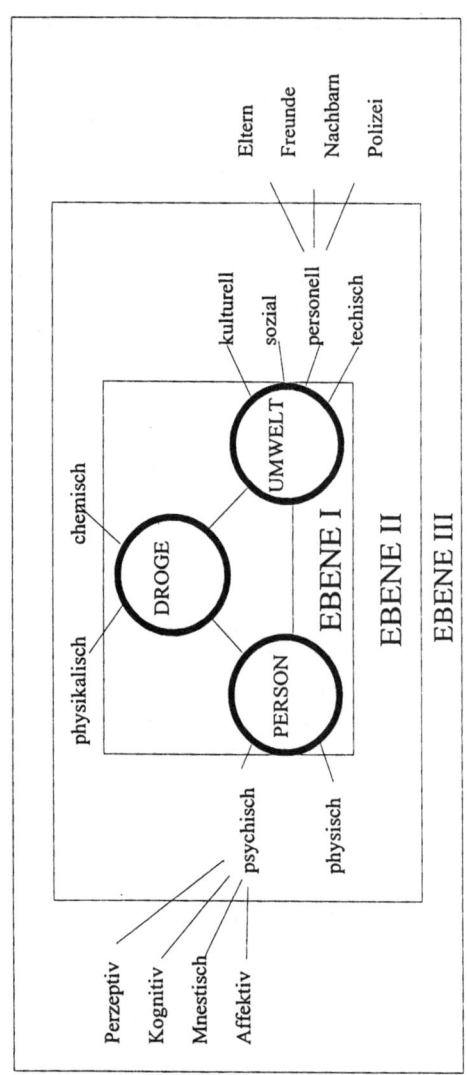

Abb. 13: Mehrebenen-Modell der Person-Umwelt-Beziehung, dargestellt am Drogenproblem. Je nach Fragestellung der Forschung oder der Praxis kann jeder Faktor auf den jeweiligen Ebenen unterschiedlich stark analytisch aufgelöst behandelt werden.

*Methoden*

Die für die humanökologische Forschung typischen Methoden lassen sich hier in einer Gegenüberstellung mit der Methodologie der klassischen Forschungsansätze gut charakterisieren, wobei wesentlich für die Humanökologie ist, daß sie einen *Methodenpluralismus* anstrebt und nicht methodologische Einseitigkeiten vertritt. Damit lassen sich einige Methodenkontroversen (z.B. quantitative vs. qualitative Forschung) elegant auflösen.

Die methodische Perspektive der Humanökologie bewegt sich grundlegend in der Dialektik zwischen quantitativer und *qualitativer Forschung*, also zwischen Laborforschung und *Feldforschung*, Einzelfaktorforschung und *Netzwerkanalysen*, Statistiken und *Einzelfallstudien*, Kausalität und *Zirkularität* und ähnlichen Polaritäten des Methodeninventars der Humanwissenschaften, (vgl. Kapitel „Wissenschaftsphilosophie").

Ein praktisches Beispiel der methodologischen Problematik ist etwa die empirische Operationalisierung des Begriffs „Lebensqualität" oder „Atmosphäre": die alltagsweltliche Bedeutungsvielfalt dieser Begriffe wird am besten in Erzählungen des Erlebten in qualitativen Interviews erfaßt, sie muß aber aus forschungspraktischen Gründen auf Beurteilungsskalen reduziert erhoben werden (vgl. Moos 1974, 1976, Craik 1981, Pinkus 1968).

Für die Suchtforschung ist die Nutzung „qualitativer Forschungsmethoden" zunehmend wichtig, etwa wenn als „subjektorientierte Ansätze" erzähltes Erleben (Rauscherleben, Trinkmotive, Rückfallstimmungen) vor allem von Konsumenten illegaler Drogen erfaßt werden soll (vgl. Tretter et al. 1989, Tretter 1995a).

Der „Interaktionismus", d.h. die Betonung der Wechselbeziehungen (auch zwischen Beobachter und Beobachtetem) ist in weiterem Sinne eine Zentralperspektive der Humanökologie.

Verflochten ist daher die methodologische Diskussion der Humanökologie (bzw. die Methodendiskussion in den ökologischen Orientierungen in der Einzelwissenschaft), wie erwähnt, mit dem *„systemischen Denken"*, das sich mit dem rationalen Umgang mit komplexen Wirkungsgefügen befaßt.

Die polaren methodologischen Verhältnisse der Humanökologie lassen sich am besten im Sinne von Viktor v. Weizsäcker zusammenfassen, dem folgender sinniger Satz zugeschrieben wird: „Leben erforschen heißt nicht nur Leben berechnen und objektivieren, sondern sich am Leben beteiligen."

Im Bereich der Sozialökologie wird der Untersuchungsgegenstand durch die Kategorien „Umwelt", „Personen", „Sozialkulturelles System" und „Technologie« bestimmt. Nach diesem Schema gibt es Analysen zu Fragen nach Kultur-Natur-Relationen oder zu Fragen des Technologieeinsatzes. Methodisch werden häufig, trotz ihrer inhaltlichen Einschränkungen, Computersimulationen in die Diskussion eingebracht.

*Theorien und Modelle*

In Hinblick auf den Bereich der *Theorien* der Humanökologie interessieren hier vor allem die „Streß-Bewältigungs-Kompetenz-Modelle", wie sie in einzelnen Krankheitstheorien und Krisentheorien zu finden sind. Mehrere spezifische Modelle zur Beschreibung der Regulation bei belastenden Umweltbedingungen sind bereits vorhanden: „Kongruenz-Modelle", die die Übereinstimmung von Bedürfnissen der Person und Befriedigungsmöglichkeiten der Umwelt betonen oder „Transaktionale Modelle", die die Wahrnehmung und subjektive Bewertung von Streßsituationen und der geeigneten Bewältigungsreaktionen herausstreichen oder „Komplementaritäts-Modelle", die den Ergänzungsaspekt betonen. Diese Modelle bieten eine Basis für humanökologische Modellierungen.

In ökologischer Erweiterung stellen sich dann *Streß-Modelle* durch Hinzunahme von Kategorien für externe Faktoren wie „Ressourcen" und „Barrieren" bei Bewältigungsreaktionen oder „Territorien" als Schutz- und Aufenthaltsgebiete unterschiedlicher Relevanz usw. als komplexe Netzwerkmodelle dar, deren Wirkungsstruktur Streß-Phänomene umfassend und alltagsnahe beschreiben und erklären lassen (Hobfoll 1988).

In einer Weiterführung dieser Gedanken ist dann die Entwicklung einer Konzeption eines „Ökosystems der Person" im Sinne einer *„Ökologie der Person"* zweckmäßig, die im klinischen Kontext das Verständnis der gesamten Person gestattet, im Sinne des in Beziehungsgefügen haushaltenden und sein Leben führenden Menschen (vgl. Tretter 1993b).

## 4.4 Das ökologische Paradigma in den Sozialwissenschaften

Zu den *Sozialwissenschaften* werden Soziologie, Ökonomie, Ethnologie, Jura, Politologie udgl. gerechnet. In diesem Fächerkreis ist vor allem in der *Soziologie* der Umweltaspekt ausgarbeitet worden. Besonders einflußreich war dabei die erwähnte Chicagoer stadtsoziologische Schule der *Sozialökologie* mit den Arbeiten von Park, Burgess und McKenzie (1925) im Sinne ihres zunächst als „Human Ecology" und später im europäischen Verständnis als „Social Ecology" bezeichneten Ansatzes. Dabei wurden die Zusammenhänge zwischen demographischen Bevölkerungsmerkmalen und der Stadtstruktur untersucht.

Park (1936) definierte einmal Sozialökologie (bzw. Humanökologie) umfassend: „Human ecology is fundamentally an attempt to investigate the process by which the biotic balance and the social equilibrium are maintained once they are achieved and the process by which, when the biotic balance and the social equilibrium are disturbed, the transition is made from one relatively stable order to another." Später schreibt er, daß Sozialökologie mit dem Studium „typischer Konstellationen von Personen und Institutionen" zu tun hätte (Park 1952, S. 14). Andere Begriffsbestimmungen liegen von McKenzie vor, der die Studie der raumzeitlichen Relationen von Menschen, soweit sie „durch die selektiven, destributiven und akkomodativen Kräfte der Umwelt" beeinflußt werden, als Gegenstand der Humanökologie ansieht (McKenzie

1924, zit. nach Hawley 1974, S. 52). Ein weiterer Vertreter der Sozialökologie ist Hawley, der unter Humanökologie die Erforschung der „Form und Entwicklung menschlicher Gemeinschaften" bzw. sozialer Systeme versteht (Hawley 1950, 1968, 1986). Die Bezeichnung Human Ecology oder Social Ecology ist also hinsichtlich ihrer sozialwissenschaftlichen Anwendungen verschiedenen Bedeutungen zugeordnet worden.

Heute hat die Chicago-Schule in Modifikationen vor allem im Bereich der Stadtforschung als „Stadtökologie" noch Bedeutung. Im psychiatrischen Bereich hat die Sozialökologie in der psychiatrischen Epidemiologie vor allem durch Faris und Dunham (1939) bzw. Dunham (1966) Anwendungen erfahren. In diesem Forschungsansatz wurde beispielsweise die Schizophrenieprävalenz bzw. -inzidenz, auf bestimmte Stadtteile bezogen, untersucht. Allerdings ist diese Forschungsrichtung in Hinblick auf das neuere Verständnis von Sozialökologie nur als „Topographische (Sozial-) Epidemiologie" zu interpretieren.

Von „*Bevölkerungsökologie*" ist bei Duncan u. Schnore (1959) bzw. bei Duncan (1966) die Rede, der sich an der Chicago-Schule anlehnt. Sein Grundansatz des „Ökokomplexes" - Bevölkerung, Technologie, Organisation und natürliche Umwelt - entspricht jedoch weitgehend dem neueren Verständnis eines „Humanökosystems" - immer sind räumlich aggregierte Populationen und ihre Beziehungen zur Umwelt Gegenstand der Untersuchung.

Diese Konstrukte sind als Basiskategorien einer sozialökologischen Analyse sehr brauchbar (vgl. Abb 14).

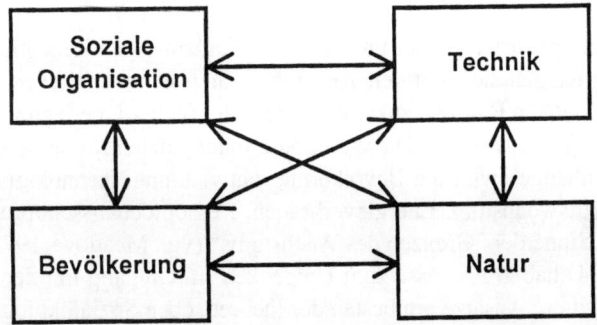

Abb. 14: Der „Ökokomplex" nach Duncan (1966) - das Gefüge von Natur, Technik, soziales System und Menschen (Bevölkerung) und das jeweilige Beziehungsgefüge von Geben/Nehmen und Nehmen/Geben. „Humanökosysteme" von Industrieländern sind Technik-dominiert und damit von Ungleichgewichten der Beziehungen zwischen den verschiedenen Systemkomponenten gekennzeichnet (fette Linien): Technik nimmt von der Natur, Technik fordert viele Anpassungen vom sozialen System und von Menschen, das soziale System fordert der Technik, der Natur und den Menschen viel ab. Die Menschen fordern nach mehr Natur und zugleich auch nach mehr Technik, usw.
Legende:
—-> Geben-Relation (auch: Bieten)
—-< Nehmen-Relation ( auch: Fordern, Erwarten)

In einer anderen soziologischen Spezialdisziplin, der Organisationssoziologie, wird eine anders ausgerichtete Sozialökologie propagiert - es geht um Fragen der Anpassung von Organisationen an „turbulente" u.a. Umwelten. Man kann auch von *Organisationsökologie* sprechen (Emery u. Trist 1973).

In den letzten Jahren ist auch häufiger von „*Umweltsoziologie*" die Rede, wobei vor allem Einflüsse baulich-räumlicher Gegebenheiten auf das kollektive Verhalten interessieren (z.B. Dorsch 1972) oder Einstellungsmuster gegenüber der Belastung der natürlichen Umwelt. (vgl. Dunlap 1979).

Bemerkenswert ist hier auch die neuere *Mikrosoziologie* der „Lebensweltanalyse", „Lebensstilforschung" oder „Lebenslaufforschung" (vgl. z.B. Voss 1991, Vetter 1991).

In der Kulturanthropologie oder *Ethnologie* ist die „*Kulturökologie*" einflußreich geworden - die Untersuchung des Zusammenspiels von Technik, Natur und Kultur ist dabei zentraler Ausgangspunkt der Überlegungen (vgl. Bargatzky 1986). Zunächst hatte Steward (1955) den Einfluß von Normen, Werten, Glauben und Wissen in Hinblick auf den Umgang mit den natürlichen Ressourcen udgl. hingewiesen. Im theoretischen Bereich stehen komplexe Interaktionsmodelle im Zentrum des Interesses. Bennett (1976) hat beispielsweise die Zusammenhänge zwischen Bevölkerung, Natur, Energie, Technik, Umwelt und sozialen Organisationen dazugestellt (vgl. Abb. 15). Auch die Subjekthaftigkeit des Handelns geht in diese Ansätze ein, wodurch die Übergänge zur psychologischen Handlungstheorie gegeben sind.

In anderen universitären sozialwissenschaftlichen Disziplinen wie den *Rechtswissenschaften* (z.b. Mayer-Tasch 1978) oder der *Politologie* (z.B. Mayer-Tasch 1983) wird das Thema Umwelt oder die ökologische Perspektive ebenfalls eingearbeitet.

Ziemlich abgekoppelt von dieser universitären akademischen Rezeption des ökologischen Paradigmas hat sich seit den 70er Jahren angesichts kritischer Daten zur Entwicklung der Welt im Rahmen zukunftswissenschaftlicher Überlegungen der Bereich der „*Weltmodelle*" entwickelt. Diese computerunterstützten Modellierungen komplexer Zusammenhänge zwischen Bevölkerungsentwicklung, technologischer Entwicklung, Wirtschaftswachstum, Energieverbrauch, Ressourcenausschöpfung und Naturbelastung, im Sinne der „Grenzen des Wachstums" (vgl. Meadows 1972, Meadows u. Meadows 1974) haben Anstösse zum Umdenken im Umgang mit der Natur gesetzt. Heute können diese Ansätze am besten der theoretischen Sozialökologie zugerechnet werden.

Zentraler und aktueller Brennpunkt der sozialwissenschaftlichen Diskussion des Themas „Umwelt" ist die Schnittstelle von Ökologie und Ökonomie im Sinne einer *Ökologischen Ökonomie* (z.B. Wicke 1982, Simonis 1991). Hierbei stehen Fragen nach einer Integration ökologischer Aspekte in mikro- und makroökonomischen Kalkülen im Vordergrund. Es geht bei dieser Begegnung von Ökologie und Ökonomie um den Umbau der sozialen Marktwirtschaft in eine ökosoziale Marktwirtschaft. Auch im Managementbereich wird bereits Umweltmanagemant gelehrt udgl. Zentrum dieser akademischen Bemühungen ist die Suche nach Rezepten, die „Umweltmedien" Luft, Boden, Wasser als limitierte Ressourcen und als belastete Bereiche zu Moneta

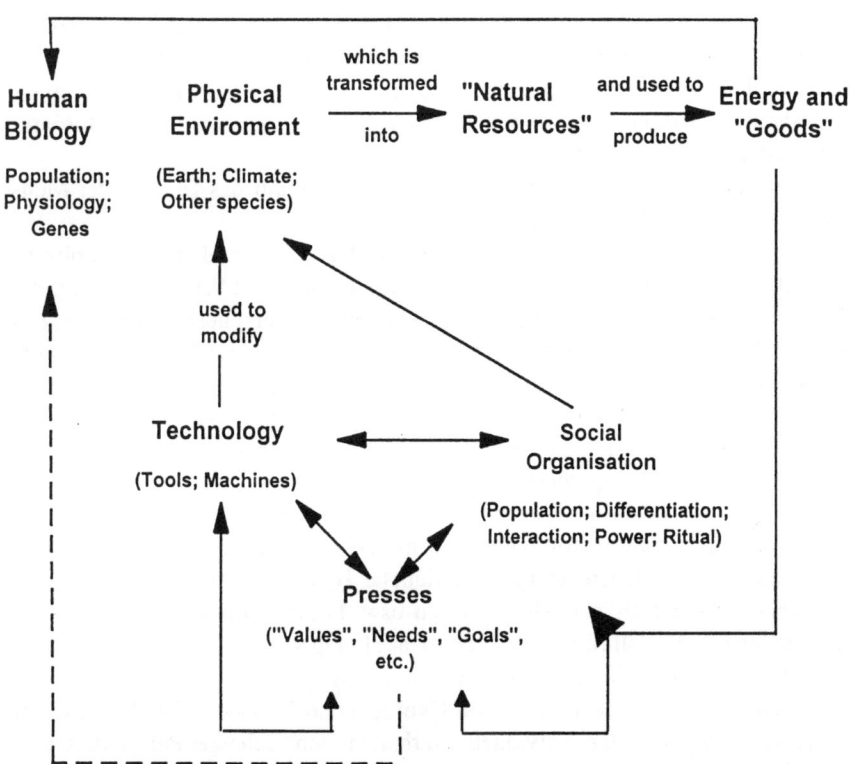

Abb. 15: Das Beziehungsgefüge zwischen Bevölkerung, Technik, sozialer Organisation und Umwelt aus der Sicht der Kulturökologie (nach Bennett 1976).

risieren, d.h. in den wirtschaftlichen Kalkül als natürlich begrenzte Variablen einzuführen („Ökomilliarden", Wicke 1986). Dadurch verspricht man sich andere Produktionsformen und Marktverhältnisse und damit auch ein verändertes Konsumentenverhalten usw.

Problematisch bei diesen Ansätzen ist allerdings, daß nicht bereits vom Grundansatz her der Untersuchungsgegenstand als „Humanökosystem" mit den Komponenten Bevölkerung, Natur, Gesellschaft und Technik konzipiert ist - die Makroökonomie ist eine Wissenschaft von Kalkülen und nicht von konkreten Wirtschaftsräumen in ihrer konkreten Beschaffenheit, dies gibt es erst in der Wirtschaftsgeographie und ähnlichen Disziplinen. Aber auch eine „Umweltökonomie" oder „ökologische Ökonomie" als Leitwissenschaft für unsere Zukunft ist unzulänglich, da sie nur die Ebene des materiellen Handelns der Menschen berücksichtigt, also vom Menschenbild eines „Homo Öconomicus" ausgeht. Die immaterielle Ebene von Menschen und andere Bedürfnisbereiche, die auch zu unwirtschaftlichem Verhalten führen können, bleiben unzulänglich berücksichtigt.

Allerdings ist die Argumentation naiv, da sie implizit unterstellt, daß immaterielle Faktoren nicht monetarisiert werden. Das ist in der letzten Zeit der wirtschaftswissenschaftlichen Entwicklung nicht mehr der Fall, da alle Leistungsangebote beispielsweise in Hinblick auf die Kostenträgerschaft und damit auf die Einforderung an der Kostenbeteiligung untersucht werden.

Über die zunehmende „Allmacht" der Ökonomie auf das Denken der Menschen wird noch bei der Drogenökonomie die Rede sein.

Auch in Hinblick auf umweltprotektives kollektives Verhalten verkompliziert sich das Bild: etwa die ökologisch sinnvollen Veränderungen im Verkehrswesen mit Reduzierung des Autoverkehrs und des Individualverkehrs setzt ausreichende Ersatzsysteme wie Massenverkehrsmitttel voraus. Die individuelle Entscheidung des Verkehrsteilnehmers ist jedoch von vielen psychologischen und sozialen Faktoren mitbestimmt, sodaß der Kostenfaktor oft gar nicht zum Tragen kommt, sondern Zeit- und Komfortfaktoren. Oder konkreter: Fahren mit öffentlichen Verkehrsmitteln bedeutet längere Wartezeiten, ungemütliches Stehen in der Menge, Gefahr angepöbelt zu werden, fehlender Privatraum. Es kann aber einen Zeitgewinn bedeuten, erspart Konflikte als Autofahrer usw. Autofahren bietet im Gegensatz dazu einen gut klimatisierten Innenraum, persönlichen Schutz, individuelle Beweglichkeit, Lastentransport usw., belastet aber die Luft, die Mitmenschen usw. Dieser individuelle spezifisch situationsabhängige Kalkül führt dazu, daß sogar ökologisch sehr bewußte Menschen häufig (aber mit inneren Konflikten) Autofahren.

In Hinblick auf das Verhältnis von Ökologie und Ökonomie ist also eine sehr differenzierte und auch das individuelle Verhalten einbeziehende Perspektive erforderlich (Ökologie der Person).

Zusammenfassend betrachtet erscheint in den Sozialwissenschaften die Integration ökologischer Ansätze äußerst sinnvoll (vgl. Tretter und Schmid 1979).

## 4.5 Das ökologische Paradigma in den Individualwissenschaften

In den Individualwissenschaften finden sich in psychologischer Hinsicht die ideengeschichtlich ersten Anfänge einer „Ökologisierung" in der „Umweltlehre" als „Biologie des Subjekts" bei Jakob v. Uexküll bereits um 1909 und 1936 (vgl. Uexküll und Kriszat 1970). Besonderes Verdienst von Uexküll ist es, die Bedeutung von „Umwelt" als erlebte Umwelt, als subjekthafte Selektion, Evaluation und Interpretation der Außenwelt herausgearbeitet zu haben. „Umwelt" muß nach dieser Lehre als ein Konstrukt gestaltet werden, das die Konstruktionen des Lebewesens über seine Außenwelt begrifflich erfassen soll. Nach Uexküll baut sich das Lebewesen (als Umweltträger) seine Umwelt aus der über die Sinnesorgane konstruierten „Merkwelt" und der durch die motorischen Programme gebildeten „Wirkwelt" auf (Uexküll und Kriszat 1970). Im Prozeßablauf einer Lebewesen-Umwelt-Interaktion ergibt sich dann der „Funktionskreis". Mit dieser Konzeption hat Uexküll wegweisend einerseits das „Subjekt" in die Biologie eingeführt, andererseits hat er die biologische Determination dessen, was als Umwelt erfahren wird, für die Psychologie vorab geklärt. Auf diese Weise hat v. Uexküll auch grundlegende erkenntnistheoretische Fragen aufgeworfen, die die objektivistische Perspektive der Naturwissenschaften relativieren, denn auch der Forscher erkennt nur über seine „Merkzeuge" und „Wirkzeuge" (Beobachtungsstrategien) seinen Gegenstand. Diese erkenntnistheoretische Orientierung korrespondiert somit in der klinischen Psychologie gut mit dem immer häufiger zitierten „Konstruktivismus", der davon ausgeht, daß alles, was wir „Wirklichkeit" nennen, eine Konstruktion unseres Gehirns ist (vgl. Watzlawick 1991).

Diese Konzeption von Umwelt hebt sich vom „objektivistischen" Verständnis von Umwelt ab, wie sie etwa bereits bei Haeckel zu finden ist: Haeckel sah die „umgebende Außenwelt" physikalisch-chemisch bestimmbar. Dieses naiv-empiristische Umwelt-Verständnis setzt sich auch in der „Umweltdiskussion" fort. Bereits bei höheren Tieren sind jedoch die Umweltbezüge durch die Beschaffenheit der Sinnesorgane bestimmt. Forschungsstrategisch ist daher ein dialektischer Umgang mit diesen beiden polaren Umwelt-Begriffs-Konzeptionen zweckmäßig. Jakob v. Uexkülls Sohn, Thure v. Uexküll, machte diese „Umweltlehre" für die Psychosomatik fruchtbar, insofern er vor allem den „Funktionskreis" und den „Situationskreis" als zirkuläres Bedingungsmodell von Psychosomatosen betont (Uexküll u. Wesiack 1988). Innerhalb der Biologie hat sich die Umweltlehre von v.Uexküll im Rahmen der Verhaltensforschung gut erhalten, sie hat jedoch nicht die Bedeutung wie die Ökologie erlangt, die sich seit ihren Anfängen eindrucksvoll differenziert hat.

Unter den für die Psychiatrie relevanten individualwissenschaftlichen Disziplinen interessiert hier vor allem die *Psychologie* und ihre „Ökologisierung" (vgl. Kaminski 1976, Graumann 1978, Mogel 1984, Miller 1986, Stokols und Altmann 1987, Kruse et al. 1990).

Historisch wichtig ist zunächst die *Umweltpsychologie* von Hellpach (1902, 1924, vgl. Miller 1986), der Nervenarzt und Psychologe war. Er arbeitete die Bedeutung von klimatischen und anderen geophysikalischen Faktoren auf das Befinden heraus. Er begründete so die heute noch unzulänglich ausgearbeitete psychologische Bioklimatologie. Auch betonte er den Einfluß der städtischen Umwelt auf das Befinden (vgl. Miller 1986).

Erst in den 70er Jahren hat dann vor allem die New Yorker Schule der *Environmental Psychology (Umweltpsychologie)* von Ittelson, Proshansky und Rivlin (1977) diese Fragestellung - ideengeschichtlich von Hellpach unabhängig - unter dem Einfluß der ersten Welle der Umweltdiskussion ausgebaut.

Hier standen vor allem architekturpsychologische Fragen im Vordergrund. Es interessierte, wie die Umwelt in ihrer Materialität und ihrer Räumlichkeit als Bedingung, Gegenstand und Medium des Verhaltens wirkt, wie Umwelt wahrgenommen wird, wie sie kognitiv repräsentiert wird, welche Verhaltenseffekte räumliche oder personelle Dichte haben, wie Umweltkompetenz angeeignet wird.

„Umwelt" ist also bei diesen Fragen *aspekthaft* (räumlich, materiell) und als objektives Konstrukt konzipiert.

Eine Ganzheits- und Subjektorientiertheit der Betrachtung der Lebewesen-Umwelt-Beziehungen wurde vor allem in der gestaltpsychologischen Schule mit ihrem hervorragenden Vertreter Lewin (1936, vgl. Miller 1986) betont. In seiner *Topologischen Psychologie* hat der „Lebensraum" als innere Repräsentanz der durch Valenzen gewerteten Außenwelt (im Sinne einer subjektiven Umwelt) eine zentrale Bedeutung. Der Lebensraum wird in topologischen Relationen mental repräsentiert. Die Ordnung des Lebensraums ergibt sich aus den *Valenzen* einzelner Lebensbereiche (z.B. Berufsziele) und den *Barrieren*, die Verhaltensentwicklungen behindern (z.B. Ausbildungserfordernisse).

Sein Schüler Robert Barker (1968) hat darauf aufbauend die *Ecological Psychology (Ökologische Psychologie)* entwickelt. Zentrales Konstrukt ist das „Behavior setting", das als „Verhaltensumfeld" oder als „Verhaltensort" übersetzt wird und das Faktum kennzeichnet, daß an bestimmten sozial gekennzeichneten Orten nur ein bestimmtes Verhalten möglich ist.

Zuletzt hat die *Ökologische Sozialisationsforschung* von Bronfenbrenner (1981) als ökologische Entwicklungspsychologie Forschungsaktivitäten stimuliert. Sie ist von zentraler Bedeutung für die Entwicklung einer ökologischen Perspektive in der Psychologie, denn: „Die Ökologie der menschlichen Entwicklung befaßt sich mit der forschreitenden gegenseitigen Anpassung zwischen dem aktiv sich entwickelnden Menschen und den wechselnden Eigenschaften seiner unmittelbaren Lebensbereiche. Dieser Prozeß wird fortlaufend von den Beziehungen der Lebensbereiche untereinander und von den größeren Kontexten beeinflußt, in die diese eingebettet sind."(Bronfenbrenner 1981, S. 27).

In Deutschland hat Boesch einen eigenständigen phänomenologischen Entwurf einer ökologischen Psychologie des Alltagshandelns vorgelegt (Boesch 1976).

Auch in vielen psychologischen Spezialdisziplinen wie in der Arbeitpsychologie, der Architekturpsychologie, der Familienpsychologie, der Ingenieurpsychologie u.a. kommen ökologische Konzepte zur Anwendung.

Zu erwähnen ist auch die *Ethologie*, die nach umweltinvarianten Verhaltensprogrammen sucht, aber auch das Wechselspiel von Verhalten und spezifischen Umweltbedingungen bei Tieren und Menschen erforscht. Die Primatenethologie ist daher aus dieser Sicht auch für die Psychologie bedeutsam. Vor allem aber sind die Arbeiten von Eibl-Eibesfeldt (1984) zur *Humanethologie* relevant.

Als zweite wichtige individualwissenschaftliche Disziplin ist die *Medizin* zu erörtern. Bereits Hippokrates hat sich über gesundheitsbeeinflußende Wirkungen von Wetter, Klima, Natur usw. Gedanken gemacht. Mit der zunehmenden universitären Institutionalisierung der Medizin haben spezielle Fächer wie Hygiene, Arbeitsmedizin, Epidemiologie und auch die Sozialmedizin die Gesundheitseffekte verschiedener Mensch-Umwelt-Beziehungen untersucht. Mitte der 70er Jahre wurde dann in der deutschen Medizinerausbildung dieser Fächerkreis zu einem *ökologischen Stoffgebiet* zusammengefaßt, ohne daß allerdings eine Synopse in Forschung und Lehre zustande gekommen ist.

Einzelne Autoren wie vor allem Schipperges (1978), Schaefer und Blohmke (1974) u.a. haben sich ausdrücklich um eine ökologische und Graul (1974) um eine „environtologische" Perspektive in der Medizin bemüht (vgl.Tretter 1986, 1989c). Paul (1976) hat eine „Ökologie der Behinderten" konzipiert.

Eine ökologische Perspektive in der Medizin konkurriert aber mit dem, was nun als *Umweltmedizin* bezeichnet wird: so läßt sich auch in der Medizin, ähnlich wie in der Psychologie, eine fundamentalere Ausrichtung einer „ökologischen Perspektive" und ein speziellerer „umweltmedizinischer" Untersuchungsansatz finden, der pragmatisch die gesundheitlichen Auswirkungen von physikochemischen Umweltfaktoren untersucht, ohne eine entsprechende methodologische und konzeptionelle Fundierung anzustreben. An Aufgaben der Umweltmedizin ist vor allem die Untersuchung von Gesundheitseffekten der physiko-chemischen Umwelt gedacht (Füllgraf 1992), und zwar im wesentlichen im präventiven Bereich. Umweltmedizin baut auf Umweltepidemiologie, Umwelttoxikologie, Umwelthygiene und Arbeitsmedizin auf (vgl. Tretter 1992a). Hierbei ergibt sich - für die Psychiatrie relevant - die Frage, welche Bedeutung psychosoziale Faktoren im Arbeitsansatz der Umweltmedizin haben, da sich ja in umweltmedizinischen Studien häufig zeigt, daß diese „Hintergrundvariablen" einen hohen Anteil von Varianz erklären (vgl. Aurand et al. 1993). Auch hier drängt sich der Gedanke auf, daß die Umweltmedizin wegen der wachsenden Komplexität ihrer Fragestellung einen humanökologischen Untersuchungsansatz benötigt.

Insgesamt ist die „Ökologisierung" der Medizin nur gering ausgeprägt, sogar in der Psychiatrie sind bisher nur vereinzelte ausdrückliche Einarbeitungen ökologischer Konzepte zu erkennen (vgl. z.B. Andresen 1992, Dörner 1987, Dörner und Plog 1984, Esser 1974, Tretter 1993b, Willi 1988, 1996).

Neuerdings hat die Umweltpsychologin Preuss (1996) in Ausdehnung der Diskussion über die Verursachung umweltbezogener funktioneller Syndrome das Fach *Ökopsychosomatik* in Buchform umrissen. Bei diesen Störungsbildern haben Patienten funktionelle Beschwerden wie Konzentrationsstörungen, Schmerzen, Atemwegsbeschwerden udgl. und führen diese Beschwerden auf Umweltchemikalien zurück, ohne daß Schadstoffe im Körper oder sogar in der Umwelt toxikologisch nachweisbar sind. Dieses aktuelle Gebiet der Verbindung zwischen Umweltmedizin und Umweltpsychologie befindet sich in einer dynamischen Entwicklung.

Neben diesen globalen integrativen Modellansätzen hat sich in der Medizin das Konzept der „biopsychosozialen" Krankheitsmodelle etabliert (vgl. Engel 1977) das implizit und partiell ökologisch ausgerichtet ist. Auch in der Rehabilitation sind ganzheitliche, umweltbezogene Konzepte diskutiert worden (vgl. Jochheim et al. 1975, Bach 1986, Wiedl 1986).

In der *Sozialpädagogik* haben vor allem Wendt (1982, 1986, 1987, 1992), Oppl (1986) und Mühlum et al. (1986) versucht, den ökologischen Ansatz herauszuarbeiten und Sozialpädagogik als „ökosoziale Aufgabe" zu charakterisieren. Aufgabe der Sozialpädagogik ist es dann, den Menschen beim „Haushalten im gesamten Lebenszusammenhang" zu unterstützen (vgl. Wendt 1986).

Auch in anderen Individualwissenschaften wie der *Heilpädagogik* (z.B. Specht 1988), oder der *Anthropologie* (z.B. Hardesty 1977) finden sich ökologische Ausrichtungen, die im wesentlichen ihre fachspezifischen Modifikationen des ökologischen Gedankens entwickeln.

## 4.6 Das ökologische Paradigma in den „Umweltwissenschaften"

Der Begriff „Umweltwissenschaften" hat in den letzten Jahren zunehmende Akzeptanz erfahren. Im Gegensatz zur Humanökologie sind an mehreren Universitäten Studiengänge „Umweltwissenschaften" eingerichtet worden. Andererseits ist der Begriff „Umweltwissenschaften" problematisch, da Menschen beispielsweise immer auch Menschen als Umwelt haben - man kann natürlich auch bei Menschen als Umwelt von „Mitwelt" sprechen, was in einer Gesellschaft mit Konkurrenz-Prinzipien semantisch aber nicht ganz korrekt ist. Hier sollen zu den Umweltwissenschaften diejenigen wissenschaftlichen Disziplinen gerechnet werden, die sich vor allem mit den physiko-chemischen Bereichen *der natürlichen und der artifiziellen Umwelt des Menschen* befassen. Dazu sind Bereiche von Disziplinen wie *Geographie, Klimatologie, Biologie, biologische Ökologie, Agronomie, Stadtforschung, Architektur* und *Ingenieurwissenschaften* zu rechnen.

Als eine Basis oder Form der Umweltwissenschaften spielt die *Geographie* eine besondere Rolle. Dies vor allem aufgrund ihres integrativwissenschaftlichen Charakters und des multidisziplinären Unterbaus. Wissenschafstheoretisch gerade für die Psychiatrie interessant ist hier die Aufarbeitung der Methodendifferenz von Natur- und Sozialwissenschaften (vgl. Weichhart 1990). Die Geographie zeigt auch eine ökologische Orientierung als Mensch-Umwelt-Wissenschaft im Sinne der Humanökologie (z.B. Haggett 1983, Weichhart 1989). In dieser Arbeitsrichtung interessieren vor allem Fragen nach der Struktur der „kognitiven Landkarten" („Wahrnehmungs- und Verhaltensgeographie") oder Wohnortpräferenzen als wichtige Variable der Siedlungsformation oder die Hazard-Forschung (Erdbeben-Katastrophen, Hochwasserkatastrophen usw.) oder auch Grundfragen der Landnutzung in Hinblick auf spezifische kulturelle Systeme. Berührungsbereiche bestehen daher mit der Stadtforschung bzw. der Stadtökologie und der Landschaftsökologie. Vor allem Spezialdisziplinen der Geographie wie die *„Sozialgeographie"* und *„Wirtschaftsgeographie"* stellen eine wichtige Basis der Humanökologie dar, aber auch Hydrologie, Geologie, und Meteorologie sind Basisfächer für ökologische Fragestellungen, was bei der Sozialökologie der Drogenproblematik der Entwicklungsländer im nördlichen Südamerika diskutiert wird.

Die *Stadtforschung* hat einen besonderen Stellenwert, da hier die „Ökologie der Städte" untersucht wird. Es geht um Merkmale der Entwicklung urbaner Regionen in Abhängigkeit von der Infrastruktur, von Bevölkerungsbewegungen, vom Stadtklima, von bioökologischen Aspekten usw. (vgl. Friedrichs 1995, Vester 1983, Winter und Mack 1988, ).
Nicht zuletzt ist auch von der WHO das multinationale Projekt „Healthy cities"

kreiert worden, wo sich Projektgruppen in mehreren Städten Gedanken machen und Initiativen zeigen, wie gesündere Lebensbedingungen in den Städten hergestellt werden können. Auch in Hinblick auf die Drogenproblematik ist dieser Forschungsbereich interessant (vgl. Abschnitt „Stadtökologie des Drogenkonsums").

In ökologisch orientierten Bereichen der *Agronomie* stehen Fragen des ökologischen Landbaus im Vordergrund. Ernährungswissenschaftliche, technologische, geologische, biologische Fragen und öknomische Aspekte werden behandelt. Die besondere Bedeutung in der ökologischen Diskussion besteht in Beiträgen zur Lösung der Hungersnöte in den Entwicklungsländern, wobei eine angepasste agronomische Technologie angestrebt wird, die mit dem kulturellen Kontexten der jeweiligen Menschen gut kompatibel ist (vgl. z.B. Elsenhans 1979, Kölsch 1989).

Auch in den *Ingenieurwissenschaften* findet sich nun ein Boom an umweltorientierten Ausrichtungen - Umweltschutztechnik, angepasste Technologie u.a. Bereiche, Ansätze und Spezialdisziplinen finden sich in technischen Universitäten oder bereits in Lehrbüchern. Grundlegendes findet sich beispielsweise bei Ropohl (1985).

# Fazit

Die Umweltkrise hat seit den 70er Jahren eine Menge akademischer Aktivitäten hervorgerufen, die unter anderem zu einer Neubestimmung der Humanökologie als wissenschaftliche Disziplin der Mensch-Umwelt-Beziehungen geführt hat. Der entscheidende neue integrativwissenschaftliche Entwurf von internationaler Bedeutung wurde Mitte der 70er Jahre in Wien vollzogen. Bisher hat sich dieser Arbeitsansatz im universitären Bereich jedoch nur langsam weiterentwickelt. Wesentlich rascher geht die Entwicklung mit den Umweltwissenschaften vor sich. Für die Humanökologie hingegen ist charakteristisch, daß sie sich nicht mit der Umwelt alleine sondern im wesentlichen mit den Umweltbeziehungen befaßt. Humanökologie untersucht den Haushaltsaspekt. Humanökologie versucht ihre Begriffe, Methoden und Modelle zu explizieren. Besondere Bedeutung im Bereich der empirischen Forschung hat die Humanökologie in ihrer sozialwissenschaftlichen Spielform, der Sozialökologie erhalten. Im Bereich der Individualwissenschaften gibt es Ansätze zu einer „Ökologie der Person".

# 5 Individualökologie der Person

## 5.1 Bausteine der „Ökologie der Person"

Die Darstellung der Nutzung ökologischer Konzepte in den Einzelwissenschaften als „Ökologisierung der Einzelwissenschaften" und ihre Integration zeigt, daß die klinischen Fächer in der Psychologie und Medizin von solchen Entwicklungen profitieren könnten. Der Vorteil der Anwendung der Humanökologie in diesen Fächern liegt darin, einen übergreifenden Denkrahmen zu bieten, der es erlaubt, bei unterschiedlichen Problemstellungen die Mensch-Umwelt-Beziehungen zur Basis weiterer Überlegungen zu machen. Auf diese Weise läßt sich eine „Individualökologie der Person" beziehungsweise eine „Ökologie der Person" konstituieren.

Dafür gibt es gute Gründe: Die Gegenwartsgesellschaft wird als „postmoderne" Gesellschaftsformation mit einer zunehmenden Individualisierung und „Pluralisierung" charakterisiert, was nicht nur eine genauere makro- oder mikrosoziologische Erforschung der Lebensbedingungen des Individuums erforderlich macht, sondern sogar eine eigene individuumszentrierte ganzheitliche Betrachtung des Individuums, des Subjekts und seiner Lebenszusammenhänge nahe legt (vgl. Beck 1986). An diese Individualisierung und Entsolidarisierung der Lebenslage kann die *Individualökologie* ansetzen. Sie geht dabei auch über das Problem der Naturbelastung hinaus und begreift Umwelt als Gefüge von Faktoren, die auf die Person einwirken und auf die die Person einwirkt.

Als mögliche Grundkonstrukte einer Individualökologie sollen hier einige Aspekte der menschlichen Existenz angesprochen werden:

- Jeder Mensch ist von *Geburt an in einen Kontext* gesetzt, der aus den physischen und sozialen Komponenten des Haushalts der Herkunftsfamilie und deren Umfeld besteht. Wie die Ethologie und auch die Psychoanalyse gezeigt haben, werden in wohl neurobiologisch bedingten „sensitiven Phasen" wichtige Prägungen vollzogen, die für das weitere Umgehen mit den Lebensverhältnissen entscheidend sind: Die Struktur des Raumes, Vorhandensein von Natur, die Nähe zum Hauptaufenthaltsort der Mutter, die Nähe zum elterlichen Schlafzimmer, die Organisation der Küche usw. sind, wie es teilweise die Erzählungen von Psychotherapie-Klienten zeigen, wichtige, die Pathogenese modulierende Kontexte traumatischer Erfahrungen. Sie sind Strukturen für Schutz und Exploration, die jeweils bedarfsgerecht für das Kind zur Verfügung stehen müssen. Nach Schipperges et al. (1988) könnte man hier auch vom Bild der

„Regelkreise der Lebensführung" ausgehen, insofern die Gestaltung der Umweltbeziehungen der Person zum Problem wird. Das punktuelle Geben-Nehmen-Verhältnis zwischen Mutter und Kind bei der Ernährung, der Pflege usw. bestimmt die Qualität der Umweltbeziehung des Kindes.

Nach zeitlichen Phasen der menschlichen Entwicklung gestaffelt, bietet sich demgemäß eine Gliederung der „Ökologie der Person" in eine „Ökologie der Kinder", „Ökologie der Jugendlichen", „Ökologie der Erwachsenen" und „Ökologie der älteren Menschen" an (vgl. Tretter 1988b).

Vor allem die „Ökologie des älteren Menschen" („Gerontoökologie") ist ein interessantes und wichtiges Spezialgebiet der Individualökologie (vgl. Garms-Homolova et al. 1982, Welter 1986, Saup 1992).

- Das Prinzip der *„ökologischen Wahrnehmung"* nach Gibson (1982) besagt, daß der perzeptive Aufbau von Bildern von der Welt durch Invariantenbildung der Inputs erfolgt und zwar derart, daß die strukturellen Merkmale der Umwelt - etwa Eigenschaften der Textur - bereits die räumliche Selbstdefinition des Lebewesens (ich bin in geradliniger Bewegung, ich falle zur Seite) durch optische Gradienten der Bewegung der einzelnen Raumorte (Vektoren) vermitteln. Mit diesem Konzept wird das Verhältnis der Person zur Umwelt, über die Mechanismen der Wahrnehmung definiert. Das geschieht nicht nach einem einfachen Reiz-Transformations-Modell der menschlichen Wahrnehmung, sondern nach einem Modell der Konstruktion der Umwelt durch Extraktion von Invarianten der bewegten Bilder: Die Welt ist ein Standbild, das aus dem Film der Wahrnehmung extrahiert wird.

- Aus systemischer Sicht ist hinzuzufügen, daß ein „realistisches" Umweltbild (aber auch Selbstbild) nur durch ausreichende Interaktionserfahrungen des Menschen mit seiner Umwelt entstehen kann. Ein wichtiges neurobiologisches Prinzip in dieser Hinsicht ist das *„Reafferenz-Prinzip"* von v. Holst und Mittelstaedt (1950) das besagt, daß die Bildung eines realitätsgerechten Bildes von der Umwelt aus der Differenz von sensorischer Afferenz und Efferenz (die als Efferenzkopie mit der von außen kommenden Ex-Afferenz verrechnet wird ) entsteht - Erfahrungen, die durch Eigenaktivität gemacht werden, werden als Eigenaktivität verrechnet und von der Ex-Afferenz abgezogen, während Erfahrungen ohne Eigenaktivität den Umweltaktivitäten zugerechnet werden. Dies läuft bereits auf der Ebene der sensomotorischen Integration ab, hat aber eine grundlegende Bedeutung auch für höhere Prozesse, wie es die Erforschung der subjektiven Ursachenzuschreibung von Ereignissen als „selbstgemachte" oder „fremdgemachte" Ereignisse („Kausalattributierung": internal/external) zeigt.

- Wie aus der Wahrnehmungsforschung bestätigt wird „bestimmt auch das soziale Sein das Bewußtsein". Es besteht nämlich eine *Dialektik* zwischen der *sensorisch* bedingten Umweltkonzeption und der durch *soziale Referenz* als Deutung, bzw. Bedeutungszuschreibung bedingten Organisation des wahrgenommenen Gefüges von Reizen. Diese Erkenntnisse beruhen auf dem symbolischen Interaktionismus, der Lebensweltanalyse und neuerdings auf dem Konstruktivismus. In einfacher Sprechweise gesagt, kann ein Glas, das 10cm hoch ist und 5cm voll ist, als „halbvoll" oder „halbleer" bezeichnet werden. Hier drückt sich die Beziehung der Person zum Glas aus - der Süchtige sieht das halbleere Glas.

- Das Leben des Menschen besteht aus Episoden der Wendung *nach außen* und der *Wendung nach innen*, was phasenweise Ungleichgewichte der Umweltbeziehungen ausmacht (Erikson 1973). Dies beruht auf dem Komplexitätsgefälle zwischen Kapazitäten der Person und Umweltanforderungen. „Komplementarität", „Kongruenz", „Kohärenz" und ähnliche Begriffe kennzeichnen diese Aspekte der „Mensch-Umwelt-Passung". Diese Konzepte wurden vor allem in der Gerontoökologie entwickelt (Carp 1987, Carp u. Carp 1984, Lawton 1980, Saup 1984, Saup 1992).

- Das *Beziehungsgefüge* eines Menschen zu seiner Umwelt besteht nicht nur aus Wahrnehmungen und Handlungen, sondern aus damit verbundenen (inneren) *Erinnerungen, Bedürfnissen und Gefühlen.* Subjektiv vermitteln Umweltmerkmale Anforderungen, Möglichkeiten, Einschränkungen, Zurückweisungen, Bestärkungen, Belastungen, usw. Von Seiten des Menschen stehen verschiedene Möglichkeiten der Reaktion und Aktion zur Verfügung. Die „Relationen dieser Relationen" machen den tatsächlichen Haushalt des Menschen aus. Die psychologische Handlungstheorie bietet hier interessante Anknüpfungspunkte, insofern das geplante Handeln und seine Regulation den Gegenstand der Betrachtungen ausmacht (vgl. Volpert 1981).

- Jeder Mensch steht in seiner Lebensführung über seinen individuellen Haushalt in einem *Beziehungsfeld von Inputs und Outputs* mit seiner Umwelt - Informationen, Energie, Substanzen werden aufgenommen und abgegeben, es wird eingekauft, Müll abgegeben, Arbeitskraft zur Verfügung gestellt und Geld dafür eingenommen, es wird Vertrauen entgegengebracht und genutzt oder verletzt, Nahrung zubereitet, Wäsche gewaschen, der Haushalt umgeräumt, umgeordnet usw. Wichtig ist dabei das Zeitbudget - Zeit wird aufgewendet und somit schließt jede Handlung viele andere Handlungen zumindest zeitlich aus, das Nicht-Gemachte wird subjektiv abgewertet durch Verdrängung, Rationalisierung, Sublimierung usw.

Beispielsweise bringt die Freizeit heute bereits einen Entscheidungsstress - am Samstag schlafen oder sporteln, mit den Kindern oder der Familie spazieren gehen, Freunde treffen, ins Kino gehen, ein Buch lesen, den Haushalt aufräumen. Das Dilemma ist - *das Eine tun heißt das Andere lassen* müssen.

Regulationsaufgabe der Lebensverhältnisse ist es also, *Selektionen* vorzunehmen.

- Für den Menschen besonders bedeutsam ist die „*informationelle Ökologie*", die sich von der „materiell-energetischen Ökologie" abhebt, d.h. es geht um den Bereich des „Wissens von der Umwelt" und den Deutungen von Umwelt, etwa im Sinne der „Ökologie des Geistes" nach Bateson (1981). Das geht mit sozialen Prozessen einher, durch die soziale Bewertung und Rangreihung von Themen usw.

Die informationelle Ökologie ist von der Komplexität und Heterogenität der informationellen Umwelt und von den Schwierigkeiten im Umgang mit dieser informationellen Struktur der Umwelt geprägt. Der einzelne Mensch bewegt sich in einem Komplexitätsgefälle zwischen interner Information und externer Information (sieht man hier zunächst von der epistemologisch problematischen Trennung von innerer und äußerer Information einmal ab). Auf dieser Ebene des Umweltaustauschs hat das Individuum Probleme mit der Organisation geeigneter affektiv-kognitiver Ordnungsstrukturen.

Eine Ökologie des Individuums ist, wie diese Darstellungen zeigen, also erst aspekthaft möglich, sie läßt sich wegen ihrer Komplexität am besten im Rahmen von multidisziplinären Arbeitsgruppen entwickeln.

## 5.2 Der Begriff „Beziehung"

Ökologie wird, wie erwähnt, als die Wissenschaft vom *Haushalt der Beziehungen* eines Lebewesens zu seiner Umwelt beschrieben. Daher ist die Ökologie der Person eben die Haushaltswissenschaft der Person (Tretter 1993b). Das bedeutet, daß versucht wird, das *Beziehungsverhältnis der Person* gesamtheitlich in den Blick zu bekommen: nicht nur materielle, sondern auch immaterielle Beziehungen sind dann Gegenstand der Untersuchungen. In dieser Betrachtungsweise ist daher der Begriff *„Beziehung"* besonders bedeutsam (vgl. Bauriedl 1984). Er wird hier deswegen genauer diskutiert.

Der Begriff „Beziehung" besagt allgemein, daß zwischen zwei Einheiten ( z.B. Elementen eines Systems ) ein realer oder ein fiktiver ( konstruierter ) Zusammenhang oder eine Verbindung besteht. Der Ausdruck Beziehung bedeutet also Kontakt, Zuordnung, usw. In der Mathematik wird auch von „Relation" gesprochen. Das hier angestrebte weite und abstrakte Begriffsverständnis von „Beziehung" weicht vom Alltagsverständnis ab, weil dabei meist soziale Beziehungen gemeint sind. Etwas wahrnehmen, etwa einen über dem Weg liegenden Baumstamm beim Spaziergang, ist aber ebenfalls eine Beziehung - die vom Baumstamm reflektierten Lichtstrahlen erreichen die Netzhaut Person, je nach Tageszeit und Sehschärfe der Person. Es handelt sich dann um eine Einwirkung auf die Person und in gewisser Hinsicht auch um eine Auswirkung des Baumstamms. Der Begriff der Beziehung kennzeichnet in dieser Betrachtungsweise einen Effekt oder einen Begleitumstand einer Beziehung. Tiefgreifende erkenntnistheoretische Betrachtungen können zu diesem Begriff hier nicht angestellt werden. Es steht jedenfalls fest, daß auch der Begriff der sozialen Beziehungen auf der Erfahrung der „Gerichtetheit" der Beziehung beruht. Einem unglaublich oder gar wahnhaft Verliebten erscheint die Geliebte extrem attraktiv, die Geliebte nimmt jedoch den Verehrer kaum oder gar nicht war. Für den Verliebten wird jede Regung der Angebeteten zum Signal, auch wenn es sich nur um völlig unwillkürliche Gesten handelt. Wird allerdings ein Partner eines realen Paares befragt, welche Beziehung er zu seiner Partnerin hat, dann wird der Beziehungsbegriff bilateral interpretiert. Genau genommen wird dabei das „Hin und Her" des sozialen Austauschs beurteilt. Wenn die Gerichtetheit, die „Direktionalität" von Beziehungen bzw. von Beziehungsaspekten betrachtet wird, dann kann von „Geben" und von „Nehmen" die Rede sein. „Geben" und „Nehmen" hat Inhalte, wie Zuwendung, Unterstützung usw. Das Urteil des über seine Beziehung Befragten beruht dann auf dem Verhältnis der Beziehungen über verschiedene Ebenen des Austauschs hinweg, also auf dem „Beziehungsverhältnis" oder den „Beziehungsbeziehungen". Der Begriff Beziehung kann bei genauerer Betrachtung ähnlich wie der Umweltbegriff untergliedert werden.

Folgende Komponenten bzw. Aspekte des Begriffs „Beziehung" können unterschieden werden:
- *Zeitaspekt*: kurzfristige B., aktuelle B.
- *Raum* (auch methaphorisch bzw. topologisch): lokale B., weiträumige B., fokale B., Innen-B., Außen-B.
- *Epistemologie* : subjektive B., „objektive" B.
- *Direktionalität* : B. „weg von", B. „hin zu"; selbstbezügliche B.
- *Modalität*: physisch-materielle B., informationelle (ideelle) B.
- *Qualität* : „positive" B., „negative" B.
- *Intensität* : starke B., schwache B.
- *Quantität*: viele Ben., wenige Ben.
- *Frequenz* : häufige Ben., seltene Ben.
- *Wirkung*: steigernde B., hemmende B.
- *Funktion*: stabilisierende B., destabilisierende B.
- *Kontext*: Arbeits-B., Familien-B.

Es ist daher möglich, eine konkrete Beziehung beispielsweise als eine aktuelle, subjektiv intensive, informationelle Arbeitsbeziehung zu charakterisieren.

Die Begriffe *Geben* und *Nehmen* können auf einer tieferen Sinnebene sprachlich noch weiter differenziert werden. Der Begriff „Geben" muß zunächst erweitert werden, vor allem um den Aspekt der Potentialität, d. h. um das Geben-wollen und Geben-können im Sinne von Bieten. Auch der Begriff „Nehmen" muß mit dem Begriff des „Nehmen-wollens" und des „Nehmen-könnens", und zwar im Sinne des Forderns ergänzt werden. Zentrale Kategorien der Beziehungsanalyse sind daher geben/bieten und neh-

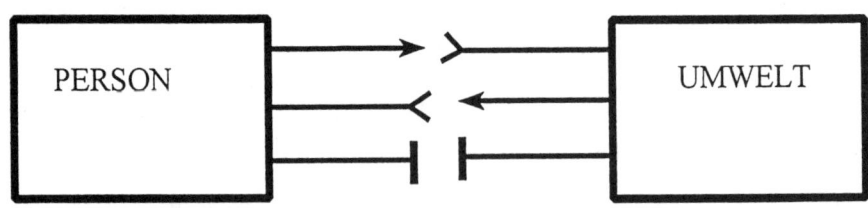

Abb. 16: Person-Umwelt-Beziehungen als Gefüge von Geben-Nehmen-Relationen
————> = Geben, Bieten
————< = Nehmen, Fordern
————I = Ablehnen

men/fordern. Das Verhältnis, also etwa das relative Ausmaß von bieten und fordern (oder verweigern und fordern) bestimmt die Qualität einer sozialen Beziehung (s. Abb. 16).

Wichtig sind in dieser Hinsicht noch die *Inhalte* (Objekte, Medien) des Austausches: Liebe, Status, Dienstleistungen, Information, Geld, Güter (s. Tab. 3; vgl. Foa u. Foa 1980). Diese „Objekte" sind nach Foa und Foa (1980) nur teilweise substituierbar, und zwar in Hinblick auf den Grad ihrer „Partikularität": Geld und Liebe läßt sich schwer austauschen, Güter und Informationen und Geld und Informationen sind relativ leicht austauschbar. In der Bewertung von Austauschobjekten ist der Aspekt „Konkretheit" ebenfalls wichtig: Güter und Dienstleistungen sind konkret und lassen sich relativ leicht bewerten, Status und Information sind hingegen abstrakt und lassen sich schwerer bewerten. Im Rahmen dieser beiden Dimensionen, der Partikularität und der Konkretheit lassen sich Konflikte über Austauschobjekte in Beziehungen leichter verstehen (vgl. Foa und Foa 1980).

Tab. 3: Geben und Nehmen von Inhalten des interpersonellen Austauschs

| GEBEN | INHALT („Signal der") | NEHMEN |
|---|---|---|
| . ausgeben | . Anerkennung | . einnehmen |
| . hingeben | . Ablehnung | . hernehmen |
| . abgeben | . Belastung | . annehmen |
| . (an)bieten | . Zuwendung | . fordern |
| . hergeben | oder: | . hinnehmen |
| (.weggeben) | . Geld | |
| | | |
| Negation: | | |
| (.abwehren) | | (.ablehnen) |
| (.verweigern) | | |

Wenn man schließlich vom „Beziehungshaushalt", also dem Haushalt spricht, dann hat das (Aus)geben und das (Ein)nehmen und das Verhältnis dieser beiden Prozesse eine zentrale Bedeutung. Der „*Haushalt*" kann allerdings unterschiedlich definiert sein:
1. *Personenbezogen*, d.h. das Einnehmen und Ausgeben der Person interessiert.
2. *Umweltbezogen*, insofern die Einnahmen und Ausgaben der Umwelt interessieren.
3. „*Beziehungsbezogen*", etwa in Form einer Geben-Geben und Nehmen-Nehmen-Relation als Formen des Austausches mit der Umwelt.

Für die Praxis hat dies die Bedeutung, daß mit einem Patienten oder einer gefährdeten oder zu beratenden Person das Geben-Nehmen-Verhältnis zur Umwelt untersucht werden kann, etwa in Hinblick auf das Gefühl, ausgenutzt zu sein oder „ausgebrannt" zu sein. Auf diese Weise kann die *Geben-Geben-Relation* (und auch die *Nehmen-Neh-*

*men-Relation*) etwa in einer Partnerschaft (was gibt A und was gibt B usw.) untersucht werden. Durch ein bei Patienten derart strukturiertes Vorgehen läßt sich in der Therapie häufig ein gestörtes soziales Beziehungsgefüge identifizieren.

In Hinblick auf diese Sichtweise finden sich bei *suchtkranken Patienten* häufig folgende Beziehungsstörungen.
- Viele Suchtkranke können schwer „Nein sagen". Dieses Beziehungsgestaltungsproblem kann als Defizit im Sich-Abgrenzen gesehen werden. Das heißt, daß die Person das an die Umwelt gerichtete Fordern minimiert und andererseits der Umwelt keine Grenzen setzen (=geben) kann. Dies entspricht suchtstoffbezogen der „Abstinenzunfähigkeit".
- Suchtkranke zeigen oft die Neigung, sich zu viel zu zumuten oder zumuten zu lassen. Dieses Problem kann als ein Zuviel des Sich-Nehmens verstanden werden. Das heißt, daß die Person sich durch Beanspruchungen Kräfte und Energien nehmen läßt, was zur Selbstzerstörung führen kann.
- Die Tendenz zum Exzeß und zur Eskalation. Dieses Problem verweist auf Defizite im Gegensteuern. Das heißt, daß das Zurückhalten, das Nicht-geben defizient ist. Dies entspricht dem „Kontrollverlust".
- Bei Suchtkranken kann auch häufig ein starkes Bedürfnis nach Anerkennung festgestellt werden. Dies bedeutet ein Bedürfnis und die Erwartung, daß die personelle Umwelt Anerkennung und Unterstützung gibt. Dies macht die Umwelt aber nur, wenn sie sich dazu veranlaßt fühlt. Dies hängt wiederum davon ab, ob die betroffene Person die Fähigkeit besitzt bzw. zeigt, von der Umwelt die Anerkennung zu fordern. In diesem Sinne zeigen dann Suchtkranke erfahrungsgemäß eine mangelnde Kompetenz bei der sozialen Umwelt die „Produktion" von Anerkennung hervorzurufen. Höchstens im Rausch provozieren sie die erwünschte soziale Anerkennung.
- Bei manchen Suchtkranken fehlt häufig eine ausgewogene Bilanz der Liebe, sie wird ersehnt, der Kranke kann sie aber (immer weniger) erlangen.

Eine wichtige begriffliche Erweiterung des Themas „Beziehung" bzw. „Beziehungshaushalt" liegt darin, das *Doppelverhältnis* von *Geben* (Leisten) und *Nehmen* (Fordern) nämlich einerseits *bezogen auf die Person* und andererseits *bezogen auf die Umwelt* zu betrachten. Für die Person ist es relevant, ein ausgewogenes Verhältnis von Hergeben und Einnehmen zu erfahren. Diese Erfahrung hängt eben auch von den Merkmalen der Umwelt ab, denn die Forderungen der Umwelt und die Angebote der Umwelt müssen ebenfalls in einem „guten" Verhältnis zueinander stehen. Insgesamt ist also das Person-Umwelt-Verhältnis der personellen Kompetenz zu Geben im Hinblick auf das Bedürfnis etwas zu bekommen (passendes Nehmen/Geben - Verhältnis) und dem Verhältnis zu den Umweltalternativen der Anforderungen und der Angebote abhängig. Es ist also so, daß das *Lebensgefühl* der Person, von *vier relationierten Faktoren* abhängt: *Kompetenz* oder *Performanz* der Person im Verhältnis zum *Bedürfnis*, Wunsch, oder Plan der Person einerseits in Beziehung zum Verhältnis von *Anforderung* zu *Angebot* auf Seiten der *Umwelt*.

## 5.3 Modelle einer „Ökologie der Person"

In Hinblick auf die Modelltheorie gibt es verschiedene Typen von Modellen. Eine gewisse Typologie von Modellen läßt sich danach aufstellen, welche Funktion das Modell hat: Modelle sind für bestimmte kognitive Prozesse der Anwender nützlich. So gibt es *Erklärungsmodelle,* um eine Anzahl von empirischen Sachverhalten erklären zu können, es gibt *Beschreibungsmodelle,* um komplexe Prozesse beschreiben zu können und es gibt *Explorationsmodelle,* die zu weiteren Untersuchungen und Forschungen anleiten (vgl. Abschnitt „Philosophie").

Als typische humanökologische Modelliertechnik zeichnet sich immer deutlicher eine Vorgehensweise ab, die auf diese Weise, wie im Kapitel „Philosophie" erwähnt, als „Multiperspektivität" die einzelnen Komponenten des humanökologischen Grundmodells konzeptuell unterschiedlich stark auflöst. Man kann daher folgende Modelle unterscheiden:

1.*Modelle zu intrapersonalen Prozessen*
Bei diesen Modellen ist das Konstrukt Umwelt nur geringgradig gegliedert. Es handelt sich dabei im wesentlichen um Streßmodelle.

2. *Modelle zur Struktur der Umwelt*
Der Schwerpunkt bei diesen Modellen liegt in der Analyse der Umweltmerkmale und weniger in der begrifflichen Gliederung der innerpersonalen Prozesse und Strukturen.

3. *Modelle zu interaktiven Prozessen*
Dieser Modelltyp berücksichtigt sowohl das Konstrukt Person, wie auch das Konstrukt Umwelt nur geringgradig gegliedert. Im Zentrum des Interesse steht der Beziehungsbegriff (z.B. Kongruenz-Modelle).

Der Humanökologe verfügt dadurch über einen „Modellpark", aus dem er je nach forschungspraktischer Problemstellung einen der drei Modelltypen verwenden kann und sofort wieder einen anderen Betrachtungsfokus einnehmen kann. Ein einziges integratives Modell kann nicht sinnvollerweise angestrebt werden, da dadurch nur äußerst triviale Zusammenhangsaussagen gemacht werden können.

Im einzelnen sind hier folgende Modellversionen interessant.

1. Ein *systemisches Modell zur Psychopathologie* (vgl. Tretter 1993a): In diesem Modell wird versucht, psychische Prozesse auf etwa 8-9 Kategorien der psychischen Informationsverabreitung zu reduzieren. Dieses Modell ist für das Verständnis von Prozeßvernetzungen im Rahmen therapeutischer Betrachtungen nützlich: Beispielsweise kann die bei Suchtkranken häufig beobachtete „Frustrationsintoleranz" zumindest in dem Regelkreismodell der Sucht sowohl aus einer Labilität der Affekte (z.B. schnelle Reagibilität und Aktivierbarkeit ) oder durch spannungsvolle Überhöhung der Ergebnis-Erwartungen oder durch verzerrte Wahrnehmungen bedingt sein (vgl. Tret-

ter 1993a, vgl. auch Abschnitt „Systemische Psychologie der Sucht"). Die klinische Erfahrung zeigt, daß es sowohl Patienten gibt, die schon seit Kindheit eine besondere Erregbarkeit zeigen, wie auch Patienten, die eine überhöhte (idealisierte) Erwartung haben oder aber auch eine selektive Wahrnehmung zeigen und die häufig Kränkungselemente in Äußerungen der Umwelt erkennen. Damit ist es am besten, die für Suchtkranke immer wieder in der Literatur beschriebene Spannungs-Problematik in einem Modell differenziert zu beschreiben und zu erfassen, ja, wenn man so will, auch zu erklären.

Die Umwelt wird in diesem Modell nur als Stimulusrepertoire konzeptualisiert, das in der klinischen Praxis bedarfsweise auch in verschiedene Bereiche wie Wohnen, Arbeit, Familie und Freizeit untergliedert werden kann.

2. Für die weitere Analyse ist in der Regel eine genauere *Umweltbeschreibung* etwa durch den Patienten sinnvoll. Für den Untersucher ist eine konzeptuelle Differenzierung der „Umwelt" oder der „Situation" des Patienten nach „Lebensbereichen" wie Arbeit, Wohnen, Familie und Freizeit praktisch nützlich. So können die Beziehungen zu diesen Bereichen in Geben-Nehmen-Relationen transformiert werden, was beispielsweise bei diagnostischen Aufgaben gute Hilfestellungen geben kann. In einem weiteren Schritt können gemäß der Differenzierungsmöglichkeiten des Begriffs „Umwelt" die „subjektive" und die „objektive" Umwelt, die „soziale" und die „physischen" Aspekte der betreffenden Umweltbereiche usw. betrachtet werden, was beispielsweise in der Exploration in klinischen Handlungsfeldern nützlich ist. In der klinischen Praxis wird bisher nach solchen Kategorien gefragt, wobei im Gegensatz zu einer ökologischen Exploration nicht auf die Vernetzung dieser Bereiche geachtet wird, sondern gleichsam nach orthogonalen Achsen gefragt wird, etwa in Form von Checklisten, die zur listenartigen Charakterisierung des Patienten dient. Damit sind bestenfalls Grundlagen für eine triviale Deskriptivstatisitk, jedoch nicht für Zusammenhangsaussagen gegeben. Bestimmte Berufe beispielsweise haben Implikationen für die Freizeit (z.B. Schichtdienst) und auch für die Familie (z.B. Vertreterberuf) usw. Die Wechselwirkungen dieser Strukturmerkmale der einzelnen Lebensbereiche sind auch in der Streßforschung noch unzulänglich untersucht.

3. *Interaktionsanalysen* können auf Grundgedanken der Wirtschaftswissenschaften der marktwirtschaftlich organisierten Systeme aufgebaut werden. Bcispielweise beschreiben Kategorien für Angebots-Nachfrage-Relationen Verhaltensorientierungen und Verhaltensweisen der Menschen und die Variation von Werten in definierten Lebensbereichen ziemlich gut. Auch der traditonsreiche *Austauschstrukturalismus* (z.B. Homans 1960) hat sich auf Konzepte der Ökonomie gestützt, wobei sich in der Ideengeschichte gezeigt hat, daß diese Analogisierung, die sich auf Konstrukte der Wirtschaftswissenschaften stützt, nur begrenzt adequat ist. Dennoch ist die Grundannahme, daß menschliches Verhalten ökonomisch bestimmt ist, im Alltagsdenken und bei Konflikten von Menschen sehr gut erkennbar - ein unausgeglichenes *Verhältnis von Geben und Nehmen* ist in dieser Betrachtungsweise die Grundlage eines Konfliktes. Dabei können ähnlich wie in der Interaktionsanalyse von Bales (1950) die (auch informationellen) Objekte des Austausches spezifiziert werden. Aus ökologi-

scher Betrachtungsweise wäre dann vereinfachend vom „Beziehungshaushalt" im weiteren Sinne zu sprechen.

Im Rahmen der ökopsychologisch orientierten Modelle, die sich teilweise auf Lewin (1936) rückbeziehen oder vor allem in der Gerontoökologie entwickelt wurden (vgl. Lawton 1980, Kahana 1982, Carp 1987, Carp u. Carp 1984) oder aus dem Bereich der Gesundheitsförderung stammen („salutogene Faktoren", Antonovsky 1979), sind wichtige neue Konstrukte, die das Beziehungsverhältnis der Person zur Umwelt charakterisieren sollen, eingeführt worden:
- *Kongruenz*: Damit ist die gleichsam deckungsgleiche Passung von Umweltmerkmalen und Personenmerkmalen bezeichnet worden.
- *Komplementarität*: Hiermit ist die sich ergänzende Passung angesprochen.
- *Kohärenz*: Mit diesem Begriff wird dem Umstand der Dynamik sowohl der Umwelt, wie auch der Person entsprochen.

Ein forschungstechnisch schwieriger Schritt ist aber die Empirisierung der Kategorie „Passung". Merkmalsprofile der Umwelt und Erwartungs- und Kompetenzprofile der Person müssen aufeinander bezogen erhoben und miteinander verglichen werden (vgl. Craik 1981).

Qualitativ ist die Kennzeichnung der Umweltbeziehungen durch *Stressoren* als belastend auf die Person wirkende Umweltfaktoren und *Protektoren* als schützende Umweltfaktoren usw. zu sehen. Interessant ist auch in dieser Hinsicht etwa am Beispiel der Konstrukte zum Arbeitsstreß zu untersuchen, wie Faktoren wie „Arbeitszufriedenheit" theoretisch und empirisch zum Arbeitsstreß in Beziehung zu setzen sind.

Die Humanökologie der Person erlaubt es nun im Bereich der interaktionistischen Modelle, mehrere miteinander verbundene Teil-Modelle zu nutzen, um ein *Ökosystem einer Person*, also die „Ökologie der Person", zu beschreiben und zu analysieren.

a.) Ein einfaches humanökologisches Modell, das sich am Reiz-Reaktionsmodell orientiert ist ein *Lebensstilmodell*. Zentrale Konstrukte sind *Lebenssituation* wie Arbeit, Wohnen, Familie, Freizeit, als Repertoire an Stimuli, wobei hier die bereichsspezifischen Merkmale zu explizieren sind. Darüber hinaus sind die Begriffe *Lebenskonzept*, (Programm, Pläne, usw.) und *Lebensgefühl* als erlebte Resultante des Vergleichs der Soll-/Ist-Relation der Lebenssituation zentral. Schließlich ist die Kategorie *Lebensstil* relevant, die als Muster der Lebensführung zu definieren ist. Der Lebensstil bestimmt auch teilweise die Lebenssituation und auch Mikroereignisse und hat damit potentiell eine pathogene Relevanz (vgl. Abb.17). Suchtkranke fallen häufig dadurch auf, daß sie zunächst unter objektiv akzeptablen Lebensbedingungen leben, jedoch ein „ungutes" Lebensgefühl haben (das übrigens auch genetisch determiniert sein kann) und in der Folge einen Lebensstil praktizieren, der ihrem Lebensziel entsprechen sollte, obwohl dieses Ziel überhöht oder sonst irgendwie inadäquat ist. Häufig sind dabei schonungslos leistungsorientierte Muster der Lebensführung zu beobachten, manche Alkoholiker arbeiten extrem, brechen dann mit einem Alkoholexzeß zusammen, verlieren alles, machen eine Therapie, bauen wieder alles auf, brechen wieder zusammen, machen eine Therapie usw. Der Kreislauf wird erst unterbrochen, wenn ein ökosystemisches Verständnismodell, wie eben ausgeführt, als Leitlinie für die therapeutischen Prozesse genutzt wird.

b.) Auf einer globaleren Ebene läßt sich ein beziehungstheoretisches Modell formulieren, das auf der Basis der Geben-Nehmen-Relation sich in etwa wie folgt darstellt: Die *Person* ist im Zustand der Zufriedenheit, wenn sich das Verhältnis von Bedürfnissen, (Wünschen oder Plänen) in Hinblick auf die *Kompetenzen*, diese *Bedürfnisse* zu befriedigen, in etwa im Gleichgewicht befindet. Diese Betrachtung bezieht sich auf das Geben-/Nehmen-Können-Verhältnis der Person. Ist die Kompetenz geringer als das Bedürfnis, dann entsteht Stress und eine Dysphorie und ein negatives Selbstwertgefühl. Ist die (erlebte) Kompetenz größer als für die Bedürfnisbefriedigung nötig ist, so entsteht ein positives Selbstwertgefühl.

Was die *Umwelt* betrifft, so ist die Attraktivität der Umwelt durch ihre *Angebote* zur Bedürfnisbefriedigung einerseits, aber auch durch ihre *Anforderungen* in dieser Hinsicht geprägt. Wenn beispielsweise die Anforderungen sehr hoch sind, bei einem relativ geringen Angebot, dann wird die Umwelt als anspruchsvoll erlebt.

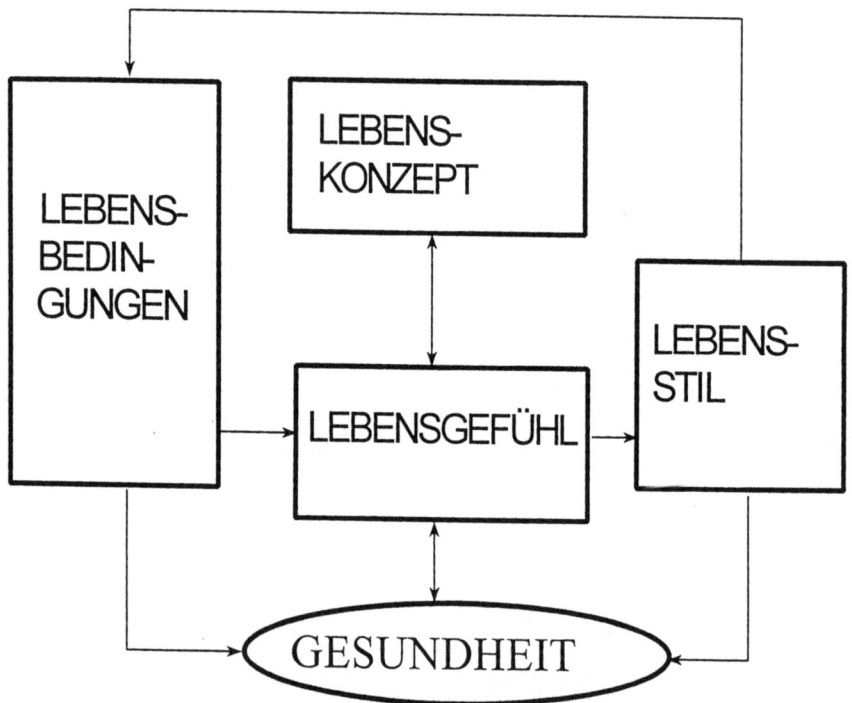

Abb. 17: Humanökologisches Lebensmodell. Das Verhältnis von Lebensplan (Werte, Ziele, usw.) und Lebenssituation ergibt teilweise das Lebensgefühl, das wiederum den Lebensstil bestimmt, wobei mehrfache Rückkopplungen bestehen, die letztlich die Gesundheit mitbestimmen.

Werden diese beiden Komponenten der Person und die beiden Komponenten der Umwelt in Hinblick auf eine *doppelte Geben-Nehmen-Relation*, nämlich zwischen der Person und der Umwelt zueinander in Beziehung gesetzt (Kompetenz einbringen/ Kompetenz fordern und Bedürfnis haben/Befriedigung bieten), so erhalten wir am Ende eine Formalisierung von ökologisch begriffener Lebensqualität: Das Verhältnis von Kompetenz und Bedürfnis einerseits und Anforderungen und Angebote andererseits ergibt aufeinander bezogen die Lebensqualität ( Abb.18, vgl. Tab.4)

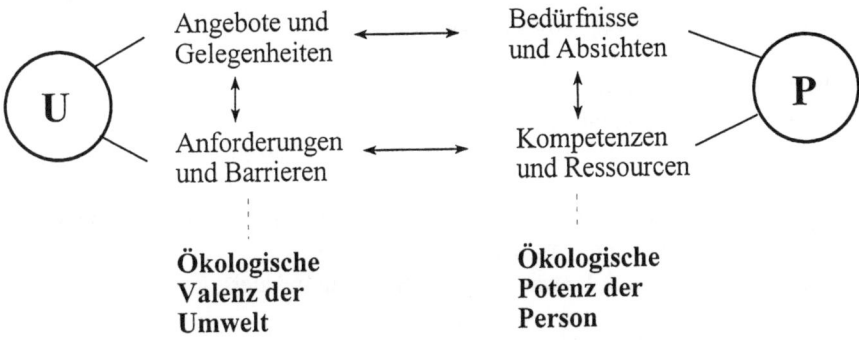

Abb. 18: Das Verhältnis von personalen Bedürfnissen und der Kompetenz, diese Bedürfnisse zu befriedigen einerseits und den Angeboten und Anforderungen der Umwelt andererseits bestimmen aus humanökologischer Sicht die Lebensqualität.

*Konstellation 1*: Sind beispielsweise die Kompetenzen hoch und die Bedürfnisse gering, wobei zugleich die Umweltanforderungen, aber auch die Umweltangebote „groß" sind, so ergibt sich ein anstrengendes, aber schönes Leben (Kongruenzsituation). In diesen Verhältnissen leben häufig nur gelegentlich auffällige Vieltrinker, die aktive Personen sind und Bedürfnisse unterdrücken.

*Konstellation 2*: Sind die Kompetenzen niedrig, die Bedürfnisse jedoch hoch, und zwar in einer wie oben beschriebenen Umwelt mit hohen Anforderungen, aber auch mit guten Angeboten, so ergibt sich tendenziell eine Situation der Überforderung, und damit eine Streßsituation. Hierbei ist an Suchtkranke zu denken, die eine hohe passive Anspruchshaltung an die Umwelt haben, wenig selber dazu tun und frustriert sind.

*Konstellation 3* : Ist die personale Konstellation wie unter 2 beschrieben durch eine niedrige Kompetenz und ein hohes Bedürfnis gekennzeichnet, und sind in diesem Fall die Anforderungen durch die Umwelt gering, bei einem zugleich hohen Angebot, so ergibt sich ebenfalls eine gute Lebensqualität, ja ggf. auch eine Situation der Unterforderung oder gar der Verwöhnung. Aus der Sicht der Gesundheitsförderung mangelt es der Person dann zunehmend an der Kompetenz, Probleme zu bewältigen. Als Beispiel für diesen Personenkreis gelten manche Drogenabhängige, denen von der Familie zu viel bedingungslos gegeben wurde („Wohlstandsverwahrlosung").

Tab. 4: Schematisierung verschiedener Konstellationen der Person-Umwelt-Beziehungen

---

I) *Einzelbetrachtung*
(Die Werte werden auf eine fiktive Skala mit den Stufen <1, 1, >1 bezogen.)

a) Personale Relationen des Kompetenz (K) / Bedürfnis (B) -Verhältnisses
(K < 1) / (B > 1) : = (<1) Streßzustand, Dysphorie
b) Umweltverhältnisse als Relation von Anforderungen (Af) / Angeboten (Ag)
(Af = 1) / (Ag < 1) := (>1) harte Umwelt

II) *Ökosystem-Betrachtung*
Lebensqualtität =   Kompetenz / Bedürfnis der Person :
                   Anforderungen / Angebote der Umwelt

a) Bequeme Situation bei bequemer Person und anspruchsloser, reicher Umwelt
(K<1) / ( B = 1) : (Af < 1) / (Ag = 1)
dies entspricht: <1 : < 1 = 1 , was ein gutes Befinden indiziert.

b) Angespannte Situation bei angestrengter Person und anspruchsvoller Umwelt
(K = 1) / (B < 1) : (Af > 1) / (Ag = 1)
das entspricht (> 1) : (> 1) =/> 1, was objektiven Streß bedeuten könnte.

---

c.) In einer weiteren Stufe der umweltorientierten Differenzierung der Konstrukte könnte ein *Lebensbereichsmodell* verwendet werden, bei dem der Faktor Umwelt oder Lebenssituation als in Lebensbereiche aufgegliedert konzipiert wird (Arbeit, Familie, Wohnen, Freizeit usw.). Wird auch zusätzlich eine beziehungstheoretische Gliederung der Umweltbeziehungen vorgenommen, dann kann bereits das Niveau einer psychotherapeutischen Beziehungsanalyse erreicht werden (Abb. 19). Dann zeigt sich beispielsweise, daß die *Familie als Umwelt* gegenüber der Person ein Bedürfnis nach Zuwendung und Interesse hat, sie will also Kontakt aufnehmen. In mancher Hinsicht will die Familie sich vielleicht jedoch auch wieder abgrenzen, sie gibt also Grenzen zu erkennen. Die Familie kann aber der Person auch Geborgenheit vermitteln. Komplementär dazu muß die Person entsprechende Zuwendung geben, Abgrenzungen hinnehmen und Verhalten, das von der Familie herkommend Geborgenheit vermitteln soll, akzeptieren. Das Beziehungsgefüge zwischen Person und Familie prägt also eine Komponente des Ökosystems der Person.

Das Grund-Ökosystem der umweltbezogenen Geben-Nehmen-Relationen besteht aber aus noch weiteren Lebensbereichen zu denen Beziehungsgefüge existieren: Im *Wohnbereich* sieht sich die Person dem Erfordernis der Instandhaltung ausgesetzt, sie findet ein Angebot an Räumen vor und erfährt Eingrenzungen, wie beispielsweise einen reduzierten Bewegungsspielraum. Ähnlich verhält es sich im *Arbeitsbereich*:

Die Person ist Leistungsanforderungen ausgesetzt, sie findet zwar auch Angebote an Gratifikationen vor, ist aber auch an Verhaltensgrenzen gebunden. Im Bereich *Freizeit* werden der Person Angebote zur Freizeitaktivität dargeboten. Damit gekoppelten Forderungen nach Aufwendungen sind andererseits finanzielle und/oder zeitliche Grenzen der Person gesetzt. Nutzt man ein derartig komplexes Modell in der Therapie, dann hat man damit den Inhalt von Programmen von Langzeittherapien vorgezeichnet.

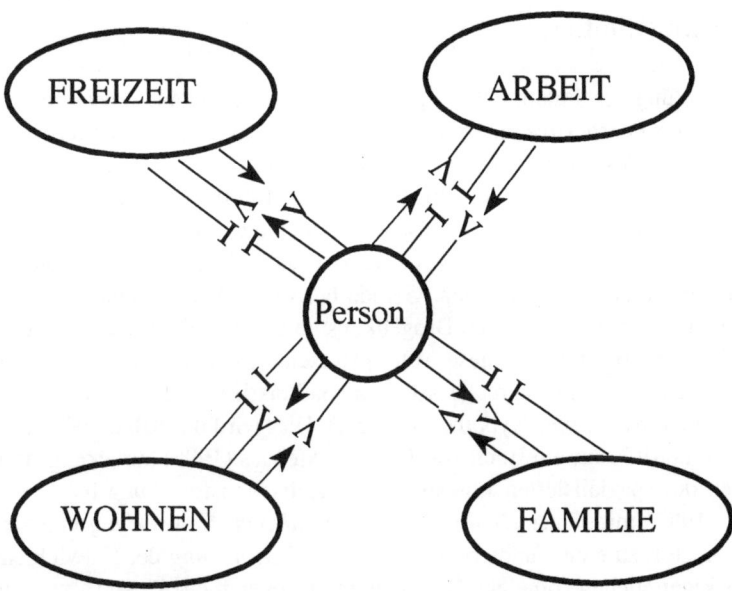

Abb. 19: Der Beziehungshaushalt der Person in Hinblick auf das Geben-Nehmen-Verhältnis bezogen auf die einzelnen Lebensbereiche. Die Lebensqualität ist ein Produkt der erlebten Bilanz der einzelnen Geben-Nehmen-Beziehungen und der Abgrenzungsmöglichkeiten.
Legende:
—> = Geben ; —< = Nehmen; —I = Ablehnen, Abgrenzen

## Fazit

Das Konzept einer „Ökologie der Person" gestattet einen umfangreichen, alltagsrealitätsbezogenen und doch differenzierten Begriffsrahmen zu nutzen, der für Fokalanalysen sehr hilfreich sein kann. Die Besonderheit der Ökologie der Person, das Beziehungsnetzwerk und sein Gleichgewicht (oder sein Nichtgleichgewicht) zum Schwerpunkt der Betrachtungen zu erheben, eröffnet neue Perspektiven im Praxisbereich, wie beispielsweise in der Therapie. Die Verdichtung dieser Begrifflichkeit auf das Konzept „Haushalt" und „Geben" und „Nehmen" erscheint zwar zunächst reduzierend, sie ermöglicht jedoch Erklärungen des abstrakten Beziehungsbegriffes.

# 6 Ökologie des Jugendlichen

## 6.1 Grundsituation

Die Betrachtung der Situation der Jugendlichen wird häufig aus *psychologischer* oder *soziologischer Perspektive* unternommen. Hinzu kommen Sozialisationsforscher, die die Einbindung des Jugendlichen in das soziokulturelle System untersuchen (vgl. z.B. Hurrelmann u. Hesse 1991, Engel u. Hurrelmann 1993). Forschungen haben jedoch den Nachteil, daß sie bei guter Repräsentativität eine große Anzahl von Jugendlichen ausführlich untersuchen müssen, was etwa zwei Jahre beansprucht, bis die Ergebnisse in verwertbarer Form vorliegen. Gerade bei so rasch wechselnden Verhältnissen wie Jugendmoden, etwa was den Drogenkonsum betrifft, hinkt die Forschung immer etwas hinterher. Häufig sind diese Auftragsforschungsarbeiten nicht so leicht öffentlich erhältlich. Daher sind aktuelle Arbeiten von Praktikern hilfreicher, zumindest was das Formulieren aktueller Hypothesen betrifft. Hier wird der Kürze halber, was aktuelle Daten betrifft, auf ein Buch von Janke u. Niehues (1995) zurückgegriffen.

Neben der spezialisierten Jugend- und Sozialisationsforschung hat Uri Bronfenbrenner (1981) mit seiner *Ökologie der menschlichen Entwicklung* einen entscheidenden Anstoß zu einer fundierten *integrativen Betrachtung* der Entwicklung (nicht nur) des Jugendlichen vorgelegt. Hierbei wird die jugendliche Person als sich in Beziehungsnetzwerken entwickelnd begriffen. In der in diesem Buch vorgeschlagenen Perspektive der „Ökologie der Person" handelt es sich dabei um die Frage, wie sich die *Passung* der Umweltmerkmale in Hinblick auf die Merkmale der Person gestaltet. Wie bereits dargelegt handelt es sich dabei vor allem um Fragen des Geben-Nehmen-Verhältnisses auf den verschiedenen Bedürfnisebenen und Kompetenzebenen der Person und der verschiedenen Ebenen der Umwelt. Das betrifft auch Jugendliche.

Somit kann die *„Ökologie des/der Jugendlichen"* als Spezialfall der „Ökologie der Person" oder der „Ökologie einer Gruppe" gelten. Mit diesem Konzept ist also die Analyse und Darstellung des Beziehungsverhältnisses von Jugendlichen zu ihrer Umwelt gemeint. Unter „Jugendlichen" (und jungen Erwachsenen) sollen hier vor allem Personen zwischen 15 und 20 (bis zu 30 Jahren) verstanden werden.

Bei einer allgemeinen Betrachtung ist die Ökologie der Jugendlichen von dem Problem des *Autonomiebedürfnisses* bei zugleich *gegebener Abhängigkeit* gekennzeichnet (Küfner 1989). Der *ökologische Übergang* liegt im Bereich der quantitativen Minderung und der qualitativen Veränderung des Verhältnisses zur Familie. In verschiedenen Lebensbereichen nimmt die Einwirkmöglichkeit der Familie ab. Anderseits bestehen Beziehungswünsche zu Gleichaltrigen.

Die heutige Situation der Heranwachsenden ist vom „Verschwinden der Kindheit" Neil Postman (1988) geprägt. Die Kindheit endet früher, die Jugend beginnt eher (Janke u. Niehues 1995, S. 11), das Erwachsenenalter beginnt später und geht aus der Phase der „Postadoleszenz" hervor. Janke und Nihus sprechen von „Berufsjugendlichen": Jugend ist ein Wort und heißt „forever young". Schwarze Lederjacke, kurze Lederröcke, Zöpfe bei Männern, Ohrringe und Turnschuhe (beachte jedoch die Marke!) sind das Kennzeichen von „Jugend". Man altert derzeit gemeinsam mit den Rockstars der 60er Jahre.

## 6.2 Multioptionalität der Umwelt

Der Begriff der „*Multioptionalität*", der die Situation, die für Jugendliche besteht, kennzeichnet, besagt, daß außergewöhnlich viele Wahlmöglichkeiten bestehen. Er kennzeichnet die Lebenssituation von Jugendlichen, aber auch von Erwachsenen, die darin besteht, daß ein breiter Horizont von Möglichkeiten (Optionen) besteht. Durch die zunehmende Differenzierung und Diversifizierung der Produkte am Markt besteht beispielsweise für den Konsumenten die Qual der Wahl. Schon die Entwicklung im Bereich der elektronischen Massenmedien, von der Verkabelung und dem zu erwartenden Angebot von Spezialkanälen über Pay-TV zeigt dies. Eine Rangordnung der Wertigkeit und Wichtigkeit ist nicht mehr gegeben, es zeigt sich eine Gleichrangigkeit der Produkte, sie sind für den Nichtspezialisten nicht unterscheidbar. Dadurch entsteht ein *Entscheidungs- und Konsumstreß*. Das Interesse für die Vielfalt der Dinge kann nur mehr oberflächlich bleiben. Die „Zapping-Kultur" im Fernsehen (das Kanäle-Durchbrausen) ist daher bereits ein typisches Rezeptionsmuster in unserer audiovisuellen elektronischen Informationsumwelt.

*Parallelwelten*
Ein weiterer Begriff, der die allgemeine Situation Jugendlicher (und auch Erwachsener) kennzeichnet lautet „Parallelwelten". Darunter werden geschlossene Sinnsysteme verstanden, die aus aufeinander bezogenen Inhalten und Werten bestehen, sich jedoch stark voneinander abgrenzen. Sie treten in der Jugendkultur vor allem in Formen der Computerwelten, der Welten der Stars und der nächtlichen Partyräusche auf (Janke u. Niehues 1995, S. 140). Gegenüber steht die Welt der Schule oder des Berufsanfängers. Diametral gegenüberstehende Werte (Leistung und Ernst vs. Entspannung und Vergnügen) erzeugen beim jugendlichen „Sozialisanden" Spannungen. Die virtuellen Welten der Freizeit-Settings haben eine Sogwirkung. Die Moden der Freizeit, Elemente der Musik, Film usw. gehen teilweise, vor allem durch den Computereinsatz, in Richtung virtueller Realitäten, also künstlicher, nicht mehr physisch vorhandener, aber als real erlebter Realitäten. „Internet-Chat" ist die neue private, isolierte Kommunikation mit distanten Computer-Partnern.

Als Gegentrend zu den virtuellen Welten scheint wieder ein sogenannter Real life-Trend (Janke u. Niehues 1995, S. 171) aufzutreten. Es wird beispielsweise versucht, wieder stärker die konkrete Lebenswelt der Jugendlichen in Filmen und Musik abzubilden udgl. Interessant in diesem Zusammenhang ist auch der Überraschungserfolg des kalifornischen Musikers Beck im Sommer 1994, der mit seinem Hit „Looser" bis zum Zynismus führt. Eine Strophe lautet: „I am a looser, oh baby why don't you kill me". Andererseits erfolgt auch wieder die Kultivierung von Ghettogewalt mit der Gangster-Rapper-Richtung. Mit dieser Musik- und Kulturrichtung wird ein Brutalo-Image gepflegt. Die Sänger und Pop-Stars fallen nämlich auch durch erhebliche konkrete Gewalt auf (Janke u. Niehues 1995, S. 189).

## 6.3 Umwelt „Familie"

Die vielfältigen Analysen von Familien sollen hier nicht vertieft werden. Generell wird die Funktion der Familie überschätzt, zumindest was ihre Erziehungsmöglichkeiten betrifft. Beispielsweise werden von Therapeuten die frühen Außenkontakte von Kindern unterschätzt. Ein Ansatz der Individualökologie (Ökologie der Person) sieht die Familie jedoch grundlegend als nur einen Umweltfaktor. Daher wird an dieser Stelle nur betont, daß das Beziehungssystem Familie für Jugendliche zunehmend nur eine Basis für externe Operationen darstellt. Sie wird zwar geschätzt, sie ist jedoch nicht mehr relevanter Meinungsgeber. So wird beispielsweise für die Berufswahl in 90% von Jugendlichen der Freundeskreis als relevant erachtet und nicht der Rat der Eltern. Umgekehrt haben Jugendliche immer Einfluß darauf, was im Haushalt vor allem an technischen Geräten beschafft werden soll. Das *Bindungsdefizit*, das durch die heute nicht mehr multifunktional wirksame Familie ausgefüllt werden muß, wird zunehmend durch die Szene ausgefüllt.

Grundlegend ist die Familie zwar das primäre Ökosystem der heranwachsenden Person, doch findet rasch der Aufbau eines eigenen Ökosystems des Heranwachsenden statt. Die heranwachsende Person befindet sich nämlich als Mitglied der Familie schon nach wenigen Lebensmonaten in der Situation, daß sie bereits über einen „persönlichen Bereich" (wie Kleidung) und einen eigenen „Wohnbereich" (das Bettchen) verfügt. Diese Bereiche werden meist von der Mutter kontrolliert, so daß bereits zu diesem Zeitpunkt wichtige Regulationen der *Balance* von *Selbst-* und *Fremdsteuerung* der Zustände stattfinden, die im Kontext aller Lebensbereiche auftreten. Vor allem das Mißverhältnis von bedürfnisbestimmten, phantasierten Umweltzuständen und realen Umweltzuständen (Die Mutter soll da sein, die Mutter ist aber fort), die der Säugling und das Kleinkind nur unzureichend selbst steuern können, führt zu einer Dominanz des vom Kinde phantasierten, fiktiven Ökosystems (paradiesische, warme, nährende Umwelt). Das entspricht grob gesagt einer „Vernebelung" des realen Ökosystems. Auch die „mikroökologischen" Übergänge, wenn das Kind von den Armen der Mutter in das Bettchen gebracht wird, und umgekehrt, sind durch das Zusammenstimmen der eigenen Aktionen mit denen der Mutter (bzw. anderer Familienmitglieder) geprägt. Das nötige Gleichgewicht von Erfahrungen der Selbststeuerung und der Fremdsteuerung der Umweltzustände (und Eigenzustände) kann durch „Überengagement" und „Unterengagement" der Familienmitglieder gestört werden: dem Kind mißlingt unter diesen Umständen eine funktionale Relationierung der Relation zu den einzelnen Lebensbereichen. Auf diese Weise entstehen frühe Störungen im *primären Ökosystem der Person* - ökologisch betrachtet reicht es also nicht, die *Interaktionsstörungen zwischen Kind und Eltern* als ätiologisch und pathogenetisch bedeutsam anzusehen, sondern die *Beziehungen der Eltern zu den Beziehungen, die das Kind zu allen seinen Lebensbereichen hat*, als Störquelle zu betrachten (vgl. Abb. 20). Später wird *die Schule* als Vorbereitung für den Arbeitsbereich ein Bereich, in den die Eltern zwar einwirken, in dem jedoch die Eigenleistung des Individuums zunehmend wichtig wird, zumal das Kind sich wenigstens halbtags in dieser „extrafamilialen" Umwelt aufhält. Die gegebene Fremdbestimmung des Ökosystems der Person bringt Widersprüche und damit Abspaltungen der Lebensbereiche mit sich, was die Erfahrung der Inkompetenz zur Folge haben kann. Auf diese Weise entsteht das bei Suchtkranken so häufig anzutreffende geminderte Selbstwertgefühl.

## 6.4 Umwelt „Schule"

Auch zum Bereich Schule gibt es unzählig viel Literatur. Hier soll nur der Beziehungsaspekt des Jugendlichen gegenüber diesem Umweltbereich angesprochen werden. Die Schule steht nämlich der Familie aus der vorschulischen Phase in gewisser Weise potentiell als „Gegenwelt" gegenüber. Ersatzweise bekommt dann der Freizeitbereich plötzlich eine eigenständige Bedeutung. Er findet auch zunehmend nicht mehr im Kreis der Familie statt. Die zentralen Werte der Schule (z.B. Ernsthaftigkeit und Leistung) stehen den Werten des Freizeitbereichs (z.B. Spiel, Lust und Entspannung) diametral gegenüber.

Die Ausbildung Jugendlicher steht im Vordergrund ihrer Lebensphase. Es geht um den Aufbau von Grundlagen für das Berufsleben. In der Schule tritt das Vorfeld der Arbeitswelt für den Jugendlichen in Erscheinung. Nicht wenige Jugendliche brechen ihre Ausbildung ab, manche ohne grundlegende Abschlüsse. Aus der Sicht der marktwirtschaftlichen Gesellschaft mag dies ein passender Prozeß sein, da immer ungelernte Kräfte am Arbeitsmarkt gebraucht werden. Andererseits sind die individuellen Karrieren dieser Jugendlichen häufig auch in Richtung Delinquenz geprägt, wie man es zumindest in der langjährigen psychiatrischen Tätigkeit erkennen kann.

Die Schule ist somit ein Setting, in dem gesellschaftliche Wirklichkeit kennengelernt und bewertet wird. Schulfreunde als Partner der Verarbeitung dieser Erfahrungen, stellen wichtige Weichen in diesem Bereich. So kommt es bald vor, daß sich Cliquen bilden, die dem Genuß der Rauschmittel frönen, was bald mit der Schulteilnahme nicht mehr vereinbar ist. Aus klinischer Sicht besteht das Problem, die jugendlichen Rauschmittelkonsumenten für die Werte der Schule und des Berufs als Alternative zum Rauschmittelkonsum zu gewinnen.

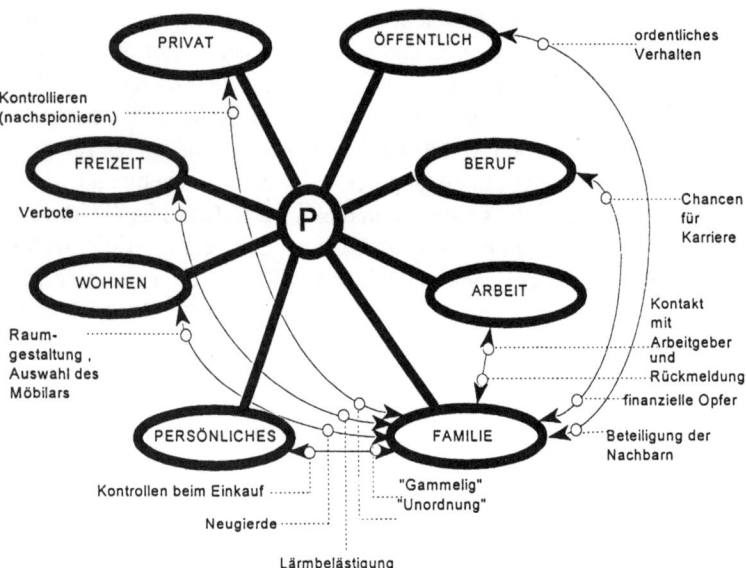

Abb. 20: Der Jugendliche und seine Umwelt
Die Einwirkungen der Familie auf die Lebensbereiche der jugendlichen Person (P) und die Rückwirkungen: das Problem des Verhältnisses von Selbst- und Fremdregulation der Umweltverhältnisse beim Aufbau der zentralen Strukturen des primären Ökosystems der jugendlichen Person und die periphere Determination durch die Familie als einschränkend-belastender und schützend-stützender „Umweltfaktor".

Die Beziehungspfeile lassen sich mit den Worten „...Bereich wirkt (oder „erwirkt") ...im Bereich ..." umschreiben: z.B. der persönliche Bereich bewirkt den Kommentar „gammelig" im familiären Bereich; der familiäre Bereich bewirkt (daraufhin) Kontrollen im persönlichen Bereich des Jugendlichen (nach Tretter 1987).

## 6.5 Die „Szene"

Szenen sind soziokulturelle Räume, wo sich Menschen gezielt aufhalten, um gemeinsame Interessen und Wertvorstellungen darzustellen, auszutauschen und umzusetzen. Diese Szenen lassen sich nach den Interessen, den Bereichen und den Formen charakterisieren - die Musik-Szene, die Rave-Szene, die Szene der Computer-Freaks usw. Es sind immer Orte oder abstrakter: Adressen (auch im Internet) an denen man sich trifft und wo interessierende Werte ausgetauscht und gegebenenfalls auch aufgebaut weden (vgl. Janke u. Niehues 1995, S. 17).

Die Szenen geben Orientierung und Identität. Schulze G. (1992) führt folgende Ursachen der Szenebildung an: „Suche nach Eindeutigkeit, nach Anhaltspunkten, nach kognitiver Sicherheit in einer zunehmend unübersichtlichen Situation. Dem ständig drohenden Chaos setzen die Menschen vereinfachende Strukturvorstellungen entgegen. Szenen, alltagsästhetische Schemata (...) sind Versuche, sich in einer schwer überschaubaren sozialen Wirklichkeit zu orientieren." Man kann mehreren Szenen angehören. Damit ist das Kontakverhalten zwischen den Szenen relativ reduziert. Im Alltag, im Begegnungsverhalten in der Großstadt erklärt dies auch die Teilnahmslosigkeit - jeder ist innerlich, wenn er einem Anderen auf der Straße begegnet, an den äußeren Merkmalen einer Szene orientiert oder ist im Ablauf seiner Handlungsprogramme so mit sich selbst oder bestimmten Aspekten seiner Umwelt beschäftigt, daß er für den Anderen keinen Blick mehr hat. Das sozial Relevante findet ja sowieso in der Szene statt, also etwa abends in den Szene-Lokalen oder zu Hause mit Freunden oder an einem Computer im Internet.

Um den Kreis der Personen zu kennzeichnen, der tatsächlich vor Ort Kontakt miteinander hat, wird auch der Begriff der „Szene-Cliquen" benutzt. Auch bei den vernetzten Computerfreaks wird nur eine begrenzte Anzahl der Netzwerkteilnehmer regelmäßig kontaktiert. 77% der Jugendlichen sind in solchen Cliquen (Jugendwerk der Deutschen Shell 1992, S. 21).

Die Artikulation der soziokulturellen Bedürfnisse der Jugendlichen war um etwa 1968 am ausgeprägtesten. Folgende Themen wurden aufgebracht: Gleichberechtigung, Unterdrückung, Frieden, Schutz der Natur, sexuelle Befreiung usw. Bereits in den frühen 70er Jahren war jedoch eine Spezialisierung und Isolierung der genannten Themen der Jugendszenen aufgetreten, so daß eine Friedensbewegung eine Frauenbewegung, eine Umweltbewegung usw. entstanden.

Man kann Szenen auch als Manifestationsorte von speziellen Lebensstilen verstehen. In dieser Arbeit interessiert später vor allem der Begriff der Drogenszene (vgl. Abschnitt „Stadtökologie des Drogenkonsums").

In den 80er Jahren trat eine Verflachung des Engagements auf. In den 90er Jahren trat die Techno-Szene auf. Heute ist nur für etwa 50% der Jugendlichen Politik noch ein Thema (Janke u. Niehues 1995, S. 16).

Die letzte Phase einer „Anti-Mainstream-Bewegung" war der „Grunge", der Ende der 80er Jahre in den USA aufkam. „Grunge" ist ein Ausdruck für Dreck. Man trägt ein großkariertes Holzfällerhemd, darunter einige T-Shirts, zerrissene Jeans und schmuddelige Turnschuhe oder derbe Motorradstiefel. Die Frisur sollte lang sein und strubbelig. Es gab sogar ein spezielles Shampoo, bei dem die Haare nach dem Waschen noch immer ungewaschen aussahen.

Die Kultgruppe dieser Bewegung war (und ist) die Musikformation Nirwana. Sie stammt aus Seattle. Es entstand eine Neo-Hippie-Bewegung. Ein aktueller Star, der in etwa dieser Richtung zuordenbar ist, ist Lenny Kravitz. Er wurde als neuer Jimmy Hendrix propagiert. Er spielt über 20 Instrumente.

Die Szenen sind daher soziokulturelle Räume für neue Ästhetiken. Die Industrie sucht dort nach Trends. Für einen Trend der Jugendindustrie sind folgende Faktoren nötig (vgl. Janke u. Nihus 1995, S. 119):
- *Innovation*: Das Phänomen muß eine Ausstrahlungskraft haben.
- *Identifikation*: Das Produkt muß bei Jugendlichen ankommen.
- *Multiplikation:* Es muß eine maximale Menge von Leuten erreichen.

In Deutschland ist Hamburg der bedeutendste Ort für Trendforscher. Dort scheint sich bereits seit Jahrzehnten der neueste Ästhetik-Trend in Deutschland stets zuerst abzuzeichnen.

Damit ist die enorme Relevanz der Ökonomie der Jugend angesprochen.

## 6.6 Ökonomie der Jugendlichen

Zunächst ist festzuhalten, daß es keine bösartige Reduktion des Menschen auf seine Ökonomie ist, wenn hier auch die Jugendlichen als Wirtschaftssubjekte betrachtet werden. Ohne diese Betrachtungsebene entsteht nämlich vor allem in Hinblick auf das, was sich für Jugendliche als Umwelt darstellt, oder was Jugendkulturen ausmacht, ein idealisiertes, verklärtes Bild.

Die „Jugendlichen", als abgrenzbare Bevölkerungsgruppe, sind als „Teenager" in den 50er Jahren in den USA entdeckt worden, als man feststellte, daß es eine Gruppe von etwa 20-30 Millionen Personen gab, die ein Konsumpotential haben, das ökonomisch noch nicht abgerufen war. In der Bundesrepublik sind es 1992 etwa 17 Millionen junge Menschen. Die direkte und indirekte Kaufkraft der jungen Menschen in Deutschland ist bereits bei mehr als 50 Mrd DM pro Jahr zu veranschlagen, wenn man vom Taschengeld, selbst verdienten Geld und Geschenken ausgeht ( ca. 300,- DM / Monat x 17 Mio. Personen).

Es handelte sich also in den 50er Jahren um eine zunächst latente Nachfragesituation bei Jugendlichen. Sie wurde erst deutlich, als die unerwartete Resonanz auf Filme auftrat, in denen Jugendliche und ihre Probleme mit den Autoritäten in Kinos zur Darstellung kamen. Durch die Massenkommunikation war nun eine Jugendbewegung möglich, die sich über die in den Medien manifestierenden Symbolfiguren identifizierte. Zugleich wurden auf diese Weise Jugendliche auch mobilisiert, die nun ihr gesellschaftliches Dasein erlangten und in der Folge auch vehementer einforderten. Diese Bedürfnisse nach Selbstdarstellung fanden und finden nun durch Jugendmoden, durch Musik, Filme udgl. ihre Befriedigung und sind so zu einem wirtschaftlich relevanten und auch adäquat versorgbaren Bereich geworden. Das differenzierte Zusammenspiel zwischen den Produkten der *Medienkultur*, der *Industrie* und den Symbolisierungserwartungen der Jugendlichen an die Medien, die immer wieder neue Ikonen produzieren, wird in dem Abschnitt zur „Kulturökologie der Rockmusik" noch genauer beleuchtet.

Die vermeintlich individuelle Ästhetik der Jugendkultur ist also ein zunehmend kommerzialisierter Industriesektor geworden. Seit den 70er und 80er Jahren gibt es, wie erwähnt, eine zunehmende Differenzierung der Jugendkultur, die eine immer stärkere Bedeutung in der Gestaltung der „Jugendindustrie" bekommen hat: Heute ist bereits die Situation eingetreten, daß sich 30jährige bei neuen technischen Produkten nicht mehr so schnell auskennen, wie das 20jährigen gelingt. Das betrifft den Bereich Computer im Hardware-Bereich, vor allem aber im Software-Bereich.

Daß außerdem junge Menschen rasch viel Geld machen können sieht man an der extremen Biographie des Milliardärs Bill Gates, der die Firma Microsoft gegründet hat und zur marktbeherrschenden Firma im Bereich der Computerprogramme geworden ist: er hat angeblich im Alter von Anfang 20 Jahren in den USA praktisch im Kellerlabor angefangen, sich mit Computertechnologie zu beschäftigen und hat es dann in wenigen Jahren geschafft, wirtschaftlich erfolgreich zu werden.

Heute jedenfalls ist Los Angeles und die dortige Showindustrie mit dem Entwicklungsprogramm der „Virtual Reality" ein Tummelplatz von Twens, die sich mit Computern extrem gut auskennen und Software für die neuen Computerkünste, Filme und Musik herstellen. Hier werden neue Wirtschafts-Stars gemacht, die allerdings nur mehr Programmierer sind. Das ist ein Resultat einer neuen Mediengesellschaft, in die wir uns mehr oder weniger totalitär hineinentwickeln. Daß in diesen beruflichen Handlungsfeldern, wo Leistung und Kreativität zugleich gefordert sind, Drogen wie Amphetmaine, Kokain, LSD und Ecstasy zumindest gelegentlich gefragt sind, ist plausibel und wird noch im Abschnitt „Kulturökologie der Rockmusik" ausgeführt.

## 6.7 Jugendsprache

Jugendsprache ist ein Symbol für Gleichgesinnte und Gleichgestimmte. Sie ist in Teilen eine Sondersprache. Es werden gewisse Ausdrücke mit einer sehr spezifischen und zeitgebundenen Bedeutung verwendet. Beispielsweise ist in den 50er Jahren der Ausdruck „dufte" eine Bezeichnung für „sehr gut" gewesen. Dann wurde der Ausdruck „groovy", später „super" und nun „geil" verwendet. Die Jugendsprachen haben sich auf diese Weise mit bestimmten Wortmarken soweit differenziert, so daß die (informellen) Mitglieder dieser Spezialszenen neben den entsprechenden Kleidungsstücken auch über die Sprache von den speziellen Jugendsubkulturen sofort erkannt werden können.

Der höchste Wert für Jugendliche heute ist „cool" zu sein. 65% meinen, daß Kleidung Ausdruck der Persönlichkeit sei.

Diese Spezialisierung und der rapide Wandel der äußeren Zeichen der Jugendkulturen macht es auch der Drogenprävention schwer, jeweils am Puls der Zeit zu sein. Beispielsweise ist die Produktionszeit eines Aufklärungsfilms von etwa 2 Jahren vom Konzept bis zur Distribution zu lange, um noch Jugendkulturen aktuell anzusprechen. Daher wird zunehmend im Bereich der Prävention davon ausgegangen, daß „Peer-Prävention", also die Durchführung präventiver Maßnahmen durch Mitglieder der Bezugsgruppen Jugendlicher am wirksamsten ist.

## 6.8 Sport

Sport ist ein wichtiges Interessengebiet Jugendlicher, allerdings z.T. auch ohne große Ambitionen. Der Trend ist zunehmend. Dennoch besteht kein Interesse an der Mitgliedschaft in Sportclubs (Janke u. Niehues 1995, S. 82). Sport ist aber auch eine Erlebnisform. Sport interessiert, vielleicht weil er in den Medien ubiquitär präsent ist. Die kommerzielle Dimension des Sports zeigt sich darin, daß die Sport-Stars Werbeträger für Großfirmen, wie Pepsi Cola, Coca Cola, Reebok usw. sind. Andererseits werden Fernsehübertragungen von Sportveranstaltungen zunehmend von der Alkohol- und Zigarettenindustrie gesponsert.

*Bungee-Springen* ist seit 1990 gerade für Jugendliche eine besonders wichtige Form der Erlebnistechnik. Heute sind die Jugendlichen nicht mehr auf dem Rückzug, sondern auf einem *Intensitätstrip*. 1990 tauchte dieses Springen von dem Stuntman Jochen Schweizer im Film „Feuer, Eis und Dynamit" (Regie: Willi Bogner) auf. Seither ist diese Sportform ein „Dauerbrenner". Der Erfolg dieses Extremsports liegt darin, daß man keinerlei Ausbildung braucht, daß wenig Aufwand mit einem extremen „Feeling" verbunden ist, daß die Aktion von großer öffentlicher Aufmerksamkeit begleitet ist und daß anschließend sofort eine Bestätigung erfolgt. Eine andere Form des Extremsports ist das sogenannte *Downhill-Biking*, bei dem man mit einem Mountain-Bike steile Abhänge hinunter rast. Andere Extremsportarten kann man sich im Sportfernsehen (DSF) anschauen.

Sport ist ein wichtiger Erlebnisfaktor - Siegen oder Verlieren, Schwächen überwinden usw. ist Anlaß für natürliches Modulieren des Erlebens. Damit ist Sport das wichtigste Substitut von Drogen in ihrer Eigenschaft als Erlebnismodulatoren. Andererseits ist das Biertrinken nach dem Fußballtraining oder die Einnahme von leistungssteigernden Stoffen wiederum die Schnittstelle zum Drogenbereich.

## 6.9 Fan-Kultur

Jugendliche suchen Figuren zur Identifikation. Das sind heute Medien-Megastars. Allerdings scheint die Zeit der Megastars vorüberzugehen. Die 90er Jahre haben eine andere Form der Fankultur. Sie ist bedingt durch 3 Faktoren:
- die *Aufsplitterung* und Aussegmentierung der Musikstile
- die *Schnellebigkeit* der Produktzyklen
- die generelle *Ausweitung des Starbegriffs,* der nicht nur Schauspieler und Musiker, sondern auch Models, Pornodarsteller oder Sportler umfaßt (Janke und Niehues 1995, S. 147).

Die imaginäre Welt der Stars, die als Ikonen und Symbole im Erleben der Jugendlichen wirken, baut eine zweite Realität auf, die einen wichtigen Beitrag in der Auseinandersetzung mit der konkreten Alltagsrealität der Jugendlichen hat. Diese Spaltung des Erlebens zwischen Phantasie und Wirklichkeit wird über die Generationen hin offensichtlich drastischer. Während früher die Phantasiewelt Produkt der eigenen produktiven Imanigation war, sind es heute relativ plastisch dargestellte Ikonen, die als physikalische Korrelate einer imaginären bzw. virtuellen Realität fungieren. Welche psychopathologischen Störungsformen auf diese Weise provoziert werden oder welche Akzentuierungen bekannte psychische Störungen durch diese veränderte Erlebniswelt bekommen, bleibt noch unklar. Inwieweit sich die Ecstasy-Epidemie der 90er Jahre darauf zurückführen läßt, ist ebenfalls noch ungeklärt.

## 6.10 Medien

Opaschowski (1983) hat festgestellt, daß bereits 1983 ein 18jähriger 13.000 Stunden vor dem *Fernseher* gesessen ist, aber nur 12.000 Stunden in der Schule verbracht hat. Fernsehsender bieten bereits extra für Jugendliche Nach-Mitternachtsprogramme an.
Eine kategorische Unterscheidung der Medienprodukte ist kaum mehr möglich. *Musik* wird mit Videoclips angeboten, die andererseits bereits als 3-Minuten-Spielfilm wahrgenommen werden. Videoclips sind eine eigene Kunstrichtung geworden, ebenso Comics, die man im Fernsehen in den Nacht- und Morgenstunden sehen kann. Videojockeys sind bereits Stars.

Die enorme Bedeutung der Massenmedien wird deutlich, wenn man Zimmer von Jugendlichen in New York betrachtet: Sie sehen ähnlich aus wie jene in Tokio oder München - dieselben Poster hängen an der Wand, die gleiche Kleidung wird getragen. Auch bei der Bildung von internationalen Szenennetzwerken spielen die Medien eine wichtige Rolle: Graffitikunst auf öffentlichen Flächen wurde durch das Fernsehen aus New York bekannt, während die deutschen Graffiti-Künstler großteils noch nicht in New York gewesen sind (Janke u. Niehues 1995, S. 34).

Die *Zeitschriften* der Jugendlichen sind ebenfalls bereits in einer eigenartigen Verwebung von Information und Werbung gestaltet. Bravo ist mit 1,3 Mio Auflage das führende Blatt. Es wird aber bereits optisch immer schwerer in den Magazinen und Zeitschriften die Information von der Werbung abzugrenzen. Optik ist gefragt, der Text dient nur mehr der Erläuterung,

## 6.11 Musik

158 Millionen Tonträger wurden 1993 in Deutschland verkauft, mit einer Zuwachsrate von beinahe 6 %. Der Markt wird von fünf Konzernen beherrscht - BMG Ariola, Sony, PolyGram, EMI Electrola und Warner. Sie besetzen ungefähr 80% des deutschen Tonträgermarktes. Seit etwa 10 Jahren gibt es einen Kreis von Superstars, die den Markt beherrschen - die Rolling Stones, Joe Cocker usw. Es werden immer mehr Platten herausgebracht, wobei etwa 200.000 verkauft werden. Zunehmend mehr

Musikgruppen bringen jedoch Platten heraus, so daß die Auflagenzahlen pro Platte deutlich heruntergehen. Es gibt auch zunehmend mehr Musikrichtungen: Rock, Dancefloor, Hip-Hop, Techno, Grunge, Heavy Metal, alternativer Rock, Reggae, Dancefloor-Jazz, Independence-Jazz, Jungle usw.

In der Popmusik können wöchentlich über 150 Neuerscheinungen registriert werden (Janke u. Niehues 1995, S. 124). Es sind sehr spezialisierte Submärkte, so daß der Überblick selbst für Spezialisten schwer zu behalten ist. Ähnlich ist auch eine Explosion an Musikzeitschriften festzustellen.

Durch die Computertechnologie können nun bereits beliebig Musikstücke eingespielt werden und anschließend bearbeitet werden. Tonhöhe, Geschwindigkeit und Frequenz können über den Computer verändert werden (Sampling-Technik). Die Musik wird so zunehmend zur Klangkulisse, bei der es nicht mehr interessiert, wer sie produziert hat.

## 6.12 Freizeitsettings

Für Jugendliche werden Orte (Settings) außerhalb der Familie immer bedeutsamer. Einige Settings sollen hier dargestellt werden (vgl. Janke u. Niehues 1995).

*Discotheken*

Discotheken sind beliebte Wochenend-Settings für Jugendliche. 1990 gab es etwa 4800 Discotheken in den Bundesländern. Die Tendenz ist allerdings fallend. Durchschnittlich gehen etwa 45% der Schülerinnen und Schüler einmal im Monat in eine Discothek. Ca. 10% sehen in dem Disco-Besuch ihre Lieblingsbeschäftigung. Ein aktueller Trend sind die großen *Discotempel*, bei denen mehrere Discotheken, ein Restaurant, Swimmingpool udgl. und ein Kino verbunden sind. Die Discos haben eine Erlebnisfunktion. Das Personal hat dafür zu sorgen, daß eine Mischung aus attraktiven Gästen und guter Musik zustande kommt. Darüber hinaus müssen originelle, aktuelle Ereignisse angeboten werden wie Wettbewerbe, Männerstrip udgl. Eine Alternative sind die *Club-Discos*. Hier zählt nur das Publikum, es soll nur ein Kreis ausgewählter Leute hineinkommen. Kleidungsmerkmale werden zum Einschluß- oder Ausschlußkriterium. So bekommt der Türsteher der Disco eine Sonderrolle: er kann scheinbar nach seinem Gutdünken Gäste abweisen, was die Abgewiesenen oft sehr herabsetzt, denn es gibt keine Begründung, sodaß der Abgewiesene nicht daran arbeiten kann, um dann doch einmal in den betreffenden Kreis eingelassen zu werden.

Ziel dieser Politik ist die „richtigen" Leute auszuwählen, damit in der Disko alles in sich stimmig ist. Die Disko ist ein Ort, wo die Jugendlichen ganz für sich sein können. Sie fängt erst ab 0 Uhr richtig an, lebendig zu werden. Extremformen sind die Tage dauernden Raveparties.

In letzter Zeit sind Club-Discos überwiegend im Techno-Musik-Bereich engagiert. Die Musikmoden in den Discos sind äußerst unterschiedlich, so daß beispielsweise in ländlichen Gegenden Musik gespielt wird, die in den Großstädten schon länger aus der Mode gekommen ist, aber bereits wieder Mode wird (Revival-Moden).

*Kneipen*

Die Kneipe hat ebenfalls die Funktion eines erweiterten persönlichen Raums, der größer ist, als das Wohnzimmer und demnach eine gewisse Geborgenheit vermitteln soll. Es sollen möglichst viele Leute, die man sehen will, hereinkommen und möglichst wenig Leute drinnen sein, die man nicht sehen will.
Vor allem am Wochenende haben die Kneipen eine wichtige Identifikationsfunktion (nicht nur) für Jugendliche.

*Kino*

Das Kino lebt vom jugendlichen Publikum. 71% der Kinobesucher in Deutschland sind zwischen 14 und 29 Jahre alt (Janke u. Niehues 1995, S. 108).
Sogenannte Mainstream-Filme sowie „Last Action Hero" mit Arnold Schwarzenegger bestimmen das Programmangebot. Kritische Themen sind kaum mehr zu finden. Die Optik muß stimmen. Die Szenen, die Dramaturgie muß mit Gewalt, Verfolgung, Entkommen, Gut und Böse, Sexualität geprägt sein. Neuester Trend sind die *Multiplex-Kinos*. Hier werden mehrere Abspielräume vorgehalten, es gibt kleine Cafes, ein Bistro, eine Kneipe udgl. Die Multiplex-Kinos werden dadurch zu regelrechten „Hang-Out" Plätzen. Der Trend geht zu den computergenerierten Kulissen und den computeranimierten Schauspielern, die in eine virtuelle Welt hineinführen, bei der der Bezug zur Realität zunehmend geringer wird.
Zunehmend wird das Heimkino in Form des Videorekorders attraktiv. Die deutschen Videotheken haben 1993 1,3 Milliarden Mark umgesetzt (Janke u. Niehues 1995, S. 126). Bei einem Verleihpreis von etwa 3,5 Mark werden etwa 370 Millionen Videos einen Tag lang ausgeliehen.

*Computer*

Die Hauptbeschäftigung mit dem Computer besteht in Computerspielen. Seit 1986 gibt es dafür die Homecomputer. Durch die neuen Multimedia-PC's, die etwa 2.000 DM kosten, sind nun noch mehr Möglichkeiten für den Zugang in eine virtuelle Welt gegeben. Es ist ein gewaltiges Geschäft. Der Umsatz für Video- und Computerspiele 1993 in den USA betrug etwa 7 Milliarden US-Dollar. Ein Schüler verfügt durchschnittlich über ca. 50 Computerspiele. Das durchschnittliche Einstiegsalter der Computerkids beträgt derzeit 8 1/2 Jahre (Janke u. Niehues 1995, S. 114-141).

# Fazit

Es wird also deutlich, daß sich die Lebenswelt der Jugendlichen stark gewandelt hat. Man könnte dabei in größte Besorgnis verfallen, oder aber auch an ein „gesundes" Regulationsgeschick der Jugend denken, das sie dazu führt, allzu Schädliches selbst zu vermeiden. Dennoch wird die Erfahrungswelt der Eltern, der Erwachsenen, für Jugendliche ein wichtiges Korrektiv bleiben müssen. Zentrale Aufgabe ist es daher, die Vermittelbarkeit der Lebenswelt von Jugendlichen und Erwachsenen zu sichern. Die Ökologie der Person(en) kann an dieser Stelle vielleicht einen wichtigen analytischen Ansatz bieten.

Für das Risiko der Jugendlichen, Drogen zu konsumieren oder gar davon abhängig zu werden gibt es nun bereits mehrere Hinweise für die Bedeutung der Familie, der Schule und natürlich der Freizeit. Nicht die Beschaffenheit dieser einzelnen Umweltbereiche, sondern ihr Verhältnis zueinander aus der Sicht des Jugendlichen ist wichtig. Die Analyse der Risikokonstellationen für jugendlichen Drogengebrauch berührt dabei besonders stark den Bereich der Freizeitforschung.

Für die differenzierte Analyse ist es sinnvoll, von der Ökologie der Jugendlichen auszugehen, die den Jugendlichen als ein sich in Beziehungsnetzwerken zu verschiedenen Umweltbereichen entwickelndes Wesen begreift. Bei Störungen dieses Netzwerkes besteht eine hohe Anfälligkeit gegenüber Drogen.

Hier ist nun zu betonen, daß das ex-post-Verständnis der Jugendkultur für die Prävention von Suchtproblemen problematisch ist: es muß ausreichend aus diesen Analysen gelernt werden, um der sich ständig neu gestaltenden Risikogruppe der Jugendlichen, angemessen begegnen zu können. Am besten eignen sich Jugendliche selbst als Multiplikatoren der Suchtprävention.

# 7 Die Suchtproblematik

## 7.1 Phänomenologie der Süchte

Der Konsum von psychoaktiven Stoffen, also von Rauschstoffen, ist in allen Kulturen zu allen Zeiten feststellbar gewesen. Ob der intendierte Konsumeffekt Heilung, Genuß oder Rausch war bzw. ist, hängt jeweils vom soziokulturellen Kontext ab. Darüber wird in dem Abschnitt „Soziaökologie" ausführlicher gesprochen. Hier ist festzuhalten, daß der Mißbrauch und die Abhängigkeit von psychoaktiven Stoffen, die unter dem Begriff „Sucht" zusammengefaßt werden, im Blickpunkt des Interesses stehen.

Das medizinisch zentrale Problem des Konsums von Rauschstoffen ist das Suchtproblem, weil es so schwer zu vermeiden und zu behandeln ist. Darüber hinaus ist die süchtige Störung vom Beobachter schwer zu erklären und auch in der Begegnung mit den betroffenen Subjekten schwer zu verstehen.

Für das einfühlende *Verstehen* von süchtigem Erleben und Verhalten eignen sich Beispiele aus dem Alltagsleben, die umgangssprachlich mit dem Wort Sucht bezeichnet werden: Arbeitssucht, Habsucht, Putzsucht, etc. Vermutlich kann jeder Mensch bei sich selbst solche Momente von „Süchtigkeit" entdecken. Phänomenologisch lassen sich einige Gemeinsamkeiten süchtigen Verhaltens finden.

Zunächst fällt das das lustvolle Streben („Suchen") nach den Inhalten des Verhaltens (arbeiten, haben, putzen) auf. Bei stärkerer Bindung an dieses Verhalten läßt sich ein krankhaftes, aber oft unerkanntes *Leiden* („Siechen") an diesem *abnorm ausgeprägten Verhalten* erkennen. Dieser Doppelaspekt läßt sich auch durch ein „Nicht-aufhören-können" vgl. („Kontrollverlust") und ein „Sich-nicht-enthalten-können" vgl. („Abstinenzunfähigkeit") charakterisieren. Es besteht also eine intensive Bindung der Person an dieses Verhalten - es liegt eine Abhängigkeit vor. Diese Abhängigkeit in einem Bereich (Arbeiten-Müssen, Haben-Müssen, Putzen-Müssen) läßt sich abstrakt als ein Bemühen um *Sicherung von Unabhängigkeit* von Beeinträchtigungen verstehen: Das Arbeiten macht frei, Besitz macht glücklich, Sauberkeit entspannt. Der Wert der persönlichen Unabhängigkeit liegt gewissermaßen in der Gewißheit, über Dispositionen zu verfügen (Arbeiten-können, etwas verfügbar-haben, Es-Sauber-haben). Die schöne Seite dieser süchtig angestrebten Unabhängigkeit, nämlich frei für und/oder von etwas zu sein (arbeiten zu können, verfügen zu können, es sauber zu haben), geht aber im Extremfall mit leidvoller Beziehungslosigkeit einher - alles andere wird unbedeutend und tritt in den Hintergrund. Dies macht die Sucht psychopathologisch und sozial so gewichtig.

Phänomenologisch liegt also der Sucht ein Kreisprozeß zwischen Zuständen der Abhängigkeit und der Unabhängigkeit zugrunde. Der Süchtige strebt vom leeren, nichterfüllenden oder einengenden „hier" (oder: „ist") nach einem die Unabhängigkeit oder Geborgenheit vermittelnden, befreienden, reichen, erfüllenden „dort" (oder: „soll"). Die Sucht nach dem „dort" ist auch eine Flucht von dem „hier". Zwischen „hier" und „dort" wird eine Grenze erlebt. Sie zu überwinden trachtet der Süchtige. Besonderes mit Rauschmitteln gelingt der Versuch, sich über die Grenzen hinwegzusetzen. Der Aufenthalt jenseits dieser Grenzen bedeutet einen Exzeß, manchmal sogar eine Ekstase (Dörner und Plog 1984).

In dieser Beschreibung kommt bereits deutlich zum Ausdruck, daß Umweltbezüge (zur Droge, zur Arbeit, zum Haushalt) ganz zentral sind. Diese Umweltbezüge haben ein übergeordnetes Gewicht, sie unterdrücken auch die anderen Umweltbezüge. Damit wird die Grundidee eines *gestörten Umweltbeziehungsgleichgewichts* als ein Basisaspekt der *Ökologie der Sucht* sehr deutlich. Das gestörte Mikrogleichgewicht als Ursache und als Folge des anhaltenden Rauschstoffkonsums ist von dem leicht störbaren Beziehungsgleichgewicht auf der bereits besprochenen makrosozialen Ebene unterlagert: der maximal konsumierende Bürger ist der optimale „homo oeconomicus", er soll möglichst viel abkaufen und konsumieren. Es ist also jemand eigentlich extrem kulturkonform, wenn er maximal Alkohol konsumiert.

## 7.2 Epidemiologie

Die Frage nach der Verbreitung der Süchte wirft zunächst die Frage nach den *klinisch relevanten Süchten* und dann nach dem Schweregrad auf, der das *normale Verhalten vom pathologischen Verhalten* unterscheiden hilft.

Die Antwort auf die erste Frage zentriert sich auf die stoffgebundenen Süchte. Die zweite Frage wird mit dem Kriterium der „Probleme" beantwortet, was im folgenden Kapitel über die Diagnostik genauer geklärt wird. Selbst wenn diese Kriterien von seiten des Untersuchers, der die epidemiologischen Daten ermitteln will, klar sind, dann sind noch die Probleme bei den Probanden der Erhebung zu beachten: es gibt eine Tendenz, den Suchtmittelgebrauch, vor allem bei illegalen Drogen herunterzuspielen. Darauf wird im Abschnitt „Stadtökologie der Drogenkonsums" noch tiefer eingegangen werden.

Unter diesen Bedingungen läßt sich über Stichproben bei Ärzten, in Kliniken, aus Behandlungsfällen über die Kassenstatistiken, über repräsentative Bevölkerungsumfragen u.a. Methoden ein Bild über die Verbreitung und die Verteilung von Suchtproblemen in der Bevölkerung finden. Aus diesen Erhebungen ergeben sich für die Bundesrepublik im mehrjährigen Durchschnitt folgende Daten (vgl. Lelbach 1995, Batra 1996):

- ca. 5 Mio Nikotinabhängige
- ca. 2,5 Mio Alkoholabhängige
- ca. 800.000 Medikamentenabhängige
- ca. 100.000 Abhängige von illegalen Drogen

Bemerkenswert sind auch die entsprechenden Todeszahlen pro Jahr, die für Alkoholabhängige etwa 40.000 betragen, für Drogenabhängige etwa 1600. Das bedeutet, daß etwa 2 % Alkoholabhängige und „nur" etwa 1,6 % Drogenabhängie pro Jahr sterben (Lelbach 1995).

Ein weiteres Maß ist die Menge des konsumierten Stoffes pro Kopf und pro Jahr. Dies wird beispielweise in Liter reinen Alkohol pro Kopf pro Jahr berechnet (vgl. Tab. 5). Deutschland liegt seit Jahren in diesem Bereich mit etwa 12,5 Liter pro Kopf an der Spitze der Welt. Frankreich hat in einem beispielhaften Lernprozeß von einem Konsumniveau von 20 Litern pro Kopf im Jahre 1955 auf 12,5 Liter pro Kopf im Jahre 1990 eine Konsumreduktion um 7,5 Liter, das sind 37,5 %, vollzogen. Im Kreise der WHO wird für Europa eine deutliche Konsumreduktion des Alkohols gefordert, beispielsweise mit einer „Reduktionsgeschwindigkeit" von etwa 25 % der gegenwärtigen Menge innerhalb von 20 Jahren (vgl. WHO 1995).

Tab. 5: Alkoholkonsum pro Kopf pro Jahr (nach Lelbach 1995, gerundete Durchschnittszahlen von 1988-1990)

| LAND | Liter Alkohol/Kopf |
|---|---|
| Deutschland | 12,5 |
| Frankreich | 12,5 |
| Spanien | 12 |
| Schweiz | 11 |
| Österreich | 10 |
| Portugal | 10 |
| Dänemark | 10 |
| Italien | 9 |
| Holland | 8 |
| Australien | 8 |
| USA | 7,5 |
| Kanada | 7,5 |
| England | 7 |
| Japan | 6,5 |
| Schweden | 5,5 |
| Indien | 5,5 |

Anm: Die Menge des Alkoholkonsums ist mit den alkoholbezogenen Sterbeziffern relativ eng korreliert (Lelbach 1995).

## 7.3 Definition und Diagnostik der Sucht

Wanke (1985, S. 20) legte folgende Definition süchtigen Verhaltens vor:
"Sucht ist ein unabweisbares Verlangen nach einem bestimmten Erlebniszustand. Diesem Verlangen werden die Kräfte des Verstandes untergeordnet. Es beeinträchtigt die freie Entfaltung der Persönlichkeit und zerstört die sozialen Bedingungen und die sozialen Chancen eines Individuums."

Bereits in dieser Definition geht der Umweltbeziehungsaspekt ein - bei der Drogensucht ist die Droge bereits ein Umweltelement der Person, zu dem ein dominanter und exzessiver Bezug besteht. Auch das Kriterium der reduzierten sozialen Bindungen und Chancen relativiert die Definition auf das soziale Umfeld.
Allerdings wurde der Ausdruck „Sucht" von der World Health Organization (WHO) 1963 durch „Mißbrauch" bzw. „Abhängigkeit von Substanzen" ersetzt, um die klinisch-medizinischen bedeutsamen Süchte präziser zu beschreiben. Die gegenwärtig genauesten Definitionen dieser Begriffe sind im Diagnostisch-Statistischen Manual (DSM-III-R) der Amerikanischen Psychiatrischen Gesellschaft zu finden (Koehler u. Sass 1984). Sie dienen als Diagnosekriterien bei der Exploration des Suchtkranken.

A. *Substanzmißbrauch*

Folgende Kriterien müssen für eine Diagnosestellung gegeben sein:
1. *Pathologischer Gebrauch.* Er wird diagnostiziert bei Merkmalen wie:
- *Intoxikationen tagsüber*,
- der *Unfähigkeit, die Substanzeinnahme zu reduzieren oder abzusetzen* (mit wiederholten Versuchen, durch vorübergehende Abstinenz oder Beschränkung der Einnahme auf bestimmte Tageszeiten, um den Gebrauch zu beherrschen),
- *Fortsetzung des Substanzgebrauchs trotz einer schweren* körperlichen *Störung* von der der Betroffene weiß, daß sie durch die Substanz verschlimmert wird,
- *Bedürfnis nach täglicher Einnahme*, um ausreichend leistungsfähig zu bleiben und
- *Episoden der Komplikation* durch die Intoxikation (z.B. Gedächtnisstörungen).

Die Merkmale pathologischen Gebrauchs stehen dem klassischen Begriff „Kontrollverlust" nahe, der besagt, daß nach dem Beginn des Konsums nicht aufgehört werden kann. Dieses Phänomen konnte allerdings in empirischen Untersuchungen bei Alkoholikern nicht durchgängig gesichert werden. Auch die klassische Abstinenzunfähigkeit wird nach diesen neuen Diagnosekriterien nicht als psychische Abhängigkeit angesehen, sondern gilt nur als Zeichen des Mißbrauchs.

2. *Einschränkungen der sozialen und beruflichen Leistungsfähigkeit.* Der pathologische Substanzgebrauch verursacht beispielsweise das Versagen des Betroffenen bei wesentlichen sozialen Verpflichtungen, das Auftreten von unausgeglichenem und impulsivem Verhalten sowie den unangemessenen Ausdruck aggressiver Gefühle. Auch rechtliche Schwierigkeiten durch Komplikationen der Intoxikation (z.B. Auto-

unfall) können je nach Substanz diagnostisch wichtig sein.

Die Dauer der Störung soll über mindestens einen Monat nachgewiesen sein, auch wiederholter Substanzkonsum von größeren Mengen innerhalb eines Monats, der zu Zerwürfnissen in der Familie führt, erfüllt dieses Kriterium.

*B. Substanzabhängigkeit*

Substanzabhängigkeit liegt bei *Toleranzentwicklung* vor, d.h. wenn wesentlich größere Mengen der Substanz erforderlich sind, um den gewünschten Effekt zu erzielen. Die Folge ist, daß der Betroffene mehr verträgt. Beim Absetzen der Substanzzufuhr treten *Entzugserscheinungen* auf.

Nach diesen beiden Kriterien werden mehrere Substanzklassen unterschieden: Kokain, Phencyclidin und Halluzinogene gelten als Mißbrauchsstoffe; Alkohol, Sedativa bzw. Hypnotika (Barbiturate, Opiate), Amphetamine und Cannabis sind Stoffe, die sowohl Mißbrauch als auch Abhängigkeit erzeugen können Diese Stoffe können durch Serum- und Urinanalysen nachgewiesen werden. Fast alle stoffgebundenen Süchte zeigen Merkmale, wie sie beim Alkoholismus zu beobachten sind. Daher soll der Alkoholismus vor allem wegen seiner Verbreitung detaillierter besprochen werden.

Medizinisch sind vor allem die stoffgebundenen Süchte bedeutsam. Seit einigen Jahren wird allerdings auch diskutiert, ob z.B. das Spielen mit Glücksspielautomaten klinisch bedeutsame behandlungsbedürftige Suchtformen annehmen kann (Kisker et al. 1987).

## 7.4 Alkoholismus: Mißbrauch und Abhängigkeit

Nach dem DSM-III-R wird die Diagnose *Alkoholmißbrauch* bei folgenden Merkmalen gestellt: bei tagsüber oder mindestens zwei Tage anhaltender Intoxikation, beim gelegentlichen Trinken von 200 ml reinen Alkohol (ca. 10 Halbe Bier), bei Amnesie („Black-outs", „Filmrisse"), und beim Trinken von zum Genuß ungeeigneten Alkohols (Franzbranntwein).

*Alkoholabhängigkeit* liegt vor bei morgendlichem Zittern und Unwohlsein, das durch Alkohol behoben werden kann (Entzugssymptome) und bei Toleranzzeichen. Zusätzlich müssen Zeichen des pathologischen Alkoholkonsums oder das Nachlassen der sozialen oder beruflichen Leistungen durch Alkoholgenuß erkennbar sein

Nach dem DSM-III-R wird zwischen regelmäßigem täglichen Trinken großer Mengen, dem regelmäßigen schweren Trinken (z.B. Wochenende) und dem episodischen schweren Trinken (etwa Quartaltrinken bzw. Epsilontrinker nach Jellinek) unterschieden.

Die DSM-III-R-Kriterien benötigen noch einige Präzisierungen. Beispielsweise ist tägliches Alkoholtrinken um zu Funktionieren nicht für alle Formen des Alkoholismus typisch - einige Alkoholiker trinken soviel, daß sie nicht funktionieren. Bei einem beträchtlichen Teil von Alkoholikern läßt sich auch kein Black-out nachweisen. Andererseits könnte schon eine Person, die nach einer Feier nicht mehr weiß, wie sie nach Hause kam (Black-out) die Diagnose Alkoholmißbrauch bekommen.

Anzumerken bleibt auch, daß Männer, die bereits ca. 60 ml Alkohol täglich konsumieren, deutlich häufiger an Leberzirrhose erkranken als Abstinente.

Neben diesen Verhaltensmerkmalen steht für die Diagnose Alkoholismus bei kooperativen Alkoholikern noch der Münchener Alkoholismustest (MALT) zur Verfügung, der in 13 Fragen den Grad der Abhängigkeit zu erfassen sucht (Feuerlein et al. 1979). Auch laborchemische Parameter (z.B. Transaminasen, Kalium, Magnesium) und typische Zeichen der körperlichen Alkoholfolgekrankheiten können wichtige diagnostische Hinweise liefern.

Deutlich wird bei diesen Definitionen, daß die sozialen Funktionen der Person wichtig für die Diagnosestellung sind.

### *Klassische Charakterisierung des Alkoholismus nach Jellinek*

Jellinek (1960), ein Pionier der Alkoholismusforschung publizierte 1950 - 1960 in den USA Analysen von etwa 2000 Erfahrungsberichten abstinenzmotivierter Alkoholiker der Selbsthilfegruppe „Anonyme Alkoholiker". Auf dieser Basis anerkannten auch die deutschen Versicherungsträger 1969 den Alkoholismus als Krankheit.
Jellinek unterscheidet folgende Typen:

- *Konflikttrinker* (Alphatyp),
- *Gelegenheitstrinker* (Betatyp),
- *süchtiger Trinker* (Gammatyp),
- *Gewohnheitstrinker* (Deltatyp) und
- *Quartaltrinker* (Epsilontyp).

Zu den verschiedenen Trinkmustern führen unterschiedliche *innere und äußere Bedingungen*. Beim *Gewohnheitstrinker* spielt beispielsweise die leichte Verfügbarkeit des Alkohols und die Aufforderung zum Trinken durch Arbeitskollegen oder Freunde die Hauptrolle bei der Suchtentwicklung. Regelmäßig trinkt dieser meist sozial gut integrierte *Delta-Trinker* große Mengen über den Tag verteilt. Konsumzeit und -menge kann er kontrollieren. Er lebt lange Zeit unauffällig. Nach Vaillant (1983) finden sich solche „permissiven" soziokulturellen Bedingungen beispielsweise bei „Alkoholberufen" (Gastwirt, Kellner, Koch, Bierfahrer) oder bei kulturellen Gruppen, die exzessiven Alkoholkonsum akzeptieren.

Die *psychischen und physischen Schäden* beim Gewohnheitstrinker entstehen schleichend. Erst bei einem (z.B. alkohohlbedingten) Unfall tritt ein anschließendes Entzugssyndrom auf, das sich manchmal bis zu einem schweren Delirium tremens entwickeln kann.

Beim süchtigen Trinker findet sich häufig die folgende hypothetische, aber empirisch nur unzureichend bestätigte Rekonstruktion der Entwicklung:

*1. Die voralkoholische Phase*

Nach einem Stadium gelegentlicher positiver Trinkerfahrung (Erleichterung, Entspannung) wie es ein Großteil der erwachsenen Bevölkerung kennt, tritt regelmäßiges Trinken auf. Bald steigt die konsumierte Menge an, der Trinkende verträgt mehr, er entwickelt eine Alkoholtoleranz: „Je mehr ich trank, desto mehr mußte ich trinken, um eine Wirkung zu erzielen" schrieb Jack London in seinem beeindruckenden Buch „König Alkohol" (o. J., S. 136).

Unmerklich nehmen im weiteren Verlauf die negativen Konsequenzen des Trinkens zu, wie Unpünktlichkeit, Unpäßlichkeit, leichte Katerzustände usw.; subjektiv wird der Alkohol immer bedeutsamer.

*2. Die Anfangsphase*

Kennzeichen dieser Phase sind nach Jellinek Gedächtnislücken (Filmrisse, Black-outs), die auch ohne äußere Anzeichen von Trunkenheit auftreten können. Der Trinker kann scheinbar eine sinnvolle Unterhaltung führen, wenn er jedoch später daraufhin angesprochen wird, kann er sich nicht mehr daran erinnern; durch Ablenkung vom Thema versucht er sein Vergessen geschickt zu verbergen. Die Ahnung des Trinkers, anders als andere Menschen zu trinken, führt zur Verheimlichung des Trinkens und zum heimlichen Trinken. Gieriges Trinken tritt nun auf, immer häufiger wird an Alkohol gedacht.

Schuldgefühle und Schamgefühle wegen des Trinkens treten auf und beeinträchtigen das Befinden. Weiteres Erleichterungstrinken wird daher gebahnt.
So wird das Trinken zu einer Art Reflex im Umgang mit Belastungen. Bald ist die nächste Stufe der Abhängigkeit erreicht.

*3. Die kritische Phase*

Diese Phase ist von der zunehmenden Unfähigkeit, mit dem Trinken wie andere aufzuhören, gekennzeichnet (Kontrollverlust). Nach dem ersten Glas entsteht ein unwiderstehliches Verlangen nach mehr Alkohol. Durch diese Trinkauffälligkeit wird oft eine Erklärung des Trinkverhaltens nötig. Schuldzuweisungen gegenüber der Umwelt als Trinkursache werden häufig. Innere Zerknirschung mit dauernden Schuld- und Schamgefühlen eröffnen einen Teufelskreis, der von Saint Exupery (1956) in „Der kleine Prinz" treffend beschrieben wurde: Auf die Frage des Prinzen warum er soviel trinke antwortet ein Trinker: „Ich trinke, um zu vergessen". Die anschließende Frage danach, was er vergessen wolle, beantwortet der Trinker damit, daß er sich schäme, weil er trinke. Wenn man nun wieder fragt, warum er trinkt, bekommt man wieder die Antwort, daß das Trinkziel das Vergessen sei usw.

Bisweilen gelingt dem Alkoholabhängigen in frühen Stadien seiner Sucht periodenweise eine völlige Abstinenz, die von ihm selbst angestrebt sein kann oder die seine soziale Umwelt von ihm fordert. Schlagen die Abstinenzabsichten fehl und kritisieren andere sein Trinken, dann zieht sich der Alkoholiker zurück. Er begibt sich auf gedankliche und geographische Flucht. Zunehmend verliert er andere Interessen; Hauptthema ist der Alkohol. Die Fähigkeit des Trinkers, mit Problemen umzugehen, sinkt deutlich, wohl auch, weil er immer ungeübter in der Problembewältigung wird. Das Nüchternerleben wird somit zusehends unangenehmer. Die Sicherung von Alkoholvorräten wird daher immer wichtiger. Willensvorgänge werden in allen Lebensbereichen eingeschränkt. Die Ernährung wird vernachlässigt. Krankenhausaufenthalte wegen alkoholbedingter Beschwerden werden nötig.

*4. Die chronische Phase*

Typisch für dieses Stadium ist regelmäßiges Trinken, das nötig ist, um Entzugserscheinungen, wie Unruhe, Schwitzen und Zittern beseitigen zu können. Auch generalisierte epileptische Anfälle können auftreten. Die Beeinträchtigung des Denkens wird deutlich. Das Erklärungssystem für das Trinken bricht zusammen. Ängste, Depressionen, Halluzinationen und sogar wahnhafte Zustände mit manchmal religiösen Inhalten treten auf, beschrieben z. B. in Joseph Roths Buch „Die Legende vom Heiligen Trinker" (1983). Trotz dieser Störungen trinkt der Alkoholiker wie ein Besessener weiter. Haarwasser, Franzbranntwein und andere alkoholähnliche Substanzen werden manchmal als Ersatzstoffe getrunken. Im Sozialverhalten zeigt sich ein starker ethischer Abbau. Er trinkt auch mit Personen unter seiner sozialen Position. Er wird zunehmend skrupelloser, kann auch Diebstähle, Einbrüche und sogar Überfälle begehen, um an seinen Stoff zu kommen. In der Öffentlichkeit gelten erst Menschen in dieser Phase als Alkoholiker („Pennbrüder"), obwohl dies eine Form des Endstadiums der Alkoholsucht ist.

## 7.5 Ursachen der Sucht

**Biologische Faktoren**

Die Suchtentwicklung beruht auf dem Wechselspiel zwischen Anlage und Umwelt. Die subjektiven, meist äußeren Ursachen des exzessiven Drogenkonsums, die die Betroffenen (und auch das soziale Umfeld) angeben, sind zwar plausibel, sie treffen jedoch meist nicht zu - sie sind oft bereits negative Folgen des Drogenkonsums.

So zeigen kontrollierte Verlaufsstudien (Tabelle 6) bei Söhnen von Alkoholikern, die kurz nach der Geburt adoptiert worden waren und keinen Kontakt mehr zu ihren biologischen Eltern hatten (Adoptionsstudien), daß sie gegenüber adoptierten Kindern nicht alkoholabhängiger Eltern ein ca. 4-fach erhöhtes Krankheitsrisiko für Alkoholismus haben. Umgekehrt erkrankten Söhne von Alkoholikern, die zu Hause aufwuchsen, nicht häufiger an Alkoholismus als ihre adoptierten Brüder, und Studien an eineiigen Zwillingen zeigen, daß die Konkordanzraten für Alkoholismus ca. 60% betragen (Zerbin-Rüdin 1985).

Tabelle 6. Häufigkeitsverteilung des Alkoholismus bei Adoptionsstudien

| Biolog. Eltern als Alkoholiker | Bedingungen des Aufwachsens: | |
|---|---|---|
| | zu Hause | adopiert |
| ja | ca. 20%o | ca. 20%o |
| nein | ca. 5%o | ca. 5%o |

Wenn auch die einzelnen Adoptions- und Zwillingsstudien methodenbedingt große Differenzen in den Ergebnissen wegen unterschiedlicher Stichproben und Diagnosekriterien aufweisen, scheint Alkoholismus genetisch mitverursacht zu sein. Plausible streßvolle Lebensereignisse scheinen nicht spezifisch zum Alkoholismus zu führen. So hat Vaillant (1983) in seiner Langzeitverlaufsstudie bei mehreren hundert Personen gefunden, daß die Mehrzahl der Alkoholiker aus stabilen Familien kommt. Nur ca. 12% der Abhängigen hatten bereits in der Schule Probleme, allerdings wurden ca. 50% davon alkoholabhängig. Verhältnismäßig gewichtiger war der Faktor Alkoholismus der Eltern (bei Erwachsenen), in der Verwandtschaft und die Zugehörigkeit zu einer alkoholpermissiven Kultur (z.B. Iren). Diese Ergebnisse stehen im Widerspruch zu methodisch weniger aussagekräftigen retrospektiven Studien, die häufiger Störungen der Herkunftsfamilien der Alkoholiker als der Nichtalkoholiker fanden: (Broken-home-Situation). Diese Situation, z. B. bedingt durch Trennung der Eltern oder Tod eines Elternteils ist vermutlich oft nicht die Ursache, sondern die Folge eines nicht erfaßten Alkoholismus eines Elternteils. Obwohl zunehmend empirische Befunde zur hereditären Komponente des Alkoholismus vorliegen, belegen Langzeitstudien dennoch, daß Umweltbedingungen einen wichtigen Verursachungsanteil ausmachen. Das gilt vor allem für Studien, die „Umwelt" nicht nur nach statischen Sozialkategorien wie Einkommensstand und Bildungsstand bestimmen, sondern auch Lebensbereiche wie Arbeit, Familie, Freizeit mit ihren kulturellen, sozialen, personalen, technischen, natürlichen Komponenten einbeziehen (vgl. Tretter 1987).

Jüngere physiologische Studien haben faszinierende Erkenntnisse über biologische Korrelate und mögliche Kausalfaktoren der Suchtentwicklung gebracht (Keup 1985). So konnte tierexperimentell ein „Appetit auf Alkohol" bei Mäusestämmen gezüchtet werden. Die Tiere zeigten eine erhöhte Aktivität der Alkoholdehydrogenase (ADH), ein Enzym, das den Alkohol zum Azetaldehyd abbaut. Auch die den Azetaldehyd zu Azetat abbauende Aldehyddehydrogenase (ALDH) ist bei diesen Tieren aktiver. Besonders interessant ist, daß das Azetaldehyd mit biogenen Aminen (z.B. Dopamin) zu sogenannten Tetrahydroisochinolinen kondensiert werden kann, die chemisch mit den vom schmerzverarbeitenden Endorphinsystem produzierten endogenen Opiaten eng verwandt sind. Man fand, daß Tetrahydropapaverolin, ein Tetrahydroisochinolin, wenn es Versuchstieren ins Gehirn injiziert wird, zu einer hochgradigen und nachhaltigen Alkoholpräferenz führt. Allerdings ist derzeit anzunehmen, daß der Alkoholmetabolismus nur in indirekter Form die Aktivität des Endorphinsystems beeinflußt, denn direkte Effekte, wie die Kreuztoleranz zwischen Alkohol und Opiaten, sind klinisch nicht feststellbar (Herz 1985). In Hinblick auf psychotrope Effekte des Alkohols haben Tierexperimente gezeigt, daß eine akute Alkoholzufuhr zu einer Minderung und eine chronisch hohe Zufuhr zu einer Steigerung im Stoffwechsel des noradrenergen Systems (NA) führt. Akute hohe Alkoholdosen aktivieren das Dopaminsystem (DA), chronische Alkoholzufuhr mindert die DA-Systemaktivität. Beide Systeme sind für die Aktivierung des Organismus wichtig. Es wurden auch Wechselwirkungen mit dem serotoninergen System über 5-Hydroxytryptamin (5-HT), das für die Schlaf-Wach-Regulation bei Depressionen verantwortlich ist, und mit dem Endorphinsystem (E), das für die Schmerzdämpfung zuständig ist, gefunden. Ebenso bestehen Wechselwirkungen mit dem acetylcholinergen System (ACh). Hier wird gelerntes Verhalten unterdrückt, wenn die Belohnung ausbleibt. Auf das neuronal hemmend wirkende Gamma-Aminobuttersäure-System (GABA) sind verstärkende Einflüsse des Alkohols beobachtet worden. Dieses System wird auch durch die suchtpotenten Benzodiazepine in seiner Hemmwirkung verstärkt.

Die Wechselbeziehungen zwischen den Systemen erschweren letztlich die Abschätzung der Alkoholwirkung. Die einzelnen neuropharmakologischen Forschungsergebnisse sind noch speziesabhängig, widersprüchlich und auch noch zu undifferenziert, da die genannten Systeme wieder aus durch unterschiedliche Rezeptortypen definierte Subsysteme bestehen (DA: D1-, D2-Rezeptoren, NA: alpha-1-, alpha-2-Rezeptoren usw.) Außerdem sind auch neuroanatomische und neurophysiologische Besonderheiten zu bedenken, da in unterschiedlichen Gehirnregionen, die wiederum unterschiedliche Verhaltensprogramme steuern, die pharmakologische Zusammensetzung der Zellverbände variiert. Einige neuroanatomisch besonders relevante Makrostrukturen sind die Formatio reticularis (für das ACh), der Nucleus Raphe (5 HT) und der Locus coeruleus (NA) im Hirnstamm, des weiteren die Substantia nigra (DA, GABA), der Hypothalamus (E, DA), der Thalamus, das Striatum (E, DA, GABA), das limbische System (GABA) und der Cortex (GABA). Dazu einige Beobachtungen: Monoaminooxydase, ein NA abbauendes Enzym, wurde bei Alkoholikern postmortal im Cortex und im Hypothalamus erhöht gefunden. Im Hypothalamus führte elektrische Reizung bei mehreren Versuchstierarten zur Konsumsteigerung und sogar zur Präferenz von Alkohol. Auch wurde in Lernexperimenten entdeckt, daß eine durch Hebeldruck vom Versuchstier auslösbare Reizung des medialen Vorderhirnbündels im Bereich des Hypothalamus zu suchtartigem Hebeldruckverhalten führt. Obwohl der Fortschritt der neurobiologischen Forschung weitere physiologische

Mechanismen der Suchtentwicklung aufdecken kann, ist nicht sicher, ob damit die Hauptursachen der Sucht lokalisiert sind. Es kann sich bei diesen Befunden wiederum nur um Korrelate der Suchtentwicklung handeln. Die Interaktionen der einzelnen neuropharmakologischen Systeme sind kaum übersehbar, so daß sich ein geschlossenes Bild von der Psychobiologie der Sucht schwer zeichnen läßt. Zudem kann der Nachweis einer genetischen Basis süchtigen Verhaltens im Umgang mit dem Suchtkranken auch dann nicht weiterhelfen, wenn beispielsweise Enzyme für kontrolliertes Trinken verabreicht werden könnten; psychosoziale Aspekte bleiben noch auf absehbare Zeit ein wichtiger Bereich der Arbeit mit Suchtkranken. Die Biologie der Sucht wird im Abschnitt „Neurokybernetik der Sucht" vertieft.

**Psychologische Mechanismen der Suchtentwicklung**

Die psychologischen Mechanismen der Sucht wurden im Abschnitt „Ökologie der Therapie" genauer und im Rahmen eines integrativen Modells dargestellt.

*Persönlichkeitspsychologie*

Manche Anonymen Alkoholiker beschreiben sich selbst als gequält von Isolationsgefühlen, Einsamkeit, Zurückweisung und Ablehnung. Diesem Gefühl, nicht geliebt zu werden, steht Selbstmitleid bei Zuwendung, Ablehnung der Hilfe anderer, Launenhaftigkeit und leichtes Beleidigtsein entgegen. Auch eine ausgeprägte Selbstüberschätzung und die Neigung zum Übertreiben schreiben sie sich zu (Neuendorf und Schiel 1982). In den klassischen psychiatrischen Lehrbuchbeschreibungen werden Alkoholiker als willens- und charakterschwache Personen beschrieben, die hyperthym, dysthym, ängstlich, hysterisch, erregbar, willensschwach, weichlich oder haltlos seien. In testpsychologischen Untersuchungen zeigten sich bei Alkoholikern tatsächlich erhöhte Werte auf der Psychopathieskala und auf der Depressionsskala im Minnesota Multiphasic Personality Inventory (MMPI). Im Freiburger Persönlichkeits-Inventar (FPI) sind Alkoholiker erregbar, gehemmt und kontaktscheu (Küfner 1981). Anhand projektiver Tests fand Battegay (1978), daß Alkoholiker eine unreflektierte, passive Affektlabilität, Aversionen gegen emotional ansprechende Situationen und eine zentrale orale Fixierung aufweisen. Kennzeichnend sei auch das Schwanken zwischen ungesteuerter Befriedigung der durchbrechenden Es-Impulse und einseitiger Erfüllung einschränkender Über-Ich-Forderungen.

Obwohl Suchtkranke von Normalprofilen abweichende Persönlichkeitsmerkmale haben, sind diese jedoch nicht einheitlich, vermutlich gibt es mehrere Untergruppen von Persönlichkeitsvarianten (Grünberger 1977). Ungeklärt bleibt dabei, ob diese Eigenschaften prämorbid vor der Entwicklung der Suchtkrankheit bestehen, oder ob die krankheitsbedingten psychischen Veränderungen Folgeerscheinungen sind. Außer, daß „hyperaktive" Jugendliche eher alkoholgefährdet zu sein scheinen (Vaillant 1983), gibt es keine sicheren Belege für prämorbide Persönlichkeitsmerkmale. Testpsychologische Untersuchungen beschreiben also vermutlich nur individuelle Folgen des Alkoholkonsums. Allerdings haben Cloninger und Mitarbeiter (Cloninger et al. 1988) bei Kindern Merkmale wie Neugierde, übermäßige Neigung Risiken zu vermeiden und übermäßige Belohnungsabhängigkeit als voneinander unabhängige Risikofaktoren bei der Entwicklung zum Alkoholismus feststellen können.

*Psychoanalytische Modellvorstellungen*

Aus der Sicht der Psychoanalyse spielt sich seelisches Geschehen im Kräftefeld zwischen den psychischen Instanzen Es, Ich und Über-Ich ab. Das *Ich* als zentraler Organisator der Erfahrungen und Erlebnisse muß ein Gleichgewicht herstellen zwischen der *äußeren Realität*, dem *Es* als weitgehend unbewußtem Bereich der Triebe bzw. Gefühle und dem *Über-Ich,* das durch soziokulturell vermittelte Sollwerte eine Gewissensfunktion ausübt. Die Erfahrungen mit sich selbst sind als *Selbstrepräsentanzen,* die Erfahrungen mit der Umwelt als *Objektrepräsentanzen* gespeichert. Für die psychische Stabilität ist sowohl die Qualität der Selbstrepräsentanz (Selbstbild) als auch die Qualität der Objektrepräsentanz (Bilder von der Umwelt), vor allem im Sinne der Objektbeziehungen (z.B. Beziehung zur Mutter) mit ihren libidinösen und aggressiven Anteilen, bedeutsam.

Bei Suchtkranken soll aufgrund frühkindlicher Störungen der Mutter-Kind-Interaktion eine *Spaltung* der Objekte und des Selbst in gute und böse Anteile einerseits und eine *Verschmelzung* von Objekt (Umwelt) und Selbst (mangelnde Autonomie, persistierende Abhängigkeit) vorliegen. Auch *Phantasie-Wirklichkeits-Beziehungen* können entwicklungsbedingt gestört sein (Anspruchsdenken, überhöhte Erwartungen).

Aufgrund dieser Konfiguration des Selbstbildes und des Umweltbildes sind Selbstwertregulationskrisen (narzißtische Krisen) häufig. Diese drücken sich in Beziehungsstörungen aus, mit der exzessiven Suche nach Anerkennung oder einer Abgrenzung gegenüber der Umwelt („Abhängigkeits-Autonomie-Konflikt", Heigl-Evers 1985).

Durch diese strukturellen Defizite der Objekt- und Selbstrepräsentanzen ist das Ich bei der Regulation der aktuellen psychischen Prozesse oft überfordert („Ich-Schwäche"). Abwehrmechanismen wie Projektion, Externalisierung, Verleugnung oder Rationalisierung werden zwar eingesetzt, reichen aber oft zur Belastungsreduktion nicht aus. So entsteht eine Reizüberflutung mit nichtidentifizierbaren und schwer steuerbaren Unlustgefühlen - man spricht von *Affektintoleranz*. Der Zusammenbruch der Regulierungssysteme erzeugt Angst, die das gesamte Erleben ungerichtet durchdringt. Hinzu kommen Gefühle des Gescheitert-, Mißachtet-, Verlassenseins und Verzweiflung, Ohnmacht, oder diffuse infantile Wut. Reale Belastungen führen daher auch oft zu unverständlich intensiven Enttäuschungsreaktionen, die als zu Frustrationsintoleranz bezeichnet wird (Rost 1986).

Durch Zufuhr von Rauschmitteln gelingt es, in dieser gestörten Informationsverarbeitung die positiven Anteile des Selbst anzuregen. Solche im Rauscherleben erfolgenden Verklärungen des Selbst und der Umwelt verschärfen aber die realen Beziehungsstörungen mit der Umwelt im nüchternen Erleben.

Die unangenehmen Nüchternerfahrungen fördern wiederum Bedürfnisse nach Verschmelzung und Harmonie, die im Rausch fiktiv möglich sind. Ein destruktives Über-Ich führt jedoch bald zu unerträglichen Schamgefühlen, die zur Verleugnung des Rauschmittelkonsums führen. Gerade der Alkohol wiederum führt aber zur Auflösung und Inaktivierung des Über-Ichs, das Ich kann somit den Impulsen des Es nachgeben. Dem Bedürfnis nach Berauschung wird daher stattgegeben und der Kreislauf ist geschlossen (Lürssen 1976).

In der Therapie ist die Psychoanalyse für das Verständnis von grundlegenden Beziehungsproblemen hilfreich. Das gilt besonders für die Gruppentherapie, die mehr als die Einzelanalyse geeignet ist, Abwehrstrategien zu erkennen und therapeutisch anzusprechen (Burian 1984).

*Verhaltensanalytische Modellvorstellungen*

Die Anwendung des Grundmodells der modernen Verhaltensanalyse in Anlehnung an Kanfer und Saslow (1965) zeichnet die Suchtentwicklung als Gefüge von situativen Bedingungen (S), organismischen Zuständen (O), Reaktionen (R), Kontingenzen (C) und Konsequenzen (K; englisch: C). Diese Konsequenzen können kurzfristig (kK) bzw. langfristig (lK) und als innere (Ki) bzw. äußere Konsequenzen (Ke) auftreten, sie können des weiteren positiv oder negativ wirken. Sind die (kurzfristigen) positiven oder negativen Konsequenzen kontingent (C) mit der Reaktion, dann tritt eine Verstärkung oder eine Bestrafung des Verhaltens auf, wodurch die Auftrittswahrscheinlichkeit des Verhaltens erhöht oder gemindert wird (vgl. Abb. 21).

Mit diesem S-O-R-(C)K-Modell (Lernen am Erfolg) läßt sich die Suchtentwicklung lernpsychologisch verstehen (Schneider 1983, 1985). So kann beim zufälligen Trinken von Alkohol bei fröhlichen sozialen Anlässen (Feste, Feiern) der ursprünglich neutrale Alkohol durch seine direkte Wirkung angenehm erlebt werden. Diese kurzfristigen, positiven, inneren Konsequenzen sind positive Verstärker des Trinkens. Die Zuwendung durch die soziale Umwelt (Zuprosten, Trinksprüche) ist dabei eine weitere kurzfristige, positive, äußere Konsequenz, die das Trinken verstärkt. Einen resultierenden Rausch erlebt der Konsument unter Umständen als befreiend, spürt ein Wegfallen von Hemmungen (negative Verstärkung) und eine Steigerung des Freiheitserlebens (Luststeigerung; Antons und Schulz 1976). In manchen „Räuschen" kann sich der Trinkende als „großartig" erleben, was die Trinkbereitschaft erhöht. Auch allein der Umstand, daß in sozial angenehmen Situationen Alkohol getrunken wird, kann nach Prinzipien des klassischen Konditionierens dazu führen, daß nach einiger Zeit das Trinken alleine angenehm erlebt wird (Bei Heroinabhängigen führt das Sehen von einer Injektionsnadel bereits zu einem rauschähnlichen Zustand und zum Drogenverlangen).

Erbrechen oder Gangstörungen im Verlauf des Trinkexzesses, Streit oder Unfälle unmittelbar danach oder der Kater am Morgen sind kurzfristige, negative, innere bzw. äußere Konsequenzen, die bei manchen Menschen zur Abstinenzabsicht oder Mäßigungsabsicht führen („Nie wieder so viel..."). Sie wirken dem Bedürfnis, wieder Alkohol zu konsumieren, entgegen.

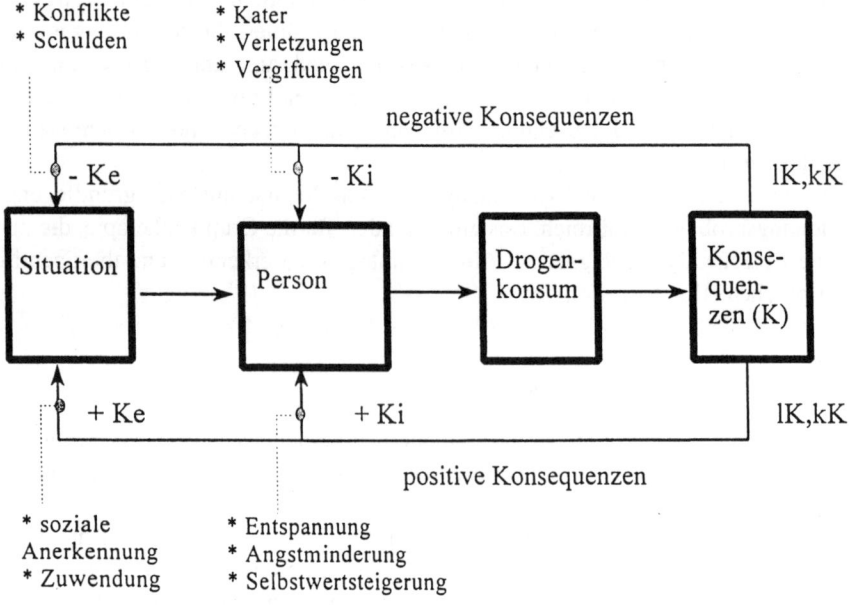

Abb. 21: Das lerntheoretische Modell der Suchtentwicklung.
Situation, Person und ihr Verhalten (Drogenkonsum) und die zeitlich zusammenfallenden (kontingenten) Konsequenzen (positiv, negativ) bestimmen die Wahrscheinlichkeit des Wiederauftretens des Drogenkonsums (vgl. Text).

Die weitere Entwicklung des Trinkens wird von solchen Plus-Minus-Bilanzen (Lust/Schmerz) gesteuert. Erst wenn der „hedonistische Nettogewinn" nach Solomon (vgl. Revenstorf und Metsch 1986) negativ wird, wenn also die Schäden überwiegen, dann ist eine Umkehr möglich.

In belastenden Situationen hat Alkohol zunächst eine angenehme, entlastende Wirkung: Aversive Zustände wie Angst fallen weg (negative Verstärkung) und die Situation wird angenehm erlebt. Dieser Aspekt wird in der Spannungsreduktionstheorie als Lösungsversuch von Appetenz-Aversions-Konflikten betont (vgl. Theorieübersicht in Feuerlein 1989). Die Vermeidung des Konflikts (Aversion) geht mit Angst einher. Alkohol reduziert zeitweise direkt den Angstzustand, der Konflikt und damit die unangenehme Situation wird dadurch gemindert (Appetenz). Diese angenehmen Entspannungserfahrungen beim gelegentlichen Trinken führen durch intermittierende Verstärkung über das regelmäßige Entspannungstrinken zum reflexhaften Entspannungstrinken. Alkoholtrinken ist durch die häufige Verknüpfung mit angenehmen Erlebnissen nun selbst zu einem sekundären Verstärker geworden.

Manches im Rauschzustand realisierte erfolgreiche Verhalten (z. B. Witze erzählen) kann auch nur unter diesen Bedingungen gezeigt werden. Auch dies ist ein Umstand, der zum Wiederauftreten des Rauschstoffkonsums führt.

Die Verfestigung des rauschbezogenen Sozialverhaltens und Problemlösens führt auch mangels Übung zu einer Schwächung der entsprechenden Kompetenz im Nüchternzustand. Der Nüchternzustand ist darüber hinaus zusehends von Entzugserscheinungen geprägt, so daß das Alkoholtrinken zur Beseitigung dieser Symptome führen kann (negative Verstärkung).

Außer durch Lernen am Erfolg (d.h. operantem Konditionieren) kann sich Sucht auch durch Lernen am Modell entwickeln. Bereits Kinder können elterlichen Alkoholkonsum nachahmen - 1 % der männlichen Bevölkerung haben bereits vor dem 6. Lebensjahr Erfahrungen mit Alkohol gemacht (Feuerlein 1989).

Zusammenfassend erklärt diese lernpsychologische, verhaltensanalytische Konzeption also die Suchtentwicklung mit einem *selbstverstärkenden Bedingungsgefüge der Trinkeffekte* und betont die zunehmende Automatik der Suchtentwicklung. Diese Sichtweise korrespondiert mit dem Systemmodell süchtigen Verhaltens.

Demgegenüber steht bei den kognitiven Theorien intentionales Handeln im Vordergrund.

*Kognitive Modelle des Alkoholismus*

Kognitive Modelle betonen die Rolle von Wahrnehmung, Bewertung und intentionalem Handeln beim Alkoholismus. Durch Beeinflussung von Kognitionen kann der sich selbst verstärkende Prozeß der Suchtentwicklung unterbrochen werden. Die Bedeutung von kognitiven Faktoren (z.B. Erwartung) wurde experimentalpsychologisch untersucht. So zeigte sich, daß die erwartete Alkoholwirkung auch erlebt wird, wenn Versuchspersonen glauben Alkohol zu konsumieren, aber ohne ihr Wissen ein alkoholfreies Getränk verabreicht bekommen. Auch ist die Gefühlsqualität, die der Alkoholwirkung zugeschrieben wird, intra- und interindividuell unterschiedlich. Physiologische und psychologische Faktoren tragen also zur erlebten Alkoholwirkung gleichermaßen bei.

Eine Anzahl von Modellen der Suchtentwicklung widmen diesen kognitiven Prozessen spezielle Aufmerksamkeit; sie sind vor allem für das Verständnis des Gesundungsprozesses bedeutsam. Eines der zentralen Modelle ist mit dem Konzept der *Selbstwirksamkeitserwartung* nach Bandura (1977) gekennzeichnet. Die Selbstwirksamkeitserwartung des Alkoholikers beim Versuch, eine Situation oder einen Zustand selbst (und nüchtern) zu bewältigen ist geringer als der erlebte Handlungseffekt unter Alkohol. Alkohol steigert zunächst die positiven Selbstwirksamkeitserwartungen in lustvollen und unlustvollen Situationen.

Als weiterer kognitiver Mechanismus sind die sogenannten *internalen oder externalen Attributionsprozesse* zu bedenken: Wird beispielsweise einem Alkoholiker gekündigt, dann sieht er die Ursache in dem intoleranten Arbeitgeber, nicht jedoch in seinem eigenen Trinken (externale Attribuierung).

Für den Alkoholismus besonders bedeutsam ist das Konzept der *Selbstregulation*. Es gestaltet sich wie folgt:

- Ein gegebener innerer oder äußerer Zustand wird dahingehend überprüft, ob er so bleiben kann oder soll.
- Es wird weiter geprüft, ob dieser Zustand (das Ereignis) mit dem eigenen Verhalten in Zusammenhang steht.
- Wichtig ist dabei, ob ein wichtiger Wertbereich betroffen ist und wie groß die Abweichung von dem der Person wichtigen Sollwert ist.
- Falls eine Veränderung nötig ist, wird geprüft, welche Bewältigungsstrategie hilfreich ist, und ob sie diese von selbst durchführen kann.
- Nach Vollzug dieser Handlung wird der Erfolg wieder geprüft.

Wenn also Trinken Probleme schafft (z.B. Kündigung), dann wird zunächst geprüft, ob ein Zusammenhang mit dem eigenen Verhalten besteht, ob es mit einem erwarteten Zustand übereinstimmt, und ob es einen wichtigen Lebensbereich trifft. Es entwickelt sich dann ein Wechselspiel von emotionalen und kognitiven Bewältigungsprozessen mit einem positiven Selbstgefühl ohne Verhaltensänderung, wie: „ich wollte ja sowieso nicht mehr arbeiten" bzw. „die anderen haben mich zum Trinken verführt" (externale Attribution) oder „ich habe nicht mehr als die anderen getrunken" (globale Attribution), „ich hätte die Flaschen besser verstecken sollen" (Trinksystem als Reaktion) oder mit „ich habe nur Pech" (Schuldgefühle mit Hilflosigkeitserleben und Trinken als Reaktion). Nur bei einer stabilen, internalen Attribution dieser Ereignisse, also bei der Einsicht in die Eigenverantwortlichkeit für die Mißstände, bestehen Chancen, daß der Betroffene Änderungsabsichten zeigt.

Nach den Modellen der kognitiven Psychologie steigt die Wahrscheinlichkeit für den Alkoholismus:

1. Mit dem Grad der wahrgenommenen *Streßbelastung* in einer Situation (Risikosituation): „Der Zustand ist unerträglich".
2. Mit dem Grad der wahrgenommenen persönlichen Unfähigkeit zur Kontrolle der Situation, im Sinne von *Selbstunwirksamkeitserwartungen:* „Ich kann nichts machen".
3. Mit dem *Mangel an adäquaten Bewältigungsstrategien*: „Es hilft nichts".
4. Mit den Wirksamkeitserwartungen des *Alkoholtrinkens als alternative Bewältigungsstrategie:* „Trinken tut gut".
5. Mit der *Verfügbarkeit des Alkohols* und den Trinkzwängen: „Da gibt es was zu trinken".

Auch das Rückfallgeschehen läßt sich in diesem Modell gut beschreiben insofern Konzepte wie Pläne, Absichten, Handlungspläne udgl. besonders bedeutsam werden (Petry 1985, Schneider 1985). Steht beispielsweise in einer Risikosituation (Alkoholangebot) einem einsichtigen Alkoholiker mit Abstinenzabsichten keine geeignete alternative Bewältigungsstrategie zur Verfügung (Ablehnen), dann trinkt er. So entsteht zwischen Einstellung und Handeln eine kognitive Dissonanz. Das Trinken wird daraufhin in einer internalen Attribuierung dem persönlichen Versagen zugeschrieben (Selbstunwirksamkeit), so daß nun erst recht getrunken wird. Dieser Vorgang wird als Abstinenzverletzungseffekt bezeichnet („Jetzt ist sowieso alles egal").

Die dargestellten kognitiven Ansätze beschreiben jeweils einige Aspekte der Suchtentwicklung, erlauben jedoch noch kein geschlossenes Bild der Suchtentwicklung. Vor allem für die Praxis sind psychoanalytische Modellvorstellungen wegen ihrer integrativen Aspekte recht hilfreich, zumal sie auch affektive Aspekte mit einbeziehen.

*Soziale Faktoren*

Süchtiges Verhalten ist stark von sozialen Umweltfaktoren geprägt. *Makrosoziale Faktoren* wie Recht, Kultur usw. werden noch besprochen (vgl. Abschnitt „Sozialökologie der Sucht"). *Mikrosoziale Faktoren,* wie die Verhältnisse im familiären Bereich oder im Arbeitsbereich, sind unmittelbare spezifische oder unspezifische Ursachen der Sucht. Der Arbeitsbereich bringt mehrere Risiken in Form von Streß mit sich (s. Tab. 7; vgl. Feuerlein 1989, S. 65-66). Soziale Unterstützung hilft jedoch wieder, diese Stressoren zu ertragen (Reinecker et al. 1983).

Tab. 7: Umweltfaktoren der Alkoholgefährdung (nach Feuerlein 1989)

**1. Beruf**
- alkoholnahe Berufe (Berufe die mit der Produktion und dem Vertrieb alkoholischer Getränke zu tun haben),
- an- und ungelernte Arbeiter,
- Durstberufe (z.B. Gießer, Köche, Heizer),
- Bau- und Metallberufe,
- Arbeiter im Hafenbereich,
- Kontaktberufe (Vertreter, Journalisten)
- Unternehmer, Freiberufler

**2. Arbeitsbedingungen**
- Instrumentelle Belastung (Arbeitsanfall, Arbeitstempo),
- sozioemotionale Belastung (Kontrolle, Konkurrenz, Eintönigkeit).

# Fazit

Die biologische Suchtforschung hat in den letzten Jahren rasche Fortschritte gemacht. Dennoch ist, wie Zwillingsstudien zeigen, der Umweltfaktor bei der Genese der Sucht ein beinahe gleichwertig relevanter Faktor. Eine schlüssige biologische Theorie der Sucht ist daher zunächst nicht zu erwarten. Auch mit der Kritik am Konstrukt Persönlichkeit, als situationsunabhängige Verhaltenscharakteristika, entwickelten sich neuere Ansätze zur Persönlichkeitsforschung im Rahmen der kognitiven Psychologie. Untersuchungen zu „Kontrollüberzeugungen" oder Attributionstendenzen zeigen z.B., daß Alkoholiker häufig externale Kontrollüberzeugungen aufweisen, daß sie feldabhängig sind und durch spezifische Muster kognitiver Reizverarbeitung charakterisiert sind. Diese kognitive Wende in der psychologischen Forschung und die Kenntnisse über neurobiologische Grundlagen des Verhaltens legen nahe, physiologische Aspekte der Suchtentwicklung und deren Interaktion mit psychologischen Faktoren zu betrachten, wobei auch hier die Frage nach Ursache, Korrelat oder Folge der Suchtentwicklung offen bleiben muß. An späterer Stelle wird in einem gesonderten Kapitel ein „systemisches Modell der Psychologie der Sucht" als eine funktionelle Synopse der psychischen Mechanismen der Sucht vorgestellt.

Aus diesen Gründen läßt sich die Suchtentwicklung grundlegend am besten im Rahmen eines hypothetischen Drei-Faktoren-Modells erklären, das das Wechselspiel zwischen Merkmalen der Person (genetische Bedingungen, Persönlichkeitsmerkmale, Selbstkontrolle usw.), der Droge (Drogenangebot, Legalität, Abhängigkeitspotential usw.) und der Umwelt (Beziehungen zur Person bzw. Konsumnormen, Drogenideologie usw.) berücksichtigt. Damit ist bereits deutlich geworden, daß eine adäquate Theorie der Sucht einen ökologischen Ansatz verfolgen muß.

# 8 Systemische Perspektiven der Suchtentwicklung

## 8.1 Zirkularität und Nichtlinearität

Dynamische Modelle von Krankheiten, die durch die besonderen zeitlichen Muster ihres Verlaufs gekennzeichnet sind, können als „dynamische Krankheiten" bezeichnet werden (An der Heiden 1992). Sucht kann in diesem Sinne als eine „dynamische Krankheit" verstanden werden.

Von den theoretischen Modellen der Sucht ist neben den neurobiologischen Modellen vor allem das lerntheoretische Modell einem „systemischen" Modell des Bedingungsgefüges süchtigen Verhaltens am nächsten: positiv erfahrene externe und/oder interne Effekte des Rauschstoffkonsums erhöhen die Wahrscheinlichkeit des Wiederauftretens des Konsumverhaltens, negative Effekte mindern es. Damit sind regeltheoretisch allerdings anders, weil „wertfrei", verstandene „positive" und „negative" Rückkoppelungen theoretisch gegeben.

Mehrere Phänomene der Suchtentwicklung zeigen solche Merkmale von sich *selbst verstärkenden (zirkulären) Wirkungsschleifen*. Andere Suchtphänomene zeigen den Charakter von *Nichtlinearitäten*. Die funktionelle Grundcharakteristik solcher Phänomene besteht häufig in einem über die Zeit hin sich eskalatorisch entwickelnden Zustandsverlauf aufgrund „teufelskreisartiger Verschaltungen" einzelner verlaufsbestimmender Faktoren (vgl. Guntern 1992).

Ein solches Modell kann nun als Mehrebenen-Modell weiter differenziert werden, so daß ein Bild von einem *Netzwerk* (teilweise auch mit interdependenten) Bedingungen süchtigen Verhaltens entsteht. Von besonderer Bedeutung ist dabei, daß solche Beschreibungsmodelle auch die Differenz zwischen dem *objektiven Bild des Experten* und dem *subjektiven Bild des Betroffenen* berücksichtigen müssen. So kann bei einer entsprechend umsichtig orientierten systemischen Exploration des Betroffenen, die Zirkularität von Bedingungen des Trinkens dargelegt werden: Jemand trinkt, weil er depressiv ist. Er ist depressiv, weil er viel arbeitet, um Anerkennung zu bekommen, die er aber nicht erhält, weswegen er sich von der Arbeit gestreßt fühlt und trinkt, usw. Ein Ausschnitt aus diesem Bedingungsgefüge eines Patienten wird hier dargestellt (s. Abb. 22).

Auf globaler Ebene hat Küfner (1981) im Bereich der Theorie der Sucht als einer der ersten auf die Vermaschung dreier „Hauptteufelskreise", nämlich des *psychischen, somatischen und sozialen Teufelskreises*, hingewiesen und in Form eines integrativen dynamischen Modells dargestellt. Dieses Modell stellt theoretisch einen grundlegenden Fortschritt dar und wirkt zunächst recht plausibel (vgl. Abb. 23). Es zeigt sich aber bei genauerer Betrachtung, daß hier viele Stufen der Modellierung übersprungen werden, was darauf hinweist, wie niedrig das Niveau der Theorie der Sucht noch ist.

Es sollen nun mehrere Phänomene, deren systemtheoretische Betrachtung heuristisch fruchtbar zu sein scheint, hervorgehoben werden

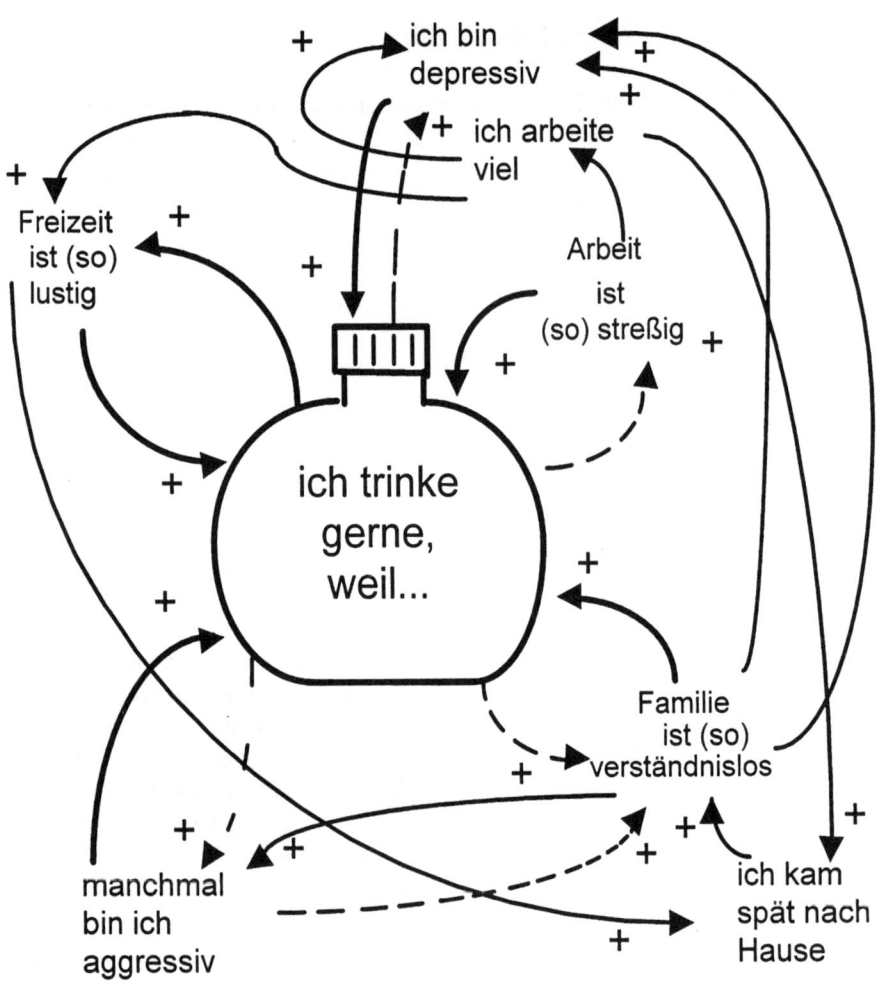

Abb. 22: Konstrukte der Bedingungen des Trinkens in der Exploration eines Klienten mit Alkoholproblemen. Manifeste Bedingungen (durchgezogene Linien) und latente Bedingungen (gestrichelte Linien) des Trinkens, die auch als Folgen des Trinkens angesehen werden können, wodurch sich selbstverstärkende „Teufelskreise" finden lassen, die das Symptom stabilisieren und sogar steigern können.

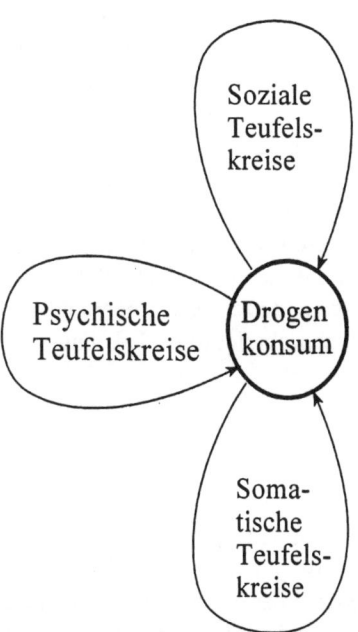

Abb. 23: Die drei Teufelskreise der Sucht - somatischer, psychischer und sozialer Teufelskreis (veränd. nach Küfner 1981).
Somatischer Teufelskreis: „Viel Trinken     <—-> viel Vertragen"
Psychischer Teufelskreis: „Viel Streß     <—-> viel Trinken"
Sozialer Teufelskreis:     „Viele Konflikte <—-> viel Trinken"

Der Rausch

Das Ausgangsphänomen, das die Suchtentwicklung einleitet, ist der *Rausch*. Methodisch ist er mit Mitteln der empirischen Forschung äußerst schwer zu beschreiben. Es ergibt sich aber aus Selbstbeschreibungen, vor allem durch Literaten wie Baudelaire oder Jünger (vgl. Tretter u.a. 1989), daß der Rausch als ein *multimodaler Mehr-Ebenen-Prozeß* begriffen und als *qualitative Bewußtseinsänderung* erfahren werden kann. Systemtheoretisch handelt es sich dabei um ein „Kipphänomen" mit einer Eigendynamik: Im Verlauf des anklingenden Rausches werden verschiedene Ebenen des Erlebens *unterschiedlich aktiviert und/oder gehemmt* (Wahrnehmung, Denken, Gefühle usw.). Zunächst gibt es vielleicht ein *Entspannungsgefühl*, die *Wahrnehmung* wird ungenauer, die Reaktionszeit verlangsamt sich, die *Motorik* wird unkoordiniert, die *Affekte* werden zunehmend unkontrollierter udgl. Im Falle von Halluzinogen-Räuschen durch Halluzinogene treten sogar psychotische Phänomene wie Halluzinationen, verändertes Raum- u. Zeiterleben udg. auf. Interessant wäre nun, die Zeitcharakteristik der Veränderungen der einzelnen psychischen Funktionen zu erfassen und deren Wechselspiel herauszuarbeiten. Vermutlich wird bei den meisten Räuschen das Aktivitätsniveau des Aktivierungssystems unspezifisch verändert, was zur Folge hat, daß die anderen psychischen Funktionen in, im Vergleich zum Nüchternzustand, anhaltend veränderte Gleichgewichtslagen (persistierende Nichtgleichgewichte) kommen. Bei stärkeren Intoxikationen brechen dann die Funktionen in bestimmten Funktionshierarchie-Ebenen zusammen. Beispielsweise kann die Motorik erheblich gestört sein - manche betrunkenen Autofahrer, die bei Routineverkehrskontrollen aufgehalten werden, können nicht mehr alleine stehen oder gehen, sondern nur mehr sitzen!

Obwohl die Prozeßdynamik des Rauschzustandes ein systemwissenschaftlich interessantes Phänomen ist, kann derzeit noch keine präzisere Modellierung vorgenommen werden. Zunächst sind für die theoretische Durchdringung einiger Aspekte des Rauschzustandes vor allem psychologisch-phänomenologische Interpretationen erforderlich, die unter Bezug auf neurobiologische Erkenntnisse diskutiert werden müßten (Tretter 1995a).


Süchtiges Verlangen


Ein Kernphänomen der Sucht ist das unwiderstehliche *süchtige Verlangen* nach der Droge (Craving), das vor allem in Abstinenzphasen auftritt. Dieses grenzenlose Verlangen nach der Droge, dem die Kräfte des Verstandes untergeordnet werden (nach Wanke 1987), ist ein sich selbstverstärkendes anwachsendes Phänomen, dessen genaue dynamische Studie zu tieferen Erkenntnissen der Sucht führen kann und mit der „Abstinenzunfähigkeit" und auch mit dem „Kontrollverlust" einhergehen. Es ist am besten aus dem Ungleichgewicht von verhaltensverstärkenden und verhaltensdämpfenden Wirkungskreisläufen zu interpretieren, mit dem Nettoeffekt einer zunächst nichtlinear ansteigenden und dann abfallenden Verhaltenskurve. Die suchtantreibenden Wirkungskreisläufe sind Prozesse, die als Stimulations-Appetenz („sensation seeking behavior"), als Unlust-Aversion („harm aviodance") und als Belohnungs-Abhängigkeit („reward dependency") beschrieben werden können. Sie gelten als tierexperimentell gestützte, aber hypothetische Antriebssysteme süchtigen Verhaltens, die unterschiedlich wirksam sind. Diesem, das Konsumverhalten aktivierenden Systemkomplex ist die „Kontrollkompetenz" (z.B. als Risikowissen und dessen Umsetzung) dämpfend entgegengeschaltet. Dieses Merkmal korrespondiert eng (aber negativ) mit dem Phänomen des „Kontrollverlusts", der beispielsweise für den Gamma-Trinker typisch ist.

Die Sucht kann unter diesem Aspekt als ein aus der Kontrolle geratenes Belohnungssystem verstanden werden. Dies korrespondiert auch mit der Neurobiologie des motivationalen und affektiven Systems. Theoretische Modellentwicklungen im Bereich der Neurobiologie könnten für die weitere empirische Forschung und ihre zahlreichen Einzelergebnisse eine integrierende Funktion ausüben. Zusammen mit lerntheoretischen Konzepten, die von internen und externen Verstärkerwirkungen ausgehen und Prinzipien der unterschiedlichen Lerntheorien verwenden (klassisches Konditionieren, Operanten-Konditionieren, Modell-Lernen, zustandsabhängiges Lernen usw.) können dynamische Suchtmodelle entwickelt werden, die auch unser neurobiologisch-theoretisches Verständnis der Sucht erweitern und zusammenfassen helfen (s. Abschnitt „Neurokybernetik der Sucht").

Entzugssyndrome

Auch *Entzugssyndrome* zeigen häufig einen „nichtlinearen" Verlauf, was bereits durch das „Kindling", einer Art sukzessiven Sensitivierung des Entzugssyndroms durch repetitive Entzugsreize beschrieben wurde (Ballenger u. Post 1978). Auch kann beispielsweise ein Alkoholdelir sowohl beim Abklingen des Alkoholspiegels von ca. 2,5 %o auf 1,5 %o auftreten, wie auch am zweiten oder dritten Tag nach Abklingen des Alkoholspiegels. Klinisch-phänomenologisch sind die Delire jedoch gleich. Auch können zerebrale Entzugskrampfanfälle ein Delir „eröffnen", sie können aber auch ohne weitere Konsequenz bleiben. Ein gesetzmäßiger Zusammenhang zwischen Trinkdauer, Alkoholart, Trinkmuster usw. einerseits und Qualität und Intensität des Entzugssyndroms andererseits, kann nicht ausreichend belegt werden.

Häufungen und Intensivierungen von Deliren zur Nachtzeit und Therapieerfolge mit Lichtapplikationen am Abend sind ein Indiz für Überlagerungen (Superpositionseffekte) des Entzugsprozesses mit der biochemischen circadianen Rhythmik (Dominanz der Aktivität des cholinergen Systems gegenüber der Aktivität des noradrenergen Systems zur Nacht). Eine systemtheoretisch begründete Beschreibung der Nichtlinearität und „Polymorphie" des Alkoholentzugssyndroms kann durch die Katastrophentheorie erfolgen. Das bereits im Abschnitt „Systemwissenschaft" erwähnte Kuspenmodell (Faltenmodell) der Katastrophentheorie eignet sich recht gut zur Veranschaulichung (vgl. Moles 1986).

Stellt man sich das Systemverhalten in der Entzugsphase als durch einen hypothetischen „vegetativen Faktor" (z.B. noradrenerges und adrenerges System) und einen hypothetischen Psychose-Faktor (oder: „Psychotizitäts-Faktor", z.B. hyperaktives dopaminerges, hypoaktives glutamaterges System) kontrolliert vor - diese Vorstellungen legen faktorenanalytische Delir-Studien nahe (vgl. Tretter 1991), dann kann im Falle einer noradrenerg vermittelten hohen vegetativen Irritation, auf die dann zusätzlich die Entgleisung des dopaminergen Systems folgt, ein sprunghaftes Abgleiten in ein Delirium tremens erfolgen. Dabei tritt eine abrupte Zustandsänderung von dem orientierten und geordneten Zustand in den deliranten Zustand auf (vgl. Abb. 24).

So läßt sich auch der „point of no return" der Delirentwicklung anschaulich darstellen: Keine Therapie ermöglicht es derzeit, ein anklingendes Delirium tremens binnen weniger Stunden zur Remission zu bringen. Andererseits läßt sich auch verstehen, daß bei niedriger Ausprägung des vegetativen Faktors (z.B. Benzodiazepin-Entzug) sprunghaft eine Halluzinose oder ein „trockenes Delir" auftreten kann.

Einen Versuch, die neurochemischen Prozesse des Entzugssyndroms als interdependentes Gefüge von Über- und Unteraktivität einzelner relevanter neurochemischer Systeme zu verstehen, wurde von Rommelspacher (1994) vorgelegt. Die neurochemischen Details werden aber im Abschnitt „Neurokybernetik der Sucht" noch genauer dargelegt.

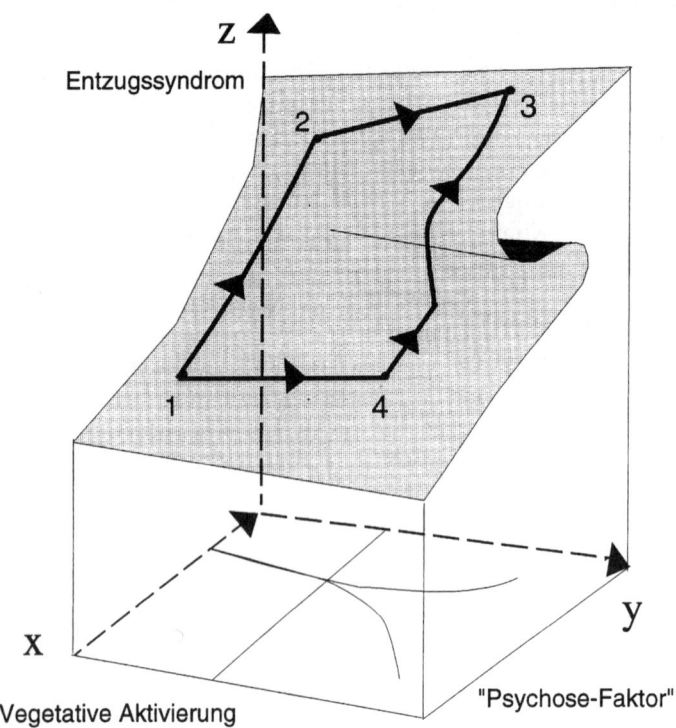

Abb. 24: Lineare und nichtlineare Verläufe des Entzugssyndroms im „Kuspen"-Modell. Vom zunächst geringfügig ausgeprägten Entzugssyndrom (1) steigt das vegetative Erregungsniveau (x) mit der Folge, daß das Entzugssyndrom (z) prädelirant wird (2). Bei leicht verzögerter, aber rascher Zunahme eines hypothetischen „Psychose-Faktors" (y, z.B. Dopamin-Überaktivität) tritt das Delir auf (3). Das Delir kann aber auch bei einer hohen Aktivität des „Psychose-Faktors" bei einem zunächst niedrigen vegetativen Erregungsniveau (4) durch Aktivierung sprunghaft auftreten.

Impulsivität

Abstinenzentscheidungen oder Therapieabbrüche sind zwar ein multifaktorielles Geschehen, aber phänomenologisch betrachtet „Kippphänomene", also *impulshafte Entscheidungsprozesse*, die zu völlig anderen Verhaltenspfaden führen. Auch Rückfälle sind hier zu nennen. Einige Praxisbeispiele, die unter systemischer Sicht diskutiert werden, könnten hier neue interessante Einsichten bieten. So sind Impulshaftigkeit und mangelnde Kontrolle ein Grundcharakteristikum von Süchtigen. Dies zeigt sich im antisozialen Verhalten wie in der mangelnden Kontrollfähigkeit des Drogenkonsums. Systemisch betrachtet kann es sich um mangelhafte Regulationsprozesse handeln, die außer Kontrolle geraten sind oder um Kippphänomene, die eine plötzliche Zustandsänderung hervorrufen. Auch diese Phänomene lassen sich anschaulich im Kuspenmodell der Katastrophentheorie darstellen (vgl. Tretter u. Küfner 1992).

Umfelddynamik

Das *suchtverstärkende Verhalten des Umfelds* wirkt als sozialer Teufelskreis auf das Trinken so, daß die negativen Folgen des Trinkens gemindert werden, so daß anschließend wieder leichter getrunken werden kann. Das bedeutet, daß der Satz im Bereich Partnerschaft stimmt: „Je mehr A trinkt, desto mehr bemuttert B die Person A. Je mehr B die Person A bemuttert, desto mehr trinkt A." oder: „Je mehr A trinkt, desto mehr tritt Stress auf; je mehr Stress A hat, um so mehr wird im Arbeitsbereich getrunken" (vgl. Abb. 25).

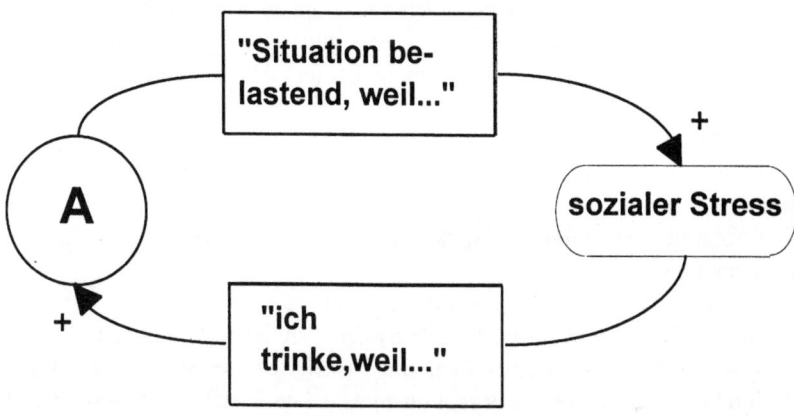

Abb. 25: Sozialer Teufelskreis der Sucht
Je mehr Stress, desto mehr wird getrunken; je mehr getrunken wird, desto mehr Stress tritt auf.

„Dynamische Epidemiologie"

*Epidemiologische Untersuchungen* sind Grundlage für gesundheitssoziologische Makroanalysen. Obwohl die Epidemiologie der Sucht in einem bestürzend schlechten Zustand ist, sind auch hier Erfordernisse gegeben, diesen Bereich zumindest semiquantitativ zu durchdenken. Konsummenge und -typ, Verteilung in der Bevölkerung, Konsumhäufigkeit usw. sind wesentliche Variablen. Nach einer geeigneten Formalisierung der anzunehmenden Verhältnisse kann ein Computerprogramm entwickelt werden und verschiedene Bedingungen, wie beispielsweise Preiserhöhungen und der Effekt auf das kollektive Konsumverhalten studiert werden (Küfner u. Yassouridis 1990). Die Kritik an solchen Computermodellierungen richtet sich häufig auf die Frage nach der Adäquatheit der ausgewählten Parameter, der angenommenen Zusammenhänge udgl. Computersimulationen erfordern andererseits, die sonst häufig sehr impliziten Zusammenhangsannahmen über die Wechselwirkung der unterschiedlichen Variablen zu explizieren. Das kann in Hinblick auf die häufig äußerst undifferenziert geführte öffentliche suchtpolitische Diskussion nur hilfreich sein. Vor allem im Bereich der Drogenabhängigkeit ließen sich hier interessante Diskussionsakzente setzen (z.B. regionale „niedrigschwellige" Entgiftungsangebote im Vergleich zur regionalen Entwöhnungstherapie-Kapazität, Angebots-Nachfrage-Relationen usw.). Dieser Bereich wird im Abschnitt „Stadtökologie der Sucht" noch ausführlicher dargestellt.

Therapiesysteme

Die Analyse von *Therapieeinrichtungen* als soziokulturelles System oder die Untersuchung der Versorgungssysteme in Hinblick auf Angebot und Nachfrage und der Inanspruchnahme von Therapie und anderen Hilfsangeboten sind Fragen der soziologischen Systemtheorie (Tretter 1978). Zunächst gibt es Analysen der Funktionsstruktur von Therapieeinrichtungen nach ihren Zielen und Aktivitäten etwa im Sinne der erwähnten strukturfunktionalistischen Theorie von Parsons (1968):
- Welche *Ziele* hat die Einrichtung?
- Wie erfolgt die *Integration* des Therapiesystems, als auch der therapeutischen Rollenträger?
- Wie erfolgt die *Strukturerhaltung* der therapeutischen Kultur, die der Einrichtung die Intensität gibt?
- Welche Mechanismen der *Anpassung* treten auf?

Da therapeutische Systeme aber „lebende System" sind, tritt Wandel auf. Zur Analyse von Systemwandel hat sich vor allem die Theorie sozialer Systeme von Luhmann (1984) durchgesetzt. In dieser Konzeption sind soziale Systeme Sinnsysteme. Therapie hat etwa den Sinn, Abstinenzfähigkeit herzustellen. Dieser Sinn muß beiderseitig, vom Therapeuten und vom Patienten konstituiert werden. Gegenwärtig nimmt gerade im Bereich der illegalen Drogen die Erwartung der Abhängigen, eine Substitution durch Methadon oder Codein zu erhalten zu. Das Therapiesystem muß nun diesen Erwartungen entsprechen, sonst gibt es keine Kooperationsmöglichkeit. Dieser Prozeß bewegt aktuell die Szene der Therapeuten ebenso wie die der Abhängigen. Es ist daher äußerst interessant, die Frage nach der Niederschwelligkeit von Therapie unter diesen Perspektiven einer Theorie der evolutiven Sinn-Prozesse sozialer Systeme zu diskutieren.

Außerdem erlaubt die Systemtheorie die wichtigen Fragen der (mangelnden) Kooperation zwischen den einzelnen Einrichtungen der Suchtkrankenhilfe zu erklären und Lösungsmöglichkeiten aufzuzeigen (s. Abschnitt „Ökologie der Therapie").

## 8.2 Systemische Modellierung

Bei dem Versuch, systemische Prozesse der Suchtentwicklung genauer zu betrachten, haben wir das Trinkerbeispiel aus dem Büchlein „Der kleine Prinz" von A. de Saint Exupery (1980) mathematisch modelliert (vgl. Schwegler et al. 1991, An der Heiden et al. 1997).

In der Erzählung wird eine Begegnung des kleinen Prinzen geschildert, der einen Trinker vorfindet und ihn befragt, warum er trinke. Der Trinker sagt, daß er trinke, um *zu vergessen*. Auf die Frage, was er vergessen wolle, antwortet der Trinker, daß er sich *schäme*. Die Antwort, warum er sich schäme lautet, daß er *sich schäme, weil er trinke*. Es handelt es sich also um einen sich selbst verstärkenden Teufelskreis. Schematisch in eine *Wirkungssprache* übersetzt ergibt sich folgendes Wirkungsgefüge: Trinken bewirkt Scham und Vergessen, Vergessen bewirkt Minderung der Scham. Anzunehmen ist, daß die Scham das Trinken wiederum auslöst (vgl. Abb. 26, nach Tretter u. Küfner 1992).

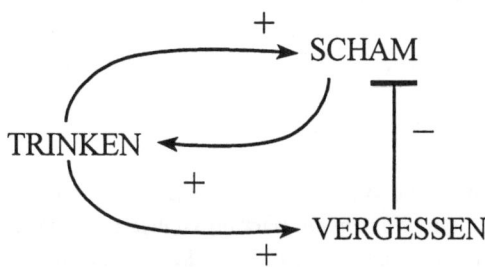

Abb. 26: Der intrapsychische Teufelskreis des Trinkers im „Kleinen Prinzen".
Trinken bewirkt Schamgefühle, die das Trinken steigern, bis Vergessenseffekte die Scham mindern.

Ein Versuch einer systemischen Modellierung dieses simplen Teufelskreises wirft, wie zur Methodologie der Systemwissenschaft angesprochen, unvermutet viele Fragen auf (vgl. Eckert 1988a, 1988b):
1. Zunächst ist empirisch unklar, welche *Zeitintervalle* zwischen Trinken und Scham und Vergessen liegen - tritt Scham gleich beim Trinken oder erst am Tag danach auf? Beides ist möglich, letzteres wahrscheinlich.
2. Die hier verkürzte Aussagenform der Selbstbeschreibung des Verhaltens und Erlebens und seiner Bedingungen müßte zunächst in ein Partialmodell der *Psychologie der Sucht* transformiert werden. Dazu liegen aber keine spezifischen Modelle vor. Man könnte eventuell von einem lerntheoretischen Modell ausgehen, bei dem das Vergessen für den Trinker einen Belohnungseffekt hat (negative Verstärkung) und das Trinken über die Schamreaktion zu einem Bestrafungseffekt führt. Die scheinbar unendliche Fortsetzung des Trinkens läßt sich dann differenzierter als Dominanz des Belohnungseffekts des Trinkens über den Bestrafungseffekt beschreiben. Dies erfordert allerdings, daß das Vergessen mit dem Trinken kontingent auftritt, während das Schämen vor allem nach dem Trinken auftritt. Damit wäre auch diese Aufschaukelungsdynamik erklärt.

3. Problematisch an dieser Erklärung ist, daß es sich bei diesen Transformationen von der Beobachtungssprache in eine Theoriesprache der Psychologie, beispielsweise der Lerntheorie, mehrstufige Abstraktionssprünge handelt: Phänomenologisch betrachtet besteht der vorliegende Text des Trinkers aus einem Teil, der die *Intention des Trinkens*, nämlich das Trinkziel „Vergessen" darstellt und einem Teil, der die *Gefühlsreaktion* auf das Trinken indiziert, die ihrerseits durch das Vergessen gemindert werden kann. Die konkreten psychischen Prozesse müssen in eine Wirkungssprache uminterpretiert werden, wobei die Chronologie im Modell nicht mehr genau die Abläufe der Beschreibungen des Trinkers abbildet: das Trinken erzeugt eine schamvolle *Gefühlsreaktion*, die Scham erzeugt das *Bedürfnis* zu vergessen. Dazu kommt die *Erfahrung*, daß das Trinken zum *Vergessen* führen kann. Daher *plant* der Trinker *zu trinken,* es ist also ein *intentionaler Akt.*

Für die Formalisierung ist zu klären, wie die Kategorie „bewirken" und die beschriebenen psychischen Prozesse, wie Bedürfnisse oder Verhaltensabsichten, formal dargestellt werden sollen.

4. Versucht man nun, diese Prozeß-Modellierungen weiter umzusetzen, dann treten Schwierigkeiten in der *Intensitäts-Zeit-Relation* auf:
   - Bewirkt Trinken in einem *raschen Wirkungsschenkel* Auftreten von Schamgefühlen und in einem *langsamen Wirkungsschenkel* Vergessen von Schamgefühlen? Vielleicht so, daß, je mehr getrunken wird, umso mehr Schamgefühle entstehen, die zu noch mehr Trinken führen, bis der Vergessenseffekt eintritt?
   - Gibt es eine „natürliche Grenze" des Trinkens, zumindest in Hinblick auf die Bewußtseinsveränderung? Soll man etwa davon ausgehen, daß der Trinker irgendeinmal einschläft und daß dadurch der Alkoholspiegel wieder absinkt, so daß er sich, wenn er wieder wach ist, wieder schämen kann? Steigt dann wieder das Trinken mit dem Effekt des Vergessens, sodaß das Schamgefühl ab einer gewissen Dosis wieder abnimmt?
   - Unklar ist auch, was das Trinken wieder zumindest als Episode stoppt, sodaß wieder ein neuer Trinkzyklus starten kann - ist es die Form des Vergessens, die als Folge der Abnahme der Scham auftritt oder ist es einfach der natürliche Schlaf mit der Folge der Abnahme der Blutalkoholkonzentration usw.?

Diese Bedingungen sind verständlicherweise in dem Büchlein vom kleinen Prinzen nicht mehr ablesbar, sie sind aber für eine ausreichende Modellierung erforderlich. Auch empirische Studien, die geeignete Daten dazu liefern konnten, fehlen verständlicherweise.

5. Wenn man nun einen Schritt weitergeht und diesen Vorgang modellieren will, dann muß eine *Übersetzung in Differentialgleichungen* (oder Differenzengleichungen) vorgenommen werden. Dazu sind aber zumindest semiquantitative Aussagen zum Verlauf der einzelnen Variablen zu machen, also ob bei niedrigen Trinkmengen das Schamgefühl auch niedrig oder hoch ist und wie die Werte der Variablen bei zunehmender Trinkmenge verlaufen, also beispielsweise abnehmen. Dann ist zu klären, wie diese Variablen sich als Funktion der Zeit verhalten, bzw. wie dann die ersten Ableitungen aussehen. Die Randbedingungen, die Minima und Maxima müssen zunächst zumindest qualitativ (nicht numerisch exakt) angegeben werden. Dann

müssen die Variablen in einen Gleichungszusammenhang gebracht werden, vorzugsweise in eine nichtlineare Differentialgleichung.
6. Anschließend kann dieses Modell über eine *Simulationssprache* in ein *Computermodell* transformiert werden und unter verschiedenen Bedingungen ausgetestet und dann korrigiert werden.

Im Verlauf solcher Modellierungen zeigen sich rasch neue Anforderungen an die empirische Forschung, die die Dynamik des Suchtgeschehens besser verstehen lassen. Schwegler, An der Heiden u.Tretter (1991) haben diese Problematik durchgearbeitet und versucht, eine adäquate Modellierung vorzunehmen. Nach mehreren Weiterentwicklungen wurde schließlich ein Modell konstruiert, das die Multimodalität stabiler Zustände, die im Verlauf der Entwicklung des Alkoholikers typisch sind, gut abbildet und erlaubt, die Typologie des Alkoholismus zu erfassen (vgl. An der Heiden et al. 1997). Ein grundlegender Baustein der Konstruktion war der Zusammenhang zwischen Frustration und Alkoholkonsum, mit den vielfältigen nichtlinearen Zusammenhängen - einmal steigert Frustration den Alkoholkonsum, dann hält Frustration den Alkoholkonsum auf einem niedrigen Niveau. Im Falle der Abstinenzabsicht kann Alkoholkonsum die Frustration erhöhen, aber bei höheren Dosen auch dämpfen. Diese vielfältigen Verläufe können im Phasendiagramm dieser zwei Variablen dargestellt werden (s. Abb. 27).

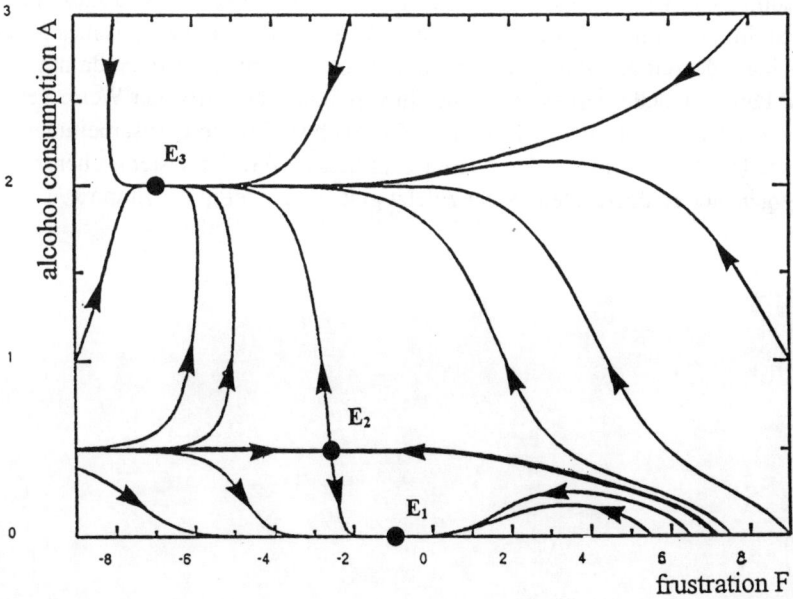

Abb. 27: Phasendiagramm des Verlaufszusammenhangs der Variablen Alkoholkonsum und Frustration. Diese Variablen können sich gegenseitig bedingen, aber auch nicht immer die gleichen Effekte haben. Unabhängig vom genauen Ausgangsverhältnis von Konsumniveau und Frustrationsniveau (Startpunkt der Pfeile) kann ein längerwährendes kleines Glücksgefühl bei zunächst niedrigem Alkoholkonsum (E2) oder eine stärkere anhaltende Euphorie bei höherem Alkoholkonsum (E3) auftreten (An der Heiden et al. 1997).

Ungeachtet dieser Schwierigkeiten, die Exaktheit der theoretischen Aussagen weiter voran zu treiben, sind vorliegende qualitative Erklärungsmodelle, die die Dynamik der Suchtentwicklung kennzeichnen, in der klinischen Praxis heuristisch schon sehr hilfreich. Folgende Einzelphänomene sind dabei wichtig:
- die *Eskalation des süchtigen Verhaltens* in Zusammenhang mit dem Verhalten der Umwelt durch symmetrische Beziehungen und der epistemologische Übergang in ein komplementäres Verhältnis zur Umwelt mit einer fundamentalen Änderung der Verhältnisse durch die Abstinenzentscheidung (vgl. Bateson 1981).
- die *Funktion des Suchtmittelkonsums* für die Funktionalität der Familie (vgl. Kaufmann u. Kaufmann 1983, Villiez 1986, Feselmayer u. Beiglböck 1990). Dies wird im Abschnitt „Systemische Familientherapie" genauer erläutert.
- *die teufelskreisähnlichen Faktoren der Rückfalldynamik* nach Marlatt (vgl. Körkel 1988). Hierbei sind überhöhte Sollwert-Lagen exzeßbeschleunigende Faktoren (vgl. Abschnitt „Systemische Psychologie der Sucht").

Auf diese Beispiele wird hier nicht weiter eingegangen.

## Fazit

Das Suchtphänomen zeigt viele vernetzte und nichtlineare Prozesse und Zustände, die teilweise im Detail recht gut aufgeklärt sind. Was fehlt, ist ein synoptisches Modell. Dieses kann derzeit allerdings noch nicht sinnvoll konstruiert werden, da nur systemische Partialmodelle vorliegen, die nur in verhältnismäßig trivialer Weise vernetzt werden können (vgl. Tretter u. Küfner 1992). Auch sind weitere Ausarbeitungen der Teilmodelle erforderlich, um den wissenschaftlichen Wert der systemischen Modellierung genauer zu überprüfen. Nicht zuletzt gibt es Mängel in der Empirie.

# 9 Neurokybernetik der Sucht

## 9.1 Grundaspekte

In den letzten 30 Jahren haben sich in Hinblick auf „Theorien des Gehirns" vorwiegend mathematisierte kybernetisch-systemtheoretische Modelle durchgesetzt (vgl. Churchland u. Sejnowski 1992). Daher scheint auch für die Neurobiologie der Sucht ein „kybernetischer" bzw. „systemischer" Ansatz passend zu sein. Der Grund dafür liegt vor allem in der hohen *Komplexität* des Gehirns als Zellsystem ( $n=10^{12}$ Neurone) mit den vielfachen Kopplungen der Zellen in Form von synaptischen Verschaltungen ($n=10^{15}$) (vgl. Churchland u. Sejnowski 1992). Diese Komplexitätsmerkmale machen gemeinsam die spezifischen Leistungen des Gehirns aus. Offensichtlich bringt vor allem die große Anzahl hemmender und erregender Synapsen, die eine Vielzahl von Nervenzellen miteinander in Kontakt bringen, die enormen Fähigkeiten der Informationsverarbeitung zustande. So hat jede Zelle im Cortex etwa 10.000 (= $10^4$) Synapsen. Wenn theoretisch also eine Zelle mit 10.000 verschiedenen Zellen in Kontakt ist, wovon jede einzelne Zelle wieder mit 10.000 Zellen in Kontakt steht und davon wieder jede Zelle mit 10.000 Zellen Kontakt hat, dann sind bereits nach der 3. Stufe $10^{12}$ (=$10^4 * 10^4 * 10^4$) Neurone miteinander in Kontakt. Das bedeutet, daß nach jeder dritten bis vierten Synapse bereits ein Neuron wieder mit sich selbst verbunden ist. Dieses Faktum wird theoretisch zu wenig bedacht.

Kybernetisch betrachtet bedeutet dieser Befund, daß maximal 3- bis 4-stufige Regelkreise, die wiederum miteinander verschaltet sind, funktionell relevant zu sein scheinen. Durch diese komplexen, aber *modulären* und *zirkulären* Verschaltungen scheint das Gehirn eine neue, eigenständige Entität von Phänomenen, wie das Bewußtsein, hervorbringen zu können. Allerdings lassen uns entsprechende Erkenntnisse der Neurophysiologie des Sehens, die eine moduläre Struktur der Sehrinde aufgedeckt haben (Hubel u. Wiesel, 1963, 1988), die Mustererkennung in vivo noch nicht besser verstehen (vgl. Tretter 1974). Dieses Problem wird im *systemischen Mehr-Ebenen-Modell lebender Systeme* als „*Emergenz*" bezeichnet (vgl. Böse u. Schiepek 1989).

Diese Arbeit konzentriert sich vor allem auf *neurochemische Schaltkreise* (Netzwerke), die aus *aktivierenden* (erregenden) und/oder aus *inaktivierenden* (hemmenden) *Kopplungen* bestehen. Es geht speziell um die Frage, inwieweit Aktivierungen oder Inaktivierungen von einzelnen Teilsystemen in einem Systemkomplex das phänomenal beobachtbare Verhalten beschreiben oder gar erklären (d.h. auch prognostizieren) lassen.

Man kann mit Hilfe der Systemtechnik von der aktuell vorhandenen Empirie der

Neurobiologie zu einem theoretischen Konzept gelangen, das wiederum erlaubt, *neue empirische Forschungsfragen* zu stellen.

## 9.2 Methodologische Probleme der neuropsychologischen Forschung

Einige der praktischen Probleme der *neuropsychologischen Hirnforschung* sollen hier kurz angesprochen werden, wobei vor allem an die Neuropsychologie der Sucht gedacht wird. Folgende Fragen sind zu beachten:
- Wie kann im Gehirn eine zuverlässige *Lokalisation* von *Verhaltensfunktionen* erfolgen?
- Wie können *Verhaltenseffekte* von *Läsionen* oder *Reizungen* auf Gehirnstrukturen bezogen werden?
- Ist ein bestimmtes Verhalten Folge einer *Aktivierung* oder einer *Enthemmung* neuraler Strukturen?
- Wie können *psychische Phänomene neuralen* oder biochemischen Prozessen zugeordnet werden?
- Was sind die neuralen Korrelate von „*Spannung*" und „*Entspannung*"?
- Was sind die neuralen Korrelate von *Rausch, Sucht, Entzug* und *Rückfall*?

Ein zentrales Problem neuropsychologischer Forschung liegt also darin, die *Lokalisation psychischer Funktionen* vornehmen zu können - *Reizung* oder (chemische oder neurochirurgische) *Ausschaltung* verschiedener Hirnstrukturen geht nicht notwendigerweise mit einer *Änderung* der Aktivität des Gehirns bzw. des *Verhaltens* einher.

Dies zeigen beispielsweise klinische Beobachtungen von Teubner, Milner, Penfield u.a. (vgl. Gazzaniga 1992) ebenso wie die tierexperimentelle Forschung (vgl. Olds u. Olds 1961). So ist bei Selbstreizungsversuchen, bei denen Ratten über einen Hebeldruck im Gehirn implantierte Elektroden elektrisch reizen konnten, festgestellt worden, daß bei Reizung mehrerer Zellgruppen und bei Faserbündeln, die vom Hirnstamm in die Gegend des Zwischenhirns ziehen (z.B. mittleres Vorderhirnbündel), äußerst hohe Hebeldruckraten auftraten. Auf diese Weise wurden bestimmte „Belohnungszentren" lokalisiert.

Es stellt sich aber die Frage, ob durch die Reizung von Nervenfasern nicht auch vom Reizort entfernte verhaltensrelevante Zellen mitgereizt werden, oder ob die Fasern in Richtung der natürlichen Reizleitung oder auch in Gegenrichtung (antidrom) gereizt werden, was wiederum bedeutet, daß eine sichere *Lokalisation* von *Funktionen nicht möglich* ist. Es kann auch der Fall sein, daß ein vermeintliches Zentrum für *Verhaltensaktivierungen* eigentlich nur *enthemmend* wirkt. Oder es kann auch durch die Stimulation ein hirnlokales *relatives Ungleichgewicht* zwischen *übergeordneten hemmenden* und *nachgeordneten erregenden* Strukturen (oder umgekehrt) erzeugt werden, mit dem Ergebnis, daß die Erregung überwiegt. Zwar kann mit zunehmender Verfeinerung der experimentellen Technik das Wirkungsgefüge immer genauer eingegrenzt werden, doch scheint bei den genannten analytischen Problemen nur konsequentes *systemisches Denken* weiterzuführen, das die Hirnstrukturen aus systemanalytischer Sicht als *Netzwerk* untersucht.

Auf der empirisch-experimentellen Ebene stellt sich für den an der Theorie interessierten Neuropsychologen auch die Frage, welche der meßtechnisch zugänglichen *Aktivitätsparameter der Nervenzellen* bzw. des *Gehirns* zur Analyse und zum Vergleich mit *psychischen Prozessen* für theoretische Überlegungen verwendet werden sollen: Aktionspotentiale, Stoffwechselraten, radioaktiv markierte Rezeptor-Bindungsstellen usw. sind typische Meßvariablen aktueller neurobiologischer und neurospychologischer Forschung. Derzeit dominieren methodisch in der klinisch-empirischen Forschung die bildgebenden Verfahren wie das PET (Positronen-Emissions-Tomogramm) und das SPECT (Single-Proton Emmissions-Computertomogramm), das über radioaktiv markierte Stoffe beispielsweise Gehirnbilder von dem Relief der Aktivierung einzelner Gehirnregionen bei mentaler Aktivität liefert oder aber auch die Dopamin-Rezeptorenverteilung abbilden läßt (vgl. z.B. Heiss 1995, Lassen et al. 1988, Scherer et al. 1994).

Jede der verschiedenen neuropsychologischen Forschungsmethoden erbringt zwar spezifische Antworten, die konzeptionelle Verbindung ist allerdings bisher nur unzulänglich hergestellt worden.

Grundlegend ist das Problem zu klären, welche Korrelation zwischen diesen untersuchungstechnisch verhältnismäßig leicht gewinnbaren morphologisch-topographischen *Struktur-Variablen* und den psychologischen *Funktions-Variablen* herstellbar ist. Beispielsweise ist unklar, welche Aussagekraft etwa Studien zur Besetzung von Dopaminrezeptoren im Hinblick auf die Symptomatik von paranoid-halluzinatorischen Psychosen haben (vgl. Benkert u. Hippius 1995): sind viele Rezeptoren die *Reaktion* auf eine präsynaptische *Unterproduktion* von Dopamin oder sind sie *direkt* das Korrelat der *Überaktivität* des Dopaminsystems usw.?

Für die neurokybernetische Betrachtung kann aus der Vielzahl neurobiologischer Variablen, von denen gleich die Rede sein wird, aus systemtheoretischer Sicht eine Beschränkung auf relativ wenige Variablen erfolgen, die für die Entwicklung eines *systemischen Mehr-Ebenen-Verständnisses* wichtig sind:
1. Auf der Ebene der *Zelle* als Element des Nervensystems sind unter den bekannten *Aktivitätsmerkmalen* einer Zelle zweifelsfrei die elektrischen *Entladungsaktivitäten* (und ihre chemischen Korrelate wie etwa Transmitterkonzentrationen udgl.) essentiell für den Gesamtfunktionszustand des Gehirns. Sie stellen die „schnellen Prozesse" dar. Die chemischen Stoffe, wie beispielsweise die verschiedenen Botensysteme (z.B. Transmitter), werden hier nur als die molekularen Schaltstellen, Träger und Modulatoren der elektrischen Aktivität angesehen. Einige dieser Mechanismen entsprechen „langsamen Prozessen" (z.B. Second Messenger). Sie modulieren die zellulären Prozeßabläufe, stellen allerdings die in vivo besser meßbaren Korrelate dar. Die biochemischen Details sind für die praktische Pharmakotherapie wichtig.
2. Auf der Ebene der Betrachtungen der *Struktur* des Gehirns sind die Schaltkreise, die zwei oder mehr verschiedene Zelltypen funktionell miteinander verknüpfen, relevant. So kann von einer aktiven Nervenzelle bei der Folgezelle eine Aktivierung oder eine Desaktivierung ausgelöst werden. Das Wechselspiel dieser Prozesse nach zwei,

drei oder vier Schaltstufen ist dabei interessant. Solche Schaltkreise bedingen die Ablaufstruktur der neuronalen Prozesse, also beispielsweise motorische Programme von Körperbewegungen. Viele Modelle zur Analyse der Sinnesfunktionen und der Motorik existieren bereits (vgl. Churchland u. Sejnowski 1992).

3. Bei der die Mikro- und die Makro-Ebene verknüpfenden *systemischen Betrachtung* wird die Veränderung der Aktivität der Zellen über die Zeit (dx/dt) als Folge der Art der Verknüpfung mit anderen Zellen und deren Rückwirkung analysiert (neurochemische Netzwerkanalyse). Bemerkenswert sind dabei oszillatorische Phänomene der Entladungsaktivität von kortikalen Neuronengruppen (Gray et al. 1989, Singer 1990).

Derzeit wird allerdings im Bereich der *Analyse der neurochemischen Systeme* selten die Systemtheorie angewandt.

## 9.3 Grundfragen der Neuropsychologie der Sucht

In Hinblick auf die erwähnten methodologischen Grundprobleme der Neuropsychologie stellt sich für die Suchtforschung zunächst die Frage, ob der *Rausch* (wie etwa beim Alkohol) durch die *Enthemmung* (als Entspannung) an sich „so schön" ist, oder ob eine *aus der Enthemmung resultierende zunehmende Aktivierung* für das Wohlgefühl verantwortlich ist. Dies kann auch beim Wirkmechanismus der Opiate diskutiert werden: Opiate aktivieren das Dopaminsystem. Dies beruht darauf, daß Opiate das Gamma-Amino-Buttersäure-System (GABA-System) hemmen, das wiederum das Dopamin-System hemmt. So bewirkt die Opiatgabe daher indirekt durch eine „Hemmung der Hemmung" eine Enthemmung des Dopaminsystems. Auch eine *direkte Aktivierung* des Dopaminsystems durch Amphetamine oder Kokain, kann zu Rauschzuständen führen. Somit könnte übrigens die Aktivierung eines Systems an sich (mathematisch: dx/dt) das relevante und essentielle neurobiologische Korrelat der „Essenz" des Rauscherlebens sein (vgl. Herz 1988, 1995).

Interessant in diesem Zusammenhang ist auch die Frage nach der *Neurobiologie der „Entspannung"* beim Erleichterungstrinken. Wird die „Spannung gehemmt" oder wird eine „Hemmung gehemmt" oder wird nur aktiviert? Was bedeutet aber „Spannung" neuropsychologisch? Die Frage kann nicht klar beantwortet werden. Bei diesen Überlegungen tritt allerdings die Vermutung auf, daß die in kurzer Zeit auftretende *Veränderung* der jeweiligen *Aktivitätsniveaus* (dx/dt) der einzelnen Subsysteme für sich (oder im Verhältnis zueinander) bedeutsam sein könnte. Ebenso kann es sein, daß die Veränderung im Vergleich zum Nüchternzustand relevant ist.

Möglicherweise bestimmt sowohl die kurzfristig auftretende Veränderung des Zustands (z.B. „phasische" Aktivität der Nervenzellen) beim Wirkungseintritt des Stoffs (z.B. der „Kick" bei der Heroininjektion), wie auch die relativ stabile Auslenkung des Gesamtbefindens (z.B. „tonische" Aktivität der Nervenzellen) während des Rausches (vor allem der Affekte und Gedanken) das, was auch phänomenologisch die *Essenz der Erlebnisqualität des Rausches* ausmacht (Sägezahnfunktion des Aktivitäts-Zeitprofils, vgl. Abb. 4d).

Die besondere phänomenologisch-psychologische Bedeutung von „Spannung" und „Entspannung" beim Rauscherleben zeigen Analysen von Rauschbeschreibungen von Literaten (vgl. Tretter et al. 1989, Tretter 1995a). Es ist jedoch schwer zu klären, wie das Zusammenspiel von psychologisch beschreibbarer Erregung und Hemmung auf neurobiologischer Ebene zu verstehen ist. Auch die Betrachtung der Belohnungseffekte des akuten Konsums von Rauschmitteln ohne Berücksichtigung der (Minderung der Aktivität der) Bestrafungssysteme „erklärt" bei diesen Fragen nicht viel.

Des weiteren ist es problematisch, vom Tierexperiment auf das Erleben des Menschen zu schließen, was in den einzelnen neurobiologischen Studien nur selten ausreichend problematisiert wird.

Die neurobiologischen Erklärungstheorien zur Süchtigkeit als Verlangen, die dem Dopaminsystem eine zentrale Bedeutung zuweisen, unterscheiden darüber hinaus auch grundlegend zuwenig, welche neuralen Prozesse beim *Rausch* wirksam sind, und welche dieser Mechanismen das erneute (süchtige) *Verlangen nach Rauschzuständen* („Craving") auslösen.

Beispielsweise wird in der Literatur die erhöhte Aktivität des dopaminergen (und des noradrenergen) „Belohnungssystems" nicht nur für den Rausch nach Kokainkonsum, sondern ebenso für die Manie und die paranoide Schizophrenie als Erklärung herangezogen, was zu undifferenziert erscheint. Denn ein Kokain-Rausch und eine schizophrene Psychose unterscheiden sich in der Regel doch deutlich. Außerdem erzeugt auch das durch Benzodiazepine aktivierte, aber hemmend wirkende GABA-System einen Rausch, allerdings von anderer Qualität.

Der mit der *Suchtentwicklung* verbundene Prozeß des Einprägens der angenehmen Rauschwirkung, also der Aufbau der Abhängigkeit, wird für stimulierende wie auch für dämpfende Stoffe beobachtet.

Manche Neurobiologen nehmen an, daß die Abhängigkeitsentwicklung, also das zunehmende Rauschverlangen, durch *glutamaterge*, sich selbstverstärkende Erregungsschleifen im Hippokampus (limbisches System) bedingt ist und zu einer verminderten Kontrolle über das süchtige Verhalten (mangelnde Verhaltenssteuerung) führen soll. Wie dies bei Benzodiazepinen erfolgen soll, ist ungeklärt. Zugleich soll dieser Mechanismus auch für Entzugssymptome und Rückfälle verantwortlich sein (vgl. Ballenger u. Post 1978).

Der Mechanismus dieser neuralen Selbstverstärkung wird „Kindling" genannt und bedeutet, daß die Aktivierung dieses limbischen Schaltkreises bei der nächsten Aktivierung eine stärkere Reaktion hervorruft, daß also in gewisser Weise gelernt bzw. „erinnert" wird. Diese Bahnungs-Phänomene sind funktionell auch der synaptischen „tetanischen Potenzierung" ähnlich - eine Erregung senkt die Schwellen für die folgende eintreffende Erregung (vgl. Artola et al. 1990, Schmidt u. Thews 1990). Beide Mechanismen sind daher schlecht unterschiedene, *relativ separate Bahnungsprozesse*.

Für den Alkoholismus ist das „Kindling" postuliert und plausibel gemacht worden, für die Opiatsucht und für die Benzodiazepinabhängigkeit ist dies jedoch nicht unmittelbar evident. Für Kokain- bzw. Haschischabhängigkeit fehlt ebenfalls eine entsprechende neurobiologische Begründung.

Ein interessanter Zugang zur Neuropsychologie des Rausches und der Sucht tut sich möglicherweise auch über die Analyse der Sexualität und über die Orgasmusforschung auf. Hier liegen Erkenntnisse über die physiologischen Effekte und über das komplizierte, wechselnde Zusammenspiel verschiedener Übertragerstoffe (Serotonin, Noradrenalin und Acetylcholin) vor, und zwar auf der Ebene der Reflexe ebenso wie auch auf höheren ZNS-Ebenen. Das Wissen über die Kumulation von Erregungsprozessen, gefolgt von rhythmischen muskulären Kontraktions- und Entspannungsprozessen der Beckenmuskulatur als organisches Korrelat orgasmischer Gefühle könnte in der Neuropsychologie der Sucht auch für das metaphorische Rauschverstehen weiterführend sein: Periodische somatische Vorgänge korrelieren offensichtlich mit tonischen psychischen Gefühlen. Auch das Verhältnis von Orgasmus und Verlangen nach Sexualität lassen sich in dieser Sichtweise analogisierend diskutieren.

Bei diesen Ausführungen werden, wie man sofort sieht, wieder konkrete Teilprobleme des Leib-Seele-Problems und insbesondere die methodischen Grenzen der phänomenologischen Betrachtungsweise deutlich. Es werden aber zugleich auch die Grenzen der neurobiologischen Reduktion der Phänomenologie des Rausches klar.

Eine schärfere neurobiologische Unterscheidung zwischen den Prozessen „Rausch", „Abhängigkeit", „Entzug" und „Rückfall" erscheint daher angebracht.

## 9.4 Elektrochemische Grundprozesse der Nervenzelle

Für die Nutzung einer systemischen Perspektive in der Neurobiologie der Sucht sind die aktuellen neurobiologischen Grundlagen zu berücksichtigen. Dazu einige grundlegende Fakten (vgl. Stevens 1988, Kandel et al. 1991, Shepherd 1994):
- Das relevante Element des Nervensystems ist die Nervenzelle (Neuron). Sie besteht aus dem *Zellkörper* und den *Nervenfasern,* bei denen sich *Dendriten* als Empfangsfasern und *Axone* als Fortleitungsfasern zur nächsten Zelle unterscheiden lassen (vgl. Stevens 1988, s. Abb. 28).
- Die Verbindungstelle zwischen zwei Nervenzellen (A und B) ist die *Synapse*. Man unterscheidet den Bereich des Faserendes (Terminales Endstück, Endknöpfchen) der der Synapse vorgeschalteten Nervenzelle A (z.B. *präsynaptische* Membran) und die Strukturen der nachgeschalteten Zelle B (z.B. *postsynaptische* Membran). An der Synapse wird die elektrisch über *Aktionspotentiale* vermittelte Information der Nervenzelle A über chemische Botenstoffe (Transmitter) an die Folgezelle B übertragen (vgl. Iversen 1988, Kandel et al. 1991; vgl. Abb.28).
- Ein *Transmitter* ist ein Stoff, der in der Zelle produziert wird und der aus dem Ende des Axons einer Nervenfaser (z.B. Zelle A) freigesetzt wird. Folgende Transmitter sind hier relevant: Noradrenalin, Dopamin, Serotonin, Acetylcholin, Glutamat und Gamma-Amino-Buttersäure (GABA). Endorphin/Enkephalin ist als verhältnismäßig nur schwach aktivitätssteuernder Neuromodulator zu erwähnen. Histamin wird hier nicht weiter berücksichtigt.
- Die Neurotransmission erfolgt zunächst präsynaptisch durch eine, durch intrazel-

luläres Calcium ausgelöste Aktivierung der Speicherbläschen, in denen der Transmitterstoff gespeichert ist. Das Bläschen lagert sich in der Folge an der präsynaptischen Membran der Zelle A an, öffnet sich und schüttet den Transmitter in den synaptischen Spalt aus. Der Transmitter bindet sich dann an die *Rezeptoren* der folgenden Nervenzelle B, mit dem Effekt, daß die elektrische (oder chemische) Aktivität der Zelle B zu- oder abnimmt. Bei Zunahme der Aktivität spricht man von *erregenden* Transmittern (z.B. Acetylcholin, Glutamat), bei Abnahme der Aktivität von *hemmenden* Transmittern (z.B. GABA). An allen diesen Stufen der elektrochemischen Signalkette können Drogen eingreifen und die Abläufe beschleunigen bzw. verstärken oder verzögern bzw. abschwächen (vgl. Abb.28).

- Für die *elektrischen Erregungsprozesse* sind *Ionen*, wie die positiven Ladungsträger Natrium ($Na^+$), Kalium ($K^+$) und Calcium ($Ca^{2+}$) und die negativen Chlorid-Ionen ($Cl^-$) besonders wichtig (Keynes 1988). Es gibt Unterschiede der Konzentration der Ionen zwischen dem die Zelle umgebenden Außenraum (extrazellulär) und dem Zellinneren (intrazellulär). In Ruhe hat die Zelle außen mehr Natrium-Ionen und innen mehr Kalium-Ionen (Membranruhepotenial = -70mV). Die Ionen fließen bei Strukturänderungen der Membran gemäß diesem Konzentrationsgradienten durch Membrankanäle zwischen dem Zelläußeren und dem Zellinneren. Jedes Ion fließt in der Regel durch einen eigenen Ionenkanal, der im Inneren selbst wieder elektrische Ladungen trägt. Bei Erregung fließen die Natrium-Ionen in das Zellinnere, die Kalium-Ionen strömen leicht zeitverzögert aus der Zelle. Es bildet sich das Aktionspotential (Spitze des Aktionspotentials = +30mV; vgl. Abb.28). Die Ionenkanäle können durch Rezeptoren oder durch Veränderungen des Membranpotentials geschlossen und geöffnet werden (s.Abb. 29).
- Die *Rezeptoren* befinden sich an der Außenseite der Zellmembran und bilden molekulare Körbchen, an die sich die Transmitter oder Drogen, wie Heroin, anlagern können. Substanzen, die Rezeptoren besetzen, aber keine zelluläre Aktivitätsveränderung auslösen können, heißen „Rezeptorenblocker" oder „Rezeptorantagonisten". Je nach Struktur nehmen die Rezeptoren nur bestimmte Transmitterstoffe und ihnen strukturell ähnliche Moleküle auf.

Es sind heute viele *Subtypen* der Rezeptoren für Dopamin (D1 bis D5), Noradrenalin (Alpha-1, Alpha-2, Beta-1, Beta-2), Endorphin (My, Delta, Kappa, Sigma) usw. bekannt. Sie haben zum Teil gegensinnige Effekte auf das Aktivitätsniveau bzw. auf die Energiebereitstellungsreaktionen der jeweiligen Zelle: z.B. D1 aktiviert, D2 desaktiviert. Darauf wird später ausführlicher eingegangen. *Terminologisch* ist dabei wichtig, daß Synapsen oder Zellen, die von Acetylcholin aktiviert werden, als „cholinerg" bezeichnet werden und jene, die von Dopamin aktiviert werden, als „dopaminerg" benannt werden usw. Mit dem Ausdruck „erg" wird die Stoffbedingtheit der Steuerung der Zellprozesse gekennzeichnet.

Die Rezeptoren setzen sich als Molekülketten durch die Membran teilweise mehrfach geschlängelt fort und setzen dann am *Ionenkanal* an (Klasse 1-Rezeptoren) oder sie enden schließlich im Zellinneren und sind dort an membranständigen *Schaltproteinen* (G-Proteine) gekoppelt: Gs-Proteine sind stimulierend für die Adenlytzyklase, Gi- u.Go-Proteine wirken hemmend auf dieses Enzym. Diese Rezeptoren sind Klasse 2-Rezeptoren (Schmidt u.Thews 1990).

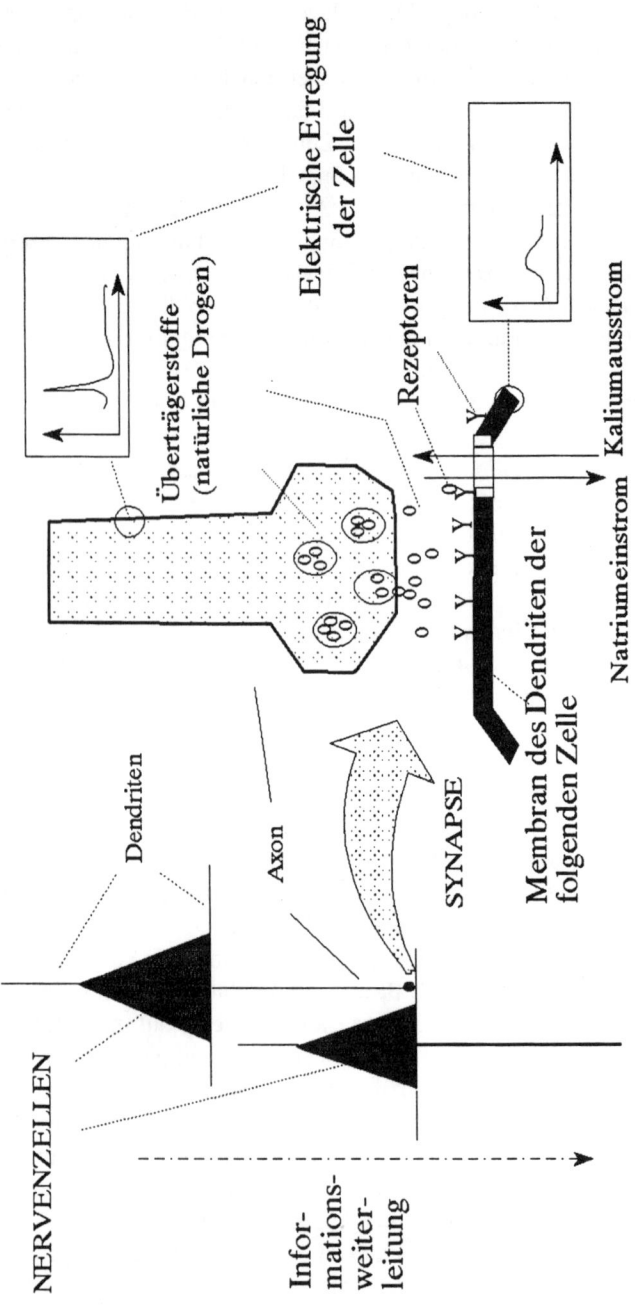

Abb. 28: Informationsübertragung zwischen Nervenzellen. Erläuterungen s.n.S.

Abb.28: Drogen und Informationsübertragung im Gehirn: An der Kontaktstelle zwischen Nervenzellen (Synapsen) führen die elektrischen Entladungen zur Ausschüttung der chemischen Stoffe (Überträgerstoffe, „Transmitter"), die von der folgenden Zelle durch die auf der Außenseite der Zellwand gebundenen Rezeptoren aufgenommen werden. Sind die Stoffe am Rezeptor gebunden, dann öffnet sich die Membran für elektrische Ladungsträger (Natrium, Kalium), sodaß sich erneut elektrische Signale bilden, die verarbeitet und weitergeleitet werden. Drogen greifen an der Ausschüttung der Überträgerstoffe, an ihrem Abbau und durch Bindung an den Rezeptoren an und beeinflussen so die Informationsübertragung an diesen Schaltstellen des Gehirns - sie beschleunigen oder verlangsamen diese Prozesse, was als Stimulation oder Beruhigung erlebt wird. Bei starken Abweichungen entstehen Psychosen (Wahnvorstellungen, Halluzinationen, extreme Ängste usw.). Bei längerem Drogengebrauch wird der Haushalt der Überträgerstoffe (Aufbau, Abbau) empfindlich gestört, mit der Folge, daß bei der Minderung der Stoffzufuhr Entzugssymptome bis zum Delirium auftreten.

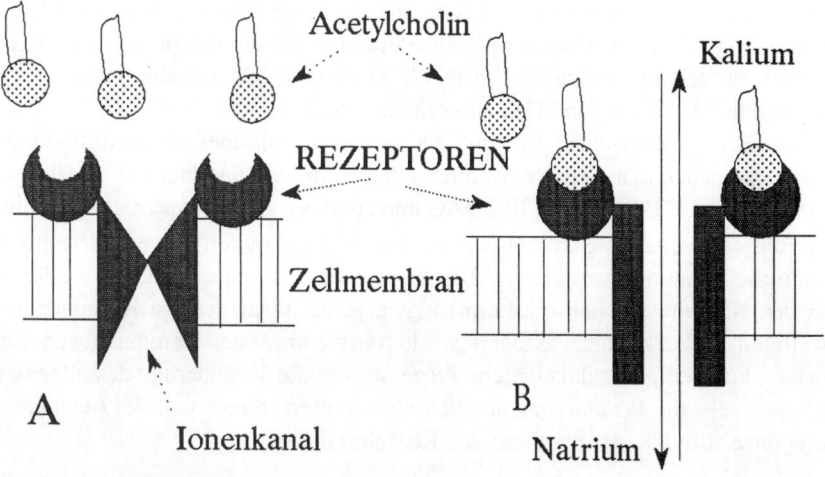

Abb.29: Die Effekte des Ionenkanal-gekoppelten Rezeptors (z.B. nikotinischer Acetylcholin-Rezeptor): Durch Anlagerung von Molekülen des Transmitters Acetylcholin wird die Gestalt des Rezeptor-Kanal-Komplexes so verändert, daß der vorher geschlossene Ionenkanal (A) geöffnet wird (B), so daß das Natrium vom Außenraum der Zelle in das Zellinnere einströmt (Depolarisation), wodurch ein Aktionspotential ausgelöst werden kann. Anschließend fließt mit kurzer Verzögerung Kalium in den Außenraum ab (Repolarisation).

Genauer betrachtet können Rezeptoren folgende Effekte haben ( vgl. z.B. für das Opioid-System, Garcia et al. 1993; vgl. Abb. 29 u. 30):

a) Veränderungen der *Struktur des Ionenkanals* mit dem Effekt der Öffnung oder Schließung des Kanals (Acetylcholin- , Glutamat- , GABA-Rezeptor).

b) Veränderung der *Energiebereitstellung* über G-Proteine durch Hemmung (Gi-Proteine) oder Aktivierung (Gs-Proteine) bestimmter Enzyme (z.B. Adenylatcyklase), die energiereiche Stoffe wie das cyclo-Adenosinmonophosphat (c-AMP) bereitstellen (D1-Rezeptoren des Dopaminsystems, Alpha-1-Rezeptoren des Noradrenalin-Systems, $5-HT_2$-Rezeptoren des Serotonin-Systems) oder mindern (D2-Rezeptoren des Dopamin-Systems).

Die zentrale *Schaltstufe*, die solchen Rezeptoren nachgeschaltet ist, sind also die *G-Proteine*, die, wenn sie durch die Rezeptorbesetzung aktiviert sind, zunächst das Guanosin-Monophosphat (GMP) in Guanosintriphosphat (GTP) umwandeln, so daß die Adenylatcyclase angesteuert werden kann (nicht in Abb. 30 abgebildet). Zusätzlich können G-Proteine die membranständige Phospholipase C aktivieren, die ihrerseits Phosphatidyl-Inositol-biphosphat ($PIP_2$) in Inositol-Triphosphat ($IP_3$) und Diacylglycerol (DAG) spaltet (vgl. Abb.30). $IP_3$ aktiviert $Ca^{2+}$, das im Endoplasmatischen Retikulum (ER) gespeichert ist. DAG aktiviert eine spezielle *Proteinkinase*, die Proteinkinase C. Durch die Proteinkinasen werden Proteine phosphoryliert. Die daraus entstandenen Phosphoproteine steuern nun Transkriptionsprozesse vom Erbmaterial, von der Desoxyribonukleinsäure (DNA), die zur Folge haben, daß über die Ribonukleinsäure (RNS) an Ribosomen (R) neue Proteine für die Rezeptoren, die Membranen usw. aufgebaut werden (vgl. Abb.30). G-Proteine können aber auch direkt die Ionenkanäle für Kalium und Calcium öffnen (vgl. Abb. 30).

Das „Second Messenger-System" als zweites chemisches Botenstoffsystem der Zellen, das neben den Neurotransmittersystemen besteht und hier nur erwähnt wird, beruht also auf cGMP, cAMP, $IP_3$, DAG und auf AA (Arachidonat; nicht abgebildet). Über dieses zweite Botensystem werden kurzfristige, mittelfristige und langfristige chemische Bahnungsprozesse und Blockierungsprozesse ausgelöst, die die Reagibilität des Neurons erhöhen oder erniedrigen, je nachdem, welche Komponente der jeweiligen Prozeßkaskade aktiviert wird: Aktivierung oder Hemmung von Ionenkanälen, kurzzeitige modulatorische Prozesse, wie die Veränderung des allgemeinen Stoffwechsels, die Veränderung der Neurotransmittersynthese und des Ausmaßes der Rezeptorsensitivität, die Synthese von Rezeptoren, usw.

Explosionsartig sind in den letzten 10 Jahren die detaillierten neurobiologischen Erkenntnisse im Bereich der Zellchemie angewachsen, schnell ist aktuelles Wissen überholt. Im Endeffekt aber bewirken die neurochemischen Strukturen und Prozesse nur eine *Veränderung der elektrischen Aktivität und Reaktivität der Zelle*. Dies ist für die in Hinblick auf die Neuropsychologie der Sucht relevante *Makroperspektive* bedeutsam.

Die einzelnen elektrochemischen Prozesse der Zelle sind zwar fast in allen Gehirnregionen gleich, doch sind die chemischen Stoffe, die sich an die Rezeptoren der Zel-

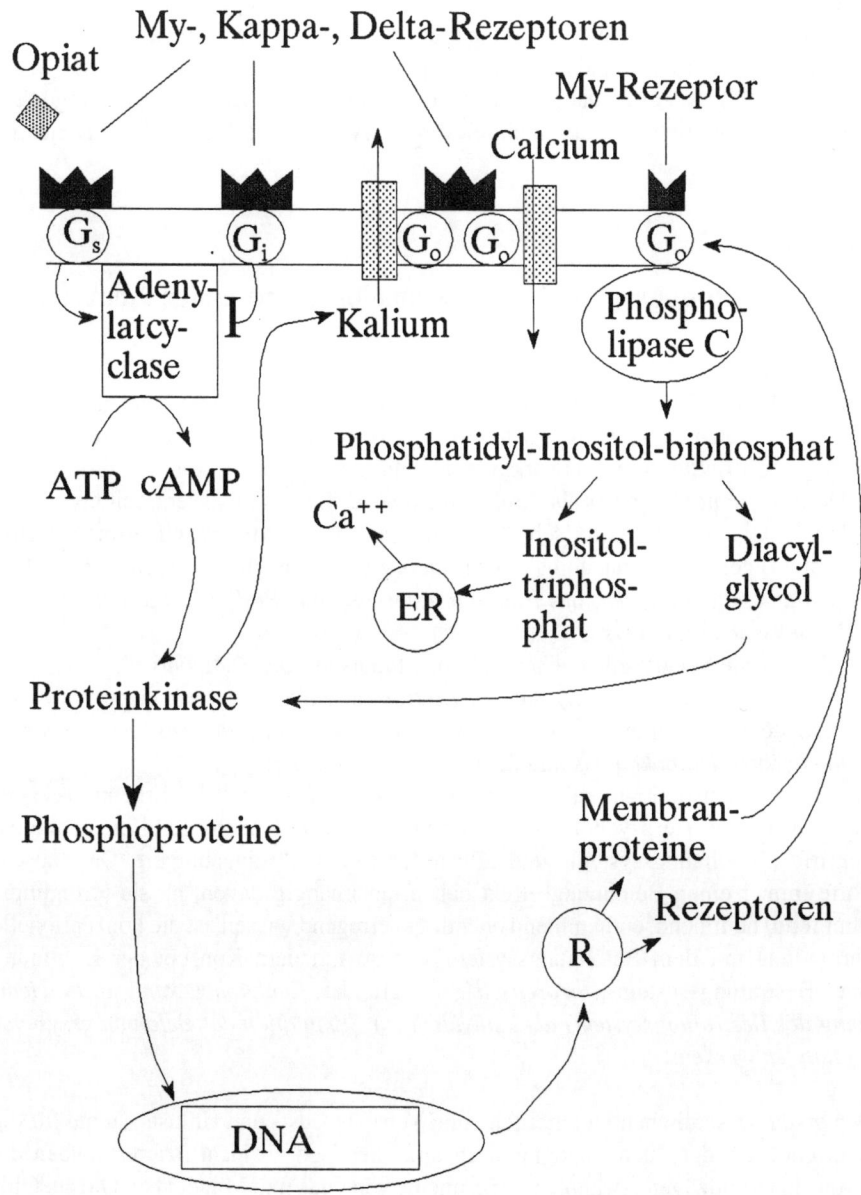

Abb.30: Molekulare Prozeßkaskade der Rezeptoraktivierung
(Erl. s. Text)

len anlagern können, in verschiedenen Gehirnregionen unterschiedlich stark vertreten. Das bedeutet, daß in verschiedenen Gehirnregionen unterschiedliche neurochemische Systeme dominieren. Experimentell zeigt sich durch mit SPECT nachgewiesene radioaktive Liganden eine hirnlokal variierende Rezeptorendichte. Beispielsweise finden sich besonders viele Dopamin-Rezeptoren im *Striatum*, einem System von Zellgruppen im Verbund mit dem extrapyramidalmotorischen System (z.B. Scherer et al. 1995). Es sollen daher zunächst die wichtigsten Gehirnregionen dargestellt werden, die die Elemente des suchtrelevanten Systems des Nervensystems ausmachen.

## 9.1 Gehirntopographie, Verhaltensbiologie und einige Neurotransmitter

Die folgenden Gehirnstrukturen sind an den Phänomenen der Sucht (und anderer psychischer Störungen) wesentlich beteiligt (vgl. Abb. 31; hier jedoch Darstellung nur wichtigster Strukturen, vgl. Dworkin et al. 1993):
1. Der *(präfrontale) Cortex* als Struktur komplexer Informationsverarbeitung.
2. Strukturen, die als motorische Servomechanismen (extrapyramidal-motorisches System) gelten und manchmal als *Striatum* zusammengefaßt werden: der *Nucleus caudatus,* das *Putamen,* das *Pallidum externum,* das *Pallidum internum* und der *Nucleus subthalamicus.*
3. Als zentrale Schaltstelle der sensorischen Inputs gilt der *Thalamus.*
4. Weiter ist das *limbische System* als Zentrum affektiver Bewertungsprozesse von besonderer Bedeutung, mit dem *Septum,* dem *Nucleus accumbens,* dem *Hypothalamus,* dem *Hippokampus* und dem *entorhinalen Cortex.*

In der Verhaltensbiologie haben sich jedoch bereits aufgrund der Erkenntnisse der experimentellen Tierpsychologie die topographisch und neurochemisch geprägten Begriffe „Belohnungssystem" und „Bestrafungssystem" eingebürgert. Da Rauschstoffe immer einen Belohnungseffekt haben, unabhängig davon, ob sie (erregungsdämpfend) hemmend, enthemmend oder direkt erregend wirken, ist die konzeptionelle Verbindung mit dem Belohnungssystem, ebenso mit dem Konzept der Hemmung eines Bestrafungssystems, *theoretisch* gut begründet. *Funktionell kann ja die Hemmung des Bestrafungssystems als äquivalent zur Stimulation des Belohnungssystems verstanden werden.*

Den ersten wesentlichen Durchbruch beim Versuch, Lust- und Unlustsysteme für die Neurobiologie der Sucht topographisch und chemisch zu identifizieren, haben die bereits in Grundzügen erwähnten Experimente von Olds und Milner (vgl. Olds u. Olds 1961) gebracht. Die Forscher implantierten Ratten Elektroden in das *mittlere Vorderhirnbündel* (einem Faserbündel, das vom Hirnstamm ausgeht), in den *Hypothalamus* und in das *Tegmentum.* Die Ratten, die sich in einem Käfig aufhielten, konnten diese Reizelektroden durch das Drücken eines Hebels aktivieren, so daß eine elektrische Reizung auftrat. Die Tiere preßten nach kurzer Zeit den Hebel mit beinahe *ekstati-*

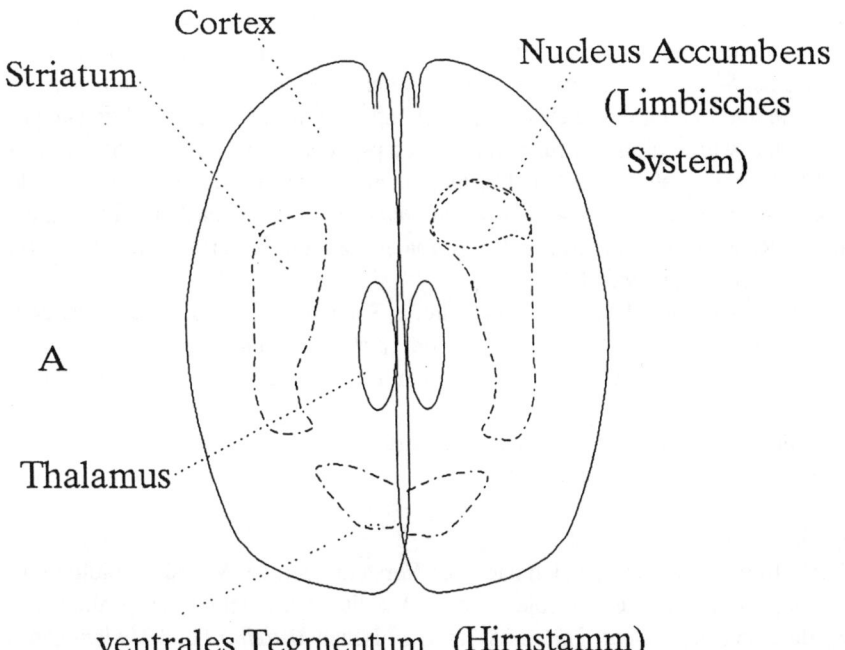
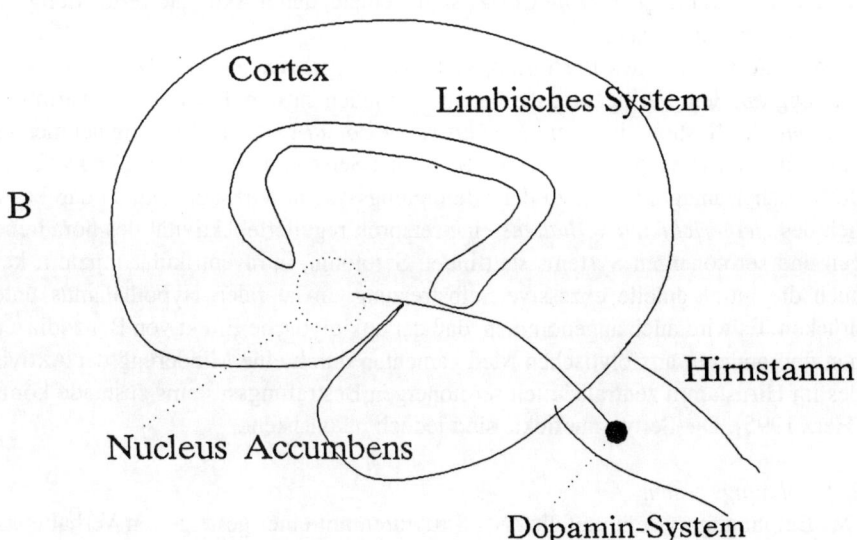

Abb.31: Wichtige Strukturen des Gehirns (s. Text)
A: teiltransparente Ansicht von oben
B: Seitenansicht von der Mitte aus betrachtet

*scher Frequenz*, so daß angenommen werden konnte, daß die elektrische Stimulation einen extrem positiven Verstärkerwert (Belohnungswert) hatte.

Durch verschiedene Lokalisationsorte der Elektroden konnten mehrere dieser *Verstärker-Areale* im Gehirn identifiziert werden. Einen wesentlichen Anteil daran haben die *limbischen Strukturen*. Durch diese Technik der sogenannten *operanten Konditionierung*, die auch durch eine Selbstverabreichungstechnik über eine Injektionsapparatur erweitert wurde, konnten für verschiedene psychoaktive Stoffe positiv verstärkende Effekte festgestellt werden. Darüber hinaus wurde diese tierexperimentelle Technik auch in Form eines *Aversionsparadigmas* (Auslösung von Vermeidungsverhalten) im Rahmen der klassischen Konditionierungstechnik zur Identifikation von Bestrafungszentren angewendet.

5. Schließlich spielt der Hirnstamm (im weiteren Sinne mit der *Substantia nigra,* dem *ventralen Tegmentum*, dem *Nucleus raphe,* dem *zentralen Höhlengrau* und dem *Locus coeruleus*) eine wichtige Rolle in Prozessen der allgemeinen Aktivierung und Inaktivierung von Hirnstrukturen.

Das funktionelle Gewicht dieser einzelnen Strukturen in der Suchtentwicklung ist allerdings noch unzulänglich aufgeklärt.

*1. Bestrafungssystem*

Das Bestrafungssystem äußert sich nach den Vorstellungen der Verhaltensbiologie in Vermeidungsverhalten. Gehirngebiete, deren Aktivität Vermeidung hervorrufen, liegen im Bereich des *periventrikulären Systems* zwischen *Mittelhirn* und *Thalamus* mit einer Ausbreitung in den *Hypothalamus* hinein. Auch die *Basalganglien*, das *limbische System* und der *cerebrale Cortex* sind Gebiete, deren Aktivität Vermeidungsverhalten hervorrufen kann.

Was die Chemie des Bestrafungssystems betrifft, scheint das *cholinerge System* sehr eng mit dem Vermeidungsverhalten verbunden zu sein. Ein weiteres, vermutlich *serotonerges* System, dürfte im *Nucleus raphe dorsalis* seinen Ursprung nehmen und in das limbische System projizieren. Somit hat Serotonin einen *Bestrafungseffekt*, es dürfte daher antagonistisch zu dem Belohnungssystem wirksam sein, so daß bezüglich des *zielgerichteten Verhaltens* eine reziprok regulierte Aktivität des noradrenergen und serotonergen Systems stattfindet. Serotonin, intraventrikulär injiziert, kann auch die intrakranielle exzessive Selbstreizung im lateralen Hypothalamus unterdrücken. Es wird auch angenommen, daß der anxiolytische Effekt von Benzodiazepinen und anderen anxiolytischen Medikamenten durch eine Minderung der Aktivität des im Hirnstamm zentralisierten serotonergen Bestrafungssystems zustande kommt (Herz 1995). Die Serotonineffekte sind jedoch inkonsistent.

*2. Belohnungssystem*

Das Belohnungssystem umfaßt ZNS-Strukturen mit einer gesteigerten Verhaltensaktivität, die als Folge von bestimmten experimentell gesetzten Reizen über elektrische und chemische Reizsonden ausgelöst werden kann (vgl. Routtenberg 1988). So können Alkohol und Benzodiazepin beispielsweise über eine Verstärkung des GABA-Systems wirken. Dies paßt allerdings mit einer Dopamin-Stimulationstheorie des Rausches nicht gut zusammen, da das GABA-System das Dopamin-System hemmt.

Die *dopaminerge* Projektion aus dem *ventralen Tegmentum* in den *Nucleus accumbens* wird nämlich derzeit als die zentrale Bahn des *Belohnungssystems* gewertet, wobei im Nucleus accumbens wohl wegen der vielen dopaminergen Synapsen Stimulantien wie Amphetamine Belohnungswert haben, während im ventralen Tegmentum vielleicht wegen der wichtigen Funktion des GABA-Systems Opiate und Alkohol Belohnungseffekte hervorrufen: Die dämpfend wirkenden Opiate wirken durch Hemmung des GABA-Systems indirekt aktivierend auf das dopaminerge Belohnungssystem, während der enthemmende Alkohol durch Verstärkung des GABA-Systems und des Dopamin-Systems wirkt. Dies ist ein Widerspruch, der derzeit nicht schlüssig in einer *monofaktoriellen Rezeptoren-Theorie* des Rausches (Dopamin-System) aufgeklärt werden kann, sondern bei dem man beispielsweise unterschiedliche Reagibilitäten der unterschiedlichen Systeme („schnelle", „langsame" Systeme oder Wirkphasen) in Rechnung stellen müßte.

## 9.6 Neurokybernetische Schaltkreise der Sucht

In Hinblick auf die Neuropsychologie der Sucht ist es aus heuristischen Gründen, d. h. mit dem Interesse der Verständnissteigerung sinnvoll, davon auszugehen, daß drei wesentliche Ebenen des Gehirns bei psychischen Störungen und damit auch bei der Sucht aktiv sind (vgl. Gray 1991). Hinter dieser Annahme läßt sich ein Funktionsmodell der Schaltkreise entwickeln:

1. Die *kortikale Ebene*, auf der, wie klinische Läsionsstudien zeigen, kognitive Prozesse wie Erwartungen, Denken, Wahrnehmung und Pläne ablaufen.
2. Die *limbisch-subkortikale Ebene*, die mit affektiven Prozessen zu tun hat (z. B. bewertende Vergleiche von Wahrnehmungen und Erwartungen).
3. Die *Hirnstamm-Ebene*, in der Aktivierung und Antrieb lokalisiert sind. Diese Komponente des Gesamtsystems macht die Intensität der Reaktionen aus und kann sie eskalatorisch verstärken.

Von diesem neuropsychologischen Schema aus stellt sich die Frage nach dem neuralen Substrat von Phänomenen der Sucht.

Zunächst sind jeweils mehrere ineinander verschaltete exzitatorische und inhibitorische Regelkreise zu betrachten. Wegen dieser kreisförmigen Verschaltung der Funktionen kann (1) eine „Top-down Analyse" oder (2) eine „Bottom-up Analyse" vorgenommen werden:
(1) Geht man von kortikalen Prozessen aus, dann sind Suchtprozesse mit einem relativ hohen Grad von *bewußter Informationsverarbeitung*, mit Erkennensprozessen und mit Gedächtnisprozessen gekoppelt. Man kann in diesem Sinne pauschal auch von *kognitiven Prozessen* sprechen. Auf diese Weise werden daher auch die mit einem Konsumverhalten verbundenen affektiven Zustände auf kognitiver Ebene gemeinsam mit den Wahrnehmungen und Gedanken der Konsumsituation gespeichert. Mit der durch den Stoffkonsum bedingten veränderten Kognition (z.B. Halluzination) ist auch

eine Aktivierungsänderung der intensativen Komponente und des affektiven Zustands (z.B. Entspannung) verbunden.

(2) Auch „umgekehrt gedacht" ist die hirnstammbedingte Aktivierung des Kortex eine Basis der Suchtentwicklung, denn ein bestimmtes bewußtseinsrelevantes kortikales *Aktivierungsniveau* ist anscheinend erforderlich, damit sich eine süchtige Kopplung aufbaut: Viele Patienten bekommen als bewußtseinsgestörte Unfallopfer mit Schmerzen Opiate und entwickeln nachher keine psychische Abhängigkeit davon. Eine hohe Aktivierung beeinflußt auch das affektive System stärker, die Patienten sprechen von „innerer Unruhe". Durch die sedierenden Effekte mancher Stoffe (z.B. Steigerung der Aktivität des GABA-Systems durch Benzodiazepine) wird ein Inaktivierungseffekt des Hirnstamms erzeugt, was wiederum hippokampal-kortikal gemerkt wird und somit zu einer gedächtnisbedingten Bereitschaft zur Wiederaufnahme der Substanz führen kann. Die Unruhe, die nun auftritt, um die Substanz wieder zu bekommen, wird möglicherweise ebenfalls durch Hirnstammsysteme (z. B. Aktivität des Locus coeruleus) vermittelt.

Dann, ab einem gewissen Aktivierungsniveau, erfolgt, etwa durch Kokain, Ecstasy oder Amphetamin, eine Überaktivierung des Gehirns, mit der Folge eines rapiden Zusammenbruchs der Koordination (Kohärenz) der kortikalen Funktionen. Das geht mit einer im Verhältnis dazu zunehmenden, antagonistischen Aktivität des hemmenden Systems einher. Auf diese Weise kann sogar eine totale Auslöschung der Aktivität der durch Überaktivität bereits „erschöpften" Zellen erfolgen („Depolarisationsblock").

Durch die Kumulation von inhibitorischen postsynaptischen Potentialen kann die im depolarisationsblockierten Erregungsniveau liegende Zelle wieder in einen hyperpolarisierten Zustand in ein in der Nähe der Entladungsschwelle zurückpolarisiertes Membranpotential gebracht werden. Dies könnte übrigens auf phänomenologischer Ebene auch einem Entspannungsgefühl entsprechen.

Von der kortikalen Ebene aus kann auch die Aktivierung einer Hemmung von Hemmungen (Enthemmung) so wirksam sein, daß durch diese Enthemmung ein erregendes Feedback abläuft, so daß auch dieser Regelkreis in einen Zustand der Überaktivierung (Hyperexzitation) führt.

Wichtig scheint daher das Zusammenspiel von mehreren (z.B. 3) funktionell zentralen Regelkreisen in der zeitlichen Abfolge zu sein. Werden zunächst die kortikalen oder die limbischen Schaltkreise aktiv?

Von großer Bedeutung ist auch die *Konvergenz* von glutamatergen, cholinergen, dopaminergen und serotonergen Projektionen im Hirnstamm, im Cortex und im limbischen System.

Die Schwierigkeiten, zu eindeutigen Modellierungen zu gelangen, erhärten sich noch bei genauerer Betrachtung der hier interessierenden Schaltkreise.

## 9.7 Mehr Details zu den Schaltkreisen des Gehirns

Die bisher genannten anatomischen Hirnstrukturen haben keine isolierte Funktion, sondern sie sind miteinander in mehreren Regelkreisen verschaltet, die in sich wiederum in Regelkreise untergliedert sind, die hier in vereinfachter Form dargestellt werden (vgl. Abb. 32):
1. Ein funktionell relativ gut aufgeklärter Regelkreis ist der *cortico-striato-thalamo-corticale Regelkreis* (vgl. Abb. 32, Nr. I). Er ist mit der Funktion des extrapyramidal-motorischen Systems, das für automatisierte Bewegungen zuständig ist, eng gekoppelt. Durch die Schizophrenieforschung, wie auch durch die Erforschung des Parkinson Syndroms, sind diese Zusammenhänge gut bekannt (vgl. Kunze 1992):

Vom *Cortex* projizieren *erregende glutamaterge* (Glu) Bahnen in das *Putamen* (Put). Von dort ziehen *hemmende GABA-erge* Projektionen in das *Pallidum externum* (Pal), das eine weitere *hemmende GABA-erge* Bahn zum *Thalamus* (Thal) sendet. Der Thalamus projiziert wieder *erregend glutamaterg* zum Cortex. An diesem Schaltkreis können Alkohol und Benzodiazepine Funktionsveränderungen auslösen.

Die Struktur dieses vier-elementigen Regelkreises besteht daher aus zwei erregenden Bahnen und aus zwei hemmenden Kopplungen (ERR-HEM-HEM-ERR), die gemäß den zu Beginn des Kapitels zur Systemtheorie angestellten neurokybernetischen Grundüberlegungen eine Selbstverstärkung in Abhängigkeit von der Basisaktivität des Cortex mit Eskalation, oder mit Erlöschung der Aktivität des Regelkreises erzeugen können (Bifurkationsphänomen bei doppelter Hemmung), ähnlich wie dies beim drei-elementigen Regelkreis vom Typ I (ERR-HEM-HEM) der Fall ist (vgl. Abb. 2). Die Funktion dieses Regelkreises liegt daher darin, daß zwei Zustandsverläufe möglich sind:

a. Liegt eine starke kortikofugale Aktivität vor (vgl. Abb. 32, Nr.I), so wird die *Hemmung der Hemmung* des Thalamus erhöht, so daß der dadurch *enthemmte Thalamus* mit hoher Aktivität zum Cortex rückkoppeln kann. Der Thalamus wird also in diesem Fall vom Pallidum externum nur sehr schwach gehemmt. Damit ist vom Cortex aus betrachtet ein die cortikalen Aktivitäten *verstärkender Regelkreis* gegeben.

b. Ist die cortikale Output-Aktivität jedoch in Form einer Glutamat-Unteraktivität reduziert, so wird die Hemmung der Hemmung des Thalamus geringer, d.h. daß der Thalamus also stark gehemmt wird, mit der Folge, daß weniger Input in den Cortex zurückgekoppelt wird. Die schwache Rückkoppelung mindert daher in diesem Fall im Endeffekt die Aktivierung des bereits geringen Outputs des Cortex. Es liegt also unter diesen Bedingungen ein dämpfender Regelkreis vor. Auf diese Weise läßt sich die anhaltende Minussymptomatik (z.B. Verlangsamung kognitiver Prozesse, Auffassungsstörungen etc.) bei der Schizophrenie verstehen.

Das Putamen bekommt aber noch zusätzlich vom nigrären Dopamin-System (DA) einen hemmenden Input, der sich invers proportional (je aktiver A ist, desto schwächer ist B) zur Aktivität des Putamens verhält. Bei einer kortikalen Unteraktivität ist der GABA-erge Output des Putamens sehr stark gemindert, wodurch zusätzlich die Hemmung, die von der Substantia nigra ausgeht, erhöht wird (Minderung der Hemmung der Substantia nigra), sodaß das Pallidum den Thalamus stark schwächt und so die Übertragung im Thalamus gemindert wird. Hohe dopaminerge Aktivität, wie sie bei (schizophrenen) Psychosen offensichtlich vorliegt, könnte daher indirekt die Informationsübertragung von Sinnesorganen über den Thalamus in das Gehirn reduzieren. Dadurch wäre das Gehirn sozusagen vom sensorischen Input abgekoppelt. Ist der corticale Input im Putamen stark, so ist auch die daraus resultierende Hemmung des nigrären dopaminergen Systems hoch. Dadurch wird die rückwirkende hemmende Hochschaltung in das Putamen gemindert, so daß die GABA-erge Hemmung des Dopaminsystems durch das Putamen weiter verstärkt wird (vgl. Abb. 32, Nr. III). In diesem Fall würde außerdem parallel dazu das enthemmte Pallidum sehr stark hemmend auf das ventrale Tegmentum (V. Teg) einwirken, das nun nur mehr schwach hemmend auf den Nucleus Accumbens (N. Acc) wirken würde (vgl. Abb. 32, Nr. IV). Die dortigen aktivierenden Regelkreise des limbischen Systems werden wiederum stärker enthemmt ablaufen, was zu einem starken, ungebremsten Affekt führen könnte.

Damit liegt funktionell betrachtet - ein insgesamt Eingangs-aktivitätsabhängiger, *sich selbst regulierender Regelkreis* vor - *erhöhter cortikaler Input* in den Regelkreis führt zu *erhöhter* cortikaler Aktivität, *verminderter Input* führt zu *verminderter* cortikaler Aktivität.

2. Ein weiterer wichtiger Regelkreis (in Abb. 32, Nr. II) ist im *limbischen System* organisiert. Er beginnt im *Septum* (Sep) und hat zum *Hippokampus* (Hippo) eine *erregende cholinerge* (ACh) Verbindung. Von dort zieht eine *erregende glutamaterge* Bahn zu dem *Nucleus accumbens* (N.Acc), und dann weiter über den *Hypothalamus* (Hypo), die Amygdala (Amyg) und den *entorhinalen Cortex* (EnCo) zurück in den *Hippokampus*. Das Enkephalin-System (En) zeigt eine *hemmende Rückkopplung* vom Hypothalamus in den Nucleus accumbens und eine *hemmende Kopplung* von der Amygdala in das Pallidum. Dieser Schaltkreis hat praktisch keine relevante Hemmung (ERR-ERR-ERR-ERR-ERR), und ist daher vom Charakter ein sich eskalatorisch selbstverstärkenden Regelkreises („Teufelskreis"). Daher läßt sich das „Kindling" als selbstverstärkendes Phänomen nicht nur neurochemisch bzw. synaptologisch als Prozeß der Modifikation des synaptischen Transfers, sondern auch schaltkreistechnisch verstehen.

Dieses System ist an affektiven Prozessen der Informationsverarbeitung stark beteiligt. Mechanismen der Belohnung und Bestrafung sind hier organisiert.

3. Ein dritter Regelkreis umfaßt die Kopplungen mit dem *Hirnstamm*. Auch hier sind mindestens drei Teil-Regelkreise zu unterscheiden:
a) Von der *Substantia nigra* (S.nig.) projiziert eine hemmende *dopaminerge* Projektion in das *Striatum* (hier: Putamen, Put), das wiederum über eine hemmende *GABAerge* Projektion zurückprojiziert (in Abb. 32, Nr. III) (HEM-HEM), weswegen hier ebenso, wie eben beschrieben, eine *alternierend selbstverstärkende* und *selbstdämpfende Kopplung* vorliegen könnte. Es wird aber vermutet, daß im Striatum liegende *cholinerge inhibitorische Interneurone* zwischengeschaltet sind, so daß eine hohe Aktivität dopaminerger Projektionen über cholinerge Neurone die Hemmung des rückprojizierenden GABA-Systems verstärkt, so daß durch diese Aktivitätsminderung des GABA-Systems im Endeffekt eine Enthemmung des Dopamin-Systems, also ein

positiver Regelkreis, d. h. ein sich *selbstverstärkender Kreislauf* wirksam wird. Man kann aber auch davon ausgehen, daß das desaktivierende D2-System im dopaminergen Schenkel des Schaltkreises dominiert und daß die cholinergen Neurone stimulierend wirken. Dann entsteht, ausgehend von cholinergen Neuronen, aus dem dreigliedrigen Kreislauf von Erregung, Hemmung und rückgekoppelter Hemmung (ERR-HEM- HEM) eine Aktivierung oder eine Dämpfung: je stärker ACh aktiv ist, desto stärker ist die Hemmung, die von GABA ausgeht, und desto schwächer ist die durch das Dopaminsystem bewirkte Hemmung der cholinergen Neurone. Dadurch kann sich die Aktivität der cholinergen Neurone aufschaukeln. Andererseits kann eine geminderte cholinerge Aktivität bei diesem Typ von Regelkreis zu einer erlöschenden Aktivität führen (vgl. Abschnitt „Systemwissenschaft"). Die empirische Klärung der Verhältnisse steht noch aus.

b) Eine hemmende *dopaminerge* Projektion zieht vom *ventralen Tegmentum* (V.Teg) in den *Nucleus accumbens.* Die Rückprojektion ist hemmend *GABA-erg* (in Abb. 32,

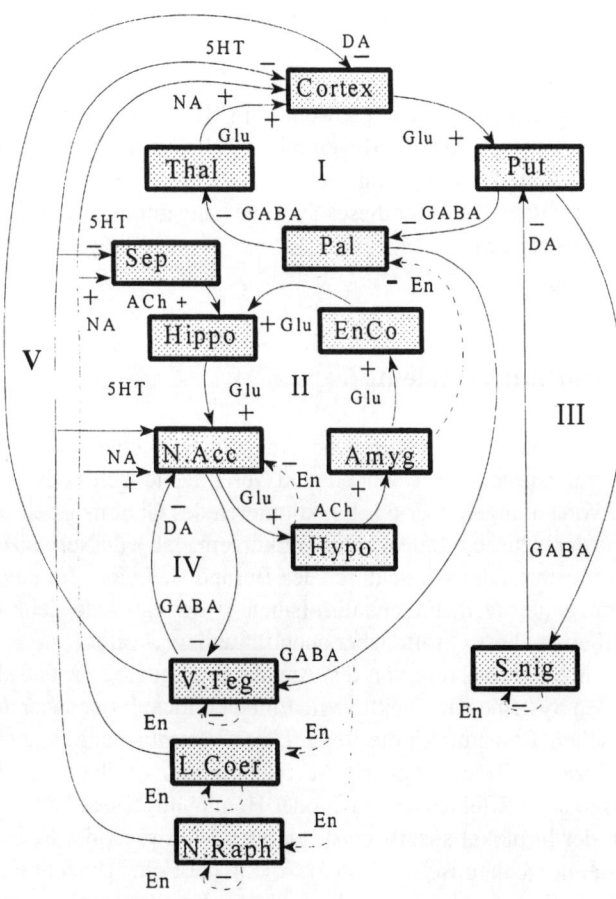

Abb. 32: Neurochemie und Topographie suchtrelevanter Gehirn-Strukturen als System von Regelkreisen (nach Gray 1991, Dworkin et al. 1993, Shepherd 1994).

Nr. IV). Daher handelt es sich ebenfalls um einen, sich je nach Ausgangsniveau unterschiedlich verhaltenden Schaltkreis (HEM-HEM). Bei niedriger Aktivität tritt ein selbstdämpfender Effekt auf, bei höherer Aktivität zeigen sich (indirekt durch Hemmung der hemmenden Rückkopplung) selbstverstärkende Effekte.

c) Ein weiterer Regelkreis (in Abb. 32, Nr. V) zieht mit einer hemmenden *dopaminergen* Bahn vom *ventralen Tegmentum* (V. Teg.) zum *Cortex*. Von dort verläuft eine erregende *glutamaterge* Bahn zum *Putamen* (Put). Hier beginnt eine hemmende *gabaerge* Projektion, die über das *Pallidum* (Pal) hemmend zurück zum *Tegmentum* projiziert (ERR-HEM-HEM-HEM).

Auch dieser Regelkreis scheint durch die drei seriell (hintereinander) geschalteten hemmenden Systemkomponenten eine oszillatorische selbstverstärkende Funktion für den Cortex zu haben.

Nicht zuletzt sind *noradrenerge* (NA) Hirnstammprojektionen vom Locus coeruleus zu dem *serotonergen* (5HT) Nucleus Raphe bedeutsam für die Modulation affektiver Zustände, die bei der Sucht viel mit Spannung und Entspannung zu tun haben. Auch sind an diesen Stellen enge Verknüpfungen der einzelnen neurochemischen Systeme gefunden worden (Hobson 1988), nicht zuletzt gibt es auch endorphinerge Schaltkreise ( Aston-Jones et al. 1993).

Zusammenfassend betrachtet können sowohl vom Hirnstamm Antriebe für Prozesse in den hierarchisch übergeordneten Regelkreisen geliefert werden, wie auch corticale Aktivität das System dämpfen kann.

Eine Vertiefung der Prozeßstruktur dieser Systeme kann nur mehr mit Hilfe von Computersimulationen erfolgen.

## 9.8 Neurotransmittersysteme

Die gegenwärtigen Kenntnisse über neue Transmittersysteme sind unüberschaubar und teilweise widersprüchlich. Dennoch sind Vereinfachungen nötig, um überhaupt übergreifende Vorstellungen über das Funktionieren des Gehirns zu entwickeln. Eine Grundannahme der Neurobiologie war bis vor kurzem, daß jede Nervenzelle nur einen Transmitter produziert. Dies wurde durch den Befund, daß viele Zellen (z.B. GABA-Zellen) Ko-Transmitter (z.B. Enkephalin) haben, widerlegt. Jede Zelle hat Rezeptoren für speziell einen dieser Stoffe, aber auch für andere Stoffe.

Hier wird zur Vereinfachung von der Annahme ausgegangen, daß die einzelnen neurochemischen Systeme eine funktionelle Einheit bilden. Es ist daher an dieser Stelle von spezifischen Transmittern die Rede. Diese Vereinfachung ist auch problematisch, da die einzelnen Transmitter wie Acetylcholin an verschiedenen Regionen im Gehirn gegensätzliche Effekte (Erregung oder Hemmung) haben können. Dies hängt vor allem von der hirnlokal spezifischen relativen Häufigkeit der Rezeptorsubtypen ab. Für jedes der neurochemischen Systeme, die in der Folge genannt werden, gibt es nämlich bereits mehrere *Subsysteme*, die funktionell zusammenhängende Untereinheiten darstellen und durch die Rezeptorsubtypen definiert sind (vgl. Iversen 1988):

1. Das *noradrenerge System* besteht funktionell betrachtet entsprechend den Rezeptorsubtypen aus dem Alpha-1-, dem Alpha-2-, dem Beta-1- und dem Beta-2-Subsystem. Das Alpha-2-System wirkt hemmend auf dieses System.
2. Das *Dopamin-System* besteht aus dem D1-, D2-, D3-, D4- und D5-Rezeptor-Subsystemen.
3. Das *serotonerge System* (5-Hydroxtryptamin, 5-HT) zeigt die Rezeptor-Typen 5-HT-1A, 5-HT-1B, 5-HT-1C, 5-HT-2A, 5-HT-2B. 5-HT-1-Rezeptoren hemmen die Aktivität des Systems.
4. Das *cholinerge System* besteht gemäß der Rezeptortypologie aus dem muskarinischen M1- und M2-Typ und dem nikotinischen Subsystem.
5. Das glutamaterge System hat 3 Rezeptor-Subsysteme (NMDA, Kaniat, AMPA).
6. Das *GABA-erge* System hat die zwei Ionenkanal-gekoppelten Rezeptorentypen GABA-A (Chlorid-Einstrom-Steigerung) und GABA-B (Kalzium-Einstrom-Minderung).
7. Zum *endorphinerg-/enkephalinergen System* werden vier Rezeptoruntertypen gerechnet, die My-, Kappa-, Delta- und Sigma-Rezeptoren.

Laufend werden neue Rezeptortypen und in der Neurotransmission wichtige Stoffe gefunden. Es soll daher nur eine grobe Darstellung der Befunde erfolgen, mit Vereinfachungen, die zwar dem Spezialisten unhaltbar erscheinen, jedoch andererseits die systemische Sichtweise der Gehirnfunktionen erst ermöglichen.

*1. Noradrenalin-System (NA)*
Die Selbstreizungsexperimente bei Ratten, die elektrische Reizsonden oder Kanülen im Gehirn implantiert hatten, über die psychoaktive Stoffe eingebracht werden können, zeigen, daß hohe Hebeldruckraten (Belohnungsaktivität) mit einer Freisetzung von Nordrenalin und seiner Metaboliten bei Stimulation des (lateralen) *Hypothalamus* erfolgten. Andererseits kann die Zerstörung des *Locus coeruleus* als noradrenerges Zentrum im Hirnstamm die Selbststimulationsrate nicht wesentlich beeinträchtigen. Daraus ergibt sich die Vermutung, daß Noradrenalin für die Neurochemie des Belohnungssystems eine wichtige, aber keine entscheidende Rolle spielt.

*2. Dopamin-System (DA)*
Die dopaminerge Bahn vom *ventralen Tegmentum* zum Nucleus accumbens und die Bahn von der *Substantia nigra* zum Nucleus caudatus und Putamen sind bei Selbstreizungsexperimenten involviert. Dopaminrezeptorenblocker erhöhen die elektrische Schwelle für die Selbstreizung in einer Dosis-Wirkungs-Beziehung. Manchmal ist von individuellen Neuronen, den „hedonistischen" Neuronen die Rede. Das dopaminerge D1- Teilsystem soll am Lustgeschehen stärker beteiligt sein als das D2-Teilsystem. Davon wird noch ausführlicher die Rede sein.

*3. Serotonin-System (5-HT)*
Seine Zentren sind im Hirnstamm (Nucleus raphe), aber es gibt viele Rezeptoren im gesamten Gehirn. Dieses System ist eines der ältesten Systeme im Nervensystem und es sind dazu viele Forschungsergebnisse bekannt, die jedoch noch äußerst wider-

sprüchlich sind: Eine Unterfunktion des Serotonin soll depressiv-suizidale und ängstliche Syndrome auslösen, bei Überfunktion sollen paranoid-halluzinatorische Zustandsbilder auftreten. Das beruht vor allem auf den Erkenntnissen über die Wirksamkeit von antiserotonergen Neuroleptika und von serotonergen Antidepressiva. Liquor von Depressiven zeigt einen erniedrigten Gehalt von Serotonin-Stoffwechselprodukten, andererseits sind manche Mittel, die antiserotonerg wirken, antidepressiv wirksam (vgl. Benkert u. Hippius 1995, S. 18-26). Es läßt sich daher beispielsweise für die Depression sowohl eine Überfunktions- wie auch eine Unterfunktionshypothese begründen. Daß ein solcher Widerspruch möglich ist, läßt sich nur aus einem noch nicht voll aufgeklärten, zum Teil gegenläufigen, Wechselspiel von präsynaptischen und postsynaptischen Rezeptoren, ihrer Dichte und Sensitivität, der Transmitterausschüttung und dem Rücktransporter udgl. verstehen (vgl. Shepherd 1994, S. 533-534). Vielleicht kann ein Konzept der Gegenregulation auf der Basis eines Nichtgleichgewichtes von Transmitter-Angebot und Rezeptoren-Angebot hilfreich sein (s.u.). Darüber hinaus ist vermutlich auch das Wechselspiel der funktionell antagonistisch wirkenden Rezeptorsubtypen (5-HT-1 vs. 5-HT-2) für die Aktivität der Zelle bedeutsam: Starke Aktivierung des 5-HT-1A Teilsystems durch Agonisten, das auch als präsynaptischer aktivitätsmindernder Autorezeptor vorkommt, ist mit depressiv-dysphorischen Zuständen gekoppelt, was mit einem verminderten synaptischen Serotoninangebot zusammenpaßt. Umgekehrt: Eine Minderung der Aktivität des präsynaptischen 5-HT1-Systems durch 5-HT-1-Antagonisten hat daher eine Steigerung der Aktivität der gesamten serotonergen Informationsübertragung zur Folge. Manche 5-HT-1A-Rezeptoragonisten (z.B. Buspiron) wirken jedoch antidepressiv und anxiolytisch, was auf Effekte postsynaptischer 5-HT-1A-Rezeptoren zurückgeführt werden könnte. Daher ist auch eine einfache Serotonin-Mangelhypothese bei affektiven Störungen nicht schlüssig. Vielleicht beruht die wesentliche Medikamentenwirkung auf den postsynaptischen 5HT-1-Rezeptoren. Die Situation ist aber noch komplizierter.

5-HT-2-Rezeptoren sind postsynaptisch lokalisiert und aktivieren die betreffende Zelle. 5-HT-2-Antagonisten wie Ritanserin oder Amitriptylin dämpfen die Systemaktivität und bewirken ebenfalls eine Anxiolyse.

5-HT-1-Rezptoren und 5-HT-2-Rezeptoren zeigen somit einen *funktionellen Antagonismus*. Auch Transporter-Blocker, die zu einer Zunahme des synaptisch verfügbaren Serotonins führen, haben antidepressive Effekte. Möglicherweise ist eine pathologische Hyposensitivität der 5-HT-2-Rezeptoren entscheidend - die durch eine Rezeptorblockade reduzierte Anzahl verfügbarer Rezeptoren könnte kompensatorisch zu einer starken Reagibilität bei diesen übrigen Rezeptoren führen. Andererseits könnten bei übergroßem Transmitterangebot die Rezeptoren schließlich mit einer Desensitivierung reagieren (vgl. Baumgarten 1991). Da diese verschiedenen möglichen synaptischen Mechanismen in ihrem Zusammenspiel noch nicht verstanden werden, wird hier vereinfachend davon ausgegangen, daß für psychopathologische Phänomene vor allem die Aktivität der 5-HT-2-Rezeptoren die Gesamtsystemaktivität des Serotoninsystems gut charakterisiert.

*4. Cholinerges System (ACh)*
Dieses System ist nur am Rande und indirekt mit Rausch-Phänomenen verbunden. Zentral wirksame Anticholinergika (z.B. Belladonna-Präparate) können allerdings Rauschzustände erzeugen. Akuter Alkoholkonsum scheint die Aktivität des cholinergen Systems zu *unterdrücken,* chronischer Alkoholkonsum scheint jedoch zur kompensatorischen Überaktivität zu führen, so daß in der Entzugssituation zunächst eine relative Überfunktion dieses Systems vorliegen dürfte (vgl. Rommelspacher u. Schmidt 1994). Die relevanten Strukturen sind im septalen Bereich und im Hirnstamm (dorsales Tegmentum) lokalisiert.

*5. Glutamat-System (Glu)*
Dieses System wird häufig in Zusammenhang mit dem „süchtigen Verlangen" (Craving) genannt. Viele (vor allem sedierende) Suchtstoffe, wie beispielsweise Alkohol, scheinen dieses System in seiner Aktivität zunächst direkt oder indirekt zu unterdrücken, was aber kompensatorisch nach einiger Zeit zu einer relativen Überaktivität führt.

*6. GABA-System (GABA)*
Neurone, die GABA-erge Synapsen aufweisen, finden sich im gesamten Gehirn. Lange Bahnen sind selten (z. B. vom Putamen zur Substantia nigra). Angstzustände beruhen vermutlich auf GABA-Unterfunktionen. Die Aktivität dieses Systems spielt eine große Rolle bei dem Belohnungswert des Stoffkonsums und bei der Entstehung (und Therapie) von Entzugssymptomen. Benzodiazepine verstärken die GABA-Funktionen.

Unerklärt sind bisher paradoxe Erregungszustände, die vor allem auftreten, wenn der Konsument von Benzodiazepinen nach der Applikation durch motorische Aktivität gegen die Sedierung ankämpft - nach etwa einer halben Stunde soll ein „Kick" mit einem Erregungszustand auftreten können. Eine Amnesie für diesen Zustand besteht häufig.

*7. Opioiderges System (En)*
Dieses System, welches auch das die endogenen Opioide produzierende Endorphin- bzw. Enkephalin-System (End bzw. Enk; hier zusammenfassend: „En") umfaßt, zählt im engeren Sinne nicht zu den Neurotransmittersystemen, sondern zu den Neuromodulatoren, weil sie die Aktivität der Neurone nur modulieren. Es wird hier einfach als „Opioidsystem" (oder einfacher: Opiatsystem) bezeichnet. Es ist vorwiegend als lokales Netzwerk im Bereich des Hypothalamus und auch mit langen Bahnen im limbischen System zu finden. Die Opiatrezeptoren sind überwiegend präsynaptisch lokalisiert. Sie bewirken dabei meist eine Minderung der neurochemischen Übertragungsaktivität des jeweiligen Neurons (z.B. Hyperpolarisation). Das bedeutet, daß von der jeweiligen Zelle weniger (exzitatorische oder inhibitorische) Transmitterstoffe ausgeschüttet werden (Noradrenalin, Dopamin, Acetylcholin oder GABA usw.). Es werden, wie erwähnt, mehrere Subsysteme unterschieden, wobei das My-System für die Sucht besonders relevant ist. Das opioiderge System ist vor allem im Bereich des Nucleus Accumbens und im ventralen Tegmentum funktionell für Suchtprozesse relevant, wovon noch die Rede sein wird.

Es gibt aber auch im Hirnstamm, im Bereich des Locus coeruleus, eine wichtige Schaltzentrale, bei der endorphinerge synaptische Endigungen mit noradrenergen Nervenzellen *präsynatisch* gekoppelt sind, wobei auf diese Weise die *Aktivität* der noradrenergen Neurone *gehemmt* wird (funktionelle Alpha-2-Rezeptor-Synergie).

Das Zusammenwirken der einzelnen Systeme ist wichtig. Allerdings sind dazu noch viele Fragen offen, da die experimentelle Forschung an der Untersuchung von Einzelphänomenen und nicht an der Untersuchung des Systemzusammenhangs orientiert ist. Es können daher nur einige Beispiele für Systeminteraktionen gebracht werden:

Das Zusammenwirken des Dopamin-, GABA-, Noradrenalin- und Opioid-Systems im Hinblick auf das relative Aktivitätsprofil ist für die *Neurobiologie der Opiatsucht* relevant: Da Opiatrezeptorenblocker die Rate der Selbststimulation reduzieren können, muß eine *synergistische (indirekte) Kopplung* des dopaminergen Systems mit dem opioidergen System angenommen werden. Dies ist indirekt gegeben: Die Aktivierung des Opioid-Systems durch Heroin erzeugt über My-Rezeptoren eine Hemmung des wiederum das Dopamin-System hemmende GABA-Systems, wodurch schließlich eine Enthemmung und damit eine Aktivierung des Dopamin-Systems

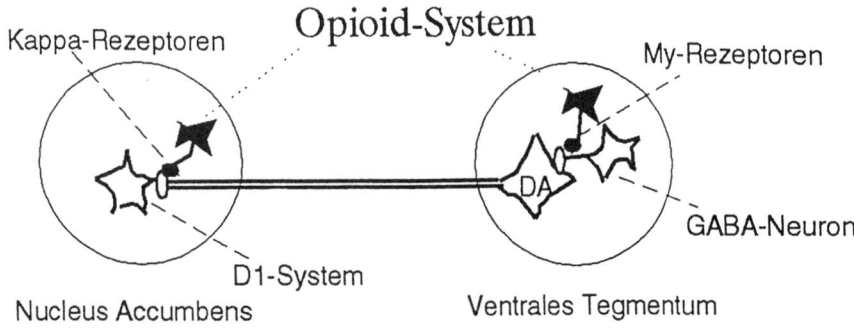

Abb.33: Modulation der Aktivität des Dopamin-D1-Systems im Nucleus accumbens: das My-System als Teil des Opioidsystems hemmt das hemmende GABA-System, wodurch das Dopamin-D1-System enthemmt und daher aktiviert wird. Das Kappa-System hemmt präsynaptisch die dopaminergen Neurone mit dem Effekt der Minderung der Aktivität des Dl-Systems (veränd. nach Herz 1995, S. 9). Das antagonistische Verhältnis des Kappa- und des My-Systems könnte die Momente der Spannung und Entspannung ausmachen: Die hohe Aktivierung des Dopamin-Systems, die durch die My-System-bedingte Hemmung des hemmenden GABA-Systems zustande kommt, bei zugleich vorliegender Hemmung der Dopamin-Terminalen durch eine Kappa-System-bedingte Hemmung könnte dem psychisch-phänomenalen Spannungszustand entsprechen.

erfolgt. Die Abschwächung des GABA-Systems kann auch zu einer Aktivierung des cholinergen Systems führen. Dieser Prozeß der Enthemmung zeigt Ähnlichkeiten mit Mechanismen der Belohnung, die phänomenologisch betrachtet häufig mit Entspannungsprozessen zu tun haben (vgl. Abb. 33).

Das noradrenerge System wird durch die Aktivität des Opioid-Systems gehemmt, ebenso möglicherweise das aversiv wirksame Serotoninsystem (z.B. durch die relative Dominanz des dopaminergen Systems gegenüber dem serotonergen System). Die Berücksichtigung dieser Aspekte wird später zu einem umfassenderen Systemmodell führen.

## 9.9 Biochemie einzelner Drogen

Die Beobachtung, daß die Zufuhr von bestimmten Stoffen psychische Zustände und Prozesse verändert, zeigt, daß die Hirnchemie eine wesentliche Rolle beim Ablauf und beim Aufbau psychischer Prozesse und Zustände spielt und auch eine Schlüsselfunktion bei der Entwicklung der Sucht hat. Hier interessieren als Drogen verwendete psychoaktive Stoffe (Ashton 1992).

Die Einteilung der psychoaktiven Stoffe kann nach verschiedenen Kriterien erfolgen. Im wesentlichen geht es um unterschiedliche *Wirkungstypen*. Stark vereinfachend lassen sich *drei Hauptgruppen* unterscheiden:
A) *Psychostimulanzien* als Stoffe, die psychische Abläufe (z.B. Denken) beschleunigen, wie Amphetamin, Kokain, MDMA, aber auch Coffein und Nikotin (*Steigerung der Reagibilität u. Spontanaktivität*).
B) *Psychosedativa* wie Alkohol, Benzodiazepine, Barbiturate und auch teilweise Morphin, die die psychischen Abläufe verlangsamen und Affekte in ihrer Intensität mindern (*Minderung der Reagibilität u. Spontanität*).
C) *Psychodysleptika (auch: Psychotomimetika)* wie es Halluzinogene sind. Sie umfassen LSD und potentielle Halluzinogene wie Haschisch (eher sedierender Nebeneffekt) und MDA (Variante von „Ecstasy"; eher stimuliernder Nebeneffekt). Sie verändern die kognitiven Funktionen sogar *qualitativ* (z.T. wahnhafte Bedeutungszuschreibung von Ereignissen).

Die differenzierteren gängigen unterschiedlichen Klassifikationen von psychoaktiven Stoffen nach chemischen Gruppen, nach Kreuztoleranz zwischen den Stoffen usw., vor allem jene der WHO (vgl. ICD-10), sollen hier nicht weiter dargestellt werden, da sie für das Thema dieser Arbeit nicht relevant sind.

A) Stimulierend wirkende Stoffe

1. *Kokain*:
Aus Experimenten an Ratten, die sich durch Hebeldruck über in das Gehirn eingesetzte Kanülen Drogen selbst verabreichen konnten, ergaben sich typische Muster der Selbstverabreichung von Kokain (vgl. Herz u.a. 1992, Shippenberg 1992): So konn-

ten sich Ratten Kokain experimentell im Rahmen eines etwa ein halbes Jahr währenden Versuchs selbst verabreichen. Nach einem Monat zeigte sich eine Zunahme der Dosis von etwa 40 mg/kg Körpergewicht (=KG) pro Tag zu Beginn des Experiments auf eine Dosierung von etwa 100 mg/kgKG pro Tag nach 4 Monaten. Dabei traten bereits Krampfanfälle ab ca. 50 mg/kgKG pro Tag auf. In einer genaueren Zeitauflösung betrachtet, d. h. über den jeweiligen Tagesverlauf hin dargestellt, zeigt sich, daß das Tagesprofil durchbrochen wird und auch in der Nacht Kokain appliziert wird. Auf diese Weise treten nach 2 bis 3 Tagen der Injektionstätigkeit etwa 2 bis 3 Erschöpfungstage ohne Injektionstätigkeit auf.

Kokain steigert ähnlich wie Amphetamine die Aktivität des dopaminergen und des noradrenergen Systems. Es hemmt vor allem im noradrenergen System die Wiederaufnahme des Noradrenalins („Transporter-Blocker") aus dem synaptischen Spalt. Dadurch wird mehr Transmitter angeboten, was zur extremen Stimulation führen soll.

Psychologisch betrachtet steigert Kokain das Selbstkompetenzerleben in allen Bereichen. Der Entzug geht häufig mit einem „allgemeinen Unterfunktionssyndrom" einher (Herzrate niedrig, Antriebsschwäche usw.)

*2. MDMA (Methyl-Dioxy-Methamphetamin, "Ecstasy"):*
Ecstasy ist ein Amphetaminderivat. Als Stimulanzien steigern Amphetamine die Aktivität des Noradrenalin-Systems und des Dopamin-Systems durch gesteigerte Ausschüttung der Transmitter und durch Hemmung der Wiederaufnahme der Substanzen aus dem synaptischen Spalt in die präsynaptischen Nervenendigungen („Re-uptake-Hemmer" = „Transporter-Blocker"). Dadurch bleiben mehr Transmitterstoffe mit einem erhöhten Angebot für die Rezeptoren der postsynaptischen Membran im synaptischen Spalt. Auch wird die Synthese von Noradrenalin stimuliert. Dadurch kann die Folgezelle stärker erregt werden. MDMA wirkt auch über diese synaptische Mechanismen als funktioneller Aktivator stark auf das serotonerge System.

Ecstasy wird in der User-Szene als „Glückspille" bezeichnet, weil es subjektiv den Kontakt zum „Ich" in positiver Weise herstellen soll („entaktogene" Substanz).

B) Sedierend wirkende Stoffe

*1. Alkohol:*
Psychopathologisch betrachtet hat akuter Alkoholkonsum zunächst enthemmende, dann dämpfende Effekte. Auch auf molekularer Ebene hat Alkohol vielfältige Wirkungen. Hauptsächlich jedoch dürften die starke Fettgängigkeit und die damit verbundenen Membranveränderungen (z.B. Lipophilie), die sich auch auf die Ionenkanäle und Rezeptorstrukturen bzw. -funktionen auswirken, verantwortlich für die Funktionsveränderungen sein.

Auf das *Endorphin-System* sind bei akuter Alkoholgabe verstärkende Effekte bekannt, bei chronischer Applikation wird die Aktivität gemindert. Chronische Alkoholgabe führt zur Zunahme der Delta-Opiatrezeptoren.

Biochemisch kann das Abbauprodukt des Alkohols, der Acetaldehyd, mit Dopamin zu einer Vorstufe der Opioide aufgebaut werden (Tetrahydroisochinoline, TIQ). Akute

Alkoholgabe steigert, chronische Alkoholgabe hingegen mindert die Aktivität des *Dopamin-Systems*. Im Alkoholentzug gibt es zunächst für wenige Tage eine Unteraktivität des Dopamin-Systems. Aber rasch tritt wegen der neurochemischen Restitutionsprozesse eine Überaktivität des Dopamin-Systems auf, was delirante Zustandsbilder zur Folge haben kann. Dafür wird eine gesteigerte Rezeptorsensitivität verantwortlich gemacht. Für das *noradrenerge System* gelten im wesentlichen ähnliche Bedingungen. Das Alkoholentzugssyndrom ist allerdings besonders stark von einem „Noradrenalin-Sturm" geprägt (Herzrasen, Bluthochdruck). Dies beruht vielleicht auf der schwächeren Hemmung des noradrenergen Systems durch ein geschwächtes GABA-System. Die Aktivität des *GABA-ergen Systems* wird durch akute Alkoholgabe zunächst verstärkt, nach chronischer Alkoholgabe gemindert, mit der Folge, daß im Entzug die zentralnervöse Hemmung stark reduziert ist. Dadurch und durch Mitwirkung anderer dekompensierter Systeme ist die Erregbarkeit im Alkoholentzug generell gesteigert. Eine Wirkungsverstärkung bei akuter Alkoholeinwirkung tritt auch bei den 5-HT-3-Rezeptoren und am nikotinischen ACh-Rezeptor auf.

Im tierexperimentellen Selbstverabreichungsversuch (vgl. Shippenberg 1992) steigen die Dosierungen innerhalb von einem halben Jahr von 2 mg/kgKG pro Tag kontinuierlich auf etwa 8 mg/kgKG pro Tag. Das Tagesprofil zeigt eine der Opiatapplikation ähnliche Struktur mit einem Maximum am Vormittag und einem relativ niedrigen Dosierungsniveau am Nachmittag.

*2. Benzodiazepine und Barbiturate:*
Die Benzodiazepine und Barbiturate erzeugen Entspannungszustände mit einer dadurch aufkommenden gehobenen Ruhe und Lässigkeit. Sie setzen am GABA-Rezeptor an. Dieser Rezeptor hat eine komplexe Konfiguration, bei der an vielen Stellen unterschiedliche Substanzen angreifen können. Durch die räumlichen Strukturänderungen der aktivierten Rezeptoren wird der Chloridkanal stärker und der Kalziumkanal weniger durchlässig. Das hat den globalen Effekt, daß die folgende Zelle hyperpolarisiert wird und daher weniger aktionsbereit wird.

*Benzodiazepine* reduzieren auf diese Weise die Aktionsbereitschaft von nachgeschalteten Nervenzellen. Bei anhaltender Benzodiazepinapplikation stellt sich das GABA-System auf die externe Zufuhr hemmend wirksamer Stoffe ein und produziert selbst weniger GABA. Daher ist im Benzodiazepinentzug eine, allerdings erst am dritten bis fünften Tag besonders stark auftretende Enthemmung des Nervensystems zu beobachten, wobei sich ebenso wie beim Alkoholentzug Krampfanfälle und Delirien entwickeln können.

*Barbiturate* zeigen im Prinzip ähnliche, aber im Vergleich zu Benzodiazepinen stärkere Wirkungen auf das GABA-System und sind akut-toxikologisch bedenklicher und verursachen auch im Entzug gravierende Kompliaktionen (zerebrale Krampfanfallserien).

*3. Heroin:*
Wenn Opiate über in das Gehirn implantierte Kanülen bei Ratten durch Hebeldruck selbst verabreicht werden können, dann zeigen sich bereits nach weniger als 2 Monaten Dosissteigerungen von 5 mg/kgKG pro Tag auf ein Niveau von etwa 70 mg/kgKG

pro Tag, wobei die Dosis dann über einen Beobachtungszeitraum von einem halben Jahr kaum mehr ansteigt (vgl. Schippenberg 1992). Der Tagesverlauf von Morphininjektionen zeigt ein reguläres Schlaf-Wach-Muster (im Gegensatz zu Kokain) mit Dosis-Maxima am Vormittag und Minima am Nachmittag.

Diese Droge stimuliert das Endorphinsystem, vor allem über die My-Rezeptoren. Die rasche Besetzung und Aktivierung der Rezeptoren durch die i.v.-Injektion führt innerhalb von wenigen Sekunden zum abrupt einsetzenden Rausch, dem „Kick", was in neuropharmakologischer Interpretation bedeuten kann, daß auf einer Art „neurochemischen Wippe" das *noradrenerge System plötzlich gehemmt* und das *dopaminerge System plötzlich enthemmt* wird.

Der Heroinentzug wirkt so, als wäre er „supranasal" noradrenerg (z.B. Mydriasis) und „infranasal" cholinerg (z.B. Durchfälle, Darmkrämpfe) geprägt.

C) Halluzinogen wirkende Stoffe

*1. LSD (Lyserg-Diäthyl-Säure):*
LSD ist ein Stoff, der psychoseähnliche Zustände erzeugt und daher als „Psychotomimetikum" oder als „Psychodysleptikum" bezeichnet wird. LSD mindert die Synthese, die Ausschüttung, den Umsatz und die Nutzung von Serotonin. Dieser Effekt dauert mehrere Stunden und Tage. Es ist ein Agonist für 5-HT-1-Rezeptoren und vor allem von zentralen 5-HT-2-Rezeptoren. LSD hemmt die Aktivität im dorsalen Nucleus raphe und im Hippocampus durch sein Ansetzen am präsynaptischen (aktivitätsmindernden) 5 HT-1A-Auto-Rezeptor. Die durch die Aktivierung von 5-HT-2-Rezeptoren über die Phopspholipase C bedingte Aktivitätssteigerung des serotonergen Systems steigert möglicherweise die Hemmung des noradrenergen Systems im Locus ceoruleus, wodurch die unspezifische Aktivierung durch das aufsteigende retikuläre Aktivierungssystem gemindert wird. LSD hat aber auch direkt agonistische und antagonistische Aktivität an *Dopamin- und Noradrenalinrezeptoren* und bindet nicht nur an *Dopamin-, Alpha-* und *Beta-Rezeptoren,* sondern auch an *Histamin-Rezeptoren.*

Möglicherweise sind die Verhaltenseffekte von LSD durch einen Agonismus auf 5-HT-2-Rezeptoren im temporalen und präfrontalen Cortex bedingt. Die Wirkung der Rezeptorenkopplung von LSD in Hinblick auf die psychomimetischen Effekte ist nicht klar, zumal die Droge MDMA bzw. MDA, sowohl Dopamin- wie auch Serotonin-stimulierende *Effekte* zeigt und ähnliche psychoaktive, aber schwächere „psychotogene" Eigenschaften hat.

*2. Cannabis*
Es ist nicht sicher, ob Bindungsstellen, die im Gehirn für Tetrahydrocannabinol (THC), dem Wirkstoff des Cannabis, gefunden wurden, physiologisch wirksamen Rezeptoren entsprechen. Es ist eher zu vermuten, daß die hohe Lipophilie von THC zur Anlagerung in der Membran der Zellen führt, wodurch molekular-strukturell bedingte Funktionsänderungen membrangebundener Prozesse auftreten. Bei Nervenzellen wirkt sich dies auf die elektrische Aktivität aus. Der Hauptteil des THC wird außerdem in der Leber gebunden. Verblüffenderweise ist über die Neurobiologie die-

ses Stoffes relativ wenig bekannt, wobei hauptsächlich eine Hyperpolarisation der betreffenden Zellmembran festzustellen ist. Effekte auf das cholinerge, dopaminerge und serotonerge System sind beobachtet worden, ohne daß sich derzeit ein einigermaßen schlüssiges Bild von der Wirkweise herstellen läßt.

Die genannten Befunde zeigen, daß sich die Vielfalt der neurobiologischen Effekte der einzelnen Drogen kaum in ein einheitliches Bild einfügen läßt. Dennoch soll hier versucht werden, eine *hypothetische Zusammenfassung* als Übersicht der direkten und indirekten Drogeneffekte auf verschiedene neurochemische Systeme zu geben. Sie sollen als zum Teil hypothetische Zusammenhänge in einer „Einflußmatrix" dargestellt werden (s. Tab. 7):

Tab. 7: Einflüsse von akuter Drogenapplikation auf neurochemische Systeme
Erklärung: + = aktivierender Einfluß;
- = desaktivierender Einfluß

|  | Heroin | Kokain | LSD | Ecstasy | Benzo-diazepine | Alkohol |
|---|---|---|---|---|---|---|
| Noradrenalin | - - | ++ | (+) | + | - | + |
| Dopamin | ++ | ++ | (+) | + | - | ++ |
| Serotonin | (-) | - | ++ | ++ | - | - |
| Acetylcholin | + | - | (-) | (-) | - | - |
| Glutamat | (-) | (+) | (+) | (+) | - - | - - |
| GABA | (-) | (- -) | (-) | (-) | +++ | ++ |
| Opioid-System | ++ | ? | ? | ? | (+) | (+) |

*Anmerkung*: Einige Eintragungen in dieser Matrix sind empirisch gut begründet, einige sind zweifelhaft und ergeben sich nur aus prinzipiellen Erwägungen (in Klammern gesetzt), andere sind nicht bekannt oder sind deutlich als fraglich einzustufen (Fragezeichen).

## 9.10 Synopse der neurochemischen Systemdynamik

Erste Ansätze zu einer komplexeren Modellierung der Interaktionen des neurochemischen Systemkomplexes wurden von Fritze (1989) in der metaphorischen Form der Darstellung eines komplizierten gekoppelten Systems von Waagen als ein „neurochemisches Mobile" präsentiert (s. Abb. 34). Er vertritt die Ansicht, daß das Zusammenspiel der einzelnen Subsysteme die letztliche Verlaufscharakteristik des Gesamtsystems ausmacht:

Wenn man nun zunächst stark vereinfachend von sechs oder sieben der genannten neurochemischen Systeme als Gesamtsystem ausgeht, dann ergibt sich im Sinne des „neurochemischen Mobiles" folgendes, die realen Verhältnisse stark vereinfachendes Bild mehrerer miteinander verschalteter Waagen:

1. Auf einer ersten Ebene besteht zwischen dem *Noradrenalin-System* und dem *Acetylcholin-System,* ähnlich wie im Bereich des vegetativen Nervensystems, ein Gleichgewicht zwischen den zwei Waagschalen eines Waagebalkens.
2. Jedes dieser neurochemischen Teil-Systeme hat aber jeweils ebenfalls zusätzlich noch Gegengewichte, die als „Gegenspieler" wirken:
- Das Noradrenalin-System hat *Serotonin* als Gegenspieler, dieses wiederum hat *Dopamin* als Gegenüber.
- Das *Acetylcholin* hat *GABA* als Gegenspieler, diesem wiederum steht *Glutamat* gegenüber (s. Abb. 34).

Wenn nun auf dieses Waagesystem beispielsweise „Alkohol gegossen" wird, dann wird dadurch aufgrund verschiedener, vorher beschriebener molekularer Prozesse das Dopamin-System und das GABA-System in seiner Wirkung verstärkt (vgl. Abb. 34). Wenn anhaltend Alkohol konsumiert wird, dann mindern diese Systeme ihre eigene

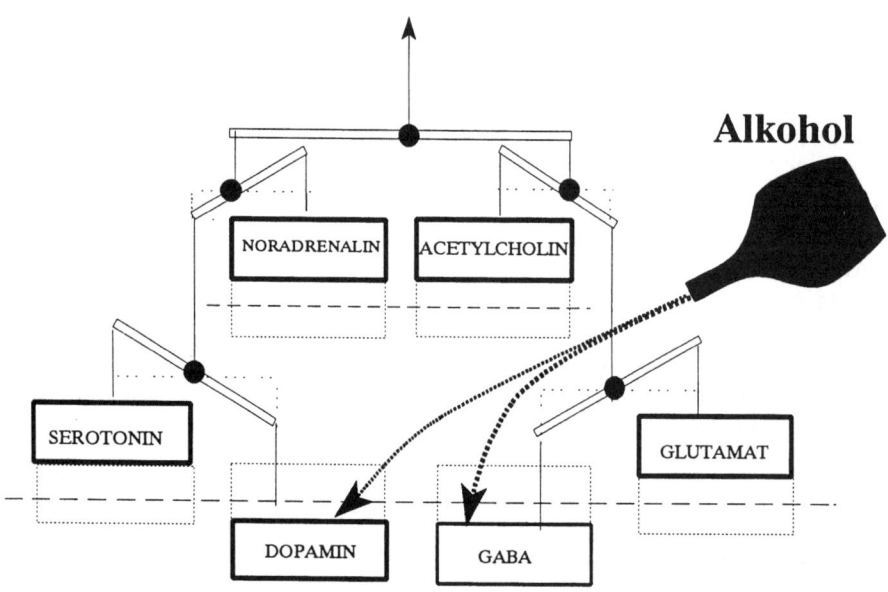

Abb. 34: Das „neurochemische Mobile" - es besteht ein fein abgestimmtes Gleichgewicht zwischen verschiedenen neurochemischen Systemen, das ein ähnlich feines Zusammenspiel zeigt, wie ein System gekoppelter Waagschalen oder ein „Mobile". Durch akute oder anhaltend-chronische Einwirkung von Drogen wird das Gleichgewicht kurzzeitig oder anhaltend verändert. Beispielsweise wird durch Alkoholkonsum das aktivierende Dopamin-System und das hemmende GABA-System verstärkt. Nach dem Alkoholkonsum schwingt sich das System wieder in die alte Gleichgewichtslage ein.
(Gestrichelte Linie = Gleichgewichtslage der Waagschalen als Kästchen; gepunktete Linien u. gepunktete Kästchen und Waagebalken = Normallage)

Produktion der Überträgerstoffe. Die Gegenspieler von Dopmain und GABA steigern ebenfalls ein wenig ihre Grundaktivität, so daß eine Art „schräger" Gleichgewichtszustand entsteht. Insgesamt entsteht ein nach außen unauffälliges Bild, denn der inzwischen schon Abhängige hält ein künstliches neurochemisches Gleichgewicht aufrecht, ohne dies allerdings zu merken. Mit zunehmender Abhängigkeit und Anpassung der neurochemischen Systeme auf die anhaltende Alkoholzufuhr besteht Gefahr, beim *Absetzen* des Alkohols oder bei der *Minderung* der Stoffzufuhr das künstliche neurochemische Gleichgewicht im Gehirn zu stören - es entsteht eine *Entzugssymptomatik* mit Zittern, Schwitzen, Herzjagen, Hochdruck usw., bis zu epileptischen Entzugskrampfanfällen oder einem Delirium tremens (s. Abb. 35). Wird der Alkohol plötzlich abgesetzt dann entsteht nämlich ein neurochemisches Ungleichgewicht: durch das Übergewicht von Noradrenalin und Glutamat entstehen Erregungszustände, durch ein Überwiegen von Acetylcholin gibt es Verwirrtheitszustände und das Übergewicht von Serotonin erzeugt Ängste, so daß schlimmstenfalls ein Delirium tremens auftreten kann (vgl.Abb. 35). Der Mangel von GABA kann zusätzlich zu epileptischen Entzugskrampfanfällen führen (vgl. Abb. 36, Rommelspacher et al. 1991, Rommelspacher u. Schmidt 1994).

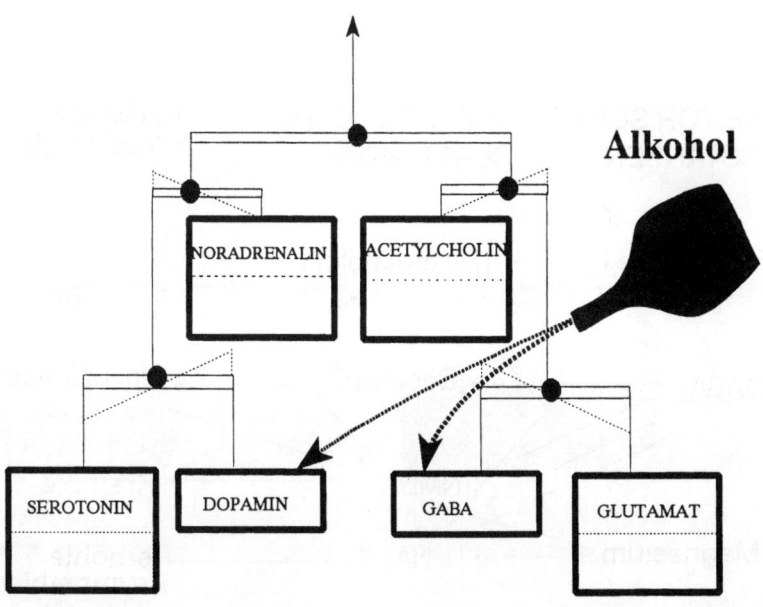

Abb.35: Die Anpassung des „neurochemischen Mobiles" des Gehirns auf anhaltende Alkoholzufuhr - aktivierte Systeme reduzieren die Eigenproduktion der Transmitter. Die Folge ist ein labiles Gleichgewicht, das bei Absetzen des Alkohols zu einer Entgleisung der Aktivitäten der Systeme führt (gestrichelte Lage der Waagebalken).
Anm.: Eine Vergrößerung der Waagschalen bedeutet nicht, daß das absolute Gewicht (Rezeptorsensitivität, Stoffwechsel, Transmitterausschüttung) größer geworden ist, sondern nur, daß in Einzelfällen das relative Gleichgewicht verschoben ist. Dies ist v.a. beim Serotonin-System zu beobachten, bei dem keine konsistenten biochemischen Änderungen feststellbar sind.

Eine der Komplikationen von Rauschmitteln sind *drogeninduzierte Psychosen*. Auch in diesem Fall bietet das neurochemische Mobile eine recht brauchbare Heuristik: Wenn beispielsweise bei einer schizophrenen Psychose ebenso wie auch bei einer drogeninduzierten Psychose das *dopaminerge System* eine *Überaktivität* und das *glutamaterge System* eine *Unteraktivität* zeigt, dann kann durch die *Hemmung des dopaminergen Systems* durch Neuroleptika das glutamaterge System wieder relativ aktiver werden, sodaß sich so wieder ein stabiles Gleichgewicht zwischen den einzelnen Systemen einstellt. Dies setzt nun theoretsich voraus, daß das dopaminerge System und das glutamaterge System in einem relativen Antagonismus zueinander stehen. Das wird im Mobile-Modell durch eine Gegenüberstellung auf zwei verschiedenen Waagebalken des Hauptwaagebalkens ausgedrückt. Die Rolle eines überaktiven serotonergen Systems bei der Genese einer Psychose ist, wie Befunde bei den LSD-Effekten zeigen, wichtig, aber es zeigt sich die Möglichkeit, daß wegen eines relativen partiellen Antagonismus zwischen Serotonin und Dopamin auf alle anderen Systeme bezogen auch ein relatives Übergewicht des dopaminergen Systems resultiert. Auch *anticholinerge Substanzen* würden nach diesem Modell, wie es auch in der klinischen Praxis zu beobachten ist, zu einer produktiven Psychose führen, weil sie indirekt zu einem Überwiegen des dopaminergen Systems führen würden.

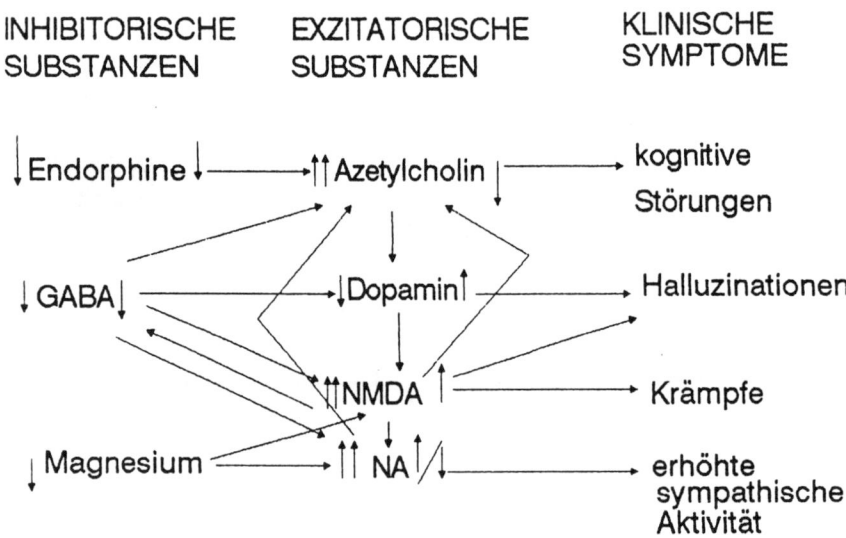

Abb. 36: Pathobiochemie des Alkoholentzugs (nach Rommelspacher u. Schmidt 1994). Chronische Alkoholzufuhr bewirkt in unterschiedlichen neurochemischen Systemen unterschiedliche Adaptationen. Bei abruptem Absetzen der Alkoholzufuhr gibt es spezifische Unter- oder Überaktivierungen der erregenden und der hemmenden Transmittersysteme in den ersten Stunden und in den folgenden Tagen. Die Pfeile vor dem Transmitternamen beschreiben die Aktivität in der ersten Phase des Entzugs, die Pfeile rechts davon die Aktivität des jeweiligen Transmittersystems in der zweiten Phase (ca. 3-5 Tag).

Die Eigendynamik einer akuten Psychose, häufig 4-6 Wochen zu persistieren, begründet sich dann durch ein persistierendes („stabiles") Nichtgleichgewicht zwischen dem dopaminergen und dem glutamatergen System. Selbstverständlich können sich noch andere Systeme in einem *persistierenden Nichtgleichgewicht* befinden (histaminerges System, cholinerges System usw.).

Auch *Depressionen* können im Zusammenhang mit Drogenkonsum (z.B. nach Kokainexzessen) auftreten. Ihre Biochemie könnte mit der endogenen Depression zusammenhängen. In der akuten depressiven Phase besteht nach gegenwärtiger Meinung ein *Nichtgleichgewicht* zwischen dem *unteraktiven noradrenergen System* und dem (relativ) *überaktiven cholinergen System*. Durch die Transmittereffekte der Antidepressiva, etwa vom Amitryptilin-Typ, die die Wiederaufnahme des Noradrenalins blocken, kann indirekt das Nichtgleichgewicht zwischen den beiden Systemen sukzessive reduziert werden, sodaß sich wieder eine normale Aktivitätsbalance zwischen den Systemen einstellt. Die Intersystemkopplungen dürften in dieser Sicht eine zentrale Bedeutung haben. Serotonin-Aktivatoren (z.B. Serotonin-Wiederaufnahme-Hemmer) können daher auch einen positiven Effekt auf die Therapie der Depression haben, weil das Serotonin, als relativer Mitspieler von Noradrenalin, gegenüber den anderen Gewichten am anderen Schenkel des obersten Waagebalkens mehr Gegengewicht gegenüber dem cholinergen System ausmachen würde.

Grundsätzlich erscheint es also derzeit für die Kybernetik der neurochemischen Systeme des Gehirns relevant zu sein, das *Wechselspiel* der einzelnen *erregenden und hemmenden Teilsysteme* in ihrer zirkulären Schaltung zu verstehen. Für die weitere theoretische Entwicklung ist beispielsweise eine 7-elementige Interaktionsmatrix zu konstruieren, die die einzelnen pathologischen Zustände und pharmakologischen Effekte systemisch erklären läßt (s. Abb. 37). Darüber hinaus sind die (*phasischen und tonischen*) *Aktivitätsmuster* der jeweiligen Systemkomponenten zu betrachten. Dabei ist es zunächst unerheblich, welche biochemische Substanz die Aktivität der Zelle moduliert, ob es direkte ionale Mechanismen sind oder Membraneigenschaften. Entscheidend ist aus physiologischer Sicht, daß die Zellaktivität mit elektrischen Entladungsprozessen (Aktionspotentiale, Frequenz der Aktionspotentiale) und mit dem *Membranpotential* (Hyperpolarisation, Depolarisation) korreliert ist. Die *Entladungsaktivität der Zelle* ist die *Sprache der Zelle* und damit des Gehirns. Es scheint sehr sinnvoll zu sein, auf dieser Ebene zunächst das cerebrale Geschehen bei psychischen Störungen zu betrachten. Die klassische informationstheoretische Betrachtung, die von dem Konzept der Kanalkapazität, gemessen in Bits/s, ausgeht, ist allerdings in keiner Weise weiterführend.

Natürlich werden bestimmte Ergebnisse von Gedankenexperimenten dieses Mobile-Modell rasch als untauglich erscheinen lassen. Nach einer entsprechenden mathematischen Formalisierung könnte aber eine bedeutende Stufe in der Entwicklung der neurobiologischen Theorien psychischer Störungen erreicht werden. Durch eine differenzierte Darstellung der Kopplungsmechanismen zwischen den Systemen kann nämlich eine weitere Differenzierung erfolgen. Diese erfordert allerdings eine weitere Stufe der Methodologie des systemischen Modellierens (vgl. Bossel 1989). In

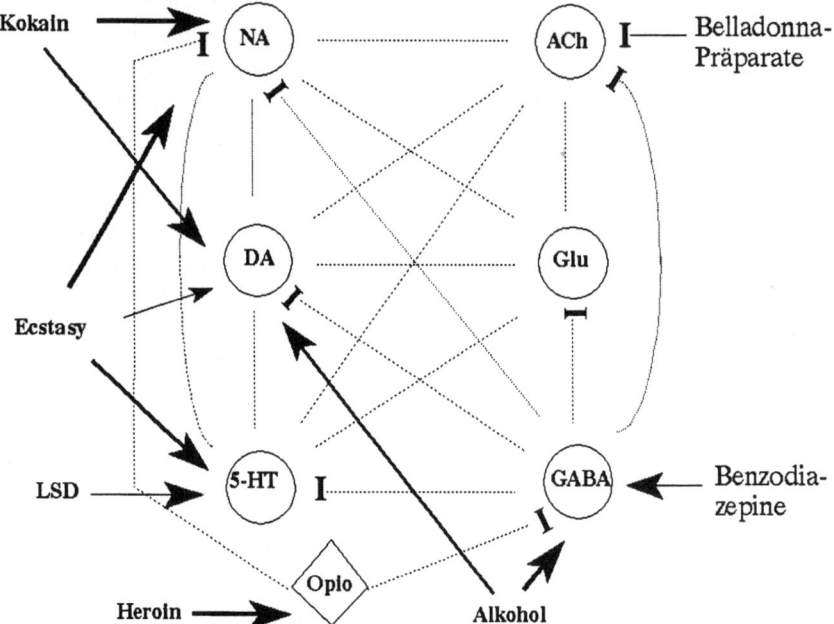

Abb.37: Die neurochemische Interaktionsmatrix. Aktivierung (->) und Desaktivierung (-I) der einzelnen neurochemischen Systeme durch einzelne Drogen machen die Qualität der rauschhaften Zustandsänderung aus. Die anderen Systeme schwingen in der Art eines Mobile als komplexes System von gekoppelten Waagen mit. Die Art der Wechselwirkung der einzelnen neurochemischen Systeme (Aktivierung, Hemmung) ist hier nicht aufgeführt, da derzeit noch zu wenige konsistente generalisierende Aussagen gemacht werden können.
Anm.: Gepunktete Linien ohne Pfeile stehen für die Kopplungen der einzelnen neurochemischen Systeme.

Zukunft wird eine computergestützte Simulation der Prozesse verschiedener Teilsysteme aufschlußreich sein.

Letztlich können Systemanalysen allerdings nur eine Zunahme und eine Abnahme der Aktivität der untersuchten Elemente und Systeme abbilden und erklären. Die Art, die Inhalte und die Qualität des Erlebens aber, die subjektive Attraktivität des Rausches und das Ausgeliefertsein dem süchtigen Verlangen gegenüber, sind der Neurobiologie noch verborgen. Diese Aspekte lassen sich für die klinische Praxis noch nicht zufriedenstellend erklären: Damit ist wieder das Leib-Seele-Problem tangiert.

# Fazit

Mit der Anwendung einer qualitativen Analyse der für die Sucht relevanten neurochemischen Subsysteme sollten Möglichkeiten eines vertieften Verständnisses der Gehirnaktivität gegeben werden. Die Problematik, aus dem unübersehbaren z.T. widersprüchlichen Datenmaterial der experimentellen Neurobiologie und unter Berücksichtigung der Erkenntnisse der klinischen Psychiatrie Vereinfachungen vorzunehmen, läßt diese Modellierung nur als „Explorationsmodell" begreifen. Der Modellierversuch ist stark begrenzt, da geeignete neurobiologische Daten fehlen und da außerdem die mathematische Modellierung ansteht, die hier nicht vorgenommen werden kann. Dennoch ist die Perspektive fruchtbarer Neukonzipierungen der theoretischen Neurobiologie der Sucht hier aufgebracht.

# 10 Sozialökologie des Drogenproblems

## 10.1 Soziokultureller Kontext des Rauschstoffkonsums

Der Rauschstoffkonsum ist eines der führenden öffentlichen Gesundheitsprobleme in der industrialisierten Welt. Viele tausende *junge Menschen konsumieren* illegale psychoaktive *Drogen (Rauschstoffe)* - polizeiliche und medizinische Nachrichten dazu finden sich wöchentlich in den *Massenmedien.* Der Leser, Hörer und Fernsehzuschauer erwartet endlich die Lösung dieses Problems, so daß sich auch noch die *Politik,* vor allem zu Wahlzeiten, mit „Lösungen" zu Wort meldet. Ist der freie *Anbau* von *Pflanzen* wie Hanf oder Mohn schon verboten und wird das Verbot sogar mit *militärischen* Mitteln kontrolliert oder verhindert, so gibt es neuerdings durch *chemische Technologien* neue Typen von synthetischen Rauschstoffen wie „Ecstasy", die große Sorgen bereiten.

Direkt wird der *Stadtbewohner* bereits auf seinen täglichen Wegen zur Arbeit oder auch zum Einkaufen oder in Parks, in der Freizeit (München: Giselastraße bzw. Englischer Garten), also kurz: im *städtischen Leben,* mit den Drogenabhängigen konfrontiert - er fühlt sich ästhetisch abgeschreckt und in seiner Sicherheit gefährdet. Auch alle Eltern fürchten, daß ihre *Kinder* drogenabhängig werden könnten, leugnen aber gegebenenfalls lautstark, daß dies in der eigenen *Familie* vorkommt. Ist es aber doch geschehen, dann werden *psychosoziale Hilfsdienste* (Beratungsstellen) und das *medizinische Versorgungssystem* mit, in Hinblick auf die Zeitperspektive, zum Teil unrealistischen Leistungs- und Wirksamkeitserwartungen beansprucht.

Festzustellen ist in diesem Zusammenhang, daß Alkohol und Nikotin, trotz ihrer bevölkerungsmedizinisch aktuell größeren Gefahr, verhältnismäßig wenig als Problemfeld wahrgenommen und thematisiert werden. Das liegt daran, daß es traditionsreiche Rauschstoffe sind und daß sie *wirtschaftlich* bedeutsam sind.

Der Konsum von Rauschstoffen ist daher in einem komplizierten Netzwerk von Medien, Politik, Natur, Justiz, Kultur, Religion, Wirtschaft, Technologie und Familie eingebettet. Dieses makrosoziale Umfeld des Rauschstoffkonsums ist eine gewichtige Wirkgröße, was die Entwicklung von Suchtproblemen betrifft.

Soweit einige Akzente der fokalen Betrachtung, die in der allgemeinen Diskussion der Drogenproblematik vorherrschen. Die hier angesprochenen und kursiv gedruckten Faktoren sind miteinander verwoben und müssen daher für eine Analyse einerseits differenziert werden, aber andererseits auch auf einen gemeinsamen Rahmen bezogen werden. Für die Analyse des Suchtphänomens ist es sinnvoll, eine Top down-Strategie der Analyse, also von der globalen Ebene der Betrachtung hinab zu Detailfragen, die einzelne Person betreffend, anzuwenden.

Gerade diese grundlegende Einsicht regt an, das Drogenproblem in einer Art *Zwiebelschalen-Modell* zu thematisieren - es müssen zunächst die übergeordneten globalen *geographischen, politischen, wirtschaftlichen und kulturellen Zusammenhänge* der Drogenproblematik bedacht werden, um die Drogenprobleme eines einzelnen Menschen tatsächlich (wenigstens näherungsweise) „voll" zu verstehen. (s. Abb.38). Eine derartige Betrachtungsweise entspricht im modernen akademischen Denken einer *„Kulturökologie der Drogen und der Sucht".*

Abb. 38: Das Netzwerk der Makrofaktoren, die den individuellen Konsum von Drogen beeinflussen.

„Leistungsgesellschaft", aber auch Ausdruck der „Konsumgesellschaft" und der „Erlebnisgesellschaft". Man könnte heute von „Leistungskultur", „Konsumkultur" usw. sprechen, da damit das Programmatische genauer angesprochen wird. Gesellschaft wird neuerdings als „Text", als Programm, verstanden (vgl. Brown 1987). In dieser Sichtweise ist die Gesamtgesellschaft als Gefüge von zeitweise dominierenden Orientierungs- und Handlungsprogrammen mit einem Set von Sollwerten zu verstehen. Die Teilprogramme heißen „Leistung", „Konsum", „Erleben", usw. Sie können zu bestimmten Störungen im psychischen Bereich führen (Tab. 8).

Diese einzelnen Programme prägen nun die Handlungsmuster im Alltag entscheidend, so daß jeder einzelne Mensch sich Mitmenschen gegenübergestellt sieht, die eines dieser Programme gerade umsetzen. Dies macht dann die „soziale Umwelt" der Person aus. Bei mangelnder Person-Umwelt-Passung wird dann die Verarbeitungskapazität der betreffenden Person überfordert, oder bestimmte Bedürfnisse (Sicherheit, Geborgenheit, Selbstverwirklichung usw.) nicht befriedigt. Dies wäre die pathologische Seite der gesellschaftlichen Programme. Damit besteht dann der Hintergrund der Disposition zu einem „erfolgreichen" Drogenkonsum, d.h. zu einem Konsum, der bestimmte Streßzustände verhindert oder Bedürfnisse ersatzweise befriedigen läßt.

Leider ist in den letzten Jahren dieser Bereich der Analyse der „Sozialpathologie" wieder in den Hintergrund getreten. Dies liegt an der gegenwärtigen Abwehr der Gesellschaftsanalyse die von einer überzogenen Ideologisierung, wie sie in den 70er Jahren betrieben wurde, geprägt war. Die funktionale sachliche Analyse sozialer Sachverhalte verfiel andererseits dem banalen theoriefernen Empirismus, insofern nur sozialstrukturelle Merkmale (Altersgruppen usw.) mit bestimmten interessierenden Sozialphänomenen (Kaufbereitschaft, Fernsehgewohnheiten) korreliert wurden.

Daher kann an dieser Stelle keine weiterführende Analyse zum Zusammenhang „soziales System und Drogenkonsum" dargelegt oder gar selbst vorgenommen werden.

## 10.4 Kulturgeographie

*Geographische Faktoren* scheinen heute in der Ära des „Global Village" (McLuhan u. Powers 1995) keine große Bedeutung für den Handel und auch für die alltägliche Warenumwelt der Menschen zu haben. Dennoch sind *geographische Regionen* auch noch immer Kulturräume im sozialgeographischen Sinn, in denen sich aufgrund bestimmter (*geographischer*) Standortmerkmale einer Drogenpflanze (Bodeneigenschaften, Landschaftsmorphologie, Klima usw.) zunächst bestimmte *Muster der Produktion, Distribution und Konsumtion* von Drogen entwickelt haben, die ihrerseits wiederum zu Gestaltungsprogrammen des jeweiligen Wirtschaftsraums geführt haben.

Tab. 8: Soziokulturelle Belastungsfaktoren und Sucht
(Makrosoziale Stressoren, Hintergrundsvariablen )

| Merkmale der Gesellschaft: | Pathologie: |
|---|---|
| * *Leistungsgesellschaft* <br> - Termindruck <br> - Quantität des Outputs | - Bedürfnis nach Aufputschmitteln <br> - Bedürfnis nach Beruhigungsmitteln |
| * *Konsumgesellschaft* <br> - Konsumbedürfnis, Hunger nach Befriedigung | - Exzesse beim Konsum verschiedener Waren <br> - Konsumsucht, „Habenwollen" |
| * *Industriegesellschaft* <br> - Machbarkeitshaltung <br> - „Instrumentalismus" | - unpassendes „Schaltverhalten" (ein/aus) |
| * *Urbanisierung* <br> - Naturverlust | - Anpassung an und Abhängigkeit von künstlicher Umwelt |
| * *Naturbelastung* <br> - grenzenlose Naturnutzung | - Ausbeutung des Körpers |
| * *Informationsgesellschaft* <br> - Entfremdung durch Abstraktion. (Welt als „Datenschatten") | - Minderung des Realitätsbezugs <br> - Minderung der Entscheidbarkeit |
| * *Massengesellschaft* <br> - Entindividualisierung, Singularisierung, Standardisierung | - Isolation, Selbstentfremdung |
| * *Weltgesellschaft* <br> - Abhängigkeit von supranationalen Strukturen <br> - Pluralisierung | - Unübersichtlichkeit, Ohnmachtsgefühle |
| * *„Materialismus"* <br> - Interesse am Materiellen, Mangel an Geistigem, Spirituellem | - neue materielle Abhängigkeiten (Wohnen) <br> - Sucht nach Geistigem |
| * *Wandel* <br> - Verlust von Traditionen | - Entwurzelung, Haltlosigkeit, Fremdheit |
| * *Mobile Gesellschaft* . <br> - Beziehungsverlust | - Haltlosigkeit, Isolation, Wegwerf-Kontakte, Unverbindlichkeit |

Die hier für die Ökologie der Drogen interessierenden Regionen sind:
1. *Die Produzentenländer* in Südamerika (Norden), Afrika (Norden) und Asien (ohne Japan).
2. *Die Konsumentenländer* in Europa und USA.

Die *Geographie* ist besonders in Hinblick auf die Pflanzengeographie interessant. *Bodenfaktoren* (im engeren Sinne) und *Klimafaktoren* sind die biologisch relevanten Bestimmungsvariablen kontinentaler Ausbreitungsmuster von Pflanzen mit psychoaktiven Wirkstoffen. Ihr natürliches Vorkommen prägte auch jahrhundertelang ihre jeweilige, relativ konstant bleibende, Funktion in den entsprechenden Kulturen. Diese Pflanzen sollen in diesem Abschnitt der Einfachheit halber als „Drogenpflanzen" bezeichnet werden. Getreidesorten und Weinreben, die erst vergoren werden müssen, um Alkohol herzustellen, kann man nicht als Drogenpflanzen im engeren Sinne bezeichnen. Drogenpflanzen in *Europa* sind vor allem der Hanf und der Mohn. In *Asien* sind diese Pflanzen ebenfalls heimisch, jedoch kommen noch in *Südostasien* in begrenzten Maße importierte Kokapflanzen hinzu. *Südamerika* verfügt über alle Drogenpflanzen, seit einiger Zeit wird nun auch Mohn angepflanzt.

Die Ausbreitungsmuster dieser Pflanzen hängen allerdings zunehmend von der lokalen *Agrartechnik* und *Agrarökonomie* ab und darüber hinaus auch von der *kulturellen Bewertung* dieser Pflanzen: In Gewächshäusern kann heute im Prinzip überall alles angepflanzt werden, wenn es nur erlaubt oder gar gewünscht wird. Ein Beispiel dafür ist der Hanfanbau in Alaska mit einem Cannabis-Gehalt von 30%. Dennoch sind Klimazonen, gekennzeichnet durch Variablen wie mittlere Sonnenscheindauer, Luftfeuchtigkeit, Jahrestemperaturprofil, jährliche durchschnittliche Niederschlagsmenge udgl. relevant dafür, ob eine Pflanze in einer Region gut, und vor allem ohne viel Aufwand, gedeiht oder nicht. Unter günstigen Bedingungen kommt die Pflanze dann sogar wild vor, wie das beispielsweise beim Hanf in wärmeren Regionen der Fall ist. Das hat wiederum zur Folge, daß der Anbau der Pflanze versteckt erfolgen kann. Die *Migrationsbewegungen* der Bauern in Südamerika beruhen beispielsweise vor allem darauf, daß günstige Regionen gesucht wurden (und werden), in denen der Kokastrauch entweder ohne viel Aufwand versteckt angepflanzt werden kann oder bei denen die Zugänglichkeit so erschwert ist, daß er scheinbar als Wildwuchs im Dschungel gehalten werden kann. Dabei sind jedoch nur geringe Mengen an Koka gewinnbar, allerdings sind sie für den illegalen Markt gedacht und somit ein gutes Zubrot für die Bauern.

Von den verschiedenen Regionen, in denen eine relevante Drogenproduktion stattfindet, ist aktuell vor allem *Südamerika* in das weltweite öffentliche Interesse geraten, da die USA unter dem Problem des illegalen Kokainkonsums leiden. Da über Südamerika aufgrund der aktuellen Betroffenheit und der geographischen Nähe der USA die differenziertesten Studien vorliegen, wird später Südamerika als spezielles Beispiel herausgegriffen (Kapitel „Sozialökologie der Drogen in Südamerika").

Die Nutzung von *Drogen* hat außerhalb des Mißbrauchs aber auch vielfältige *soziokulturelle Funktionen* (vgl. Legnaro 1981). Beispielsweise ist Haschisch in manchen

Kulturen wie im alten *China* nicht als Rauschmittel genutzt worden, sondern als Heilmittel, wobei offensichtlich die psychotropen Wirkungen am ehesten als - möglicherweise angenehme - Nebenwirkungen gewertet wurden. Auch die Opiate wurden in der westlichen Zivilisation zunächst nur als Schmerz- und Hustenmittel wahrgenommen, wobei die Abhängigkeitsentwicklung als Störwirkung gewertet wurde und den Grund darstellte, diese Mittel unter strenge ärztliche Verschreibungspflicht zu stellen.

Was die Verharmlosung alkoholischer Getränke als legale Drogen betrifft, stellt das Bier ein Extrem dar, da es beispielsweise in *Bayern* als ein Nahrungsmittel („flüssiges Brot", „Biersuppe") eingestuft wird. Eigentlich muß Bier einen Rauschmittelstatus haben. Eine „kulturverträgliche" Klassifikation wäre, hier von einem „Genußmittel" zu sprechen. Die Grenze vom Genuß zum Rausch ist medizinisch aber schwer zu ziehen! Man könnte ja sagen, daß „ein guter" Rausch eine Form des Genusses ist, ebenso wie der Genuß den Charakter einer milden Form des Rausches haben kann. Auf jeden Fall ist das Ziel des Konsums der Genuß und nicht der Rausch. Somit wäre Rauschtrinken Alkoholmißbrauch.

Die soziale Funktion der Drogen ist daher durch die Einstufung des erlaubten und intendierten Effektes des psychoaktiven Stoffes in einer bestimmten Kultur bestimmt. Aus medizinischer Sicht soll aus den genannten Gründen im weiteren wegen der verschiedenen Nebenbedeutungen nicht von „Rauschmitteln" die Rede sein, sondern von „Rauschstoffen", da dadurch die unterstellte Intention, daß die Stoffe als Mittel zum Zwecke der Berauschung hergestellt und verwendet werden, zunächst entfällt. Der Begriff „Rausch" kennzeichnet den psychischen Effekt eines Stoffes. Das bedeutet, daß Rauschstoffe als psychoaktive Stoffe verstanden werden.

In organisierten Gesellschaften sind die Bereiche Wirtschaft, Politik, öffentliche Verwaltung, Medien, Werbung und Unterhaltung wichtige Einflußfaktoren auf die Entwicklung des Drogenkonsums und des süchtigen Verhaltens. Ein Bereich, der dabei besonders stark kritisiert wird, ist die *„Werbung"*. In Zeitschriften, im Rundfunk, im Fernsehen wird direkte oder auch indirekte Werbung für Zigaretten und für alkoholische Getränke gemacht. Bemerkenswert ist das Sponsoring von Alkoholfirmen bei Sportveranstaltungen. Spirituosen sind dabei äußerst bedenkliche Werbeobjekte, denn hier kann tatsächlich ein Umsteigeeffekt von weichen Alkoholika zu starken Getränken stattfinden. Gerade durch den Kontext einer „Belohnungssituation" („Darauf einen Dujardin"!) können suchtpsychologisch gefährliche Verhaltensweisen angebahnt werden. Diese Kritik betrifft auch die Bierwerbung auf öffentlichen Werbeflächen, die Lebensfreude junger, schöner Menschen vermittelt. Haupteffekt der Alkoholwerbung ist allerdings nur die Veränderung der Kaufdisposition gegenüber Produkten (Fabrikaten) innerhalb einer Produktklasse von alkoholischen Getränken.

Daher wird der Effekt der Werbung in Diskussionen überschätzt, was den Neueinstieg in das Rauchen und den Alkoholkonsum betrifft. Das dürften wohl Einzelfälle und „Kaspar-Hauser-Kinder" sein: Das Verhalten der Eltern wird nämlich schon im 4. Lebensjahr so gut imitiert, daß das Rauchen von Zigaretten und Trinken von alkoholischen Getränken, zumindest punktuell, direkt ausprobiert wird. Die Kinder fordern sogar mit lautem Schreien von den Eltern, auch einen Zug aus der Zigarette machen zu dürfen oder einen Schluck Bier trinken zu können. Entscheidender als Werbung für den Rauschstoffkonsum ist daher der innerfamiliäre Konsum.

Auch ist es für Jugendliche generell logisch nicht ganz nachvollziehbar, daß jugendliche Cannabisprobierer als Kriminelle eingestuft, Alkoholgefahren jedoch verschwiegen werden und daß relativ wenig über die internationalen Banden der organisierten Drogenkriminalität und ihre Verbindungen in etablierte Kreise von Politik, Militär und Wirtschaft geredet wird. Dieses Mißtrauen gegenüber der Drogenaufklärung scheint sich auch darin zu zeigen, daß in den USA Jugendliche, entgegen einem zu erwartenden Lerneffekt der Prävention in der Schule, mit zunehmendem Alter Marihuana immer seltener als gefährlich einstufen.

Ein spezieller Aspekt der Kulturgeographie der Drogenproblematik ist schließlich die in Grenzregionen häufig zu beobachtende Toleranz der lokalen Bevölkerung gegenüber Drogenschmuggel - in vielen Küstenregionen der ganzen Welt, wo früher Edelsteine, Gold oder Waffen geschmuggelt wurden, ist heute auch der Schmuggel von Drogen „normal".

In Hinblick auf das Ausmaß der gesellschaftlichen Integration verschiedener psychoaktiver Stoffe werden, wie bereits angedeutet, „legale Drogen" von „illegalen Drogen" unterschieden. Diese Einteilung soll zunächst auch hier genutzt werden.

## 10.5 Kulturgeschichte der legalen Drogen

Grundlage der Herstellung von Drogen sind in der Regel pflanzliche Stoffe. Eine Klassifikation von Pflanzen mit psychoaktiven Wirkstoffen nach der Wirkweise ihrer Stoffe ist unzufriedenstellend. Daher wird an dieser Stelle von einer einfachen Dreiteilung der Pflanzen in solche mit Wirkstoffen für *Stimulantien, Sedativa* und *psychodysleptisch (psychotomimetisch)* wirksame Zubereitungen (Psychodysleptika) ausgegangen.

Hier stehen zunächst die „legalen" Drogen im Vordergrund (vgl. Tab. 9 u. 10).

Der Legalitätsstatus der Drogen Alkohol, Nikotin, Tein und Koffein beruht banalerweise vor allem darauf, daß sich diese Stoffe in der westlichen Kultur durchsetzen konnten (vgl. Austin 1981). Durch die Dominanz der westlichen Zivilisation wurden auch in der internationalen Völkervereinigung der Vereinten Nationen Konventionen geschaffen, die die Legalität sowie die Illegalität anderer psychoaktiver Stoffe weltweit festlegt. Zunehmend wird aber auch der Konsum der legalen Rauschsstoffe kritisiert.

*Alkohol*

Als „der Welt liebste Droge" ist Alkohol als Produkt von einfachen Gärtechniken seit Tausenden von Jahren in vielen Regionen der Erde bekannt. Besonders die Hefepilze stellen eine weit verbreitete biologische Basis der Alkoholherstellung dar. Somit gehört die Hefe zu unseren ältesten Nutz- und Zuchtorganismen. Es wird vermutet, daß die Vergärung von Getreide zur Alkoholherstellung der Vergärung von Früchten zur Weinherstellung voranging. Bereits die alten *Germanen* konnten aus Honigwasser Met herstellen. Die *Sumerer* haben schon um 4000 v. Chr. aus Getreideabkochungen Bier gebraut. Die *Ägypter* übernahmen diese Technik um 3000 v.Chr. Das Alkohol-Trinken war bei den Totenkulten der ägyptischen Dynastien um 2500 v.Chr. durch exzessiven Konsum geprägt. Man wollte den Todestag als einen schönen Tag feiern. Schwere Räusche waren dabei keine Schande. Frauen durften ebenfalls Alkohol konsumieren und haben sich betrunken. Es wurde Wein und Bier konsumiert. Der Wein war eher den gehobenen Gesellschaftsschichten vorbehalten. Bier wurde auch in den Haushalten und zwar als Nebenprodukt des Backens hergestellt. Alkohol, vor allem Wein, wurde auch als Medizin verwendet (v. Cranach 1981). In *China* wurde der Wein etwa 2000 v.Chr. am Hofe des Kaisers Ji eingeführt, da er angeblich dem Kaiser half, über seine Depressionen hinwegzukommen. Der damalige Wein wurde allerdings aus Reis und Hirse, die vergoren wurden, gewonnen. Zwar nur phasenweise, aber immerhin prinzipiell wurde in China sogar die Möglichkeit der Todesstrafe für Trunkenheit diskutiert (Majlis 1981). Um 800 v.Chr. wurde der Wein beinahe im gesamten Mittelmeerraum aus vergorenen Reben hergestellt und in jener Zeit als Genußmittel und auch als Rauschmittel verherrlicht. In der Antike *Griechenlands* war in den homerischen Gedichten häufig von dem Wert des Weins die Rede. So sollten Soldaten Wein trinken, um den Mut und die Kampfeskraft zu steigern (vgl. Preiser 1981). Übermäßige Trunkenheit wird allerdings in dem Epos kritisiert. Bekannt ist auch der Dionysoskult, bei dem extremer Weinkonsum zelebriert wurde, der aber dann doch zunehmend in Verruf kam. Der Dionysoskult kam ursprünglich vom Hochland von Afghanistan nach Griechenland. In Griechenland wurde Trinken von Alkohol in der oberen Mittelschicht gepflegt, Wein wurde bis zu 50% mit Wasser gemischt (Preiser 1981). Platon hat schließlich Trinkregeln für den Weinkonsum aufgestellt, wobei Knaben bis zum 18. Lj. keinen Wein trinken sollten. Dann könnte maßvoll bis zum 30. Lj. getrunken werden, jedoch ohne Rausch. Mit 40 könnten die Männer dann an den gemeinsamen Mahlzeiten der Weisen teilnehmen und sich den Wein schmecken lassen. Der Weinkonsum wurde als Mittel verstanden, bei dessen Konsum man sich in der Selbstdisziplin beim Umgang mit dem Lustprinzip üben könne! Auch bei den *Römern* wurde der Weinkonsum etwa 800 v. Chr. kultiviert. Weinkonsum war für Frauen verboten. Cicero (106 v. Chr. bis 43 v. Chr.) hat die Trunksucht sehr stark kritisiert, auch Seneka (etwa 4 v.Chr.bis 65 n.Chr.) war sehr kritisch gegenüber dem Alkoholkonsum. Das Christentum hat dann dem Wein zunehmend eine symbolische Bedeutung zugemessen.

Die natürliche Gärung erlaubt nur Zubereitungen von alkoholischen Getränken die bis zu etwa 15% Alkohol enthalten, da die Hefepilze dann absterben. *Araber* entdeckten im Mittelalter die Möglichkeit zum Destillieren alkoholischer Getränke und extrahierten reinen Alkohol (Übers: „Das Feinste von etwas"). Das Schnapsbrennen wurde dann von Italien ausgehend im 13. Jahrhundert industriell ausgebaut. Mit diesem technologischen Schritt, der von der natürlichen Basis der Technik der Alkoholherstellung wegführte, wird neuer Nutzen und neuer Schaden des Alkohols deutlich: *Technologien der Effizienzsteigerung* können sehr bedenkliche Nebeneffekte haben - alkoholische Getränke, deren Alkoholgehalt durch Destilliertechnik erhöht wird, sind gefährlicher als „natürliche" alkoholische Getränke: eine Flasche Schnaps, sofort ausgetrunken, kann tödlich sein. Genau dies führte auch zu einer zunehmenden Anzahl von Schnapsleichen im Mittelalter, was Martin Luther heftig kritisierte. Man war vielleicht gewohnt, etwa 5 Liter Bier oder 3 Liter Wein zu trinken, um einen starken Rausch zu bekommen, der Schnaps war jedoch, in großen Mengen genossen, tödlich. Diese Kritik an der Berauschung hängt aber auch mit der von Martin Luther bereits propagierten protestantischen Leistungsethik zusammen, worauf der Soziologe Max Weber (1979) hinwies.

Im 16. Jahrhundert nahm *in Europa* die Sorge um die um sich greifende Trunksucht öffentliche Formen an. Vor allem die Protestanten lehnten den Alkoholkonsum ab. Es ist ungeklärt, warum diese Alkoholexzesse auftraten, und man weiß auch nicht, warum dieses Phänomen im frühen 17. Jahrhundert in Deutschland beendigt war. Auch in England wurden Anfang des 17. Jahrhunderts Trinkexzesse registriert und beklagt. Mitte des 18. Jahrhunderts gab es schließlich in London ein ausgeprägtes Ginproblem. Es war das am weitesten verbreitete alkoholische Getränk. Soziale Verelendung und Kriminalität waren im Umfeld des Gin zu beobachten. Das Gintrinken wurde von britischen Soldaten, die aus den Kriegen mit den Niederlanden heimkehrten, in die englische Kultur eingebracht. Ein Einfuhrverbot französischer Spirituosen im Jahre 1689 bremste die Ausbreitung des Gins. Die einheimische Ginproduktion wurde nun gefördert. Es war jedoch nicht nur der Schnaps, der das Alkoholproblem verschärfte, sondern auch Bier wurde in jenen Jahren exzessiv getrunken (Vogt 1981, Coffey 1981, Stolleis 1981).

Bemerkenswert sind die Verhältnisse des 16. Jahrhunderts in *Südamerika*, wo bei den Indianern traditionsgemäß Mais und andere Feldfrüchte zu Alkohol vergoren (chicha) wurden. Für Frauen bestand bei den südamerikanischen Indianern ein absolutes Trinkverbot. Auffällig ist auch, daß bei den Indianern häufig während der Trinkfeste erbrochen wurde. Im Rahmen dieser Feste wurden auch für Knaben und Mädchen Initiationsriten abgehalten. Bemerkenswert ist, daß bei Begräbnissen und Totengedenkfesten Teile der Leichen gekocht, verkohlt und die Asche mit Rauschgetränken eingenommen wurde. Bei manchen Indianergruppen wurde die Trunkenheit verurteilt, bei anderen wurden schwer Berauschte betreut.

Bei den *nordamerikanischen Indianern* war zu jener Zeit der Genuß gegorener und gebrannter Getränke unbekannt. Es besteht auch eine genetisch bedingte Milchunverträglichkeit, die vielleicht in einem gewissen Zusammenhang mit dem starken Reagieren auf Alkohol stehen könnte. Branntweine und vor allem Whisky und Rum hatten im Südteil Nordamerikas als „Feuerwasser" den Doppelcharakter eines Rauschgetränks und einer Medizin. Durch den Pelzhandel mit den Weißen wurde hochprozentiger Alkohol wie beispielsweise Rum eingetauscht, den die Indianer nicht gewohnt waren, da selbst die Palmweine der südamerikanischen Indianer nur etwa 5% Alkohol beinhalteten. In manchen Gegenden hatten die Stämme auch Kontroll- und Schutzstrategien gegen das Trinken entwickelt. Bei den meisten Indianern war die Trunkenheit nichts verwerfliches. Häufig werden auch heute noch extrem aggressive Handlungen von betrunkenen Indianern berichtet. Missionare kritisierten den Alkoholkonsum der Indianer, während übersehen wurde, daß die Händler mit Rum bezahlten.

Als Erklärungshypothese für die hohe Alkoholdurchseuchung der Indianer dient, daß die indianische Kultur starke Merkmale der Selbstdisziplinierung hatte und daß durch diese Kontrollmechanismen auch die Disposition entstand, durch Alkohol die unterdrückten Affekte exzessiv auszuleben. Diese Hypothese wird durch andere kultursoziologische Betrachtungen gestützt, die zeigen, daß der Protestantismus mit harten Antihaltungen gegen Exzesse reaktiv eher zu schweren Entgleisungen führt, als der Katholizismus, mit dem Konzept der Fehlbarkeit der Menschen, was kleinere Entgleisungen weniger schlimm erscheinen läßt (Weber 1979).

Der Alkoholkonsum hat zum Zerfall vieler indianischen Stammesgesellschaften geführt. In manchen Gegenden Amerikas ist die alkoholbedingte Sterblichkeit der Indianer heute 5 mal so groß wie die der weißen Bürger. Der Konsum düfte etwa 3 mal so groß sein wie der der Spanier und 7 mal so groß wie jener der Angloamerikaner (vgl. Fees 1981).

Ende des 18. Jahrhunderts und zu Beginn des 19. Jahrhunderts waren *die Amerikaner* bereits kritisch gegenüber dem exzessiven Alkoholkonsum eingestellt. Dort war vor allem der Rumkonsum von großer Bedeutung. Benjamin Rush propagierte schon 1872 die Mäßigung. Er entwickelte ein erstes medizinisches Konzept der Alkoholsucht und schuf grundlegende medizinische Kenntnisse über das Trinken. Die Prohibitionsbewegung war damals im Anlaufen. Bereits 1850 führten einige amerikanische Staaten Prohibitionsgesetze ein. 1919 gab es schließlich eine bundesweite Alkohol-Prohibition. Als Reaktion trat im Untergrund die verbotene Alkoholproduktion und -distribution auf. Eine Organisation von besonders reichen und konservativen Männern der USA kritisierte die Prohibition und startete einige Gesetzesinitiativen. Dies führte schließlich dazu, daß in einem Gerichtsprozeß die Aufhebung der Prohibition erzwungen wurde. Nicht zumindest trug auch die *Wirtschaftskrise* der 20er Jahre dazu bei, daß 1932 die Weichen für die Aufhebung der Prohibition gestellt wurden, um Arbeitsplätze zu schaffen. 1933 schließlich wurde die Prohibition aufgehoben (Levine 1981a, 1981b).

Die weite Verbreitung des Alkohols führte im 19. und 20. Jahrhundert zunehmend zu unkritischen Konsummustern: in der englischen Marine wurden täglich vormittags 100 bis 125 Gramm starker Rum ausgeschenkt, bayerische Bierfahrer erhielten bis vor wenigen Jahren um die 20 Liter Bier täglich usw. Erst in den 70er und 80er Jahren dieses Jahrhunderts hat sich in den Industrieländern das kritische Wissen um die Schäden des Alkohols breiter durchgesetzt, ohne daß allerdings in der Bevölkerung ein starker Rückgang des Alkoholkonsums zu beobachten wäre - der Alkoholkonsum pro Kopf ist in den europäischen Ländern in den 90er Jahren ziemlich gleich geblieben (ca.12 l reiner Alkohol/Jahr): Man weiß zwar offensichtlich von den Gefahren des Alkohols, glaubt aber, daß man selber davon nicht betroffen ist und/oder sein wird. Die USA trinken vergleichsweise weniger Alkohol (ca. 8 l/Person). Aus diesen Gründen hat die WHO für Europa ein Alkoholreduktionsprogramm vorgeschlagen, in das alle Mitgliedsländer eingewilligt haben, wobei sich jedoch bisher wenig Aktivitäten zeigen.

Tab. 9: Kulturgeschichte von Alkohol, Tabak und Kaffee I (nach Völger u.a. 1981, Schwoon 1993)

| | |
|---|---|
| 2000 v. Chr. | * Sumerer und Ägypter brauen Bier, Germanen bereiten Met zu, |
| 800 v.Chr | * GR: Weinherstellung |
| 650 v. Chr. | * GR: ritualisierte Wein-Exzesse (Dionysos-Kult) |
| 150 n.Chr. | * I: ritualisierte Wein-Exzesse (Bacchus-Kult) |
| | * Wein wird zunehmend als Symbolträger im christlichen Glauben verstanden |
| 1050 | * Islam:Verbot des Alkoholkonsums im Koran |
| 1280 | * I: Destillation des Alkohols zu Schnaps. Beginn der industriellen Produktion von Alkoholika |
| 1500 | * Einführung der Branntweinsteuer in Europa (Adel verdiente daran!) |
| 1500 | * „Vollsaufen" als toleriertes Verhalten |
| 1550 | * E: Tabak aus Neuer Welt, Importmonopol |
| | * Maximum der Alkoholepidemie in Mitteleuropa mit „Schnapsleichen" |
| | * D: M. Luther: „...ganz Deutschland mit Saufen geplagt." |
| | * Abstinenzbewegungen |
| | * erste gesetzliche Einschränkungen für Alkoholausschank |
| 1573 | * GB: Tabakrauchen eingeführt |
| 1600 | * GB: Trunkenheit als Verbrechen |
| 1604 | * GB:Streitschrift gegen Tabak von Jakob I |
| 1619 | * GB: Jakob I protegiert Tabakanbau in Kolonien |
| 1647 | * F: Ludwig XIV errichtet Staatsmonopol für Tabak, (Staatseinkünfte!) |
| 1650 | * T: Todesstrafe bei Besuch eines Kaffeehauses |
| | * GB: erstes Kaffehaus (Treff auch von sozialkritischen Menschen !) |
| | * Alltagskultur unterscheidet zunehmend: gepflegter Weintrinker/ Stammtischbrüder/ „asozialer" Trinker |
| ca. 1750 | * USA: Listen von Gewohnheitstrinkern in Städten |
| 1850 | * B. Rush (Arzt): Alkoholismus ist Krankheit, es gibt Sucht als Störung; Abstinenz ist Therapieprinzip; Idee der Selbstverantwortlichkeit noch deutlich vorhanden |

Was die weltweite Verbreitung alkoholischer Getränke betrifft, ist noch zu erwähnen, daß beispielsweise in Bali Palmwein sehr weit verbreitet ist. In *Äthiopien* wird Honigbier getrunken. In *Asien* dienen dagegen in vielen Regionen vergorene Milchgetränke als Rauschmittel.

Weltweit wird „die Rauschkultur" des exzessiven Alkoholtrinkens aus ordnungspraktischen Gründen zwiespältig gesehen. So wurde dieses Verhalten immer wieder in der Sozialgeschichte Deutschlands geächtet und sogar bestraft. Dennoch bleiben organisierte Trinkexzesse, wie das Münchner Oktoberfest und ähnliche Feste mit Rauschgelagen, als fester Bestandteil, zumindest in der deutschen Kultur, erhalten. Die deutsche Bierkultur breitet sich sogar in die traditionell weintrinkenden mediterranen Länder stark aus.

Die Entgleisungen durch Alkoholkonsum sind bereits ein Hinweis, wie problematisch ein *Kulturtransfer psychoaktiver Stoffe* sein kann, wobei sogar genetische Faktoren der „Empfängerkultur" zu einer höheren Vulnerabilität gegenüber diesen Stoffen (z.B. Alkohol-Vulnerabilität nordamerikanischer Indianer) führen können.

Es ist noch interessant, den Blick auf die aktuelle Situation in *Nordamerika* zu richten. Bier, Wein, Whisky, Gin und Rum sind dort beliebte alkoholische Getränke. Eine besondere Bedeutung in den USA hat Kalifornien. Diese Sonderrolle liegt in der (noch gegebenen) technologischen Dominanz dieses Staates bei zugleich hoher Lebensqualität und vor allem an dem liberalen sozialen Klima, aber auch an den Naturschönheiten und Ressourcen. So ist bemerkenswert, daß der Weinanbau in diesem Land eine wichtige Rolle und eine überregionale Anerkennung in Hinblick auf die Qualität der Weine hat. Kalifornischer Wein zählt in den letzten Jahren zu den weltbesten. Viele wirtschaftlich erfolgreiche Südkalifornier ziehen sich in die Gegend nördlich von San Francisco in die Umgebung von Santa Rose, Sanoma und Napa zurück, wo sie Weingärten aufbauen und Weinkellereien einrichten. Damit könnte wieder eine Ära des zelebrierten Alkoholkonsums hereinbrechen. Die agrarwirtschaftlichen Interessen von Kalifornien können auf diese Weise wieder stark gegen die Maßnahmen der Alkoholprävention wirksam werden. Dennoch sind bisher in den neueren Alkohol-Konsum-Statistiken Kaliforniens keine klaren Aufwärtstrends nachweisbar, wenngleich allerdings auch kein Abwärtstrend erkennbar ist.

## *Nikotin*

Nikotin ist der Wirkstoff des Tabaks. Das Tabakrauchen, wie es heute üblich ist, kommt aus der indianischen nordamerikanischen Region. Tabakschnupfen hingegen wurde vor allem in Südamerika angewendet. Tabak hatte die Funktion eines Genußmittels, allerdings mit starker kultischer Einbindung. Rauchen von Tabakblättern war häufig eine religiöse Handlung, es gab aber auch medizinische Funktionen. In Europa und der übrigen Welt wurde Tabakrauchen ein sekulärer Brauch (Walther 1981).

In anderen Regionen der Erde wurden andere Konsumformen entwickelt, indem etwa Tabakwasser getrunken wurde. Tabakkonsum in Form der Zigaretten hat schließlich einen weltweiten Siegeszug erfahren, mit der Folge, daß die Nikotinabhängigkeit und die Folgeschäden ein ernsthaftes globales Problem darstellen. Auch hierbei zeigt sich der Einfluß der Herstellungstechnik und der Zubereitungsformen (handliche ca. 10 cm lange Päckchen) auf die Verfügbarkeit und auf eine gewisse Entfremdung von den ursprünglichen Zusammenhängen: Die leichte Verfügbarkeit steigert den Konsum und damit die Gesundheitsrisiken.

Das Tabakrauchen wurde im 16. Jahrhundert von der neuen Welt ausgehend von englischen, protugiesischen und spanischen Seeleuten in die ganze Welt gebracht. Im frühen 17. Jahrhundert war bereits eine weltweite Ausbreitung des Tabakrauchens festzustellen. König Jacob I. von England setzte sich daher bereits 1604 in einer Streitschrift gegen den Tabak, und zwar vor allem gegen den extremen Gebrauch, ein. Die Antitabak-Kampagne König Jacobs I. scheiterte jedoch. Bemerkenswert war der damalige starke Tabak- und Kaffeeimport nach England mit der Folge, daß die einheimische Ökonomie in England (und Deutschland) in Schwierigkeiten kam. Tabak (und auch Kaffee) bekamen auch allmählich das Image der Konsummittel der sozialkritischen Intellektuellen. So wurde 1633 in der Türkei sogar die Todesstrafe für den Genuß von Tabak verhängt. Durch Anhebung der Importzölle um 4000% (!) versuchte Jacob I. schließlich, den Konsumsitten entgegenzusteuern. Als Folge trat jedoch nur exzessiver Tabakschmuggel auf. Daraufhin errichtete Jacob I. das Tabakmonopol und begann allmählich den Tabakhandel zu protegieren. Mit einer Preispolitik der mittelhohen Preise versuchte er sowohl den Konsumanreiz zu dämpfen, wie auch den Schmuggel nicht lukrativ zu machen.

Auch in Frankreich wurde Anfang des 17. Jahrhunderts der Tabakverkauf monopolisiert. Tabakrauchen ist vor allem seit der Nachkriegszeit in Form des Zigarettenrauchens in Europa verbreitet. Die Zigarettenindustrie hatte zunächst ertragreiche Jahre.

Seit etwa 1970 ist aber wissenschaftlich gut gesichert bekannt, daß das Lungenkrebsrisiko für Raucher deutlich erhöht ist. Damit setzte weltweit eine Gegenbewegung gegen das Rauchen ein, die in den USA bereits zur deutlichen Reduktion des Anteils der Konsumenten geführt hat. Das Rauchen in öffentlichen Plätze und Gebäuden ist nun bereits weitgehend untersagt. Die bis dahin nur über die Aufklärung und kritische Produktinformation erfolgten Maßnahmen der Gesundheitssicherung waren hingegen relativ erfolglos - man rauchte weiter, allerdings mit „kognitiven Dissonanzen".

In den Entwicklungsländern ist jedoch kompensatorisch eine starke Zunahme an Rauchern festzustellen, so daß die Zigarettenindustrie nicht in die roten Zahlen kommt.

Diese internationale Entwicklung des erfolglosen Kampfes gegen das Tabakrauchen und die folgende Akzeptanz des Rauchens durch den Staat könnte einige lehrreiche Momente für die aktuelle Kontroverse um das Cannabisrauchen haben: Die Gesundheitsgefahren sind bekannt, aber ein beträchtlicher Prozentsatz der Bevölkerung wünscht den Stoff zu konsumieren. Staatliche Prohibition und wirtschaftliches Potential stehen im Widerstreit (s. Kapitel „Haschischszenario").

*Kaffee*

Kaffee mit dem Wirkstoff Koffein ist ebenfalls pflanzlichen Ursprungs. Die pflanzenbotanische Heimat des Kaffeestrauches soll das *abessinische Hochland* sein. Aus diesem Gebiet gelangte der Kaffee nach *Jemen* und nach *Arabien*. Von dort breitete sich dieser Stoff in der ganzen moslemischen Welt aus. Schließlich kam der Kaffee Ende des 16. und Mitte des 17. Jahrhunderts auch nach *Europa*. Kaffee war daher gemeinsam mit Tabak eine der ersten psychoaktiven Substanzen, die „kulturfremd" waren und in Europa in größerem Umfang konsumiert wurden. Bei Moslems war Kaffee ein beliebtes Hilfsmittel, um die Ermüdung während langer Stunden des Gebets zu überwinden. Da Alkohol in der islamischen Welt verboten war, wurde Kaffee eine wichtige Alternative zum Wein.

In England richtete man 1650 das erste Kaffeehaus ein. Der öffentliche Gebrauch von Kaffee wurde schließlich zunehmend in Kaffeehäusern organisiert, die dann zu Orten des sozialen Diskurses über „Gott und die Welt" wurden und auch die Entstehung von Intellektuellenzirkel mit sozialkritischen Einstellungen ermöglichten. In Kaffeehäusern rauchte man auch Tabak und diskutierte politische Themen. So kamen Kaffeehäuser in Verruf, Zentren für Aufwiegler zu sein. Sie setzten sich aber dann zunehmend durch, wie beispielsweise in Wien mit seiner noch heute deutlich vorhandenen typischen Kaffeehauskultur. Das Kaffeehaus wurde zunehmend zu einem tolerierten zentralen Ort öffentlicher Kontakte und Kommunikation. Hiermit kann dem Kaffee ein politischer Liberalisierungseffekt zugeschrieben werden.

Heute sind die wichtigsten Anbaugebiete des Kaffeestrauchs *Lateinamerika*, *Afrika* und *Asien*. Auch stellen derzeit koffeinhaltige Getränke wie Coca Cola oder Pepsi Cola und neuerdings Red Bull ein wichtiges Kontingent an alkoholfreien Getränken. Ihr Suchtpotential und ihre Komplikationen halten sich medizinisch betrachtet in Grenzen.

Tab. 10: Kulturgeschichte von Alkohol, Tabak und Kaffee II (nach Völger u.a. 1981, Schwoon 1993)

| | |
|---|---|
| ca. 1910 | * D: Vormundschaftsgerichtliche Regelung: Entmündigung wegen Trunksucht |
| 1919-1933 | * USA: Prohibition und organisierte Alkoholkriminalität, Beginn der Abstinenzverbände |
| 1933 | * D: Nationalsozialisten - „... unfruchtbar machen, wer an schwerem Alkoholismus leidet." (Meldepflicht!); Unterscheidung „minderwertiger" und „erbgesunder" Alkoholiker. |
| 1955 | * Jellinek entwickelt differenziertes Konzept von Alkoholismus als Krankheit |
| 1967 | * Das Urteil des Bundessozialgerichts: Alkoholismus ist eine Krankheit - Leistungen des Krankenhilfesystems beanspruchbar, Betroffener muß mitwirken: „Es ist keine Schande alkoholkrank zu sein, wohl aber, nichts dagegen zu unternehmen." |
| ca. 1984 | * D: Trunksucht nur als Pflegschaft mit Aufrechterhaltung vieler bürgerlicher Rechte |
| ca. 1989 | * D: Trunksucht kein Grund für Errichtung einer Pflegschaft |
| 1992 | * D: Nur schwerste psychische Störungen als Gründe für Errichtung einer Betreuung wegen Alkoholismus zulässig |

*Tee*

Tee hat die Wirkstoffe Koffein und „Tein" (Theophyllin). Die Teepflanze wurde ursprünglich in Indien angebaut. Auch in China wurde Tee angebaut und als Getränk genossen. Dies war bereits spätestens 500 n. Chr. der Fall, wobei den Arabern erst im 9. Jahrhundert Tee bekannt war. Nach Europa kam der Tee vor allem durch die Holländer. Um Mitte des 17. Jahrhunderts war Teetrinken in Holland bereits zu einem modischen, aber teuren Zeitvertreib geworden. Tee wurde in weiten Teilen Europas allmählich Ende des 17. Jahrhunderts durch den Kaffee verdrängt.

Zusammenfassend ist noch eine kurze Zeittafel dargestellt, die einige wichtige Punkte der Kulturgeschichte der legalen Drogen festhält (s. Tab. 9 u. 10).

## 10.6 Kulturgeschichte der illegalen Drogen

Die „Illegalität" der Drogen Cannabis, Opium (Heroin), und Koka (Kokain) ist ein Produkt komplexer Bewertungen des Umgangs mit diesen Drogen durch industrialisierte Länder. Das bedeutet aber, daß die Hegemonie der Industrieländer die internationale negative Sanktionierung dieser Drogen bedingt. Der Drogenkonsum in den Industrieländern beeinträchtigt nämlich deren Funktionieren. Es entsteht sogar der Eindruck, daß auf diese Weise auch indirekt agrarpolitische und damit wirtschaftspolitische Beeinflussungen der Entwicklungsländer durch die Industrieländer stattfinden, insofern traditionsreiche Anbautechniken unterdrückt werden. Es ist verständlich, daß sich in diesem Bereich auch ein Teil des „Kulturkampfes" zwischen Industrie- und Entwicklungsländern abspielt. Das wurde vor allem für die aktuellen Kokain-Konflikte der USA mit südamerikanischen Ländern herausgearbeitet. Davon wird noch die Rede sein (Kapitel „Sozialökologie der Drogen in Südamerika").

*Cannabis*

Cannabis ist in Form von *Haschisch (*und *Marihuana)* als Heil-, Kult- und Rauschmittel seit Tausenden von Jahren weltweit bekannt. Haschisch ist das Harz, Marihuana besteht aus den zerriebenen Blättern und Stengeln der Hanfpflanze, der Wirkstoff ist Cannabis (Tetrahydrocannabinol, THC). Haschisch wird mehr in Asien, Afrika und Europa konsumiert. Für Europa ist der Konsumstil von Cannabis nach orientalischen Mustern relevant (Emboden 1981). Marihuana findet häufig in Süd- und Nordamerika Verwendung. Schon 2737 v. Chr. wurde Haschisch als Heilmittel in *China* in einer Schrift von Kaiser Shen-Nung über Heilmittel erwähnt. Als Rauschmittel wurde Haschisch im alten China jedoch nicht eingestuft und auch nicht mißbraucht. Um 900 v. Chr. gebrauchten die *Assyrer* Haschisch als Weihrauch. Um 800 v. Chr. wurde Haschisch in *Indien* in verschiedenen Schriften nicht nur als Heilmittel, sondern auch als Stoff, der in religiöse Funktionen als Rauschmittel eingebunden war, erwähnt

Tab. 11: Kulturgeschichte von Cannabis (vgl. Täschner 1986)

| | |
|---|---|
| 2000 v. Chr. | * Indien: man sieht Cannabis als Kultpflanze an (Bhang u. Ganja), auch bei Hindus als Medikament |
| 800 v. Chr. | * Persien und Assyrien: Heil- und Genußmittel |
| 9.-12. Jh. | * Araber brachten Cannabiskonsumkultur nach Nordafrika, jedoch keine Verbreitung in Spanien! |
| ca. 1850 | * F: Club der Haschischesser in Paris |
| | * GB: Auch hier wird Haschisch bekannt, es wird zusätzlich als Heilmittel verwendet |
| 1932 | * GB: aus der Heilmittelliste gestrichen |
| 1930 | * USA: Marihuana wird dort breiter bekannt |
| 1944 | * USA: La Guardia-Bericht „Über das Marihuana-Problem in New York" |
| 1961 | * UN: „Single Convention" - Herstellung, Export, Import, Verteilung und Handel strafbar in Unterzeichnerstaaten |
| 1971 | * UN: Cannabis zählt zu den gefährlichen Drogen |
| 1995 | * D: Cannabis soll nach Vorschlag einer Expertenkommission in Apotheken abgegeben werden können |

(Moser-Schmitt 1981). Bei manchen Opferritualen gegenüber indischen Gottheiten (Brahmanen) wurden die Opfer mit Haschisch berauscht. So sollen jährlich etwa 20.000 Menschen geopfert worden sein. Auch heute ist Haschisch in Indien ein inoffizieller integraler Bestandteil der Landwirtschaft und der Heilmittelpalette. In *Persien* hatte Haschisch ebenfalls eine zentrale Rolle. Es wird vermutet, daß Haschisch auch schon um 500 v. Chr. den *Germanen* bekannt war. Ab 500 n. Chr. gelangte Haschisch über die *Araber* nach *Zentral-Europa*. Gegen 800 war allerdings in *Ägypten* schon ein Abhängigkeitsproblem bekannt, sodaß Haschischkonsum bereits mit Zähneausreißen bestraft wurde. In *Griechenland* wurde bis in die Zeit um den ersten Weltkrieg Haschisch angebaut und konsumiert - erst 1920 erfolgte ein Verbot des Hanfanbaus.

In *Nord-* und *Südamerika* war der Hanf historisch um 1500 nachweisbar. Er hatte in *Mexiko* eine wesentliche Rolle als Rauschmittel und wurde in den Südstaaten Nordamerikas in großen Mengen angebaut. Auf diese Weise wurde später auch die Musiker-Szene der Südstaaten mit Marihuana konfrontiert. Die Multiplikatorfunktion der Musik trug dazu bei, daß Marihuana neben der Musikerszene auch in anderen Subkulturen und auch in den Nordstaaten konsumiert wurde (vgl. Abschnitt „Kulturökologie der Rockmusik"). 1937 gab es in den USA bereits den „Marihuana Tax Act" als steuerliche Maßnahme, die den Konsum mindern sollte.

Die zentrale Rolle, die Haschisch in den islamischen Ländern genießt, läßt leicht verstehen, daß Haschisch schon wegen der religiösen Bindungen dem Christentum suspekt erschien und bekämpft wurde (Saleh 1981). Inzwischen dürften weit über 200 Mio Menschen auf der ganzen Welt zu den Cannabis-Konsumenten zu rechnen sein. In Kalifornien und generell in Nordamerika ist neuerdings wieder ein Anstieg an Marihuana-Konsumenten zu verzeichnen - es ist in den letzten Jahren eine Verdoppelung der Raten der jugendllichen Konsumenten festgestellt worden (vgl. National Institute on Drug Abuse 1993). Damit stellt sich für die Industriestaaten die Frage nach dem geeigneten Umgang mit dem Problem, daß eine „illegale Droge" von ca. 5% der Bevölkerung zumindest gelegentlich konsumiert wird. In Deutschland *kann* ähnlich wie in anderen Ländern (z.B. Holland) derzeit der *Besitz* von etwa 5 g Haschisch *straffrei* bleiben, während der *Erwerb* und die *Herstellung* sicher bestraft wird - das bedeutet aber, daß, wenn der Besitz straffrei sein kann (aber nicht muß), der illegale Handel stillschweigend in Kauf genommen wird. Es ist wohl nicht der Fall, daß Haschisch vom Konsumenten auf der Straße gefunden wird. Der schrittweise Rückzug aus der strafrechtlichen Verfolgung (Poenalisierung) des Cannabis-Konsums ist kaum aufzuhalten. Der Cannabiskonsum kann sogar noch eine wichtige wirtschaftliche Säule werden, wenn die gesamte wirtschaftliche Lage in geopolitischen Dimensionen problematischer wird. Auch ökologische Aspekte, die den effizienten Einsatz natürlicher Ressourcen (heimischer Hanfanbau statt Baumwollimport) in den Vordergrund der Diskussion stellen, können Gründe für eine zunehmende Banalisierung in der Einstufung des Hanfes als gefährliche Drogenpflanze bedeuten. Bevölkerungsmedizinische Bedenken werden dabei wirkungslos bleiben. Zigarettenfirmen sollen auch bereits Konzepte zur Herstellung von Haschischzigaretten in der Schublade haben. Als Droge für Rockmusiker und junge Menschen der Protestkultur in den 60er Jahren hat Cannabis einen bedeutenden subkulturellen Stellenwert bekommen. Das langfristige Cannabisproblem ist noch ungelöst und macht, obwohl Cannabis vielleicht im Gesamteffekt eine eher weiche Droge ist, im praktisch-politischen Umgang wegen der Vernetzung mit der Ökonomie der produzierenden Entwicklungsländer enorme Probleme (s. Kapitel „Haschischszenario").

*Opiate*

Diese psychoaktiven Wirkstoffe des Mohns sind ebenfalls seit Tausenden von Jahren in Gebrauch. In *Europa* ist der Mohn als die Ursprungspflanze des Opiums seit etwa 4000 Jahren bekannt. Hinweise darauf fanden sich beispielsweise in Schweizer Pfahlbauten. Dabei war allerdings nicht die narkotisierende Wirkung des Saftes, sondern die Ölhaltigkeit des Samens von Interesse. Die *Sumerer* jedoch wußten bereits zu jener Zeit von der berauschenden Wirkung dieser Pflanze. Auch die *Ägypter* kannten die betäubende Wirkung von Mohn und verwendeten diese Pflanze als Heilmittel. Die *Griechen* der Antike befaßten sich ausführlich mit den vielen psychotropen Wirkungen des Mohns. Opiumgetränke waren in der Antike ein Schlafmittel und ein Heilmittel (z. B. Wein mit Opium). Sie fanden auch im Mittelalter als Schmerz- und Schlafmittel Verwendung. Nach der Eroberung Griechenlands durch das römische Imperium gelangte die Droge weiter nach Westeuropa. Um 1500 entwickelt Paracelsus dann die jahrhundertelang beliebte Allround-Medizin „Laudanum", die als Opiummixtur zubereitet war („Ich habe Arkanum, heiß ich Laudanum, das Lobenswerte, es ist über das alles, was zum Tode weichen will").

Aus dem östlichen Mittelmeerraum brachten *Araber* den Mohn um 600 n. Chr. nach Persien, Indien und China. In *Persien* fand Opium zunächst die stärkste Resonanz. Opiumrauchen wurde zu einem sehr differenzierten Zeremoniell ausgestaltet. In *China* wurde das Opium gegessen. Die traumartigen, kontemplativen Rauscheffekte korrespondierten mit der chinesischen Philosophie und Religion, sodaß auch in dieser Region eine gute Akzeptanz des Opiums auftrat. Als Appetitzügler war es auch aufgrund wirtschaftlicher Nöte ein Mittel zum Überleben. Als 1644 von Kaiser Tsuing Cheng das Tabakrauchen verboten wurde, wurde Opium geraucht. Ab 1729 wurde auch das Opiumrauchen geahndet, wobei aber nur die Händler bestraft wurden. Das Opium wurde importiert. Interessant an dieser Stelle ist die kulturspezifisch unterschiedliche Wahrnehmung und Bewertung des Wirkprofils des Stoffes, wobei die „negativen" Effekte wie Berauschung, Betäubung und sogar die Sucht lange übersehen und verdrängt wurden.

Eine große historische Bedeutung haben die Opiumkriege, die die Briten gegen die Chinesen führten - die Briten sahen durch Importbarrieren der Chinesen die Handelsfreiheit nicht nur für Opium gefährdet, während die Chinesen vor allem die Gesundheitsgefahren und die Suchtproblematik des Opiums vor Augen hatten.

Opium wurde erst Ende des 17., Anfang des 18. Jahrhunderts als Rauschmittel eingestuft. In Europa wurde im 19. Jahrhundert allmählich erkannt, daß Opium ein Suchtmittel ist.

Die deutsche Chemiefirma Merck stellte ab 1827 Morphium her. Die Firma Bayer begann 1858 mit der Massenproduktion von Heroin und warb noch 1908 für Heroin als Hustenmittel. Erst allmählich folgten Restriktionen für den Umgang mit Opiaten.

Tab. 12: Kulturgeschichte der Opiate (nach Wanke u. Täschner 1985)

| | |
|---|---|
| 3000 v. Chr. | * Gebrauch von Opium aus Mohnpflanzen in Ägypten, Vorderasien (Türkei, Griechenland) |
| 900 v.Chr. | * Homer: „...betäubender Mohn" |
| 750 | * Araber bringen Mohn von der Türkei nach Persien, Indien und China |
| 1500 | * Paracelsus: Laudanum als Arzneimittel bestehend aus Alkohol und Opium |
| | * T: Opiumessen wird zur Gewohnheit |
| 1650 | * China: Opiumrauchen kommt auf |
| 1729 | * China: Kaiser Yung Ching erläßt Verbot des Opiumrauchens wegen Suchtanzeichen (wenig Erfolg!) |
| 1827 | * D: Firma Merck produziert Morphium |
| 1834-1842 | * China führt (und verliert) Opiumkrieg mit England, das seine „Handelsfreiheit" verteidigt |
| 1906 | * China: Einschränkung des Mohnanbaus und schwerste Strafen bei heimlichen Anbau |

Gegenwärtig sehen die Verhältnisse, was den Mohnanbau und damit die Produktion von Opium betrifft etwa folgendermaßen aus (s. Tab. 13, vgl. Vogt 1989):

Tab. 13: Mohnanbaugebiete in verschiedenen Ländern

a) Legaler Anbau
| | |
|---|---|
| Indien | 32.000 ha |
| Türkei | 22.900 ha |
| Polen | 15.000 ha |
| Sowjetunion | 15.000 ha |
| Rumänien | 12.300 ha |
| Tschechien u. Slovakien | 12.000 ha |
| Australien | 12.000 ha |

b) Illegaler Anbau
| | |
|---|---|
| Burma | 60.000 ha |
| Iran | 30.000 ha |
| Afghanistan | 20.000 ha |
| Pakistan | 4.500 ha |

Die wirtschaftliche Bedeutung des Mohnanbaus ist interessant: Prinzipiell müssen 10kg Opium verarbeitet werden um 1 kg Morphium zu erhalten. 4 Extraktionsstufen sind bei Heroin bis zur besten Qualität (Heroin 4, mit 60-90% Reinheitsgrad) nötig. Die enorme wirtschaftliche Bedeutung des Mohnanbaus kann man daraus ersehen, daß beispielsweise in Indien etwa 170.000 Mohnbauernfamilien in ca. 7000 Dörfern (also über 1 Mio Menschen) mit staatlicher Lizenz mehr als 1000 t Opium für den medizinischen Verbrauch jährlich herstellen (ca. 40kg/ha). Mit neu gezüchteten Pflanzen läßt sich der Ertrag sogar um 70% steigern. Die Ernte wird zwar an staatliche Depots abgeliefert, die Kontrolle der Abgabe ist aber nicht so gesichert, so daß all das Opium in offizielle Kanäle fließt: Für 1 kg Opium erhält ein Hersteller offiziell etwa 250 Rupees, vom illegalen Händler können 1500 Rupees erhalten werden. Auch die Türkei hat etwa 22.900 ha Mohnanbaufläche. Die Mohnkapseln werden nach der Ernte in Fabriken gebracht und dort verarbeitet. 1971 wurde auf Drängen der USA das Verbot des Mohnanbaus verhängt, aber in dieser geographischen Region 1974 wieder lizensiert, da für Bauern in Anatolien kein Agrarprodukt als Alternative in Frage kam.

In diesen Regionen Asiens wie auch in Afghanistan, Pakistan, Tschetschenien usw. sind politisch-militärische Kreise in den Drogenhandel involviert, was bei kriegerischen Auseinandersetzungen (Kurdenkriege, Konflikte in Pakistan usw.) eine vielschichtige Rolle spielt.

Heroin stellt nun weltweit ein vorrangiges Drogenproblem dar, mit hartnäckigen Abhängigkeitsentwicklungen und mit vielen Todesfällen. Auch hier ist das Problemmanagement der Industriestaaten nicht sehr weit gekommen, vor allem nicht in jenen Ländern, wo die urbanen Regionen extreme psychosoziale Problemlagen aufweisen. Dazu sind nicht nur die Megastädte der Entwicklungsländer wie Mexico City, Bombay oder Bangkok sondern auch New York, Philadelphia, aber auch Rotterdam und Hamburg anzuführen.

*Koka*

Die Koka-Pflanze ist seit Tausenden von Jahren in *Südamerika* bekannt und in Gebrauch (Scheffer 1981). Mindestens die Hälfte der Landbevölkerung der Länder *Peru* und *Bolivien* konsumieren regelmäßig Koka (Coqueros). Die epidemiologischen Schätzungen gehen von 25% bis 70% der Bevölkerung aus, die Koka konsumieren. 60% aller Coqueros sind ungelernte Arbeiter. Mindestens ein Viertel des Einkommens wird für Koka ausgegeben. Der Glaube an magische Kräfte des Koka ist heute allerdings auch bei den Kokabauern nicht mehr anzutreffen. Der Einstieg erfolgt mit etwa 13 Jahren, ein Alter in dem bei uns der Einstieg in den Alkoholkonsum erfolgt. Suchttypologisch betrachtet handelt es sich um Gewohnheitskonsum. In geographisch hoch gelegenen Regionen zeigen etwa 70% der dortigen Population Kokakonsum, auf Meereshöhe beträgt der Anteil nur 3%. Dies zeigt die starke klimatische Bezogenheit des traditionellen Kokakonsums, der das Arbeiten unter erschwerten natürlichen Bedingungen erträglicher gestalten soll.

Die physiologischen Effekte von Koka sind in einer Steigerung der körperlichen Ausdauer zu sehen, das Kältegefühl wird unterdrückt und die Regulation der Körpertemperatur verändert sich in Richtung einer stabilen Körpertemperatur trotz Kälte. Kokapflanzen werden auch als Mittel zur Ehrerbietung verwendet. Sowohl bei Freundschaftsgesten wie auch als Zahlungsmittel haben Kokablätter eine wichtige Bedeutung.

Die Kokapflanze hat nun als Ursprungspflanze des Kokains zentrale Bedeutung

Tab. 14: Kulturgeschichte von Koka und Kokain (nach Täschner u. Richtberg 1982)

| | | |
|---|---|---|
| 5000 v. Chr. | * | Ecuador: auf jene Zeit rückdatierbare Funde von pulverisierten Kalk, der für das Koka-Kauen genutzt wurde |
| 1500 v.Chr. | * | Peru: in Gräbern Kokablätter als Grabbeigaben |
| 1500 | * | Nordosten von Südamerika: Gebrauch von Koka weit verbreitet |
| | * | Peru: Koka-Kauen bei Inkas, Götterstatuen hielten Koka-Pflanzen in den Händen, kein Genußmittel der breiten Masse |
| ca. 1550 | * | zunehmende Ächtung des Koka-Genusses durch die spanischen Eroberer; Zerstörung der Inka-Kultur, Entwicklung vieler Tausender entgleister Konsumenten als Abhängige |
| 1860 | * | D: Synthetisierung von Kokain durch Niemann |
| 1886 | * | D: Aufdeckung von Kokainabhängigen |
| 1910 | * | F: in Paris Welle von Kokainismus im Kreise Intellektueller und Literaten |

erlangt. Zunächst wurde Kokain 1862 von der Firma Merck hergestellt und auf den Markt gebracht (s. Tab. 14).

Die Synthetisierung des Kokain als Heilmittel in den Industriegesellschaften hat aber rasch zum Mißbrauch und eben stoffbedingt auch zu Abhängigkeitsproblemen geführt, was zu schärfsten Abgabekontrollen geführt hat. Dennoch haben vor allem die USA und dabei insbesondere Angehörige von Leistungsberufen mit dieser Droge zu tun, sodaß sich hier spezielle Probleme ergeben. Es ist auch zu vermuten, daß die geographische Lage Nordamerikas diese Region zu einem bevorzugten Kokainkonsumentenland macht. Die Kokainproblematik zeigt engste Verknüpfungen mit der Südamerika-Politik der USA, wovon gleich die Rede sein wird.

## *LSD*

Diese Ausgeburt pharmazeutischer Labortechnik hat in den 60er Jahren zu einer LSD-Konsumepidemie in den Industrieländern bei der rebellierenden Jugend geführt. Nach einem Nachlassen der Nachfrage ab Mitte der 80er Jahre steigt nun die Nachfrage nach diesem bewußtseinsverändernden Halluzinogen wieder an. Psychotische Entgleisungen haben die Gefährlichkeit dieser Substanz deutlich gemacht. Rock-Musiker waren von dem Kreativitätspotential dieser Droge angetan, obwohl auch der ein oder andere die Psychiatrie mit einer drogeninduzierten Psychose aufsuchen mußte (vgl. Abschnitt „Kulturökologie der Rockmusikszene").

## *Sedativa und Stimulantien*

Die Wirkstoffgruppe der Sedativa umfaßt vor allem zunächst die *Barbiturate* und die *Benzodiazepine*. Beide Medikamente wurden von Anfang an mißbraucht und am Schwarzmarkt angeboten. Wo die Quellen der Verteilung anzusiedeln sind, ist nach wie vor unklar. Die Mitwirkung einiger niedergelassener Ärzte aus Unwissenheit oder anderer aus finanziellen Motiven ist sicher. Sie macht aber auf allen Drogenszenen nicht den Hauptanteil der gehandelten Medikamente aus. Auch Apotheker haben in diesem Bereich als schwarze Schafe durch eine sorglose Abgabepraxis mitgewirkt.

Es kam allerdings auch im Zusammenhang von Geschäften einiger Herstellerfirmen, vor allem mit Entwicklungsländern, zu bemerkenswerten Vorgängen, mit dem Ergebnis, daß Rücktransporte für die Schwarzmärkte der Herstellerländer noch rentabel sind. Derzeit kommt vor allem aus Osteuropa ein beträchtlicher Teil an illegal vertriebenen Benzodiazepinen. Ähnlich ist die Situation bei den Amphetaminen (siehe Abschnitt „Ökonomie der Drogen").

Völlig neu auf dem Markt der illegalen Drogen ist *Ecstasy*. Es steht seit Mitte der 90er Jahre im Zentrum des drogenpolitischen Interesses, ohne daß das Phänomen verstanden ist oder gar suffiziente Interventionsprogramme vorliegen.

## 10.7 Sozialökologie der Drogen in Südamerika

Wie bereits angesprochen, kann die Einteilung der Länder der Welt nach ökonomischen Gesichtspunkten in *Industrieländer* und *Entwicklungsländer* erfolgen. Zwischen diesen Ländern besteht eine anhaltende *ökonomische Ungleichheit* (Disparität). Die Entwicklungsländer können in drei bis fünf (hier: vier) Ethnoregionen unterteilt werden: Südamerika, Nordafrika, Indien, Südostasien. Einige Länder dieser Regionen (z. B. Brasilien) sind höher entwickelt und gelten als „Schwellenländer". In all diesen Regionen gibt es Herstellerländer von Rohstoffen der in den Industrieländern illegalen Drogen. Es sind in diesen Regionen Regierungen in den Drogenhandel involviert, ebenso Militär und Behörden. Die politischen Strukturen jener Regionen zeigen noch wenige Merkmale stabiler Demokratien.

Damit stellen diese Länder große politische Probleme für die Industrieländer dar. Eine besonders komplexe Problematik ergibt sich allerdings durch die agrarökonomischen Strukturschwächen dieser Länder. Auch der soziale Wandel (Landflucht), mit dem Verlust alter Strukturen, der damit verbundene Bevölkerungszuwachs und eine dezentrale Urbanisierung, aber auch eine Zersiedelung der Landschaft und der Raubbau an natürlichen Ressourcen sind sozioökonomische Brennpunkte dieser Länder.

Die hier interessierende Region ist der nördliche Teil von Südamerika mit den Ländern *Kolumbien, Peru* und *Bolivien*. Die besonders bedeutsame Droge ist das dort heimische Koka und das daraus hergestellte Kokain.

Wie bereits geschildert wurde, ist diese Region von einer enormen politischen Instabilität gekennzeichnet. Auch das organisatorische Niveau des politischen Systems, wie Regierung, Parlamente usw., ist verhältnismäßig einfach strukturiert und nur grob prozedural geregelt. Darüber hinaus ist auch die Bedeutung von Großfamilien im politischen Leben noch ausgeprägt. Die Nähe zwischen Politik und Militär ist deutlich zu erkennen. Dies beruht auf einer engen personellen *Vernetzung* zwischen *Politik*, *Militär* und *Wirtschaft*, was die Verhältnisse unübersichtlich und die Entwicklung sehr unvorhersehbar macht. Die ökonomische Ungleichheit zwischen den Entwicklungsländern und den USA ist deutlich und relevant, da heute die Weltmarktpreise der Waren entscheidend sind: Das Bruttosozialprodukt pro Kopf beträgt in Kolumbien 921 US $, in Chile 1.590 US $ und in den USA 11.560 US $. Näherungsweise entspricht das auch der mehr als 10fachen Preisspanne für Drogen.

Interessant ist auch die Rolle der *Kirche* in Lateinamerika, von der sich ein Teil als „Theologie der Befreiung" international bekannt gemacht hat. Auch sozioökonomische Aspekte sind zu beachten: Die Lebenserwartung in Kolumbien beträgt 62,2 Jahre, im Vergleich zu Chile, mit 65,7 Jahren und den USA mit 73,0 Jahren. Der Bevölkerungsanteil der unter 15jährigen beträgt in Kolumbien 40,4%, in Chile 32,5% und in den USA 22,5%. Analphabetismus in Kolumbien soll 19%, in Chile 12% und in den USA 1% betragen. Tod durch Gewalt macht in Kolumbien 12%, in Chile 11% und in den USA 8% (in Deutschland etwa 1%) aus. Insgesamt besteht ein Klima der Devianz und der Gewalt. Die Gewalt tritt sowohl in Form von reaktiver Gewalt im Rahmen von tendenziell eskalierenden Konflikten auf, wie auch in der gewalttätigen Durchsetzung von wirtschaftlichen und politischen Interessen in Form geplanter Verbrechen oder Einschüchterungen. Täter sind die Armen, Verzweifelten oder politisch Motivierte bis zum gekauften Killer. Beinahe unendliches Reservoire von Gewalttätern sind die Großstädte Südamerikas mit ihren großen Armenvierteln, wo für „eine Hand voll Dollar" (z.B. 100.- DM) ein Jugendlicher einen anderen Menschen umbringt.

Das enorme Bevölkerungswachstum wird Südamerika mit derzeit 450 Mio Einwohnern im Jahr 2000 eine Einwohnerzahl von bereits etwa 600 Mio Menschen bringen. Bemerkenswert ist auch die enorme *Migration* vom Land in die Stadt, wobei häufig von Experten von einem „Rurifizierungsprozeß der Städte" und, nicht wie bei uns, von einem „Urbanisierungsprozeß des Landes" die Rede ist. Das bedeutet, daß das Bild der südamerikanischen Städte wie beispielsweise Mexico City - abgesehen von dem Kernbereich - von einer Agglomeration von dorfähnlichen dichten Siedlungsgebilden ohne minimale erforderliche Infrastruktur gekennzeichnet ist. Es bilden sich gigantische Slums. Unter solchen sozialen Verhältnissen entsteht der Nährboden für soziale Problemlagen: Armut, Prostitution, Suchtprobleme und Gewalt sind hier zu Hause. Sie helfen den Drogenbanden, die „Exekutive" ihrer Interessen zu rekrutieren.

Interessant ist die Bedeutung des Alkoholmißbrauchs: Südamerikanische Alkoholkonsumenten trinken eher selten, allerdings mit der Bereitschaft zu Exzessen. Interessanterweise soll es in Mexiko 30% Abstinente und in Kolumbien sogar 40% Abstinente geben (Deutschland: ca. 10%). Daß hier durchwegs auch genetische Faktoren beim extremen Reagieren auf Alkoholkonsum zum Tragen kommen ist möglich, aber es sind sicher kulturelle wie auch soziale Faktoren damit verbunden. In Südamerika werden ca. 60% der Verbrechen unter dem Einfluß von Alkohol begangen, was deutlich über den europäischen Raten liegt, die bei etwa 45% liegen. Bedenklich ist die Zunahme des Alkoholismus bei Kindern - in Chile soll dieses Problem genauer untersucht worden sein, mit dem Ergebnis, daß ca. 15% der Kinder schon exzessives Trinken zeigen. (Rojas-Mckenzie 1990, S. 214). 5% der kolumbianischen Jungen unter 15 Jahren trinken exzessiv Alkohol. Auch die Leberzirrhose ist bei 15-44jährigen Männern an 2. oder 3. Stelle der Todesursachen.

Von besonderer Bedeutung ist aber der Handel mit illegalen Drogen. Was den Sprachgebrauch betrifft ist in diesem Zusammenhang in Südamerika der Begriff „Narcòticos" (Betäubungsmittel) sehr viel verbreiteter als in Europa. Auch werden Begriffe wie „Narcoterrorismus"," Narcoguerilla", „Narcoviolencia" verwendet.

Die wichtigste Droge, um die es hier geht, ist das Kokain und damit der in den lateinamerikanischen Ländern beheimatete Kokastrauch als Rohstoffpflanze. Der Kokastrauch kann bis zu 5 m hoch werden. Er ist in den Andenregionen am ertragreichsten, wo er im feuchtwarmen Klima von etwa 1000 bis 2000 m Seehöhe auf den östlichen Hängen der Anden in Peru und Bolivien bei einer Durchschnittstemperatur von etwa 15-20°C gedeiht. Die Bodenqualität kann gering sein, denn Kokasträuche wachsen auch auf agrartechnisch sonst nicht mehr nutzbaren Lehmböden. Das Ernteprodukt sind die ovalen Blätter, die bis zu 40 Jahre lang drei- bis sechsmal jährlich geerntet werden können. Der *Kokainalkaloidanteil* der Blätter beträgt 0,5 - 1 %. Die höchsten Konzentrationen werden vor allem in Peru festgestellt. Koka war bereits ca. 4000 v.

Chr. in den Andenregionen bekannt. Im Inkareich (etwa 15.Jh) hatte Koka als heilige Pflanze viele rituelle Funktionen. Koka ist im Rahmen eines südamerikanischen Schöpfungsmythos ein göttliches Geschenk, das die Betrübten erheitern soll, den Müden wieder Kraft geben und den Hungrigen sättigen soll. Das sind Effekte, die vielen Kokakauern tatsächlich Lebensmöglichkeiten gegeben haben. Bei Zeremonien wurde Koka gekaut und auch Toten wurden Kokablätter in die Grabkammern beigelegt. Die Spanier verteufelten zunächst Koka, haben dann aber den vielfältigen ökonomischen Nutzen der Pflanze erkannt und duldeten das Kokakauen: Die Arbeiter brauchten unter Koka weniger Nahrung. Damit war eigentlich durch die Spanier die Grundlage für die Aufwertung des Koka gegeben. So wurde es auch in Europa mit Interesse untersucht und verwertet. Schließlich wurde Kokain synthetisiert und dann medizinisch genutzt. Durch die medizinisch negativen Folgen des Kokains und auch durch objektive, aber nur isoliert medizinisch beobachtete Berichte über den Gesundheitszustand der Coqueros kam die Substanz und die Pflanze in Verruf. Entscheidend war dann die Single Convention 1961, die die Abschaffung des Kokastrauches in 25 Jahren forderte. Dies beruhte auf einer undifferenzierten Gleichsetzung von Kokain und Koka. Die politische Vertretung der Gruppe der traditionellen Kokakonsumenten stellen dazu immer wieder fest: „Wir essen Koka nicht nur um des bloßen Essens willen... Nein, wir essen Koka, weil es in unserer Kultur, in unseren Traditionen gerade die Stimme der Koka, der Geist der Koka ist, der uns lehrt gut zu leben... Koka essend konnten unsere Großeltern nachdenken und die Probleme dieser Welt lösen. Deshalb hinterließen sie uns Koka, damit wir diese Weisheit empfangen" (aus einem Eingeborenenführer aus dem kolumbianischen Amazonasgebiet, vgl. Camino 1989, S. 92).

Die Verarbeitung der Kokablätter zur *Produktion* von Kokain erfolgt so, daß die geernteten Blätter am Boden ausgebreitet und zunächst getrocknet und dann immer wieder angefeuchtet und mit den Füssen trockengestampft werden. Zur Kokainextraktion wird dann in Zementbehältern Wasser und Schwefelsäure zugesetzt. Nach etwa 24 Stunden wird dieser Brei gestampft und Kerosin, Kalk u.a. Chemikalien beigemischt. Dadurch entsteht die *Kokapaste* (coca pasta). Dieser Schritt der Produktion wird noch häufig von den Bauern selbst vorgenommen. Aus diesem Produkt wird nun durch Beimischung von Äther, Aceton, Ammoniak u. a. die Kokabase hergestellt. Durch Beigabe von Salzsäure entsteht schließlich das feinflockige Kokain mit einem Reinheitsgrad von über 95% („Schnee"). Bereits bei dem in Südamerika gebräuchlichen Pasta-Konsum treten die akuten Kokainwirkungen und die Nebenwirkungen auf.

Der *Vertrieb* von Kokaprodukten verläuft hauptsächlich über Kolumbien. 1993 lieferte Kolumbien etwa 600 t Kokain von den weltweit geschätzten 1000 t, also 60% der Handelsmenge. Davon kamen 470 t in die USA und 130 t nach Europa. In den letzten Jahren hat diese Aktivität durch verstärkte Repression wieder ein wenig abgenommen. Die Produktions-Aktivitäten haben sich nach Bolivien verlagert. Seit Zerschlagung der kriminellen Medellin-Gruppe, die den Drogenhandel in Kolumbien dominierte, tritt nun in Kolumbien die Cali-Gruppe auf, die angeblich 2/3 des US-Marktes kontrollieren soll (Ambos 1994, S. 20). Es sind aber auch viele kleinere Händlergruppen tätig, die das Kokaingeschäft kontrollieren.

Die *Drogenhändler* werden oft als „Drogenkartelle" bezeichnet. Kartelle aber sind wie die Mafia ein weites Netz von Verbindungen, deren Kern eine Großfamilie mit ihren Verwandtschaftsverästelungen ist. Im Koka-Geschäft handelt es sich jedoch um wesentlich kleinere Gruppierungen, die einen geringen Grad der Organisiertheit haben. Daher ist die Einstufung als Kartelle falsch, weil damit ein höherer Grad der formellen Organisiertheit einhergeht. Kriminalpolizeiliche Erkenntnisse haben ergeben, daß die sozialen Netzwerke der südamerikanischen Drogenhändler verhältnismäßig klein sind. Es wird hier auch nicht von „Drogenbanden" gesprochen, da die ethnischen Verwicklungen enorm sind. So hat der „Drogenkönig" Pablo Escobar Kirchen und Sportplätze bauen lassen und war bei der Bevölkerung der Elendsviertel durch seine vielfältigen Aktivitäten des sozialen Engagements angesehen. Die Verbindung der Drogen-Händlergruppen mit der Guerilla verkompliziert die Beurteilung, da sich hiermit innenpolitische Problematiken mit den internationalen Drogenproblemen und auch mit den allgemeinen Hegemoniebestrebungen der USA gegenüber Südamerika durchmischen. Betrachtungen der Aktivitäten der Drogenhändler werden daher schnell „ethnozentrisch". Dies kann aber hier nur als methodologischer Hinweis dienen, eine Analyse muß Südamerika-Spezialisten vorbehalten bleiben.

Die in letzter Zeit beobachtete Ausweitung der Geschäftsaktivitäten der südamerikanischen Drogenhändler nach Europa implizieren Kooperationsprojekte mit der Mafia, mit ihrem stärker organisierten Betrieb.

Es sollen nun einige relevante südamerikanische drogenproduzierende Länder besprochen werden.

*Kolumbien*

Über dieses verhätnismäßig hoch entwickelte Land sind die zuverlässigsten Zahlen zum Drogenproblem erhältlich (vgl. Rojas-McKenzie 1990, S. 198). Die verfügbaren Statistiken sind dennoch ungenau oder alt. Hier wird zunächst zur Orientierung eine Statistik von 1980 dargestellt, die von einem Epidemiologen stammt und somit, was die Daten betrifft, zuverlässig erscheint, da behördliche Statistiken viele Fehler enthalten, die nur durch genaue Kenntnis der Erhebungs- und Darstellungstechniken geklärt werden können (z.B. Polizieistatistiken zeigen im Hinblick auf die Legitimation des Empfangs von Entwicklungshilfe erhöhte Ergreifungsraten von Drogenstraftätern usw., s. unten). Nach diesen Datenquellen hat Kolumbien etwa 30 Mio Einwohner. Nur 5% sind älter als 60 Jahre.

Das besondere Problem der südamerikanischen Staaten, nämlich die Atmosphäre der Gewalt, zeigt sich auch in Kolumbien drastisch: 1946 gab es nur 8,3 Morde auf 100.000 Eiw, 1985 bereits 87,1 Morde/100.000 Eiw.(Deutschland: 1/100.000 Eiw!). Die Verkehrstotenziffern stiegen im selben Zeitraum ebenfalls um das 10fache von 2,1 auf 26,8 (vgl. Rojas-McKenzie 1990, S. 203-205). 22.000 Menschen sollen in Kolumbien seit 1986 aus politischen Gründen gestorben sein. 1993 starben aus diesen Gründen immerhin noch 11 Personen täglich, also insgesamt etwa 4000 Menschen pro Jahr (Ambos 1994, S. 24).

Die Morde gehen zu einem großen Teil auf drogenbezogene Aktivitäten zurück. Ihr Prozentsatz kann aber nicht einmal schätzungsweise angegeben werden. Denn inwieweit die ausgewiesenen Mordraten nun tatsächlich aussagekräftig sind, bleibt dahingestellt: Die Aktivitäten der in vielen Staaten Südamerikas tätigen „Todesschwadrone", die zum „Verschwinden" von Personen führt, müßten in einer Statistik der „Vermißten" mit aufgeführt werden. Dann sähe das Bild noch deutlich schlechter aus und zwar vor allem in Hinblick auf die Unterschiede der südamerikanischen Staaten untereinander, vor allem das friedlichere Chile würde dann in einem anderen Licht dastehen.

Allgemein gibt es daher Hinweise auf eine soziale Deregulation im Leben der Kolumbaner, obwohl in den 90er Jahren Zeichen einer Anstrengung in Richtung der Verbesserung der Verhältnisse zu erkennen sind, was später im Text in Hinblick auf die Drogengesetze diskutiert wird und was sicherlich auch im Umgang mit den Menschenrechten deutlich wird. Die Menschenrechte sind ja in der internationalen Politik zu einem äußert wichtigen „Parameter" geworden, der entwicklungs- und wirtschaftspolitisch eine wichtige Bezugsgröße ausmacht.

Die *ökonomische Struktur* in Kolumbien weist einen hohen Anteil an Landwirtschaft auf. Hierbei ist eine extreme Ungleichheit der Verteilung der Landfläche festzustellen: 57% der Bauern sind Eigentümer von weniger als 3 ha Land, was in der Summe weniger als 3% der landwirtschaftlich nutzbaren Fläche entspricht. 11% der Bauernhöfe haben eine Größe von 20-100 ha, was 24 % der Agrarfläche entspricht. 4% haben mehr als 100 ha, was 61% der Gesamtfläche entspricht. Gerade diese Verarmung der Kleinbauern disponiert sie zur Teilnahme am Drogengeschäft. Die soziale Ungleichheit ist aber auch der Boden der vielfältigen und in Einzelgruppierungen zersplittierte Guerillabewegung, die den Staat vor große Probleme stellt. Politische Gewalt wurde in den 40er Jahren als La Violencia bezeichnet.

Als Nationale Befreiungsarmee wurden die Teile der revolutionären Streitkräfte Kolumbiens und als Volksarmee der Befreiungsbewegung des 19. April (M19) bekannt. Auf *politischer Ebene* gibt es seit 1957 eine Allianz der liberalen und der konservativen Partei. Erst 1989 gab es ein Abkommen der M19 mit der Regierung, den bewaffneten Kampf aufzugeben. Die anderen Gruppen waren nur teilweise zur Aufgabe des bewaffneten politischen Kampfes zu bewegen. Der Grund ist das anhaltende Klima der politischen Gewalt, die vor allem Linksgerichtete trifft, wenn sie aus dem Untergrund heraustreten (Ambos 1994).

Kolumbien ist inzwischen eher Vertreiber und weniger Hersteller von Kokaprodukten. Bemerkenswert ist auch der Marihuana-Anbau in Kolumbien, der etwa 5000 ha und eine Produktionsmenge von mehreren tausend Tonnen umfaßt (Ambos 1994, S. 26). Dies beruht möglicherweise auf einer kompensatorischen Aktivität durch Produktionsrückgänge in Mexiko. Auch die Beteiligung am Heroinhandel durch Aufbau von Mohnanbaugebieten ist eine bemerkenswerte neuere Entwicklung. Inzwischen soll Kolumbien bereits 10% der im Welthandel zirkulierenden Heroinmenge herstellen.

Der Transport der Kokaprodukte in die *USA* erfolgt häufig über den Seeweg. Ein mehrmaliger Wechsel der Ladung erfolgt auf dem Meer, wenn der Transport nach *Europa* geht. Eine direkte Fahrt wird nach Miami/Florida gemacht. Auch kleine Transportflugzeuge werden dazu genutzt, die in der Regel vom Busch aus starten. Militärbasen, die den Luftraum allgemein überwachen, „übersehen" diese Flüge aus vielerlei Gründen: Neben der Verflechtung von Positionsinhabern im Militär und finanziellen Zuwendungen sind es offensichtlich auch Konkurrenzverhältnisse zur Polizei. Kleinkuriere fliegen auch mit Linienmaschinen und transportieren Kokain in rektal deponierten Kondomen („Analbomben"). Die Schmuggler selber, die in Europa festgenommen werden, sind überwiegend Kolumbianer, gefolgt von Italienern, Briten, Deutschen und Nigerianern (Ambos 1994, S. 22).

Der Höhepunkt der kolumbianischen Drogenkriminalität war die Aktivität der Medellin-Gruppe um Pablo Escobar. Die Morde der Gruppe von Escobar wurden von Jugendlichen der Elendsviertel von Medellin für wenige Dollar begangen, die über eine mehrgliedrige Befehlskette angeordnet wurden. Dieser Personenkreis wird als die „Sicarios", die Meuchelmörder bezeichnet. Als Folge dieser und der allgemein vorhandenen Gewalt wurden Volksmilizen gegründet. Auch sie führten Hinrichtungen durch. Durch Morde an Richtern, Polizeipräsidenten und anderen Repräsentanten des Staates provozierte die Medellin-Gruppe öffentlich einen staatsinternen Drogenkrieg. Erklärtes Ziel von Escobar war es, die Armen zu befreien, den Bauern über Kokaanbau die Existenz zu erhalten usw. Durch Grundstückserwerb wollte er die Agrarreform unterlaufen. Durch eine Gesetzreform wurde schließlich in Kolumbien Selbststellern des Drogenhandels Strafbegünstigung in Aussicht gestellt. Escobar stellte sich im Juni 1991 der Justiz und wurde inhaftiert. Die terroristischen Anschläge hörten auf. Aus unklaren Gründen flüchtete Escobar im Juli 1992 aus dem Gefängnis. Eine Spezialtruppe der Regierung, der Bloc de Busqueda (Suchblock), verfolgte die Gruppe um Escobar. Als seine Familie in Deutschland aufgenommen werden wollte, was ihr verweigert wurde, nahm Escobar mit der zurückgeschickten Familie telefonisch Kontakt auf. Dabei wurde er elektronisch geortet und auf der Flucht aus dem Haus, aus dem er telefoniert hatte, erschossen.

Die nun vorherrschende Gruppierung in der Stadt Cali ist hierarchischer organisiert als die Medellin-Gruppe und außerdem stark in die gesellschaftliche Führungsschicht Kolumbiens integriert.

Das Netzwerk der Gewalt im Drogengeschäft ist also von anti-revolutionären und anti-demokratischen, paramilitärischen Gruppierungen, ebenso wie durch gezieltes Anschlagswesen und durch den Krieg der Drogenhändler untereinander gekennzeichnet. Hinzu kommt die repressive militärische Gewalt, die vom Staat ausgeübt wird.

Die *Drogenwirtschaft* gehört zur „Schattenwirtschaft" (underground economy). Diese Aktiviäten tragen zwar zur gesamtwirtschaftlichen Wertschöpfung bei, sie können aber nicht offiziell in die Sozialproduktberechnung eingehen. Wenn man von einem ins Land zurückfließenden *Reingewinn* von 750 Mio Dollar ausgeht, beträgt der prozentuale Anteil des Kokainhandels an legalen Exporten beinahe 25%, was fast der Hälfte des Kaffeexportes entspricht. Insgesamt werden etwa 13 Mrd Kokaindollars im Großhandelsbereich von Kolumbianern umgesetzt. Der volkswirtschaftlich positive

Effekt des Drogenhandels liegt darin, daß in wichtigen Wirtschaftsektoren Arbeitsplätze geschaffen werden: Landwirtschaft (Anbau), Industrie (Labors), Handel (Lagerung, Verkehr) und Dienstleistungen (Rechtsberatung) profitieren davon. Man schätzt insgesamt, daß etwa 250.000 Personen durch die Drogenproduktion beschäftigt sind, was 3% der Erwerbsbevölkerung entspricht. Eine weitere Million von Menschen dürfte vom Drogenhandel leben. Das bedeutet, daß über 10% der Bevölkerung von der Drogenökonomie lebt.

Auch in den Städten wurden Drogen-Dollars investiert, vor allem im Bauwesen. Als Folge war bei guter Drogenkonjunktur eine geringe Anzahl von Arbeitslosen registriert worden.

Im ländlichen Bereich wurde teilweise in Konfliktregionen zwischen Kleinbauern, die von den Guerillieros unterstützt wurden, und Großgrundbesitzern mit ihren paramilitärischen Gruppen Land erworben. Die bewaffneten Drogenbanden unterstützten zunächst die Großgrundbesitzer, was wieder gute politische und administrative Unterstützung der Drogenhändler zur Folge haben konnte.

Die Bezahlung des Kokains erfolgt in Dollar oder in Schmuck oder in Waffen, oder in anderen „Naturalien". Die eingenommenen Drogen-Dollars machen für den Großexporteur das Problem, große Dollarbeträge einzuzahlen oder zunächst zu wechseln. Daher wurde viel Kapital ins Ausland geschafft. Diese Finanzströme machen die Finanzwirtschaftler besorgt, weil insgesamt jährlich etwa 500 Mrd. Drogendollar unkontrolliert durch die Weltwirtschaft zirkulieren.

Die *Geldwäsche* wird nun in Kolumbien immer stärker kontrolliert und bestraft.

Durch die Drogendollars wurde also für Kolumbien ein Devisenpolster geschaffen, das der Regierung nicht unangenehm sein konnte, bis auf den damit erzeugten politischen Gegendruck der USA. Durch einen regional abwesenden Staat in relativ schwer zugänglichen Regionen konnten sich die Drogenhändler einen starken Einfluß und eine gute Akzeptanz bei der Bevölkerung schaffen, der ihre Untergrundtätigkeit stabilisierte.

Die *Justiz* ist offensichtlich finanziell eingestimmt oder bedroht. Es gilt „die Regel der zwei Metalle": Silber oder Blei. Als die „Befreiungsbewegung" M19 1985 den Justizpalast „befreite" wurden 14 Richter ermordet, davon vier, die mit der Auslieferung großer Drogenhändler an die USA befaßt waren. Dieselbe Einschüchterung gilt für die Polizei und für die Medien. Damit sind die Operationen der Drogenhändler gut geschützt. Wirtschaftsgrößen sind ebenfalls in diese Beziehungen eingebunden. Auch auf die Politik trifft diese Problematik zu. Darüber hinaus haben die Drogenhändler ihre eigenen Organisationsstrukturen aufgebaut, die paramilitärische Gruppen und Radiostationen, aber auch Anwälte, die bei der Entwicklung von drogenbezogenen Gesetzen auf Regierungsebene mitwirkten, beeinflussen (Ambos 1994, S. 46). Das Hauptprinzip ist die Androhung der blanken physischen Gewalt.

Bestimmte Kandidaten für politische Funktionen wurden großzügig finanziell unterstützt. Eigene politische Gruppierungen wurden gegründet, wie die „Bewegung nationaler Erneuerung" oder der „Nuovo Liberalismo" von Pablo Escobar. Am Drogenmarkt kassiert auch die Polizei von Klein- und Zwischenhändlern Steuern und läßt sie dann in Ruhe. Das Prinzip der Schutzgelder ist die mafiöse Komponente des

Systems.

Die *Militärs* sind besonders in die Drogengeschäfte verwickelt: Bei einer militärischen Razzia wurden Smaragdschmuggler im Auftrag eines Drogenhändlers getötet. Die Militärs warnen die Drogenhändler vor Polizeieinsätzen oder verschweigen verbotene Flüge.

Ein Zusammenhang der Drogenhändler mit der Guerilla ist scheinbar nicht so eng gegeben. Die Guerilleros operierten zwar in Anbaugebieten von Drogen und in Gebieten, in denen sich auch Drogenhändler ansiedelten, so daß gewisse Arrangements möglich gewesen sein könnten. Dabei haben die Guerillieros aber meist die Interessen der Kleinbauern vertreten. Bald nachdem die Drogenhändler mit paramilitärischen Gruppen aufrüsteten waren die Fronten jedoch klar. Die Medellin-Gruppe soll den *UP*-Führer Pardo Leal 1987 ermordet haben. Auch hat die Guerilla die Substitutionspolitik der UN indirekt unterstützt, indem sie den Anbau von alternativen Agrarpflanzen, insbesondere von Grundnahrungsmitteln, unterstützt hat. Es sollen aber auch von den Bauern Schutzgelder durch die Guerilleros kassiert worden sein - die Drogenhändler, die mit den Großgrundbesitzern ihre Geschäfte machten, bedrohten die Kleinbauern, die dann von den Guerilleros beschützt wurden.

Immer wieder beschwören die politischen Kräfte in Kolumbien, die Verhältnisse zu verändern, doch immer wieder gibt es Rückschläge.

*Peru*

Dieses Land hatte von 1968 bis 1980 eine Militärdiktatur. Dann kam eine verfassungsmäßige Regierung zustande. Zur selben Zeit wurde eine Gruppe mit dem Namen „Sendero Luminosco" ( SL ) aktiv. Das Ziel dieser Organisation war die Errichtung einer Volksrepublik. Die Methode war terroristisch. Durch straffe Gegenmaßnahmen von der Regierung, wie die Ausrufung des Ausnahmezustandes, gelang es jedoch, die Gruppen zu inaktivieren.

Das Anbaugebiet für Koka, das etwa 200.000 ha umfaßt, ist im Bereich des Tales des Huallaga-Flusses und in den Tälern Convecion und Lares. Der illegale Anbau findet vorwiegend im Huallaga Tal statt. Durch die schärferen Kontrollen findet in letzter Zeit eine Verlagerung in den Norden in unzugänglichere Gebiete statt. Die Weiterverarbeitung in Koka-Paste und in geringerem Ausmaß auch in Kokainbase und Kokainhydrochlorid findet vor Ort statt. In diesen Regionen wird auch Marihuana und in den letzten Jahren auch Mohn angebaut. Die bäuerliche Bevölkerung wandert aus der Sierra in das Huallaga-Tal und nun von dort in die Urwaldgebiete. Die Vertriebsstruktur des Koka ist mit Kolumbien verbunden, d.h. die kolumbianischen Händler haben den illegalen Vertrieb in der Hand.

Die Kokapreise liegen deutlich über dem der vergleichbaren Agrarprodukte, bei außerdem vergleichsweise noch niedrigeren Produktionskosten. Der Lohnarbeiter am Feld verdient bei Kokabauern das 8fache als bei anderen Produkten. Ca. 300.000 Familien hängen daher vom Kokananbau ab. Insgesamt scheinen etwa 900.000 Personen direkt oder indirekt in das Kokaingeschäft involviert zu sein. In manchen Regionen sind regelrechte Kokadörfer entstanden.

Der Eigenkonsum ist nur geringfügig, Pasta basica wird von 3% der einheimischen Bevölkerung, Kokain von 1,3%, Marihuana von 5,3%, jedoch Alkohol von 83,5% „irgendeinmal" konsumiert (Ambos 1994, S. 50).

Die staatliche Behörde ENACO kontrolliert den für die legale Nutzung notwendigen Kokaanbau.

Der Umsatzerlös für Koka beträgt etwa 1,8 Mrd US$, das sind 11% des Bruttosozialprodukts (Ambos 1994, S. 51). Der Einkauf der Kokaprodukte durch die Großexporteure wird mit der einheimischen Währung bezahlt (Soles). Ein ehemaliger Präsident Perus soll den Drogenhandel als das einzige erfolgreiche multinationale Unternehmen Lateinamerikas genannt haben (Ambos 1994, S. 52).

Der Drogenhandel könnte nach Schätzungen bis zu 50% des Devisenhandels Perus ausmachen.

Die volkswirtschaftlichen Effekte sind kompliziert - einerseits hat die Wirtschaft profitiert, andererseits wurden staatliche Interventionsinstrumente und wirtschaftspolitische Maßnahmen dadurch de facto unterlaufen. In den Kokaanbaugebieten wurde allerdings ein wirtschaftlicher Aufschwung bewirkt.

Auch in Peru ist der Kokahandel von Korruption und Gewalt begleitet. Die SL hat sich dabei zu den Interessenvertretern der Bauern gemacht und sie vor den Drogenhändlern und dem Staat geschützt. Koka wurde auch in diesem Bereich für diese Befreiungsbewegung eine Finanzierungsquelle (ca. 60 Mio US $ jährlich).

Ein spezielles Problem in Peru (wie auch in anderen lateinamerikanischen Ländern) ist der verbreitete exzessive Alkoholgenuß. Ursprünglich war der Alkoholkonsum bei den Inkas in Zerimonien eingebettet. Exzesse waren nur episodisch und sozial eingebunden möglich. Nach der Eroberung wurden die alten Götter und Mythen, aus der Inka-Religion verdrängt und der Katholizismus ins Land gebracht. Damit kam die alte Religion in den Untergrund, sie wurde aber immer noch gepflegt. Mit der Auskopplung der religiösen Bezüge wurde aber auch der Alkoholkonsum nun profanisiert und entgleiste stark. Dies ist zumindest die Auffassung von Suchtforschern in Südamerika (vgl. Rojas-McKenzie 1990, S. 210, Mariategui 1985)

*Bolivien*

Von 1964 bis 1982 herrschte in Bolivien eine Militärdiktatur mit groben Menschenrechtsverletzungen. Seither hat eine gewisse politische Konsolidierung stattgefunden. In letzter Zeit sind jedoch wieder Ausnahmezustandsgesetze in Kraft getreten, bei denen wieder Menschenrechtsverletzungen begangen worden sein sollen. Diese instabilen politischen Verhältnisse mit extremer sozialer Ungleichheit halten die illegale Koka-Ökonomie indirekt aufrecht.

Der Kokaanbau findet vor allem in der Region Chapare (90%) und in Yungas statt. Insgesamt umfaßt er eine Fläche von ca. 60.000 ha. Die Kokablätter werden zu 90% im Lande und vor Ort zu Kokapaste verarbeitet. Nun sollten wegen der stärkeren

Repression in Kolumbien bis zu 90% des Koka in Bolivien zu Kokain-Base und Kokainhydrochlorid verarbeitet werden (Ambos 1994, S. 60). Der Gesamtproduktionswert von Koka wurde auf 891 Mio US $ geschätzt.

Die Zerstörung von 50.000 ha Anbaufläche würde nach Ansicht des Innenministeriums 175.000 Kokabauern arbeitslos machen. Der Anteil der Kokaproduktion am Bruttosozialprodukt beträgt mindestens 10%. Es soll etwa 15 Kokainhändlerfamilien geben, die 75% ihres Erlöses im Ausland anlegen. Als Folge der Geldwäscherei sollen beinahe 90% der Bankeinlagen in US Dollar vorliegen.

Die Chapare-Region hat eine starke Zuwanderung und einen wirtschaftlichen Aufschwung zu verzeichnen. Es wurden immer mehr traditionelle Polykulturen zugunsten der Kokamonokultur aufgegeben.

Auch in diesem Land ist weiterhin die Verbindung zwischen Militär und Politik und Drogenhändlern eng. Eine Entspannung ist nicht in Sicht.

## Fazit

Der Konsum von psychoaktiven Stoffen hat, im großen zeitlichen und räumlichen Rahmen betrachtet, bei starker traditionsreicher Einbettung in die regionale Kultur, ein fein abgestimmtes Wechselspiel von Nutzen- und Schadenseffekten. Jeder kulturelle Import von Drogen hat zu zum Teil dramatischen Effekten bei der Bevölkerung und Reaktionen der Regierung geführt. Das diffizile Wechselspiel von Kultur, Technik, Pflanzengeographie, Militär, Wirtschaft usw. bestimmt das Auftreten des Konsums von Drogen und Komplikationen wesentlich mit. Diese Gesichtspunkte sind bei der Beurteilung der Umgehensweise mit dem Aufkommen des Konsums illegaler Drogen wichtig.

Eine genauere Untersuchung der Verhältnisse in Südamerika zeigt die geringen Chancen, hier auf Arbeiterseite den Drogenkonsum zu drosseln, solange es die ökonomische „Disparität" zwischen Industrie- und Entwicklungsländern gibt.

Die Betrachtung der ökonomischen und politischen Strukturen in Südamerika lassen vermuten, daß mindestens die nächsten 10 Jahre die Produktion von Kokain, aber auch Cannabis und Heroin dort weiter forciert wird. Das ökonomische Ungleichgewicht innerhalb der Produzentenländer, bezogen auf die Konsumentenländer, hat eine ausreichende Treibkraft, um die Drogenökonomie bis auf Jahre hin noch weiter zu unterhalten. Solange in den Industrieländern die Nachfrage nach diesen Stoffen weiter besteht, wird es keine grundlegende Änderung geben. Auch durch die weltwirtschaftliche Ungleichheit wird es für Südamerikaner weiterhin attraktiv sein, Drogen zu produzieren und in den Handel zu bringen. Erst eine wirtschaftlich positive und konsequente *Entwicklungspolitik* wird hier die Schubkraft nehmen können.

Das gilt im Prinzip für die anderen Entwicklungsregionen Nordafrika und Asien ebenso.

# 11 Drogenökonomie

## 11.1 Grundlagen der Ökonomie

Die Leitwissenschaft für die Gegenwartsgesellschaft scheint in zunehmenden Maße die Ökonomie (Makro- und Mikroökonomie) zu werden. Ökonomisches Denken dringt bereits in den bisherigen Tabubereich „Gesundheitssystem" ein. Das amerikanische Verständnis von Wirtschaft, also das Prinzip der Markwirtschaft, beeinflußt das europäische Denken. Nach dem Zusammenbruch des Kommunismus werden in den letzten Jahren im Westen volkswirtschaftliche Lehrbücher, vor allem von Amerikanern, noch selbstbewußter geschrieben. Man geht dann sogar mit der sozialen Marktwirtschaft zu Gericht (McCornell u. Brue 1996). Die Wirtschaftswissenschaften sind in letzter Zeit auch besonders attraktive Studienfächer geworden.

Gegenstand der Ökonomie ist der Haushalt der Güter oder der Austausch wirtschaftlich handelnder Subjekte. Die Ökonomie als wissenschaftliche Disziplin kann auf Aristoteles zurückgeführt werden, der den Begriff des Haushalts, den „Oikos", in den Mittelpunkt seiner Betrachtungen stellte. Für die hier vorgeschlagene humanökologische Betrachtung ist daher der ökonomische Denkansatz besonders attraktiv, da er sich im wesentlichen auch mit dem Phänomen „Haushalt" befaßt. Damit ist nämlich ein Grundgedanke der Ökologie berührt - es geht um *Geben-Nehmen-Beziehungen*. Inwieweit eine entsprechend abstrakt gehaltene Grundtheorie der Ökonomie die Sozialökologie auf die Ökonomie reduzieren läßt, bleibt dahingestellt. Immerhin entspricht die ökonomische Betrachtungsweise stark dem Konzept des Ökosystems aus der (biologischen) Ökologie (Ellenberg 1973). Im Bereich der *Stadtökologie* lassen sich die ökonomischen Konzepte (*Stadtökonomie*), die bioökologischen Konzepte und die traditionellen sozialökologischen Konzepte in sehr interessanter Weise verbinden (s. Abschnitt „Stadtökologie des Drogenkonsums").

Auf einen zentralen Begriff gebracht handelt nach Ansicht der Ökonomen, wie bereits erwähnt, jeder Mensch als *homo oeconomicus* nach dem Prinzip des *Eigeninteresses* (Engl.: self-interest) (vgl. Altmann 1994). Das bedeutet, wenn man wesentliche Begriffe der Ökonomie verwendet, daß Leitkriterien seines Handelns der *Preis*, die *Kosten* und der *Nutzen* (Effizienz), *Angebot* und *Nachfrage* (Bedürfnis, Bedarf) und *Einnahmen* und *Ausgaben* sind. Werte entstehen daher durch das Doppelverhältnis von Angebotsverhältnissen und Nachfrageverhältnissen: Angebots-Preis-Relationen und Angebots-Nachfrage-Relationen ergeben bereits ein komplexes dynamisches Zusammenspiel, bei dessen formaler Betrachtung Differentialgleichungssysteme erforderlich sind (vgl. McKenna u. Rees 1992).

Grundlegend geht die wirtschaftswissenschaftliche Darstellung ökonomischer Phänomene von kategorialen Einordnungen wirtschaftlich relevanter Funktionseinheiten aus: *„Haushalte"*, *„Unternehmen"* und der *„Staat"* sind Komponenten des Systems der volkswirtschaftlichen *Güter-* und *Geldströme*. Dies ist der Gegenstandsbereich der „Makroökonomie". Die Einteilung in „Produzenten", „Distributenten" und „Konsumenten" ist wiederum für die *Markttheorie* grundlegend. An dieser Gliederung wollen wir uns hier weitgehend orientieren. Sie ist übrigens auch sozialpsychologisch sehr bedeutend, da das Selbstverständnis des Menschen, Produzent zu sein, einen höheren Wert zu haben scheint, als die Vorstellung sich als Händler oder Kaufmann einstufen zu müssen - die eigene Produktivität und Kreativität wird damit stärker angesprochen.

An dieser Stelle ist auch ein Aspekt der Gesundheitsökonomie anzusprechen: geht man davon aus, daß der Mensch nach seinem Nutzen handelt, dann sollte im kollektiven Handeln ein mittlerer Nutzen für alle entstehen. Inwieweit sich altruistisches Handeln, etwa in helfenden Berufen, auch auf einen psychologisch-ökonomischen Nutzenansatz reduzieren läßt bleibt offen: für wenig Geld, das eine zentrale wirtschaftliche Größe darstellt, leisten manche Krankenschwestern heroische Arbeit, nicht zuletzt auch in kirchlichen Organisationen - sie erstellen auf diese Weise unbezahlte Leistungen für die kranken Arbeitnehmer als Patienten und tragen damit volkswirtschaftlich betrachtet durch die Verbesserung der Therapieleistung und damit der Verkürzung der Erkrankung zur Minderung von Leistungsausfällen und damit von Kosten im Produktionsbereich bei, ohne daß diese Leistungen im Behandlungssystem angemessen honoriert werden (die Gehälter unterliegen dem Bundesangestellten-Tarif mit restriktiven Überstundenregelungen). So wurden erst in den späten 70er Jahren in Krankenhäusern Überstunden aufgeschrieben und (in Freizeit) vergütet. Von vielen Mitarbeitern der Gesundheitsberufe wurden Überstunden „für Gottes Lohn" geleistet. Sie können aber am freien Markt der Güter, wie am Wohnungsmarkt, mit vergleichbar ausgebildeten Angestellten aus der freien Wirtschaft nicht konkurrieren. Dies hat auch Effekte auf die personelle Ausstattung von Einrichtungen der Suchthilfe.

Latent besteht in dieser Hinsicht ein Grundkonflikt zwischen den Erkenntnissen der Gesundheitswissenschaften, die die Leistungen der Wiederherstellung der Leistungsfähigkeit betrachtet und den Wirtschaftswissenschaften, die die Leistungsfähigkeit an sich bewerten - individuelle Gesundheitsökonomie muß den mittel- und langfristigen Erhalt von Leistungsfähigkeit vorrangig sehen, die allgemeine Ökonomie neigt dazu, die Leistungen auf ökonomische Zeiträume (z.B. Geschäftsjahr) zu beziehen. Auch wird die Leistungserbringung der Gesundheitsberufe materiell unterbewertet und auf die ideelle Ebenen (Ansehen des Berufsstandes, ethischer Wert des therapeutischen Handelns) verlagert. Ideelle Werte sind jedoch in unserer Gesellschaft immer uninteressanter geworden. Auch die Wertbemessung der Leistungen der Gesundheitsberufe erfolgt nun zunehmend an der Nachfrage und an der Zahlungsbereitschaft der Kranken bzw. der Versicherungen. Dies ist tendenziell inhuman, da Kranke in der Regel nicht so viel zahlen können wie Gesunde. Gesunde wiederum verdrängen die Möglichkeit, krank zu sein und sind nicht bereit, vorsorglich höhere Versicherungsbeiträge zu zahlen. Das Versicherungswesen ist damit ein wichtiger Puffer für übergreifende Planungen. Aber auch hier gilt im Konkurrenzkampf das beste Preis-Leistungsverhältnis. Die Therapie von Suchtkrankheiten wird häufig aus den Leistungen ausgeschlossen.

Die Ökonomie der Gesundheit ist, wie es europäische Länder zeigen, staatlich regulations- und subventionsbedürftig, wenn sie ein gutes, über die Bevölkerung gleichverteiltes Leistungsspektrum anbietet. Wird das Gesundheitssystem marktwirtschaftlich organisiert, dann gibt es wie in den USA exzellente Versorgungsstrukturen für die Reichen und durch kirchliche Initiativen lokal beachtliche Versorgungsangebote für die sehr Armen. Der Durchschnittsamerikaner kann aber durch eine Krankheit in erhebliche Schwierigkeiten kommen. Entscheidend für eine flächendeckende qualitativ gute Patientenversorgung ist das Versicherungswesen als Kostenträger und die Leistungsstruktur der unter Vertrag stehenden Ärzte und Krankenhäuser.

Auch die medizinische Schadensrechnung wird in den meisten ökonomischen Überlegungen kaum einbezogen: Wohlstandsindikatoren einer Gesellschaft sind ein hohes Pro-Kopf-Einkommen, eine geringe Inflationsrate udgl. aber nicht zugleich die Quote der Kranken, Unfallopfer usw. Diese Verknüpfung wurde im Bereich der Erforschung der Lebensqualität angestrebt (Zapf et al. 1987). Sie ist aber nur im akademischen Bereich relevant geworden.

Die ökonomische Rationalisierung des Gesundheitswesens hat auch die Suchtkrankenhilfe erfaßt. In Betriebsanalysen durch Unternehmen der Wirtschaftsberatung wurden nach „Mannminuten" pro Woche pro Patiententyp die Leistungen empirisch ermittelt und Richtzahlen für den Personalbedarf für Krankenhäuser aufgestellt. Dasselbe findet nun auch in ambulanten Einrichtungen statt. Rentenversicherungsträger, die für die Rehabilitationsbehandlung der Suchtkranken zuständig sind, schließen Verträge ( „Pflegesätze" ) mit den günstigsten Anbietern ab. Zugleich soll die „Qualitätssicherung" das Preis-Leistungsangebot wieder in annehmbare Relationen bringen. Dieser Prozeß ist derzeit in vollem Gange, mit ungewissem Ausgang, was das Qualitätsniveau betrifft.

## 11.2 Ökonomie der Drogen

Wegen der zentralen Bedeutung der ökonomischen Theorie im Verständnis des menschlichen Handelns, unter Bedingungen der Knappheit von Ressourcen, werden allmählich und unter größten Einschränkungen ökonomische Denkansätze auch bei der Betrachtung des Drogenproblems angewendet: Das Drogenproblem, also der Konsum von legalen und insbesondere von illegalen Drogen, läßt sich in Kategorien von Preisen und Angebots-Nachfrage-Relationen und in Kosten-Nutzen-Kalkülen oder in Kosten-Schadens-Kalkülen diskutieren. In der Tat haben einige Ökonomen regulative drogenpolitische Maßnahmen auf der Basis von ökonomischen Theorien vorgeschlagen (vgl. Hartwig u. Pies 1995).

Auch haben Elemente des „Handels" (und „Verkehrs") in der Drogenökonomie eine zentrale Rolle. In Hinblick auf die Dealer in der Drogenszene wird ja bereits die Händlerrolle in ihrem ursprünglichsten Charakter realisiert: der Dealer hat „connections" zu Produzenten (oder Großhändlern) und zu Konsumenten. Er ist Bindeglied zwischen den voneinander isolierten Gruppen und stellt beim Kontakt mit der einen Seite die Situation der jeweils anderen Seite so dar, daß ihm daraus Vorteile entstehen.

Ein konkreter Ansatzpunkt und wohl auch ein zentrales Motiv für die Auseinandersetzung mit der Problematik der *illegalen Drogen* ist der *finanzpolitisch* bedeutsame, aber unkontrollierbare internationale *Geldstrom* aus den Drogengeschäften von etwa 500 Mrd Dollar pro Jahr - den Staatshaushalten entgehen Steuern, die Finanzwirtschaft kämpft mit unkontrollierbarem Geld auf Geldmärkten usw.

Allein in Deutschland dürften, wie später genau dargelegt wird, die etwa 100.000 Heroinkonsumenten bis zu etwa 7,2 Mrd DM jährlich für Heroin umsetzen (1g Heroin/Tag entspr. pro Person etwa 200 DM/Tag oder 6000 DM/Monat oder 72.000 DM/Jahr). Dieses Geld wird vom Abhängigen im Regelfall nicht durch legale Arbeit oder durch die Sozialhilfe aufgebracht. Es sind vielmehr umgesetzte Diebeswaren oder gestohlenes Geld, gefälschte Schecks usw. Geht man davon aus, daß noch zusätzlich Lebenshaltungskosten von ca. 1500 DM/Monat aufgebracht werden müssen, dann ist klar, daß pro Person etwa 7.500 DM/Monat, d.h. ca. 9 Mrd. DM pro Jahr von allen Heroinabhängigen, zum großen Teil illegal beschafft werden. Wie immer auch solche Kalkulationen sachlich begründet und gestaltet werden, auf jeden Fall entsteht ein erheblicher volkswirtschaftlicher Schaden in Milliardenhöhe. In den USA werden jährlich für illegale Drogen etwa 100 Mrd. Dollar umgesetzt. Weltweit zirkulieren, wie erwähnt, mindestens 500 Mrd. Drogendollar.

Der Umsatz der *legalen Drogen* Alkohol und Zigaretten liegt in Deutschland im Bereich von 60 Mrd. pro Jahr, er umfaßt also beinahe das 10-fache des Heroinkonsumes. Die Werbeindustrie setzt dafür zusätzlich ca. 500 Mio. DM/Jahr um. An Steuern stehen dem Staat etwa 600 Mio. DM zu.

Die Kritik am Konsum legaler Drogen aus dem medizinisch-psychologischen Bereich ist wirkungsarm. Die Warner werden toleriert oder ignoriert. Die Industrie der legalen Rauschstoffe ist Motor des Absatzes und des Verbrauchs von Rauschstoffen. Sie interessiert sich noch in keiner Weise für einen kritischen Umgang mit ihren Produkten. Warum auch? Der freien Marktwirtschaft sind bis auf gewisse Gesetze (Jugendschutzgesetz), die vom Staat gemacht wurden, keine Schranken gesetzt. Bisherige Appelle, die Gefährlichkeit der Rauschstoffe zu deklarieren, haben erst durch staatliche Gesetze bei der Zigarettenindustrie dazu geführt, daß die Inhaltsstoffe angegeben werden und generell darauf hingewiesen wird, daß Rauchen gesundheitsgefährlich ist. In diesem Bereich sind in den letzten 10 Jahren Erfolge mit einem Rückgang des Rauchens erreicht worden. Bei den alkoholischen Getränken steht diese Regelung noch aus. Neben präventiver Gesundheitsinformation haben vor allem Steuern „steuernde" Effekte. Staaten wie die USA haben hier beispielhaft eine Verhaltensänderung erzeugt.

## 11.3 Globale ökonomische Ungleichheit

Bereits bei einer weltweiten ökonomischen Querschnittsbetrachtung kann bei einigen für die Produktion der illegalen Drogen relevanten Regionen oder Staaten festgestellt werden, daß es sich vom Typ der gesellschaftlichen Produktion her um *Agrarstaaten* handelt, d.h. daß ein überwiegender Teil der Bevölkerung in dem Primärsektor Landwirtschaft tätig ist. Das steht etwas im Gegensatz zu der These von Mc Luhan (McLuhan u. Powers 1995), nach der wir bereits in einer Zeit des „Global Village" leben, womit vor allem die kommunikationstechnischen Verbindungen, der Verkehr und die weltweite Verbreitung und Verfügbarkeit von bestimmten Industrieprodukten wie „Fast Food", Videorecorder, usw. gemeint sind. Dennoch sind auch Drogen überall erhältlich, sei es an öffentlichen Plätzen, die den öffentlichen Drogenszenen von New York oder Rotterdam entsprechen oder an ähnlichen Plätzen in Passau (Bayern).

Die ökonomische Ungleichheit besteht nun darin, daß Produkte der Agrarländer wegen ihrer Billig-Lohn-Lage nach Weltmarktpreisen „billiger" und damit attraktiver sind. Daher können Waren, wenn sie geschmuggelt werden, mit einem 10 bis 50fach höheren Preis in den Industrieländern verkauft werden.

Entscheidend ist diese ökonomische Ungleichheit dahingehend, daß sie nicht nur als „Treiberprogramm" des Handels illegaler, sondern auch legaler Drogen wirkt.

Ohne dies hier weiter zu explizieren und zu diskutieren ist für die Drogenproblematik relevant, daß eben die Landbevölkerung in manchen geografischen Regionen eine jahrhundertalte Tradition im Anbau von Pflanzen hatte, die Rauschstoffe enthalten oder die dazu verarbeitet werden können. Das sind in Europa die Hopfenbauern und Weinbauern, in Vorderasien, Mittelasien und Ostasien die Mohnbauern und Hanfbauern, in Afrika die Hanfbauern und in Südamerika die Hanfbauern und Kokabauern. Die Typisierung dieser Bauern ist so sicher nicht richtig, da häufig pflanzliche Mischkulturen angebaut bzw. mehrere Agrarprodukte hergestellt werden, doch ist für die in dieser Arbeit interessierende Problematik eine derartige Typisierung an dieser Stelle vertretbar.

Die Bauern, die Pflanzen mit Rauschstoffinhalten herstellen, haben nun in der Regel auch einen z.T. beträchtlichen Eigenkonsum, jedoch meist in einem Ausmaß, bei dem die eigene Arbeitsfähigkeit nicht darunter leidet, sondern eher subjektiv „optimiert" wird (z.B. gelegentliches Überbrücken von „Tiefs", Genuß am Abend zur Entspannung). Allerdings ist bei einem Besuch solcher Bauern schnell festzustellen, daß das Wissen über die Gesundheitsgefahren ihrer Produkte nicht ausreichend ist - Leberzirrhosen bei Hopfenbauern und bei Weinbauern, „Schnapsnasen" bei denselben oder Unterernährung und schlechtester Zahnstatus bei Kokabauern sind Zustände, die immer wieder berichtet werden.

Die besondere Problematik der globalen Struktur des Drogenkonsums liegt nun daran, daß trotz der ökonomischen Ungleichheit die weltweite Kulturvorherrschaft der Europäer und der Nordamerikaner bestimmt, was „richtig" und was „falsch" ist. Diese Länder sind einerseits die Heimatkulturen von Konsumenten der neuen „harten" Drogen, die in den Agrarländern aufbereitet oder sogar hergestellt werden. Sie haben aber andererseits auch die Technologie der Herstellung der harten Drogen erfunden und verbreitet. Offensichtlich ist es noch gut möglich, die Chemikalien und die Geräte für die Herstellung von Heroin und Kokain, aber auch von Amphetaminen in die Agrarländer mit ihren „Technologiedefiziten" zu vertreiben. Obwohl man nach einiger Zeit der Anwendung bereits Anfang dieses Jahrhunderts sicher wußte, daß Kokain oder Heroin suchterzeugend ist und daher unter strengste Aufsicht gestellt werden muß, ist die „Software" und die „Hardware" für die Stoffherstellung noch unkontrolliert am Markt, weil ja die einzelnen Komponenten der Herstellung (z.B. Azeton für Kokain) auch zur Produktion vieler anderer Dinge nötig sind. Dennoch sind die Kontrollmaßnahmen bei der Abgabe dieser Stoffe offensichtlich locker. Dies ist verständlich, da beispielsweise Aceton als Lackentferner ( z.B. Nagellack ) in jedem Haushalt verwendet wird. Dennoch machen diese Bedingungen viele anderweitige drogenpolitische Bemühungen beinahe zur Farce. Diese globalen „makrosozialen" Faktoren zeigen die Widersprüche der vorherrschenden Drogenpolitik auf.

## 11.4 Mikroökonomie der Drogen

Es sollen nun die Rollen der verschiedenen wirtschaftlichen Operatoren im System betrachtet werden. Eine der dazu geeigneten wirtschaftswissenschaftlichen Betrachtungsweisen ist die Mikroökonomie, die die Mechanismen des Marktes untersucht. Dabei geht es um das Wechselspiel von Anbieterverhalten und Konsumentenverhalten in Hinblick auf Preise und Gütermengen (und umgekehrt).

*1. Der Produzent*

Aus wirtschaftstheroretischer Sicht stellt der idealtypische Produzent die Waren her und bietet eine gewisse Menge davon zu einem gewissen Preis an. Und zwar besteht ein Zusammenhang zwischen dem Preis und dem Angebot: ist der Preis, vor allem von einem neuen Produkt, z.B. von einer Goldnadel, sehr hoch, so ist es für den Produzenten sinnvoll, viel davon anzubieten, da er seinen Umsatz und somit auch seinen Gewinn hoch halten kann. Ist der Preis einer Ware z.B. von einer Stecknadel, niedrig, dann wird davon wenig am Markt angeboten. Stecknadeln können daher nur in Schachteln mit höheren Stückzahlen gekauft werden. Diese Relation drückt sich in der wirtschaftstheoretisch begründeten Preis-Angebots-Funktion aus.

Der Produzent ist, wenn er als Verkäufer tätig ist, auch Händler. Der Händler ist andererseits aber auch Produzent, weil er beispielsweise der Ware noch ein Image „hinzuproduzieren" kann. Letztlich ist die Instanz, die vor dem Endverbraucher relevant ist, der Händler.

In Agrargesellschaften, also in Gesellschaften, in denen der Anteil der in der Landwirtschaft Tätigen den Hauptteil aller Beschäftigungssektoren ausmachten (z.B. Kolumbien), sind die Kleinbauern und vor allem die Großbauern relevante Produzenten der Rohstoffe aller wichtigen Drogen. Die neueren synthetischen Drogen wie

Amphetamine beruhen ebenfalls auf pflanzlichen Rohstoffen (z.B. Ergotamin bzw. Mutterkorn), sie können aber bereits voll im Labor synthetisiert werden.

Bei Stoffen wie Heroin oder Kokain ist es interessant zu beobachten, daß auch hier zunehmend die Produktion in die Erzeugerländer der Rohstoffe verlagert wurde. Zusatzstoffe, Reagentien und Syntheseapparate werden von den Industrieländern geliefert. Bei diesen Drogen sind die Produktionsmittel in der Hand der Großexporteure oder der inländischen Großhändler als Verteiler in den Erzeugerländern. Im Bereich der Cannabisproduktion gibt es allerdings einen regional unterschiedlich großen, aber in der Regel beachtlichen Anteil an Eigenanbau in den konsumierenden Industrieländern (z.B. Kalifornien, Niederlande).

*2. Der Händler*

Das besondere ökonomische Potential der Händler ist, daß sie eigentlich nur kurzzeitig Eigentümer von Waren sind. Die Waren können Konsumgüter, Wertpapiere, Edelmetalle, Gold, technische Geräte, Waffen oder Drogen sein, aber in bestimmten Regionen auch Menschen (z.B. Frauen). Händler zwischen Kulturen (und Subkulturen) bewegen sich häufig an der interkulturellen Grenze von Recht und Gesetz.

Die Funktion des Handels als Schnittstelle zwischen Produktion und Konsumption ist im globalen Zusammenhang aus volkswirtschaftlicher und politischer Sicht generell von immer größerer Bedeutung. Vor allem Exporte sichern wirtschaftlichen Wohlstand. Man muß bedenken, daß heute bereits davon die Rede ist, daß im Bereich der Politik gegenüber den Ländern der ehemaligen Sowjetunion und China der Handel eher die Freiheitsrechte der Menschen in diesen Ländern sichern hilft („Wandel durch Handel"), als es staatlich-politische Maßnahmen wie Ausfuhrverbote und hohe Importzölle für bestimmte Waren vermögen. Es geht soweit, daß Großunternehmen, die in China Handelsprojekte aufbauen, sich in der Öffentlichkeit schon als Partner der Menschenrechtsorganisationen darstellen. Ohne hier auf diesen Punkt, den jeder Zeitungsleser nachvollziehen kann, einzugehen, wird damit nur illustriert, welche enorme, auch symbolische Bedeutung der Händler in der Marktwirtschaft hat. Dabei geht es weniger um die Quantität oder Qualität der Produkte, die gehandelt werden, sondern eher um die „Connections", also um Beziehungen zu Nachfragern und Abnehmern. Auch Fabriken (Produktionsanlagen) sind in diesem Sinne Handelsobjekte, da sie quasi als mobile Produkte (Produktionsmittel) für einen Produktionsstandort ausgehandelt werden. Länder wie China werden als riesige, noch unerschlossene potentielle Absatzmärkte wahrgenommen. Auch Bierbrauereien haben daher größtes Interesse in China und Rußland über Oktoberfeste, die sie dort veranstalten, den Bierkonsum in jenen Kulturen zu etablieren, so wie dies in Italien schon geschehen ist. Diese zentrale Rolle, die Händler nun im Wirtschaftssystem der Marktwirtschaft haben, spiegelt sich auch im Bereich der Drogenökonomie wieder.

Der Händler begibt sich also mit der Ware auf den Markt, wo die Waren manifest oder potentiell nachgefragt werden. Nach marktwirtschaftlicher Theorie sollen sich *Angebot und Nachfrage* über die *Preise* in einem *Gleichgewicht* bewegen - wird viel Ware angeboten ist wegen der Konkurrenz der hohe Preis nach einiger Zeit nicht mehr zu halten. Es müssen Preissenkungen durchgeführt werden, damit andere Käuferschichten zusätzlich erschlossen werden können. Bei starker Nachfrage, beispielsweise bei Angebotsengpäßen, kann aber der Preis wieder steigen. Der Staat kann bei legalen Suchtmitteln (z.B. Alkohol) über Steuern Preise heben, um gemeinschaftliche Interessen zu betonen. Diese Prozesse lassen sich auch bei Drogen - abgesehen von der grundlegenden Schwierigkeit der Quantifizierung der Prozesse im Drogenbereich - ziemlich exakt nachvollziehen.

### 3. Der Konsument

Der Konsument ist in seinem Nachfrageverhalten von seinem Bedürfnis und von dem Angebot geprägt. Er erwartet von der Ware einen gewissen *Nutzen* und er ist auch bereit, das gewünschte Gut (z.B. Heroin) bei Mangel durch ein anderes Gut (z.B. Benzodiazepine) zu substituieren. Dieses Substitutionsverhalten wird wirtschaftsmathematisch durch Indifferenzkurven gekennzeichnet. Das Konsumverhalten hängt auch von den Lebenshaltungskosten und dem Einkommen ab, d.h. daß schließlich die disponiblen Finanzen das Nachfrageverhalten beeinflussen. Drogenabhängige müssen sich, um ihr drängendes Bedürfnis nach Heroin zu stillen, das mit zunehmend höheren Konsummengen pro Zeiteinheit einhergeht, über kriminelle Wege, im Regelfall durch Eigentumsdelikte oder über Prostitution, das nötige Geld beschaffen. Jedoch werden Methadon und Benzodiazepine als Substitute für Heroin von den Abhängigen zeitweise akzeptiert.

## 11.5 Alkoholökonomie

Die Verkaufsstatistiken von alkoholischen Getränken zeigen starke internationale Differenzen (vgl. Lelbach 1995). Umgerechnet trinken Japaner etwa 6 Liter reinen Alkohol pro Kopf pro Jahr, bei US-Amerikanern beträgt die betreffende Menge etwa 8 l. Die Deutschen sind bei dieser Betrachtung wiederholt Weltmeister im Alkoholkonsum mit etwa 12 Litern. In Hinblick auf die Gesundheitskosten sind vor allem die Behandlungskosten der Leberzirrhose, mit der Höhe des konsumierten Alkohols eng korreliert. Von Bedeutung ist auch der Konsum von mehr als mittleren Alkoholmengen, der mit einer erhöhten Sterblichkeit korreliert. Es sind in erster Linie Krebserkrankungen, die dann bei Alkoholkonsumenten gehäuft auftreten.

Die Weltgesundheitsorganisation hat daher für Europa einen „Aktionsplan Alkohol" ins Leben gerufen, für dessen Umsetzung sich die Mitgliedsstaaten verpflichtet haben. Es soll über 20 Jahre der Alkoholkonsum um 25% reduziert werden. Es fragt sich allerdings, wie diese gesundheitspolitische Forderung umgesetzt werden kann.

Ein Weg bestünde in der Erhöhung von Alkoholsteuern. Auf diese Weise könnten die Alkoholpreise erhöht werden. Es gibt allerdings Kalkulationen, die zeigen, daß die Preise in Deutschland mindestens verdoppelt werden müßten, um wenigsten eine etwa

20-prozentige Reduktion des Alkoholkonsums zu bewirken (Küfner u. Yassourides 1990). Es ist auch zu erwarten, daß die Schattenwirtschaft mit Alkohol, nämlich Alkoholschmuggel und Schwarzbrennereien die kaum geminderte Nachfrage decken würden.

Obwohl die WHO festgestellt hat, daß der Umsatz aus alkoholischen Getränken nur etwa 2% der Bruttosozialprodukts (BSP) ausmacht, betragen die Schadenskosten etwa 4 % des BSP (WHO 1995). Bühringer (1996) schätzt für Deutschland 60 Mrd. DM soziale Kosten des Alkoholkonsums. Für die Prävention von Alkoholschäden durch übermäßigen Konsum ist von Psychologen, Medizinern und Fachverbänden mehrfach die Bereitstellung von preislich günstigeren alkoholfreien Getränken im Handel und in Gaststätten gefordert worden. Diese Forderung hat weder bisher bei staatlichen Organen noch bei Gaststätten, Getränkemärkten usw. merkliche Resonanz gezeigt:

Eine Flasche Bier (1/2 l) kostet im Getränkemarkt etwa 0,80 DM, eine Flasche Limonade (3/4 l) etwa 1,80 DM, also auf den Liter umgerechnet kostet das Bier etwa 1,60 DM, die Limonade etwa 2,40 DM. Bier ist daher aus wirtschaftstheoretischer Sicht als Billigware eine der wichtigsten „Einstiegsdrogen" in die stoffgebundene Sucht. Daher ist es aus *präventiver Sicht* nötig, den *Alkoholkonsum* stärker zu *problematisieren*. Solange diese Bedingungen des Alkoholkonsums nicht staatlich stärker reguliert werden, ist die Politik gegenüber illegalen Drogen vom bevölkerungsmedizinischen Standpunkt aus gesehen nur ein unberechtigt überbetonter Nebenschauplatz.

Ein weiterer Punkt ist die *Werbung* für alkoholische Getränke auf Werbeflächen der Kommunen, die noch immer nicht verboten ist. An diesem mangelnden Engagement für Maßnahmen gegen den Alkohol zeigt sich die Verwobenheit von Politik und öffentlicher Verwaltung mit der Industrie: Wenn die öffentliche Verwaltung restriktive Maßnahmen beabsichtigt, kündigt die Industrie Einschränkungen oder die Abwanderung ihrer Produktion an, weswegen die Verwaltung angesichts der fiktiven zusätzlichen Arbeitslosen einen Rückzieher macht. Diese Zwiespältigkeit relevanter gesellschaftlicher Instanzen beim Umgang mit legalen Drogen stellt die Glaubwürdigkeit der offiziellen Politik gegenüber illegalen Drogen in Frage.

Bedauerlicherweise findet darüber hinaus auch die Alkoholsteuer keine direkte Umsetzung in die Schadensregulierung für den Bereich der alkoholbedingten Suchtprobleme.

## 11.6 Heroinökonomie

Der Heroinhandel ist ökonomisch lukrativ. Der Umsatz beträgt in der Bundesrepublik insgesamt etwa 7,2 Mrd DM pro Jahr. In der Regel ist über fünf, sechs Verteilerstufen vom Produzenten zum Konsumenten eine Preisspanne gegeben, die mindestens das Zehnfache bis Dreißigfache des Produzentenpreises ausmacht (vgl. Vogt 1981). Dazu ein grobes Beispiel: Der Konsument nutzt etwa 200-500 mg „Packs" bzw. 100-200 mg „halbe Packs", die letztlich meistens einem „Schuß" Heroin entsprechen. Der

Tagesbedarf ist etwa 1 g Heroin. Der Gramm-Preis beträgt mit größeren temporären und lokalen Schwankungen für den abhängigen *Endverbraucher* etwa 200,- DM. Es gibt allerdings bereits Angebote um 100.- DM. Unter der Annahme des höheren Preises zirkulieren in einer Szene mit 1000 Konsumenten 30kg Heroin monatlich. Das bedeutet, daß damit etwa 6 Mio DM monatlich zu vielleicht 100 Kleindealern fließen. Der *Kleinverkäufer* verkauft täglich vielleicht 10g, was etwa 2000,- DM/Tag oder bei 300 g 60.000,- DM/Monat an Erlös erbringt. Vom lokalen oder regionalen *Großdealer* können die 300g für insgesamt 50.000,- DM abgenommen werden. Die regionalen Großdealer bedienen vielleicht 10 Kleindealer, und nehmen vom *Großimporteur* etwa 3 kg monatlich zu einem Kaufpreis von insgesamt 400.000,- DM (40.000,- DM/300g) ab. Der Großimporteur kauft vom *Großexporteur* 30 kg zu einem Preis von 3 Mio. DM (30.000,- DM/300g). Der Großexporteur kauft von den inländischen *Großlieferanten* die 30 kg zu einem Preis von 2 Mio. DM (20.000,- DM/300g), der Großlieferant von mehreren Kleinlieferanten insgesamt für möglicherweise 800.000,- DM (8000,- DM/300g). Die Kleinlieferanten zahlen den Produzenten vielleicht nur 300.000,- DM (3000,- DM/300g; entspricht ca. 10,- DM/g).

Das bedeutet also, daß bezogen auf einen südostasiatischen Produzenten der 20fache Preis von den Endverbrauchern gezahlt werden könnte. Es gibt zeitlich und regional unterschiedliche Stufen der Verteilung mit entsprechenden Preisunterschieden. Die neuen russischen Organisationen können die Preise, wie oben beschrieben, drücken. Großfamilien können den Handel finanziell sehr effizient organisieren. Im Herkunftsland kann auf diese Weise ein gutes Einkommen erzielt werden. Die globale *ökonomische Disparität* trägt daher den Handel.

Auch die sozialen Kosten im *justiziellen Bereich* sind ein weiterer Anlaß, jenseits der Individualbetrachtungen auf Bevölkerungsebene die Drogenökonomie zu berücksichtigen. Es kann davon ausgegangen werden, daß etwa 10.000.-DM Justizkosten pro Fall aufzubringen sind und daß etwa 10% der Konsumenten pro Jahr aufgedeckt werden. Das bedeutet wiederum jährlich 100 Mio DM Kosten. Für alle Kriminalitätskosten kann der 50 fache Betrag (5 Mrd DM) angenommen werden.

Die *Gesundheitskosten* sind ebenfalls erheblich. Sie sind zum Teil auf die unhygienischen Verhältnisse im illegalen Raum (z.B. HIV-Infektion, Hepatitis B u. C - Infektion) zurückzuführen. Für die Langzeittherapie von etwa einem Jahr Dauer, mit einem Tagespflegesatz von etwa 200,- DM, sind jährlich etwa 10% der Konsumenten einer lokalen Drogenszene zu gewinnen, was etwa 700 Mio DM Therapiekosten pro Jahr ausmacht. Zusätzlich sind etwa 30% der Drogenkonsumenten jährlich in der Entgiftung was wieder ca. 120 Mio DM ausmachen dürfte. Damit sind jährlich etwa 850 Mio DM Gesundheitskosten für vielleicht nur 30.000 Heroinkonsumenten zu veranschlagen. Dieser Personenkreis ist wegen Rückfällen nur zum Teil aus dem Konsumentenkreis herauszurechnen.

Dennoch sind, wie man sieht, die Justiz- und Gesundheitskosten relativ gering, weil sie nur etwa 1 Mrd DM ausmachen, während auf der anderen Seite der wirtschaftliche Verlust durch nicht geregelte illegale Finanzströme etwa das 10fache ausmacht.

Viele Autoren kommen bei volkswirtschaftlichen Kalkulationen daher zu dem Schluß, daß die Legalisierung von Drogen wie Heroin zu höheren Schäden und nationalökonomisch günstiger ist (vgl. Hartwig u. Pies 1995).

Es stellt sich daher die Frage, ob eine medizinisch indizierte und adäquate breite *Substitution* der Drogenabhängigen *mit Methadon,* was einen zusätzlichen Aufwand von etwa 700 Mio DM an Gesundheitskosten ausmacht, nicht doch günstiger wäre, da auf diese Weise der illegale Finanzfluß auf vielleicht 20% nicht zugänglicher Konsumenten (entspricht ca. 1,5 Mrd. DM) reduziert werden könnte und mit dieser Therapiemethode fast 80% der Drogenkonsumenten erreichbar wären.

Das zusätzliche psychosoziale Begleitprogramm würde ebenfalls etwa 300 Mio DM betragen (1 Sozialpädagoge auf 20 Substituierte mit ca. 60.000 DM Bruttogehalt). Daher würden die Gesamtkosten einer konsequenten Methadonsubstitution bei etwa 1 Mrd DM liegen (vgl. Tab. 15).

Tab. 15: Die Ökonomie des Heroins und der Methadonvergabe
(Anmerkung: Die Schreibweise „ // " bedeutet „bezogen auf", d.h. mathematisch ist dies ein multiplikatives Glied bzw. der Operator „ * ". „P" bedeutet „Person", „Pop" bedeutet Population der Drogenabhängigen (N= 100.000), „d" bedeutet „Tag", „M" bedeutet „Monat", „J"bedeutet „Jahr")

### A. Ökonomie des Heroinkonsums     Preis od. Umsatz
(Menge/ Zeit//P od. Pop)

*1. durchschnittl. Konsum:*
*1.1.Tagesverbrauch*
1g/d // P .............................. 200.-DM/d//P
100kg/d // Pop ........................ 20 Mio DM/d//Pop

*1.2. Monatsverbrauch*
30g/M // P ............................ 6000.-DM/M//P
3000 kg/M // Pop ...................... 600 Mio DM/M//Pop

*1.3. Jahresverbrauch*
1g/J/P = 365 g ....................... 72.000.-DM/J//P
36,5 t/ J //Pop ( 36.5 * 10 hoch 6g) .......... **7,2 Mrd DM/ J //Pop**

### B. Ökonomie der Methadonsubstitution
(Ohne psychosoziales Begleitprogramm)

*1. Monatskosten*
pro Person: ........................... 600.- DM/M//P
pro Population ........................ 60 Mio DM/M//Pop

*2. Jahreskosten*
pro Person ........................... 7200.-DM/J//P
pro Population. ....................... **720 MioDM/J//Pop**

Es ist somit zum Heroinproblem eine interessante Frage aufgekommen, inwieweit die Bevölkerung und die von ihr gewählten und gestalteten Institutionen 15% des unkontrollierten Geldflusses (also 1 Mrd DM bezogen auf 7,2 Mrd DM) aufwenden will, um das Heroinproblem zu stabilisieren; beseitigt kann es ja zunächst nicht werden. Man kann vermuten, daß dies wegen der persönlichen Distanz zu den Schadensbereichen nicht in Kauf genommen wird. Ob der Staat die 200-300 Mio DM justitielle Kontrollkosten einsparen kann und sie als Zuschlag zu den Krankenkassen zahlen könnte, um deren Ausgabensteigerung bei einer breiten Substitution zu dämpfen bleibt Spekulation.

Es ist daher klar, daß das Problem der illegalen Drogen auch aus wirtschaftswissenschaftlicher Sicht bedeutsam ist.

Einige Praktiker der Drogenhilfe glauben wegen dieser Situation, daß die Heroinökonomie mit einer maximalen Methadonvergabe erheblich gedämpft werden kann. Zwar würden sich dadurch die Behandlungskosten von etwa 850 Mio. DM pro Jahr (abstinenzorientierte Programme) auf etwa 1,9 Mrd DM erhöhen, doch wäre dann das Problem unter stärkerer Kontrolle. Es ist dabei allerdings klar, daß der Staat und die Versicherungswirtschaft als Kostenträger einer umfassenden Therapie von Heroinabhängigen aus ökonomischen Gründen kein Interesse an diesem Konzept haben können, da derzeit vielleicht nur 850 Mio. DM, also weniger als die Hälfte des Maximalkonzepts für Therapie zu bezahlen sind.

Die Nationalökonomie des Heroinproblems läßt sich daher so darstellen, daß etwa 7 Mrd DM im illegalen Finanzstrom zirkulieren und andererseits für eine breite Methadonsubstitution 0,7 bis 1 Mrd DM (ohne Kosten der psychosozialen Begleitung) aufgebracht werden müßten (vgl. Tab. 15). Diese Relation dürfte nicht ausreichen, für eine breite Methadonsubstitution die mehrheitliche gesellschaftliche Unterstützung zu erhalten. Aus dieser Gegenüberstellung wird deutlich, daß durch die Methadonsubstitution zwar der Geldstrom durch Versicherungsleistungen legalisiert wird, aber es wird auch das Budget der Versicherungen belastet. Da dieser einfache Kostenvergleich in politischen Führungsgremien sicher bereits diskutiert wurde und da weiterhin die Substitution mit Methadon sehr zurückhaltend betrachtet wird, ist davon auszugehen, daß der bei einer Substitutionstherapie um den Faktor 6 niedrigere aber lokalisierbare legale Finanzstrom als expliziter gesellschaftlicher Kostenfaktor erscheint, während der illegale Finanzstrom des Heroins als impliziter gesellschaftlicher Kostenfaktor außer den Konsumenten niemanden als Kostenträger konkret identifizierbar belastet. Es ist daher verständlich, daß die Verhältnisse so bleiben, wie sie sind.

## 11.7 Haschisch-Szenario

Die Cannabis-Problematik ist weltweit einerseits durch ihre große Verbreitung in der Bevölkerung und andererseits durch die damit verbundenen hohen Kriminalitätskosten und durch gewisse Gesundheitsschäden und -risiken gekennzeichnet. Weil in Deutschland der Haschischkonsum vorherrscht soll hier verkürzend vom „Haschisch-Problem" die Rede sein.

Konkret liegt das Problem darin, daß in Hinblick auf die bekannten Schäden des legalen Alkohols kein erhöhtes Risikobewußtsein bei Haschisch besteht, das die Strafbarkeit des Haschischkonsums nachvollziehen läßt.

Das Problem, eine durchgreifende und grundlegende Minderung der gegenwärtig vorherrschenden restriktiven nationalen Drogenpolitik in Deutschland vorzunehmen, liegt darin, daß dabei die Suchtprävention konterkarriert wird. Das zeigt sich beim Haschischproblem besonders deutlich: das Spektrum an drogenpolitischen Konzepten reicht von der Dämonisierung des *Haschischs als Einstiegsdroge* in den Heroinkonsum bis zum Plan der *Haschisch-Abgabe in Apotheken*. Verschärft wird diese Problematik dadurch, daß ca. 10% der Jugendlichen Cannabis einmal ausprobieren und damit „Kriminelle" sind. Das ist so ohne weiteres nicht zu verstehen, da die potentielle Selbstschädigung und nicht die Fremdschädigung im Vordergrund steht. Diese Situation erinnert in gewisser Weise an das Mittelalter, als Suizidanten nicht innerhalb der Stadtmauern begraben werden durften. Cannabis ist sicher eine gefährlichere Droge, als es ihre Fürsprecher glauben, aber die strafrechtliche Sanktionierung wirkt in Hinblick auf die psychologischen Schadeffekte der Kriminalisierung aus suchtmedizinischer Sicht überhöht. Eine ordnungsrechtliche Betrachtung wäre angemessener. Die permissive Haltung gegenüber Alkohol (z.B. Beibehaltung der 0,8‰-Grenze im Straßenverkehr) ist Zeichen der Unglaubwürdigkeit medizinischer Argumente zur Begründung der Haschisch-Repression.

Dennoch gibt es gravierende Probleme bei einem anders gearteten „liberalen" Umgang mit dem Problem. Das wird bei drogenökonomischen Betrachtungen rasch klar:

1. Wenn z.B. 10 mg des Wirkstoffes Tetrahydrocannabinol (THC) pro Haschisch-Zigarette für eine „gute" Wirkung beim Gewohnheitskonsumenten sorgt, dann sind bei der handelsüblichen Konzentration von etwa 5% THC-Gehalt des Haschisch, also bei einer Wirkstoffmenge von 50mg in einem Gramm Haschisch, etwa 1/5 g, also 0,2 g Haschisch pro Zigarette (Joint) erforderlich.

2. 1 g Haschisch kostet heute in Ballungsgebieten etwa 20.- DM, häufig kann sogar 10% iges Haschisch für 10 DM gekauft werden. Gehen wir aber von einem höheren Preis von 20 DM aus, dann kostet ein Joint etwa 4 DM.

3. Mit einem Joint kann ein „guter" Rausch erzielt werden. Wenn man die einzelnen Rauscheffekte vergleichen wollte - was wegen der stoffspezifischen unterschiedlichen Rauschqualität nicht möglich ist - dann würde zumindest das Ausmaß der erlebten Veränderung und die objektiv feststellbare Veränderung nach dem Konsum eines Joints dem Effekt von etwa zwei bis drei Halben Bier entsprechen.

4. Drei Halbe Bier kosten im Getränkemarkt schon 2,- bis 3,- DM, in einer Gaststätte sogar 15.- bis 20.-DM.

5. Das bedeutet, daß im Extremfall der leichte Bierrausch im privaten Bereich gerade noch billiger, im öffentlichen Raum aber etwa um das 4fache teurer als ein Haschisch-Rausch sein kann.

Daraus ergibt sich nun ein enormes praktisches Problem:

a.) Will man eine staatlich regulierte Abgabe von Haschisch realisieren, dann muß die Preispolitik aus gesundheitsschützerischen Gründen an einer *Hochpreis-Politik* ausgerichtet sein. Das heißt, ein Gramm 5%iges Haschisch müßte, da ja etwa 5 wirkungsvolle Joints hergestellt werden könnten, und damit es dem Bierpreis im Gastronomiebereich entspricht, etwa 75.- bis 100.-DM kosten. Dieser hohe Preis liegt jedoch etwa um das 4fache über den aktuellen Schwarzmarktpreisen. Unter diesen Bedingungen könnten „Billiglohnländer" weiterhin eine umfassende illegale Versorgung aufbauen bzw. bestehende Strukturen aufrecht erhalten. Die Gewinnspanne von 1:10 bis 1:50 bliebe bestehen.

b.) Wird Haschisch aber in Apotheken im Rahmen einer *Niedrigpreis-Politik* zu etwa 20.- DM verkauft, was den (hier hochgegriffenen) gegenwärtigen Schwarzmarktpreisen entspricht und wodurch der Schwarzmarkt trocken gelegt werden könnte, dann könnte man versucht sein, vom Bier auf den Joint umsteigen, da der Haschisch-Rausch mit 4.-DM billiger als der Bierrausch in Gaststätten ist. Das wäre vor allem für junge Menschen problematisch, da sie auf Haschisch als Rauschmittel in ihre Suchtkarriere einsteigen könnten. Nur mit Niedrigpreisen wird aber die Konkurrenz vom Schwarzmarkt ausschaltbar sein, was ja eines der Ziele einer staatlich kontrollierten Haschischabgabe sein müßte. Niedrigpreise würden aber keinerlei Präventivwirkung zeigen, sondern vor allem im Preisgefüge des Alkohols geradezu zum Einstieg und zum Umstieg verleiten. Auch könnte der Schwarzmarkt mit noch niedrigeren Preisen reagieren.

Sollte es eine Niedrigpreis-Politik bei der Haschischabgabe durch die Apotheke geben, dann müßte zur Vermeidung von Umsteigeeffekten auch der Bierpreis gesenkt werden - nur 70 Pfennig dürfte dann etwa eine Flasche Bier im öffentlichen Raum kosten! Agrarsubventionen, Alkoholindustriesubventionen oder Gaststättensubventionen könnten dann erforderlich werden. Daher müßte gemeinsam mit der Haschischabgabe in der Apotheke der Preis für alkoholische Getränke gesenkt werden. Das würde zwar der Volksseele gut tun, da ja dann ein Bier zu einem Spottpreis zu haben ist, doch aus medizinischer Sicht wären dann doppelte Bedenken gegen eine „liberale" Haschisch-Politik vorzutragen.

Daß es bei (aber nicht notwendigerweise *wegen*) der liberalen holländischen Drogenpolitik zwar zu einem Zuwachs, aber nicht zu einer „Explosion", der Haschischkonsumenten gekommen ist, hat möglicherweise mit dem lockeren Umgang der Holländer mit Drogenkonsumenten zu tun. Diese Politik läßt sich aber nicht zwingend auf Deutschland übertragen.

Das Dilemma ist also deutlich - niemand möchte seine Kinder, die einen Joint rauchen, gleich als Kriminelle sehen, wenn sie nicht anderen Schaden zugefügt haben. Eine Liberalisierung des Umgangs mit Haschisch ist aber ohne vorherige Minderung der globalen ökonomischen Ungleichheit bevölkerungsmedizinisch problematisch, da auf diese Weise ein „Großverbrauch" eingeleitet werden würde, über dessen epidemiologische und gesundheitliche Langzeiteffekte derzeit wenig bekannt ist.

Zu den ökonomischen Problemen kommen noch die *Probleme der Kontrolle* des Haschischkonsums für Busfahrer, Piloten, Fluglotsen usw. Kriterien und Kontrollen für untere Altersgrenzen, Tagesmengen usw. stellen ein weiteres Problem dar. Aus rein kriminalpolitischer Sicht mag diese Strategie der Haschisch-Politik zwar sinnvoll sein, es gibt aber, wie gesagt wurde, bisher noch unzulängliche diskutierte Folgeprobleme.

## 11.8 Moderne Medizin und die Drogenproduktion

Die allgemeine *Geschichte* der *Drogen* ist eng mit der *Geschichte der Medizin* und der Entwicklung ihrer medikamentösen Therapien verknüpft. Die neuere Geschichte der Medizin ist dabei eng mit den Entwicklungen in den USA verbunden, und diese wurzeln wiederum in der Medizingeschichte Englands im 18. u. 19 Jahrhundert.

Von grundlegender Bedeutung bei dieser historischen Betrachtung ist, daß ganz allgemein die Ärzte bis ins 17. und 18. Jahrhundert überwiegend chirurgische Techniken verwenden mußten oder noch andere traditionelle Heilmittel anwendeten wie Blutegel, Aderlaß, Schädelbohrungen usw., was zumindest in den Augen der Bevölkerung nicht als angenehm angesehen wurde. Es war verständlich, daß die Kräuterkunde viel eher akzeptiert wurde, was ja heute noch in Form der Naturheilkunde der Fall ist. „Medizin" in Form der Zubereitung als Tropfen, Salben, Pulver oder Pillen war immer akzeptabler. Seit Paracelsus, etwa 1525, und in England ab etwa 1650 durch den Arzt Sydenham wurde Opium in Form von „Laudanum" (Alkohol und Opium) für ein breites Spektrum von Krankheiten angewendet. Diese Situation hielt etwa 150 Jahre bis 1800 an. Erste Arzneimittelproduzenten, vor allem Apotheken, betrieben *Werbung* in Zeitungen und weckten das Interesse an allerlei Mitteln für die Gesundheit. Auch die *Verteilung* der Arzneien im Lande ging durch die Eisenbahn sehr gut von statten. Diese Kenntnisse von der Arzneimittelherstellung und die technischen Verteilungsstrukturen wurden auch in den USA aufgebaut. Dies fand statt, obwohl bereits allmählich in England Abhängigkeitsfälle von ärztlich angeordneten Opiumanwendungen bei Hausfrauen (!) bekannt worden waren (Shapiro 1989, S. 16).

Eine historisch besonders wichtige Rolle beim Drogenproblem spielen daher die *Pharmaindustrie* und die *Tabak-* und *Alkoholindustrie*. Vor allem die Pharmaindustrie brachte immer wieder für bestimmte Störungen wirksame Produkte hervor, die sich im Laufe der Zeit jedoch als in breitem Maße mißbrauchbar zeigten. Daher ist für die Zukunft eine Prüfung des Mißbrauchspotentials neuer Stoffe wichtig, die auf pharmakologischen und neurobiologischen Befunden, aber auch auf klinischen Prüfungen aufbauen müßte. Ein solches Vorgehen ist aber bisher noch nicht standardisiert.

In den letzten Jahren ist ein neuer Produzententyp aufgetaucht, nämlich „Hinterhofchemiker", die auf der Basis von Amphetaminen Designerdrogen herstellen.

Shapiro (1989) stellt darüber hinaus einen interessanten historischen Zusammenhang fest: ab Mitte des 19. Jahrhunderts gab es in den USA „Medicine Shows" mit umherreisenden Arzneimittelwerbern, die auch Ärzte, Pausenclowns und Musiker dabei hatten. Die damaligen Arzneimittel hatten Morphium, Alkohol und Kokain als Bestandteile und wurden gegen allerlei Leiden als Heilmittel angeboten. Auch Indianerkämpfe wurden bei diesen Shows aufgeführt. Tausende von Leuten wohnten solchen Shows bei. Das Geschäft war offensichtlich ertragreich, es konnten Millionen verdient werden. Auch William Avery Rockefeller soll sehr erfolgreich in diesem Sektor als „Krebsspezialist" tätig gewesen sein und ein Multi-Millionen-Vermögen gemacht haben.

Diese Bewegung half vielen schwarzen Südstaatlern nach der Sklavenbefreiung 1865 sich zu verselbständigen und ein eigenes Leben zu führen. So waren schwarze

Musiker als Bluesmen in diesen Shows zu sehen. Diese Bewegung war bis in die 40er Jahre dieses Jahrhunderts vorhanden. Sogar die Rock´n Roller Hank Williams und auch Little Richard waren noch bei diesen Shows aufgetreten.

Bei den Medicine Shows waren einige Mediziner mit Musikern sozusagen „on the road". Damit war eine Berührung zwischen diesen beiden Berufsgruppen gegeben, die sich in der Folge immer wieder in den zwielichtigen Rollen einiger Ärzte bekannter Showstars spiegelt.

Zur Jahrhundertwende hatte sich allerdings die Medizin bereits in Fachgesellschaften organisiert und sie distanzierte sich von dieser Art, Medizin zu betreiben. Auch das Arzneimittelrecht wurde formuliert und der Pure Food and Drug Act (1906) baute Barrieren auf und forderte eine Deklaration der Inhaltsstoffe von den am Markt angebotenen Medikamenten.

Betrachtet man die Drogenprobleme der Gegenwart, so stellt man fest, daß diese Probleme sehr viel mit der *industriellen Pharmakologie* zu tun haben - viele der Problemstoffe auf dem Schwarzmarkt für Süchtige wurden Jahrzehnte zuvor als Heilmittel auf den Markt gebracht.

1898 wurde bei der Firma Bayer Diacetylmorphin, also Heroin, synthetisiert und als Hustenmittel propagiert, wobei allerdings das Abhängigkeitspotential dieses sehr potenten Mittels rasch erkannt wurde und zum Verbot führte.

Kokain wurde in den 90er Jahren des 19. Jahrhunderts als „Stärkungsmittel" zum Schnupfen angeboten. Auch Kokanuß-Getränke wie Coca-Cola und der Koka-Wein von Mariani waren harmlos erscheinende Zubereitungen von heute als „harte Drogen" geächteten Stoffen.

Vor allem die *Entwicklung der Psychopharmaka* hat immer wieder Probleme mit sich gebracht. So sind neben Schmerzmitteln vor allem Beruhigungsmittel und Schlafmittel auf dem Schwarzmarkt.

Ecstasy (Methylamphetamin) war 1908 von der Firma Merck als Schlankheitsmittel für den Markt vorgesehen, jedoch wegen der psychoaktiven Effekte, rasch danach wieder zurückgenommen.

Als nützliche Stoffe bei bestimmten Krankheiten hat die Pharmaindustrie den Erlebnissuchern ungewollt auch Stoffe in die Hand gegeben, die zur Sucht führten. Das Verhalten der Pharmafirmen war bei der Aufklärung dieser Problematik häufig lange zögerlich, die Gefahren wurden sogar heruntergespielt. Inzwischen hat sich jedoch ein klares Problembewußtsein entwickelt, das sich beispielsweise in der Mitwirkung mehrer Firmen bei Aufklärungsveranstaltungen über Suchtprobleme zeigt.

Die Schwarzmarktanteile des Tablettenumsatzes sind beträchtlich hoch. Der weltweite Umsatz von illegal genutzten Medikamenten liegt bei mindestens 50 Mrd. Dollar, in den USA betrug der Umsatz bereits 21 Mrd. Dollar ( Vogt 1989, S. 482 ).

Dieses Phänomen dürfte aber nur in Einzelfällen verantwortungslosem Handeln der Firmen zugeschrieben werden. Es sind häufig die Handelswege, die in eine obskure „Senke" führen, wo die Tabletten verschwinden und andernorts wieder auftauchen:
– Captagon, ein Aufputschmittel, wurde in den 80er Jahren in den Libanon exportiert und von dort über Jordanien und Kuwait nach Saudi-Arabien geschmuggelt, wo dann in Mekka eine 20er Packung für fünf Dollar zu haben war (Vogt 1989, S. 482).
– Eine bulgarische Firma stellte Amphetamin-Tabletten her, die im Umfang von 100

Mio Tabletten nach Westafrika geliefert wurden, wo sie für 30 Mio Dollar (also etwa 50 Pfennig pro Stück) abgesetzt wurden. Daß auf diese Weise ein Rückstrom der Tabletten nach Europa möglich und auch rentabel ist, ist anzunehmen.
– Ein besonderes Schicksal hatte die Substanz Methaqualon (Handelsname z.B. Mandrax): 1980 gelangten etwa 100 t in den Hamburger Hafen und auch in die USA, wo es vor allem von Musikern gerne mißbraucht wurde (s. Kapitel „Kulturökologie der Rockmusikszene"). Die deutschen und österreichischen Herstellerfirmen haben das Mittel in die Freihandelszone des Hafens geliefert, von wo sie über obskure Wege nach Übersee verschifft und dann wieder zurückgeschmuggelt wurden.

Als Gegenreaktion mißbräuchlichen Medikamentenkonsums tritt häufig die Einordnung des betreffenden Mittels unter das Betäubungsmittelgesetz (BtMG) und unter die Betäubungsmittelverschreibungsverordnung (BtMVV) auf. So wurden viele zunächst als harmlos eingestuften Mittel in das BtMG bzw. die BtMVV aufgenommen. Man benötigt als Arzt dann besondere Rezepte, die im Bundesgesundheitsamt registriert sind.

Bis zu diesen Stadien der Kontrolle wurden aber sehr oft Medikamente von Ärzten in suchtmedizinisch fahrlässiger Weise verordnet, teilweise um den Süchtigen, allerdings in höchst fragwürdiger Weise zu helfen, teilweise auch offensichtlich aufgrund finanzieller Motive.

Dasselbe betrifft die Abgabepraxis in einigen Apotheken. Auch aus Apothekendiebstählen und, wie erwähnt, aus dem Rückschmuggel aus Entwicklungsländern rekrutieren sich die am Schwarzmarkt zirkulierenden Tabletten.

## 11.9 „Karrieren" einzelner moderner Drogen

Eine kurze Darstellung einiger verbreiteter Medikamente zeigt die Mechanismen des Aufkommens und der Verbreitung von Medikamenten als illegale Drogen.

*1. Amphetamine*

In der Drogenszene werden Amphetamine als „Speed" bezeichnet. 1887 wurden die ersten Amphetamine bei der Firma Smith, Kline und French ( SKF ) synthetisiert. 1932 wurde ein Benzedrin-Naseninhalator für Nasenerkrankungen wie Schnupfen und Heuschnupfen auf den Markt gebracht. Dasselbe Mittel wurde *1953* als Mittel gegen die Schlafkrankheit in Form der Narkolepsie angeboten und war dann damals bereits *1939* in die Giftliste in England aufgenommen.

Verschiedene Formen von Amphetaminen wurden im zweiten Weltkrieg von englischen und deutschen Soldaten eingenommen. Es sollen 72 Mio Tabletten an die englischen Streitkräfte ausgegeben worden sein. Auch Hitler soll in den letzten Jahren mehrmals täglich Amphetamin eingenommen haben (Shapiro 1989, S. 108). Noch in den 60er Jahren wurden in der US-Army Amphetamine ausgegeben. Im Koreakrieg wurden Amphetamine mit Heroin gemischt, weil Amphetamine bei diesem Dschungelkrieg ohne klare Grenzen zu nervös machten und Fehlreaktionen hervorriefen. Beim Militär lernte auch Elvis Presley die stimulierende Wirkung von Amphetamien kennen, was er später verwendete, um auf Touren fit zu bleiben (vgl. Abschnitt „Kulturökologie der Rockmusikszene"). Er setzte Amphetamine auch gezielt gegen sein Übergewicht ein.

Besonders beliebt waren Amphetamine auch bei Lastwagenfahrern in den USA, die das Mittel verwendeten, um lange wach zu bleiben. Sie waren auch Gäste in verschiedenen Kneipen, in denen Musiker wie *Jerry Lee Lewis* auftraten, wobei die Trucker den Musikern einen Teil ihrer Benzedrin-Tabletten gaben, damit diese weiterspielten. Vor allem Lewis blieb auf diesen Tabletten hängen und entgleiste psychisch mehrmals, indem er seine Frau verheerend prügelte oder in Hotels mit einer Pistole umher schoß. Auch *Johnny Cash* war ein exzessiver Konsument von Amphetaminen. Ein erstes dramatisches Musikeropfer dieser Droge war *Hank Williams*, der im 29. Lebensjahr an der Mischung von Alkohol und Speed verstarb.

In den 50er Jahren wurde von Sozialarbeitern in East End von London *Frimaryl*, eine Tablettenmischung von Amphetamien und Barbituraten mit dem Namen „Purple Heart" gesichtet, die im Kreise von Prostituierten verwendet wurde. Diese Pillen wurden auch in U-Bahnhöfen in London gefunden. Über ihre Herkunft ist nichts genaues bekannt.

Solche Pillen, die in der Musiker-Szene und in der Szene der Süchtigen in England konsumiert wurden, hatten die Buchstaben SKF eingeprägt, was die Firma Smith, Kline and French in den Verdacht brachte, hier beteiligt zu sein. In einer Anhörung wurde dies jedoch fundiert dementiert, es konnte allerdings keine Erklärung dafür gefunden werden. Daß es in Privatlabors hergestellt wurde, war eigentlich wegen der Prägungen nicht zu erwarten, obwohl dies natürlich auch ein guter Schutz zur Deckung von Privatlabors sein könnte. Daß Mitarbeiter die Tabletten entwendet haben, wurde auch nicht nachgewiesen. Die Verschreibung von Ärzten kann diese Mengen, die im Umlauf waren, nicht gedeckt haben. Ankäufe durch Scheinapotheken in anderen Ländern sind denkbar. Es bleibt aber offensichtlich ungeklärt, woher die Tabletten kamen. Am besten scheint die These von den Privatlabors zuzutreffen, weil inzwischen, in den 90er Jahren die Designer-Drogen so verbreitet sind, daß es sicher schon damals besonders gutausgebildeten kriminellen Chemikern gelungen sein dürfte, diese Mittel illegal herzustellen.

1964 kamen die Amphetmaine in England unter das Drogengesetz. Das behinderte ihre Verbreitung jedoch wenig.

*Phenmetrazin* („Preludin"; „Prelly" genannt) war ebenfalls zu dieser Zeit bereits am Drogenschwarzmarkt, vor allem in den frühen 60er Jahren. Damals gab es sie schon gut eingeführt auf der Reeperbahn in Hamburg. Die Beatles nahmen davon Mengen ein, sodaß sie, wie sie sagten, in den Lokalen „Top Ten" und „Star Club" andauernd spielen konnten. John Lennon soll einmal so viel von dem Stoff genommen haben, daß er mit einem Messer nach einem Gast geworfen haben soll (Shapiro 1989, S. 113).

Amphetamine wurden von Musikern als gute „Arbeitsdroge" eingestuft. Elvis Presley soll allerdings bei einigen seiner Konzerte in lange Monologe gekommen sein.

Bei *LSD* jedoch sollen Musiker mit den Mikrophonen wie mit Menschen umgegangen sein und nicht mehr in der Lage gewesen sein, die Situation auf der Bühne zu verstehen - daß sie Musik machen müssen und daß das Publikum auf sie wartet usw.

Amphetamine wurden auch Mitte der 60er Jahre in Schulen auf dem Lande, sogar im ruhigen Österreich gehandelt. Dealer waren ausgesuchte Unterweltfiguren, die mit Diebstählen, Prostituierten und anderen, in der Unterwelt bedeutsamen Bereichen, sogar in Kleinstädten zu tun hatten.

Gegenwärtig ist das Amphetaminderivat „Ecstasy" die Droge, die zu wachsenden Problemen führen dürfte. Die soziologische, psychologische, medizinische, ökonomische und kriminologische Analyse ist erst im Anlaufen.

## 2. *Barbiturate*

Die ersten Barbiturate wurden 1903 synthetisiert. Sie wurden als Schlafmittel verwendet. Außerdem wurden sie auch als Psychose-Therapie in der Psychiatrie in Form von „Schlafkuren" verwendet. Sehr bald wurden diese Mittel in der Szene der Konsumenten von psychoaktiven Substanzen mißbraucht. Durch schwere Vergiftungen bei Überdosierungen wurde es notwendig, diese Mittel vorsichtig zu verordnen. Ärzte, die glaubten, Heroinabhängigen helfen zu können, verordneten Barbiturate in 100er Packungen pro Woche. Damit verbundene Todesfälle haben niedergelassene Allgemeinmediziner und Nicht-Psychiater bis heute nicht davon abgeschreckt, diese Mittel weiter zu verabreichen.

1992 wurden in Deutschland gefährliche Präparate vom Markt genommen. Restbestände scheint es noch am Schwarzmarkt zu geben.

Problematisch bei der Geschichte dieses Wirkstoffes ist, daß der Mißbrauch dazu führte, daß ein medizinisch wirksames Mittel heute nur noch restriktiv verordnet werden kann. Das Gesetz ersetzt so die mangelnde Selbstkontrolle der Ärzteschaft. Nach wie vor sind Barbiturate, nämlich bei Epilepsien, unersetzliche Medikamente. Außerdem werden Barbiturate erfolgreich für Narkosen eingesetzt.

## 3. *Benzodiazepine*

Die gegenwärtig bedeutendste Abhängigkeitsproblematik im Medikamenten-Sektor ist mit den Benzodiazepinen verknüpft. Es werden in Deutschland jährlich über 800 Mio Tagesdosen an Verordnungen registriert, was einen Umsatz von etwa 500 Mio DM ausmacht (Glaeske 1996, S. 79).

*Valium* (Hoffmann La Roche), mit dem chemischen Namen Diazepam, war das erste extrem wirksame und verbreitete Benzodiazepin, das mißbraucht wurde. Es wirkte beruhigend. Die Hersteller sahen lange Zeit keinen Zusammenhang mit süchtigen Verhalten. Noch Anfang der 80er Jahre wurde auf internationalen Kongressen für Psychiatrie der Zusammenhang geleugnet, obwohl es bereits viele Kasuistiken dazu in der wissenschaftlichen Literatur gab. Diese Einzelpersonen wurden als Umsteiger von einem Suchtstoff auf andere Substanzen eingestuft, es wurde jedoch bereits auch die Low-dose-Abhängigkeit in der wissenschaftlichen Literatur beschrieben, die nach wenigen Monaten der täglichen Verabreichung von 1-2 Tabletten auftreten kann (aber nicht muß). Dieses wissenschaftliche Fakt wird heute von keiner Firma mehr geleugnet, obwohl beinahe jede Pharma-Firma auch bei ärztlichen Nachfragen zunächst eine Abhängigkeitsentwicklung als nicht nachgewiesen erachtet und nur meint, daß Abhängigkeitskranke diese Mittel als Ersatz mißbrauchen. Hier zeigen sich Defizite der freien Marktwirtschaft, insofern die Pharmaindustrie keine *freiwillige Selbstkontrolle zu den Suchtgefahren* realisiert, sondern verkauft und, bis der Gesetzgeber das Mittel unter das Betäubungsmittelgestz stellt, Probleme leugnet. Diazepam ist bei polytoxikomanen Heroinabhängigen noch immer ein beliebtes Mittel, das nicht nur als Ersatz, sondern auch als spezielles Mittel zur Beruhigung und zum Schlafen konsumiert wird.

*Tavor* (Wyeth), mit dem Wirkstoff Lorazepam, wurde als nicht sedierendes Anxiolytikum vor allem im Umfeld des Todes vom Ministerpräsidenten von Schleswig-Holstein - Dr. Uwe Barschel - bekannt: er soll das Präparat häufig vor Reden eingenommen haben. Dieses Mittel ist vor allem bei Menschen in Leistungsberufen beliebt, da es nicht sediert. Es ist nach wie vor in der Psychiatrie bei (psychotischen) Angststörungen ein unentbehrliches Arzneimittel.

*Royhpnol*, mit dem chemischen Namen Flunitrazepam (Hoffmann-La Roche), ist ein besonders gut wirksames Schlafmittel. Es wird aber leider von polytoxikamenen Heroinabhängigen exzessiv genutzt. Daher wurde es 1994 in der 2 mg Zubereitung unter das Betäubungsmittelgesetz gestellt. Es ist dennoch in der Drogenszene weiterhin in Gebrauch. Offensichtlich wurden in den Niederlanden und in Polen Aufkäufe gemacht, die nun 1 1/2 Jahre nach der Unterordnung in das BtMG noch eine gute Versorgungsquelle darstellen. Außerdem wird die 1 mg Tablette in der gleichen Weise mißbraucht, obwohl die Galenik und damit das pharmakodynamische Verhalten verändert worden ist. Zumindest gespritzt werden die Tabetten nicht mehr, da die alte Form von den Abhängigen in Wasser aufgelöst wurde, was zwar nur unvollständig geht und nicht selten erhebliche Probleme in Form von Embolien verursachte. Paradoxe Erregungszustände mit Amnesien führen zu spezifischem Mißbrauchsverhalten.

*Lysergsäure-Diäthylamid (LSD)*

Der Sandoz-Chemiker Hofman (1979) entdeckte 1943 das LSD-25 und stellte zufällig in einem nicht beabsichtigten Selbstversuch fest, daß dieser Stoff halluzinogene Eigenschaften hat. LSD leitet sich von Mutterkornalkaloiden ab und wirkt schon ab 30 Mikrogramm in typischer Weise. Seine Entdeckung rief auch beim Militär und bei Geheimdiensten größtes Interesse hervor: Seit 1942 versuchte die Vorgängerorganisation des CIA, nämlich die OSS eine „Wahrheitsdroge" zu finden. Daher interessierte man sich in diesen Kreisen ebenfalls für LSD. 1952 untersuchte ein Psychiater, Dr. Osmond in Kanada, die psychedelischen Effekte. *Aldous Huxley* war ein prominenter Proband, bei dem er diese Wirkungen studierte. Huxley befaßte sich danach mit seinen Erfahrungen in dem Buch „The Doors of Perception" (1970). Auch *Jack Nicolson* nahm an Kreativitätsexperimenten unter LSD teil.

Diese einzigartige subkulturelle Einbindung dieser Droge verdankt man dem LSD-Protagonisten der 60er Jahre, dem Psychologie-Professor Dr. *Timothy Leary*. Er war 1960 40 Jahre alt, als er anläßlich eines Mexiko-Urlaubs mit *Psilocybin* in Kontakt gekommen war. Leary war von der Wirkung dieses Pilzwirkstoffes nachhaltig beeindruckt und schöpfte aus diesen Rauscherfahrungen religiöse Erlebnisse. Daraufhin führte er mit seinem Mitarbeiter *Richard Alpert* Experimente an der Harvard Universität durch. Der New Yorker Avantgarde-Literat und Beatnik-Apologet *Allen Ginsberg*, der sich für Bewußtseinserweiterungen interessierte, nahm auch an diesen Experimenten teil und zeigte sich ebenfalls von den Wirkungen beeindruckt. Wenig später besuchte angeblich ein Herr *Hollingshead* aus England Leary und ließ ihn LSD probieren. Leary war ebenfallls stark beeindruckt und die beiden beschlossen, sich für diese Droge zu engagieren. Durch Kontakte mit einem reichen New Yorker, William Mellon *Hitchkock*, wurde ein riesiger Landsitz zu einem speziellen Forschungszentrum für LSD-Versuche genutzt. Es wurde zu einem Treffpunkt aller „kreativ-innovativen Freaks", vor allem aus der New Yorker Gegend. Hollingshead errichtete 1965 in London City ein „World Psychedelic Centre", das die dortigen Rockmusiker anzog, aber 1967 bereits wieder schließen mußte.

Leary trat inzwischen überall in Amerika auf und pries LSD Trips im Konzept seiner „Politik der Ekstase" (Leary 1970). Das von ihm ausgegebene Motto war: „Turn on, tune in, drop out." Vor allem in Kalifornien fand diese Drogenideologie, und um nichts anderes handelte es sich dabei, ihre Resonanz. Eine wichtige Schlüsselperson dort war *Ken Kesey*, der eine Zeit lang in der Psychiatrie in Standford/San Francisco Area als Pförtner gearbeitet hatte. Er hatte durch den auf diese Weise mit Erfahrungen fundierten Roman „One flew over the Cokoo's Nest" 1960 veröffentlicht und sich eine Menge Geld sparen können, das er in La Honda in eine Kommune investierte. Dort war eine Brutstätte der kreativen „Freaks" der Westküste, es entstand eine lockere Musikerszene, aus der sich ab 1964 allmählich die legendäre „Greatful Dead" herausbildete. Zunächst war die Musik vom Stil her eine spontane Folk-Musik, als aber *Jerry Garcia*, der Motor der Band, von den Beatles hörte, entschied er sich für die Instrumentierung mit Elektrogitarren. Aus diesem Personenkreis rekrutierte sich nun der Impuls für die „Trips-Festivals", die ab 1966 in der San Francisco Bay Area wöchentlich und noch öfter abgehalten wurden. Zunehmender Großversorger solcher Veranstaltungen mit LSD wurde *Augustus Owsley Stanley III*, ein begabter Chemiekenner, der in Los Angeles eine LSD-Fabrik, das „Owsley Labor" betrieb. Dort stellte er auch das LSD „Purple Haze" extra für Jimi Hendrix her, dem er etwa 100.000 Stück davon geliefert haben soll. Das Owsley-LSD soll „besser" als das Sandoz-LSD gewesen sein. Sandoz nahm dann 1966 das Präparat vom Markt. Owsley machte sich berühmt, indem er 1967 bei einem „Be-In", also bei einem dieser neuen von den Hippies propagierten Konzertformen, 100.000 LSD-Tabletten vom Flugzeug aus abwerfen ließ, da sich zu der Zeit gerade Drogenbanden des LSD bemächtigten und vor allem die Rohstoffe aufkauften. Auf diese Weise etablierte sich in jenen Jahren in San Francisco eine LSD-Kultur. Die Gruppe Grateful Dead spielte Musik, die vor allem für LSD-User besonders wertvoll war. Aber es gab auch bald Prominente, die unter LSD „ausflippten", wie *Roy Erikson*, der Sänger der in der Bay Area bekannten „Elevators", der sich nach einem Trip länger in stationäre psychiatrische Behandlung begeben mußte. Ebenso erging es *Arthur Lee* von Love, *Strip Spence* von Moby Grape, *Sid Barret* von Pink Floyd und vielen anderen (Shapiro 1989, S. 131).

## Fazit

Die Geschichte des Drogenkonsums zeigt, daß ökonomische Motive ein treibender Faktor der Drogenproblematik sind. Vor allem die Industrialisierung der Drogenproduktion führte zu Problemen. Dabei hat die Pharmaindustrie immer wieder eine unglückliche Rolle gespielt - einerseits stand die Forderung nach noch effektiveren Medikamenten im Raum, andererseits wurden diese Mittel rasch mißbraucht und unkontrolliert und unqualifiziert verordnet. „Testmarkt" des Mißbrauchs dieser Substanzen waren seit Jahrzehnten Intelektuelle und Kreative. Man muß also auch weiterhin davon ausgehen, daß der technologische Fortschritt im Bereich der Psychopharmaka einen nicht gut voraussehbaren Anteil an Suchtrisiken mit sich bringt. Andererseits könnten unsere neurobiologischen Erkenntnisse helfen, gefährliche Substanzen rechtzeitig zu erkennen. Dies muß bei zukünftigen Zulassungsverfahren immer stärker berücksichtigt werden. Darüber hinaus müßten die Pharmaindustrie, die Ärzteschaft und die Apothekenverbände das Suchtthema in Form von Selbstkontrollinstanzen für die Produktion, Distribution und Indikation in Angriff nehmen.

# 12 Kulturökologie der Rockmusikszene

## 12.1 Rockmusik, Jugend, Drogen und der kulturelle Kontext

Kulturwissenschaftliche Untersuchungen von Zusammenhängen zwischen einer (oder mehrerer) *Zielvariablen* wie dem Drogenkonsum und Charakteristika des *soziokulturell-technischen Systems* werden, wie dargelegt, am besten auf der Basis eines *kulturökologischen Ansatzes* aufgebaut. Demnach werden die Komponenten eines Humanökosystems - *Personen* (Populationen), *Technologie, soziokulturelle Struktur* und *natürlich-räumliche Umwelt* - in ihrer Interdependenz untersucht. Die *Personen*, die hier interessieren, sind die Rockmusiker, die Produzenten, die Fans, die Diskjockeys usw. Die *Technologie* sind elektronische Klangträger. Die *soziokulturellen Faktoren* sind die Musikindustrie, Konzerte, ästhetische Wertstrukturen, Kleidungsstile usw. und was die *räumlichen Aspekte* betrifft, ist die Geographie der Entstehung und Verbreitung der Rockmusik als interdependentes Gefüge zu untersuchen. Von zentralem Interesse sind dabei die personellen Faktoren auf kollektiver wie auch teilweise auf individueller Ebene.

Eine der gängigsten Hypothesen bzw. Thesen ist, daß die *Kultur der Rockmusik*, die Rockmusiker, die Diskotheken, die Konzerte, und die damit transportierten Werte, Inhalte und *Verhaltensdispositionen den Konsum von Drogen* wie Haschisch, LSD und anderen Drogen *verursachen oder* entscheidend *bedingen*. Diese These soll hier unter der oben dargestellten mehrschichtigen Betrachtung des Person-Umwelt-Verhältnisses untersucht werden - „Umwelt" gilt hier als musikalische Umwelt des Hörers, oder als Kontext der Produktion der Rockmusik und ihrer Stars. Schließlich wird das Bedingungsgefüge zwischen den Machern der Rockmusik und ihren Fans betrachtet. Wie jedes „Ökosystem" ist auch dieses nicht nur materiell, sondern auch informationell, nämlich durch die Musik bestimmte Humanökosystem durch die Komponenten der *Produktion, Distribution* und *Rezeption* (Konsumtion) der Musik gut charakterisierbar. Alle Komponenten bedingen sich gegenseitig und setzen sich sogar existentiell voraus - die Rezipienten müssen für diese Art der Musik disponiert sein, sonst kommen die Produkte nicht an. Andererseits muß es geeignete Produkte geben, sonst bleiben die Rezipienten unbefriedigt. Daß es bei diesem Austausch nur vordergründig um das Medium Rockmusik geht, soll herausgearbeitet werden.

Die Analyse der Effekte und inneren Bedingungen der „Rockmusikszene" soll im folgenden Kapitel grundlegend begrifflich in den Bereich der *Produktion* (Plattenfirmen, Studios), der *Distribution* (Konzertagenturen, Musikjournale, Musikshops, Radiostationen etc.) und der *Rezeption* (Fans, Konzerte etc.) untergliedert werden. Für jeden dieser Bereiche sollen einige Analysen angestellt werden, die folgende Fragen überprüfen sollen:

1. Provozieren die *Produktionsbedingungen* der High-Tech-Rockmusikindustrie zum Drogenkonsum der Musiker?
2. Markieren die polyvalenten Mythen der Rockstars mit ihrem Image des Protestes, der Revolte und der Randale im Bereich der *Distribution* die Drogenvalenz der Rockmusik?
3. Sind die Rockmusik und die Drogen im Bereich der *Rezeption* für manche Rockmusikhörer eine Hilfe auf der Suche nach einer anderen Welt?

## 12.2 Musik als Teil der akustischen Alltagsumwelt

Ein Schwerpunkt der Betrachtungen in diesem Buch gilt dem Individuum, das sich immer wieder einer sich neu darstellenden Umwelt ausgesetzt sieht, sie auch selektiv aufsucht und sie zu gestalten bemüht ist. Dies erfordert *Kooperation* mit anderen Personen und Solidarität, wie beispielsweise der Fan-Kult. Die personelle Umwelt erzeugt und ermöglicht aber auch *Konkurrenz*. Die Umwelt teilt sich das Individuum mit anderen Individuen in einem Austauschverhältnis, sei es durch Kommunikation, sei es durch Kooperation. Wie bereits geklärt wurde, ist in diesem Fall *Umwelt nicht nur physisch-materiell* zu verstehen, sondern auch *informationell-ideell*. Ein wichtiger Bereich dabei ist die *akustische Umwelt*, die neben der optischen und der olfaktorischen Umwelt von besonderer Bedeutung für das sinnlich bedingte Befinden der Menschen ist. Von der akustischen Umwelt ist wiederum die hier interessierende „Musik" ein besonders wichtiger Teil der allgemeinen Umwelt - in zunehmend mehr Betrieben ist beispielsweise Musik bei bestimmten Phasen und Formen der Arbeit erlaubt. Auch in der Freizeit laufen viele junge Menschen mit dem Walkman umher und hören täglich bis über sechs Stunden hinaus Musik (Langenbach 1994, Baacke 1993) und das neben den beinahe drei Stunden audiovisuellen Input via Fernsehen! Einige Fachleute sprechen in Hinblick auf die Bedeutung der akustischen Umwelt schon von „Klangschaften" (Schafer 1988) oder von einer „Ökologie der Klänge" (Wilson 1988), um die „Umhüllung" des Menschen mit Musik zu betonen.

Die *psychologische Funktion* der Musik im Strom des Alltagslebens besteht darin, das *Gefühlsleben* und letztlich das *Selbsterleben* zu stimulieren oder zu dämpfen, also zu regulieren. Die zeitgenössische Form der Musik, die sich als Rockmusik von der klassischen Musik abhebt, dient vor allem dem Ausleben von Emotionen - ob dies tatsächlich ein epochales Phänomen ist, etwa weil die heutige Zeit von Menschen im Produktionsprozeß mehr Anstrengung erfordert, bleibt dahingestellt (vgl. Flender u. Rauhe 1989). Auch die These der Funktion der Rock- (und Pop-)musik als „*kollektives Übergangsobjekt*", das in regressiven Phasen zweckmäßig ist, bzw. die Regression erst sozial akzeptabel macht, bleibt hypothetisch (vgl. Adorno 1968). Rockmusik kann auch als „progressive" *Ekstasetechnik* der Industriegesellschaft des 20. Jahrhunderts angesehen werden (Flender u. Rauhe 1989).

Wie immer auch der soziokulturelle und psychologische Hintergrund der Musikaffinitäten ist, die Rockmusik scheint der Bedürfnislage der Rezipienten nach Regression und/oder Exzeß gut gerecht zu werden. Das bedeutet, daß die Affinität einer Person gegenüber Rockmusik zumindest ein *Verlangen nach einem gewissen Lebensgefühl* ausdrücken dürfte. Dieser Aspekt wird ja im humanökologischen Ansatz als besonders relevante Ursache für den Drogenkonsum angesehen (Tretter 1994d, 1995a). Gerade aber an dieser Musik läßt sich auch die Relativität bzw. die Subjektgebundenheit der Umweltwahrnehmung diskutieren: Rockmusik (oder Techno-Musik) ist für Jugendliche „Musik", für Erwachsene häufig nur „Lärm". Andere sehen auch einen essentiellen Unterschied zwischen der natürlichen Rockmusik und der synthetischen Technomusik. Die Bedeutungszuschreibung an die jeweilige sensorische Struktur macht also deren funktionellen Wert aus (vgl. Uexküll u. Kriszat 1970, Uexküll u. Wesiack 1988).

Hier knüpft sich gleich die Frage an, wie die Bedürfnisse der Menschen wahrgenommen und befriedigt werden. Die Antwort liegt zunächst darin, daß die, die „jungen Generationen" um ein mehrfaches überlebende Unterhaltungsindustrie auch den Musiksektor besetzte: Ein Musikindustriemanager, der 1965 30 Jahre alt war, sich also in den besten Jahren befand, und jetzt noch im Geschäft ist, hat nun ein Alter von 60 Jahren erreicht. Dabei hat er die 10 Jahre „Produktlebenszeit" der Beatles erlebt und sie als Band überlebt, die Punk-Bands entstehen und vergehen sehen und schließlich noch das Ende von „Nirvana" verfolgt. Er hat also etwa vier bis fünf Generationen junger Menschen oder „Produktzyklen" von Musiktypen erlebt, mitgestaltet und davon profitiert. Weder Rockmusiker noch Fans scheinen dies bei der Betrachtung der Rockmusikszene ausdrücklich zu reflektieren!

Die *ökonomische Bedeutung* von Musik wird deutlich, wenn bedacht wird, daß pro Jahr eine beträchtliche Anzahl von Schallplatten und Compact Disks, und zwar in der Höhe von etwa 3,7 Mrd DM (in Verbraucherpreisen) verkauft wird (Blaukopf 1994). Die US Schallplattenindustrie steigerte ihren Umsatz von 600 Mio Dollar im Jahre 1960 auf 1,6 Mrd Dollar 1975 (Weltweit: mind. 4 Mrd Dollar). Nur etwa 10-15% davon ist noch klassische Musik. Insgesamt machte die Musikbranche in den letzten Jahren einen kumulativen Umsatz von mehr als 10 Mrd Dollar.

Bemerkenswert ist der Umstand, daß die US-Musikindustrie, mit ihrem Schwerpunkt in Kalifornien, bezogen auf die Gesamtbevölkerung der USA (ca. 250 Mio Eiw.) mit ca. 12.000 Platten (= 4,5/100.000 Eiw.), nur etwa die Hälfte der Produktivität der Plattenindustrie in Großbritannien (ca. 60 Mio Eiw.) mit ca. 6000 Platten (= 10/100.000 Eiw.) ausmacht. Das bedeutet auch, daß der Export der britischen Rockmusik äußerst bedeutend ist. In der Tat sind auch verhältnismäßig viele Rockmusiker britischer Abstammung. Dieser Punkt ist interessant, da die Rockmusik eigentlich in Amerika beheimatet ist, aber in ihrer Startphase offensichtlich in England auf noch fruchtbareren Boden fiel, mit dem Phänomen des „Recycling" britischer Rockmusik in die USA. Dieses Phänomen ist ungeklärt. Wurde beispielsweise die Rockmusik in Europa aus der Sicht der Amerikaner veredelt?

Auf der *Rezipientenseite* bestand nach dem zweiten Weltkrieg die ökonomische Voraussetzung darin, daß aufgrund der Kaufkraft der Haushalte die apparative Empfangstechnik (Radio- u. Fernsehgeräte) und die Abspieltechnik (Plattenspieler, Tonband, neuerdings Compact Disc Player) in den Familien vorhanden war. Erst die weite Verbreitung dieser Technologie gestattete das weltweite Milliardengeschäft. Heute hat jeder Haushalt beinahe zwei bis drei solcher Geräte, wobei Kinder oft bereits ihren eigenen kleinen Fernseher haben. Die Preisunterschiede dieser Geräte, die je nach Ausstattung 100 DM oder 800 DM kosten, sind keineswegs schichtenrelevant. Auf diese Weise konnte weit schichtenübergreifend die jugendliche Bevölkerung mit denselben Botschaften erreicht werden. Dies sind die charakeristischen Bedingungen der Möglichkeit einer Massenkultur.

Auf dieser soziotechnischen und sozioökonomischen Grundlage konnte sich die Musikindustrie und die Geräteproduktion in gekoppelter Weise eskalatorisch entwickeln, ähnlich wie sich gegenwärtig in der Informationsindustrie Hardware-Produzenten und Software-Produzenten reziprok in der Entwicklung verstärken bzw. hemmen (vgl. Windows-Software/Betriebssystem und DOS-Computer).

Darüber hinaus ist *Musik international verständlich*, die Sprache der Klänge und Melodien von Mozart, Bach, Beethoven u.a. kann in allen Kulturen gefühlsmäßig - „in Bauch und Herz" - „verstanden" werden.

Auf diesen Bedingungen baut auch die Rockmusik auf, die seit 3 Jahrzehnten für viele Jugendliche und junge Erwachsene durch Walkman und private Radiostationen das tägliche, mehrstündige „Sound environment" der Wahl darstellt. Und umgekehrt: die Geschichte der elektronischen Rockmusik hat diese Bedingungen hervorgerufen, ermöglicht und geschaffen.

Grundlegend ist aber auch zu bemerken, daß der hier gewählte Begriff „Rockmusik" heute bereits unzählige musikalische Spielarten umfaßt, wobei immer wieder behauptet wird, daß die eine oder andere Musikform von der Rockmusik abzugrenzen sei (vgl. Bruhn et al. 1994): der Rock´n´Roll der 50er, der Beat der 60er, der Rock der 60er, der Punk der 70er, New Wave und HipHop der 80er und Techno der 90er - sie sind einige Musikstile für deren Unterscheidung einiges spricht, aber wo auch durchwegs historische Zusammenhänge gegeben sind, die bis in die afrikanische Musik zurückreichen, die eine Einheit von Musik, Sprache und Tanz darstellt und damit den Grundcharakter des Rocks ausmacht. Da hier keine musiktheoretische Abhandlung erfolgen soll, werden gängige, aber umfassende musikjournalistische Charakterisierungen der Rockmusik verwendet und der Begriff „Rockmusik" meist im weiteren Sinne genutzt (vgl. Herman 1994). Auf der Basis einer musiksoziologischen Betrachtung formuliert Frith (1988) folgende doppelbödige Definition: „Rock ist eine Musik, die für den gleichzeitigen Konsum durch einen jugendlichen Massenmarkt produziert wird" (Frith 1988, S.11). Damit ist einerseits das Merkmal des Ursprünglichen angesprochen und andererseits die markttechnische Entscheidung, was davon sich bei einem jugendlichen Millionenpublikum durchsetzen und damit als erfolgreich gelten kann.

## 12.3 Probleme der Analyse der Rockmusikszene

Die „Geschichte" und die Soziologie der Rockmusik zu rekonstruieren, ist methodisch ein äußerst schwieriges Vorhaben, da die Rockmusik stark dem *Showbusiness* zugerechnet werden muß und da „Show" von der *Mythosproduktion* lebt. Die Wahrheitsfindung bezüglich bestimmter Phänomene, wie es beispielweise der Drogenkonsum von Rockstars ist, fällt daher schwer. Bereits die Geburtsdaten der Rockstars können nicht mit Sicherheit eruiert werden! Auch das Geheimnis, wie Musikfirmen und Medien einen absatzfähigen Mythos produzieren können, entzieht sich wissenschaftlichen Betrachtungen. Zwar kann aus *tiefenpsychologischer Sicht* angeführt werden, daß die Mythen, die ewige Stärke, Potenz und Schönheit suggerieren, auf der Nachfrageseite beim Publikum die Ängste der Unzulänglichkeit dämpfen und Bedürfnisse nach Leitbildern und Idolen, mit denen man sich identifizieren kann, befriedigen. Doch bleibt die Frage bestehen, warum sich gerade eine konkrete mythische Produktion (z.B. Michael Jackson) besser verkauft als eine andere.

Auch darf die mythische Funktion des Rockmusikers, der Rockkultur und neuerdings der Discjockeys (DJs) der Techno-Musikszene nicht nur in Hinblick auf die Nachfrage nicht unterschätzt werden, sondern sie müssen auch als Kondensationspunkte von Phantasien in der Matrix menschlicher Interaktionen betrachtet werden. Die Mythenproduktion ist in diesem Bereich ein vielschichtig relevanter ökonomischer Faktor: Die sogenannten Analysen von aufsehenerregenden Ereignissen um Popstars - Verhaftungen, Liebschaften, Scheidungen und ihre Gründe usw. beruhen leider meist nicht auf klärbaren Tatsachen, sondern eher auf Tatsachenbehauptungen. Agenturen, Presse, „gute Freunde" usw. sind sogar für Fachjournalisten zweifelhafte Quellen - die „Wahrheit" läßt sich schwer herausfinden. Besonders schwierig wird dies bei der Klärung der Todesursachen von Rockstars, wo der entsprechende Medienbericht vom Drogentod durch Überdosierung über den an sich harmlosen Unfall im Rausch mit Komplikationen über den stillen Selbstmord bis zum Mord hin als „Story" ausgestaltet werden kann. Das kann man zumindest bei der Analyse der Todesursachen von Brian Jones, Jimi Hendrix oder Elvis Presley feststellen.

Das bedeutet schlicht, daß die hier zu stellenden Fragen nur mit großer Ungewißheit beantwortet werden können. Auch die Nutzung fachlicher Quellen wie Lexika zur Rockmusik (Laufenberg 1995), musikpsychologische Werke, musiksoziologische Arbeiten (vgl. z.B. Bruhn u.a. 1994), aber auch seriöse Interviews von Fachjournalisten (vgl. z.B. Herman 1994), führen nicht zu einer „Geschichte" der Rockmusik, sondern eher zu mehreren „Geschichten" der Rockmusik. Darüber hinaus ist die Ära der Rockmusik noch nicht zu Ende, so daß jede Beurteilung offen für die Zukunft sein muß. Das gilt auch für die Einschätzung der Drogennähe dieser Musikszene. Die Schwierigkeiten, zuverlässige Daten zu diesem Themenbereich zu erlangen, lassen es auch nicht sinnvoll erscheinen, im folgenden Text überall Quellenangaben zu machen. Es werden Interviews aus Zeitschriften wie Tempo, Focus, Spiegel, News und darüber hinaus auch Beiträge, die neben der oben angeführten Fachliteratur aus Rundfunk und Fernsehen stammen, genutzt. Das entscheidende Ziel dieses Kapitels ist das Gesamtbild, das hier entworfen wird, und weniger die Absicht, eine empirische Fundierung vorzulegen, weil zu jeder hier vorgebrachten Behauptung ein Interview von Rockstars mit der gegenteiligen Aussage gefunden werden kann.

## 12.4 Geschichte der Rockmusik als Musikstil

Die folgende Rekonstruktion der Geschichte der Rockmusik zielt vor allem auf den Aspekt „Rockmusik und Drogen" ab. Als Quellen dienen hauptsächlich Schriften von Herman (1994) und Shapiro (1989) und die erwähnten Journale.

Bereits in den 40er und 50er Jahren war in der Musik der Schwarzen der Grundstock für die Rockmusik angelegt. Es handelte sich um Musik mit schnellen Rhythmen durch die herausragende Rolle des Schlagzeugs und mit provokativen Texten. Elektrischen Gitarren dienten als führende Instrumente, die jedes Musikstück charakterisierten. Häufig wird durch den damit möglichen, relativ harten, rythmusbetonten Sound ein wichtiger Bereich des zum Aufbruch gestimmten Lebensgefühls junger Menschen, die noch nicht so dürfen wie sie wollen und können, angesprochen. Als besonders bekanntes, neueres Beispiel in dieser Hinsicht kann das symbolträchtige Musikstück der 60er Jahre „I can't get no satisfaction" von den Rolling Stones gelten.

Der Ursprung dieses Musiktyps war Nordamerika: New Orleans (20er Jahre), Chicago (30er Jahre) und New York (40er Jahre) bildeten wichtige Zentren. Viele Elemente der Rockmusik können in der an diesen Orten aufgeführten Jazz-Musik der Schwarzen erkannt werden (z. B. Blues), was in den 50er Jahren bei konservativen Amerikanern die abwertende Bezeichnung „Negermusik" auslöste. Das Thema und die Atmosphäre dieser Musik hatte im wesentlichen mit „Befreiung" zu tun. New Orleans, mit dem hohen Anteil von Schwarzen, die in untergeordneten Stellungen lebten, war ein wichtiger Quell der protestierenden Musik. Bemerkenswert in Hinblick auf die in dieser Arbeit interessierende Drogenproblematik ist, daß im Umfeld von New Orleans in den Uferregionen des Mississippi Hanfpflanzen wuchsen, deren Blätter als Marihuana den schwarzen Musikern als Rauschmittel dienten. Hier waren regional auch die Kontakte mit Personen vorhanden, die der mexikanischen Kultur angehörten. Der Marihuana-Konsum war (und ist) dort endemisch.

Der zunehmende Erfolg der vitalen Jazzmusik beruhte auf einem aktuellen Lebensgefühl eines großen Teils der jungen Menschen in Amerika, das durch Filmhelden wie James Dean und Marlon Brando symbolisiert wurde - sie entsprachen dem Lebensgefühl und dem Lebensstil der Rebellion. Diese Schauspieler wurden zu Symbolfiguren der (Nach-)kriegsgeneration. Sie stellten diese Dispositionen dar und erzeugten sie auch zugleich. Worum es in diesem Aufbruch ging, ist schwer zu klären. Bewegung zur Freiheit hin, die Wendung gegen das Statische, Einengende, Hemmende waren vielleicht der gemeinsame Nenner. Jede weitergehende Interpretation wird allerdings problematisch, wie noch zu zeigen ist.

*Bill Haley* war eine der ersten Musiker-Kultfiguren jener Zeit. 1951 nannte der Diskjockey *Alan Freed* Musik, die mit der Musik der Schwarzen verwandt war, „Rock'n Roll". Er veranstaltete 1952 ein erstes Rock´n Roll-Konzert in Cleveland mit 25.000 weißen *und* schwarzen jungen Leuten. Ab 1953 war *Elvis Presley* als Weißer auf der Szene, mit dem typischen Hüftschwingen beim Singen, was die sexuelle Dimension der Rockmusik vorprägte und damit auch den Ruf einbrachte, daß die Rockmusik-Szene eine Szene von Exzessen mit Sex und Drogen sei: „If you´re looking for trouble, you´ve come to the right place." (Elvis Presley, zit. nach Herman 1994, S. 4). Der Rock´n´Roll in seiner schillernden „multifunktionalen" Urform war nun also geboren. Presley produzierte aber auch viele sanfte, eingängige Lieder und konnte so, mit seiner enormen Stimme, musikalisch immer den Spagat zwischen der Revolte und dem Establishment herstellen. Presley wurde rasch medikamentenabhängig und zeigte Eßsucht. Er soll obskure Parties gefeiert haben, wo er andere Menschen sich vor seinen Augen sexuell erregen ließ oder sie LSD nehmen ließ (vgl. Herman 1994, S. 18). Ursprünglich soll Presley 1958 bei der Armee mit dem Gebrauch von Benzedrin (Aufputschmittel) vertraut gemacht worden sein (Herman 1994, S. 20). Er wurde paradoxerweise von Präsident Nixon zum Ehrenmitglied einer Betäubungsmittelkomission ernannt (1970). Schließlich wurde er ein unerwartet dramatisches Opfer seiner Polytoxikomanie - Alkohol und Schlaftabletten wurden von ihm in großen Mengen eingenommen, teilweise bedauerlicherweise auch auf ärztliche Verordnung hin (1977). Kurz vor seinem Tod bekam er noch 150 Percodan und Dilaudid-Schmerzmittel, 262 Amytal und Methaqualon-Tabletten, 278 Dexadrin- und Biphetamin-Aufputscher. Das Argument des Arztes (vgl. Shapiro 1989, S. 224): Es sei besser gewesen, Presley hätte die Medikamente von ihm bekommen, als er hätte sie sich selbst woanders besorgt.

Kurz nach den ersten Auftritten von Elvis traten härtere Rockhelden in die Arena: Beispielweise war *Johnny Cash* einer der ersten, die von Anfang an durch erheblichen Alkohol- und Tablettenkonsum aufgefallen waren - er wurde bereits 1966 wegen Marihuana-Besitzes inhaftiert. *Jerry Lee Lewis* war eine andere Figur, die exzessives Verhalten auf der Bühne zeigte. Er trank bereits als Teenager in großen Mengen Alkohol. Er gab auch ein Beispiel für das Image ab, daß Rockstars Beziehungen zu minderjährigen Frauen hatten - als er seine 13-jährige Cousine heiratete, kam es zu einem Gerichtsverfahren und zu Ausweisungen des Stars. Die bemerkenswerte untergeordnete, objekthafte Rolle, die Frauen bei Rockstars hatten (und wohl auch teilweise wollten) wird noch gesondert beleuchtet.

*Chuck Berry,* geboren 1926, war ein weiterer, bis heute aktiver Gründervater des Rock´n´Roll. Als Schwarzer hatte er sozusagen die Musik im Blut. Er hat die Rolling Stones stark beeinflußt. Ihm gelang es, ähnlich wie Elvis Presley, eine Zwischenexistenz zwischen dem provokativem Rockmusiker-Image und einem bürgerlichem Image aufzubauen - er brachte es aus eigenem Geschäftssinn, ohne Manager, zu einem Besitz von angeblich mehr als 20 Millionen Dollar. Er war seit dem 22. Lebensjahr verheiratet, wurde aber als Star immer wieder in Begleitung von verschiedenen blonden Frauen gesehen. Dies weist auf die Doppelbödigkeit des Revoluzzer-Images der Rockstars hin.

Bereits 1958 gab es in der Rockszene in New York mit *Dion di Mucci* einen Musiker, der im Alter von 19 Jahren bereits Heroin konsumierte. Er nutzte es nach seinen Angaben, um den Abgrund zwischen dem öffentlichen Leben als Star und dem privaten Leben in seiner tristen Bronxer Welt zu füllen. Es gelang ihm 1964, eine Entzugstherapie erfolgreich zu absolvieren.

Anfang der 60er Jahre fand in den USA schließlich *Bob Dylan* immer mehr Beachtung (z.B. „Hey Mr. Tambourine Man"). Er war und ist eine besonders mythische

Figur. Er nahm viel Amphetamine ein, weiters Marihuana und vermutlich auch LSD. Ob Dylan Heroin und Kokain konsumierte ist nicht sicher. Sein symbolischer (auch indirekter) Einfluß auf die Beatles, die Rolling Stones und andere Bands ist nicht hoch genug einzuschätzen

Anfang der 60er Jahre hatte auch England den Anschluß an die Rockmusik bekommen. Vor allem *Cliff Richard* wurde als englischer Elvis Presley angesehen. In Deutschland war die Rockmusik zunächst noch wenig beachtet, da formierten sich bereits 1962 die Anfänge der britischen Rockmusik durch die Beatles in Liverpool, der Stadt mit der damals höchsten Arbeitslosenrate.

Der Rock-Musik wurden durch die Elektronifizierung der Gitarren und durch die Verstärkertechnik eine enorme *Reichweite* und *vielfältige musikalische Gestaltungsmöglichkeiten* eröffnet (z.B. durch Synthesizer), so daß nicht nur ein neuer Sound in den 60er Jahren auftrat, der weltweit verbreitet werden konnte, sondern es wurden auch Konzerte für Tausende möglich. Beispielsweise hatten Gruppen wie die „Searchers" (Hit: „Needles and Pins"),„Yardbirds" (Hit: „Heart Full of Soul") oder die „Cream" eine wichtige Schrittmacherfunktion in dieser Richtung. Einer der Musiker der Cream war übrigens *Eric Clapton*, der damals bereits LSD-Konsum propagierte. Weitere Gruppen, die in den frühen 60er Jahren den neuen Sound prägten, waren „Greatful Dead" in San Francisco, „Yefferson Airplane", usw.

Das entscheidende Datum für die enorme Breitenwirkung der neuen Rockmusik war jedoch ein Juniwochenende im Jahr 1967. Damals fand in Monterey, Californien, das *erste internationale Rockmusik-Festival* statt. Damit wurde das Zeitalter der Festivals eröffnet (Herman, 1994): Obwohl es nur etwa 8000 ausgewiesene Plätze gab, kamen ca. 70.000 junge Menschen, für die ein einmaliges Rock-Konzert mit hochgradigem Konsum von Marihuana und LSD stattfand. Für die Veranstalter war dieses Festival ein guter ökonomischer Erfolg: bei 5 Dollar Eintritt ergaben sich Einahmen von etwa 350.000 Dollar. Es ist dabei bemerkenswert, daß die Veranstaltung zwar aus der Sicht des Publikums als „alternativ" erlebt wurde, sie war aber vom Veranstalter bereits kommerziell durchgeplant. 1200 Journalisten waren anwesend, ABC-TV sicherte sich die Fernsehrechte für 300.000 Dollar. Von den Fans wurde der Juni 1967 dann als „Summer of Love" bezeichnet - Musik, Liebe, Blumen, Blue Jeans, lange Haare (oder ultrakurze Haare), bunte Kleidung usw. waren das Motto und die Merkmale eines neuen Lebensstils, der in San Francisco bereits deutlich zu beobachten war und der die Befreiung des Individuums aus gesellschaftlichen Zwängen anstrebte. Man sprach von den Blumenkindern, den „Hippies". *Ottis Redding,* geboren 1941 und 1967 verstorben, konnte mit seiner eindrucksvollen Stimme bei diesen (und anderen) Rockkonzerten große Gefühle des Zusammenseins, der Zusammengehörigkeit provozieren: „This is the love crowd, right?" und: „We love all each other?" waren seine Fragen von der Bühne, und die Menge johlte bei den Konzerten zustimmend „Yeah". Auch für die Rockstars war das Festival ein Erfolg: Nach dem Festival wurden mehrere Plattenverträge ausgehandelt - damit zeichnete sich die ökonomische Dimension der Rockmusik als eigentliche treibende Kraft bereits ab, die die Konzerte einerseits organisatorisch ermöglichte, aber andererseits der ideellen Ebene dieser Festivals ‚als Zusammenkünfte der sich von einschränkenden gesellschaftlichen Regeln Befreienden, teilweise entgegen lief: die Festivals wurden zunehmend zu Gelegenheiten musikalisch evozierter kollektiver, aber punktueller Katharsis ohne weitere emanzipatorische, gesellschaftsverändernde Impulse.

1967 wurde auch mit der Platte „Sergeant Pepper's Lonely Hearts Club Band" von den „*Beatles*" die Welt der Phantasie zelebriert. Hier haben schon die ersten LSD-Erfahrungen die Musik mitgeprägt. Noch experimenteller war die Gruppe „*Pink Floyd*" mit dem Sound-mix „Ummagumma", die ebenfalls 1967 auf die Szene kam und damit ähnlich wie die Musik von *Jimi Hendrix* die Ära des psychedelischen Rock einleitete. Auch bei dieser Produktion sollen Drogen eine wichtige Rolle gespielt haben.

In diesen Jahren traten unabhängig davon Studenten in aller Welt mit ihren Protesten gegen die bürgerliche Gesellschaft auf den Plan. Es scheint so, als war die ganze westliche Welt in allen Bereichen im Aufbruch und im Umbruch, und zwar so, daß die Bewegungen interessanterweise relativ autonom „fokal" stattfanden, ohne daß es nennenswerte Kontakte gab - zwischen dem Familienvater Rudi Dutschke, einem Anführer der Studentenrevolte in Berlin und dem Rockstar Jimi Hendrix in New York ist für jene Zeit schwer eine Beziehung zu konstruieren. Es scheint also fast ein „*multifokales Kulturbeben*" in jenen Jahren stattgefunden zu haben, ohne daß die jeweiligen Subkulturen in Musik, Politik usw. wirklich eng miteinander verwoben waren. Dieses Phänomen ist auch in der „Theorie" der Subkulturen (z.B. Schwendter 1971) nicht zufriedenstellend geklärt.

Der mangelnde Nachweis einer wirklich „konzertierten Aktion" läßt daher fast wieder das Konzept eines weltumspannenden „Zeitgeistes" attraktiv erscheinen, was wir aber heute aus der Sicht der Systemtheorie besser als „Autopoesis" (Selbstorganisation) und als „Emergenz" (Auftreten neuer Eigenschaften auf höheren Organisationsebenen eines Systems) bei komplexen vernetzten soziokulturellen Prozessen bezeichnen würden.

Das *Woodstock-Festival* im Sommer 1969 war mit 500.000 Gästen ein weiteres Festival, das legendär wurde. Hier wurde beispielsweise „Santana" mit „Oye como var" populär. Es entstand für die Veranstalter ein Gewinn von 1,2 Mio Dollar. CBS, EMI, RCA, WEA waren die wichtigsten Plattenfirmen, die am Erfolg partizipierten.

Zum Jahresende 1969 lancierten die Rolling Stones in *Altamont* bei San Francisco für 300.000 Konzertbesucher ein weiters Festival, das aber als Tragödie und Wende in die Festival-Geschichte einging: es gab 3 Tote und tausende Horrortrips auf LSD, das kritiklos auf der Konzertszene verteilt wurde. Damit wird subkulturgeschichtlich die „Love and peace" -Periode als beendet angesehen.

Die ausführliche Darstellung der später auftretenden „Meilensteine" der Rockmusik, wie das Aufkommen der Punk-Musik, des Reggae und schließlich des Techno-Sounds, unterbleibt hier, weil das aktuelle Drogenproblem in den 60er und 70er Jahren angelegt wurde. Es sollen nun einige Details angesprochen werden.

Ab Mitte der 60er war („swinging") London zu einem wichtigen Ort für die Rock- und Drogenszene geworden. Chelsea, Kensington, Earls Court, Soho und andere Stadtteile waren Zentren der neuen, bunten, musikbesessenen Subkultur geworden.

London hatte, ähnlich wie Liverpool, sowohl Armenviertel, für die die Musik ein Impuls zum Aufbruch wurde, wie auch Viertel, in der die jungen und sich jung fühlenden älteren Reichen wohnten, die mit den jungen Rockstars kokettierten. Das viele Geld, das die Rockstars verdienten, erlaubte ihnen „wie die Könige zu leben" (John Lennon). Dadurch entstand eine sehr spezifische Sozialisation der damaligen und heutigen Rockmusiker.

## 12.5 Lebenswelt der Rockstars

Das Leben der Rockstars in den 60er Jahren war bereits im Entwurf ein exzentrisches Programm. Es ging um das Image und das Verhalten des Revoltierenden. Jugendliche konnten, und können nach wie vor, damit viel anfangen. Bemerkenswert ist, daß vor dem Aufkommen der illegalen Drogen, also in den 50er Jahren, die ersten Rockstars noch mehr Skandale ausgelöst zu haben scheinen, als dies die Stars der 60er Jahre hatten, wenn man von deren Drogenskandalen absieht.

Die Rolle der Rock-Stars in jenen Jahren war offensichtlich von einem Lebensgefühl geprägt, das mit dem „provozierten Leben" von Gottfried Benn gut zusammenpaßt: „Live intensive, love hard, die young" (Janis Joplin). Das heißt auch, es gibt kein Rockleben nach 40! Nach diesem Motto lebten die Rock-Stars der 60er und 70er Jahre. Der 1995 verstorbene Sänger der Gruppe „Nirvana", Kurt Cobain lebte diesen Lebensstil aus, er hätte aber zumindest am Tod von Jimi Hendrix, der ebenfalls aus Seattle stammte, erkennen können, daß, zumindest was den Drogenkonsum betrifft, diese Formel zu radikal ist.

Dazu Mick Jagger von den Rolling Stones, selbstkritisch im Rückblick auf seine Eskapaden, in einem Focus-Interview (Focus 1995): „Viele nehmen das Leben eines Rocksängers viel zu ernst, jenseits der Bühne wollen sie sich dauernd in der gleichen Weise benehmen, was am Ende bedeutet, daß sie permanent betrunken oder verrückt sind oder irgend etwas zertrümmern. Es gab Zeiten, da spielte ich den Rockstar 24 Stunden am Tag. Es dauerte Jahre, vielleicht die ganzen 60er und 70er. Männer scheinen aus irgendwelchen Gründen elend lange zu brauchen, erwachsen zu werden."

Die wirklichen, inszenierten und fingierten Skandale der Rockmusiker waren auch ein Grund für die Öffentlichkeit, diese Musik zu verdammen.

Von der Polizei wurden generell Exempel statuiert, die die Rockmusiker in den Medien zu Unmenschen stilisieren halfen, was wiederum den PR-Managern gut paßte. Nur weise Richter haben hier dazu verholfen, daß sinnvolle Maßregelungen auftraten (z.B. strafweise Veranstaltung von Wohltätigkeitskonzerten). Bemerkenswert, was das „Alternative" bei vielen Rockstars betrifft, ist auch, daß viele mit etwa 30 bis 35 Jahren bereits beständig verheiratet waren. Das bedeutet, daß die jungen Rockstars, wie beinahe alle anderen jungen Menschen, bis Ende 20 experimentieren und dann schließlich ebenso in die „bürgerlichen" Formen des Lebens, wie beispielsweise in die Eheschließung und Familiengründung einschwenken, auch wenn sie sich mehrmals scheiden lassen. Die öffentlich gezeigte und verkaufte Promiskuität hat damit zumindest eine gewisse Einschränkung erfahren.

Was die Treue betrifft, ist auch zwischen Legendenbildung und Wahrheit nicht gut zu unterscheiden, weil in diesem Bereich des Showgeschäftes Zeichen und Symbole exzessiver Sexualität und Seitensprünge, Affären, Liebschaften, udgl. geschäftsfördernde Faktoren sind. Zwar bieten sich bei Konzerten den Stars viele Frauen an, doch ist hier die Aids-Gefahr präsent. Auch wird beispielsweise Mick Jagger als besonders hervorgehobenes Sexsymbol kein Interesse haben, im Bereich Sexualleben, durch Dementis fraglicher Affären, seinen Sexualmythos zu schmälern, selbst wenn er dadurch seine Frau eifersüchtig machen sollte. Außerdem gibt es ebenso bei sonst unauffälligen verheirateten „Durchschnittsmännern" Seitensprünge.

Inzwischen sind die Rockstars jener Jahre aber etabliert, z. T. auch, weil ihre Fans nun selbst zum Establishment gehören. So haben die „Beach Boys", eine kalifornische Soft-Rockband der ersten Stunde, bei der Inauguration von Präsident Ronald Reagan aufgespielt. Die Gruppe „Fleetwood Mac", deren Bandleader bis vor wenigen Jahren kokainabhängig war, spielte bei Werbekampagnen für die Präsidentschaftskandidatur von Bill Clinton.

Eine wichtige Frage der Legitimation der Rockkultur lag in ihrer Orientierung am sozialen Fortschritt. Dieser Aspekt ist geradezu der sicherste Indikator für eine „befreiende" Bewegung, die für die Selbstbestimmung der Menschen eintritt. In diesem Lichte betrachtet, müssen aber der Rockmusikkultur emanzipatorische Valenzen eigentlich abgesprochen werden. Zwar hat Rockmusik Einengungen gesellschaftlicher Verhaltenserwartungen gegenüber Individuen (z.B. Kleidung, Frisur etc.) aufgebrochen, aber darüber hinaus hat sie nur wenig strukturell bewegt - sie mußte bestimmten Mustern treu bleiben, um gesellschaftlich integrierbar zu sein und sich wirtschaftlich zu halten. Das zeigt sich beispielsweise darin, daß das Verhalten von Rockstars selbst wieder als eine vermarktbare Ware produziert wurde. Die Phase der Bemühungen um Bewußtseinsveränderungen dauerten bei den meisten Rockstars bestenfalls einige Monate in den Jahren 1964 und 1965 oder eben in Ausnahmefällen, wie bei Frank Zappa oder John Lennon, einige Jahre länger. Drogen und Meditation waren damals Instrumente der Bewußtseinsveränderung. Dann, spätestens 1969, wurde dieser „Trip" verlassen. Auch die Gesellschaftsanalyse war kein Thema mehr für Rockstars, hatten doch einige wenigstens in irgendwelchen Kommentaren noch Kritik an der Gesellschaft erkennen lassen (z.B. Frank Zappa). Mick Jagger (1995) zur Frage der politischen Verantwortung: „...Ich finde es ist besser, meinen Mund zu halten."

Ab den 70er Jahren ging es zunehmend um Leistung, um die Verkäufe der Platten und um Publicity. Heute sind Rockmusiker Profis im Geldmachen. Ein prägnantes Beispiel dafür ist wiederum Mick Jagger. Rockmusiker zu sein ist daher ein Beruf wie fast jeder andere. Wenn eine Rockformation einen internationalen Erfolgssong hatte, dann versucht sie sich in einem zweiten Song, der dann häufig zu einem Flop wird. Parallel dazu finden Tourneen der Musiker statt. Nach wenigen Jahren erlischt häufig das Licht der Stars. Manche werden zu Megastars, weil sie doch noch eine Reihe weiterer Erfolgssongs produzieren. Ihre Musik liegt dann vielen Menschen im Ohr und über die Jahre werden die Stars dann zu Schablonen. Sie werden zu mythischen Figuren und haben ihre unverwechselbare Identität als Mythos bekommen. Sie sind zu Personen „öffentlichen Interesses" geworden.

Bemerkenswert im Hinblick auf die Bezüge in ihrem sozialen Umfeld ist, daß viele Rockmusiker der 60er und 70er Jahre, vor allem die Rolling Stones und die einzelnen Beatles-Stars, die heute also schon über 50 Jahre alt sind, die persönliche Bedeutung ihrer Familien immer wieder betonen. Dies steht im deutlichen Widerspruch zu ihrem früheren Lebensstil, bei dem der Umgang mit möglichst vielen Frauen im Vordergrund stand. In diesem Zusammenhang ist die Frage nach der Rolle der Frauen in der Rockmusikszene interessant.

## 12.6 Frauen und Rockmusik

Ein wichtiges Indiz für die Fortschrittlichkeit einer soziokulturellen Bewegung, an der sich auch die Rockmusikszene messen muß, betrifft die Frage nach der Gleichstellung und den Selbstbestimmungschancen der Frauen (vgl. Gaar 1994). Bei der Frage nach der Rolle der Frauen in der Rockmusikszene fällt zunächst sofort auf, daß dieser Bereich in den Schlüsselfunktionen genauso wie in den konventionellen gesellschaftlichen Bereichen von Männern dominiert wird. Zusätzlich fällt auch auf, daß die Frauen die Rolle als willenlose, hörige Wesen haben, die als Fans vor den männlichen Stars bei Konzerten zu Hunderten in Ohnmacht fallen, als Go-go-Girls auf der Bühne tanzen, Refrains singen oder sogar den Stars als Groupies total zur Verfügung stehen. Das ist heute, Mitte der 90er Jahre, noch im Prinzip ähnlich und weist daher darauf hin, daß sich sozial zwischen Mann und Frau wenig geändert hat, oder daß Frauen eben biologisch „anders" sind. Das ist ganz im Sinne der Rockstars, deren Äußerungen über Frauen auch in dieser Richtung lauten. Dazu der nun gealterte und gereiftere Mick Jagger (Focus 1995) etwas relativierend: „Wahrscheinlich haben Rockbands Frauen ausgenutzt, aber vielleicht haben die Frauen mit ihrem unstillbaren Appetit auch uns ausgebeutet."

Es gibt bereits eine Reihe an Frauen, die in der Rockmusik bedeutsam wurden (vgl. Gaar 1994): Eine der ersten prominenten Sängerinnen der 50er Jahre war Willi Mae Thornton, eine schwarze Jazz- und Rocksängerin. In den 60er Jahren kamen Aretha Franklin, Joan Baez, Tina Turner und Cher auf die internationale Szene. In jenen Jahren hatten auch The Supremes als (angepaßte) Frauengruppe größere Erfolge. Helen Reddy trumpfte in den 70er Jahren auf. In den 80er Jahren setzte sich Tracy Chapman, Suzanne Vega, Madonna, Laurie Anderson und Melissa Etheridge in Szene. In den 90er Jahren wurden Cyndi Lauper, Carol Shreb und Whitney Houston bekannt. Cher und Tina Turner blieben über die Jahre erfolgreich.

Dennoch sind diese Karrieren offensichtlich mit vielen persönlichen Belastungen, aber auch Reifungsprozessen verbunden gewesen. Auch Drogen haben immer wieder eine Rolle gespielt, die allerdings bei diesen Stars kaum spektakulär waren.

Rockmusikerinnen sind zwar in den 60er und 70er Jahren bewußter aufgetreten, doch hat sich die Geschichte der Rockmusik als Geschichte einer von Männern dominierten Szene weiterentwickelt: Die eine oder andere Gruppe hat eine Sängerin. Die „weltbeste Rockband", die Rolling Stones, haben keine Frau in ihrer Formation. Eine bekannte Rockfrau im Umfeld der Rolling Stones war *Marianne Faithful*. Sie hatte Ende der 60er Jahre den Status eines Groupies der Rolling Stones. Sie war einmal mit dem einen, dann wieder mit einem anderen liiert. Auch sie nahm Heroin, so daß Jagger das Lied „Sister morphine" für sie komponiert haben soll. Nach dem Tod von Brian Jones wurde sie von Mick Jagger getröstet, doch Marianne Faithful verübte einen schweren Selbstmordversuch. Danach ging sie zusehends eigene Wege als Sängerin. Kürzlich hat sie eine Biographie herausgegeben, die von der Kritik der Fachjournalisten als sehr narzißtisch bewertet wurde.

Die besondere Schwierigkeit für Frauen, in der Rockmusik selbst zu Stars zu werden, wurde aber bereits am Schicksal von *Janis Joplin* (1943-1970) sehr früh und deutlich klar. Janis Joplin wurde zu einer der ersten großen drogenbedingten menschlichen Tragödien der Rockmusik. Joplin war in den späten 60er Jahren praktisch über Nacht zur weiblichen Gallionsfigur der Rockmusik geworden. Sie stellte ein Symbol der damals dringlich notwendigen Befreiung der Frauen aus ihrer fremdbestimmten, spezialisierten Funktionszuweisung an Herd und Heim dar. Sie versuchte sich von den psychologischen Zwängen ihrer Herkunftsfamilie zu befreien und versuchte auch ihr geringes Selbstwertgefühl zu bekämpfen.

Joplin stammte aus Texas. Ihr Vater war ein Direktor der Texaco Ölgesellschaft. Joplin litt unter dieser übermächtigen Autorität. Sie war etwas dicklich gebaut und nach dem allgemeinen ästhetischen Geschmack zu jener Zeit nicht sonderlich attraktiv. Sie litt offensichtlich an ihrem Äußeren und trank schon früh Whiskey und Tequila. Sie bevorzugte zunächst Alkohol gegenüber illegalen Drogen. Dazu meinte sie: „Wer Drogen nimmt, muß verrückt sein, wenn er sich doch mit Southern Comfort Whiskey besaufen kann." Von ihrer Ausbildung her war sie Gelegenheitsstudentin und probte Blues-Musik. 1966 schloß sie sich in San Francisco einer Band an. Ihr Singen war mehr ein musikalisches Schreien. Sie schaffte ihren künstlerischen Durchbruch auf dem Festival in Monterey (1967). Bereits in diesem Stadium war ihr Leben stark von den Drogen, Amphetamin und Heroin, geprägt. Ihr Motto war: „I want to smoke dope, I want to eat dope, I want to lick dope and I want to fuck dope". Ein anderes Motto von ihr war: „Live fast, love hard, die young" (1963). Sie lehnte es ab, LSD zu nehmen, war aber offensichtlich heroinabhängig. Ein Spruch von ihr lautet: „It's not what isn't, it's what you wish was that makes unhappiness" und „The hole, the vacuum, ... I think I think too much... ", (Herman 1994, S. 38). Ihr Song „Get it while you can" kann als Motto des neuen Lebensstils der damals anbrechenden Jugendkultur verstanden werden. Von Joplin stammen auch tiefsinnige Sprüche wie „*Freiheit bedeutet lediglich, daß du nichts mehr zu verlieren hast*", die sie in einen erfolgreichen Song hineintextete. Joplin war somit breitenwirksame Vorkämpferin eines neuen, auf Gleichberechtigung zielenden Selbstverständnisses der Frauen. Ihr kurzes widersprüchliches Starleben ließ ihr Lebensgefühl, am Gegebenen zu leiden und zugleich zu wissen, zu etwas völlig Neuem aufgebrochen zu sein, tragisch klar werden. Sie starb am 4.Oktober 1970, im Alter von 27 Jahren, einsam an den sofortigen Folgen einer Schädelfraktur, als sie wegen einer Überdosis Heroin zusammenbrach und mit dem Kopf auf dem Boden in ihrem Hotelzimmer aufschlug. Sie hinterließ 12.500 Dollar als Erbschaft, die auf ihren Wunsch hin von 200 Freunden auf einer Begräbnisparty vertrunken wurden. Ihre Asche wurde in den Pazifischen Ozean gestreut. Wenige Rockmusikerinnen oder Showstars, wie etwa *Tina Tuner* oder in Deutschland in gewisser Weise auch *Marusha* in der Techno-Szene, konnten bisher eine eigene Identität aufbauen. Bemerkenswert, und noch seltener sind in diesem Bereich emanzipatorische Einzelkarrieren wie jene von Tina Turner, die sich von ihrer Band und von ihrem Mann Ike Turner trennte und eine eigene vielbeachtete Karriere machte, die bis heute (1996) andauert. Tina Turner ist damit gegenwärtig ein besonders eindrucksvolles Beispiel, daß auch für Frauen über 50 das Motto „Forever young" glaubwürdig sein kann.

Es stellte sich also offensichtlich bald in der Geschichte der Rockmusik heraus, daß die Überwindung der Geschlechterdifferenz der Rollenverteilung in der Rockmusik fast entgegenläuft. Damit ist ein weiteres Indiz gegeben, daß Rockmusik zwar vielleicht die Gesellschaft verändert, sie aber nicht wesentlich „verbessert" hat. Die Top-Sängerin der 80er Jahre, *Madonna,* mit ihrer manchen männlichen Rockstars entsprechend sexuell orientierten, exhibitionistischen Bühnenshow, wirkt erst so besonders bemerkenswert, weil bisher die exhibitionistische Mischung von Striptease und Musik so noch nicht inszeniert war. Die sexuellen Andeutungen, die Männer mit ihren Gitarren immer wieder machen, wirken auf manche Frauen erotisierend - doch Rockmusik will nur provozieren. Rockmusik hat außerdem auch häufig mit Symbolen der Gewalt (Lautstärke, Zertrümmern von Musikinstrumenten) zu tun, was offensichtlich nur wenige Frauen übernehmen wollten. Auch Frauen, die in hart wirkender, schwarzer Lederkleidung unterwegs sind, sind weiterhin in der Minderzahl geblieben. Man muß daher feststellen, daß sich interessanterweise gerade im Bereich der Rockmusik die Emanzipation nicht realisiert hat. Man sagt aber auch, daß das Rockmusikgeschäft eines der knallhartesten Geschäfte ist, was nicht unbedingt von Frauen angestrebt wird. Diese ökonomische Ebene scheint auch realistischer Ausgangspunkt von Betrachtungen zur Rockmusikszene zu sein.

Das bedeutet nun auch, daß die Rockmusikszene ein integraler Teil dieser Gesellschaft ist und daß hier viele gesellschaftliche Widersprüche mit einer Härte zum Ausdruck kommen, die erstaunt. Das Profitemachen hat Vorrang. Kunst wird zum Millionengeschäft, die provokativ wirkenden Rockhelden wollen ebenfalls nur ihr Geschäft machen und werden auch für das Geschäft instrumentalisiert. Es gibt auch nurmehr relativ wenige Musikgruppen, die sich in den 90er Jahren noch für soziale Fragen ernsthaft und sogar sachkundig engagieren. Und selbst dann scheint Engagement für soziale Anliegen sehr stark auf dem PR-Interesse zu beruhen.

In einem solchen durchkommerzialisierten Rahmen haben Frauen, ebenso wie in anderen von Männern dominierten Bereichen unserer Gesellschaft, keine große „Chance". Auch fehlen die Voraussetzungen zur Rockmusikerkarriere bereits in früher Jugend, wo Frauen im allgemeinen weniger Akzeptanz für Initiativen vorfinden. Jungen werden eher Unterstützung finden, wenn es darum geht, sich einen Verstärker oder Lautsprecherboxen anzuschaffen oder sich diese Geräte selbst zu basteln. Auch werden Eltern Mädchen und jungen Frauen gegenüber größere Bedenken haben, wenn es um Themen wie nächtliche Fahrten zu Übungsräumen oder um abendliche Auftritte mit der Band geht. In das klassische Frauenbild, das bei der Kindererziehung sicherlich immer noch mehr oder weniger ausgeprägt vorhanden ist, paßt auch kein Mädchen, das wild auf einem Schlagzeug herumklopft oder sich einen schweren E-Baß um die Schultern hängt. Somit kann auch bei der Thematik „Frauen in der Rockmusik" zur Erklärung der Unterrepräsentation der Frauen unter anderem die klassische Rollenverteilung von Mann und Frau herangezogen werden.

Frauen sind in der Rockmusik in der Darstellung auf der Bühne weitgehend Sexualobjekte und das auch vermutlich im Privatleben der Rockstars (vgl. Herman 1994). Viele Frauen wünschten sich auch die Beherrschung durch die männlichen Rockhelden. Als Extrembeispiel kann man die Groupies nennen, die sich den Rockmusikern und ihrem Team in jeder Hinsicht zur Verfügung stellten. Daß dies auch im Kreise der Intellektuellen so war, zeigt eine Äußerung von Uschi Obermeier, der berühmten, hübschen ehemaligen Kommunardin der Kommune 1 in Berlin, die den Kommunarden Reiner Langhaus liebte, aber auch kurz mit Mick Jagger ein Verhältnis hatte: „Es waren halt interessante Männer und da hat man halt mitgemacht, was die wollten."

## 12.7 Stars und die Drogen

Einige Musiker, die außerhalb der Musikgruppen, in denen sie gespielt hatten oder die sie selbst gegründet hatten, weltberühmt wurden, und die Drogen konsumiert haben, sollen hier kurz gesondert besprochen werden, was die Bedeutung der Drogen in ihrem Schaffen betrifft.

*Jimi Hendrix (\*1942, +1970)*
Dieser Gitarrist und Sänger mit negroid-indianischer Abstammung hat in seiner Fähigkeit, ungewöhnlich Gitarre zu spielen und exzessive Bühnenshows abzuhalten, Standards gesetzt und wird in der Rockgeschichte als eine der ganz großen Kultfiguren angesehen. Sein Musikraum war nicht das Studio oder der Konzertraum sondern gleich das Weltall. Hier zeigt sich auch grundlegend eine starke technologische Korrespondenz zwischen der zu jener Zeit zukunftsträchtigen Weltraumfahrt und der exzessiven Ausnutzung der elektronischen Verstärkertechnik. Zugleich ist das Interesse am inneren Trip, die Suche nach neuen Erlebnisräumen für jene Zeit typisch gewesen. Dies geschah durch Drogenkonsum.

Eine regelrechte Drogenabhängigkeit von Hendrix läßt sich schwer belegen, er nahm allerdings viel Marihuana, Kokain und LSD. Hendrix starb am 18.09.1970 in einem Hotel bei einer Freundin, nach einem ruhigen Abend an der Wechselwirkung von mehreren Tabletten eines Barbiturats (Vesparax), Weißwein und Marihuana. Die Todesursache war, daß er an Erbrochenem erstickte. Tragischerweise verstarb er erst, als er bereits im Krankenhaus angekommen war. Er war bei Alarmierung der Sanitäter noch weckbar und ebenso auch auf dem Transport.

*Eric Clapton (* 1945)*
Er wird als Gitarrenheld oder gar als Gitarrengott bezeichnet. Er kam sozusagen aus dem Nichts in England auf die Musikszene. Er hat sich selbst beigebracht, Gitarre zu spielen. 1963 trat er in eine Band ein, in der auch Brian Jones (später: Rolling Stones) spielte. Anschließend spielte er bei den *Yardbirds*. 1967 nahm er LSD und war Mitglied der Gruppe „*Cream*". Später spielte er in der Gruppe „*Blind Faith*". Schließlich ging er auf die Bahamas ins Exil.

1971 etwa war er voll dem Heroin verfallen. Mitte der 70er Jahre gab er etwa 2.000 DM pro Woche dafür aus. Es gab einen totalen Zusammenbruch seiner Existenz, der dazu führte, daß er schließlich alle Gitarren verkaufte. Er bekam den Spitznamen „Eric Claptout". Mitte der 70er Jahre zeigte Clapton auch exzessiven Alkoholkonsum, 1981 erlitt er ein perforierendes Magenulkus.

Erst die Intervention des ebenfalls abhängigkeitskranken, aber therapierten Peter Townshend von der Gruppe „The Who", löste bei ihm die Bereitschaft aus, eine Entzugstherapie zu machen, die er in England in Form einer Art Elektrostimulation bei einer Ärztin durchführte.

Eric Clapton kam aus dieser schwersten Krise gut heraus und zeigte sich äußerst kritisch gegenüber dem Drogenkonsum: Seiner Ansicht nach sei „Heroin der stärkste Schmerzkiller", so daß man von allen Problemen unberührt bleibt. Drogenkonsum sei allerdings Eskapismus.

*Jim Morrison (*1943, +1971)*
1967 gelang ihm der Erfolg mit den *Doors* mit dem Song „Light My Fire". Als er Anfang 20 war, war er sehr hübsch anzusehen, verkörperte sexuelle Verführung, Protest, Provokation und politische Kritik in einer ausgewogenen Mischung, die seine außerordentliche Beliebtheit ausmachte. Er war Freud-Kenner und existentialistisch orientiert, Nietzsche-Leser und schrieb selber Gedichte. Er wurde als „Praktiker der Erotik" bezeichnet und wollte Wege zur Freiheit, zum Unbekannten, zum Unbewußten und zum Unheimlichen eröffnen.

Wegen seiner Alkoholexzesse war er mit 27 Jahren aber bereits körperlich ein Wrack. Er starb am 3. Juli 1971 an den Folgen seines exzessiven Alkohol- und Heroinkonsums. Seine Freundin Pamela Courson starb 3 Jahre später nach seinem Tod an Heroin, das sie möglicherweise in suizidaler Absicht überdosiert hatte.

*Joe Cocker (* 1944)*
1968 war er bereits sehr stark dem Marihuana verfallen und bekam gemeinsam mit seiner Freundin Probleme bei der Einreise in die USA. Er war schon seit jungen Jahren ein schwerer Trinker. 1972 wurde er wegen Drogenproblemen in Australien auffällig. Es gelang ihm in den späten 80er Jahren zunehmend vom (hochprozentigen) Alkohol wegzukommen. Er hat schließlich geheiratet und lebt nun bei Los Angeles. Er zählt zu den noch gegenwärtig erfolgreichen Rock-Veteranen.

*David Bowie (* 1948)*
Seine ab 1968 charakteristisch dekadent klingende Musik war von stark dramaturgisch-expressiv aufgebauten Shows geprägt - als bisexueller, in planetarische Kata-

strophen verwickelter Mensch mit aggressiven und autodestruktiven Seiten durchsetzt, mit Parallelen zu Stanley Kubriks Szenarien „Odyssee 2001" und den Figuren des Films „Uhrwerk Orange". Bowie war eine der exaltiertesten Figuren der Rockszene der 70er und 80er Jahre. Sein Drogenkonsum, vor allem Kokain, war Legende. Bowie geht im Rückblick mit seinem Drogenproblem aber besonders kritisch um (vgl. Tempo, 1993): „Zu Anfang waren es die leichteren Drogen, Pillen etwa, im London der Sixties. Dann, 1974 ungefähr, kam Kokain und da wurde es ernst. Es war eine alptraumhafte Zeit, eine Zeit geistiger und emotionaler Gewalttätigkeit, denn Kokain ist ein sehr tückischer Bettgenosse. Es macht einen wirklich fertig. ... Man behält die Realität auf oberflächlicher Weise im Griff, so daß man die Dinge bewältigt, von denen man weiß, daß sie für´s Überleben unerläßlich sind. Aber eines Tages bricht auch das zusammen, unvermeidlich. Das war bei mir so gegen Ende 1975. Da habe ich stunden- und tagelang an Songs gearbeitet, bis mir nach ein paar Tagen klar wurde, daß ich absolut gar nichts zuwege gebracht hatte."

Soweit bekannt ist, hält sich Bowie künstlerisch noch recht gut, gibt Konzerte und hat neue tragfähige Ideen. Er wäre einer der wenigen Rockstars, die bezüglich Drogen einigermaßen sicher geläutert zu sein scheinen.

*Elton John (\* 1947)*
Um 1970 erfolgte die Auflösung der Musikgruppe, in der Elton John erfolgreich gespielt hatte. Er machte daraufhin eine Solo-Karriere und bemühte sich erfolgreich um die Ästhetisierung des Rocks, indem er weniger harte Akkorde, aber flotte Rhythmen produzierte. Er ist studierter Musiker und zählt zu den Megastars.

Zu seinem Leben, dem künstlerischen Schaffen und den Drogen gab er folgendes Interview (News 1995):

„Für mich war die Arbeit teilweise ein Fluchtweg. Ich war ein übergewichtiges gehemmtes Kind, mit sehr geringem Selbstvertrauen, immer feig, immer verzweifelt bemüht, dazuzugehören. ... Im zarten Alter von 48 habe ich gelernt, daß ich noch viel zu tun habe, für andere und für mich selbst. Ich fühlte mich zum ersten Mal erwachsen. ... Der Elton John, den man in der Öffentlichkeit sah war nicht der Elton John, der heimkam, die Tür zumachte und dann im Zimmer saß und Tüten voll Kokain schnupfte, literweise Scotch trank und Pornovideos anstarrte."

*Eric Burdon (\* 1941)*
Berühmt wurde Burdon zunächst in den 60er Jahren mit dem Hit „House of the Rising Sun". Er war der Sänger von den „Animals" und nahm von 1965 bis Mitte der 70er Jahre, also etwa 10 Jahre hindurch, LSD. Auch bei ihm spielte der Alkohol eine wesentliche Rolle. Er zeigte sich in jener Zeit auch deutlich verändert und berichtete von paranormalen Erfahrungen, er erlebte „21 Tage nach Bob Dylan". Er zeigte den Wunsch, Drehbuch- und Filmautor zu werden, ohne auch nur die kleinsten Dinge in dieser Richtung leisten zu können. Burdon erlitt einen schweren Nervenzusammenbruch, den man wohl als paranoide Psychose deuten konnte (Herman 1994, S.52): Er redete mit Buddha und nahm an der Kreuzigung von Jesus teil, erlebte sich selbst im Alter von 103 Jahren und redete mit Gott. Er beschäftigte sich mit dem Leben nach dem Tode von Jimi Hendrix.

1970 verwendete er bereits MDMA (Ecstasy).
1972 heiratete er eine Go-go-Tänzerin, die ihn mit ihrer Liebe vor der weiter fortschreitenden Abhängigkeit geheilt haben soll.

*Sid Vicious* (*1958, +1979)
Vicious war der Sänger der „Sex Pistols". Er starb an einer Überdosis Heroin im Februar 1979 in Greenwich Village in einer Wohnung. Dies war ein Jahr nach dem gewaltsamen Tod des Groupies Nancy Spungen, die er getötet haben soll, und praktisch am Tag der Haftentlassung in dieser Sache.

## 12.7 Rockgruppen

"Die Gruppe" als soziale Formation der späten 60er und der 70er Jahre war der Fetisch der Intellektuellen: Es gab Wohngruppen, Arbeitsgruppen, Gruppensex usw. Es lag daher im Zug der Zeit, daß auch Musiker eine Gruppe bildeten. Das Besondere an den neuen Rockgruppen war, daß die Band nicht, wie bisher, den Background des Sängers ausmachte, sondern daß die Gruppe als Ganzes die musikalische Identität der Formation bildete. In Hinblick auf ihre Darstellung in der Öffentlichkeit jenseits der Bühne legten die Rockstars auch viel Wert auf das Image von Rebellen. Dazu gehörte in den 60er Jahren auf jeden Fall auch der Drogenkonsum. Dies wurde von der Polizei und von den Medien interessiert aufgegriffen.

Hier soll von zwei Rockgruppen die Rede sein, die die Welt der 60er und 70er Jahre entscheidend beeinflußten und deren Drogenkonsum immer wieder Gegenstand öffentlicher Diskussionen war: die Rolling Stones (vgl. Sanchez u. Blake 1995, Musikexpress 1995, Rolling Stone 1995) und die Beatles (Rombeck et al. 1981).

*Die Rolling Stones*

Diese Gruppe wurde 1962 gegründet. Die fünf Musiker hatten sich von der Schule her gekannt. Sie vertraten rasch nach ihrer Gründung das Image der „Prolo"-Band. Alexis Corner war ein Vorbild und ein stiller musikalischer Promoter der Band. Der Musikstil war betont hart. Damit hoben sie sich von den Beatles ab, die viel früher von der traditionellen Musikkritik als ernsthafte Musiker gewertet wurden. Interessanterweise hat ein Kern der Musiker der ersten Stunde der Stones (Mick Jagger, Keith Richards, Charlie Watts) über viele Trennungen und Krisen hinweg bis 1995, also 33 Jahre lang (!), den ursprünglichen Charakter dieser Gruppe aufrechterhalten können. Seit den 70er Jahren leben sie an der Französischen Riviera.

Zuletzt waren sie 1994 und 1995 auf einer Welttournee gewesen, auf der sie insgesamt 500 Millionen Menschen (also beinahe 10% der Weltbevölkerung!) „live" gesehen haben, davon 6 Mio Konzertbesucher. Die Kosten betrugen etwa 150 Mio DM, die Erlöse 300 Mio DM, der Gewinn betrug 150 Mio DM.

Bereits dieser Erfolg und diese Ausdauer bei der Tournee weisen darauf hin, daß diese Musiker zumindest aktuell nicht schwer rauschmittelabhängig sind. Selbst wenn man annimmt, daß das Komponieren und die Produktion von Musik unter sehr künstlichen und besonderen Bedingungen abläuft, wo Drogenkonsum möglich und subjektiv „sinnvoll" ist, so kann zumindest eine Tournee nicht gut durchgestanden werden, wenn jemand stark abhängig ist. Es gab bei den Stones sicherlich in den 60er Jahren viele Experimente mit Marihuana, Amphetaminen, Kokain und LSD. Auch harte alkoholische Getränke waren und sind steter Begleiter der Stones. Mit zunehmender Drogenerfahrung jedoch und nach dem Drogentod des drogenabhängigen Brian Jones 1967 wurde zumindest von Jagger deutlich mehr Zurückhaltung geübt, allerdings ist der Süchtige in der Band definitiv Keith Richards, der heroinabhängig ist. Er pflegte sich angeblich in der Schweiz und in Florida sein Blut austauschen zu lassen, so daß er vor allem bei amtlichen medizinischen Untersuchungen „clean" erschien. Der medizinische Sinn dieser Maßnahmen ist nicht leicht einsehbar. Vermutlich erkrankte auch Keith Richards nicht ernsthaft - es traten bei den meisten Konzerten keine gravierenden Fehler „on stage" auf - und so konnte die Band vor allem bei ihrer Konzerttournee 1994/1995 einen anhaltenden Beifallssturm für sich reklamieren.

Es ist aber sicher bei den meisten Bandmitgliedern durchwegs gerechtfertigt, von zumindest episodisch starkem Drogenmißbrauch zu sprechen. In Hinblick auf den Einstieg in den Drogenkonsum ist allerdings auch zu bedenken, daß die Anfang 20-jährigen Rockstars natürlich nicht in der Lage waren, ihr Verhalten ausreichend kritisch zu beurteilen. Auch bekamen sie von älteren Menschen im Umfeld (z.B. Manager) Tabletten und auch andere Drogen. Es liegt am jugendlichen Alter, aber auch an der besonderen Situation, im Rampenlicht des öffentlichen Interesses zu stehen. Das trifft auch für jetzige Bands zu. Bei Mick Jagger kann man immerhin annehmen, daß bei ihm ein „Lernen am Mißerfolg" aufgetreten ist, da er wohl von seinem drogenbedingten Gefängnisaufenthalt 1967 sehr stark beeindruckt war.

Anfang der 70er Jahre kamen die Rolling Stones in ihre erste Krise, 1986-1988 trennte sich die Band mit gegenseitiger Herabsetzung, aber dann gab es die Wiedervereinigung.

Letztlich allerdings ist diese Formation keine Gruppe faszinierend artistisch spielender Musiker, sondern ein interessanterweise zeitüberdauerndes Symbol des Protests, des Aufbruchs, des Animalischen - die Gruppe tritt als Mythos einer vergangenen Zeit auf, in der sich Menschen für eine „bessere" Welt einsetzten. Ihr heutiges Publikum sind vor allem jene, die mit ihnen 50 geworden sind, aber interessanterweise weiterhin auch noch Jugendliche. Einige signifikante „Figuren" des Mythos und ihr Verhältnis zu Drogen sollen hier kurz besprochen werden.

*Brian Jones (\*1942, +1969)*
Brian Jones, der von vielen als der Begründer und Schrittmacher der Rolling Stones angesehen wird, setzte sowohl im musikalischen wie auch im geschäftlichen Bereich wichtige Impulse. Sein Auftritt war schon früh von einer Exzentrik gekennzeichnet, die ihn zunächst vor Mick Jagger zur Kultfigur der Fans machte. Brian Jones war bereits mit 22 Jahren Vater zweier unehelicher Kinder. Die erste spektakuläre Verhaftung von ihm und einiger anderer Mitglieder der Rollings Stones wegen Drogenbe-

sitzes (genauer: Amphetamin-Derivate u. Amyl-Nitrit) im März 1967 war wegen suizidaler Tendenzen mit einem Aufenthalt in einer psychiatrischen Klinik verbunden. Er nahm anschließend weiter Drogen und entwickelte zunehmend eine Paranoia gegenüber den anderen Rolling Stones. Er baute psychisch und körperlich rasch ab, führte ein extremes und sexuell ausschweifendes Leben, so daß er nicht mehr musikalisch produktiv sein konnte. Er wurde bereits 1968 wieder wegen Cannabis-Besitzes verurteilt. 1968 erfolgte auch der Ausschluß aus der Gruppe. Sein Tod war im Prinzip voraussagbar, aber nicht konkret vorhersehbar. Er scheint die Stones sehr geschockt zu haben.

Brian Jones ist ein besonders deutliches Beispiel, bei dem die allgemeine Protest- und Alternativhaltung von eigentlich sehr jungen Menschen in Richtung schwersten Drogenkonsum entgleiste. Er glaubte offensichtlich sowohl als Rockstar wie auch als Privatperson exzessiv leben zu müssen.

*Keith Richards (* 1943)*
Richards ist seit seinem 6. Lebensjahr mit Mick Jagger befreundet. Als Leadgitarrist der Rolling Stones war er stark in den Drogenkonsum involviert. Seit den 60er Jahren hatte er schon anhaltende Konflikte mit dem Gesetz wegen Drogen. Er wurde 1977, am Maximum seiner Drogenprobleme, wegen Besitz von Heroin und Kokain in Kanada gerichtlich zur Abhaltung eines Wohltätigkeitskonzerts für Blinde verurteilt. Seither hat sich sein Zustand gebessert.

Anläßlich der Deutschland Tournee der Rolling Stones erklärte er in einem Fernsehinterview (RTL, 30.07.1994, 19.35 Uhr), daß Drogen für ihn zur Inspiration, zur Flucht und für ein gutes Gefühl dienen. Er spricht von Drogenkonsumenten als Bewußtseinsforschern die, wie Baudelaire, neue Bewußtseinszustände mit den Drogen aussondiert hätten. Dies ist eine typische „Drogenideologie", da ja Baudelaire durchwegs auch kritisch über Drogen geschrieben hat (vgl. Tretter u.a. 1989). Außerdem ist die Musik der Rolling Stones keineswegs so kreativ und innovativ. Richards sagt weiter, daß der Drogenkonsum seine Angelegenheit sei, andere würden sich mit Bier oder anderen Stoffen betäuben. Er meint, daß die Drogen ihm etwas gegeben hätten. Er erzählt, daß er als 20jähriger von den 40-50jährigen farbigen Musikern beeinflußt worden sei, die die Grenzen seiner musikalischen Fähigkeiten erkannt hätten und dann vorgeschlagen hätten, das eine oder andere an Stoffen zu probieren. Keith Richards meint, Drogenkonsum gehöre in eine bestimmte Phase der Entwicklung. Er gibt an, daß sein Sohn bereits 26 Jahre alt sei und geheiratet habe, und daß er höchstens Kognac trinken würde ( Focus 1995).

Richards raucht etwa 100 Zigaretten am Tag und trinkt zusätzlich zwei Flaschen Whiskey.

*Mick Jagger (* 1943)*
Als Sohn eines Physiklehrers studierte er an der London School of Economics und kam 1962 mit dem Musiker Alexis Korner in Kontakt. Er ist der Sänger der Rolling Stones und ist nun (1996) 53 Jahre alt. Er hat mehrmals geheiratet und ist bereits seit 19 Jahren (!) mit Jerry Hall (38) verheiratet. Er gilt allgemein als männliches Sex-Symbol. Jagger wurde gemeinsam mit Brian Jones und Keith Richards am 18. März

1967 im Alter von 22 Jahren erstmals wegen Drogenbesitzes auffällig und verhaftet. Man hatte ihn bei der Rückkehr von einer Konzert-Tournee aus Italien am Flughafen in Besitz von Amyl-Nitrit angetroffen, einem durchblutungsförderndem Mittel, das zur Erweiterung von arteriellen Blutgefäßen medizinisch eingesetzt wird und vor allem bei Hochdruck und bei Angina pectoris verwendet wird. In mißbräuchlicher Weise angewendet soll es auch zu einer größeren Blutfülle im Gehirn führen, was als angenehmes Durchfluten erlebt wird. Zusätzlich hatte Jagger Amphetamine dabei. Marianne Faithful, eine Freundin der Musiker, soll in diesem Fall eine wichtige Rolle gespielt haben, oder es wurde ihr diese Rolle nur von den Rockstars zugeschoben. Das ist nie geklärt worden. Jagger mußte für einige Tage ins Gefängnis (Untersuchungshaft), was ihn sehr erschüttert hat. Über Jaggers Verhältnis zu Drogen zu spekulieren ist sehr schwierig, da der massenmedial generierte weltweite Mythos als Rockstar eine realistische Einschätzung verhindert - jede Aussage von ihm oder auch von „Freunden" von ihm sind suspekt. Es gibt Hinweise, daß Jagger in jungen Jahren Drogenprobierer und Gelegenheitskonsument war, und daß er im Laufe der Jahre eine zunehmend kritische Haltung zu Drogen entwickelte.

Die Gegenthese, daß Jagger drogenabhängig ist, wird schwer zu halten sein, da er bei Betrachtung während der mehrmonatigen Tourneen nie in dieser Hinsicht auffällt. Also konnte man beispielsweise keine Entzugssymptome feststellen, es fielen keine Konzertveranstaltungen aus usw. Im Gegenteil, Jagger ist der minutiöse Planer und Organisator der Stones. Es ist daher aus klinischer Erfahrung davon auszugehen, daß Jagger zwar in jungen Jahren Drogen probiert hat, daß er aber in letzter Zeit wohl nicht als drogenabhängig, beispielsweise heroinabhängig, einzustufen ist. Es ist aber schon gut möglich, daß er Cannabis- und Alkoholmißbrauch betreibt.

Jagger zum Drogenkonsum seiner Kollegen: „Ich war klug genug, nie so weit zu gehen. Aber was Brian passiert ist, scheint heute so traurig, und mit Keith war es fast das gleiche. Sie mußten sehr allein gewesen sein. Wenn wir nur ein bißchen älter gewesen wären, ein bißchen reifer, hätte das alles verhindert werden können. Leute wie ich haben ein Auffangnetz im Leben, wir haben eine Familie, Freunde. Es ist ein Unterschied, ob man Drogen mal aus Spaß nimmt oder ob sie Lebensersatz sind."

*Charlie Watts* (*1942)
Watts ist der stille und sehr scheue Schlagzeuger der Band. Er hat wohl immer exzessiv Whiskey getrunken, den Konsum von illegalen Drogen hat er aber immer abgelehnt. Watts ist seit 1964 verheiratet.

*Will Wyman* (*1936)
Der frühere Bassist der Stones hat bald den exzessiven Lebensstil abgelehnt und schied 1993 sogar aus der Gruppe aus. Er ist jetzt Kneipenwirt.

*Ron Wood* (*1947)
Er trat 1975 in die Gruppe ein. Er wurde 1980 mit seiner Freundin Josephine Karshake in der Karibik wegen Kokainbesitz inhaftiert. Er ist auch als exzessiver Whiskey-Trinker bekannt.

Zusammenfassend ist also auch in Hinblick auf die individuellen Biografien zu sagen, daß die „größte Rockband" der Welt keineswegs aus schwer drogenabhängigen Menschen, aber auch sicher nicht aus abstinenten Personen besteht. Der exzessive Alkoholkonsum scheint hingegen für alle typisch zu sein.

*Die Beatles*

Ein kurzer Abriß der Geschichte dieser zweiten äußerst einflußreichen Band zeigt folgende wichtige Stationen (vgl. Rohrbach 1992):
1960 traten die Beatles als Formation die ersten Male in Liverpool und Umgebung auf. 1961 spielten sie in Hamburg im Star Club. 1962 kam der Hit „Love Me Do", dann 1963 die Hits „Please, Please Me", „She loves You", mit dem Effekt der „Beatlemania", einer Massenhysterie weiblicher Teenager. 1964 wurde „I Want To Hold Your Hand" Nummer Eins in den US Charts. Sehr treffend dazu war die Musik-Kritik in der New York Times, die meinte, die Beatles seien „Elvis mal vier, minus 6 Jahre" (Schuster 1992, S. 28). 1967 entstand „Strawberry Fields For Ever", wobei Drogenerfahrungen eine Rolle gespielt haben sollen. Wenig später trat eine Krise der Band auf und 1970 trennten sich die Beatles nach ihrer letzten LP „Let It Be".

Die Beatles haben bereits in Hamburg, nach Aussage von John Lennon, Drogen in Form von psychoaktiven Medikamenten nehmen „müssen": „Der einzige Weg in Hamburg zu überleben, war acht Stunden in der Nacht zu spielen und Pillen zu nehmen. Der Ober gab sie dir...die Pillen und die Drinks." (nach Herman 1994, S. 35).
   John Lennon und George Harrison wurden bemerkenswerter Weise von einem Zahnarzt auf einer Party zum LSD gebracht (!).

*George Harrison (* 1943)*
Harrison hatte bereits als Jugendlicher Minderwertigkeitsgefühle wegen seiner abstehenden Ohren. Er identifizierte sich früh als Rocker. Nach wenigen wilden Jahren, in denen er LSD und andere Drogen nahm, wandte er sich der indischen Musik zu.

*Paul McCartney (* 1942)*
Er rivalisierte mit John Lennon. 1969 heiratete er Linda Eastman. Er zeigte damit eine Affinität zur Edelkultur. McCartney konsumierte vor allem Marihuana. Er hatte zuletzt 1980 219 Gramm Marihuana bei der Einreise nach Tokio bei sich und mußte für eine Woche ins Gefängnis.

*John Lennon (*1940, +1980)*
Die Biographie von Lennon ist interessant (Posener 1987). Er stammte aus einer getrennten Ehe und blieb im Umfeld seiner Mutter, die 1958 bei einem Verkehrsunfall starb. Dazu komponierte er das Lied *Mother:* „Mother, you had me, but I never had you - Father you left me, but I never left you". Er soll in den USA eine Urschreitherapie bei Janov (1970) mitgemacht haben. Lennon hat 1964 in New York im 24. Lebensjahr Marihuana durch Bob Dylan kennengelernt. 1965 hat er in Kalifornien

LSD mit dem Schauspieler Peter Fonda (Kultfilm „Easy Rider") genommen. 1968 hatte er gemeinsam mit seiner damaligen Freundin Yoko Ono (*1933), die er 1969 heiratete, wegen Marihuana Justizprobleme. Er berichtete, daß er etwa 1000-mal LSD und auch Amphetamine für Plattenaufnahmen eingenommen habe. Interessant ist die Frage, inwieweit der Konsum von LSD und Amphetaminen bei John Lennon kreative Durchbrüche ermöglicht hat.

Der Bruch der Gruppe beruhte auf dem Streit zwischen zwischen Paul McCartney, der einen gehobenen angepaßten Musikstil anstrebte und John Lennon, der sich weiterhin der kulturellen Avantgarde zugezogen fühlte.

Die Effekte der Identifikation Jugendlicher mit John Lennon, auf deren Drogenkonsum sind schwer abzuschätzen. Es dürfte nur in relativ wenigen Fällen der Anlaß dazu gewesen sein. Entscheidender sind wohl die anderen Umfeldfaktoren der Jugendlichen.

*Brian Eppstein (* 1934, +1967)*
Als Manager der Beatles kassierte Eppstein 25% der Einnahmen. Er nahm Pillen, unter anderem Barbiturate. Er soll sich mit nur 33 Jahren suizidiert haben. Der Bruch der Beatles war durch seinen Tod vorprogrammiert.

## 12.9  Drogenkonsum der 60er Jahre

Die entscheidende Phase der Propagierung des Drogenkosums waren die 60er Jahre. Im Überblick betrachtet, haben nämlich die Pioniere der Rockmusik damals neben Alkohol, Aufputsch-, Beruhigungs- und Schlafmitteln an illegalen Drogen nur Marihuana genommen. An Alkohol wurde vor allem Whiskey, Wodka oder Gin, aber auch Bier exzessiv konsumiert. Alkohol war das Basisrauschmittel. Ebenso wurde natürlich auch Nikotin konsumiert. Marihuana ist eine Droge, die in den 60er Jahren in Künstlerkreisen in den USA weit verbreitet war und wohl auch weiterhin ist. Die für diese Phase der „Aufbruchkultur" spezifische Droge war jedoch LSD, das, so meinte Eric Clapton, sehr förderlich sei, die Möglichkeiten der Musik auszuforschen. Ende der 60er Jahre, Anfang der 70er Jahre war Kokain bereits „in" (in Deutschland erst Ende der 70er/Anfang der 80er Jahre). Auch Heroin war bereits zu jener Zeit in Gebrauch. Die jeweiligen „Innovatoren" verschiedener Stilrichtungen der Rockmusik, wie es in den 80er Jahren die Punks waren, lernten nichts aus den Erfahrungen mit den negativen Effekten der Drogen, wie sie bei Joplin und bei Hendrix deutlich geworden waren - die Musik-Rebellen der 70er und 80er Jahre stiegen häufig gleich mit Heroin kräftig ein. Die 90er Jahre sind durch die neue Generation des Techno-Sound geprägt, wo Stimulantien und Halluzinogene wie Ecstasy und LSD charakteristisch sind.

Das große Ausmaß des Drogenkonsums der Rockstars in den 60er Jahren kam bereits 1970 an das Licht der Öffentlichkeit, als Janis Joplin an den akuten Folgen einer Überdosis Heroin starb. Die größte Rolle spielte allerdings das Halluzinogen LSD, das

1943 in den Labors von Hofmann La Roche entdeckt wurde. Es wurde, wie erwähnt (s. Kapitel „Drogenökonomie"), von dem Psychologen Timothy Leary von der Haward Universität für experimental-psychologische Zwecke untersucht und als bewußtseinserweiternde Droge eingestuft und auch propagiert (Leary 1970). Nachdem er es dem New Yorker Underground-Poeten Alan Ginsberg gegeben hatte und dieser von den („psychodysleptischen") wahrnehmungs- und bewußtseinsverändernden Effekten angetan war und darüber geschrieben hatte, war die Künstlerszene mit Experimenten mit LSD beschäftigt. Marihuana war bereits seit langem bei den New Yorker Avantgarde Künstlern der Greenwich Village in Gebrauch, so auch bei dem Folk-Musiker Bob Dylan, der schließlich 1964 auch den Beatles das Marihuanarauchen beibrachte.

Californien war letztlich der Nährboden für den breiten Gebrauch von LSD, wo es bis 1966 legal war. In San Francisco und der umliegenden Bay Area wurde auch die neue Rockmusik und *Rockkultur* mit ihrem weltweiten Erfolg „getriggert": Bands wie „The Grateful Dead", „Jefferson Airplane" u.a. wurden in den frühen 60er Jahren dort gegründet. Die Gründerväter dieser Gruppen nahmen in exzessiver Weise LSD-Trips ein. Zeitweise wurde die Droge vor jedem Konzert eingenommen. In San Francisco kam die Rockkulur mit der politisch motivierten *akademichen Protestkulutr*, die von Herbert Marcuse, Angela Davis und anderen Intellektuellen der Universität Berkeley animiert waren, mit der vergleichsweise naiven, aber lebenspraktischen und ehrlichkonsequenten *Hippie-Kultur* zusammen. Jedes Wochenende gab es in den Parks in der San Francisco Area mehrere Rock-Konzerte, bei denen LSD („Acid") nicht nur von den Musikern, sondern auch von den Konzertbesuchern eingenommen wurde: Die Bewußtseinsveränderung war überall angesagt! Dem LSD wurde diese Wirksamkeit zugesprochen. Nicht alle Rockstars nahmen allerdings LSD - Janis Joplin bevorzugte ausdrücklich Heroin. Sie schien von den desorientierenden Effekten der halluzinatorischen Phänomene im LSD-Rausch geängstigt zu sein. Sie wollte ihr Bewußtsein eher abdämpfen als erweitern. Sie nahm zwar Amphetamine, aber sprach vor allem dem Alkohol (Tequilla) kräftig zu. Diese Mischung mußte früh zum tödlichen Ausgang führen. Ihr Tod hatte keine warnenden Effekte.

## 12.10 Drogentote der Rockszene

Das Ausmaß des Drogenkonsums der Rockstars ist, wie dargestellt, schwierig zu beurteilen. Eine relativ sichere Informationsquelle ist die Todesursache „Drogenkonsum", obwohl es hier schwer ist, an die offiziellen Informationen heranzukommen. Daher existieren auch zu diesem Thema viele Mythen. „Drogentod" wird außerdem nicht nur bei Überdosierungen offiziell angegeben, sondern auch wenn Drogen situativ eine wesentliche Rolle gespielt haben (z.B. Ertrinken im Rausch).

Bereits früh in der Musikgeschichte der Rockmusik, nämlich schon in den 70er Jahren war die Serie der ersten Drogentoten der Rock-Musik zu beklagen. Nach *Brian Jones* starben *Jimmy Hendrix* und *Janis Joplin* den Drogentod. Diese jungen Menschen waren knapp über 20 Jahre alt. *Ron „Pipgen" McKernan*, Initiator und Inspirator der legendären Gruppe „Greatful Dead" starb 1973 im Alter von 27 Jahren an den Folgen persistierenden exzessiven Alkoholkonsums durch Leberversagen. *Jerry Garcia*, ein weiteres Bandmitglied und ebenfalls drogenabhängig, starb schließlich als einer der letzten der Rockgeschichte im August 1995 im Alter von 53 Jahren in Californien in einer Drogentherapieeinrichtung angeblich einen natürlichen Tod, nämlich an einer Entgleisung seines Diabetes mellitus und an Herzversagen. In den 70er Jahren kamen auch „The Who" als einer der Prototypen der „Heavy Metal" Richtung auf, die als Musikrichtung noch heute mit Drogen zu tun haben dürfte.

Daß diese Rockmusiker der ersten Stunde direkte oder indirekte Opfer der Drogen wurden, mag nicht verwundern. Daß aber auch Neueinsteiger in der Rockmusik im Alter von 20 Jahren sterben, macht betroffen, da offensichtlich wenig aus der Leidensgeschichte der vorher genannten Drogenopfer gelernt wurde. Das letzte dieser jungen prominenten Todesopfer unter den Rockmusikern, das als Tragödie gewertet wurde war *Kurt Cobain*, der Sänger der Gruppe *Nirvana*. Als Vater eines kleinen Kindes starb er Anfang April 1994 einen dramatischen Tod - er hat sich zwar in suizidaler Absicht erschossen, er war jedoch vermutlich bereits stark heroinabhängig und darüber hinaus polytoxikoman. Einen Monat vor seinem Tod wurde er in Rom im Rahmen einer Tournee in der Nacht im Hotel komatös, wobei eine Mischintoxikation von Barbituraten, Alkohol und anderen Drogen festgestellt worden war. Der Selbstmord beruhte nach Ansicht von Kennern vermutlich auf dem Gefühl von Cobain, als Person total und idealtypisch mit der Rock-Kultur identifiziert zu werden und diese totale Vermarktung nicht ertragen zu können. Er litt an einer inneren Leere. Der Abschiedsbrief von Cobain drückte die Sehnsucht nach Liebe und Frieden aus (Herman 1994). Welche Rolle seine umstrittene Freundin *Courtney Love* dabei hatte, ist unklar. Manche nicht gerade prüden Musikerkollegen sagen ihr zumindest in Sachen Treue nichts Gutes nach. Dies soll ebenfalls zur äußeren und inneren Vereinsamung von Kurt Cobain geführt haben. Aber vielleicht ist gerade diese üble Nachrede wieder ein werbewirksamer Gag für die Rockszene, die vom „Abartigen" nur profitieren kann?

Der Tod von Cobain wird jedenfalls bereits in der Historiographie der Rock-Musik ähnlich gewichtet wie der Drogentod von Jimi Hendrix 1970, der durch die Wechselwirkung von Barbituraten, Marihuana und Alkohol ums Leben kam. Bemerkenswert dabei ist die Frage, warum trotz des warnenden Beispiels von Jimi Hendrix und anderer toter Rock-Musiker Cobain Drogen wie Barbiturate, gemischt mit Alkohol und dabei vor allem auch Heroin nahm? Ist es eine Komponente der Rock-Kultur, obligater Code oder ein Stilelement der Lebensführung der Rock-Stars als Rebellen, als Antitypen, ist es die Bewußtseinsmodulierung durch Drogen zur Kreativitätsförderung oder sind es die Produktionsbedingungen der Rockmusikindustrie, die nur unter Drogen erträglich sind? Die Antwort ist nicht einfach zu geben. Übrigens muß aus der Vermarktung der Drogentoten durch die Medien und die Musikindustrie fast angenommen werden, daß Tote noch wertvoller sein können als Lebende: Der Tod von Jimi Hendrix oder von Elvis Presley wurde zu einem totalen Medienereignis und provozierte viele Bücher und Publikationen, die die Hintergründe des Lebens und Sterbens dieser Rock-Helden beleuchten sollte. Eine sachliche Biographie dieser Drogenopfer steht aber noch aus.

## 12.11 Sozialer Kontext und die Produktionsbedingungen von Rockstars

Der Drogenkonsum von Rockstars kann gut durch die Arbeitsbedingungen verstanden werden. Der Kontext der Produktion der Rockmusiker, die häufig erst Anfang 20 sind, besteht aus elektronischer Technik, Studiomilieus, Rahmenbedingungen von Plattenfirmen, Medien, Fans, Settings von Konzerten (Hotels, Bühnen, Busse, Flugzeuge usw.). Die wichtigsten Komponenten davon sind die *Musikfirmen* und die *Medien*.

Das Arbeitsleben ist vom Zwang geprägt, seine öffentliche Identität, sein Image zu bewahren und doch immer wieder innerhalb dieses Klischees innovativ zu sein. Erfolgsparameter sind Verkaufsziffern. Auch heute noch ist die Rockmusikszene neben anderen Szenen wie Film, Mode, Werbung, vor allem bei Konzerten ein besonders relevanter Umschlagplatz von Drogen aller Art. Diese Produktionswelt ist ähnlich der des Films. Unter diesen Bedingungen des Zwangs zum Kreativen entsteht ein enormer Druck, der für den Konsum von Drogen disponiert. Dieses Schicksal ereilte auch den enorm kreativen deutschen Filmemacher Reiner Werner Fassbinder (vgl. Tretter 1983).

Zunächst ist die Einbettung der Rockmusik in eine sozial- und kulturhistorische Epoche der restabilisierten Nachkriegszeit in den Industrieländern zu beachten - die ältere Generation hat die durch den 2. Weltkrieg zerstörten Strukturen wiederaufgebaut und die belasteten wirtschaftlichen Prozesse wieder in Schwung gebracht. Dadurch hatten die jungen Menschen der 50er Jahre weniger materielle Sorgen, eine Zukunft mit allgemeinen Wachstumschancen und konkret bereits etwas Taschengeld. Damit war eine neue Kundschaft für Mode, Unterhaltung, Musik usw. herangewachsen. Daran konnte die Musikindustrie anknüpfen und die Rockkultur initialisieren - die Ideen zu einer neuen Kultur kam von den Jungen, von den Älteren wurden die Ideen an ein Massenpublikum verkauft.

Entscheidend war die Situation der USA: nach dem zweiten Weltkrieg kamen die Soldaten zurück und nach einer kurzen Phase der Restabilisierung der Wirtschaft war im Stadium des Wohlstands die Frage nach anderen Werten gestellt. Als schließlich John F. Kennedy Anfang der 60er Jahre an die Macht kam, waren die Gleichstellung der Farbigen und andere linksliberale Ziele in den Raum gestellt. Mit der Ermordung von Kennedy 1963 kam schließlich Nixon an die Macht, wenig später traten die USA in den Vietnamkrieg ein (1965). Damit wurde ein Strom liberaler Denktradition und Lebensstil unterbrochen, aber es fand eine Verstärkung der Protesthaltung im Untergrund statt. Beteiligt waren die damals 20 bis 40jährigen - sie artikulierten den Protest, zumal sie auch von der Einberufung und Abkommandierung in den Vietnamkrieg bedroht waren.

Viele der jetzt noch erfolgreichen Künstler und Pioniere der Rockmusik sind etwa um 1940 geboren und waren 1963 etwa 23 Jahre alt und dann, 1967, im großen Jahr der Veränderungen, gerade 27 Jahre alt. Dies trifft beispielsweise für John Lennon zu, während Mick Jagger damals erst 22 Jahre alt war. Wie die Kreativitätsforschung zeigt, ist dieses Alter ein gutes Alter für Innovationen bei Tätigkeiten, die nicht sehr viel Wissen erfordern. Es ist eine Zeit mit sehr viel Kraft, Neugierde und Phantasie. Diejenigen, die damals die Rockmusik auf den Weg gebracht haben, wurden von etwa 30jährigen Produzenten und Managern angeleitet (z.B. Brian Epstein für die Beatles, Alexis Corner für die Rolling Stones). Die Rolle dieser Manager oder Promoter war häufig wie die eines älteren Bruders. Fünf bis sieben Jahre jüngere Rockmusiker (die Jahrgänge 1945-1947) profitierten von dieser ersten Welle, die loszutreten viel Kraft forderte. Damit konnten weitere Extreme probiert werden, wie beispielsweise das „Prolo-Image" der Rolling Stones, das sich als tragfähiger erwies als der salonfähige Stil der Beatles, der es aber erst erlaubte, daß Rockmusik vom Establishment akzeptiert wurde und eine entsprechende Breitenwirkung entstand (Beatlesmania)!

Es war auch die schwarze Musik in den Jazz Clubs, die für die Rockmusik eine wichtige Basis abgab.

Viele Rockmusiker, wie auch beispielsweise Eric Clapton, sind musikalisch schlecht ausgebildet und eher selbst angelernte Praktiker als Theoretiker. Damit ist aber die Volksnähe garantiert. Kompositorisch komplizierte Musikstücke sind selten ausmachbar. Das liegt aber auch im Grundcharakter der emotional basierten Rockmusik und gerade das macht diese Musikströmung offensichtlich auch so langlebig.

Die elektronische *Verstärkertechnik* erlaubte es, im musikalischen Gesamtbild auch mögliche musikalisch-technische Schwächen einzelner Bandmitglieder zu kompensieren - Alexis Korner beispielsweise beurteilte die einzelnen musikalischen Kompetenzen der Mitglieder der Rolling Stones eher kritisch. Die elektronische Klangproduktionstechnik verführten die Gruppen immer wieder zu Superlativen. David Gilmour, heute (1996) 52 Jahre alt, ging 1968, damals 23jährig, als Ersatz für den drogenkranken Syd Barrett zu Pink Floyd: „Wir ahnten sehr früh, daß Ruhm einem Gefängnis gleicht. ... Mit uns vier Burschen allein auf der Bühne hätten sich die Leute schnell gelangweilt. Deshalb machten wir Pink Floyd zu einem Multi-Media-Event." (Der Spiegel 1995). Die Folge ist ein Abbau der direkten Beziehung zum Publikum. Das Multimediastück der Pink Floyd „The Wall" war als Symbol für das Ende der echten Beziehung zu dem Publikum gedacht. Es galt als Protest gegen die Gigantomanie der Technik im Showbusiness, wurde selbst in Stadien aufgeführt und stellt das inszenierte Ende der Rockgruppe Pink Floyd dar. Pink Floyd hatte auch eine eigene Technologie-Firma: „Wellcome to the machine". Der Trend zur totalen Technisierung der Kunst wurde von Pink Floyd selbst erkannt.

Die Punks, wie Johnny Rotten, versuchten Bands, wie Pink Floyd, als degenerierte High-Tech-Gruppe abzuwerten und propagierten wieder die publikumsnahe Musik.

Bemerkenswert ist auch, daß Rockmusiker jeweils in *Gruppen* auftraten, meist mit 4-6 Personen, mit Orgel, 2 Gitarren, Baß, Schlagzeug und einem Sänger.

Diese Produktionsweise paßte auch gut in den neuen Trend, die Gruppe als neue soziale Einheit zu definieren. Sie ist ein Übergang von den Einzelexistenzen und der Familie zu der Formation von Interessensgruppen. Teilweise hatten die Rockgruppen zu Anfang etwas basisdemokratisches, dennoch traten viele interne Rivalitäten auf. Man war gemeinsam und doch gegeneinander, man versuchte seine Identität in der Gruppe zu finden. Andererseits gab die Gruppe dem einzelnen Musiker seine Identität. Es war einfach erforderlich, engstes Zusammenleben zu praktizieren, vor allem bei Tourneen.

Konflikte, die sich bei den „Rolling Stones" etwa zwischen Mick Jagger und Keith Richards oder bei den „Beatles" (John Lennon und Paul McCartney) oder bei „Pink Floyd" (David Gillmore und Roger Waters) entwickelten, wurden zur Existenz- und Identitätsfrage der Bands. Dazu David Gillmore von den Pink Floyd, die sich 1994 wieder neu formierten und mehrere Idenditätswechsel zu verzeichnen hatten (Der Spiegel 1995):

"Mit 40 ist eine Band etwas anderes. Als Teenager hat man kein Haus, keine Familie, keinen Ort wo man hingehört; und meistens nicht einmal eine Bühne, auf der man spielen kann. Wir kommen heute gut miteinander aus, wie Kompagnons eben, die seit langer Zeit zusammenarbeiten."

Die Identität der einzelnen Rockstars entstand einerseits aus der Abgrenzung aus dem Normalen und andererseits aus der Identifikation mit dem Establishment der vorherrschenden bürgerlichen Ordnung aus dem Mittelalter. So war Brian Jones von den Rolling Stones jemand, der sich schon Anfang der 60er Jahre wie ein Fürst kleidete und exzentrisch auftrat, so daß Jagger ein Schattendasein führte (Shapiro 1989).

Damit entstand zugleich eine Szene einer weltweiten Imitation und Solidarität bei Jugendlichen, zumindest im Bereich des Habituellen (Kleidung, Gehabe, Frisur udgl.). Die Musik transportierte zunächst neue Inhalte und Ziele in den 60er Jahren, Musik kennt ja keine Grenzen und so entstand eine musikbezogene, kulturübergreifende, supranationale Subkultur. Die Rockstars sind allerdings im Gegensatz zu ihrem Publikum Millionäre, die sich teilweise in ihren Liedern gegen Millionäre wandten, obwohl sie genug Geld hatten. Ging es aber um Fragen nach der Möglichkeit einer Revolution, dann war man ausdrücklich dagegen. Intelligente Ausführungen und das Anerkennen der Widersprüche waren und sind selten.

Rockmusik entwickelte sich also rasch zu einer Wirtschaftsbranche. Dieses Milieu von „Show", das sich nun in die computergenerierte, virtuelle Realität gewandelt hat, hatte für die jungen Musiker einerseits eine Faszination und die Möglichkeit anders zu sein, aber es entfernte auch vom natürlichen Leben.

Es ging bei der Rockmusik letztlich um Musik und nicht um alternatives soziales Leben. Damit ist bei den Rockmusikern eine im Prinzip ganz normale Entwicklung in einem gesellschaftlichen Freiraum festgestellt, wo eigentlich stark systembestätigende Funktionen ausgeübt werden, wobei aber archaische Bedürfnisse der Menschen ausgelebt werden.

Die Schwierigkeit der Mitglieder von Rockgruppen besteht darin, über eine gewachsene Identität zu verfügen- nicht selten sind sie mit 18,19 oder 20 bereits Weltstars mit einem Millionenpublikum. Hier versagen normale Mechanismen der Identitätsbildung. Sicher: niemand hat die jungen Leute dazu gezwungen, Musiker zu werden, nur selten kommen die Stars wirklich von der Straße, von Banden aus den Elendsvierteln usw. Ist dies der Fall, dann wird es bereits wieder zum Klischee. Die jungen Rockstars merken nicht, wie sehr sie benutzt werden, wie irgendwelche Merkmale von ihnen zur Ware, zum Image ihrer Musik, eines „neuen Stils" werden, so wie das etwa in der Punkbewegung passiert ist. Es ist daher nicht verwunderlich, daß dieses Leben bereits eine Rauschqualität hat, der durch verschiedene Rauschmittel noch etwas neues hinzugefügt wird. Anfangs ist es wahrscheinlich noch ein Glücksgefühl, später wird das Rauschmittel funktionalisiert. Der habituelle Drogenkonsum in diesen Kreisen ist im Prinzip nichts anderes, als bei einem Lehrling am Bau oder in einer Bierbrauerei.

Es ist daher nicht sachgerecht, den in den 60er Jahren 20- oder 30jährigen Rockstars die Verantwortung für die Drogenproblematik zuzuschreiben, denn es war ja historisch eine Überlagerung von mehreren soziokulturellen Prozessen gegeben. Nährboden ist allemal das transkulturell nachweisbare Verlangen der Menschen nach einer anderen Welt, das in unserer technisierten, rationalen Kultur besonders wenig Platz hat. Eine größere Verantwortung haben vielmehr intellektuelle Protagonisten des Rauschmittelkonsums wie Timothy Leary, der sich als Psychologe einseitig für die scheinbaren positiven Effekte des LSD interessiert hat. Problematisch erscheinen allerdings Entgleisungen von Rockstars, die auf der Bühne Drogenkonsum propagieren, ohne sich Gedanken über die Problematik anderer Menschen zu machen. Dies ist umso bedenklicher, da zwischen 40 bis 70% der Besucher von Rockkonzerten nach Auskunft von Sanitätern und Ärzten, die bei solchen Veranstaltungen als Betreuer tätig sind, mit Drogen „angeturnt" sein sollen. Davon wurden einige wenige Prozente sogar zu medizinischen Notfällen mit gelegentlicher Todesfolge, wobei häufig diese Störungsbilder Mischbilder der Wirkung des Settings (Gemeinschaftsgefühl), des Set und der Droge sind.

Die Musikstudios und auch Film- und Fotostudios sind oder stehen im Verdacht, Drogenumschlagplätze von Leistungsdrogen wie Kokain und Amphetaminen zu sein. Diese Aspekte des Drogenkonsums gehen auf die Manager zurück, was in der Öffentlichkeit kaum thematisiert wird. Es ist nicht zu vergessen, daß im Jahresablauf bei Rockmusikern einige Monate für Plattenaufnahmen und Proben beansprucht werden, worauf dann eine Phase mit Konzerttouren udgl. folgt. Der Wunsch, ständig „in" zu sein und die Produktionsvorgaben der Plattenfirmen führen zu einem großen Leistungsdruck.

Andererseits ist das Image des wilden Lebens der Rockstars häufig unbegründet, weil zumindest in den letzten Jahren der Bereich der Musikproduktion ein industrielles Organisationsniveau erreicht hat, wo nurmehr punktuelle und gelegentliche Exzesse möglich sind. Mick Jagger führt dazu aus, daß der Lebensstil der Rockmusiker ganz anders sei, als man es sich allgemein vorstelle. Es wird sehr viel gearbeitet, nur bei der Tournee gebe es einige Parties (Focus 1995). Keith Richards schildert sein Leben auf der Tournee so: Er schlafe ein und wache auf. Um 6 Uhr abends bereite man sich auf die Show vor, dann, nach der Show, sei man völlig fertig. Man ginge ins Hotel, möchte eigentlich schlafen, aber es ginge weiter bis 5 oder 6 Uhr in der Früh, dann schlafe man ein. Er vergleicht dieses Leben mit einem Leben in der Nachtschicht (RTL-Interview 30.7.1994, 19,35 Uhr).

Wie in allen Bereichen menschlichen Lebens ist auch in der der Rockmusik die *Ökonomie* die tragende Ebene. Die Produktion und Distribution von Rockmusik hat bereits einen hochgradig durchorganisierten Charakter. Die Aufnahmen finden beispielsweise in Studios in München statt, die Mischung und der Schnitt erfolgen in Ibiza, die Produktion in England und der marktrelevante Verkauf in den USA. Damit ist die internationale Arbeitsteilung auch in diesem Bereich gegeben. Diese Aufgabenverteilung führt zu einer Dissoziation des emotionalen Bezugs der einzelnen Produzenten zum Produkt. „Productplacement" wird schließlich der wichtigste Teil - Radiosender müssen die Musik spielen. Konzerte sind letztlich Show-Maschinen, das Leben der Stars findet dann monatelang nur in Hotels statt.

Die besondere ökonomische Bedeutung der Rockmusik zeigt sich auch darin, daß Autofirmen wie Volkswagen Konzerttourneen wie jene von Pink Floyd (1994) oder von den Rolling Stones (1995) sponsern, letztere angeblich mit 30 Mio Dollar.

Die Bedeutung der Mafia im Musik- und Drogengeschäft, und die Verbindung zum Waffengeschäft ist immer wieder angesprochen worden, was nun bedeuten kann, daß es Verflechtungen in diesen Wirtschaftsbereichen gibt, die gigantisch sind.

Schließlich ist die Rock- und Popmusikindustrie ein Produktionsbereich von Illusionen, eine Form von „Phantasieindustrie"

Vielleicht ist es diese Beschwörung der künstlichen Paradiese, die die Rockmusik hervorruft und die die Menschen mögen, wünschen und brauchen. Die erfundene Wirklichkeit ist offensichtlich wirksamer und begeisternder als die vorgefundene Wirklichkeit. Damit ist auch eine klare Grenze der Beeinflußbarkeit Jugendlicher in Hinblick auf Drogen da. Die Kopplung von Musik und Drogen ist durch ihren gemeinsamen Effekt des Auskoppelns aus der Realität gegeben, was durch den gemeinsamen Bedürfnishintergrund, nämlich den nach einer anderen Welt, getragen wird.

## 12.12 Beziehung der Rockstars zu ihren Fans

Wenn Rockmusiker eine gewisse Popularität erlangt haben, dann fühlen sie sich zwar zunächst in der Menge der Fans wohl, aber zunehmend werden sie ihr Image nicht mehr los und werden nur als Image und nicht als Person wahrgenommen. Die „öffentliche Person" dominiert das Selbsterleben des Rockstars, die private Person tritt in den Hintergrund. So entsteht die erwähnte innere Leere. Es waren jedenfalls gerade solche Konflikte, die unter anderem für Janis Joplin und wahrscheinlich auch für Kurt Cobain relevant waren.

Die Wohnorte der Rockstars sind Villen in Südfrankreich, Ibiza oder auf den griechischen Inseln, in Florida, Kalifornien usw. Sie haben Wohnungen in London, Paris udgl., mindestens einen Leibwächter, einen Chauffeur, Dienstmädchen, Kindermädchen, Sekretärin, Anwalt, Manager, Pressemanager, Finanzberater, Ärzte udgl. Sie sind nirgends und überall. Sie sind für die Fans nicht greifbar.

So mußte das Haus von Freddy Mercury in London, mit einem etwa 1 m hohen Nato-Stacheldrahtzaun umgeben werden, bei dem man sich, wenn man ihn überwinden will, erhebliche Verletzungen zufügen kann. Fans aus aller Welt haben sich nach dem Tod des Stars in der Mauer verewigt und das Haus belagert. So haben sogar tote Rockstars eine gewaltige Attraktivität, ein Hinweis für die mythische Funktion der Rockhelden.

Die Beziehung zwischen Rockstars und Rockfans ist daher extrem schief gelagert - fast alle Rockstars sind richtig süchtig nach ihren Auftritten „on stage", wo sie Tausende, ja Zigtausende und Hunderttausende bejubeln. Die Fans sehen die Stars nicht, und die Stars sehen die Fans nicht. Rockkultur wird so immer mehr zu einer *virtuellen Realität*, Rockmusik ist Wegbereiter und Repräsentant der High-tech-No-Touch-Kultur, die sich immer stärker abzeichnet. Rockmusik ist Generator akustischer Reizmuster, die in den „Bauch" treffen wie die computerisierte Techno-Musik. Zugleich trägt aber die Rockmusik auch den Widerspruch und die Rebellion gegen die Technik und die Künstlichkeit, indem sie das Triebhafte anspricht. Das gelingt vor allem noch den Rolling Stones gut.

Die gesellschaftskritische Aufbruchstimmung und das öffentlich-politische Engagement der 60er Jahre hat von all den Megastars John Lennon noch am längsten fortgesetzt. Das zeigt sich beispielsweise durch sein Engagement für den Frieden. Lennon war aus England wegen Steuerproblemen nach Amerika gegangen, was ihm sogar seine stärksten Fans übelnahmen. Unrealistisch von John Lennon war es aber, in New York so zu leben, als wäre er ein Herr Jedermann. Er hat den Frieden öffentlich gepredigt, und sich als Megastar auf der Straße in Manhattan mit Leuten unterhalten. Das war zwar vermutlich ehrlich gemeint, aber es ist wohl ein Bruch einer Regel, nämlich daß *Stars am Himmel bleiben müssen - kommen sie zur Erde, so gibt es Katastrophen*. Der Megastar tritt nur über Medien und nicht persönlich in die Öffentlichkeit. Bodyguards schützen vor direktem Kontakt. So zumindest läßt sich die Mordtat an John Lennon grundlegend am besten verstehen, als er von einem psychisch Kranken in ungewöhnlich aufdringlicher Weise um ein Autogramm gebeten wurde und dann erschossen wurde. Dieser tragische, brutale Tod eines Verfechters für den Frieden, der durch einen psychisch Kranken, für den er eine wahnhafte Bedeutung hatte, umgebracht wurde, ist eine große Ernüchterung. Diese Tragödie kam durch die Nichtbeachtung der Distanz zustande. Stars stellen nämlich für psychisch Kranke ein besonders tiefgreifendes Beziehungsangebot dar, das sich in der Anfälligkeit des Menschen auf Virtuelles, auf Reizmuster ohne konkreten Realitätsbezug begründet. Hauptsache ist, daß Rhythmus und Bewegungsveränderung wahrnehmbar sind. So lautet die Botschaft der neuen Medienkultur.

Die Sucht der Fans nach ihren Stars nimmt immer wieder exzessive Formen an. Dabei handelt es sich nicht nur um Jugendliche, sondern auch Erwachsene „flippen" aus. Sie sind psychologisch betrachtet offensichtlich in der Lage, ihr eigenes alltägliches, relatives Minderwertigkeitserleben über die Identifikation mit den Megastars durch das auf diese Weise aktivierte Größenselbst aufzuheben und so einen rauschähnlichen Zustand zu erreichen.

## 12.13 Drogen und Musikrezeption

Wie bereits mehrfach angeführt, steht die marktwirtschaftliche Hypothese im Raum, daß das gewandelte Lebensgefühl junger Menschen und die damit verbundene *Disposition zu einem bestimmten Lebensstil*, die Rockmusik erst ermöglichte, die zwar zugleich die *Artikulation dieses Lebensgefühls* vollzog, aber nicht das Lebensgefühl generierte. Die Logik der Marktwirtschaft erfordert ja bei jeder Produktion ein Millionenpublikum, bei dem der intendierte Konsum provoziert werden kann, sonst ist dieses Produkt mittelfristig nicht bestandsfähig. Beispiel: ein solches Buch, wie das hier vorliegende, kann über vielleicht drei Jahre ein paar tausend Menschen erreichen, aber den Autor nicht einmal einen Monat ernähren.

Es ist wichtig anzuerkennen, daß die Rock-Musik eine zentrale Funktion bei der Identitätsbildung Jugendlicher hat, insbesondere bei jenen, die aktuell nicht in die Gesellschaft integriert sind oder nicht in ihr integriert sein wollen. Das ist meistens nur eine vorübergehende Erscheinung. Das Phänomen ist sogar transnational zu betrachten, denn die Rolling Stones und die Beatles sind (oder waren) auch in Asien, wie z.B. in Japan, sehr beliebt.

Interessant bei diesem Musikstil ist die Frage, inwieweit die Rockmusik international Verhaltensdispositionen transportiert, die zum „Aufbruch" (wohin auch immer) stimulieren. Zusätzlich ist zu fragen, ob die Rockindustrie, begriffen als Komplex der *Plattenfirmen* (z.B. Ariola ), *Vertriebsfirmen* (z.B. WOM) und der *Vermarktung*, wie es Rock-Konzert-Veranstalter (z.B. Mama Concerts) und auch Musikjournale (z.B. The Rolling Stone) sind, dieses Bedürfnis provoziert und zugleich die Surrogate der Befriedigung verkauft.

Diese Ebene einer phantastischen anderen Welt schafft den Nährboden für Drogenkonsum.

Das offene Bekenntnis von Rockstars zum Drogenkonsum (z.B. Rolling Stones) oder der öffentliche Konsum von Drogen auf der Bühne haben dann eine eindeutige negative Vorbildfunktion, mit einer, über die Jahrzehnte betrachtet, zunehmend permissiven Haltung der Polizei und Justiz. Wenn in den 60er Jahren Rock-Musiker wegen Marihuanabesitz eingesperrt und mit Geldbußen bestraft oder des Landes verwiesen wurden, so kann heute bereits ohne Intervention auf der Bühne Heroin gespritzt werden (Herman 1994).

Die Musik und die Drogen sind assoziiert, aber nicht kausal verbunden. *Weder stimulieren Drogen* notwendigerweise *zum Musikkonsum, noch stimuliert* psychedelische *Musik zum Drogenkonsum*. Bei Jugendlichen wird meistens erst die Musik (teilweise exzessiv) gehört, und dann die musikspezifische Droge konsumiert. Auch können Jugendliche bereits im Bereich von Schule oder Freizeit Drogen konsumiert haben und dann erst mit drogenspezifischer Musik konfrontiert werden. In den Schulen ist es Schülern nämlich bereits seit es psychoaktive Medikamente gibt bekannt, daß Beruhigungsmittel vor Prüfungen gut tun sollen. Musik und Drogen sind zwar schwach assoziiert, aber im Prinzip relativ unabhängige Komponenten des Lebensstils und des Lebensgefühls. Erst später erfahren Schüler davon, welche Drogen ihre Musikidole nehmen. Das hat aber noch lange nicht den Effekt, daß alle Fans selber diese Drogen nehmen!

Drogen sind für kreative Berufe wie Musiker, Filmemacher, Journalisten usw. beliebte „Funktionsverbesserer". Aufputschmittel dienen der Förderung der Kreativität, sedierende Mittel haben den Zweck den Konsumenten wieder zu beruhigen und ihn zum Schlafen zu bringen. Da dies kein Facharzt so anordnen würde, sind die zum Teil tödlichen Komplikationen dieses chemisch gesteuerten Auf und Ab vorprogrammiert.

Man könnte nun mit einer gewissen Begründung das Verbot von Rockmusik und deren Aufführung fordern, doch wird sich das weder durchsetzen lassen, noch eine Wirkung haben - es trifft wohl ein elementares Bedürfnis der (jungen) Menschen, sich mit dieser „wilden" Musik auszuleben, egal ob erlaubt oder verboten. Drogen sind zunächst nur „Beigaben". Dies kann man an den Rave-Parties sehen, die als Insider-Tip zu geheimen Zeiten und Orten aufgeführt werden. Neben der Musik gibt es Ecstasy als Droge, die das Musik- und Gemeinschaftserleben intensiviert. Es gibt keine ausreichende empirische Begründung, daß durch Verbot der Rockmusik der Drogenkonsum eingedämmt werden kann.

Da geschichtlich Rock-Musiker bereits seit Mitte der 60er Jahre Protagonisten des Drogenkonsums waren, andererseits aber Millionen von Rock-Musik-Fans keine Drogen nahmen, ist der Drogenkonsum-stimulierende Effekt der Rockmusik nur phasenweise, wie etwa in den 60er Jahren, zu erkennen. Wie hoch der Prozentsatz von Konsumenten illegaler Drogen auf Rock-Konzerten ist, läßt sich schwer sagen, aber von 30 % (harte Drogen) - 70 % (weiche Drogen) dürfte er sich nach Aussagen von Sanitätern und Ärzten, die bei Rockkonzerten als medizinische Hilfe teilnehmen, bewegen. Die Tendenz ist allerdings, bis auf die Sonderszene der Rave-Parties, fallend. Somit tritt meist der Gelegenheitskonsum im Kontext von Rock-Festivals auf. Die Rockindustrie und die Massenmedien machen dabei ihr Geschäft und der Staat schaut zu und kassiert Umsatz-, Gewerbe- und Vergnügungssteuern.

Die derzeit aktuelle Verbindung von Musik und Drogen ist bei der „Techno"-Musik gegeben, bei der bei exzessivem Tanzen die Droge „Ecstasy" eingenommen wird. Auch hier sind quantitative Abschätzungen der Menge der Konsumenten und der Häufigkeit des Ecstasy-Konsums extrem schwierig, da man Szenen-Insider sein muß. Es gibt jedoch Hinweise, daß diese Szene stark im anwachsen ist und regional etwa der Größe der Heroinszene entspricht, mit ihr aber weitgehend nicht identisch ist.

Auch ist zu bedenken, daß die Rock- und Popmusik diversifiziert ist und in mehrere Subkulturen zerfallen ist, die jeweils eine unterschiedliche Affinität zu Drogen haben.

Rockmusik ist daher eher nur ein Korrelat, aber nicht der Grund von Drogenkonsum. Das gilt auch in umgekehrter Weise: Drogenkonsum ist nicht die Ursache von Rockmusik.

## 12.14 Rockmusik der 90er Jahre

Die Rockmusik ist für die 90er Jahre totgesagt, weil sie nun überall, in den Restaurants und Supermärkten, als Hintergrundmusik zu hören ist. Damit wird sie dem Selbstverständnis der Gründerväter nicht mehr gerecht, und ist daher tot. Dennoch lebt sie weiter.

Nun, Mitte der 90er Jahre, bestimmt die Techno-Musik den aktuellen rockigen Musik-Trend. Auch hier können sich die Geister scheiden - man kann mit „Techno" als synthetische Musik das Ende der originären Rockkultur sehen, oder aber auch die Rückkehr zu den Urfunktionen der *afrikanischen Musik*, deren *Zweck* ja das *rituelle Tanzen* ist, wobei eben zeitgenössische musikalische Produktionsmittel und Aufführungsorte, nämlich Computer und spezielle Diskotheken, genutzt werden. Zielzustand ist eine Art „Ekstase", d.h. ein psychedelischer Traumzustand, mit dem Gefühl mehr mit sich selbst und zugleich auch mit seinesgleichen verbunden zu sein. Die szenenspezifische Droge ist *Ecstasy*, das als „Entaktogen", also als Stoff, der mehr Kontakt zum Selbst herstellen soll, klassifiziert wird. Einer der Vorreiter der synthetischen Musik, die die Techno-Musik darstellt, war die Düsseldorfer Gruppe „Kraftwerk", deren Song „Autobahn" den neuen Sound prägte: Einfache Tonfolgen, flotter Rhythmus und einfachster Text kennzeichnen diese Musik. Rekordrhythmus ist derzeit 3 Schläge (beats) pro Sekunde. Die extrem laut gespielte Musik soll gerade mit ihren Baßanteilen Herz, Magen, Bauch und Unterbauch physikalisch stimulieren. Die Musik kommt zur Tanzfläche zurück. Ein Titel, der dieser Musikrichtung zuordenbar ist, heißt „move it, move it, move it ...". Die Techno-Musik ist daher Ausdruck und musikalisches Korrelat des Computerzeitalters, es ist eine Spielform der „Minimal Art". Die Aufführung der Techno-Musik ist gekoppelt mit Lichtorgeln und bewegten Computergraphiken. Rave-Parties als Form der Zelebration der Techno-Musik fanden zunächst an „illegalen Orten" statt, beispielsweise in alten Fabrikgebäuden. Diese Parties wurden nur per Mundpropaganda organisiert. Eine zentrale Rolle hat der *Disk-Jockey* (DJ), der als Hohepriester der Gruppe der Jugendlichen gilt, wie beispielsweise *Sven Väth*. Die Techno-Musik erinnert in ihren Ideen in mancher Hinsicht sehr stark an die psychedelische Welle der 60er Jahre, wo eben auch Lichtorgeln und Halluzinogene einen Aufbruch in eine neue Erlebniswelt bringen sollten.

Die Technokultur ist eine eigene Kultur, die eben die Musik auf Klangmuster und Rhythmen reduziert. Tanzen ist nach Ansicht dieser Richtung die eigentliche Aufgabe der Musik, daher gibt es keinen Musikerkult, bei dem man den Musikern zuschaut und sie bewundert.

1994 kamen 30.000 Techno-Fans in Dortmund in der Westfalenhalle zu einer Rave-Party zusammen. Im Juli 1995, in Berlin bei der „Love Parade", die unter dem Motto „Peace on Earth" und „Love, Peace and Harmony" stand, machten bereits 500.000 junge Menschen mit. Auf Sattelschleppern waren Lautsprecherboxen montiert und so ging es durch die Stadt, im Rhythmus von „Bum, bum, tschaka, tschaka bum, bum".

Bemerkenswert beim Techno ist auch die Integration von Kommerz, indem beispielsweise Veranstaltungen für Industriewerbung genutzt werden - dies stört keinen der Technofans, die ähnlich wie die Hippies der 60er Jahre in San Francisco von Liebe als Ziel ihrer Treffs reden („Love Parade"), was in seiner Konsequenz im Zeitalter von Aids bei ungeschütztem Sex schwerwiegende Folgen haben kann. Dennoch wird Liebe und Sexualität in dieser Bewegung im Gegensatz zur Hippie-Bewegung nicht sonderlich betont.

Die Betrachtung der soziokulturell noch wenig analysierten Techno-Szene läßt hier auch einen sehr verständlichen Impuls eines Teils der jungen Generation nach mehr Gemeinschaft erkennen, der sicher viele Parallelen zu den Ursprüngen der Rockkultur erkennen läßt. Diese Bewegung wird aber ebenfalls die Phase der Adoleszenz nur tangieren. Die Musik- und Kulturindustrie muß sich an den Bedürfnissen der jungen

Menschen zwischen 15 und 25 Jahren orientieren und sie wird diese neuen (alten) Elemente von Jugendsubkultur kommerziell ausschlachten.

Somit ist der Hinweis wichtig, daß es Ziel der Rockmusik und ihrer Organisationsformen war, die Bedürfniswelt der Jugendlichen, Gemeinsamkeit herzustellen, sich als Gruppe zu identifizieren und Gemeinschaft als Gegenform einer zunehmenden Spezialisierung und Differenzierung der Gesellschaft zu leben, zu benutzen. Es ist nun allerdings bemerkenswert, daß die Rockstars (oder besser: die Popstars) der 90er Jahre ziemlich unaufregende und unprovokative Musik machen. Sie bekommen dennoch eine große Resonanz. Da ist beispielweise an die Gruppe „Take That" zu denken. Der Bandleader Robbie schied im Juli 95 aus der Gruppe aus und in der Folge unternahmen Teenager Selbstmordversuche. In Berlin wurde deshalb ein Sorgentelefon für Teenager eingerichtet. Bemerkenswert ist, daß auch in diesem Fall Drogen im Spiel gewesen sein sollen: Es heißt von Seiten der Band, daß Robbie drogenabhängig sei. Dennoch: Die Manie bei den jugendlichen weiblichen Fans hielt an!

## Fazit

Es ist also festzustellen, daß die Welt der Rockmusik zwar nicht unschuldig an der Verbreitung der Drogen ist und dabei vor allem an der Verbreitung von LSD mitgewirkt hat. Insbesondere in den 60er Jahren sind im Bereich der Rockmusikproduktion von den Stars häufig Drogen aus Experimentierinteresse genommen worden. Es ist also sozusagen die „Ökologie" der Person der Rockmusiker für deren Drogenkonsum verantwortlich. Dem Verhalten des Rockstars so starke Schrittmacherfunktion zuzuschreiben ist jedoch nicht schlüssig - Rockmusik entspricht einem *Korrelat eines tieferliegenden Bedürfnisses nach einer anderen Welt*, wobei auch Drogen dieses Bedürfnis berühren: es gibt Rockfans, die keine Drogen nehmen und es gibt (allerdings relativ wenige) Drogenkonsumenten, die keine Rockmusik mögen. Nicht zu vergessen ist, daß fast alle hier diskutierten Rockstars exzessive Alkoholkonsumenten und Raucher waren und es noch immer sind. Daher sind andere soziale Faktoren, wie der Vietnamkrieg, die erkennbare Umweltbelastung, der materielle Wohlstand, die strengen Moralvorstellungen usw. Faktoren, die zu einer Aufbruchs- und Umbruchstimmung oder zu einer Veränderungsmotivation führten, die sich vor allem in San Francisco in Form der Hippie-Bewegung und als antiautoritäre Bewegung in Universitätszentren als Friedensbewegung und durch viele anderen Bewegungen (Umweltbewegung, Frauenbewegung etc.) mit ihren Spezialinteressen manifestierte. Bemerkenswert ist, daß es gewissermaßen ein „multifokales und multimodales Kulturbeben" gab, wobei die Rockmusik nur eine Wirkgröße unter anderen Faktoren war. Die elektronische Musik und die elektronischen Medien erlaubten eine Verstärkung der Wirkweise und Reichweite der Rockmusik. Es entstand eine konsumbereite weltweite Jugendkultur, die auf diese neuen Kulturprodukte stark reagierte. Bemerkenswert in dieser Hinsicht sind die Phasen der internationalen Jugendkulturen, ihre Ästhetik und ihre spezifischen Drogenaffinitäten, was auf die Bedeutung der sehr wechselhaften „Ökologie der Jugendlichen"hinweist.

*Drogen* werden daher *mit Musik und ohne Musik* eingenommen und *Musik* wird *mit und ohne Drogen* gespielt und gehört! Prinzipiell kann Heroin von Beethoven-Fans genommen werden, ebenso wie es auch Rockmusikfans gibt, die keine Drogen nehmen. Ein aktuelles Problem ist der soziokulturelle Komplex von Technomusik und Ecstasy. Auch wenn in den vorliegenden Ausführungen viele negative Aspekte der Rockszene angeklungen sind, soll nicht der Nutzen der Rockmusik für die Gesamtgesellschaft (expansive Wirtschaftsbranche, Liberalisierung der Kultur etc.) und für die Jugendlichen (Entspannung, Ausagieren von angestauten Affekten, Phantasiewelt, Gemeinschaftserleben etc.) unbedacht bleiben. Dies ist wichtig, da einseitige Betrachtungen mit der Beurteilung von Rockmusik als Drogenmusik oder gar als Dekadenzerscheinung oder als Teufelswerk unpassend sind.

Ziel der Ausführungen hier war es, einige Aspekte der Rockmusikkultur auszuleuchten, insofern sie das Drogenproblem tangieren. Es wird immer deutlicher, daß der zunächst naheliegende Denkreflex - „die Rockmusik ist schuld am Drogenproblem" - bei sachlicher Betrachtung nicht gut begründet werden kann. Dennoch ist Wachsamkeit, Sorge, Kritik und auch Kontrolle gegenüber neuen Entwicklungen in diesem Bereich angesagt, wenn die Prävention der Drogensucht ernst genommen werden soll.

# 13 Stadtökologie der Drogenabhängigkeit

## 13.1 Stadtanalyse

Die regionale Verbreitung des Drogenproblems konzentriert sich auf Städte. Sie sind die Zentren der Drogenszenen, vor allem was den Verkauf und den Erwerb, also die Distribution betrifft. Mehrere Studien zeigen, daß unterschiedliche Städte unterschiedliche Raten an Drogenkonsumenten aufweisen (vgl. Bless et al. 1993). Die Frage stellt sich daher, welche Merkmale des städtischen Lebens diese Varianz bedingen. Eine naheliegende Hypothese ist, daß der Urbanitäts-Status der Städte die Prävalenzrate beeinflußt. Gute ökonomische Verhältnisse könnten beispielsweise die Rate von Drogenkonsumenten vermindern, falls eine soziale Defizithypothese zur Erklärung des Drogenkonsums zutrifft. Dazu kann ein Exkurs in die Stadtökonomie Aufschlüsse bringen. Aus diesen Gründen ist die Analyse der Struktur und Funktion von Städten ein wichtiger Aspekt für das Grundverständnis der Verbreitung des Drogenkonsums.

Die Erforschung der Stadt ist allerdings ein noch ziemlich junger und äußerst heterogener wissenschaftlicher Bereich mit schubweiser Institutionalisierung in den 20er und 30er in den USA und in Deutschland in den 70er Jahren (vgl. Park u. a. 1925, Mumfort 1938, 1962, Hauser und Schnore 1965, Blumenfeld 1971, 1979, Engels 1975, Friedrichs 1981, 1995, Sassen 1991).

Im modernen *sozialökologischen Verständnis* kann eine Stadt als ein *„humanes Ökosystem"* verstanden werden, mit den Komponenten *Bevölkerung, soziokulturelles System, technisches System* und *natürliches System* (vgl. Abb.39). Die Beziehungen zwischen diesen Komponenten sind durch den *Materie-Energie-Fluß* (Energiekonsumtion, Abfallproduktion, Verkehrssysteme, Kommunikationstechnik), durch *kollektive Verhaltensmuster* (z. B. öffentlicher Transport), durch technologische Bedingungen und durch *spezifische kulturelle Muster* (beispielsweise Subkulturen, ethnische Gruppen) bestimmt. Architektur, Ingenieurwissenschaften, Geographie, Soziologie, Psychologie, Kriminologie, Epidemiologie u. a. Disziplinen haben entsprechend unterschiedliche Merkmale von Städten untersucht. Eine integrative Sichtweise der Stadtanalyse wurde bereits 1920 durch die Stadtsoziologische Chicago-Schule der Humanökologie initiiert, als Burgess, McKenzie, Hawley u.a. versuchten, die städtische Entwicklung durch die Wechselwirkung zwischen Menschen und strukturellen Eigenschaften der Stadt zu erklären (vgl. Park u. a.1925, Hawley 1950, Wirth 1964). Auch die Beziehungen zwischen Stadtstruktur und Krankheit wurden zu jener Zeit studiert (vgl. Faris u. Dunham 1939).

Zentrale *Konzepte* wie Größe, Dichte und Heterogenität der Bevölkerung sollten die *Segregation,* (räumliche Aufgliederung der Bevölkerung), *Migration* und andere

Aspekte der Struktur von relevanten Prozessen der Stadt und ihrer Bevölkerung erklären. Der städtische Lebensstil und die räumliche Organisation des Lebens, verstanden als eine stadtbezogene Konzentration verschiedener Gruppen der Bevölkerung, wurde als ein Prozeß mit einer intrinsischen Dynamik eingestuft, der beinahe konstante Raten von Störungen wie Regelverlust (Anomie) mit der Folge von Kriminalität und psychischen Störungen produzierte (vgl. Dürkheim 1973, Wirth 1964). Dieser Ansatz wurde jedoch kritisiert, insofern er eine reduktionistische Perspektive darstellte, die ökonomische und technologische Faktoren nicht ausreichend berücksichtigt (Fischer 1984, Angotti 1993).

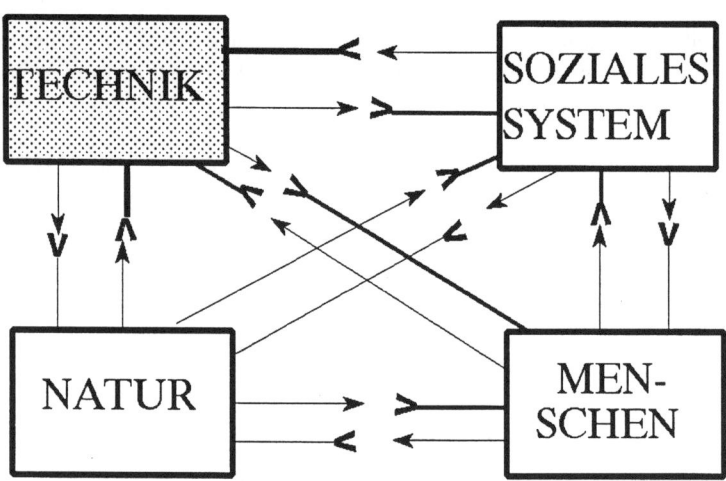

Abb. 39: Die Stadt als Ökokomplex (nach Duncan 1966). Das Gefüge von Natur, Technik, soziales System und Menschen (Bevölkerung) und das jeweilige Beziehungsgefüge von Geben/Nehmen und Nehmen/Geben. Das „Humanökosystem" Stadt ist Technik-dominiert und damit von Ungleichgewichten der Beziehungen zwischen den verschiedenen Systemkomponenten gekennzeichnet (fette Linien): Technik nimmt von der Natur, Technik fordert viele Anpassungen vom sozialen System und von Menschen, das soziale System fordert der Technik, der Natur und den Menschen viel ab, die Menschen fordern nach mehr Natur und zugleich auch nach mehr Technik, usw.
Legende:
——-> Geben-Relation (auch: Bieten)
——-< Nehmen-Relation (auch: Fordern, Erwarten)


Ein *methodologisches Problem* der empirischen Stadtforschung ist in diesem Zusammenhang die Aussagekraft der Konstrukte *Größe* oder *Dichte*. Zwar hat bereits die Variable *Größe* der Stadt einen gewissen Einfluß auf psychologische Variable wie beispielsweise die *Anonymität* (vgl. Abb. 40): je größer die Stadt, desto größer ist die Anonymität. Ab einer gewissen Größe (b) steigt die Anonymität extrem an. Aber es ist ein Unterschied, ob man im weitläufigeren und damit möglicherweise anonymeren Los Angeles oder im dichteren und daher auch mehr Interaktionen zulassenden New York unterwegs ist. Die Variable *Dichte* ist daher ein besserer Indikator für

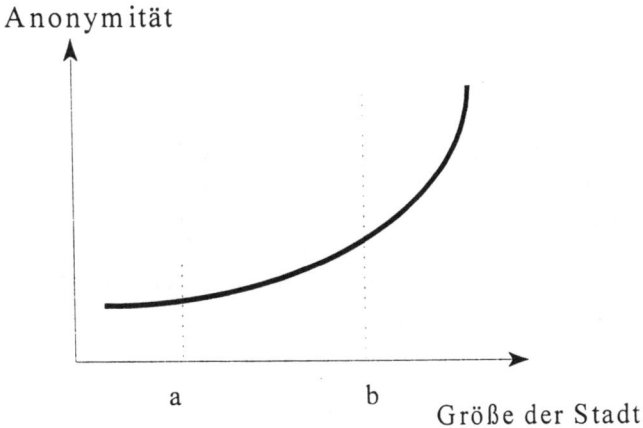

Abb.40 Größe der Stadt und Anonymität. Ab einer gewissen Größe b steigt die Anonymität extrem stark an.

Anonymität. Aber auch diese Varible gibt das „subjektive" Erleben im urbanen Raum nicht adäquat wieder - dieser städtische Parameter, ausgedrückt in Einwohner pro km, beschreibt die städtischen Bedingungen nicht differenziell genug (vgl. Dogan u.Kasadra 1988): New York, mit einer hohen Bevölkerungsdichte, und Los Angeles mit einer vergleichsweise niedrigen Dichte, können in gleicher Weise überlaufen sein - Los Angeles hat viel Raum für Autos, was die statistische Bevölkerungsdichte reduziert, obwohl auch Wolkenkratzer in dieser Stadt sind, wo Tausende von Menschen leben, wodurch sich die Dichte wieder erhöht. In New York stehen in Manhattan extrem viele Wolkenkratzer. Andererseits leben in anderen ärmeren Megastädten vielleicht 5 Leute in einem einzelnen Zimmer eines kleinen eingeschossigen Hauses, wodurch statistisch ähnliche Dichteverhältnisse entstehen können. Deswegen ist der globale Dichte-Parameter, wie er in offiziellen Statistiken ausgewiesen wird, durch spezielle Dichtemaße zu ersetzten, die die erlebte Bevölkerungsdichte besser indizieren. Ob Bebauungsdichte, die Geschoßzahl der Gebäude oder andere Parameter adäquater sind, muß erst in der methodologischen Diskussion einer intergrativwissenschaftlichen Stadtforschung geklärt werden (vgl. Lichtenberger 1986).

Mit diesem Indikatoren-Problem kann gezeigt werden, daß *quantitative Stadtforschung* grundlegende methodologische Probleme aufweist. Dennoch hat die Arbeit der Chicagoer-Schule der Urbanökologie eindrucksvolle Ergebnisse geliefert, allerdings minderte sich deren Einfluß bereits in den späten 70er Jahren (vgl. Schiriwan 1974), als die Stadtpsychologie (Lynch 1960) und die Stadtsoziologie (vgl. beispielsweise Smith 1979) mehr Einfluß erhielten und *praktische Probleme* der amerikanischen Städte, z.B. städtische Umstrukturierung, Arbeitslose, Obdachlose und ihr soziales Management wichtig wurden (vgl. Fischer 1984). Nun gab es zunehmende Hinweise, daß städtische soziale Phänomene wie Kriminalität und Aggression nicht durch physische Merkmale, wie die Konzentration der Bevölkerung, alleine erklärt werden können. So wurde die Stadtökonomie als wirtschaftliche Betrachtung nun einflußreicher, indem marktwirtschaftliche Mechanismen (Angebot/Nachfrage) als Gestaltungsfaktoren des städtischen Wachstums und des städtischen Niedergangs als relevant erachtet wurden (vgl. Henderson 1988, Smith et al. 1987). Dennoch ist eine materialistische Theorie der Stadt, die auf monetär ausdrückbaren Werten beruht (noch) nicht zufriedenstellend, da beispielsweise die Intervention von Planungen der kommunalen Regierungen und öffentlichen Verwaltungen (z.B. Baurecht, Denkmalschutz, lokale Traditionen) wichtige Variablen sind, die vor allem internationale Unterschiede von städtischen Entwicklungen erklären können (vgl. Angotti 1993). In dem derzeitigen Stadium der Entwicklung der Stadtforschung liegen allerdings noch keine angemessenen Instrumente vor, die Dynamik von subkulturellen Populationen, wie der Drogenszene, zu verstehen.

Ein spezielles methodologisches Problem ist auch beispielsweise die Frage, wie man etwa die „*Atmosphäre*" einer Stadt messen kann, ein Merkmal also, das ein Korrelat der subjektiven Stadterfahrung ausmacht (vgl. Fischer 1984, Frick 1986). Es gibt noch keine gültigen, passenden oder gar standardisierten Instrumente zur Messung dieser wichtigen ideellen, subjektiven Variable. Qualitative Forschungsmethoden erscheinen daher passender zu sein: Vielleicht können sogar aus den Werken von Künstlern, wie beispielsweise der Malerin Edith Kramer mit ihren Gemälden, die die Welt der New Yorker U-Bahn darstellen, oder den klassischen stadtbezogenen Bildern von Otto Dix, Max Beckmann, Klaus Vogelsang u.a., oder von Schriftstellern wie James Joyce (Dublin), Walter Benjamin, Peter Handke usw. wichtige Anregungen entnommen werden. Solche Werke der Weltliteratur zeigen sofort die Bedeutung des Konstrukts der (subjektiven) Lebenswelt. Die Korrelationsaufgabe zwischen quantitativer Stadtforschung und qualitativer Stadtpsychologie kann mit fruchtbaren Ergebnissen im Detail untersucht werden (vgl. Klotz 1987). In dieser Hinsicht benötigen wir also eine „analytische Phänomenologie der sozialen Interaktion des Alltags" (Einkaufen, Verkehr und Unterhaltung, öffentliche Lokale und privates soziales Leben etc., vgl. Barker 1968, Barker und Schoggen 1973). Vor allem mentale Aspekte der Stadt, wie die *Attraktion* (Neuigkeit, Wechsel, Abweichung etc.) oder *Streß* (Zeitpläne, Überstimulation usw.) bestimmen die Faktoren der Verhaltensdisposition für abhängigen Drogenkonsum in einer Stadt. In dieser Hinsicht korrespondieren diese Merkmale mit Persönlichkeitsmerkmalen von Drogenabhängigen, wie „*Neuigkeitssuche*", „*belohnungsabhängiges Verhalten*", „*Schadensvermeidung*" (vgl. Cloninger et al. 1988) und *Defizite in Bewältigungsstrategien* (vgl.Glantz u. Pickens 1992). Anderseits ist die Anonymität der Stadt ein Risikofaktor oder ihr (negativer) „Protektor" der Drogenkonsumtion - beinahe niemand in der Öffentlichkeit großer Städte fühlt sich dafür verantwortlich, die Drogenkonsumenten direkt zu kritisieren oder ihnen gar zu helfen. Die humanökologische Perspektive der Person-Umwelt-Passung könnte deshalb in dieser Hinsicht hilfreich sein, diese Phänomene zu verstehen (Tretter 1995b).

## 13.2 Geschichte amerikanischer „Drogenstädte"

In den USA waren mehrere Städte zu unterschiedlichen Zeitpunkten Zentren des (vorwiegend illegalen) Drogenkonsums. Es waren dies von Beginn bis etwa zur Mitte dieses Jahrhunderts New Orleans, Chicago und New York, dann, in den 60er Jahren und später, zeigten Städte wie Seattle, Detroit, Atlanta, Baltimore bemerkenswert hohe Raten an Konsumenten illegaler Drogen (vgl. Staley 1993). Dazu einige Details:

Eine Stadt mit besonderer Bedeutung zu Beginn dieses Jahrhunderts war *New Orleans*, ein Zentrum aller „schrägen" Dinge - Prostituierte, Bars, Marihuana, was sich in dem Rotlichtbezirk dieser Stadt („Storeyville") etablieren konnte (s. Abschnitt „Kulturökologie der Rockmusikszene"). Dort wurde der Jazz entwickelt und auch weiter verbreitet. Jazz wurde als gefährliche Musik eingestuft, die „tierische Leidenschaften" bei den weißen Jugendlichen erwecke. Es konnte ein Verbot in den 20er Jahren erwirkt werden, Jazz öffentlich aufzuführen, es durfte nur in Clubs gespielt werden. Als bedeutender Seehafen im Süden der USA lief schließlich in New Orleans viel Schmuggelware aus Südamerika, und vor allem aus Asien und Afrika, ein. Im Umland, an den Ufern des Mississippi, wuchs der Hanf auch wild. So war New Orleans zu jener Zeit bereits ein Mekka des Marihuana-Rauchens. Schließlich wurden in Storeyville viele Lokale geschlossen und somit standen viele Musiker vor dem Nichts. Sie begaben sich daher auf Wanderschaft, viele davon mit dem Ziel Chicago. Um 1910 gab es eine größere Welle von Abwanderungen aus dem Süden nach *Chicago*, das zu jener Zeit einen wirtschaftlichen Aufschwung erlebte. So zogen auch viele schwarze Jazz-Musiker nach Chicago, aber auch Mexikaner, die damit auch das Marihuana nach Chicago brachten. Die *Mexikaner* hatten ja vor den Weißen die südlichen Küstenregionen besiedelt, ebenso die Gebiete der Südstaaten. Die Bedeutung des Marihuana-Konsums neben Alkohol und das andersartige Temperament im Vergleich zu den puritanisch eingestellten Weißen, führte rasch zu Konfliktpotentialen.

Allmählich gewann New York eine stärkere wirtschaftliche Attraktivität. Nach dem zweiten Weltkrieg spielte später, in den 60er Jahren, San Franzisco die Rolle einer Drogenstadt. Die Hauptdroge war LSD. Es gab jedoch bereits einen starken Konsum von Opiaten. Dies beruhte teilweise darauf, daß ein Teil der in San Franzisco beheimateten Chinesen Opium rauchte. Der Schritt zum Heroin war dann nicht mehr weit. Die *Chinesen*, die zunächst als billige Arbeitskräfte Anfang des 19.Jahrhunderts „importiert" wurden, siedelten sich in San Francisco an, und bauten dort den Stadtteil „Chinatown" auf. Dort richteten sie Opiumhöhlen ein. Die in ihren sozialen Funktionen immer wichtiger werdende Presse, wie der von Hearst 1887 gekaufte „San Francisco Examiner", sprach von der „gelben Gefahr", da in den Opiumhöhlen junge weiße Frauen zum Opiumkonsum verführt, abhängig gemacht und dann entführt werden würden. Sie würden schließlich an Bordelle verkauft. Die wirtschaftlich schlechten Jahre aktivierten die weißen Arbeiter, gegen die Chinesen, die ihnen die Arbeit „wegnahmen", vorzugehen. Arbeit, die den weißen Amerikanern zu wenig bezahlt war und bisher von Farbigen durchgeführt wurde, wurde nun wieder attraktiv. Bereits 1875 gab es ein Verbot des Opiumrauchens in San Francisco. 1909 wurde der Import von Opium zu Rauchzwecken verboten.

Auch *New York,* das bereits in den 30er Jahren wirtschaftlich sehr bedeutsam war, wurde bald ein Zentrum des Drogenkonsums. Die organisierte Kriminalität wurde dort vor allem von Einwanderern aufgebaut. So konnten sich bereits Ende des 19. Jahrhunderts sizilianische Gangster in den Hafengebieten von New York etablieren. Mit der Prohibiton des Alkohols eröffnete sich ein weites Betätigungsfeld. Es gab Kellerlokale mit geheimem Ausschank von Schnaps.

*Chicago*, das um 1910 eine der aufstrebendsten Städte der USA war, wurde zunächst bevorzugter Wirkungskreis der Mafia. Al Capone war in den 20er Jahren noch keine 30 Jahre alt und konnte sich in den Gangsterkreisen bereits gut etablieren. Im Wirkungskreis der Mafia und der Cosa nostra wurden Bars eröffnet, Musiker wurden angeheuert und das Unterhaltungsgeschäft blühte gemeinsam mit dem Handel aller verbotenen psychoaktiven Stoffe. In diese Kreise kam übrigens auch Louis Armstrong, der, als er schon sehr berühmt war, bei einem Marihuana-Konsum erwischt und bestraft wurde.

Gegenwärtig gibt es rasche Veränderungen der Städte, die Spitzenreiter im Drogenkonsum sind und ein wandelndes Spektrum der Vorzugsdrogen in einzelnen Städten. So ist *Seattle* beispielsweise eine Stadt mit intensivem Heroinkonsum. In Texas ist derzeit (1996) in Gangs der Gebrauch von „Flunitrazepam" von Interesse.

Obwohl die amerikanische Drogepidemiologie sehr genaue Zahlen über die verschiedenen Städte besitzt, sollen im weiteren die Verhältnisse in den amerikanischen Städten nicht erörtert werden, sondern die Situation in Europa beleuchtet werden.

## 13.3 Grundlagen der Stadtökologie der Drogenabhängigkeit

Wenn es also so ist, daß zwischen verschiedenen Staaten große Unterschiede in der Art und im Umfang des Drogenkonsums bestehen, dann müssen urbane Faktoren dafür verantwortlich sein. Als Besucher verschiedener Städte wie New York, Frankfurt und München kann man bereits feststellen, daß es eine unterschiedlich starke öffentliche Repräsentanz von Drogenabhängigen („offene Drogenszene"), Alkoholikern und Obdachlosen im städtischen Raum gibt. Dieser Eindruck wird durch mehrere städtevergleichende Studien teilweise bestätigt, wovon noch gesprochen wird. Hier interessieren zunächst zwei Fragen:
1. Gibt es tatsächlich einigermaßen sicher *stadtspezifisch* unterschiedliche *Prävalenzraten* von Drogenabhängigen?
2. Welche *Ursachenfaktoren* kommen dafür gegebenenfalls in Betracht?
Der hier vorgeschlagene sozialökologische Untersuchungsansatz versucht, die im Mittelpunkt der Betrachtungen stehende Drogenproblematik auf den „Ökokomplex" - Bevölkerung der Stadt, technische Strukturmerkmale, soziokulturelles System und räumlich-natürliche Faktoren zu beziehen. Es handelt sich daher um eine apriori multifaktoriell-vernetzte Betrachtungsweise.

Die Sozialökologie (Stadtökologie) der Drogenabhängigen, die ein umfassenderes und damit besseres Verständnis des Drogenproblems ermöglichen soll, benötigt multidisziplinäre Begründungen.

Wenn Drogenabhängigkeit von *genetischen Faktoren* determiniert ist, dann ist es unplausibel anzunehmen, daß die Variationen des genetischen Pools über die Städte hinweg mit den Prävalenzraten des Drogenkonsums korrelieren. Auch ist es nicht sinnvoll zu glauben, daß die *Familiensituationen* entsprechend variieren: Uchtenhagen u. Zimmer-Höfler (1982) fanden in Zürich, daß unvollständige Familien häufiger unter Drogenabhängigen zu finden sind, verglichen mit jungen Menschen, die nicht Drogen konsumierten. Dies wurde auch in Frankfurt bestätigt (Kindermann et al. 1989). Auch andere Aspekte von Familie, wie allzu restriktive oder allzu permissive Erziehungsmuster, usw. dürften einflußreich sein. Andererseits sind Familien auch in Umweltsysteme, wie Nachbarschaft, wie allzu restriktive oder allzu permissive Arbeitsplätze, lokale Kultur usw. eingebettet (vgl. Strohmeyer 1983). Familien als ein Ganzes und auch als ein grundlegendes Element der Gesellschaft haben eine balancierte Beziehung mit ihrer soziokulturellen Umwelt, deren nächstes Aggregationsniveau die Gemeinde ist. In dieser Betrachtungsweise ist die *funktionelle Struktur der Stadt* eine *Kategorie* auf einem *höheren Niveau* der *konzeptuellen Aggregation von Umweltfaktoren*. Die Stadt bettet den Drogenabhängigen ebenso wie eine Familie ein. Sie ist der gemeinsame Nenner der jeweiligen Umweltfaktoren (vgl. Abb. 41). Auf diese Weise bestimmt besonders die sozialökologische Struktur der Stadt das Leben der Familien. Deswegen müssen nicht nur Mikrosysteme wie Familie, Schule oder Freizeit, sondern auch das lokale *Mesosystem „Gemeinde"* und seine Effekte auf die Lebensbedingungen des Gefährdeten (oder Abhängigen) betrachtet werden, insofern diese Faktoren relevante Einwirkgrößen für die Entwicklung der Drogenabhängigkeit zu sein scheinen.

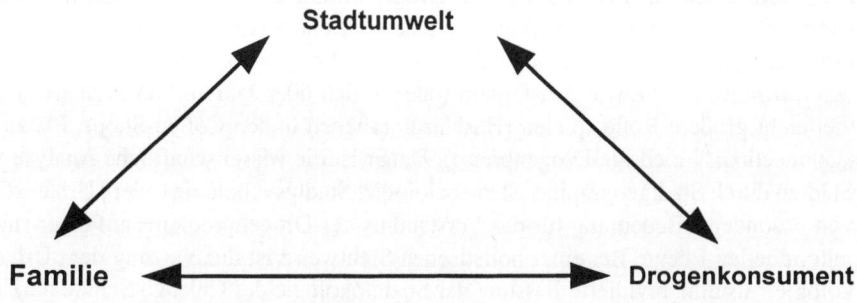

Abb.41 : Die Familie und der Drogenkonsument sind sowohl Stress-auslösenden Riskofaktoren, wie auch abschirmenden Faktoren des städtischen Umfeldes ausgesetzt.

Diese Vermutung wird, wie erwähnt, durch die geographische Variation der Prävalenz und Inzidenz von Drogenabhängigen gestützt: in Deutschland haben von der Größe her vergleichbare Städte wie München und Hamburg eine Rate von Drogenabhängigen, die mindestens um den Faktor 3 differiert, was nicht nur auf einem methodischen Artefakt beruhen kann. Wenn man diese Unterschiede mit interlokalen Unterschieden der Kapazitäten mit Streß umzugehen oder mit einer lokaler Variation von Genen erklären will, dann hat man keine solide Basis der Argumentation. Auch wenn gestörte Familienfunktionen dafür angeschuldigt werden, gibt es keinen Grund anzunehmen, daß eine stadtspezifische Dysfunktion von Familien gegeben ist, etwa in Form hypothetisch dreifach höherer Scheidungsraten oder Einpersonenhaushalte in Hamburg usw. Es scheint vielmehr bereits bei oberflächlicher Betrachtung so zu sein, daß die interlokalen Unterschiede der städtischen Sozialstruktur (Beschäftigungsstruktur, durchschnittliches Ausbildungsniveau, Einkommensstruktur, soziodemographische Merkmale usw.), aber auch unterschiedliche Drogenpolitiken diese Unterschiede erklären können. Als besuchender Experte im Bereich von Fragen der Drogenhilfe und auch bei der Befragung von Drogenabhängigen kann man eine Rangordnung attraktiver Städte in Europa bei manchen Drogenkonsumenten feststellen (beispielsweise sind Amsterdam und Kopenhagen Spitzenreiter in der Reihe attraktiver Städte).

Die Untersuchung der Population der Drogenabhängigen, ihrer Zunahme, ihrer räumlichen Verteilung, ihrer Migration, ihrer sozialen Struktur, ihrer Lebensstile usw. ist Gegenstand der *Epidemiologie, Soziologie, Kriminologie, Sozialpsychologie* usw. Es ist jedoch noch nicht viel Forschung in diesem Bereich unternommen worden, um eine *„urbane Ökologie"* der Drogenabhängigkeit zu konstituieren. Das bedeutet, daß die lokalen Verteilungsmuster der Drogenabhängigkeit mit den räumlichen und örtlichen Merkmalen der Struktur der Verkehrsmittel, der Lage von Parks, der lokalen kulturellen Struktur, der offenen Heroinszene, der Lokalisierung und Aktivität der Polizei usw. in Beziehung gesetzt werden müßten. Es sollte an diesem Punkt erwähnt werden, daß Phasen der Beziehungen zur Droge (initiale Explorationsphase, habitueller Gebrauch, süchtiger Gebrauch) ebenso eine spezielle Passung zu bestimmten Strukturen der Stadt oder von Städten haben - während der *explorativen Konsumtion* werden *attraktive Städte* wie Amsterdam (oder in den 60er Jahren: San Francisco) eine vielleicht größere Rolle spielen (Haschisch rauchen in den Coffee-Shops, Plätze für „Connections", niedrige Drogenpreise). Daher ist die wissenschaftliche Analyse von Städten durch Stadtgeographie, Stadtsoziologie, Stadtpsychologie (oder „Urbanistik") von besonderer Bedeutung für das Verständnis des Drogenproblems auf einer supraindividuellen Ebene. Bei einer holistischen Sichtweise ist die Nutzung der „Urbanökologie" als eine revidierte Fassung der Sozialökologie der Chicago Schule nützlich. In dieser Hinsicht ist die Stadt, funktionell gesprochen, ein Set von Faktoren, z.B. soziale und physische Infrastruktur wie Stressoren, unterstützende Faktoren, Induktoren, Stimulatoren, Inhibitoren eines beliebigen Prozesses (z.B. Drogenkonsum) usw., die das kollektive und individuelle Verhalten beeinflussen. Jedoch steht, wie oben gezeigt wurde, ein befriedigendes Set von Kategorien für die Beschreibung jener Urbanfaktoren noch nicht zur Verfügung.

## 13.4 Methodenprobleme der Epidemiologie von Drogenabhängigkeit

Zusammenfassende wissenschaftliche Daten über drogenabhängige Personen werden, wie eben angeführt, durch die *Epidemiologie* ermittelt. Bei der Epidemiologie als Erforschung der Verbreitung des Konsums von illegalen Drogen wie Heroin, Kokain, Cannabis oder Amphetamine gibt es allerdings ernsthafte methodologische Schwierigkeiten mit dem Ergebnis, sodaß nur sehr „weiche Daten" zur Verfügung stehen (vgl. Kozel 1993, Kreuzer 1987, Kreuzer u. Wille 1988, IFT 1994). Diese methodologischen Probleme beginnen mit der *Definition* von „Gebrauch", „Mißbrauch" und „Abhängigkeit", denn Konsumenten von harten Drogen sind nicht notwendigerweise abhängig.

Ein weiteres Problem ist die *Datenquelle*: Offiziell bezogene Drogendaten von Abteilungen für Statistik, vor allem von Behörden, sind nicht differenziert und präzise genug. Sie sind manchmal auch durch Tendenzen der lokalen Regierungen eingefärbt, in ihrer Präsentation ein politisch wirksam gutes Image der Regierungsarbeit zu leisten, was man immer wieder zu Jahresbeginn an der Diskussion über die Drogentoten des Vorjahrs erkennen kann. Möglicherweise ist die wichtigste Information zur Abschätzung des Ausmaßes der Drogenabhängigkeit die Polizeistatistik, allerdings gibt es hier eine unbekannte Anzahl von unbekannten Konsumenten (30-60%?). Klinik-Statistiken erfordern wiederum die Kooperation aller Kliniken der Regionen. Auch setzen Datenschutzgesetze enge Grenzen. Außerdem gibt es hier einen Schätzfehler in Richtung Notfälle. Repräsentative Umfragen, wie beispielsweise in den USA die nationale Haushaltsumfrage, über Drogenabhängigkeit hängen von Selbstberichten ab und erreichen üblicherweise nicht die abhängigen Personen. Sie sind auch begrenzt, da die Kosten für solche Studien sehr hoch sind. Fallstudien können sich nur auf die offene Drogenszene beziehen.

Ein weiteres Meßinstrument, um Daten über diesen Bereich zu bekommen, sind die *Einschätzungen durch lokale Drogenexperten*. Aber auch diese Schätzungen könnten aus verwaltungstechnischen Gründen geschönt sein.

Bereits in der Enquete zur Lage der Psychiatrie (Deutscher Bundestag 1975, S. 47) wurde daher zur methodischen Problematik der Epidemiologie der Drogenabhängigkeit festgestellt:
"Außerordentliche methodische Schwierigkeiten bietet auch die Epidemiologie von Drogenmißbrauch und -abhängigkeit:
1. Die Pönalisierung des Rauschmittelgebrauchs behindert empirische Untersuchungen.
2. Die Expansionstendenz des Mißbrauchsverhaltens im Sinne einer sozialen Ansteckung erschwert die Interpretation regionaler Unterschiede: Ob diese Ausdruck zeitlicher oder struktureller Verschiedenheiten sind, kann nur durch großangelegte Verbundforschung und Wiederholungsuntersuchungen geklärt werden.
3. Den sogenannten „Repräsentativbefragungen" von Ober-, Grund- und Berufsschülern entzieht sich gerade die Gruppe der 'drop-out'-Existenzen, die nach einigen Monaten nachhaltigen Drogenkonsums aus Schule und Beruf ausscheren.
4. Anderseits bietet aber das Untersuchungsgut von Kliniken und Beratungsstellen

Selektionsprobleme. Dabei ist hervorzuheben, daß durch merkmalsreich dokumentierte, auslesefrei erfaßte Kollektive eine Vergleichbarkeit gegeben sein kann.
5. Mißbrauch und Abhängigkeit sind in Fragebogenaktionen nicht ohne weiteres zu operationalisieren bzw. zu differenzieren, so daß eine Vielzahl unterschiedlicher Ausgangsdefinitionen die zusammenfassende Beurteilung verschiedener Untersuchungsergebnisse kompliziert. Auch der Diagnoseschlüssel der Weltgesundheitsorganisation grenzt beide Begriffe nicht voneinander ab.
6. Ist die Hochrechnung von Fallzahlen (Inzidenzzahlen) stationär oder ambulant erfaßter Patienten schon beim Alkoholismus mit Unsicherheiten belastet, so erweist sich diese Methode auf dem Drogensektor als von noch geringerer Brauchbarkeit, da es zu wenige und noch dazu regional nicht gleichmäßig verteilte Behandlungsinstitutionen gibt. Diese besitzen im Gegensatz zu Hilfseinrichtungen für Alkoholiker in der Regel auch keine geeigneten Dokumentationsmethoden. Auch die Kriminalstatistik ist wegen der unterschiedlichen Intensität der Bekämpfungsmaßnahmen und der hohen Dunkelziffern keine zuverlässige Grundlage für Hochrechnungen."

Weitere methodologische Probleme sind mit den *Indikatoren und Prädikatoren* verbunden.

Die *Inzidenz* (neue Fälle) bzw. *Prävalenz* (alle Fälle) der Drogenkonsumenten zeigen erhebliche internationale Unterschiede (vgl. Bless u. a. 1993, Reuband 1995). Spanien hat 250 Drogenkonsumenten auf 100.000 Einwohner, Norwegen jedoch nur 80 auf 100.000 Einwohner. Zwar zeigt sich eine Differenz der lokalen Einschätzungen, so daß als Maximum etwa 30-50 % mehr Drogenabhängige geschätzt werden, als es Minimaleinschätzungen ergeben. Aus Gründen der Bequemlichkeit wird in dieser Arbeit die Prävalenzrate auf 1000 Einwohner bezogen, so daß sich ein didaktisch zweckmäßiger Promillewert (‰) ergibt. Um die dynamischen Eigenschaften der Drogenszene zu untersuchen, dürfte allerdings die Inzidenz ein besseres Maß sein als die Prävalenz, doch sind diese Daten noch schwerer zu erhalten.

Ein weiteres Problem der Prävalenz ist ihre Validität. Bei stadtbezogenen Prävalenzraten sind nämlich Eingliederungen und Ausgliederungen von umliegenden Gemeinden zu beachten. So wird in Drogenstatistiken die Einwohnerzahl von Hamburg mit 1,7 Mio. (z.B. Bless et al. 1993) und 1,6 (Reuband 1995) bzw. von München mit 1,5 Mio. und 1,2 angegeben. Auch gibt es deutliche Unterschiede des statistischen Materials, das beispielsweise vom Deutschen Bundesamt für Statistik angeboten wird, verglichen mit Daten anderer (vgl. Berg et al. 1982, Bless et al. 1993, Statistisches Bundesamt 1993a 1994b). Darüber hinaus ist zu bedenken, daß die in einer Stadt registrierten Einwohner nicht die Alltagspopulation ausmachen, die sich in der Stadt aufhält. Aus diesem Grund müßte die metropolitane Region zusätzlich berücksichtigt werden. Hamburg mit etwa 10.000 Drogenabhängigen hat 1,7 Mio. Einwohner (6 ‰), die metropolitane Region Hamburgs hat 2,2 Mio. Einwohner. Frankfurt City mit 650.000 Einwohnern hat 6000 Drogenabhängige (9 ‰). Die Region Frankfurt hat ungefähr 2 Mio. Einwohner, was die Prävalenz der Drogenabhängigen reduziert (3 ‰). München City mit 3000 Drogenabhängigen hat 1,3 Mio. Einwohner (2,3 ‰). Das gesamte Stadtgebiet München hat ungefähr 2,2 Mio. Einwohner (1,5 ‰ Drogenabhängige). Das bedeutet, daß die Population der metropolitanen Region um den

Faktor 1,3 - 3 mal größer sein kann, als die Stadtbewohnerschaft. Die Wahl der Kalkulationsgrundlage verändert also die Prävalenzraten drastisch. Zu klären ist daher, ob die urbane Region für die Rekrutierung der lokal beobachteten Drogenabhängigen relevant ist, oder nicht. In unserer Fragestellung ist bezogen auf deutsche Städte jedoch kein großer Einfluß auf die Rangordnung der Prävalenz der Drogenabhängigen festzustellen. Hamburg hat in jedem Fall eine dreimal größere Prävalenz als München. Andererseits ist es so, daß man als Experte beim Besuch der offenen Drogenszene in Frankfurt das Konsumtionsverhalten, das Alter und die Rate der offensichtlichen Kriminalität dramatischer als in München beurteilt. Diese Szene scheint zumindest vom gleichen "Härtegrad" zu sein wie die Hamburger Szene. Die Münchener Szene erscheint damit verglichen relativ "weich".

Eine wichtige Einflußvariable auf die Schätzzahlen kann die Ausprägung der "offenen Szene" in den Städten sein. Paris hat beispielsweise mehrere Orte (z.B. Montmartre), wo sich Kleindealer aufhalten und außerdem das traditonsreiche "Clochard-Wesen". Die öffentliche Präsenz von Obdachlosen, die dies direkt als Lebensstil darstellen, begünstigt diese offenen Szenen.

In London ist andererseits beispielsweise am Picadilly Circus durch verstärkte Polizeipräsenz kaum ein Dealer auszumachen. Es gibt wenig öffentliche Ansammlungen von jungen Leuten in suspekten Stadtquartieren wie Kensington oder Chelsea, wo in den 60er Jahren Kerne des "Swinging Londons" waren und wo relativ viele Drogenabhängige leben. Die Szene in London ist daher eher eine gedeckte Szene.

Ein weiteres methodisches Problem besteht in der Beschreibung der *"Qualität-"* der Drogenszene (Durchschnittsalter, Prozentsatz der Kriminellen, Inzidenz der HIV-Infektion, Rate der Prostituierten usw.). Beispielsweise kann *die (relative) Todesrate von Drogenkonsumenten* (Mortalität bzw. Letalität) zur Charakterisierung der Effekte des Gesundheitsversorgungssystems auskunftsreich sein. Diese Ziffer sollte jedoch auf die Anzahl der lokalen Drogenkonsumenten (Letalität) und nicht, wie üblich auf die Gesamtbevölkerung (Mortalität) bezogen werden, da sich sonst die Zahlen, wie oben dargelegt, verfälschen. Die lokalen Drogenpräferenzen und die Konsummuster, das Verordnungsverhalten von Ärzten, die lokalen Präventionsprogramme usw. beeinflussen das lokale Risikopotential der Drogenkonsumtion. Die daher wesentlich geeignetere lokale *Letalität* von Drogenabhängigen hängt allerdings auch von der Präzision der Definition der Drogentoten ab, die natürlich von Stadt zu Stadt variiert. Beispielsweise wird in München jeder Tote, der als Drogenkonsument bekannt ist, von der behördlichen Statistik als „Drogentoter" klassifiziert. Andere Städte (Amsterdam) klassifizieren Drogentote nur als durch Überdosis Verstorbene. Andere wiederum schließen Umstände ein, die die Kausalität von Drogen als Todesursache wahrscheinlich machen. Daher ist die Verwendung der (absoluten und auch relativen) Zahlen der Drogentoten zum Städtevergleich nur sehr eingeschränkt sinnvoll.

Wenn diese methodologischen Probleme der empirischen Erforschung der Drogenszenen betrachtet werden, dann sollte man an diesem Punkt eigentlich aufhören zu analysieren und zu theoretisieren oder gar Maßnahmen zu planen. Um jedoch einen wichtigen zukünftigen Weg der Forschung zu demonstrieren, sollten hier dennoch die vorliegenden empirischen Forschungsdaten genutzt werden und die Bedeutung einer sozialökologischen Analyse demonstriert werden.

## 13.5 Deskriptive Epidemiologie des Drogenkonsums in europäischen Städten

Für die Epidemiologie der Drogenabhängigen bietet sich der traditionelle sozialökologische Denkansatze an, bei dem die Untersuchung der makrosozialen Bedingungsfaktoren die Grundlage darstellt. Dabei ist allerdings ein Fortschreiten von der traditionellen sozialökologischen Epidemiologie der psychischen Krankheiten, wie sie Faris und Dunham (1939), Häfner (1978), Welz (1987), u.a. betrieben haben, erforderlich. Dies soll im folgenden Abschnitt dargelegt werden.

Empirische Daten zur Epidemiologie des Konsums und der Abhängigkeit von illegalen Drogen (hier kurz: „Drogenepidemiologie") zeigen gewöhnlich regionale und soziale Unterschiede: es gibt mehr Abhängige von harten Drogen in Städten als auf dem Land, mehr abhängige Männer als Frauen, mehr junge Süchtige als alte, mehr in industriellen Gesellschaften als in Entwicklungsländern usw. (vgl. Welz 1987). Für den sozialökologischen Städtevergleich findet die Studie der Situation in europäischen Städten, die von der Amsterdamer Freien Universität und dem Amsterdamer Büro für Sozialforschung und Statistik (Bless et al. 1993) durchgeführt wurde, Verwendung. Die Beurteilung der Stadtmerkmale wurde durch zusätzliche Berichte von Drogenabhängigen unserer Klinik ergänzt. Auch persönliche Besuche der Städte, auf die Bezug genommen worden ist, dienen als Informationsquelle.

Auf dieser Datenbasis der Drogenepidemiologie europäischer Städte zeigt sich ein heterogenes Muster von Prävalenz, Inzidenz und Todesraten. Die Zahlen für die Letalität werden hier nicht diskutiert, jedoch zeigen sie, daß es eine beinahe umgekehrte Rangreihe gibt, verglichen zu der Prävalenz, vor allem wenn man die deutschen Städte betrachtet. In dieser Hinsicht kommt offensichtlich auch der Faktor Versorgungssystem zum Ausdruck, insofern hier eine Korrelation mit der Methadonsubstitution bestehen könnte.

An dieser Stelle wird eine Selektion städtischer Zentren der Drogenkonsumtion in Westeuropa präsentiert (vgl. Tabelle 16).

Wegen ihrer speziellen Eigenschaften (nationale Hauptstadt, extrem hoher Grad der urbanen Konzentration usw.) wird auf die zwei europäischen Megastädte *London* und *Paris* nicht Bezug genommen, zumal auch kaum angemessene Schätzungen von Praktikern durchgeführt werden können, da die Städte extrem groß sind. Die offiziellen Zahlen unterscheiden sich auch drastisch von Expertenschätzungen. *Paris-City* (geschätzte 50.000 Drogenabhängige auf 5 Mio Einwohner = 10‰), repräsentiert die zentralistische Struktur Frankreichs, die sich in beinahe allen positiven (z. B. Gesundheitsversorgungssystem) und negativen (z. B. Kriminalität) Bereichen spiegelt. Eine ähnliche Situation ist für *London-City* gegeben: Es gibt offiziell 8000 Drogenabhängige (!) bezogen auf 8 Mio Einwohner, das entspricht 1‰. Diese Zahlen der Drogenabhängigen in London sind unrealistisch niedrig. Schätzungen von einzelnen Bezirken Londons ergeben hohe Raten, lassen sich aber nicht generalisieren. Daher bedürfen diese beiden Megastädte Europas einer gesonderten Diskussion und zwar

Tab. 16: Daten einiger europäischer Städte
(Übernommen und modifiziert nach Bless et al. 1993).

| Stadt | Drogenabhängige | Einwohner | Prävalenz | Todesrate |
|---|---|---|---|---|
| 1. Kopenhagen | 8.000 | 500.000 | 16‰ | 1% |
| 2. Mailand | 18.000 | 1.400.000 | 13‰ | 0.5% |
| 3. Basel | 2.000 | 200.000 | 10‰ | 1% |
| 4. Frankfurt | 6.000 | 650.000 | 9‰ | 1.6% |
| 5. Amsterdam | 6.000 | 700.000 | 8.5‰ | 0.6% |
| 6. Hamburg | 10.000 | 1.600.000 | 6‰ | 1.5% |
| 7. Wien | 5.000 | 1.600.000 | 3‰ | 1.8% |
| 8. Berlin | 8.000 | 3.400.000 | 2.5‰ | 2.5% |
| 9. München | 3.000 | 1.400.000 | 2‰ | 2.3% |

nicht nur in Hinblick auf die Drogenepidemiologie, sondern auch in bezug auf die stadtanalytischen Fragen (vgl. Smith u. a. 1987, Sassen 1991, Angotti 1993). Berlin ist eine weitere atypische Stadt, da vor der Vereinigung Deutschlands die Einwohnerzahl ungefähr 1,8 Mio betrug, was eine reale Rate von 5 ‰ Drogenabhängigen bedeutet, die nun durch das Hinzurechnen der Einwohner von Ostberlin, wo nur wenige Drogenabhängige leben (Gesamteinwohner Berlin 3,4 Mio.), durch einen „Verdünnungseffekt" verfälscht wird. Diese Stadt wird nur wegen ihrer zentralen Bedeutung für Deutschland hier weiter erwähnt.

Für weitere Klassifikationen werden hier die „Hochraten-Städte" (höher als 5 ‰) und die "Niedrigraten-Städte" (niedriger als ‰) unterschieden.

## 13.6 Verhaltensbedingende Merkmale von Städten

Für die Charakterisierung der für einzelne Personen psychologisch relevanten Eigenschaften der Städte ist die *soziale Struktur der Bevölkerung* der Stadt (Verhaltensdispositionen bedingt durch den Anteil der unter 30-jährigen, Beschäftigungsgrad und Anteil der Dienstleistungsberufe usw.), *physiko-technische Strukturen* (Transportsystem, Wohnstandards usw.), *räumliche Aspekte* (Dichte, Zentralität usw.) und die „Natur" zu betrachten. Außer üblichen Indikatoren für grundlegende physische Merkmale (wie Bebauungsdichte) müssen adäquate Indikatoren für den „Charakter" der Stadt gefunden werden, die relevant für die Erklärung des Drogenphänomens sind. Diese Variablen sind jedoch im Rahmen der Stadtforschung noch nicht parameterisiert, geschätzt oder gemessen. Verschiedene Merkmale von Städten haben möglicherweise direkten oder indirekten Einfluß auf die Entwicklung der drogenkonsumierenden Bevölkerungsteile. Einige Merkmale werden hier im Hinblick auf die hypothetische Erklärungsrelevanz diskutiert. Es gibt allerdings verschiedene Schwierigkeiten, diese Merkmale durch Indikatoren der Verwaltungsstatistik zu quantifizieren. Es müßten spezielle, aufwendigere Studien vorgenommen werden. Aus diesen Gründen kann hier nur eine vorläufige Diskussion stattfinden.

In bezug auf einen systemischen Denkenansatz soll die Diskussion der Entwicklung der Drogenszene von *fazilitierenden Faktoren* und *inhibierenden Faktoren* ausgehen, also von Faktoren, die die strukturellen Merkmale der Städte bestimmen. Im Prinzip wirken die meisten der oben erwähnten Faktoren - wenn sie einen positiven fiktiven Zahlenwert haben - als fördernde Faktoren. Jedoch sind auch einige Faktoren, wie das Gesundheitssicherungssystem, in einer präventiven Weise wirksam. Sie können die Abhängigkeitsentwicklung und daher die Inzidenz oder die Prävalenz sogar stoppen, jedoch dürfte der Einfluß eher ein qualitativer sein. Beispielsweise erfolgt in London, Amsterdam und zunehmend auch in anderen europäischen Städten die Initiation der Heroinkonsumenten - wohl auf Grund der öffentlichen Information über die Gefährlichkeit der Drogenkonsumtion - eher durch Heroinrauchen („Chasing the dragon"). Andererseits beginnt trotz der öffentlichen und spezifischen präventiven Information über die Risiken der Drogenkonsumtion in Schulen, Massenmedien usw. in jeder europäischen Region eine Gruppe von 100 oder 1000 jungen Leuten jährlich (etwa 5-10% der lokalen Drogenszene) mit dem Drogenkonsum. Deswegen dürften die drogenbezogenen Einrichtungen der *Gesundheitssicherungssysteme* nur als *problembegrenzende Faktoren* wirksam sein. Obwohl es beträchtliche Unterschiede in den Gesundheitssicherungssystemen in Europa (Finanzierung, zentrale Lage der ambulanten Dienste, gemeindenahe Versorgung, Vernetzungsgrad usw.) gibt, dürften diese Faktoren nicht die lokale Anzahl der Drogenabhängigen beeinflussen. Auch Anziehungseffekte von liberalen Drogenhilfeprogrammen (z. B. Methadon-substitutionsprogramme) dürften nicht die Anzahl der lokalen User so stark beeinflussen, insbesondere da ausländische Drogenabhängige in der Regel nicht regulär an Programmen teilnehmen können, was beispielsweise auch in Amsterdam der Fall ist. Die „intranationale Migration" hin zu Methadonprogrammen scheint nicht wesentlich relevant zu sein, da bisher beispielsweise noch wenige bayerische Abhängige in Essen oder Düsseldorf auftauchen, wo bereits in den späten 80er Jahren Methadonprogramme angeboten wurden. Darüber hinaus sind jetzt in Bayern (z.B.München) nun auch schon Methadonprogramme aufgebaut, mit einer Versorgungsintensität, die etwa 15% der lokalen Konsumentenpopulation erreicht, was gut im Bundesdurchschnitt liegt. Vielleicht sind auch die *subjektiven totalen Kosten der Migration* für Drogenabhängige größer, als die spezifischen Vorteile (vgl. „Ökologie der Person"). Der Einfluß der Methadonprogramme zur Bewertung der strukturellen Merkmale der lokalen Drogenszene ist bedeutend, in Hinblick auf Effekte auf den allgemeinen Gesundheitszustand und die soziale Anpassung. Dies kann aber ermangels Kennzahlen hier nicht erfolgen. Städte mit einer höheren Prävalenz von Drogenabhängigen haben häufig ein differenziertes Angebot an Methadonprogrammen und üblicherweise scheinen sie eine niedrige Letalität zu haben, wie beispielsweise Amsterdam. Die Bewertung von Drogenhilfeprogrammen ist jedoch noch komplizierter, als es bereits die generelle Schätzung der fazilitierenden Faktoren der quantitativen Merkmale der Drogenszene ist (Schreyögg 1991). Deswegen wird der Einfluß der Gesundheitssicherungssysteme hier nicht weiter im Detail betrachtet.

Für diese Studie könnten folgende Merkmale von Städten relevant sein:

## A. Unspezifische Faktoren

### 1. Räumlich-physische Faktoren

*1.1 Größe der Stadt*
Zunächst dürfte man geneigt sein, folgende Relation zu formulieren: „Je größer die Stadt, desto größer die Rate der Drogenabhängigen". Dies ist jedoch nicht richtig: Kopenhagen hat eine zweimal größere Rate von Drogenabhängigen als Hamburg, was beinahe dreimal größer ist. Und, wie es bereits diskutiert wurde, scheint die Drogenszene in London mit partiell extrem hohen Raten von beinahe überwiegend einheimischen Drogenabhängigen durch andere Gesetze beherrscht zu sein. Daher scheint die Größe der Stadt keinen linearen Einfluß auf die Population der Abhängigen zu haben. Man kann annehmen, daß große Städte für eine Konzentration von Drogenabhängigen zu groß sind. Städte mit einer konzentrierten Innenstadt, wo man sich leicht zu Fuß fortbewegen kann, und wo Plätze für lokale Treffen (Basel, Karlsplatz in Wien usw.) vorhanden sind, scheinen jedoch proportional mehr Drogenabhängige zu haben. Eine kritische Größe von Städten mit einer hohen Rate an Drogenabhängigen dürfte ungefähr bei 200.000 bis 800.000 Einwohner liegen. Größere oder kleinere Städte haben sehr selten eine extrem hohe Prävalenzrate.

*1.2 Dichte*
Dichte kann in diesem Zusammenhang als Indikator einer fußgängergeeigneten Größe der Stadt gewertet werden. Genau genommen müßte ein Maß zur Charakterisierung des Aggregationsgrades der Stadtstrukturen (z.B. dichte Bebauung) genutzt werden, das dem psychologischen Dichteerleben entspricht. Allerdings wird dieser Parameter nicht direkt gemessen, sondern global geschätzt. Da Drogenabhängige gewöhnlich kein Auto haben, scheint eine Stadt mit hoher Dichte attraktiv sein, vor allem wenn das öffentliche Transportwesen nicht gut entwickelt ist. Allerdings ist Mailand eine sehr große Stadt, die diesem Kriterium nicht gut entspricht, obwohl es eine recht konzentrierte Innenstadt hat. Amsterdam würde gut in diese Hypothese passen. New York müßte wegen seiner extrem hohen Dichte aber eine extrem hohe Rate an Drogenabhängigen haben, wobei allerdings geeignete Daten fehlen.
  Im weiteren wird auf diesen Indikator nicht zurückgegriffen.

*1.3. Internationale Grenzstadt*
Kopenhagen, Mailand, Amsterdam und Basel sind wichtige multinationale Grenzstädte. Dies schafft nicht nur gute Bedingungen für den Drogenhandel, sondern ermöglicht auch regionale und überregionale Reisen von Drogenkonsumenten, die wegen internationaler Unterschiede in der Drogenpolitik („Verdrängungs-Anziehungseffekt") diese Vorteile nutzen wollen. Kopenhagen ist beispielsweise für Skandinavien eine sehr zentral gelegene Stadt, insofern es für Norwegen, Schweden (Malmö, Göteborg und Stockholm) und Finnland eine nahes Reiseziel mit guten und

umfassenden Rauschmittelangeboten und eine geographische Schnittstelle von skandinavischer und zentraleuropäischer Kultur darstellt. Eine spezielle Situation existiert für Rotterdam und Amsterdam, da beide Städte zusammen ungefähr 10% der Gesamtbevölkerung des Landes ausmachen und eine hohe Bevölkerungsdichte aufweisen - für Deutsche ist es leicht, in diese Städte zu reisen. Es wird aber für Amsterdam eine höhere Anzahl Drogenabhängiger geschätzt! Somit hat auch der Faktor „Grenzlage" nur teilweise Erklärungskraft.

*1.4. Nationales Zentrum*
Italien hat etwa drei große regionale Zentren - Mailand, Rom und den Süden. In den Städten ist eine Massierung des Drogenproblems gegeben (für Rom fehlen allerdings verläßliche Daten). Auch in Deutschland herrscht eine Multizentersituation jedoch mit unterschiedlichen Prävalenzraten. Die Schweizer Städte Bern, Basel und Zürich differieren nicht sehr stark in Hinblick auf die Prävalenz und Qualität der Drogenszene. Wien hat mehr als 20% von Österreichs Bevölkerung und ist eine Stadt mit einer hohen nationalen Konzentration, es ist aber eine Stadt mit einer noch relativ niedrigen Abhängigenrate.

**2. Soziale Faktoren**

*2.1. Allgemeine wirtschaftliche Wohlfahrt*
Eine gut funktionierende städtische Ökonomie dürfte in zweierlei Hinsicht ein wichtiger Faktor sein: In Hochleistungsberufen wird gerne Kokain zur Leistungssteigerung konsumiert, gibt es hingegen wirtschaftliche Probleme, so nehmen die ärmeren Leute Heroin. Eine gute Wirtschaftslage dürfte große Chancen für Arbeitsplätze und Entwicklungen im Arbeitsbereich anbieten, um zukünftige Perspektiven zu entwickeln und dürfte deswegen grundlegend ein starker Protektor gegen Drogenabhängigkeit sein. Dieser Aspekt kann durch Kennzahlen zu Produktivität, Produktionsmuster, städtischer Produktion, professioneller Spezialisierung, Kapital pro Kopf usw. gekennzeichnet werden (vgl. Henderson 1988). Jene Variablen sind bereits bei grober Betrachtung uneindeutig in unserer Fragestellung - die klinische Erfahrung zeigt, daß sowohl Leistung und Wettbewerbsbedingungen im Arbeitsbereich bei einer gut funktionierenden wirtschaftlichen Einheit komplementären Drogenkonsum fördern dürfte, um Streß zu reduzieren oder um die Leistung zu stimulieren (Kokain). Aber auch der Mangel an Arbeit oder ökonomischer Streß in guten oder schlechten finanziellen Bedingungen kann Drogenkonsum induzieren. Die detaillierte Analyse dieser globalen Variable ist daher notwendig. Eine gute Input- Output-Balance zwischen Löhnen und Kosten des Lebens und ihre Modulation durch Maßnahmen der lokalen Regierung (Gesetze, Preise, Preiskontrolle usw.) dürfte eine einflußreiche Hintergrundsvariable für die soziale Ordnung und die Lebensqualität sein. Wichtig sind Motivatoren zur Verteilung ökonomischen Potentials. Dies ist zumindest von Angotti als wichtige Variable der Stadtforschung betont worden (Angotti 1993).

*2.2. Die Rate der Arbeitslosen*
In Deutschland besteht ein grob konsistentes Nord-Süd-Gefälle sowohl der Prävalenz

der Drogenabhängigen wie auch der Rate der Beschäftigungslosen. Frankfurt fällt jedoch aus diesem Trend heraus. Es gibt auch keine konsistente europaweite Beziehung auf der Basis dieses Parameters, vor allem, da in Mailand eine höhere Rate von arbeitenden Personen Drogen nehmen dürfte.

*2.3. Interkontinentaler Handel*
Dieses Merkmal einer Stadt ist ein wichtiger Fazilitator des weiträumigen Drogenhandels. Er könnte auch lokale Drogenkonsumraten beeinflussen. Die hohe Konsumentenrate Mailands paßt jedoch nicht sehr gut in dieses Konzept.

*2.4. Kriminalität*
Es ist offensichtlich, daß Statistiken zur Kriminalität (z.B. Eigentumsdelikte) sehr stark mit der illegalen Drogenkonsumtion und mit dem Drogenhandel korreliert sind. Es gibt zumindest in amerikanischen Städten, die größer als 50.000 Einwohner sind, auch eine lineare Zunahme von Raub- und Gewalttaten, Gewaltkriminalität mit zunehmender Stadtgröße (vgl.Fischer 1984). Zahlen, die detailliert genug sind, um diese Fragen beantworten zu können, sind nicht ohne weiteres erhältlich. Es gibt keine enge Beziehung zwischen allgemeiner Kriminalität und Anzahl von Drogenkonsumenten: Berlin hat z. B. eine relativ niedrige Rate von Drogenabhängigen, aber seit 1993 hat es eine zunehmend hohe Rate von Kriminalität. Frankfurt hat etwa 3,5 Morde/100.000 Einwohner, München etwa 2,7, was nicht mit ihrem Verhältnis der Drogenprobleme (3:1) zusammenhängt. Es ist für die weitere Forschung sehr wichtig, die lokale Korrelation von Drogenabhängigkeit und von Verbrechen detailliert zu untersuchen.

*2.5. Soziale Wohlfahrt*
Ein gut ausgebautes System sozialer Wohlfahrt erlaubt Menschen, die keine Arbeit haben und sonst nicht an der Gesellschaft teilnehmen konnten (oder wollten) ein relativ enspanntes Leben. Daher könnten Drogenabhängige bei einem gut ausgebauten System der Wohlfahrt (z.B. Sozialhilfe, Wohungsgeld) bessere Überlebenschancen haben. Wegen internationaler Unterschiede im Bereich der sozialen Unterstützung, könnte auch eine Art internationaler Drogentourismus entstanden sein (vgl. Korf 1994).

*3. Technische Strukturen*

*3.1 Hafen*
Städte mit Häfen haben wegen der guten Drogenversorgung tendentiell höhere Raten von Drogenabhängigen. Mailand und Basel haben jedoch keinen Hafen, allerdings zeigen diese Städte eine hohe Rate von Abhängigen. Hafenstädte bringen auch mit sich, daß es ausgeprägte Rotlichtbezirke gibt. Der Einfluß von Häfen ist aber sicher nur gering - Rotterdam mit dem größten Hafen Europas hat „nur" etwa 8%o Drogenkonsumenten.

*3.2 Internationaler Flughafen*
Auch dieses Merkmal einer Stadt ist relevant. Amsterdam, Frankfurt und auch Kopenhagen haben große internationale Flufhäfen, allerdings hat Basel einen relativ kleinen Flughafen.

## 4. Kulturelle Aspekte

*4.1 Ethnische Varietät*
Mailand hat weniger kulturelle Diversität als Kopenhagen oder gar Amsterdam. In Amsterdam gibt es eine relevante chinesische Population, die Beziehungen zu dem traditionellen chinesischen Opiatkonsum hat. In diesen Kreisen wird Opium (und auch Heroin) geraucht („Chasing the dragon"). Ethnische Gruppen mit einer langen Geschichte von Cannabis-, Kokain- und Opiatkonsum dürften generell die lokalen Raten des Drogenkonsums beeinflussen. Auch in Deutschland sind in einigen Gebieten in den 70er Jahren Soldaten der US-Streitkräfte stationiert gewesen, die den Heroinkonsum über Umwege über die Konsumpraktiken in Vietnam aufbrachten. Nach wenigen Jahren jedoch, etwa Mitte 1970, stoppte die Militärpolizei den Konsum im Umfeld amerikanischer Stützpunkte. In Deutschland sind für die Entwicklung der 90er Jahre diese Aspekte nurmehr für eine kleine Gruppe von Personen von historischer Bedeutung.

*4.2 Rotlichtviertel*
Dieses subkulturelle Merkmal einer Stadt dürfte wichtig sein, da es eine Tendenz gibt, daß Städte wie Kopenhagen, Amsterdam oder Hamburg hohe Raten von Drogenabhängigen und auch ein ausgeprägtes Rotlichtleben haben. Jedoch Mailand scheint nicht in diese Kategorie zu fallen. Die Prostitution wird ja oft unter Drogeneinfluß vollzogen und auch für Drogenabhängige kann durch Prostitution Geld für Heroin erworben werden. Dennoch werden harte Drogen, wie bei Gerichtsverfahren aus Zuhälterkreisen zu erfahren ist, von professionellen Prostituierten vermieden. Da die Freier nicht mit betäubten Frauen verkehren wollen, sind Zuhälter nicht selten gegen Dealer eingestellt. Haschisch hingegen wird von Zuhältern toleriert und von den Prostituierten konsumiert.

*4.3 Die Atmosphäre für junge Menschen*
Die Anzahl junger Touristen pro Jahr dürfte ein guter Indikator für dieses Stadtmerkmal sein. In Amsterdam gibt es beispielsweise eine relative hohe Anzahl junger Besucher (vgl. Korf 1994). Auch Kopenhagen ist für Jugendliche attraktiv, da es einen speziellen Bezirk (Kristiania) hat, wo junge Leute in einer ehemaligen Kaserne leben. Dort gibt es eine extrem hohe Rate von Cannabiskonsumenten, jedoch ist der Konsum von harten Drogen verboten. Wenn Heroinkonsum beobachtet wird, dann holt die „alternative" Siedlungsverwaltung sofort die Polizei. Auch die Rockergruppe „Hell's Angels" scheinen in dieser Region eine gewisse Dealer-Rolle gespielt zu haben. Einige Drogenabhängige berichten, daß sie gerne in Städte wie Amsterdam oder Kopenhagen reisen, weil sie bestimmte Sehnsüchte haben und hoffen, daß dort irgendwas

besonderes passiert - sie fragen sich, was dort läuft und ob es dort eine andere Welt gibt? Nur wenige Tage später jedoch werden sie mit den negativen und harten Aspekten des realen Stadtlebens, z.B. hohe Preise, restriktive Polizei, drohende Kriminalität usw. konfrontiert, weswegen sie dann versuchen, die Stadt sofort wieder zu verlassen. Allerdings ist Mailand keineswegs attraktiv für die europäische Drogenszene.

## B. Spezifische Faktoren

### 1. Räumliche Faktoren

*1.1. Offene Szene*
Die Definition einer offenen Szene ist von Kriminologen (vgl. Bless et al. 1993) und von der Kriminalpolizei unterschiedlich: Städtische Merkmale wie die Struktur (Lage, Größe) der öffentlichen Plätze, wo man leicht auftauchen und wieder untertauchen kann, ohne entdeckt zu werden (Zugbahnhöfe, U-Bahnhöfe), Plätze also, die durch das öffentliche Transportsystem gut erreichbar sind, Parks und Vergnügungsviertel usw. sind Knotenpunkte für den Drogenhandel. Jede Stadt hat unterschiedliche Voraussetzungen in dieser Hinsicht. Aus der gesamten Population von Drogenabhängigen zeigt sich nur eine geringe Anzahl, nämlich 10-40 %, auf öffentlichen Plätzen. Wenn ein Dutzend Drogenkonsumenten auf einer speziellen Örtlichkeit wie dem Hauptbahnhof, sichtbar ist, dann wirkt es bereits wie ein Drogenzentrum bzw. wie eine Drogenszene. Eine offene Drogenszene könnte ein Indikator für eine erhöhte Zahl an Drogenkonsumenten und Gelegenheitsgebrauchern von Drogen sein. Eine offene Drogenszene ist ein „Attraktor" für drogenkonsumierende Jugendliche (De Alacron 1969). Mailand hat keine große offene Szene verglichen mit Kopenhagen. Daher dürfte dort ein guter lokaler Verteilerring für die hohe Prävalenz relevant sein.

### 2. Ökonomische Faktoren

*2.1. Drogenversorgungssystem*
Auf einer sehr grundlegenden Ebene der Theoriebildung zu den Ursachen des Drogenkonsums kommt rasch die Idee auf, daß die Versorgungsstruktur mit Drogen, also das *Angebot,* die Anzahl der Drogenabhängigen erklärt. Neuere Beobachtungen in Gebieten der früheren Deutschen Demokratischen Republik bestärken jedoch nicht diese Vemutung bzw. diesen Faktor als einen generell wirksamen Faktor: obwohl man beispielsweise jede Droge in der Gegend von Rostock bekommen kann, welche von der russischen Mafia gut versorgt ist, nehmen die jungen Menschen in dieser Gegend kaum Drogen wie Cannabis, Heroin, Kokain oder Amphetamine, da sie sagen: „Ein deutscher Mann nimmt nicht diesen ausländischen Mist, ein deutscher Mann trinkt Bier!"

Deswegen hat die Nachfrageseite einen wichtigen Einfluß auf das Drogenproblem; es gibt sehr viele junge alkoholabhängige Personen in jenem Gebiet.

Auch die Theorie der zentralen Orte (Christaller 1968) dürfte immer wieder interessant sein, um die „geclusterten" geographischen Verteilungsmuster von Drogenabhängigen im Hinblick auf das Versorgungsnetzwerk zu studieren. Es sind alle 50-70 km Häufungen auszumachen. Generell dürfte eine Art „Koevolution" von Angebot und Nachfrage stattfinden.

## 2.2. Niedrige Drogenpreise
Frankfurt hat niedrige Preise, Amsterdam hat höhere Preise. Die Preise ändern sich rasch, je nachdem, ob eine große Drogenlieferung durchkam oder von der Polizei entdeckt wurde. Niedrige Preise könnten zu Kurzreisen bis etwa 350 km motivieren. Niedrige Preise dürften ein konstanter Faktor der Induktion oder Perpetuierung von Drogenkonsum sein.

## 3. Soziale Faktoren

### 3.1. Liberale Drogenpolitik
Wenn man die politisch liberale Stadt Hamburg mit ungefähr 6‰ Drogenabhängigen und die relativ konservative und ruhige Stadt München mit ungefähr 2‰ Drogenabhängigen vergleicht, könnte man denken, daß liberale Politik und liberale Drogenpolitik das Wachstum von Drogenszenen fördert. Auch Mailand mit einer hohen Rate von ca. 13‰ einheimischen Drogenabhängigen hat eine verhältnismäßig liberale Politik. Zwar hat Amsterdam mit der liberalsten Drogenpolitik der industrialisierten Welt doch ungefähr 9‰ Drogenabhängige, doch wenn man die Anzahl der Ausländer abzieht, so beträgt die Rate der holländischen Drogenabhängigen in Amsterdam nur ungefähr 4‰. Daher hat dieser Faktor nicht konsistente Effekte, weil Amsterdam durch einen Anziehungseffekt der attraktiven Stadt und der liberalen Drogenpolitik eine hohe Rate aufweist. Liberale Drogenpolitik vermeidet auch Polizeieinsätze gegenüber offenen Szenen. Dies hat beispielsweise in Zürich („Platzspitz") zu einer Eskalation der Anzahl der Drogenabhängigen vor Ort geführt.

### 3.2. Permissive Polizei
Bei einer permissiven Polizeihaltung nimmt die Anzahl der Drogenabhängigen in der Öffentlichkeit zunächst zu. Wenig später nimmt die Anzahl der Kriminellen zu, wie es in Zürich am Platzspitz beobachtet worden ist. Auf diesem öffentlichen Platz ist Drogenkonsumtion vor einiger Zeit (1994) mit öffentlicher Unterstützung abgelaufen (z. B. Spritzentausch). Repressive Taktiken der Polizei bewirken ein Ausdünnen der offenen Drogenszene, jedoch keine wirklich quantitative Reduktion. Es tritt eigentlich nur ein Verdrängungseffekt auf. Die Polizeistrategie und -taktik muß daher sehr differenziert diskutiert werden.

Zusammenfassend ist festzustellen, daß einige Parameter des städtischen Lebens eine gewisse Erklärungskraft für die Entwicklung der Drogenszene haben könnten. Deswegen sollen sie hier im Detail stadtbezogen weiter diskutiert werden.

## 13.7 Qualitative Beschreibung der Städte

Indem man die Kategorien, die oben diskutiert wurden, nun verwendet können einige Städte qualitativ beschrieben werden.

Diese Beschreibung stützt sich auf persönliche stichprobenartige Szenen-Exploration in den Jahren 1993 und 1994. Durch beinahe vierteljährlichen Wandel in der europäischen Drogenpolitik, bedingt durch Änderung politischer Machtverhältnisse oder durch Eskalationen von Krisen oder durch neue Betreuungsangebote (Heroinabgabeprogramme) sind keine sehr konstanten Typisierungen möglich. Es kann jedoch hier die Anregung gegeben werden, stadtspezifische Merkmale stärker zu beachten, wenn drogenpolitische Maßnahmen zwischen Städten verglichen werden.

### Klasse 1 („Hochraten"-Städte)

*1. Kopenhagen (Kop)*
Diese Stadt ist ein Zentrum für junge Leute. Sie hat einen internationalen Hafen und liegt im Zentrum der internationalen (skandinavischen) Grenzregion. Die Stadt hat eine offensichtliche offene Szene, die in der Einkaufsstraße auftaucht, die jedoch durch Polizeipräsenz rasch in die umliegenden Randgebiete verdrängt wird. Besonderheit ist der Stadtteil Kristiania, ein ehemaliges Kasernengelände, das seit den 70er Jahren von alternativen Gruppierungen besetzt ist, eine eigene Verwaltung hat und von jugendlichen Touristen gerne besucht wird.

*2. Mailand (Mai)*
Mailand ist in einem internationalen Grenzgebiet lokalisiert und gilt als eine reiche Stadt. Viele offensichtliche städtische Risikomerkmale können hier nicht gefunden werden. Deswegen ist die hohe Rate an Drogenabhängigen nicht leicht erklärbar, es sei denn, man geht hier von dem Theorem der Angebotsstruktur (Mafia) aus. Mailand dürfte nämlich ein wichtiges Zentrum der internationalen Drogenverteilung sein.

*3. Basel (Bas)*
Basel ist eine reiche Stadt wie alle großen Städte in der Schweiz und kann als drogenpolitisch liberal eingeordnet werden. Auch diese Stadt zeigt eine internationale Grenzlage. Sie ist sehr fußgängerfreundlich und hat mehrere große öffentliche Plätze, wo sich drogenabhängige und drogenprobierende Jugendliche einfinden können. Es fallen relativ stark verwahrloste, sehr junge Drogenkonsumenten in den Straßen auf.

*4. Frankfurt (Fra)*
Diese Stadt mit Zentrallage in Deutschland hat einen internationalen Flughafen. Frankfurt ist auch ein wichtiges Handels- und Finanzzentrum. Die Polizei ist relativ permissiv. Es gibt einen zentralen Rotlichtbezirk um den Hauptbahnhof. Zentrum ist die Hauptwache, ein äußerst belebter Platz. Supraregionaler Drogenhandel findet hier statt.

*5. Amsterdam (Ams)*
Ein wichtiges Merkmal dieser Stadt ist der bedeutende internationale Flughafen, auf dem in den 60er Jahren scharenweise Hippies aus Kalifornien landeten. Diese Stadt war die Hippie-Stadt von Europa in den 60er Jahren und hat noch immer einen bedeutenden internationalen Jugendtourismus. Ein offenes Rotlichtviertel existiert. Es ist ein Zentrum von transnationalen Haschischgeschäften. Mit dem Indonesier- und Chinesenviertel dürfte Amsterdam ein Mekka für Drogenprobierer der 60er Jahre gewesen sein.

*6. Hamburg (Ham)*
Das bekannte Rotlichtviertel (St. Pauli) ist weltbekanntes Kennzeichen dieser international bedeutenden Hafenstadt. Die Drogenpreise sind sehr niedrig.
Da Hamburg ein Zentrum alternativer Bewegungen in den 60er Jahren war, mit einer ausgeprägten Unterhaltungswirtschaft, kam hier der Drogenkonsum (und auch die Drogentherapie) früh auf. Heute finden sich hier über 50jährige abgebaute und hochgradig kriminalisierte Drogenabhängige in den Szenen.

*Klasse 2 („Niedrigraten"-Städte):*

*1. Wien*
Wien, als die Hauptstadt von Österreich, hat eine wichtige Position im Süd-Ost-Drogengeschäft. Vor dem Untergang der kommunistischen Länder um 1990 hatte es eine isolierte Situation. Nun ändert sich diese Situation rapide mit noch stärkerem Anschluß an die östlichen Zulieferwege (Bratislava). Wien soll nach dem Willen der russischen Mafia eine Eintrittspforte für Drogen in Süddeutschland und für das südliche Mitteleuropa werden.
Die Drogenszenen sind am Karlsplatz, am Naschmarkt und mehreren anderen öffentlichen Orten mit guter U-Bahn-Erreichbarkeit und kleinen Parks.

*2. Berlin (Berl)*
Die Stadt hat eine spezielle Geschichte und eine besondere politische, geographische, wirtschaftliche und kulturelle Position. Einerseits hatte die Stadt viele Möglichkeiten durch verschiedene Fonds finanzielle Unterstützung zu bekommen, so daß eine beträchtliche Anzahl von Non-Komformisten aus ganz Deutschland dort zugezogen waren. Durch die Mauer hatte Berlin auch eine spezielle isolierte Situation. Westberlin hatte bereits eine sehr starke Drogenszene, was in den jetzigen Statistiken nicht mehr zum Vorschein kommt, da Ostberlin mit einer praktisch unbedeutenden Rate an Drogenabhängigen die Gesamtrate für Berlin ausdünnt. Wegen der besonderen Eigenschaften von Berlin wird diese Stadt hier nicht mehr in den weiteren Diskussionen herangezogen. Allmählich tritt jedoch ein Ausbreitungseffekt von Drogenabhängigen über das ganze Stadtgebiet auf, darüber hinaus gibt es Anziehungseffekte auf das Umland. Der nun durch Fernzuganschlüsse noch lebendige Bahnhof Zoo ist weiterhin ein Zentrum für Kleindealer, mit der idealen Nähe zum Park „Tiergarten".
Im Jahre 2000 etwa dürfte sich die allgemeine Situation in Berlin in Richtung Megacity geändert haben, wobei sich auch das Drogenproblem ausgeweitet haben könnte.

*3. München (Mün)*

Das Zentrum Bayerns hat eine gute Lage für den Süd-Ost-Drogenhandel. Repressive Polizei und Politik dürften zu einer relativ niedrigen Rate von Drogenabhängigen führen (Verdrängungseffekt). Die quantitativen Effekte dieser besonders repressiven Politik in Deutschland dürften jedoch im Hinblick auf die jährliche Initiation des Drogenkonsums nicht so hoch sein. Initialisierte Drogenkonsumenten dürften wegreisen, so daß die lokal produzierten Drogenprobleme exportiert werden, was Konflikte mit anderen Städten und Ländern hervorruft. Die relativ hohe Rate von Drogentoten in München läßt möglich erscheinen, daß München eine Niedrig-Prävalenz-Stadt, aber eine Hoch-Risiko-Stadt für Drogenabhängige ist.

In einem weiteren Schritt der Präzisierung der Analyse müßten quantitative Bewertungen der Merkmale, wie sie oben dargestellt worden sind, unternommen werden und Risiko- und Schutzfaktorenprofile für die einzelnen Städte entworfen werden. Dieses Ansinnen ist nicht so absurd, wie es den Anschein hat:
- Die WHO hat im Projekt „Healthy Cities" mehrere Städte dazu eingeladen, gesundheitsstimulierende Merkmale zu erfassen und zu beeinflussen (Conrad 1993).
- Die Ottawa-Charta der WHO sieht vor, daß die Stadtentwicklung in die Betrachtung von Umwelt und Gesundheit zur Gesundheitsförderung stärker einbezogen wird.

Da Drogenabhängigkeit ein großes urbanes Problem ist, sind Präzisierungen in diesem Bereich sinnvoll. Außerdem ist die Zunahme des Anteils der in Städten lebenden Bevölkerung weiterhin zu erwarten. Es soll daher in einem weiteren Schritt versucht werden, die Analyse zu quantifizieren.

## 13.8 Semiquantitative Beschreibung der Merkmale der Städte

Wenn man versucht, die Beziehungen zwischen den Stadteigenschaften und der Prävalenz von Drogenabhängigkeit zu diskutieren und zu quantifizieren, könnte man von einer Formel ausgehen, die die erwartete Prävalenz als Resultat des Produktes der nationalen Prävalenz multipliziert mit einem Urbanitätsfaktor darstellt. Diese Kalkulation ist jedoch sehr ungenau, wenn ein hoher Prozentsatz der nationalen Rate durch städtische Regionen (Stadt) bedingt ist. Das methodologische Problem besteht jedoch auch darin, wie man eine pathogene Urbanität bestimmen kann, wie beispielsweise eine erlebnisintensive urbane Atmosphäre usw. Wenn man versucht, die relevanten Städte in Europa in Begriffen der Merkmale, die eben diskutiert worden sind, zu beschreiben, dann kann man die folgenden Bewertungen durch eine empirische Untersuchung erreichen. Dies kann beispielsweise durch Stadt-Bewertungen von Drogenabhängigen mit den Bewertungen von einer vergleichbaren Gruppe von Jugendlichen geschehen. Zusätzlich adäquate Parameter für die Stadtstatistik könnten verwendet werden. Sie sind jedoch nicht verfügbar. So könnte beispielsweise Dichte und Heterogenität im Hinblick auf die Intensität der Drogenabhängigkeitsprävalenz berechnet werden. Mangels Daten kann dieses Verfahren allerdings nicht in dieser Studie angewendet werden.

Für einen ersten Versuch hat der Autor versucht, diese Merkmale gemäß einer eigenen subjektiven Bewertung zu quantifizieren. Verschiedene Daten, die geeignet und erhältlich waren, wurden als Basis benutzt (vgl. Tabelle 17). Diese „approximativ-empirische Prozedur" ist natürlich nur heuristisch für die Forschung zu werten, um eben neue Aufgabengebiete in der Drogenepidemiologie herauszuarbeiten und um neue Hypothesen zu generieren.

Wenn man so verfährt, dann findet sich keine Konsistenz in der Rangordnung der Drogenprävalenz, die mit der Rangordnung der Summe der Bewertung von verschiedenen Merkmalen der Städte, wie Mailand, Basel und Frankfurt einhergeht. Deswegen muß neben den empirischen Beurteilungsproblemen eine Gewichtung der verschiedenen Variablen erfolgen. Diese Prozeduren können jedoch nur in einer weiteren grundlegenden Analyse getestet werden, wie beispielsweise durch eine „multiple Regressionsanalyse".

Zur Klärung der Zahlen, die oben erhalten wurden, kann man die *fazilitierenden* und *inhibitorischen Eigenschaften der Städte,* die potentiell für die Prävalenzrate der Drogenabhängigen relevant sind, diskutieren.

Durch diese Matrix eines hypothetischen stadtspezifischen Risikofaktorprofils ist eine grobe Beschreibung der einflußreichen strukturellen Faktoren des städtischen Lebensraums gegeben, die für die Drogenkonsumenten relevant sind. Eine Kalkulation des differentiellen Einflußes der Faktoren die eben expliziert wurden, kann einige Hinweise für die relative Wichtigkeit dieser Faktoren geben. Indem man die multiple Regressionsanalyse verwendet, ist es möglich, solche Interrelationen andeutungsweise darzustellen. Obwohl die Qualität der Daten skalentechnisch betrachtet nicht adäquat ist, kann sie als eine zusätzliche Methode genutzt werden, um die spezifische Bedeutung der städtischen Bedingungen, die eben diskutiert wurden, darzulegen. Der interessierende Teil dieser Kalkulation sind *Korrelationen* der einzelnen Faktoren mit der Gesamtrate der Stadt, die Resultate sind wie folgt:
- Ein extensives Drogenversorgungssystem ist sehr relevant (0,723) gefolgt durch
- eine liberale Politik (0,666),
- die Rate der Beschäftigungslosen (0,664) und
- der sozialen Wohlfahrt (0,522).
- Eine gute Wirtschaft ist ein hemmender Faktor (-0,303).
- Eine offene Szene ist einflußreich (0,480),
- eine Grenzlage (0,446) und
- eine mittlere Größe (0,455) sind ebenfalls stimulierende Faktoren für die Drogenszene.
- Kriminalität hat einen gewissen Einfluß (0,49).
- Eine liberale Polizei dürfte die Anzahl der Drogenabhängigen eher ansteigen lassen (0,401), ebenso wie auch
- die Stadt als nationales Zentrum bedeutsam ist (0,399).
- Das Vorhandensein eines Hafens (0,392) und
- eines Rotlichtviertels (0,361) ist nicht so einflußreich.
- Die Bedeutung der Jugendatmosphäre ist relativ gering (0,264).

Diese Rangreihe ist jedoch nicht sehr zuverlässig, da die numerische Basis, wie bereits betont, recht insuffizient ist. Dennoch kann mit der hier dargelegten Analyse aufgezeigt werden, welche weitere Forschungsstrategien in diesem Bereich sinnvoll wären.

Tab. 17: Rate der Drogenabhängigen und spezifische Merkmale der Städte.
(+++ = sehr stark gegeben....— - = sehr stark nicht gegeben)

| Merkmale | KOP | MAI | BAS | FRA | AMS | HAM | WIE | BER | MÜN |
|---|---|---|---|---|---|---|---|---|---|
| Einwohner (Millionen) | 0.5 | 1.4 | 0.2 | 0.65 | 0.7 | 1.6 | 1.6 | 3.4 | 1.3 |
| Gesamtzahl (Tausend) | 8 | 18 | 2 | 6 | 6 | 10 | 5 | 8 | 3 |
| Rate pro Tausend Einwohner | 16 | 13 | 10 | 9 | 8.5 | 6 | 3 | 2.5 | 2.3 |
| Nationale Rate (Tausend) | 2 | 2.5 | 3.5 | 1.6 | 1.4 | 1.6 | 1.3 | 1.6 | 1.6 |
| Ökonomischer Wohlstand | + | +++ | +++ | ++ | ++ | +++ | ++ | ++ | +++ |
| Drogenversorgung | +++ | +++ | +++ | +++ | +++ | ++ | ++ | + | + |
| Permissive Politik | ++ | +++ | ++ | ++ | +++ | ++ | + | + | — |
| Arbeitslose | ++ | ++ | + | ++ | ++ | ++ | + | + | + |
| Hafen | +++ | 0 | 0 | 0 | ++ | +++ | 0 | 0 | 0 |
| Rotlichtviertel | ++ | + | + | ++ | ++ | +++ | + | + | 0 |
| Interkontinentaler Flughafen | + | + | 0 | ++ | ++ | + | ++ | + | + |
| Interkontinentaler Handel | + | + | + | ++ | ++ | ++ | ++ | + | + |
| Fußgängerfreundlichkeit | ++ | + | +++ | ++ | +++ | + | + | + | + |
| Zentrum für junge Leute | +++ | + | ++ | ++ | +++ | ++ | ++ | ++ | + |
| Permissive Polizei | + | - | + | + | ++ | + | + | + | - |
| Offene Szene | +++ | + | +++ | ++ | + | ++ | ++ | + | + |
| Internationale Grenzstadt | +++ | +++ | +++ | 0 | + | ++ | ++ | ++ | + |
| Nationales Zentrum | +++ | +++ | + | ++ | +++ | ++ | +++ | ++ | + |
| Ethnische Varietät | ++ | + | + | ++ | +++ | ++ | + | ++ | + |
| Kriminalität | ++ | + | + | ++ | + | ++ | + | + | + |
| Sozialer Wohlstand | +++ | ++ | ++ | ++ | ++ | ++ | ++ | ++ | ++ |
| Gesamt | 37 | 26 | 28 | 30 | 37 | 34 | 26 | 22 | 13 |

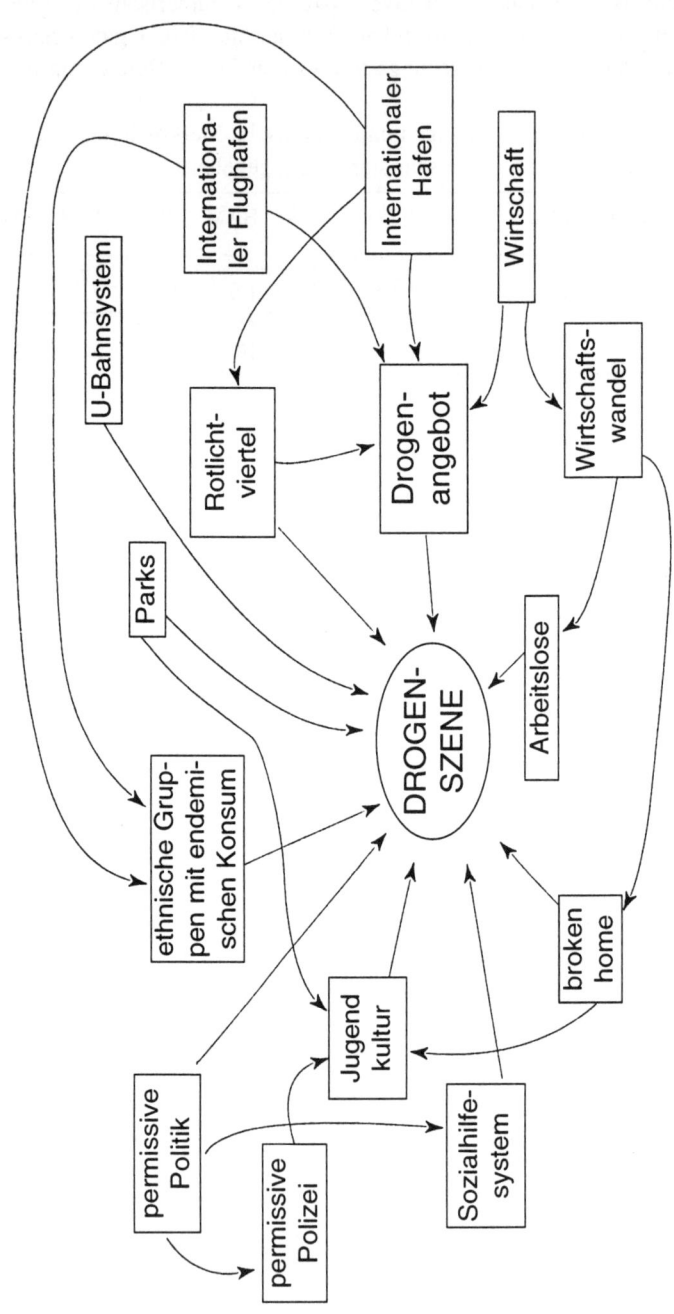

Abb. 42: Fördernde Faktoren für das Auftreten von Drogenkonsumenten.

Nachdem die Gewichtung der verschiedenen Faktoren, die die Anzahl der Drogenabhängigen beeinflussen, untersucht wurde, sollte die Interrelation der verschiedenen Faktoren ebenfalls untersucht werden, jedoch ist diese Stufe der Analyse zu spekulativ, weswegen nur ein grobes Modell eines hypothetischen Netzwerkes hier expliziert werden kann (Abb. 42). Dieses systemische Modell hilft ein neues Forschungsparadigma zu formulieren, wenn es darum geht, die Quantifizierung der Stärke und der Geschwindigkeit der Interaktion zu explizieren.

Mit einer besseren Datenbasis könnten die dynamischen Eigenschaften der Drogenszene untersucht werden und an einer Computersimulation getestet werden (Dynamik der Drogenszene).

Auf diese Weise können differenzierte Faktorenmodelle der lokalen und regionalen Drogenszene gewonnen werden.

## Fazit

Das Faktum, daß es europaweit große Differenzen der Prävalenzraten von Drogenkonsum gibt, zeigt, daß nicht nur personale Faktoren oder mikrosoziale Umweltfaktoren, sondern auch mesosoziale Umweltfaktoren, also Faktoren auf Gemeindeebene, das Auftreten von Drogenkonsum beeinflussen.

Die Explikation eines neuen qualitativen Modells, um die Epidemiologie und die Sozialökologie des Drogenproblems zu verstehen, fordert neue empirische Forschungsstrategien, wie beispielsweise die Entwicklung von *multimodalen* Beschreibungen der lokalen Drogenszene. Geeignete Indikatoren sind zu suchen. Auch die den Drogenkonsum bedingenden Stadtmerkmale sind zu explizieren. Dabei sind auch Fragen nach dem Lebensgefühl von jungen Leuten, was das städtische Leben betrifft, interessant. Es gibt jedoch auch einige praktische Implikationen - eine integrative, aber hochdifferenzierte Diskussion von relevanten Faktoren des Drogenkonsums muß in den adäquaten politischen Entscheidungsebenen im Hinblick auf die lokale Drogenpolitik eingebunden werden. Resultate dieser Analyse gestatten nur, die spezifische Forschung weiter und genauer zu gestalten. Sie implizieren noch keine spezifischen politischen Themen oder Schwerpunktsetzungen. Gewöhnlich wird zumindest in Deutschland in politischen Parteien das Drogenproblem diskutiert, so als würde man der Einzige sein, der wirklich weiß, wie das Phänomen gestaltet und zu steuern ist. Wegen den vielfältigen Anforderungen von praktischen und wissenschaftlich basierten Konzepten für die Drogenpolitik ist es eben wichtig, daß die Wissenschaften hier zusammenarbeiten, um eine multidisziplinäre, multidimensionale und multinationale Vorgehensweise zu entwickeln. Humanökologie kann hier helfen, diesen integrativen Betrachtungsrahmen zu stiften.

# 14 Individualökologie der Sucht

## 14.1 Drei-Faktoren-Modell der Suchtentwicklung

Die integrative Ursachentheorie der Sucht geht von einem *Drei-Faktoren-Modell* der Suchtentwicklung aus. In diesem Modell ist die *süchtige Bindung* an die Droge eine Resultante der Wechselwirkungen von *Merkmalen der Droge*, der *Persönlichkeit* und *der Umwelt* (s. Abb. 43). Damit beinhaltet dieses Konzept bereits implizit humanökologische Perspektiven.

Grundsätzlich geht man von dem Konzept aus, daß bei Suchtkranken - wie bei anderen Krankheiten - eine bestimmte „Streß-Vulnerabilität" besteht (vgl. Zubin u. Spring 1977, Engel 1977). Sie macht für Drogeneffekte anfällig. Gegensinnig wirksam sind Schutzfaktoren wie soziale Unterstützung udgl. (vgl. Bühringer 1992). Diese suchtfördernden und suchthemmenden Faktoren gemeinsam betrachtet führen zu einem Bedingungsmodell der Sucht, das noch durch das eigene Verhalten gegenüber den Risikofaktoren und den Schutzfaktoren ergänzt wird und somit einem Wechselwirkungsmodell entspricht, wie es in der Humanökologie und in der „Ökologie der Person" diskutiert wurde (vgl. Tretter 1994a, 1994b). Üblicherweise wird das Bündel an Umweltfaktoren und den anderen Bedingungen, die zur Sucht disponieren, im Drei-Faktoren-Modell der Suchtentstehung dargestellt (Feser 1986, Feuerlein 1989).

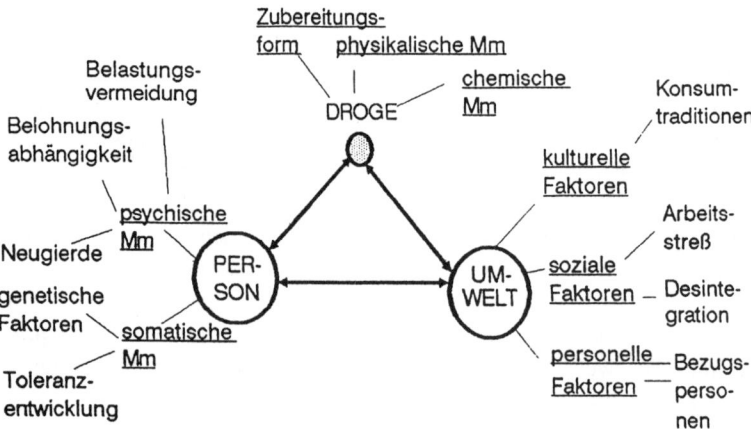

Abb. 43: Das Drei-Faktoren-Modell der Suchtentwicklung (nach Feuerlein 1989). Die Konstellation der Merkmale (Mm) der Person und der Umwelt in Bezug auf die Merkmale des Rauschmittels (Droge) bestimmen die Bindung gegenüber der Droge (z.B. Abhängigkeit)

Ausgangspunkt des Konzepts einer *Individualökologie der Sucht* ist die Vorstellung, daß der Mensch zum Zeitpunkt frühester Drogenexposition bereits wichtige Erfahrungen in der Auseinandersetzung mit der Welt hat, die ihn, im Falle des Konsums von Drogen, wegen subjektiv besonders positiv erlebter Drogeneffekte, zum süchtigen Gebrauch disponieren. Diese Hintergrundsdisposition des Menschen läßt sich im Sinne der „Ökologie der Person" am besten als sein individuell erlebtes und gestaltetes Beziehungsgefüge zur Umwelt begreifen. Vergangene Beziehungen existieren allerdings nur mehr virtuell, in der Retrospektive. Dabei handelt es sich beispielsweise um verlassene, vermißte oder verlorene Personen (Großeltern), Gegenstände (Elternhaus, Schule) udgl. Dennoch prägen diese vergangenen Umweltbereiche und die Beziehungen dazu die Gegenwart, d.h. das aktuelle Umweltbeziehungsgefüge - noch Kontakt mit den Eltern haben oder sich mit aller Macht davon abgrenzen, im Lehrlingsheim wohnen, im Betrieb tätig sein usw. spielt sich auf dem Hintergrund erlebter Umwelten und Umweltbeziehungen ab. Jeder dieser einzelnen *Lebensbereiche* und die jeweilige Beziehungsstruktur zu den Lebensbereichen hat unterschiedliche *Anforderungen* und auch *Angebote* im physisch-materiellen, wie auch im psychisch-ideellen Bereich (vgl. Gundel 1980, 1981).

Das Verhältnis dieser Beziehungen zueinander prägt den inneren Zustand, das Befinden der betreffenden Person. Es kann sich dabei um einen anhaltenden Streßzustand handeln. Wenn die Person nun in diesem Zustand Rauschmittel angeboten bekommt und konsumiert, kann eine Zustandsänderung erlebt werden - so kann die Stimulation zunehmen und damit die Leistungsbereitschaft oder zumindest die „Selbstwirksamkeitserwartungen" mit dem Ergebnis, die jeweilige konkrete Situation vielleicht aktiver anzugehen oder es wird der Ärger gedämpft mit der Folge, daß die Situation besser ertragen wird. Die typischen Umweltbeziehungen der Risikopersönlichkeit in Hinblick auf die Entwicklung der Drogenabhängigkeit bestehen also darin, daß negative Umweltmerkmale als typische Merkmale für die Umwelt verarbeitet werden und auch eigenes Versagen als umweltbedingt begründet wird. Dieser Aspekt wird vor allem von der Psychoanalyse als „Abwehrstruktur" bezeichnet, bzw. Abwehrmechanismen zugeordnet. In humanökologischer Sicht, die den Beziehungsaspekt betont, wird das *Abgeben von negativen Anteilen* und das *Nehmen von positiven Anteilen* als typisch „nicht-gleichgewichtetes" Beziehungsverhältnis dargestellt - nicht nur die Abwehr ist negativ, sondern die selektive Aufnahme des Positiven charakterisiert das Beziehungsverhältnis des Süchtigen zur Umwelt. Es werden also offensichtlich nur die Umweltobjekte angenommen, die einem Bedürfnis entsprechen. Umweltobjekte, die momentane negative Gefühle hervorrufen, werden unbeachtet ihres Potentials, später positive Gefühle hervorrufen zu können, abgelehnt, da Bedürfnisse aktuell nicht befriedigt werden können. Diese Umweltfaktoren werden also nicht angenommen und sogar noch mehr mit totalisierenden Negativierungen versehen. Die Verarbeitungsweise in Hinblick auf die Gestaltung der Umweltbeziehungen liegt also darin, daß nicht *flexible Pro-Contra-Beurteilungen* bezüglich des Objekts ablaufen, sondern *fixierte Contra-Beurteilungen*. Die Wahrnehmung ist bereits selektiv, das Denken in gewisser Weise eindimensional, der Affekt ablehnend und der Bereich der Bedürfnisse ist vom Streben nach Vermeidung geprägt. Andererseits besteht das Bedürfnis nach Anbindung oder Anlehnung und nach der Kontaktaufnahme mit einem

Umweltobjekt, das nicht negativ reagiert. Ist dies der Fall, dann tritt eine Stabilisierung ein, dieses Umweltobjekt wird nun einseitig positiv wahrgenommen. Im Verlauf der Zeit, vor allem, wenn die Erfahrung mit dem negativen Umweltobjekt abgeklungen ist, wird auch das positive Umweltobjekt in Hinblick auf seine Wirkungen auf die Person entwertet oder neutralisiert. Die Droge Heroin dämpft nun die Bezogenheit der Person - alles kann geschehen, ohne daß intensive affektiv-motivationale Prozesse ablaufen: Der Drogenabhängige hat das Gefühl, daß ihn nichts anrührt.

In der Perspektive der Ökologie der Person ist nun der Zustandsverlauf von der Intoxikation zur Nüchternphase und wieder in den Intoxikationszustand zurück interessant. Durch die zunehmende Dämpfung der affektiven Prozesse wird die Eigenkompetenz, Affekte und die damit verbundenen Umweltbeziehungen zu regulieren, gesteigert - die Person bleibt „cool", d. h. der Vorgang rührt sie nicht an. Dadurch wird bereits nach wenigen Monaten nicht nur die Fähigkeit zur Beziehungsregulation, sondern auch die Fähigkeit zum affektiven Reagieren gemindert. Außerdem wird auch die Lebenssituation zunehmend mit Problemen gewissermaßen „geladen" sein, da deren verzögerte Bewältigung über die Zeit hin eine kumulative Verschlechterung der Situation zur Folge hat. Der drogenbezogene Lebensstil ist von der selektiven Wahrnehmung der subjektiv-positiven Seite der Umwelt geprägt. Die Abhängigkeitskranken in einer erfolgreichen Therapie sprechen dann häufig von dem „Vor-sich-herschieben der Probleme". Dabei handelt es sich oft nur um die Alltagsprobleme, also um die sogenannten „hassles", wie unangenehme Korrespondenz, termingerechte Zahlungsaufforderungen, Erneuerung von Pässen oder vom Personalausweis, Reparieren von beschädigten Haushaltsgegenständen udgl. Was also hier bedeutsam ist, ist das sukzessive Anwachsen von Problemlagen und Problembereichen, ohne daß dramatische Lebensereignisse aufgetreten sind. Man könnte von einer kumulativen Negativierung der Lebenssituation oder relevanter Lebensbereiche durch den drogenbezogenen Lebensstil sprechen.

Damit ist vor allem der Typus des Gewohnheitskonsumenten von Drogen angesprochen, der noch jenseits der sozialen Auffälligkeit lebt, von dem im Falle des Konsums von legalen Drogen wie Alkohol nur die Rede ist, daß er „gerne einen drauf macht".

In einer einfachen Verbildlichung gesprochen ist der Entwicklungsprozeß der Abhängigkeit ein Schaukelphänomen von dem verschönenden Rauschzustand in einem die Wahrnehmung und Bewertung negativ vereinseitigenden Nüchternzustand, mit dem Bedürfnis nach dem positiven Rauschzustand usw.

Aus humanökologischer Sicht beruht dies auf dem ungleichgewichteten Verhältnis von Kompetenz und Bedürfnis als personaler Anteil des Bedingungsgefüges von negativen Affekten (Frustration wegen Unfähigkeit ein Bedürfnis zu befriedigen), während das Verhältnis von Anforderungen und Angeboten die negative Teilbilanz der Umwelt ausmacht - die Person bzw. die Umwelt ist im Erleben nicht „absolut" schlecht, sondern „relativ" schlecht, weil das jeweilige Binnenverhältnis nicht stimmt. Empirisch wäre zu prüfen, ob die Drogenabhängigen nicht in der Lage sind, „Gutes" an „schlechten Objekten" wahrzunehmen, oder ob sie im Rahmen der impliziten Bilanzierung der Anforderungen und Angebote das Verhältnis als zu negativ ansehen.

Dabei stellt sich auch häufig die Frage, ob die Kompetenz-Bedürfnis-Relation unausgeglichen ist.

Das Angebot der Umwelt wird abgewertet, weil die Anforderungen zu hoch sind in Hinblick auf die Kompetenz der Person. In gleicher Weise kann die sinngemäße Abwertung der Bedürfnisse etwa in Form eines gekränkten „Das brauche ich nicht/ Darauf habe ich keinen Bock/ Dies langweilt mich" erfolgen; auch dem Fuchs sind die Trauben zu sauer, wenn sie zu hoch hängen.

Der Vorteil dieser *vierstelligen Relation* als Schema zur Integration von Umweltbeziehungen einer Person liegt nun darin, daß der ursprünglich von der Psychoanalyse her aufgezeigte innerpsychische Prozeß der Abwehr auch auf andere Weise thematisiert werden kann.

## 14.2 Suchtentwicklung am Beispiel der Christine F.

Diese Verhältnisse lassen sich gut bei der Entwicklung der Christiane F. erkennen, die als heroinabhängige Figur einer dokumentarischen Erzählung sehr bekannt wurde (vgl. Heckmann 1982, Tretter 1987). Dies soll hier paradigmatisch dargestellt werden (Herman u. Rieck 1981).

### a) Prämorbide Ökologie
Die prämorbide Situation der Christiane F. besteht darin, daß sie mit den Eltern von dem Land in die Stadt umgezogen ist und daher eine „broken-home"-Situation aufweist - der Vater ist bereits ausgezogen, während der Freund der Mutter neu hinzukommt. Christiane F. befindet sich daher nach Bronfenbrenner (1981) in einem „ökologischen Übergang", da sich alle Lebensbereiche (Wohnen, Schule, Freunde, usw.) rapide verändern. Hinzu kommen die durch die Pubertät bedingten psycho-physischen Veränderungen. Die Lebenssituationen der Christiane F. sind daher durch verschiedene Brüche gekennzeichnet.Wesentliche Lebensbereiche passen nicht, d.h. das Verhältnis von Bedürfnissen und Angeboten der Befriedigung einerseits und von Konpetenzen und Anforderungen andererseits ist unausgeglichen, was sich durch entsprechende Textpassagen im Buch herausfinden läßt.
- Zur *Wohnung*: „Gropiusstadt, das sind Hochhäuser für 45.000 Menschen, dazwischen Rasen und Einkaufszentren. Von weitem sieht alles neu und gepflegt aus. Doch zwischen den Hochhäusern stinkt es überall nach Pisse und Kacke. Am meisten stinkt es im Treppenhaus."( Herman u. Rieck 1981, S. 16l). Das liegt daran, daß die Hochhauskinder ihre Notdurft im Treppenhaus verrichten müssen, weil sie mit dem Lift nicht mehr rechtzeitig auf die Toilette in die Wohnung kommen. Auch die Möglichkeiten, in der Nähe der Wohnung am Spielplatz die Freizeit angenehm zu verbringen, sind für Christiane durch einschränkende Reglementierungen der Siedlungsverwaltung nicht attraktiv.

An dieser Stelle sei dazu nur angemerkt, daß in der Suchtforschung zum Einfluß von Wohnungscharakteristika und zum Wohnungserleben nur wenige empirische Studien vorliegen. Die Bedeutung des *Heimatverlustes* und der Entwurzelung wird noch wenig bedacht.

- In der *Schule* zeigt sich für C.F. ein weiterer Problemkreis: „Ich fühlte mich nicht anerkannt in der Schule... Ich probierte mein Rezept aus der Grundschule auch hier. Ich unterbrach die Lehrer mit Zwischenrufen, ich widersprach, ... Ich kämpfte wieder einmal. Gegen die Lehrer und die Schule. Ich wollte Anerkennung." (Herman u. Rieck 1981, S. 41).

Auch der eigentliche Zweck der Schule ist für Christiane nicht bedeutsam, sie hat sogar Leistungsschwierigkeiten. Diese Beziehungsstörung zum zunehmend bedeutsamen Lebensbereich „Schule" wird vom Vater auf seine Weise reguliert: Wenn Christiane mit ihren Leseschwierigkeiten bei Hausaufgaben nicht zurecht kam, strafte sie der Vater mit dem Handfeger: „Er wollte, daß ich tüchtig bin und was werde" (Herman u. Rieck 1981, S. 19). Hier wird deutlich, daß der Vater eine große Verantwortlichkeit für den Bereich „Schule" übernimmt, ohne auf die Valenzen der Schule für Christiane (Anerkennung-haben-wollen) und ihre persönlichen Fähigkeiten im Umgang damit einzugehen. Er überträgt vielmehr seine eigene gestörte „Ökologie" (seine Arbeitslosigkeit im Verhältnis zum angesehenen Beruf seines eigenen Vaters) auf seine Tochter. Damit ergeben sich für Christiane Überlagerungen der gestörten Mikroökologien „Wohnen" „Schule" und „Familie". Jedes dieser Teilsysteme überfordert die Regulationskapazitäten der Christiane F. Die individuelle Ökologie der Christiane F. (und von Jugendlichen dieser Altersgruppe) ist dadurch gekennzeichnet, daß andere Jugendliche zur bedeutsamen Bezugsgruppe werden, während die Familie die Bedeutung einer Zwangsgemeinschaft bekommt. Dieser Trend scheint sich von den 80er Jahren in die 90er Jahre fortzusetzen.

- Christiane sucht daher in ihrer *Freizeit* weitere Orte (Habitate) auf, die ihr einen Ausgleich der negativen Umweltbezüge erlauben: Sie geht wie viele Jugendliche auf die Straße und schließlich in Diskotheken (vgl. Abb. 44). Dieses „Behavior Setting" für „Coolsein" bringt dann die Kontakte zur Drogenszene, für die Christiane nicht so sehr wegen einer gestörten Persönlichkeit, sondern eher wegen ihrer *gestörten individuellen Ökologie*, also wegen des temporär gestörten Beziehungshaushalts anfällig ist.

Bestimmend für das Umweltbeziehungsgefüge von Christiane und seine Störungen ist das jeweilige lebensbereichsbezogene Geben-Nehmen-Verhältnis: Christiane F. muß in der Schule Leistung hergeben, Aufmerksamkeit aufbringen und Selbstkontrolle zeigen und bekommt dafür Noten, deren realen Wert sie nur durch die anerkennende oder strafende Bewertung der Familie erkennen kann, wenn sie die Noten nach Hause bringt. Erst die Bewertung der Noten durch die Familie kennzeichnet für Christiane das Geben-Nehmen-Verhältnis im Schulbereich. Da die verstärkenden positiven Impulse aus den Bereichen Schule und Familie zu gering sind, also negativ sind im Verhältnis zu den subjektiven Anforderungen und den Erwartungen, muß sich Christiane aus dem Freizeitbereich die ausstehenden Belohnungen holen. Der Freizeitbereich mit seinen vielfältigen Erlebnisangeboten, mit den Möglichkeiten der virtuellen Befriedigungen durch Musik, Gemeinschaft, Identität usw. wird zur zentralen Quelle der Befriedigung oder des „Returns". In diesem Zustand der Frustation, des subjektiven Verausgabtseins, der Leere usw. können Drogeneffekte zum falschen, leicht

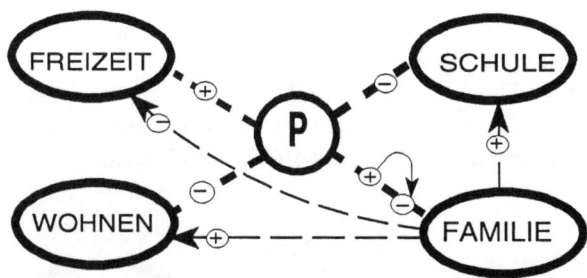

Abb. 44: Die prämorbide Ökologie der Christiane F. - die Beziehungen zur Familie sind zunächst noch überwiegend positiv, die Beziehungen zur Schule und zum Wohnumfeld sind jedoch negativ. Die Beziehungen der Eltern zur Schule und zur Wohnung sind positiv. Dadurch kippt die Beziehung der Christiane F. zu den Eltern ins Negative um. Die Freizeitaktivitäten in der Drogenszene werden positiv und gewinnen an Bedeutung. Die Eltern haben noch keine Meinung zum Freizeitverhalten von Christiane.

erreichbaren Lastenausgleich werden. Sie korrigieren die „Gesamtbilanz" von Geben und Nehmen - man *nimmt* einen *Stoff* ein, *der einem etwas gibt.*

Anders betrachtet ist das subjektiv günstige Geben-Nehmen-Verhältnis, das eben psychotrope Stoffe kennzeichnet, das Fatale an Drogen. Die *kurzfristigen Bilanzen* sind, wie die Lerntheorie zeigt, bei Menschen fast immer wirksamer und stärker verhaltenssteuernd, als die *langfristigen Bilanzen*, so daß die Drogen kurzfristig zu einer Verbesserung der subjektiven Gesamtbilanz des Geben-Nehmen-Verhältnisses über alle Lebensbereiche hinweg führen.

### b) Positives Anfangsstadium

Wie in der Anfangsphase alle Lebensbereiche der Person-Umwelt-Beziehungen durch den Drogenkonsum angenehmer erfahren werden, schildert Christiane F. ganz ausführlich. Die Droge dämpft die emotionale Reagibilität. Es ist egal, welcher Umweltreiz nun einwirkt, die Drogeneffekte unterlagern die eintreffende sensorische Information in angenehmer Weise. Durch den Drogenkontakt mit den zunächst psychophysiologisch bedingten angenehmen Konsequenzen, mit dem abgehobenen Rauschzustand, entwickelt sich bei Christiane allmählich ein „Rauschökosystem", in dem die Droge die Bezüge zu den Lebensbereichen „positiviert": Familie, Freunde, Arbeit, Freizeit, alle wesentlichen Bereiche werden zumindest in der Bilanz positiv (vgl. Abb. 45). Christiane F.: „Zuhause muß ich für meine Mutter und ihren Freund richtig angenehm geworden sein." (Herman u. Rieck 1981, S. 15). Und: „Ich war ständig im totalen Tran. Das wollte ich auch, um ja nicht mit dem ganzen Dreck in der Schule und Zuhause konfrontiert zu werden" (Herman u. Rieck 1981, S. 51 ).

Im weiteren Verlauf gewinnen die Umweltbereiche, die mit Drogen gekoppelt sind, eine besondere Bedeutung, vor allem die Disco oder die Kneipe als Ort der Präsenz der Droge. Dort finden sich viele „coole Typen", dort ist viel los, und der Drogenkonsum kann sich auf der „Szene" auf neue Art präsentieren.

Christiane F.: „Ich latschte über diesen Bahnsteig unter dem Kurfürstendamm wie ein Star unter Stars. Ich sah die Omas mit ihren Bündeln und Plastiktüten von Wertheim oder Billka zurückkommen, wie sie uns ganz entsetzt und ängstlich angafften und ich dachte: Wie sind wir Fixer denen doch haushoch überlegen." (Herman u. Rieck 1981, S. 194) Damit ist die Drogenszene als „Behavior- Setting" für Fixer mit den Orten und den besonderen (heroischen) Bedeutungsbereichen angesprochen, wo Privates öffentlich wird, wie eben das Fixen in der öffentlichen Toilette.

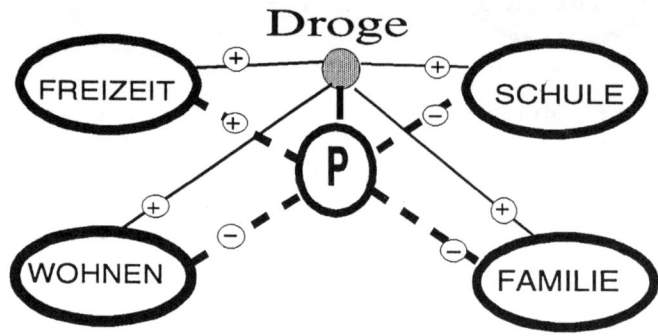

Abb. 45: Der Drogenkonsum der Bezugsgruppe (peer group) der Christiane F. in der Szene führt zu einem „positivierten Erleben" des Ökosystems der C.F. mit einer Pseudostabilisierung. Durch vermehrten und anhaltenden Konsum wird das „Rauschökosystem" gegenüber dem „Nüchternökosystem" dominant und zerstört es sogar.

Ein ähnlicher Drogenort von Abenteuerlandschaften sind Kneipen für den Alkoholiker. Jack London (o. J.) schildert: „Hier redeten Männer laut, lachten mächtig und die Atmosphäre trug das Gepräge einer gewissen Größe. Hier war etwas, was der Alltag mit seinem Einerlei nicht kannte. ... in den Kneipen lag selbst über den Trunkenbolden, die sich, sinnlos berauscht, auf den Tischen oder Sägespänen wälzten, ein Schimmer des Geheimnisvollen und Wunderbaren. (London, o.J., S. 231). In fremden Orten und Städten, in die mich mein Weg führte, war die Kneipe die einzige Stätte, die sich mir gastlich öffnete. Sobald ich die Kneipe betrat, war ich kein Fremder mehr (London, o.J., S. 6)... überall, wo König Alkohol herrschte, kam ich mit Leuten in Berührung und lernte Neues kennen." (London, o.J., S. 63). In dieser Beschreibung wird die subjektive Bedeutung der Umwelt (oder: die subjektive Umwelt) deutlich. Klar wird auch, inwieweit empirische Studien zur Erforschung der Umweltverhältnisse von Suchtkranken an wichtigen Bereichen vorbeigreifen. Erst eine phänomenologische „Ökopsychologie des Lokals" führt in diese Richtung (vgl. Miller 1985).

**c) Chronisches Stadium**
Im Verlauf der Suchtentwicklung, die in Hinblick auf den Alkoholismus von Jellinek ausführlich beschrieben ist (vgl. Feuerlein 1979), dominiert das Drogenökosystem zusehends über das „primäre Ökosystem". Das primäre Ökosystem wird immer negativer, d. h. dysfunktionaler und wird schwer geschädigt (Verlust der Beziehungen im

Arbeitsbereich, Rauswurf aus der Familie). Auf diese Weise entsteht (meist im Nüchternzustand) ein Leidensdruck, der vielleicht zur Therapie motiviert, aber auch zu weiteren selbstzerstörerischen Handlungen motivieren kann. Kleine Ereignisse (Geld bekommen oder im Rausch verlieren usw.) können das Ökosystem umkippen lassen. Zunächst versucht jedoch der Süchtige, „Kapitän seiner Seele" zu bleiben (Bateson 1981) und wagt sich mit angeschlagenem Schiff in gefährliche Gewässer. Er sucht in seiner Umwelt nach Ressourcen für den Rauschstoffkonsum und läßt sich als Abhängiger zu Beschaffungsdelikten hinreißen. Die Komplikationen mit der Umwelt werden vielschichtig: Objektiv sind Arbeitgeber und Familie schwer verstört, da ihre Hilfestellungen abgelehnt wurden und vergeblich waren, subjektiv ist die Umwelt schuld am Desaster - in der Nüchternphase wird die Haltung der Umwelt bereits als zu skeptisch erlebt, während die Umwelt im Rausch als minderwertig eingestuft wird, oder in der suizidalen Stimmung eingeengt auf die negativen Seiten und unvollständig wahrgenommen wird. Zunächst strengt sich der Süchtige noch an, Kontakte und Konflikte mit den einzelnen Umweltbereichen zu verheimlichen, so daß beispielsweise die Ehefrau nicht weiß, welche Konflikte bei der Arbeit bestehen, denn die Kontaktpersonen verheimlichen ebenfalls das Problem (vgl. Berne 1967). Der Süchtige hat somit ein sternförmig aktiviertes Netz mit seiner Umwelt, das zuwenig Querverbindungen aufweist, um dem Süchtigen zu helfen. Die Suchtberatung für Kontaktpersonen von Suchtkranken können hier bereits nötige „Umweltveränderungen" einleiten und die *Sternstruktur* zum *Netz* umwandeln.

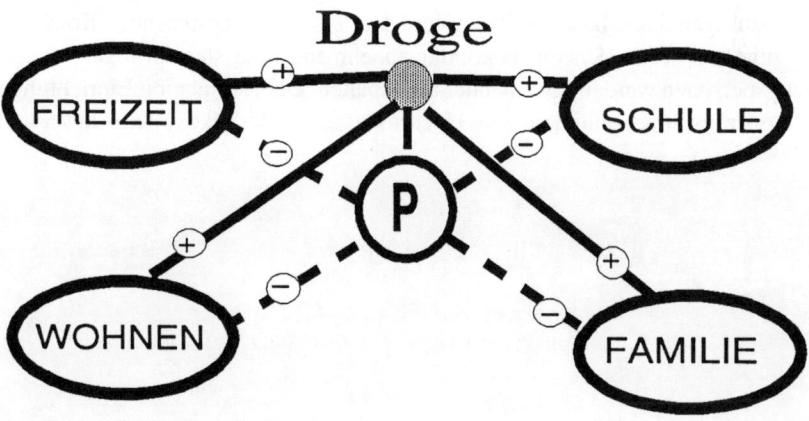

Abb. 46: Das Drogen-bezogene Ökosystem der süchtigen Person dominiert und belastet das Nüchtern-Ökosystem. Nur mehr im Rausch sind die Beziehungen zu den einzelnen Lebensbereichen noch schön.

Im Verlauf der Zeit ist es nun angesagt, eine Therapie anzutreten. Die Person kommt dann mit dem Therapiesystem in Verbindung (s. Abb. 47).

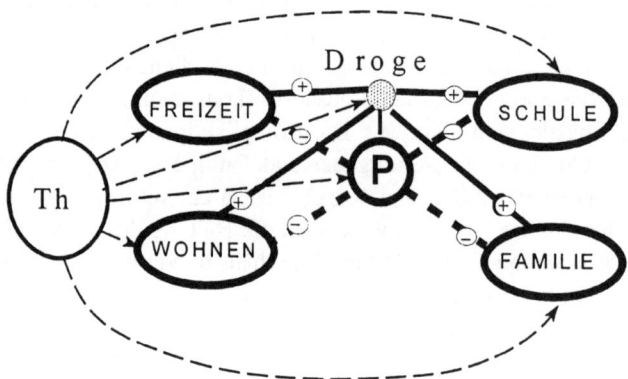

Abb. 47: Ökologie der Therapie: Das Netzwerk -Therapeut, Krankheit, Mensch und Umwelt im Lebensbereichsmodell.

## Fazit

Die Entstehung der Sucht kann am besten durch die rauschbedingte subjektive Verbesserung der Lebensbedingungen der Person begriffen werden. Die Droge verbessert also sozusagen das subjektive Ökosystem der Person. Die bestehenden Konflikte werden zugedeckt. Das System bekommt zunehmend eine sternförmige Struktur, die Bezugspersonen werden voneinander abgespalten. Der Kontakt mit Einrichtungen des Suchthilfesystems ermöglicht eine Umstrukturierung des Ökosystems des Süchtigen.

# 15 Systemische Psychologie der Sucht

Wie im Kapitel „Individualökologie der Sucht" dargestellt ist, läßt sich Sucht als Folge und Form eines gestörten Beziehungsgefüges der Person zu ihrer Umwelt begreifen. Traditionsgemäß liegt der Schwerpunkt jeder therapeutischen Intervention bei Suchtkranken auf der psychologischen Ebene. Es ist daher in dieser „Binnenperspektive der Person" erforderlich, einige Grundprinzipien der Psychologie der Sucht darzulegen. Dabei soll ein systemisches Konzept der „Psyche" entwickelt werden.

Die *Psychologie* befaßt sich mit der Untersuchung der Bedingungen, Ziele, Formen, Inhalte und Verläufe des *Erlebens* und *Verhaltens* (vgl. Rohracher 1971). Bedingungen des Erlebens können soziokulturelle Faktoren, aber auch unbewußte Faktoren oder auch biologische Faktoren sein. In der Psychologie wurde die Entwicklung und Diskussion von *Begriffen, Methoden* und *Modellen* mit größerer Präzision und Weite geführt als beispielsweise in der Psychiatrie, weswegen hier einige Aspekte detaillierter angesprochen werden sollen.

## 15.1 Begriffe der Psychologie

Die zentralen Begriffe der Psychologie sind alltagsweltlich leicht nachvollziehbare Begriffe wie „Wahrnehmung" (Perzeption), „Erwartung", „Denken" (Kognition), „Gedächtnis", „Gefühle" (Affekte), „Motivation", „Bewußtsein", „Verhaltensplan" und „Verhalten" (vgl. Rohracher 1971, Schönpflug 1977, Dörner u. Selg 1985). Diese Begriffe bezeichnen phänomenal, also subjektiv unterscheidbare psychische Zustände und Prozesse. Diese Zustände und Prozesse können zur Erklärung des Aufbaus und des Ablaufs des Erlebens und Verhaltens verwendet werden. Für genauere Definitionen der einzelnen Begriffe, die für das systemische Denken wichtig sind, müßten einschlägige Begriffswörterbücher herangezogen werden (vgl. Peters 1984). Bemerkenswert ist, daß die systemische Familientherapie auf diese Begriffe bis auf den Begriff der „Kognition" verzichtet. Neu hinzugekommen sind auch Begriffe wie „Information" (psychische Informationsverarbeitung), „Kommunikation" und „Interaktion". Von besonderem Interesse ist der Begriff „Sinn", da er Ausgangspunkt neuerer Systemtheorien ist (vgl. Luhmann 1984): *Sinn* heißt *Bedeutung* als Inhalt des Denkens oder *Beziehung* einer Erfahrung zu einer anderen. Sinn heißt aber auch Bedeutung als Relevanz, Wert oder Gewicht einer Erfahrung oder Handlung. Die besondere Bedeutung des Begriffs Sinn liegt in der Systemtheorie in Hinblick auf die Verweisungen vom Aktuellen auf das Potentielle. Sinn erzeugt Kontext und Kontext erzeugt Sinn. Sinn ist eine erlebenssteuernde Einheit. Sinn ist ein kognitiv, affektiv und motivational determinierter Komplex - bei Sonnenschein einen Schirm für einen Spaziergang mitzunehmen „macht keinen Sinn", denn das erkennbar schöne Wetter läßt keine Sorge zu, daß es regnet und daß man sich davor schützen soll. Die sehr abstrakte Theorie zur Relevanz der Kategorie Sinn, die Luhmann vorgelegt hat, bedarf noch einer Austestung auf ihre praktische Tauglichkeit. Beim Thema „Wahn" wird noch kurz darauf eingegangen werden. Hier wird Sinn zunächst nur als Inhalt eines kognitiven Prozesses oder Zustands verstanden.

In der klinisch-therapeutischen Praxis ist auch der Begriff (interpersonelle, soziale) „*Beziehung*" besonders wichtig geworden. Er geht auf sozialpsychologische Arbeiten und auf die Psychoanalyse zurück. Vor allem bei der Betrachtung von Ehen oder Familien hat dieser Begriff eine herausragende Bedeutung, da das Gesamtgefüge der Beziehungen die „Struktur" dieses sozialen Systems ausmacht. Auch bei Psychotherapie-Beschreibungen, etwa in der Supervision, zeigt sich, daß der Beziehungsbegriff von ausnehmender Bedeutung ist. Der Begriff Beziehung hat auch für die Humanökologie eine zentrale Bedeutung (s. Abschnitt „Humanökologie"). Er soll hier nochmals thematisiert werden, um die Verbindung zur Psychologie zu betonen.

Der Beziehungsbegriff beschreibt interpersonelle Austauschprozesse von affektiv-kognitiven Inhalten wie Zuwendung, Unterstützung oder Belastung, Kritik oder Orientierung. Diese Inhalte werden ausgetauscht, d.h. gegeben oder genommen, gefordert oder abgelehnt usw. Es sind vielleicht nur relativ wenige Prozeßkategorien relevant, die soziale Netzwerke schon recht praxisrelevant beschreiben lassen:

- *geben* (auch: anbieten, usw.)
- *nehmen* (auch: annehmen, wegnehmen, usw.)
- *fordern* (auch: wünschen, wollen, erwarten, usw.)
- *abweisen* (auch: nicht annehmen, verweigern, usw.)

Zusammen mit bewertenden Inhaltskategorien in Form von „Gutes" oder „Böses" lassen sich bereits komplexe Grundmuster von interpersonellen Handlungen oder Dispositionen, also soziale Situationen beschreiben. Geben oder Fordern von Gutem, Nehmen oder Ablehnen von Gutem etc. sind die relevanten sozialen Prozesse. Störungen von Beziehungen, also Ungleichgewichte oder Nicht-Gleichgewichte, treten bei unausgeglichenen Verhältnissen von Geben und Nehmen auf oder bei Ablehnung von Hingabe und Zuwendung, bei Fordern, ohne daß gegeben wird usw. So kann erwartete Zuneigung, die sich als angebotene Aufmerksamkeit und Zuwendung zeigen soll, gravierende Konsequenzen bei Enttäuschung dieser Erwartung haben (Aggression, Depression usw.) Die Gesamtbetrachtung von Beziehungsnetzwerken zeigt beispielsweise interindividuell differente Zustände der Zufriedenheit bzw. Unzufriedenheit auf. Manche Ehebeziehungen bestehen auch als ein summarisches Gleichgewicht der Nichtgleichgewichte über die verschiedenen Beziehungsebenen hinweg. Die Beziehungs-Bilanz ergibt dann eine überwiegend positive oder negative „Netto"-Beziehung. Jeder der Partner hat gewisse Schwerpunkte und Schwächen, die sich ergänzen können.

Die derzeit üblichen Techniken der Darstellung von Beziehungsmustern sind noch unzulänglich. Somit greifen die Beschreibung und die Erklärung der systemhaft ablaufenden Beziehungsprozesse noch zu kurz. Dies kann man bei der Lektüre entsprechender Arbeiten in der *systemischen Familientherapie* (s. Abschnitt „Systemische Familientherapie") erkennen (vgl. Simon 1988).

In diesem Abschnitt wird zunächst versucht, mit Hilfe der eingangs angeführten Kategorien ein psychologisches Modell der Hintergründe der Sucht zu explizieren.

## 15.2 Methoden der Psychologie

Das Methodenrepertoire der Psychologie stützt sich einerseits auf die Methode der *Hermeneutik*, des Deutens und Verstehens (vgl. Graumann u. Metraux 1977) und andererseits auf die Methode des *objektiven Beschreibens* und *Erklärens*. Das oben dargestellte Beispiel zur Beschreibung von sozialen Beziehungserleben zeigt die Bedeutsamkeit des einfühlenden Verstehens im klinischen Bereich. Hier ist auch der *literarischen Methode* des Erfahrens und des Darstellens des Subjektiven eine hervorragende Bedeutung einzuräumen. Dies entspricht der Relevanz der *Introspektion*. Eine psychologisch-klinische Spezialdisziplin, die sich besonders stark auf die deutende Vorgehensweise (Hermeneutik, Tiefenhermeneutik) stützt, ist die *Psychoanalyse*. Dem objektivistischen Imperativ der Beschränkung auf das äußerlich Beobachtbare folgt hingegen die *Verhaltenstherapie*. Die vielen wissenschaftstheoretischen Überlegungen zu den Grundlagen der Psychologie sollen hier nicht wiederholt werden (vgl. Schneewind 1977). Es soll vielmehr die Praxis betrachtet werden: Der enorme Schub, der durch die Psychoanalyse im klinisch-psychologischen Bereich zustande kam, der von der Medizin dominiert war (und noch ist) kann nicht weggeleugnet werden. Der Versuch des Behaviorismus, sich auf die beobachtbaren Ereignisse, die mit dem Psychischen korreliert sind, zu beschränken, ist im klinischen Bereich nicht zufriedenstellend. Der Behaviorismus hat in der Praxis als Testfeld immer mehr Zugeständnisse im Bereich der theoretischen Konstrukte machen müssen - die moderne kognitive Verhaltenstherapie nutzt nun auch Kategorien wie „Erwartungen", „aversive Zustände", „Selbstregulation" usw. (vgl. Kanfer et al. 1991).

Wir nutzen diese Entwicklungen in der klinischen Psychologie als Begründung für den hier gewählten pragmatischen Standpunkt der Methodologie der klinischen Psychologie: *Das beobachtbare Verhalten und Erleben steht im Mittelpunkt der Betrachtungen*. Für das weitere Verständnis sind Kategorien, die der Alltagssprache nahe sind, wie Gefühl, Gedanken, Antriebe usw. im Dialog mit dem Patienten wichtig. Diese Kategorien sind auch wesentliche Kategorien für die akademische „Bewußtseins-Psychologie", wie sie, wie erwähnt, beispielsweise Rohracher (1971) vertrat.

Aus den bisherigen Ausführungen ist evident geworden, daß die Entwicklung einer expliziten *qualitativen* Methodologie und Forschung notwendig ist, wobei hier im weiteren die Entwicklung der *qualitativen Systemtechnik* und des Modellierens vorgeschlagen wird.

## 15.3 Psyche als System

In einer systemischen Perspektive muß nach der allgemeinen methodologischen Strategie des *Zooming-In* und des *Zooming-out* eine konzeptuelle Differenzierung des Systems „Psyche" vorgenommen werden. In Anlehnung an die eben dargestellte Begrifflichkeit der akademischen Psychologie und gemäß der Möglichkeiten, Systeme in Untersysteme (Subsysteme) und diese wieder in Untersysteme aufzugliedern ist zunächst eine (vertikale) Zweiteilung in ein *kognitives* und in ein *affektives* Subsystem hilfreich. Wenn das *sensorische (perzeptive)* Subsystem und das *motorische* Subsystem als weitere (nun horizontal gegliederte) Subsysteme unterschieden werden, dann liegen bereits drei Ebenen mit insgesamt vier (n = 4) konzeptuellen „Subsystemen" der *Psyche als Systemkomplex* vor. Gehen wir davon aus, daß es bidirektionale paarweise Beziehungen (Wirkungen) zwischen diesen Subsystemen gibt (k=2), dann liegen bei diesem vierelementigen System bereits 6 Beziehungen oder 12 jeweilige Einwirkungen vor. Formal läßt sich das so herleiten („Variationsrechnung"): n!/(n-k)! = 4*3*2/2 = *12* unterschiedliche Relationen. Bei den eingangs eingeführten 9 Kategorien sind dann bereits 72 einzelne Wirkungen (bzw. 36 Beziehungen) zu betrachten, was darauf hinweist, daß dieses Modell hinreichend differenzierte Beschreibungen psychischer Prozesse und Zustände erlaubt.

Dazu einige Beispiele:

1. *Perzeptionen*
- *Perzeptionen* bewirken *Affekte*, Affekte wirken auf Perzeptionen, akzentuieren sie, und führen zu selektiven *kognitiven* Interpretationen.
- *Perzeptionen* wirken auf die *Motorik*, lösen sie beispielsweise aus. Die Motorik bewirkt wieder neue Perzeptionen.
- *Perzeptionen* lösen *Kognitionen* aus. Kognitionen wiederum wirken als Einstellungen oder als Suchprogramme auf Perzeptionen.

2. *Kognitionen*
- *Kognitionen* bewirken *Affekte*, Affekte bewirken Kognitionen, die beispielsweise zur Affektbewältigung dienen können.
- *Kognitionen* bewirken *Motorik* als geplante Handlungsprogramme, die Motorik wirkt bestätigend oder korrigierend auf Kognitionen (etwa bei Suchprozessen).

3. *Affekte*
- *Affekte* bewirken *Motorik* etwa in Form von affektivem Ausdrucksverhalten, Motorik bewirkt beispielsweise durch statische Anspannung (hier: unangenehme) Affekte.

Diese Erläuterung des Wirkungsgefüges der Psyche kann weiter ausgedehnt werden. Trotz solcher begrifflichen Vereinfachungen ist es somit möglich, ein breites Repertoire an Beschreibungsmöglichkeiten für psychische Prozesse zu erschließen. Wenn nun auch *Quantifizierungen* (sehr stark, stark, mittel...) erfolgen, sind schon sehr realitätsnahe Beschreibungen möglich, wie sie im therapeutischen Kontext gebraucht werden können. Komplexe psychische Zustände können dann wie folgt aus der simultanen, aber interdependenten Aktivität der einzelnen Teilsysteme beschrieben werden: Starke Gedanken an den Alkohol, mit dem Gefühl der Anspannung und der Erwartung, daß durch das Trinken eine erinnerte Entspannung auftritt, kennzeichnen beispielsweise die innere Seite der Rückfallssituation.

Auch können bei Bedarf spezielle kategoriale Zusammenfassungen wie etwa das „perzeptiv-kognitive Subsystem" und das „affektiv-motorische Subsystem" vorgenommen werden. Demgemäß können auch Störungen psychischer Prozesse und Zustände dargestellt bzw. beschrieben werden. Psychiatrisch relevant sind:
- *perzeptiv-kognitive Störungen* wie paranoid-halluzinatorische Syndrome, wie sie etwa bei Psychosen etwa in Form der drogeninduzierten Psychose bei Halluzinogenkonsum oder aber bei der Schizophrenie vorkommen.
- *affektiv-motorische Störungen* wie sie bei Depressionen, beispielsweise als Zuständen nach Amphetaminexzessen vorkommen.

Aus dieser Sichtweise könnten nun die realwissenschaftlichen Prozeßbegriffe wie Perzeption, Kognition usw. durch systemwissenschaftliche Kategorien, die Operatoren kennzeichnen, wie „Rezeptor", „Detektor" udgl. ersetzt werden. Eine Substitution psychologischer Kategorien durch systemwissenschaftliche Konstrukte ist aber derzeit noch nicht zweckmäßig, denn es würde nur eine terminologische Substitution entstehen, ohne einen Zuwachs an Funktionsverständnis. Der Weg dahin erscheint aber durchwegs interessant, da Dörner (1994) bereits versucht hat, Emotionen (Affekte) konzeptuell so neu zu fassen, daß er eine Computersimulation affektiver Prozesse vornehmen konnte. Dieses Konzept kann aber hier nicht weiter verfolgt werden, da es zu weit in die Gebiete der theoretischen Psychologie hineinführt.

## *Systemische Modellierung der Psyche*

Es geht nun darum, eine genaue Angabe zum funktionalen Zusammenhang der Gesamtheit der psychischen Operationen zu machen. Dazu können kybernetische Modelle genutzt werden. Das führende Paradigma kybernetischen Denkens ist das „Regelkreis-Modell": Es handelt sich um einen Funktionskreis, dessen Aktivität danach ausgerichtet ist, einen *Soll-Wert* (z.B. Zimmertemperatur) einzuhalten und dazu ein *Stellwerk* zu aktivieren (z.B. Heizung), dessen Erfolg als *Ist-Wert* (z.B. aktuelle Zimmertemperatur) gemessen wird. Bei Erreichen des Soll-Werts wird die Heizung ausgeschaltet, bei Abkühlung des Zimmers wird die Heizung wieder aktiviert.

Das Regelkreismodell wurde zunächst in der *Motivationspsychologie* genutzt: Unterschreitet ein Ist-Wert, der auch bewußt wahrgenommen werden kann (Schwindel als Korrelat einer verminderten Blutzuckerkonzentration, Magenfüllungszustand usw.) einen auch bewußt im Gedächtnis gespeicherten Soll-Wert (Sättigungsgefühl), so entsteht ein Signal (Hungergefühl), das zu motorischen Stelloperationen führt (essen) - die Homöostase ist wieder hergestellt.

Es gibt aber auch nicht-homöostatische Bedürfnisse wie die Sexualität: das Signal der sexuellen Erregung führt zu sexuellen Aktivitäten deren Endziel die Entspannung ist, die aber zunächst die Erregung (Soll-/Ist-Wert-Diskrepanz) steigern, da erst ab einem gewissen Erregungsniveau die Entspannung eintritt. Es handelt sich hierbei kurzzeitig eher um einen sich aufschaukelnden „Teufelskreis" (s. Abb.48).

Außerdem gibt es Prozesse, die nicht auf die Erhaltung des Systems, sondern auf die strukturelle Veränderung des Systems ausgerichtet sind. Es handelt sich hier vorwiegend um Prozesse der Selbstorganisation (z.B. Meinungsänderung). Diese Prozesse lassen sich als evolutionäre Prozesse begreifen. Dahingehend muß die kybernetische Modellierung psychischer Prozesse erweitert werden.

Eine Modellierung psychischer Prozesse und Zustände in der *allgemeinen Psychologie* durch ein vernetztes hierarchisches Gefüge von Regelkreisen hat Schönpflug (1977) vorgeschlagen. Im Bereich der *Gesundheitspsychologie* hat Becker (1986) ein Regelkreismodell vorgelegt. Auch in der *Organisationspsychologie* hat Greif (1983) regeltheoretische Überlegungen angestellt. Pöppel (1985, 1988) hat auf der Basis der *Neurobiologie* eine systemische modulare Konzeption des Psychischen zur Diskussion gestellt

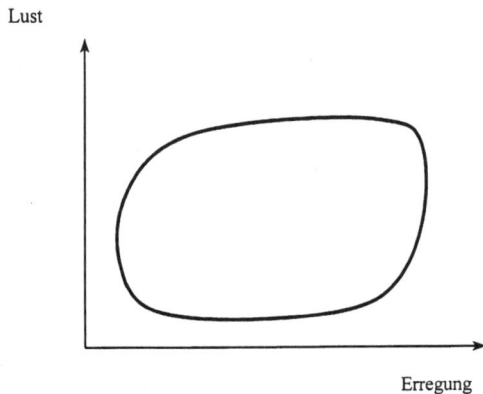

Abb.48: Hypothetisches Schema eines Phasendiagramms des Verlaufs der Relation von sexueller Erregung und Lust. Bei einem gewissen Erregungsniveau steigt die Lust extrem an (Orgasmus), es bleibt ein gewisses Lustniveau bei zugleich rasch abnehmender Erregung. Nach einiger Zeit der reduzierten Lust steigt wieder die Erregung usw.

Gerade die Korrespondenz der Begriffstruktur der Psychologie und Psychopathologie mit der Neurobiologie erscheint dabei wichtig.

In Anlehnung daran erscheint eine differenzierte Konzeption des Psychischen als Gefüge von einzelnen Subsystemen wie Wahrnehmung, Denken usw. sinnvoll (vgl. Abb.49). Auf den Begriff „Bewußtsein" wurde hier zunächst verzichtet, er kann aber durchwegs zentral eingeführt werden. Das vorgeschlagene Modell wurde über Jahre hin im Studenten-Unterricht wegen seiner Anschaulichkeit mit Erfolg verwendet.

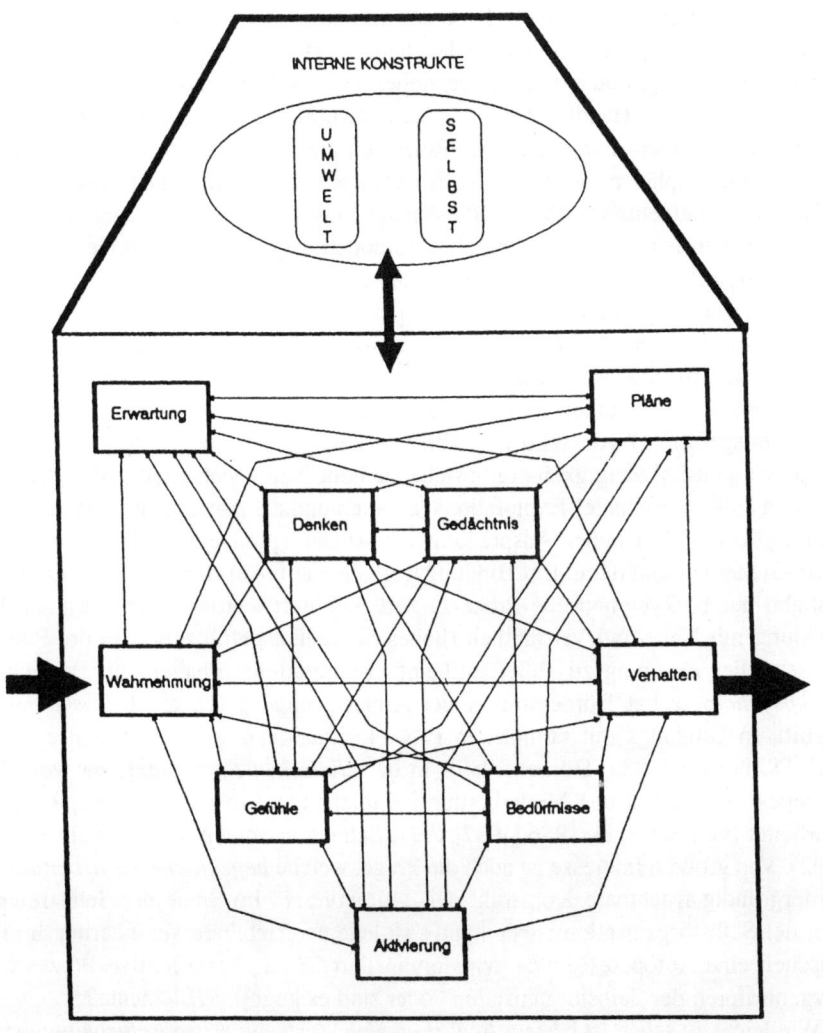

Abb. 49: Das psychische System - ein Netzwerk von Operatoren und ihren funktionellen Interrelationen: Wahrnehmungen beeinflussen (stimulieren oder hemmen) Gefühle, Gefühle beeinflussen das Denken, das Denken beeinflußt die Erwartungen, Erwartungen beeinflussen die Wahrnehmung usw. Produkt dieser Prozesse sind die inneren Konstrukte von der Umwelt und vom Selbst, die auf die Prozesse wieder zurückwirken. Erwartungen wirken als Soll-Werte, Wahrnehmungen als Ist-Werte, Gefühle als primäre Bewertungsprozesse, Denken und Verhalten als Bewältigungsprozesse, die eine Diskrepanz zwischen Soll-Werten und Ist-Werten mindern sollen.

*Systemische Ansätze in speziellen Psychologien*

Bereits früh haben Miller u.a. (1973) das Regelkreismodell in Form des T-O-T-E-Modells für die psychologische *Handlungstheorie* genutzt: Die Handlungsstufen sind Testen, Operieren, Testen und dann die Handlungsschleife verlassen (Exit). Im Bereich der *Arbeitspsychologie* wird die Handlungstheorie weiter ausgebaut, um zielgerichtetes Verhalten adäquater zu verstehen (vgl. Volpert 1983, Hacker u.a. 1986, Heckhausen 1989). Handlungen sind dann intentionale, d.h. zielgerichtete Verhaltensmuster, die nicht nur reaktiv auf Reize hin ausgelöst werden. Handlungen sind nach Handlungsplänen und Ergebnis-Erwartungen ausgerichtet. Die Ergebnisse und Erfolge des Handelns werden mit diesbezüglichen Erwartungen verglichen. Ob die Handlungstheorie mit den Selbstregulationsmodellen gut vereinbar ist bleibt offen, da die Selbstregulation eher auf die Formen der Reaktionen als Folge einer Stimulussituation ausgerichtet ist und weniger das geplante Handeln berücksichtigt. In Hinblick auf formalisierte Ansätze setzt vor allem das Regelkreismodell von *Autonomie und Bindung* von Bischof (1985) nach wie vor Standards: Umwelt-Informationen über Detektoren der Vertrautheit und der Nähe ergeben additiv zusammengeschaltet ein Sicherheitsgefühl. Davon wird das Abhängigkeitsgefühl subtrahiert - bei niedriger Ausprägung der Abhängigkeit ergibt sich eine hohe Netto-Sicherheit und in der Folge ein nach außen gerichtetes Explorationsverhalten und die Abwendung von den Familienmitgliedern. Bei hoher Ausprägung der Abhängigkeit ergibt sich eine geringe Netto-Sicherheit und damit tritt Bindungsverhalten auf. Auf diese Weise kann das Inzesttabu auf biokybernetische Prozesse zurückgeführt werden - eine gesunde Entwicklung mit Nähe und Vertrautheit (hohes Sicherheitsgefühl) führt in der Pubertät bei sexueller Erregung zu außerfamilialem Explorationsverhalten. Im Bereich der *Denkpsychologie* hat Dörner mit seiner Arbeitsgruppe durch die Erforschung des kognitiven Umgangs mit komplexen Problemsituationen wichtige Impulse gesetzt (vgl. Dörner u.a. 1983, Dörner 1989). In der *klinischen Psychologie* hat vor allem Schiepek die systemische Modellierung bei unzähligen Anwendungsbeispielen ausgearbeitet (vgl. Schiepek 1986, 1987, 1991, Schaub u. Schiepek 1992, Schiepek u.a. 1992). Von großem Interesse ist auch die Frage, welche *begriffliche Ausarbeitung* das vordergründig fruchtbare Konstrukt der „*Autopoiesis*" im Sinne der Selbstreferenz oder der Selbstorganisation haben kann - ist jede beobachtbare Veränderung im Psychischen eine Autopoiese? Was wird organisiert? Sind eher affektive Prozesse die „Organisatoren der Selbstorganisation" oder sind es kognitive Elemente?

Wie leicht zu sehen ist besteht *Bedarf an einer systematischen Aufarbeitung systemischen Denkens in der Psychologie*.

*Systemische Aspekte der „Verhaltenspsychologie"*

Die Korrespondenz der *Verhaltenstheorie* bzw. Lerntheorie („Verhaltenspsychologie") mit systemischen Konzepten ist sehr gut. Bereits Gottwald (1971) hat versucht, die Systemtheorie auf die Lerntheorie anzuwenden. Grundbegriffe sind der Organismus O, die Struktur S, die Reaktion (Verhalten) R und die mit der Reaktion zeitlich zusammenfallende (kontingente, K) Konsequenz C. Dieses sogenannte S-O-R-K-C-Modell stellt auch bereits ein implizites systemisches Modell der Verhaltensentwicklung dar, da die Konsequenzen wieder neue innere oder äußere Reize darstellen, die den Zustand des Organismus beeinflussen. „Schnelle" Rückwirkungen der Verhaltensfolgen auf den Organismus oder die Situation - also kontingente Konsequenzen - steuern den Verhaltensverlauf stärker als „langsame" oder antizipierte Konsequenzen. Diese Aspekte wurden von Kanfer u.a. weiter ausgebaut (Kanfer u.a. 1991): vor allem die kognitive Verhaltenstherapie nutzt zunehmend Konstrukte, die Zustände und Prozesse wie Erwartung, Attribuierung usw. als relevante Kategorien eines „Soll-Wertes" ausweisen. Es ist dann von „Selbstregulation" die Rede. In dieser Konzeption wird die *Selbstbeobachtung* (Ist-Wert) mit den *Standards* (Soll-Wert) verglichen und bei Diskrepanzen versucht, durch *Bewältigungsverhalten* den Ist-Wert zu ändern, oder sogar auch den Soll-Wert zu ändern. Zu letzterem ist aber meist therapeutische Unterstützung nötig. Ähnlich aufgebaut sind *psychologische Streßmodelle*, die rückgekoppelte Bewertungsreaktionen auf Stressoren oder auf Streßzustände vorsehen (vgl. Lazarus u. Folkman 1984). Verblüffenderweise gibt es kaum Bemühungen, zwischen diesen Grundmodellen Korrespondenzen herauszuarbeiten.

*Systemische Aspekte der Psychoanalyse*

Auch die *Psychoanalyse* zeigt wichtige Merkmale, die sie mit systemischem Denken gut verträglich erscheinen läßt: Sie hat eine Sonderposition in den „Psychowissenschaften" insofern sie umfassend, ganzheitlich orientiert, verbal-theoretisch differenziert, dynamisch konzeptualisiert, praxisrelevant und universell anwendbar ist. Sie ist aber unpräzise und beinahe antiempirisch ausgerichtet. Einige Vertreter wie Kernberg, Mentzos oder Rohde-Dachser haben aber bereits zu Präzisierungen verholfen (vgl. Mertens 1981). Bereits das „Instanzenmodell", das hemmende (z.B. Abwehrmechanismen) und aktivierende Interaktionen zwischen Ich, Über-Ich und Es annimmt, zeigt regeltheoretische Implikationen. In dieser Hinsicht sind noch weitere Ausarbeitungen interessant. Fürstenau (1992) wies kürzlich auf weitere grundlegende entwicklungstheoretische Aspekte hin: das Ich entwickelt sich aus der Differenz von Ich zu Nicht-Ich oder der Differenz von Selbst-Repräsentanz und Fremdrepräsentanz. Dies ist die Leitdifferenz und damit das Konstitutionsprinzip der inneren Welt. Die Therapie entwickelt sich an dieser Leitdifferenz.

Der Psychiater Ciompi (1981) hat auf Kompatibilitäten der Psychoanalyse mit seinem systemisch-psychiatrischen Ansatz der Affektlogik hingewiesen. Kritisch zur Einarbeitung systemischer Konzepte in die Psychoanalyse äußerte sich jedoch Plänkers (1986).

An dieser Stelle ist auch die Konzeption einer systemwissenschaftlich orientierten *Psychosomatik* von Uexküll zu erwähnen (vgl. v.Uexküll 1985, Uexküll u. Wesiack 1988). Aufbauend auf der „Umweltlehre" von J.v. Uexküll konzipiert T.v.Uexküll einen Funktionskreis zwischen Person und Umwelt. Die innerseelischen Prozesse werden als Programmsystem verstanden. Vor allem in Hinsicht auf die Integrationskraft der Systemtheorie sind die Entwicklungen des systemischen Denkens in der Psychosomatik interessant.

## Systemische Psychopathologie

Auch die *Psychopathologie* läßt sich als eigenständige Subdisziplin der Psychiatrie durch spezifische *Begriffe, Methoden und Modelle* charakterisieren. Trotz dieser Eigenständigkeit erscheint eine Korrespondenz mit der Psychologie sinnvoll zu sein (vgl. Barz 1975). Eine Verbindung mit der Systemwissenschaft wird allerdings von einigen Autoren kritisch eingeschätzt (vgl. Frommer 1989).

### Begriffe der Psychopathologie

Grundlegend muß aber im Sinne einer „systematisch-systemischen Psychopathologie" ein konzeptueller Anschluß an die Kategorien der klassischen Psychopathologie gefunden werden (Störungen der Wahrnehmung, des Denkens usw.). In Hinblick auf die Psychopathologie ist zu klären, was *Elemente des psychischen Systems* sind - etwa im Bereich der Gefühle die einzelnen Gefühle wie Angst, Trauer, Ärger und Freude, sodaß zu entscheiden ist, ob die Global-Kategorie „Gefühle" als psychisches Subsystem und als Systemkomplex von Gefühlen konzipiert wird. Auch die „interaffektiven Bezüge", etwa die wechselseitige Verstärkung von Angst und Depression oder die nichtlinearen Bezüge zwischen Angst und Aggression usw. müssen dynamisch konzeptualisiert werden. Differentiell herzuleiten ist dann die Konstruktion von Kategorien wie „Konflikt", „Ambivalenz", „Autismus" usw. auf der Basis solcher Kategorien, was eine vernachlässigte Aufgabe der Psychopathologie ist. Syndromatische Funktionsbegriffe der Psychopathologie wie „*Ambivalenz*" oder „*Autismus*" kennzeichnen eine komplexe Verhaltensdisposition. Es sind damit spezifische Konstellationen von Störungen der Wahrnehmung, des Affekts, des Antriebs, des Denkens und des Sozialverhaltens gemeint.

Ein wichtiger Fragenkreis in dieser Hinsicht bezieht sich auch auf die Notwendigkeit, die unterschiedlichen *Systematiken der Psychopathologie* in ihrem Bezug aufeinander zu untersuchen, also etwa die Systematik von Scharfetter (1991) und die von Burchardt (1980, 1987). Diese Systematiken erlauben eine differenzierte Beschreibung des psychischen Systems.

### Methoden der Psychopathologie

Ein grundlegendes Problem der empirischen Psychopathologie liegt ebenso wie in der Psychologie in der Schwierigkeit der intersubjektiven Messung psychischer Sachverhalte. Dabei werden in den letzten Jahren zunehmend mehr *Skaliermethoden* verwandt, wie etwa der Depressions-Beurteilungsbogen von Hamilton usw., die dem

Validierungsparadigma folgen (v. Zerssen 1980). Die Psychiatrie sucht im psychopathologischen Bereich den Anschluß zur Naturwissenschaft (vgl. Möller 1976). Demgegenüber steht die *phänomenologische Psychopathologie* seit Jaspers (1973), die durch Verstehen versucht, fremdpsychischen Phänomenen näher zu kommen. Aus der empirischen Arbeitspsychologie kommt die im klinischen Bereich wenig beachtete „Industrielle Psychopathologie" (Frese et al. 1979).

Bedeutsam ist daher das epistemologische Spannnungsverhältnis zwischen Beobachtungen des Arztes am Individuum und des Forschers an Kollektiven (Kasuistik vs. Statistik). Dieses Grundproblem wurde im Abschnitt „Philosophie" angesprochen.

*Modelle der Psychopathologie*

Im Bereich der Erklärungsansätze der Psychopathologie hat beispielweise Scharfetter (1989) die „Ich-Funktionen" in seinem Buch „Schizophrene Menschen" zum Ausgangspunkt theoretischer Überlegungen gemacht: Schizophrenie wird als Folge der Störung der Ich-Aktivität, der Ich-Vitalität, der Ich-Demarkation, usw. angesehen. Mit dieser speziellen Begrifflichkeit ist allerdings die Übersetzbarkeit zwischen den Systematiken erschwert. Ganz eine eigene Position bezieht die *„Strukturdynamik"* von Janzarik (1988). Sie basiert auf zentralen Begriffen wie „Struktur" als zeitlich anhaltendes Gefüge von Gerichtetheiten (Triebe, Bedürfnisse, Absichten) und „Dynamik" als Kräfte wie Emotionalität und Antrieb. Eine Psychose ist dann eine dynamische Entgleisung. Wenngleich keine explizite Einarbeitung systemwissenschaftlicher Gedanken in die Strukturdynamik erfolgt ist, so wird doch deutlich, daß in dieser Konzeption eine gedankliche Nähe zum systemischen Denken besteht.

Eine komparative Diskussion dieser Ansätze erscheint als Voraussetzung einer systemwissenschaftlich gedachten Psychopathologie. Dabei muß auch eine gewisse Korrespondenz der Kategorien der Psychopathologie mit jenen der akademischen Psychologie hergestellt werden (s.dort). Interessant ist auch die Differenzierung und Explikation der neurobiologisch begründeten *„funktionellen Psychopathologie"* nach van Praag (1991), die auf der Vernetzung der pathogenetischen Pfade beruht (vgl. „Einheitspsychose"). Erst wenige Psychiater haben sich um die breitere Anwendung des systemischen Denkens in der Psychiatrie bemüht (vgl. Ciompi 1982, Schmitt 1986, Schleiffer 1989). Zur *Modellierung* ist dabei die Differenzierung der Black Box „Seele" mit einer Substruktur in Form von zwei interdependenten Subsystemen *„Affektsystem"* und *„Kognitionssystem"* hilfreich (vgl. Ciompi 1982).

Im Bereich der klinischen Psychologie haben Schiepek (1986, 1987) und Schiepek et al. (1992) analytische Strategien und Modellierungen von verschiedenen Störungsbildern vorgestellt (vgl. auch Tschacher et al. 1992).

## 15.4 Sucht als klinisches Praxisbeispiel

Es gibt viele Beschreibungen und Typisierungen von Psychiatern und Psychoanalytikern von spezifischen Verhaltensauffälligkeiten Suchtkranker, die entgegen den meisten testpsychologischen Ergebnissen typisch für Suchtkranke sein sollen (vgl. Lürssen 1976, Grünberger 1977, Küfner 1981, Rost 1986, Heigl-Evers u. Standke 1989). Auch die psychologische Analyse der Selbstbeschreibungen der Anonymen Alkoholiker gibt ein typisches Bild der Alkoholkranken, die ja im Rahmen der Selbsthilfevereinigungen professionelle Deutungen der Sucht ablehnen. Es werden Störungen der Affekte, der Impulskontrolle udgl. berichtet. Folgende unvollzählige Merkmalsbeschreibungen, die beobachtungsorientiert oder aber auch theoretisch orientiert sind, finden sich in der Literatur. Sie sind hier nach systematisch-psychologischen Gesichtspunkten zusammengefaßt. Mit dieser Darstellung wird übrigens weder eine Grundtypologie, noch eine psychologische Ätiologie vorgeschlagen (vgl. Tab. 18 ).

Bei Betrachtung dieser Merkmale entsteht zunächst der Eindruck, daß es sich um völlig unterschiedliche Phänomene handelt. Es wird aber zu zeigen sein, daß diese Kategorien Kennzeichen spezifischer Betrachtungsweisen einzelner psychischer Funktionen sind, die sich in der systemischen Sichtweise verbinden lassen: Impulsives Verhalten kann als Korrelat eines affektiven Exzesses, wie auch als Ausdruck einer mangelnden Affektkontrolle oder als Ausdruck eines labilen Selbstbildes interpretiert werden. Dazu ein in der klinischen Arbeit häufig beobachtbares Beispiel:

Bei der morgendlichen Visite erklärt ein am Vorabend eingewiesener obdachloser Alkoholiker, daß er eine Entgiftung durchführen wolle, da er vom Alkohol und seinen Folgeproblemen nun genug habe. Nach der Visite soll er helfen, sein Bettzeug zu wechseln, da er im Rausch ins Bett uriniert hatte. Er weigert sich dies zu tun und sagt zur Krankenschwester „...es ist ja ihre Aufgabe als Schwester, dies zu tun". Die Schwester wendet sich daraufhin ab. Nach dem Mittagessen will er sofort entlassen werden.

Die suchtpsychologische Rekonstruktion des kurzen Verlaufs ergibt folgendes Bild: Es kann zunächst von einer „Labilität" (klassisch: „Willensschwäche") die Rede sein: Suchtkranke geben bei der Visite häufig vor, etwas tun zu wollen, also etwa eine Entgiftung durchführen zu wollen, und geben dann diesen Vorsatz wenige Stunden später wieder auf und wollen trotz kritischer Hinweise von ärztlicher Seite entlassen werden. Bei diesem Motivationswandel ist meist nicht nur der „Suchtdruck" verantwortlich. Es bietet sich vielmehr eine andere Interpretation an: Die Auseinandersetzung über das Bettbeziehen beruht auf einer „gestörten Realitätsanpassung" (Klinikjargon: „überhöhte Anspruchshaltung"), also auf einem fordernden Verhalten gegenüber der Umwelt, ohne selbst einen Verhaltensbeitrag zu leisten, damit sich die Situation in der gewünschten Weise verändert. Hier könnte auch von „Frustrationsintoleranz" gesprochen werden: Wenn nun die Schwester das Bett nicht überzieht, sondern den Patienten stehen läßt, dann ärgert sich der Patient und verurteilt die gesamte Klinik, sucht sich Verbündete usw. Dabei kann auch von „Affektintoleranz" die Rede sei, weil der Patient mit diesen eskalierenden Affekten nicht umgehen kann. Man kann nun im

Tab. 18: Häufig beobachtete und klassifizierte Verhaltensauffälligkeiten bei Suchtkranken (nach Tretter 1993 a)

*1. Affektstörungen:*
- Impulsivität (Fenichel 1954)
- Gehemmte Aggressivität (Antons 1978, S. 38)
- Autoaggression (Antons 1978, S. 38)
- Depressive Züge (Antons 1978, S. 38)
- Isolationsgefühl (vgl.Neuendorff u. Schiel 1982, S.39, S.42)
- Affektintoleranz gegen Angst und Depression (Krystal u. Raskin 1983)
- Schuldgefühle (Neuendorff u. Schiel 1982,S.41)
- Affektlabilität (Rauchfleisch 1972, S.38)

*2. Sozialverhalten:*
Es ist von einer vielschichten „Egozentrik« geprägt:
- Autonomiestreben (Antons 1978, S. 38)
- Dominanzstreben (vgl.Neuendorff u. Schiel 1982, S.44)

*3. Selbstbild:*
Es ist von Labilität mit anhaltendem negativen Selbstwert gekennzeichnet mit phasischen Episoden unrealistischer Selbstüberhöhung:
- Selbstüberschätzung (vgl.Neuendorff u. Schiel 1982, S.48)
- Hilflosigkeitsgefühle (Krystal u. Raskin 1983, S. 16)

*4. Regulative Prozesse:*
- Externalisierung von Problemen, externale Kausalattribution
  (vgl. Lürssen 1976; Burian 1984, S.28; Petry 1985, S.23)
- Ich-Schwäche (Rado 1926)
- Schwanken zwischen Befriedigung von Bedürfnissen und Unterwerfung
  gegenüber restriktiven Über-Ich-Anforderungen ( Rauchfleisch 1971,
  Wurmser 1987)
- Außenreizabhängigkeit (Brand-Jacobi 1983)
- Narzißmus (v. Scheidt 1976)
- Unkontrollierbarkeit der Affekte (Neuendorff u. Schiel 1982, S.40)
- Unmäßigkeit (Neuendorff u. Schiel 1982, S.43)
- Spannungszustände mit Unfähigkeit, die Spannung zu ertragen
  (Berner u.a 1963)
- Gestörte Realitätsanpassung (vgl. Lürssen 1976)
- Dominanz des Lustprinzips (Battegay 1978)
- Unersättlichkeit (Battegay 1978)
- Mangelnder Reizschutz (Rado 1926)
- Mangelnde Innen- und Außendifferenzierung (Heigl-Evers 1985)
- Mangelnde Realitätsprüfungsfunktion (Heigl-Evers 1985)

Hintergrund dieser Anspruchshaltung und in dieser Situation ein Erleben eines unausgewogenen sozialen Beziehungsgefüges sehen. Der Patient erwartet infantil eine mütterliche Versorgung, die ihm nun verwehrt wurde. Daher kann auch von einer „narzißtischen Störung" gesprochen werden, oder aber auch von einer dahinterliegenden „unersättlichen Sehnsucht nach Liebe", die durch das Verhalten der Schwester enttäuscht wurde.

Diese Interpretationen können weiter geführt werden. Entscheidend ist: Eine Verhaltensepisode kann verschieden akzentuiert wahrgenommen und gedeutet werden, indem ein bestimmter Aspekt der psychischen Prozesse hervorgehoben wird. Dies ist der zentrale Grund, eine Rekonzeptualisierung der Psychopathologie vorzunehmen:

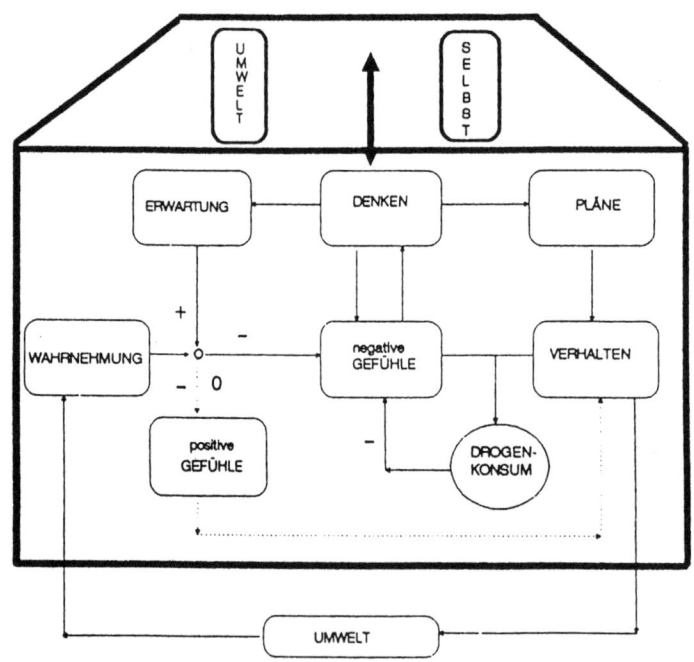

Abb. 50: Innerpsychische Regelkreise der Sucht: Erfahrungen (Wahrnehmungen) und Phantasien (z.B. Erwartungen) von der Umwelt und der Person selbst bestimmen das Erleben. Bei einer Diskrepanz zwischen Erwartung und Wahrnehmung tritt ein negatives Gefühl (Enttäuschung, Ärger, usw.) auf. Dieses Gefühl löst Denkprozesse aus, die zu Plänen führen, die über Verhalten die Ist-Situation durch eine Beeinflussung der Umwelt im Sinne der Erwartungen verändern können. Unfähigkeit, diese Prozesse einzuleiten (mangelnde Problembewältigungskompetenz) und die aktuelle Erfahrung, daß Drogen positive Gefühlszustände bewirken können, führen dazu, daß zunehmend der Drogenkonsum zur Gefühlsregulierung genutzt wird. Eine andere Möglichkeit besteht darin, die Erwartungen (Ansprüche) zu reduzieren und auf diese Weise den Spannungszustand zu mindern. Therapeutisch wird an diesen Komponenten und an der Problembewältigungskompetenz gearbeitet (nach Tretter 1993a).

- es müssen die wesentlichen *Begriffe in ihrem Zusammenhängen* bereits grundlegend konstruiert sein
- es müssen *Funktionsmodelle* expliziert werden, die das Zueinander der einzelnen Funktionen klären.

Das praktische Beispiel läßt sich so zusammenfassen, daß es sich beim süchtigen Verhalten um ein dysfunktionales Zusammenspiel von Regulationstörungen in folgenden Bereichen handelt (vgl. Heigl-Evers u.a 1991):
(1) Selbst-Umwelt-Beziehungen (z.B. Sozialverhalten)
(2) Wunsch-Wirklichkeits-Beziehungen (z.B. Selbstbild)
(3) Lust-Unlust-Balance (Affekte).

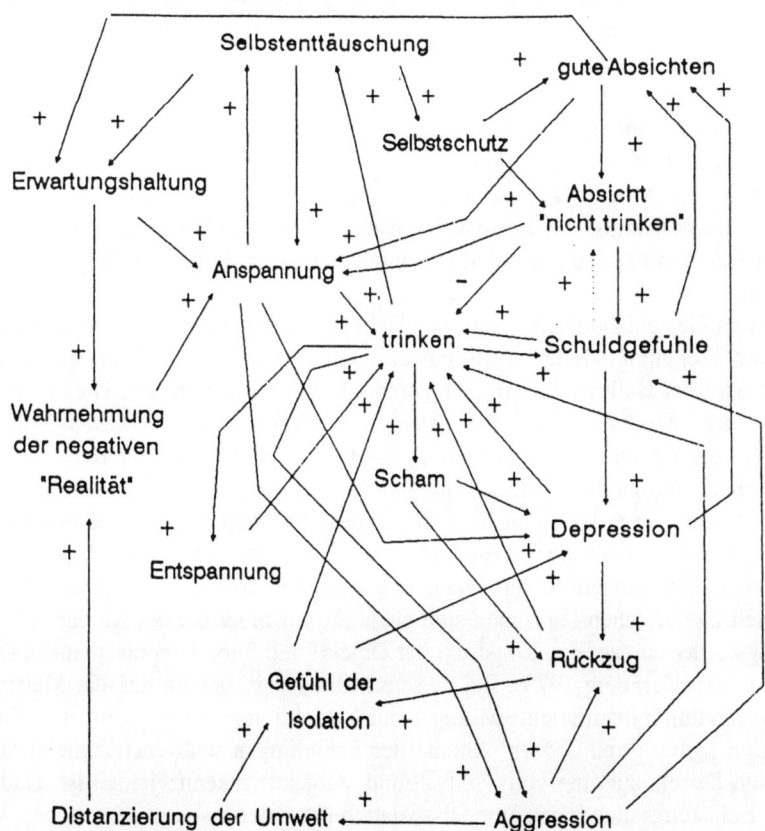

Abb.51: Ein hypothetisches Bedingungsgefüge süchtigen Verhaltens: Trinken wird von mehreren Faktoren angetrieben - Zustände der Anspannung führen zum Trinken oder zu Aggressionen oder zu Depressionen mit Bewältigungsversuchen, die die Anspannung erhöhen, mit der Folge, daß getrunken wird. Dies bewirkt Schamgefühle, aber auch Entspannung, mit der Selbstverstärkung des Trinkens. Viele Kreisläufe als verstärkende Nebenwirkungen steigern das Trinken. Nur Einsichten in die negativen Folgen des Trinkens (Depressionen, Aggressionen usw.) und entsprechend stabile Absichten nicht zu trinken können dem entgegenwirken (nach Tretter 1993a).

Es handelt sich also um regulative Prozesse, die jeweils ein Gleichgewicht der Selbstbezogenen oder Umwelt-bezogenen Aktivitäten, der Lustzustände oder der Unlustzustände usw. erzielen sollen (vgl. Tretter 1985, s. auch Abb. 50). Vor allem das Gleichgewicht zwischen Phantasien und der gegebenen Wirklichkeit (d.h. dessen, was als Wirklichkeit erlebt wird) erfordert regulative Prozesse. Diese regulativen Prozesse sind durch kognitive oder verhaltensmäßige Anpassungsprozesse gekennzeichnet. Es werden Pläne gemacht, wie Wünsche verwirklicht werden können usw. Beim Suchtkranken scheint im Sinne der oben genannten Symptome eine Störung der Wunsch-Wirklichkeits-Beziehungen vorzuliegen, die eine Unlustspannung erzeugen, die nur durch den Rauschmittelkonsum umgangen werden können. Sowohl die *Verhaltenspläne*, wie auch die *Erwartungen* gegenüber der Umwelt sind *überhöht*. Dadurch entstehen affektive Spannungen (Unlust). Die Regulationskompetenzen im affektiven, behavioralen, wie auch im kognitiven Bereich sind insuffizient. Drogenkonsum dient als insuffiziente Regulationshilfe. *Therapeutisch* wird daher in diesen Bereichen bevorzugt gearbeitet.

Bei jedem einzelnen Menschen läßt sich jedoch auch ein individuelles Bedingungsgefüge des süchtigen Verhaltens ausfindig machen. Dies ist im Rahmen des „idiographischen Modellierens" (vgl. Schiepek 1991) möglich. Dabei werden einzelne Faktoren unabhängig von der eben dargestellten Taxonomie - beispielsweise so wie sie vom Klienten expliziert werden - in ihren Wechselbeziehungen dargestellt (vgl. Abb. 51).

Ein weiterer Gesichtspunkt systemischen Denkens kann pathologische Rauschphänomene und drogeninduzierte Psychosen erfassen: beispielsweise kann bei Amphetaminen oder bei Halluzinogenen eine paranoide Psychose auftreten. Dies kann man sich analog zu Modellen der Schizophrenie (vgl. Böker u. Brenner 1989) wie folgt vorstellen: die noradrenerge Aktivierung führt zu einer Störung der Konzentration, was zu einer veränderten Wahrnehmung führt, mit der Folge der Veränderung des Gedankengangs, mit der Folge der Steigerung des Arousals usw. Die zirkuläre Kausalkette kann an verschiedenen Stellen in Gang gesetzt sein (vgl. Abb. 52).

Beim Versuch, die verschiedenen Typen von Wahnphänomenen bei drogeninduzierten Psychosen zu verstehen kann man sich auch auf ein modifiziertes Modell der Psychoanalyse, das sich auf das Konstrukt der Objekt- und Subjektrepräsentanzen stützt, beziehen (vgl. Kernberg 1979). Bei diesem Modell wird betont, daß die Matrix der Erfahrungen durch insuffiziente Mutter-Kind-Interaktionen von einer unzulänglichen Integration „guter" und „böser" Anteile der Erfahrungen und einer zugleich unzulänglichen Differenzierung von „Selbst" und „Objekt" gekennzeichnet ist. Dadurch kann in Belastungssituationen eine Dissoziation des Erlebens in psychotischer Weise erfolgen (vgl. Abb. 53).

Die hier dargestellten systemischen Konzepte psychischer Faktoren einiger Aspekte der Suchtentwicklung können eine Belebung der „Theorie der Sucht" bedeuten (vgl. Feuerlein 1986, Tretter 1987, 1990).

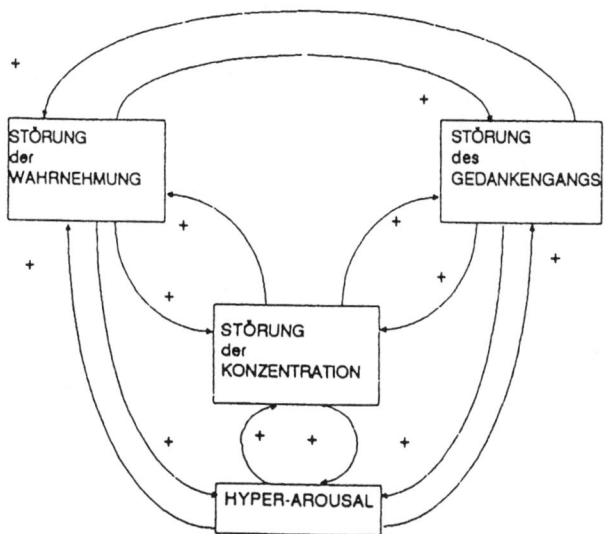

Abb.52: Ein hypothetisches Beschreibungsmodell zur systemischen Dynamik einiger Symptome drogeninduzierter paranoid-halluzinatorischer Psychosen: Die teufelskreisähnlichen Wechselwirkungen zwischen Störungen psychischer Partialfunktionen wirkt als Verstärkung der einzelnen Störungen (nach Tretter 1993a).

## Weitere klinische Syndrome systemisch betrachtet

Ähnliche Konzeptionen, wie sie zur Sucht dargelegt wurden, lassen sich bei Depressionen und bei der Schizophrenie anwenden (vgl. Tretter 1993 a). Sie sind hier erwähnenswert, weil auch beim akuten oder chronischen Rauschstoffkonsum Depressionen oder auch (Schizophrenie-ähnliche) paranoide, halluzinatorische Psychosen auftreten können, die einer gesonderten Behandlung bedürfen.

## Depressive Syndrome

Beck (1967) geht von einer Störung der Informationsverarbeitung bei depressiven Syndromen aus: a) willkürliche Schlüsse, die zur negativen Bewertung führen, b) selektive Abstraktion negativer Aspekte, c) Übergeneralisierung bei negativen Einzelereignissen, d) Maximierung des negativen Effekts und Minimierung der eigenen Kompetenzen, e) Personalisierung in Form von Zuschreibung negativer Ereignisse als Effekt des persönlichen Handelns und f) verabsolutierendes Denken, etwa im Sinne von „alles ist gut oder sonst ist alles schlecht".

Diese Störungen der Informationsverarbeitung beruhen auf drei zentralen inhaltlichen Faktoren des depressiven Zustandes:

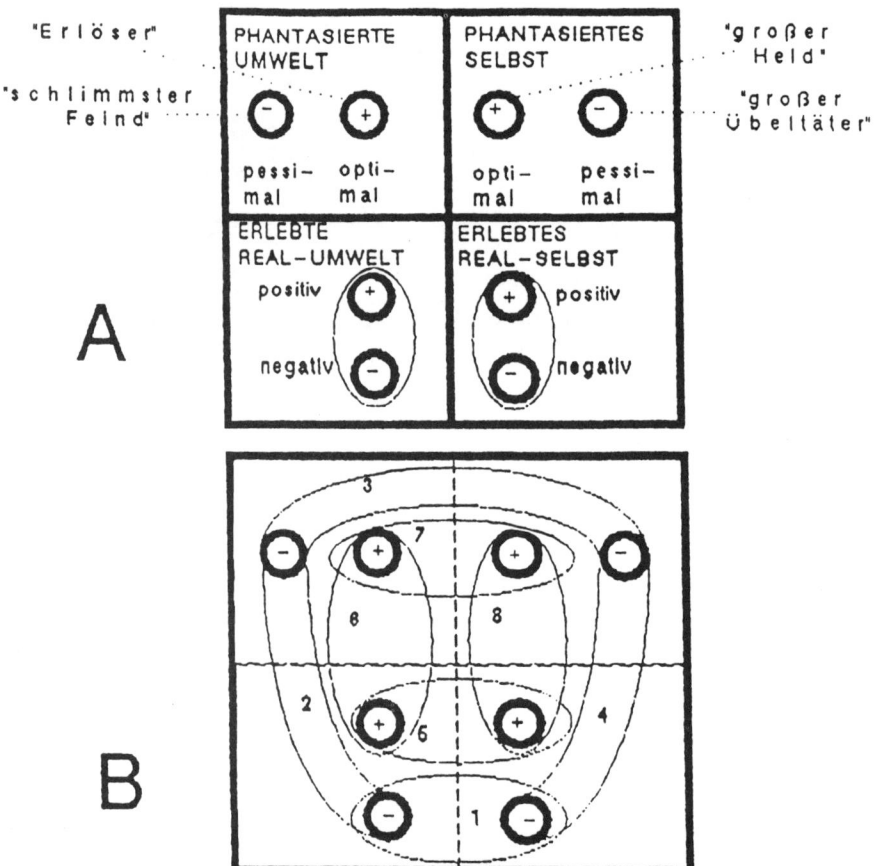

Abb. 53: Die funktionelle Bedeutung der „Erfahrungsmatrix" bei paranoid-halluzinatorischen Psychosen: Für eine ungestörte Informationsverarbeitung (A) müssen die Grenzen zwischen Phantasie- und Wirklichkeits-Erleben und zwischen Selbst und Umwelt klar sein, wobei positive und negative Aspekte gekoppelt sein müssen.
Bei entwicklungsbedingten Störungen dieser Grenzen (B) können wahnhafte Verbindungen zwischen Teilen der Erfahrungsmatrix hergestellt werden: z.B. negative Erfahrungen mit sich selbst werden mit negativen Umweltereignissen in Verbindung gebracht (1) (z.B.: beobachtet oder bestrahlt werden), die schließlich als „Phantasie-Umwelten" etwa in Form von Agentenringen als Beobachter ausgedehnt werden (2), wobei ein zusätzlich negatives Selbstbild etwa als großer Übeltäter (3 u.4) zu einer Weltuntergangsstimmung führen kann. Andererseits läßt ein positives Selbstbild als „großer Held"(8) ein Gegengewicht zur negativen Umwelt herstellen. Auch andere Wahnbildungen sind möglich (gestrichelt gezeichnet; vgl. Kernberg 1979, Ciompi 1982, Tretter 1985).

1) negative Bewertungen der eigenen Person
2) negative Bewertungen der Umwelt
3) negative Bewertungen der Zukunft

An dieser Konzeption kommt deutlich die Bedeutung der Dimension des Zeiterlebens, also die Perspektivität zum Ausdruck. In der hier vorgeschlagenen Terminologie könnte der Bereich affektiv-kognitive Schemata der Person und affektiv-kognitive Schemata der Umwelt spezifisch gestört sein. Außerdem kämen die negativ besetzten Langzeit-Erwartungen hinzu. Genauer: die negativen Affekte bei einer erwartungsinkongruenten Erfahrung führen ermangelns kognitiv-imaginativer oder verhaltensmäßiger Bewältigungskompetenzen zu Insuffizienz-Phantasien, die sich als negative kognitive Schemata von der Umwelt und auch von der Person selbst manifestieren. Die Rückwirkung dieser Schemata auf die aktuellen Erlebensprozesse tönen die Erfahrungen negativ. Dabei wird der Antrieb und die Motivation gemindert, was zu noch weniger Aktivität führt, mit der Folge der Festschreibung und Verstärkung der negativen Bilder usw. Manche Depressive zeigen ein ausgeprägtes Leistungsverhalten und auch Zwanghaftigkeit. Dies kann als erhöhter Soll-Wert interpretiert werden, d.h. als überhöhter Anspruch an sich selbst. Die Folge ist Erschöpfung und außerdem ein erhöhtes Frustrationsrisiko mit zugleich wenigen inneren Ressourcen zur Kompensation. Pekrun faßt dieses Netzwerk von Prozessen so zusammen( Pekrun, 1990, S.232): „Negative Kognitionen, exzessive negative Emotionen, Defizite an positiven Emotionen, reduzierte Motivation und reduziertes Handeln sind bei Depression also typischerweise so miteinander verflochten, daß sie sich gegenseitig aufschaukeln und zum Persistieren des depressiven Zustands führen."

Es ist in diesem allgemeinen Depressionsmodell relativ gleichgültig, ob der Anreiz, der diesen Kreislauf in Gang bringt, ein biochemisches Defizit ist, wie bei der endogenen Depression, oder ob es eine Erschöpfungsdepression als Folge eines Kokain-Exzesses ist, oder ob eine fordernde Herkunftsfamilie in der Entwicklung der Person die Überbeanspruchung hervorgerufen hat, oder ob es sich um den Verlust einer geliebten Person handelt oder ob es sich um ungewünschte Abwendungen der Mutter in kritischen Phasen der frühkindlichen Entwicklung handelt (vgl. Schaub & Schiepek 1992). Interessant ist, daß dieses Erklärungsschema in Grundzügen dem eben dargelegten Suchtmodell gut entspricht.

*Paranoid-halluzinatorische Psychosen*

Beim Konsum von mehreren Drogen, wie LSD, Kokain oder Ecstasy können paranoid-halluzinatorische Psychosen ausgelöst werden. Man spricht von exogenen Psychosen und auch von drogeninduzierten Psychosen. sie ähneln in ihrer Symptomatologie der Schizophrenie. Daher sind sie im Hinblick auf die Neurobiologie und die Psychopathologie von besonderem Interesse.

Es gibt nun bereits in der Schizophrenie-Theorie Tendenzen, wesentliche Kategorien der Psychopathologie und Psychologie durch kybernetische Terme und Konzepte („Schizophrenie ist eine Störung der Informationsverarbeitung") zu ersetzen (vgl. Emrich 1988): Beispielsweise kann statt von Störungen der Wahrnehmung nach Broadbent (1972) auch von „*Filterstörungen*" gesprochen werden. Hier ist aber zu fragen, ob diese Kategorie zutrifft: die experimentellen Grundlagen für diese Konzeption liegen im Befund, daß die Reaktionszeiten bei visuellen Aufgaben, die durch akustische Reize gestört werden, stark verlängert sind - Störreize können somit schlecht gefiltert werden. Dies kann aber auch Ausdruck einer schlechten Aufmerksamkeitsleistung oder ein Defizit des Arbeitsspeichers sein, der die Aufgabenstellung unzulänglich bereithält usw. Bei solchen Fragen gründlich nachzudenken, welcher Typ der Operationen der Informationsverarbeitung gegeben ist (Aufnahme, Selektion, Repräsentation usw.) kann helfen, Vorstellungen über die psychischen Operationen und ihre Störungen im Lichte der Systemwissenschaft präziser zu diskutieren. In dieser Hinsicht ist die Modellevolution von Brenner interessant, der nun *episodische und partizipatorische Prozesse der Informationsverarbeitung* unterscheidet (vgl. Böker u. Brenner 1989). Grundlegend ist davon auszugehen, daß sich das Erkrankungsrisiko aus dem Verhältnis von Belastung und Bewältigungskompetenz bei einer gegebenen Vulnerabilität herleitet. Ein *bottom-up-Modell* geht von den Neurotransmitter-Störungen aus, über psychophysiologische Dysfunktionen, bis zur Störung der Informationsverarbeitung als kognitive Störungen. Die kognitiven Funktionen lassen sich in höhere kognitive Funktionen wie das Selbstbild, oder Zweck-Mittel-Schematisierungen und in basale kognitive Funktionen unterteilen, wie Aufmerksamkeit, Wahrnehmung, Denken. Die Bedeutung der Gedächtnisfunktionen, operationalisiert als Arbeitsspeicher und als übermäßig „offener" Langzeitspeicher, gibt neue Interpretationshorizonte für das Schizophrenie-Verständnis.

Bemerkenswert sind neuerdings Versuche, schizophrene Prozesse am Computer zu simulieren. Dadurch wird es möglich, die zeitliche Dynamik einzelner relevanter psychischer Elementarfunktionen und ihrer Störungen (Wahrnehmung, Denken, usw.) zu untersuchen (Schiepek u.a. 1992). Für das Verständnis von paranoid-halluzinatorischen Psychosen und dabei insbesondere der Schizophrenie als Entwicklung hat Ciompi (1982) das *biopsychosoziale Drei-Phasen-Modell* mit mehreren Rückkopplungsschleifen vorgeschlagen. Er versuchte auch mit vorliegenden klinischen Daten Formalisierungen nach chaostheoretischen Ansätzen vorzunehmen, wobei sich allerdings mehrere datentechnische Schwierigkeiten ergaben (vgl. Ambühl et al. 1992). Allerdings ist anzumerken, daß die Chaos-Metapher in der Psychose-Diskussion äußerst undifferenziert angewandt wird - das Wesen der Psychose ist nicht ein über die Zeit hin flukturierendes Phänomen, der Unordnungsbegriff ist daher an dieser Stelle falsch transponiert.

*Wahn systemisch betrachtet*

Ein Wahn (Paranoia) kann ebenfalls als Störungsbild bei chronischem Kokainkonsum auftreten, und ist in der Regel ein Kennzeichen eines toxischen Abbauprozesses. Bei einer wahnhaften Störung kann im Gegensatz zur exogenen Psychose das Denken und der Affektprozess normal, d.h. im Ablauf unauffällig sein. Nur die Interpretetion umschriebener Umweltverhältnissse ist auffällig.

Wahnstrukturen sind daher Gedanken oder Gefüge von Gedanken, deren Korrespondenz mit der Realität gering sind, aber als realistisch gewertet werden. Sie werden zu zentralen Strukturen der Informationsverarbeitung. Jaspers (1973, S. 80) hat die „subjektive Gewißheit", die „Unkorrigierbarkeit" und die „Unmöglichkeit des

Inhalts" als drei führende Kriterien der Wahndiagnose angeführt. Spitzer (1990) grenzt diese Kriterien auf „subjektive Gewißheit" und „Unkorrigierbarkeit" ein. Maher u. Ross (1984) interpretieren diese Abläufe regeltheoretisch im Sinne von neuen Wahrnehmungen, die den Erwartungen nicht entsprechen und daher Spannungszustände hervorrufen. Dies bewirkt eine erhöhte kognitive Aktivität mit der Suche nach Erklärungen, die, wenn sie gefunden sind, zu einer Entspannung führen. Diese affektive Entspannung wird so gewichtig, daß alle „Gegenhypothesen" zur rationalen Erklärung des Beobachteten („Zufall") ausgeblendet werden.

Die Wahnentwicklung läßt sich auch als *Prozeßfolge* ausgehend von den Basisstörungen über den Realitätsverlust und die (verbalen) Halluzinationen über Spannungszustände bis zur Erklärung im systematisierten Wahn verstehen (vgl. Klosterkötter 1992). Schleiffer (1981) versuchte die Wahnentwicklung nach der Systemtheorie von Luhmann (1984) zu interpretieren. Ausgehend von der Annahme, daß *soziale Systeme und Bewußtseinssystem sinnhafte Systeme* sind, betont er die Differenz von Selbst- und Fremdreferenz und die Entkoppelung des psychischen Systems vom kommunikativen System. Schleiffer stellt die These auf, daß ein Beobachter 1. Ordnung nicht unterscheiden kann, ob er wahnhaft ist oder nicht. Beispiele aus der frühkindlichen Mutter-Kind-Interaktion untermauern seine Thesen. Die Resonanzreduktion sei insuffizient. Der Wahnkranke ist durch die Umwelt einerseits stärker irritierbar, andererseits sind seine Interpretationen bzw. Konstruktionen stärker autopoietisch. Nachdem die Umwelt in ihrer Komplexität zu irritierend geworden ist kann durch neue starre Sinnzuweisungen die *Komplexität* und damit auch die Aktivation *reduziert* werden.

## *Konsequenzen für die Suchttherapie*

In der Therapie Suchtkranker sind einige selbstbezogene Soll-Werte sehr relevant:
- ich soll *stark* sein (alles meistern und im Griff haben, aushalten können etc.)
- ich soll *schön* sein (anziehend sein, lieblich wirken etc.)
- ich soll *gut* sein (Verständnis haben, stützend sein, zuverlässig sein etc.)

Das Problem mit der Konstruktion dieser Sollwerte liegt darin, daß sie auf das Selbst bezogen sind und (vermeintlich) von außen kommen: man erwartet von einem, daß man stark, etc. ist. Dabei ist aber die Relativität dessen, was beim anderen als stark, schön, gut etc. gilt nicht bedacht, da diese Werte schwerlich genau voraussehbar und explizierbar sind.

Es ist daher die Relativität dieser Soll-Werte und der „Soll-Nicht-Werte" als Gegenwerte (schwächlich wirken, abstoßend sein, schlecht sein) auch von großer therapeutischer Relevanz. Die Schwäche des Starken kann nämlich ebenso liebenswert sein, ein scheinbar häßliches Merkmal kann Mitgefühl auslösen, etc. Durch die therapeutische Intervention können die für die jeweilige Person bedeutsamen Soll-Werte expliziert werden und neue Relativierungen erfolgen. Das wird am Beispiel der systemischen Familientherapie dargestellt.

## Fazit

Das systemische Konzept der Psyche als ein Gefüge von gekoppelten Regelkreisen hilft eine Vielzahl psychischer Besonderheiten Suchtkranker zu verstehen. Dieses Konzept kann erweitert werden in Hinblick auf die Frage nach der Konstituierung der Soll-Werte dieser Regelkreise und deren therapeutischer Umgestaltbarkeit. Dies wird nun im Rahmen der Ausführungen zur systemischen Familientherapie genauer erläutert werden.

Eine Rekonzeptualisierung der Psychopathologie durch das systemische Denken steht an. Viele einzelne Ansätze bedürfen einer integrierten Diskussion. Der Erfolg der systemischen Familientherapie als Anwendung systemischen Denkens im klinischen Bereich täuscht über die Notwendigkeit einer systematisch aufgebauten systemischen Psychopathologie hinweg. Es erscheint daher sinnvoll, einzelne systemische Ansätze mit der Psychopathologie in Verbindung zu setzen: Erst dann wird eine konzeptuell fundierte Kooperation der verschiedenen Forschungsansätze und der mit der Therapie befaßten Berufsgruppen möglich sein.

# 16 Systemische Familientherapie

## 16.1 Grundlagen

Die systemische Familientherapie ist ein medizinisch-klinischer Bereich in dem die Entwicklung des „systemischen Denken und Handelns" die meisten Fortschritte erzielt hat (vgl. Reiter et al. 1988). In der systemischen Familientherapie wird Familie als soziales System, d.h. letztlich als *System von Regeln* begriffen. Einige Grundgedanken der konstruktivistischen systemischen Familientherapie sind bereits im Abschnitt „Philosphie" ausgeführt und kritisiert worden. Für die konkrete klinische Arbeit sind dabei folgende Aspekte wichtig:

- Therapeutisch wird die besondere Bedeutung der *Konstruktionen* der Person über die Welt betont. Weniger die *Lebensumstände* „wie sie sind", sondern *wie sie wahrgenommen*, und vor allem *wie sie bewertet* werden, haben Bedeutung für den Zustand der Person und ihre soziale Kommunikation.

- Das Menschenbild und das Störungskonzept gehen von dem Grundprinzip der *Autopoiesis*, d.h. der Fähigkeit zur Selbstorganisation aus. Dieser Prozeß geht in seiner Wirksamkeit zur Veränderung gestörten Verhaltens über die möglichen Effekte therapeutischer Intervention hinaus. Therapie ist daher in ihrer Bedeutung nur Hilfe zur Selbsthilfe, eine Einschätzung, die von der üblichen „Machermentalität" des Therapeuten abrückt.

- Die Bedeutung der *kleinen Veränderungen* im System in Hinblick auf das Ganze wird betont. Scheinbar unwesentliche Kommentare zu Themen, die Patienten vorbringen, können die erwünschten qualitativen Verhaltensveränderungen auslösen. Es läßt sich immer wieder feststellen, daß ein Wort, zum richtigen Zeitpunkt gesagt, die Wende bei Patienten einleiten kann.

- Die Bedeutung der engen reziproken negativen (d.h. sich gegenseitig hemmenden) Kopplung von (affektiven) *symptomfördernden* (z.B. süchtiges Verlangen) und (kognitiven) *symptommindernden* (z.B. Abstinenzabsicht) Faktoren wird betont: Je mehr süchtiges Verlangen auftritt, desto schwächer wird die Abstinenzabsicht. An dieser latenten Dynamik der die Symptome bedingenden Faktoren wird therapeutisch versucht, Veränderungen zu initialisieren. Die Auswirkung dieses Bedingungsgefüges von symptomfördernden und symptomhemmenden Faktoren wird übrigens in der systemtherapeutischen Literatur häufig noch mit dem klassischen Begriff der „Ambivalenz" als personologisches Konstrukt umschrieben (vgl. z.B. Schmid 1992), was auf die Grenzen der konzeptuellen Substitution psychologischer Begriffe durch „systemologische" Kategorien hinweist.

- Das Konzept der *„Ressourcen"* zur „Problemlösung" betont die Bedeutung der inneren Kräfte des Familiensystems zur Reorganisation. Das symptomgenerierende und -stabilisierende Verhalten dominiert zunächst, weil es die „besseren" Lösungen im Gesamtgefüge mit sich bringt. Durch „kreative" Prozesse im System, durch verändertes Verhalten und verändertes Erleben einzelner Akteure, d.h. durch Umbewerten der pathologischen Prozesse gelingt es, Symptomfixierungen zu lösen.

- Das Prinzip des therapeutischen *„Systemisierens"*, d. h. das Einführen neuer Elemente (Personen, Konstrukte, Regeln usw.) in das gegebene System führt zu Prozessen der Umorganisation des Systems.

Für die Familientherapie stellt sich immer noch die Frage nach dem exakten Wirksamkeitsnachweis und damit auch die Frage nach den isolierbaren Wirkfaktoren der Therapie. Im wesentlichen handelt es sich dabei um Prozesse des Verstehens (Kognitionen) und des Verhaltens und daher um *kommunikative Prozesse*. Das Besondere daran ist die Beachtung der *Bedeutung* (des *Sinns*) des Verhaltens mit den vielen Ebenen der Varianten von Bedeutung. Bedeutung ist ein Bezug kognitiver Elemente zueinander, zwischen einem oder zwei Konstrukten und einer Beobachtung (und umgekehrt) usw. Bedeutungen sind abstrakt gesprochen eine Form und ein Typus von Beziehungen zwischen Elementen der Erfahrung oder einem Subjekt und seiner Umwelt. An diesem vielschichtigen Phänomen knüpft die Kommunikationspsychologie, etwa von Watzlawik (Watzlawik et al. 1971), an. Als Beispiel kann ein autofahrendes Paar erwähnt werden, das an der von rot auf grün wechselnden Ampel im Auto die Situation erörtert: Der Beifahrer sagt im noch stehenden Fahrzeug zur Fahrerin: „Es ist grün." Das kann rein *informativ* gemeint sein, hat aber auch den *appellativen* Aspekt, daß die Fahrerin „endlich" fahren soll. Darüber hinaus drückt sich auch eine *Beziehungsdefinition* aus, die den Beifahrer als potentiell besseren Fahrer bzw. die Fahrerin als schlechte Fahrerin darstellt.
Kommunikation hat also wenigstens drei Bedeutungsebenen:
- eine *Ausdrucksfunktion* (z.B. „Endlich können wir weiterfahren.")
- eine *Hinweisfunktion* (z.B. „Sieh doch, es ist grün")
- eine *Beziehungsdefinitionsfunktion* (z.B. „Warum hast Du noch nicht reagiert, ich wäre schon längst gefahren!")
Diese Vieldeutigkeit („Polysemie") jedes interpersonellen Verhaltens, ja die Vieldeutigkeit jeder wahrnehmbaren Situation begründet auch die spezifischen Strategien der systemischen Familientherapie, die im wesentlichen im *Ermöglichen von Erweiterungen von fixierten Verhaltensdeutungen* besteht.

## 16.2 Systemische Analyse und Therapie der Familie

In dieser Hinsicht scheint De Shazer (1992) die wohl präziseste Konzeption und, im hier bevorzugten Deutungssinne von „systemisch", den ausbaufähigsten Ansatz von systemischer Therapie zu vertreten. Besonders attraktiv bei De Shazer ist, daß er eine explizite Methodologie anstrebt und auch mit einigen psychologiegeschichtlich erarbeiteten Konzepten, z.B. mit der Theorie der kognitiven Dissonanzen (vgl. Festinger 1957) Verbindungen herstellt (vgl. Heider 1946, 1958, Cartwrigth & Harary 1956). Darüber hinaus ist auch bemerkenswert, daß er den Begriff „Ökosystem" des Patienten häufiger verwendet und ihm einen zentralen Stellenwert zumißt.

Als ein Beispiel von De Shazer für das systemische Betrachten und Intervenieren in der Familientherapie sei eine Familiensituation gewählt, mit Verhaltenssequenzen zwischen Vater, Mutter und Kind (DeShazer 1992, S. 95):
1. Das Kind benimmt sich falsch, d.h. „unartig" oder störend.
2. Der Vater schimpft daraufhin das Kind energisch.
3. Das Kind schreit nun den Vater an.
4. Daraufhin versucht die Mutter den Vater zu bremsen.
5. Der Vater streitet in der Folge mit der Mutter.
6. Die Mutter zieht sich daraufhin zurück.
7. Nun schimpft der Vater das Kind nochmals intensiv.
Dieser Zyklus läuft immer wieder ab, verfestigt sich, wird chronifiziert.

Der systemische Therapeut versucht nun latente Beziehungen und indirekte Wirkungen des Interaktionsgefüges anzusprechen und ihren Nutzen einzubeziehen (Umbewertung der Aktion):
1b: Das Kind lenkt durch seine Störaktion von der latenten Konfliktbereitschaft der Eltern ab.
2b: Der Vater übernimmt die Verantwortung für das Kind und entlastet die Mutter in ihren hier latent bleibenden strafenden Funktionen (2c) in der Familie.
3b: das Kind attackiert den Vater und stützt und entlastet auf diese Weise (3c) die Mutter in ihrem latenten Konflikt mit dem Vater.
4b: Durch die Zurechtweisung des Vaters durch die Mutter hindert die Mutter den Vater an weiteren Strafaktionen gegenüber dem Kind.
6b: Durch den Rückzug der Mutter wird der Agression des Vaters freier Lauf gelassen - er kann sich nun selbst wieder zurücknehmen, übernimmt die Verantwortung für die Vater-Kind-Beziehung.
6c: das Kind muß sich selbst gegenüber dem Vater durchsetzen und wird somit gestärkt.

Je nachdem, welche der indirekten Relationen für das konkrete Familieninteraktionssystem passend ist, wird die Intervention des Therapeuten ausfallen bzw. von der Familie als Problemlösung erfolgreich genutzt.
Bei dem therapeutischen Umdeutungsprozeß (Reframing) werden „Nebenwirkungen" der Kommunikation bzw. des Verhaltens bedacht, wobei die Therapeuten dabei frei

assoziieren und nicht direktiv oder gar - wie hier dargelegt - systemisch hergeleitet behaupten, daß eine beobachtbare Nebenwirkung (die auch die Hauptwirkung sein könnte) die einzige und ausschließlich zutreffende ist. Bei dem genannten Beispiel des Familienkonflikts sind folgende Möglichkeiten (und andere mehr) an Nebenwirkungen bzw. an Nebenbedeutungen denkbar (vgl. Abb. 54).

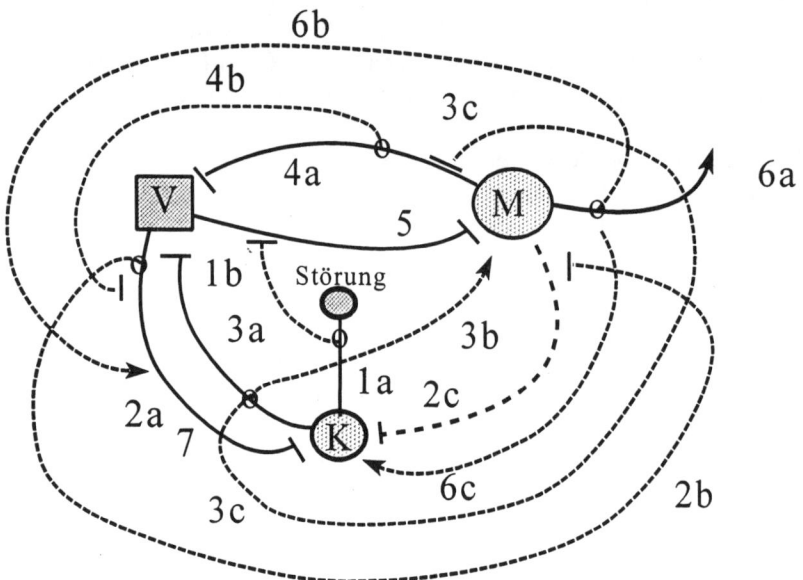

Abb. 54: Ein Familienkonflikt systemisch interpretiert und dargestellt. Das Kind (K) zeigt störendes Verhalten (1a). Der Vater (V) schimpft das Kind (2a). Das Kind schreit den Vater an (3a). Die Mutter (M) bremst den Vater (4a). Der Vater schimpft mit der Mutter (5). Die Mutter zieht sich zurück (6a). Der Vater schimpft mit dem Kind weiter (7).
Anm:
gestrichelte Linie = latente Beziehung/Wirkung
gepunktete Linie = indirekte Wirkung des Verhaltens
—-> = verstärkende positive Wirkung
—I = aversive Wirkung

Folgende Aspekte sind relevant:

1. Das Unartigsein des Kindes ermöglicht den Eltern, aktiv zu sein oder gar etwas Gemeinsames zu erleben, was vom Kind sogar implizit intendiert sein kann (1b).

2. Das Schimpfen des Vaters entlastet die Mutter in ihrer Aufgabe, das Kind zu schimpfen, so daß die Kind-Mutter-Beziehung in dieser Situation unbelastet ist (2a).

3. Die Kritik des Kindes am Vater (3a) schützt und stützt die Mutter (3b, 3c).

4. Die Kritik der Mutter am Verhalten des Vaters (4a) schützt auch die Beziehung des Kindes zum Vater (4b), da der Vater dadurch von seiner Bestrafungsaktion gegenüber dem Kind abgelenkt wird.

5. Der nun entstehende Streit zwischen den Eltern lenkt vom Kind ab, entlastet dieses.

6. Der Rückzug der Mutter kann bedeuten, daß Vater und Kind die Chance haben, ihre Beziehung genauer zu definieren (6b und 6c).

7. Die Fortsetzung der Bestrafungsaktion durch den Vater zeigt, daß möglicherweise nur er die Rolle des Bösen in der Familie hat (s.o.), haben will oder haben muß.

Dieser Prozeß kann in seiner Ablaufstruktur nochmals zusammenfassend dargestellt werden (s. Abb. 55).

Diese Störung der Interaktion der Familie ist, falls sie persistiert, zunächst auf der Ebene des manifesten Verhaltens therapeutisch angehbar, indem die Funktionen erkannt und auf den Hintergrund des Gesamtverhaltens bezogen werden. Nach dieser Ebene der „Beobachtungen" ist die nächste Ebene, die Ebene der „Bewertungen" der Familienmitglieder einzubeziehen. Durch Umbewertungen der innerfamilialen Prozesse können Verhaltensveränderungen erzeugt werden, die eine Reorganisation („Salutogenese") des familialen Systems erlauben.
Auch das Therapieteam unterläuft im Kontakt mit der Familie ähnlichen Veränderungen.
Die zentrale Frage für die Therapeuten besteht nun offensichtlich darin, zu klären, wie sich das Symptom (Problem) umdeuten läßt, damit der Selbstheilungsprozeß in Gang kommen kann. Die *systemische Therapie* benötigt dabei nicht notwendigerweise die Mitwirkung aller Familienmitglieder oder Mitglieder eines sozialen Systems. Sie kann auch mit einer Person und ihren inneren Erfahrungen (Konstrukten) von ihrer Umwelt erfolgreich durchgeführt werden.

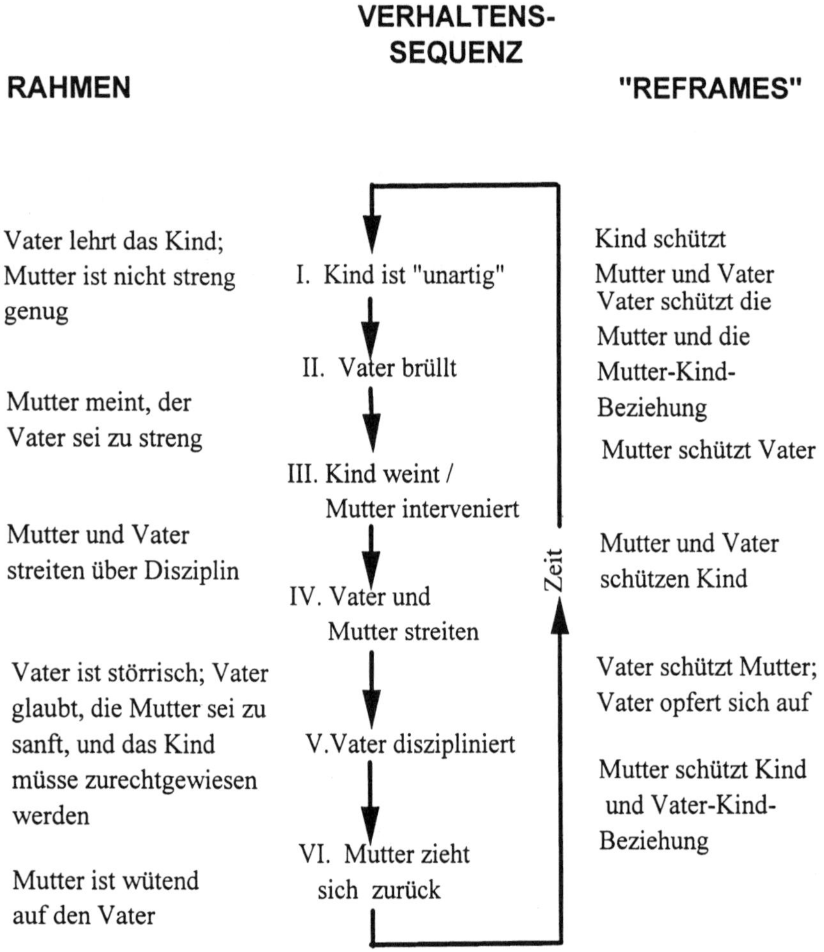

|  RAHMEN | VERHALTENS-SEQUENZ | "REFRAMES" |
|---|---|---|
| Vater lehrt das Kind; Mutter ist nicht streng genug | I. Kind ist "unartig" | Kind schützt Mutter und Vater Vater schützt die Mutter und die Mutter-Kind-Beziehung |
| Mutter meint, der Vater sei zu streng | II. Vater brüllt | |
| | III. Kind weint / Mutter interveniert | Mutter schützt Vater |
| Mutter und Vater streiten über Disziplin | IV. Vater und Mutter streiten | Mutter und Vater schützen Kind |
| Vater ist störrisch; Vater glaubt, die Mutter sei zu sanft, und das Kind müsse zurechtgewiesen werden | V. Vater diszipliniert | Vater schützt Mutter; Vater opfert sich auf Mutter schützt Kind und Vater-Kind-Beziehung |
| Mutter ist wütend auf den Vater | VI. Mutter zieht sich zurück | |

Abb. 55: Der gestörte Interaktionsprozeß, sein Rahmen und das „Reframing" (nach DeShazer 1992, S. 98).

## 16.3 Systemische Einzeltherapie

Als Beispiel einer *systemischen Individualtherapie* wird von de Shazer (1992, S. 188-192) folgender Fall dargestellt:
Eine ledige Patientin leidet unter einer Zahnlücke, die sie angeblich optisch so entstellt, daß sie nicht heiraten kann. Sie wolle sich daher umbringen.

Aus therapeutischer Sicht wird ihr die Möglichkeit gezeigt, das *Defizit-Merkmal* „Zahnlücke" umzudeuten und ihm eine positive Bedeutung als Chance, Ressource oder Kompetenz zuzuschreiben. Die Patientin kann also beispielsweise gemeinsam mit dem Therapeuten herausfinden, welche neue *Kompetenzen* sie mit dem Symptom hat. Es wird in diesem Fall festgestellt, daß die Patientin Wasser durch die Zahnlücke spritzen kann. Sie könne, so die therapeutische Phantasie dazu, junge Männer damit anspritzen. So unwahrscheinlich das klingt, es wird berichtet, daß sie dadurch wenig später einen jungen Mann kennengelernt habe und ihn später auch geheiratet habe.

Der bei diesem Verfahren wirksame therapeutische Mechanismus wird mit der graphentheoretischen Konzeption der Theorie der „kognitiven Dissonanzen" erläutert (vgl. Abb.56):

Es gibt ein Ziel Z, nämlich heiraten, das die Person P hat. Das Symptom S, in diesem Fall die Zahnlücke, stört die Patientin, die einen Wirkungszusammenhang zwischen der Situation, nicht verheiratet zu sein und der Zahnlücke sieht. Damit ist diese Dreieckskonstellation durch zwei negative Beziehungen (Person-Zahnlücke, Zahnlücke-Heirat) und einer positiven Beziehung (Person-Heirat) gekennzeichnet. Es han-

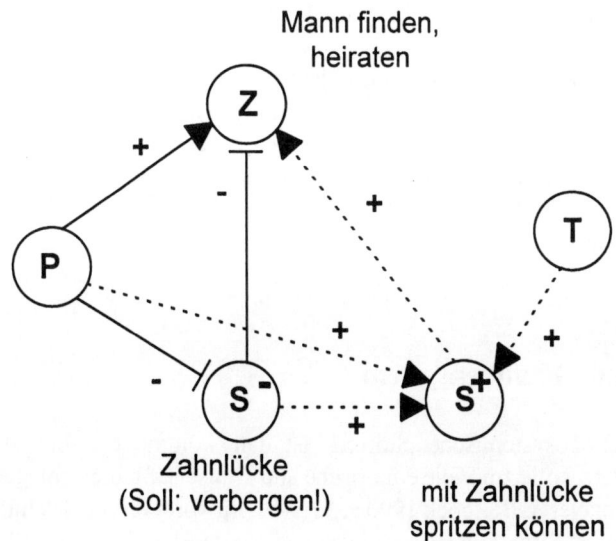

Abb. 56: *Intrapersonaler Konflikt* - die stabile negative Triade zwischen Person (P), Zahnlücke als Symptom (S$^-$) und Heirat als Ziel (Z) muß in einen Veränderungsprozeß umgeleitet werden.
Dies geschieht durch die „Erfindung" eines positiven Effekts des Symptoms Zahnlücke (S$^+$) durch den Therapeuten (T): Indem damit Wasser gespritzt werden kann, kann die Patientin einen Mann kennenlernen, den sie vielleicht heiraten kann.

delt sich damit nach der Gleichgewichtstheorie von Heider (1946) um eine stabile Beziehung, auch wenn es sich um eine emotional negative Situation handelt.

Der Therapeut kann eine Umwertung des „Defizitsymptoms" in ein Kompetenzsymptom herausarbeiten (d.h. Wasser durch die Zahnlücke spritzen können), so daß eine positive Beziehung der Person zum Symptom entstehen kann. Zusätzlich wird noch ein Unterziel (Z') gefunden (Mann kennenlernen), das mit dem Oberziel „Heirat" positiv gekoppelt ist und auch mit der positiven Neubelegung des Symptoms eine positive Beziehung herstellen läßt. Auf diese Weise entsteht eine neue, positive und stabile Beziehung zu dem Symptom. Die Patientin wird handlungsfähig und durch dieses neue positive Zusatzsystem kann sich das Gesamtsystem neu organisieren und die Heirat findet statt. Wenn dieses gewichtige Ziel erreicht ist, kann sich das Symptom bzw. die Systemfixierung wieder zurückbilden.

Dieses Beispiel zeigt sehr schlüssig, wie in „systemischer" Perspektive gedacht, die Entstehung von Symptomen verstanden werden kann und wie eine systemisch konzipierte Therapie funktionieren kann. De Shazer meint, daß viele Beispiele in der systemischen Therapie mit dieser analytischen Methode darstellbar wären.

Wenn man dieses Modell weiter entwickelt, dann läßt sich ein Szenario entwickeln, das sich nach der „Netzwerktechnik" nach Probst und Gomez (1991) explizieren ließe und mehrere Zielbereiche bzw. Lebensbereiche der Person umfassen könnte. Dies wurde grundlegend im Abschnitt „Individualökologie der Person" ausführlicher dargestellt.

Die Attraktivität des Ansatzes von de Shazer ist, daß damit eine verhältnismäßig explizite und präzise formulierte Theorie und Strategie der systemischen Intervention vorliegt. Auch ist der Einbezug der akademischen Psychologie (Theorie der kognitiven Dissonanzen) explizit gegeben. Der prozessuale Aspekt familialer Interaktion wird ebenfalls bedacht. Nicht zuletzt ist das Konzept des Ökosystems attraktiv und mit den Zielen dieser Arbeit gut vereinbar.

## 16.4 Sucht- und Familiensystem

Wenn Sucht eine ökosystemische „Störung" ist, dann kommt dem Teilsystem „Familie" eine besondere Rolle zu. Viele empirische und klinische Studien belegen dies (Villiez 1986, Feselmayer & Beilböck 1990 a, 1990 b). Im Vordergrund des Interesses stehen „Broken home"-Situationen (geschieden, getrennte Eltern) bei jugendlichen Drogenabhängigen (vgl. Kindermann et al. 1989).

Demgemäß gibt es auch systemische Therapieansätze bei Suchtkranken (vgl. Guntern 1983, Welter-Enderlin 1992, Schmid 1992).

Ein weiteres Beispiel zeigt eine häufige pathogene Konstellation von Familien von suchtkranken Männern: In einer Familie, bestehend aus Mutter, Vater und Sohn verstirbt der Vater. Dadurch wird das Verhältnis zwischen Sohn und Mutter enger. Der

Sohn bindet sich stärker an seine Mutter, indem er seine familiären Bedürfnisse (Sicherheit, Geborgenheit) ermangels des Vaters besonders stark an die Mutter richtet. Zusätzlich erlebt der Sohn die Bedürftigkeit der Mutter („wir müssen jetzt stark zusammenhalten"), die ihrerseits den Verlust ihres Ehemannes über den Sohn kompensieren muß. Die objektive Botschaft der zunächst noch mächtigen Mutter an den Sohn lautet - „Lebe dein Leben, aber verlasse mich nicht". Jede nach außen gerichtete Aktivität des Sohnes geht daher bei ihm mit einem schlechten Gefühl einher. Als der Sohn im Lauf der Zeit eine Frau kennenlernt und sie heiratet, verschärft sich der Konflikt: wendet er sich seiner Frau zu, wendet er sich zugleich der Mutter ab. Den Zwiespalt merkt die Ehefrau zunehmend, es kommt zu latenten, aber immer häufiger werdenden Konflikten zwischen der Frau und der Mutter. Die Mutter kann der Sohn nun zunehmend weniger ertragen. Er nimmt daher in steigendem Maße Alkohol zu sich und erträgt dadurch subjektiv diese Spannung besser. Die Mutter und die Ehefrau beschuldigen sich nun zunehmend bezüglich der Veranlassung des Sohnes, exzessiv zu trinken. Es tritt eine neue Form (oder Ebene) der Rivalität auf. Indem sich schließlich beide Frauen um ihn bemühen, wird der Konflikt für den Sohn wegen der zunehmenden Nähe der beiden verstärkt, was zu extrem exzessivem Trinken führt. Nun werden sich die beiden Frauen einig, ihm gemeinsam helfen zu müssen und drängen ihn, eine Therapie aufzunehmen. Nach der Therapie entwickelt sich bald wieder das o.g. Spannungsfeld mit dem Effekt eines Rückfalls. Nur durch eine systemisch umsichtige Intervention kann dem „pathologischen Spiel" ein Ende bereitet werden (s. Abb. 57).

Bert Hellinger (1995) vertritt gegenwärtig den originellsten Ansatz in der Familientherapie. Es ist ein strukturalistischer Ansatz, da er stark auf dem Prinzip des *Austausches* und auf der Zuordnungsstruktur der Familienmitglieder beruht, was an die Ethnologie von Claude Lévi Strauss (1967, 1981) erinnert. Das Buch „Ordnungen der Liebe", das die familientherapeutische Arbeit von Hellinger umfassend darstellt, geht von einem anscheinend fixen Konzept von günstigen und ungünstigen Konstellationen im Gesamtgefüge der Familie aus. Viele Aussagen Hellingers sind sehr bestimmt vorgetragene Deutungen, die wohlwollend gesagt, den Charakter von Hypothesen haben, aber auch wie fixierte, unrelativierte Festlegungen wirken. Interessant ist in dieser Hinsicht allerdings das Konzept, daß in den jeweiligen Familien das Geben-Nehmen-Verhältnis unausgeglichen ist. Auf diese Weise könnten die Aussagen von Hellinger empirisch überprüft werden.

Zur Sucht führt er unter anderem folgendes aus: „Jemand wird süchtig, wenn ihm die Mutter sagt: ´Was vom Vater kommt taugt nichts. Nimm nur von mir.´ Dann rächt sich das Kind an der Mutter und nimmt so viel von ihr, daß es ihm schadet. Die Sucht ist also die Rache des Kindes an seiner Mutter, weil sie es hindert, vom Vater zu nehmen." (Hellinger, 1995, S. 116).
Entsprechend dieser Explikation des Bedingungsgefüges von süchtigen Verhalten könnte man sagen, daß das Kind zunächst von beiden Eltern fordern und bekommen kann, bis der Mutter es gelingt, das Verhalten des Kindes so zu verändern, daß es vom Vater nichts mehr nimmt (und auch nichts mehr fordert). Dennoch bleiben die Bedürfnisse bestehen, sie müssen aber dann von der Mutter befriedigt werden, was die Mut-

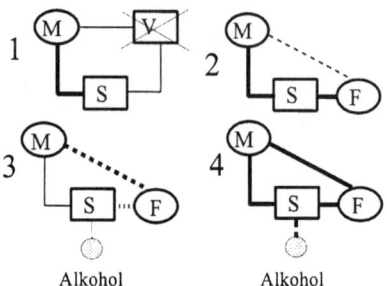

Abb. 57: Der Alkoholiker als Sohn in einer inkompletten Familie. Durch den Tod des Vaters steigt die Bindung von der Mutter zum Sohn (1). Nachdem der Sohn eine Frau kennenlernt, tritt eine zunehmende Rivalität zwischen der Mutter und der Frau auf (2). Der Sohn trinkt nun zunehmend, wobei die Rivalität zwischen den Frauen steigt (3). Durch steigendes Engagement bringen schließlich die nun kooperierenden Frauen den Sohn zur Abstinenz (4). Bald aber gibt es wieder den Rückfall in die Phase 3 usw.

ter potentiell überfordert, weswegen das Kind in die Situation eines Befriedigungsdefizits kommt, was zum „erfolgreichen" Suchtmittelkonsum disponiert.
Diese Störung der Interaktion der Familie ist, falls sie persistiert, zunächst auf der Ebene des Verhaltens therapeutisch angehbar, indem die Funktionen erkannt und auf den Hintergrund des Gesamtverhaltens bezogen werden. Dann ist die nächste Ebene, die Ebene der „Texte", also der Beschreibungen und Bezeichnungen der Familienmitglieder zu beziehen.

# Fazit

Die systemische Familientherapie bringt Unruhe in die psychiatrische Behandlungslandschaft. Ihre Konzepte sind auch wissenschafts- und erkenntnistheoretisch begründet. Das systemische Betrachten der Symptome im Gesamtzusammenhang hat einige attraktive Seiten. Dennoch läuft die systemische Familientherapie Gefahr, in eine ideologische Sackgasse zu laufen. Betrachtet man jedoch die Konzepte von Schmidt, de Shazer und Hellinger, so wird deutlich, daß im Bereich der Konzeptualisierung noch weitere interessante Entwicklungen möglich erscheinen, wenn die Begriffsentwicklung und die analytische Methodenentwicklung vorangetrieben wird und der systemische Praktiker nicht nur als „Zauberer" bewundert oder abgetan wird.

# 17 Suchthilfe als Ökosystem

## 17.1 Das Suchthilfesystem

Die Absicht, das Suchthilfesystems als „Ökosystem" des Menschen zu betrachten, beruht auf dem Grundgedanken, daß das Hilfesystem ein System aus Ressourcen für den Hilfebedürftigen ist. Es ist aber auch Realität, daß der Bedürftige die Hilfe nicht „nachfragt" oder zumindest eine andere Hilfe „nachfragt" als er bekommt. Der Patient bekommt auch nur das von der Therapie in äquivalenten Werten zurück, was er in sie an Aufmerksamkeit, Zeit und Interesse investiert hat. Andererseits können die Therapeuten nur im begrenzten Maß das geben, was der Patient erwartet und sogar fordert. Aber gerade dieses Beziehungsverhältnis des Gebens und Nehmens zwischen Patienten und Therapeuten macht, aus humanökologischer Sicht, den Kern der Suchttherapie aus. Damit ist die humanökologische Geben-Nehmen-Perspektive eingebracht. Es geht dann in diesem Sinne um die Frage nach der optimalen „Patient-Therapie-Passung".

Zur Vertiefung dieses Gedankens ist das Hilfesystem genauer darzustellen. Der Kontakt des Suchtkranken mit dem Suchthilfesystem kann an verschiedenen Stellen erfolgen. Grundlegend sind die Versorgungsstrukturen für Alkohol-, Medikamenten- und Drogenabhängige und für gefährdete Konsumenten dieser Stoffgruppen ähnlich aufgebaut: Für bestimmte Phasen der Betreuung (Beratung, Entzug, Entwöhnung, Wiedereingliederung) sind spezielle Einrichtungen bereitgestellt. Je nach Phase der Problematisierung des Rauschmittelkonsums durch den Betroffenen gibt es speziell geeignete Betreuungsangebote. Diese bestehen in *Beratungsstellen*, *Entzugseinrichtungen*, *Entwöhnungseinrichtungen* und *Wiedereingliederungseinrichtungen*. Hinzu kommen noch die *Selbsthilfeorganisationen* als Träger der einzelnen Einrichtungen. Diese Einrichtungen sind als System und als Elemente „Milieus" oder „Settings", also Umwelten, für den Patienten (s. Abb. 58).

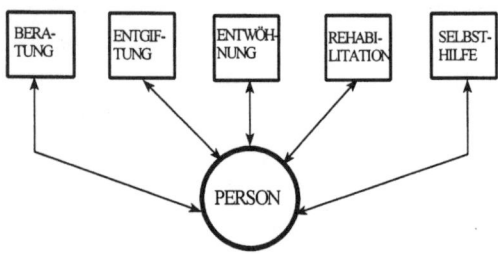

Abb. 58: Die Struktur des Suchthilfesystems als Umwelt für den Suchtkranken.

Die Grundfrage der Betreuung Suchtkranker besteht daher in der humanökologischen Frage nach der geeigneten „Patient-Therapie-Passung":
- Der *Berater* fragt sich, welche Einrichtung am besten für welche Patienten paßt.
- Der *Patient* fragt sich, welche Einrichtung ihm am besten paßt.
Die Abstimmung der jeweiligen Antworten zu diesen beiden Fragen bestimmt das Ergebnis der Therapie!

Aus humanökologischer Sicht bedeuten Beratung und Therapie grundlegend ein zumindest teilweises Hinausnehmen aus der Suchtszene und dem Alltag, mit der Möglichkeit, durch „szeneferne" Therapieeinrichtungen (z.B. draußen in der Natur) eine Wiederherstellung tragfähigerer Beziehungen (z.B. des Naturbezugs) zu begünstigen. Für den Süchtigen ist dies ein Sich-einfügen oder Sich-auseinandersetzen mit einem neuen Mesomilieu des Versorgungssystems und dem Mikromilieu in Form des Therapieprogramms und der Hausordnung der jeweiligen Einrichtungen. Es wird in der Therapie unter anderem gelernt, für den konkreten eigenen Lebensbereich (z. B. die Zimmerordnung) oder für die Gemeinschaft (z. B. Küchendienst) Verantwortung zu übernehmen.

Andererseits wird aus der ökologischen Perspektive die Gefahr eines „Käseglocken-Effekts" der Langzeittherapie als künstliches Milieu betont. Letztlich steht aus wissenschaftlicher Sicht die *„ökologische Validität" der Therapie* zur Diskussion, nämlich die Korrespondenz von Bausteinen der Therapie wie Arbeitstherapie mit der realen Arbeitswelt, der Beschäftigungstherapie mit Hobbies, der Gruppentherapie mit der sozialen Alltagsumwelt usw.

Letztlich geht es um das Realitätstraining zur Erprobung therapeutischer Lerninhalte.

Die gestaffelte Wahl von Therapieeinrichtungen vom ambulanten bis zum vollstationären Angebot soll der Umweltsituation des Suchtkranken (Fehlen oder Vorhandensein von Arbeit, Familie, Wohnen, Freizeit) entsprechen. Nicht zuletzt ist das Arbeitsumfeld der Therapeuten, also seine betriebliche Umwelt, eine Wirkgröße, die sich auf das therapeutische Milieu in der Einrichtung und nicht zuletzt auf den Patienten auswirkt.

Der jeweilige Suchthelfer, ob Berater oder Therapeut, ist bei seinen Interventionen ein *Hilfs-Regulator* des Beziehungshaushaltes der Person. Er stellt neue (virtuelle) Beziehungen zwischen dem Patienten und seinem Ökosystem her und stellt andererseits selbst jeweils eine neue Beziehung und ein neues Element im Ökosystem des Süchtigen dar. Darüberhinaus ist der Suchthelfer ebenfalls ein Element im Suchthilfesystem mit unterschiedlichen Kooperationsformen. Insgesamt erweitert sich das Netzwerk (Abb. 59).

Bei der Betreuung Suchtkranker oder -gefährdeter sind also folgende Phasen der Intervention bedeutsam, was mit unterschiedlichen Person-Einrichtungs-Beziehungen einhergeht:

## 1. Beratungsphase

Die Beratungsphase ist die erste Phase der Berührung der Suchtkranken mit dem System der Suchtkrankenhilfe (Ärzte, Suchtberatungsstellen, Klinikambulanzen, geeignete Selbsthilfegruppen, toxikologische Abteilungen). Diese Phase ist eine *Kontaktphase*. In diesem Stadium ist es besonders wichtig, daß eine tragfähige Beziehung entsteht. Ein großer Prozentsatz der Patienten kommt nämlich nach der Erstkonsultation nicht mehr wieder in die Beratungsstelle. Dies liegt vor allem daran daran, daß nicht sie selbst, sondern die Angehörigen die „Initiatoren" der Kontaktaufnahme waren. Der Berater muß also bei einer unfreiwilligen Kontaktaufnahme auf die individuelle Disposition des Suchtkranken hin fein abgestimmt und abgestuft die Krankheitseinsicht und Behandlungsbereitschaft wecken. Genauer betrachtet werden in der

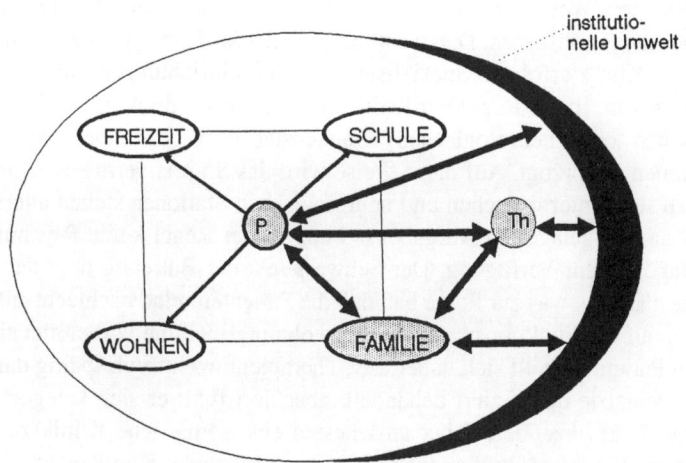

Abb. 59: Der Patient, sein Ökosystem, der Therapeut und sein institutionelles Umfeld. Auch die Familie nimmt eine Beziehung mit dem Therapeuten und gegebenenfalls mit seiner institutionellen Umwelt auf. Der Patient erfährt ebenfalls die institutionelle Umwelt des Therapeuten deutlich. Der Therapeut steckt seinerseits in den Zwängen der Institution (oder der Organisation) für die er arbeitet (nach Tretter 1994c).

Kontaktphase die *Veränderungsmotivation*, das *Krankheitsbewußtsein*, die *Abstinenzbereitschaft* und die *Therapiemotivation* geklärt und aufgebaut. Es werden die versicherungsrechtlichen Voraussetzungen zur Finanzierung einer Therapie geklärt. Auf Patientenseite muß die Bereitschaft zur Kontaktaufnahme mit Hilfseinrichtungen gegeben sein.

Im Rahmen dieser Gespräche stellt sich allerdings für den Suchtkranken die zur Diskussion gestellte „Therapie" als ein unübersehbarer Kontext dar. Der Suchtkranke weiß nicht, was auf ihn zukommt. „Therapie" bedeutet zunächst vor allem eine Menge neuer Personen als *Mitpatienten*, eine Gruppe von Personen, die *Therapeuten* sind, eine bestimmte Örtlichkeit mit *Gebäuden* und *Räumen* und bestimmten Wirkungen auf den Patienten und vor allem ein *Gefüge von Regeln*, die die Situation und das Verhalten der Süchtigen neu definieren bzw. programmieren sollen. In Bezug auf diese antizipierten Kontextbedingungen fühlt sich der Patient daher ausgeliefert und potentiell überwältigt. Er wird alle Strategien der Abwehr des Bedrohlichen aktivieren. Dies ist auch der Fall, wenn der Patient sich zunächst „therapiemotiviert" zeigt.

Diese Gespräche laufen nicht nur in Beratungsstellen ab, sondern sie können auch im Rahmen von akuten medizinischen Komplikationen, wie beispielsweise nach einer Intoxikation in der Klinik stattfinden. Auch in Betrieben können diese Erstgespräche erfolgen. Veranlasser dieser Kontaktgespräche sind häufig Angehörige oder der Arbeitgeber. Sie sind die aktiven Elemente des Bezugssystems des Süchtigen.

## 2. Phase und Einrichtungen des Stoffentzugs

Bei längerem Konsum von psychoaktiven Stoffen kann sich eine körperliche Abhängigkeit einstellen. Wenn dann der Stoff abgesetzt wird, können schwerwiegende Entzugserscheinungen auftreten. Daher sollte, wenn der Stoff abgesetzt wird, die Behandlung in einer Klinik erfolgen. Spezialisierte Entzugseinrichtungen gibt es in psychiatrischen Kliniken. In der Regel wird von den Betroffenen der körperliche Entzug auf internistischen oder neurologischen Krankenstationen gegenüber psychiatrischen Suchtstationen bevorzugt. Auf diese Weise wird das Stigma vermieden, „in der Psychiatrie" zu sein. Internistischen und neurologischen Stationen stehen allerdings aufgrund der anders gelagerten Aufgabenstellung in der Regel keine Psychologen und Sozialpädagogen zur Verfügung. Der Schwerpunkt der Betreuung liegt daher auf der körperlichen Ebene, was zur Folge hat, daß die Patienten relativ schlecht auf Sinn und Zweck und auf die Funktionsweise der Entwöhnungstherapie vorbereitet sind.

Für den Patienten stellt sich daher die „Therapieumwelt" zwiespältig dar: er weiß, daß die Psychiatrie qualifiziert behandelt, aber dort fühlt er sich kategorisch falsch untergebracht. Er akzeptiert daher am ehesten eine somatische Klinik zum Entzug. Gerne gehen alkoholkranke Patienten aber in somatischen Kliniken ab 17 Uhr zum Krankenhauskiosk und trinken dort den Alkohol weiter.

Viele Alkoholiker, die bereit sind, die Entgiftungsphase anzutreten, haben eine derartige Ablehnung gegenüber einem Klinikaufenthalt, daß sie probieren, sich selbst zu Hause zu entziehen, wobei nicht selten Delire ausbrechen. Die Patienten sehen schwerlich ein, warum sie den Entzug nicht zu Hause machen können. Der Entzug zu

Hause bringt aus ärztlicher Sicht das Problem mit sich, daß dort noch Suchtstoffe deponiert sind, die riskanterweise gemeinsam mit den entzugsstützenden Medikamenten eingenommen werden.

### 3. Phase und Einrichtungen der Entwöhnung

Nach Abschluß der körperlichen Entzugsphase sollte sich die Entwöhnungsphase anschließen. Die Entwöhnung umfaßt gewissermaßen den psychischen Entzug vom Stoff. Diese Phase ist der Kern der Behandlung, die mindestens 6 Wochen bis zu 18 Monate, meistens jedoch 6 Monate, dauert. Sie findet heute in Fachkliniken statt; zunehmend werden aber auch ambulante Programme angeboten. Behandlungsstandard sind vollstationäre Einrichtungen, bei denen der Patient 24-stündig in der Einrichtung bleibt. Inzwischen gibt es im Bereich der Alkoholiker-Behandlung und auch bei der Therapie von Drogenabhängigen halbstationäre Einrichtungen. So wird das Prinzip der gemeindenahen Behandlung umgesetzt. Auch wird zunehmend das Angebot der ambulanten Psycho- und Soziotherapie für sozial noch weitgehend intergrierte Suchtkranke ausgebaut. Die ambulanten Programme haben aus der Sicht der Reformbestrebungen in der Psychiatrie die Funktion, eine gemeindenahe Versorgung sicherzustellen, was ein impliziter humanökologischer Gedanke ist.

Das Ziel der Entwöhnung ist, tragfähige Voraussetzungen für eine anhaltende Abstinenz zu entwickeln. Die Informationen über die Sucht und ihre Hintergründe, die Vertiefung der Krankheitseinsicht stehen hier im Vordergrund. Weitere Inhalte der Entwöhnungstherapie sind der Aufbau einer stabilen Abstinenzhaltung, die Aufdeckung psychischer Funktionen des Suchtmittels ( z.B. Stressbekämpfung ) und das Erlernen eines angemessenen Umgangs mit Affekten und ihren Bedingungen. Das therapeutische Setting des Suchtkranken, der sich in einem Therapieprogramm befindet, besteht somit aus einem komplexen Gefüge von Verhaltens- und Erwartungserwartungen (siehe Abschnitt „Systemtheorie sozialer Systeme"). Genauer betrachtet ist der Patient mit verschiedenen Handlungsimperativen konfrontiert. Im einzelnen bestehen diese Ziele darin, nach der Therapie abstinent zu sein und sich an der Nachsorge zu beteiligen.

Auch werden Angehörige in die Therapie miteinbezogen, um ihnen verständlich zu machen, welche Veränderungen mit den Suchtkranken in der Therapie ablaufen. Die Therapieprogramme sind stark auf dem Prinzip der *Gruppentherapie* aufgebaut, es gibt aber auch zunehmend Einzeltherapiestunden. Darüber hinaus wird *Beschäftigungstherapie* mit kreativen Arbeiten, *Arbeitstherapie* für das kontinuierliche Tätigsein, *Entspannungstechniken*, *Sport* u.a. mehr therapeutisch angeboten.

Die Absolventen einer Entwöhnungstherapie sind nicht unbedingt glücklicher, wohl aber fühlen sie sich „lebendiger".

Neuerdings werden auch *medikamentöse Entwöhnungstherapien* angeboten. Dabei werden Hemmstoffe gegen die Drogeneffekte wie Naltrexon bei Opiatabhängigen (aber auch bei Alkoholabhängigen) verabreicht. Für Alkoholiker steht nun auch mit Acamprosat ein Mittel zur Verfügung, das es erlaubt, das süchtige Verlangen nach dem Alkohol zu unterdrücken (Soyka 1996). Dennoch ist auch bei diesen Mitteln ohne geeignete Psychotherapie Zurückhaltung in der Anwendung zu empfehlen, da sie den abhängigkeitskranken Patienten eigentlich wieder von einem Stoff, zwar nur symbolisch-psychisch, abhängig machen und ihm andererseits eine falsche Sicherheit vortäuschen.

## 4. Wiedereingliederung

Ziele der Wiedereingliederung (Rehabilitation) sind die Integration in das soziale Leben, das Finden von neuen Freunden und einem neuen Arbeitgeber, das Erschließen von neuen Freizeitmöglichkeiten und die Stabilisierung neu erlernter Verhaltensweisen.

Nachdem eine Therapie absolviert wurde kann im Idealfall die Entlassung nach Hause erfolgen. Gibt es kein zu Hause, so kann eine Unterbringung in einem Wohnheim, in einer Wohngemeinschaft oder auch die Teilnahme in einer Einrichtung zur Arbeitsrehabilitation erfolgen. Es gibt alkoholfreie Freizeitkreise und alkoholfreie Gaststätten.

Einrichtungen der Rehabilitation sind meist Suchtberatungsstellen. Aber auch Selbsthilfegruppen leisten nachweislich einen wichtigen Beitrag zur Suchtkrankenbetreuung. Sie senken die Rückfallraten deutlich. Die Rehabilitationserfolge hängen vom sozialen Umfeld stark ab (Becker et al. 1986).

## 5. Selbsthilfe

Eine Sonderstellung nehmen Selbsthilfegruppen ein. Sie sind nicht professionell geleitet und sind dennoch unverzichtbarer Bestandteil der Suchthilfe.

In diesen Gruppen (z.B. Anonyme Alkoholiker, Blaues Kreuz, Kreuzbund), die sich etwa einmal wöchentlich abends treffen, wird ein mehrstufiges Programm der Selbstanalyse des süchtigen Verhaltens und der Neuorientierung im abstinenten Leben verwirklicht. Eine beträchtliche Anzahl von Alkoholikern hat durch diese Gruppen zur Abstinenz gefunden, ohne die vorher genannten Instanzen durchlaufen zu haben. Es gibt auch Angehörigengruppen (z.B. Alanon). In München gibt es etwa 70 Gruppen der AAs, sodaß für Interessierte täglich mehrere Gruppen zur Auswahl stehen.

Bei den AA-Mitgliedern ist das Bilanzieren, das Sich-öffnen und das Eingestehen des Negativen ein zentrales Veränderungsziel. „Wir sind bereit, unsere Fehler Gott und anderen einzugestehen" (6. Schritt). Und: „Wir sind bereit, gewissenhaft und furchtlos Inventur im Inneren zu machen" (5. Schritt). Damit lernen die Alkoholiker den offenen Umgang mit Problemen, sie haben weniger Schuld- und Schamgefühle und entlasten ihre suchtmittelbezogenen Abwehrmechanismen.

## 6. Therapiewirkungen

Geht man davon aus, daß der suchtstoffabhängige Mensch sein ganzes Leben diesen Stoff (und ähnliche Stoffe) meiden soll, dann ist die Abstinenz eine wichtiges Maß für den Erfolg (Ergebnisvariable). So sind die *Therapieerfolge* bei Alkoholikern mit Abstinenz als Kriterium etwa 2 Jahre nach Absolvieren dieses gesamten Programms mit etwa 65% Abstinenten zu beziffern, während bereits bei fehlender Teilnahme an den Selbsthilfegruppen nur etwa 50% abstinent sind (vgl. Küfner et al. 1988). Bei Drogenabhängigen liegt die entsprechende Anzahl der Abstinenten etwa um 45% beziehungsweise bei etwa 30%. Wichtig ist dabei also eine vom Betroffenen aktiv angestrebte, anhaltende Nachsorge.

Die Qualität der gesamten Behandlung hängt in großem Maß von der Kooperation und der Kompatibilität der beteiligten Einrichtungen ab. Die „Unternehmens-Philosophie" der Träger der Einrichtungen, die Interventionsprogramme, die Organisationstrukturen, das Personal und seine Qualifikation, die Lage der Einrichtung usw. sind also Faktoren, die als „externe Variable" das Gelingen der Betreuung direkt oder indirekt mit beeinflussen. Ein Therapieabbruch ist kein Hinweis alleine, daß der Patient noch zu wenig motiviert ist, sondern es fließt dabei auch der Anteil der für den Patienten aversiven Momente der jeweiligen Einrichtung ein. Man spricht heute bereits von der „Haltekraft" der Einrichtungen. Auch im Rahmen der *Patientenzufriedenheitsforschung* werden diese Faktoren wichtiger. Man spricht bereits vom Patienten als „Kunden", um das neue Verständnis der Einrichtungen als Dienstleister zu charakterisieren. Diese neue Beziehungsdefinition („Der Kunde ist König") ist allerdings bei den häufig etwas anspruchsvollen Suchtkranken relativ kontraindiziert.

Eines der großen praktischen Probleme ist die Beschreibung, Analyse und Konstruktion der *Kooperationsbeziehungen* der einzelnen Einrichtungen des Suchthilfesystems. Dabei steht die Vereinbarkeit der Therapiekonzepte und -programme im Vordergrund des Interesses. Schwierigkeiten macht dabei die organisationswissenschaftliche Untersuchung von Einrichtungen, da sie in unterschiedlicher Trägerschaft von Wohlfahrtsverbänden stehen, die untereinander gewisse Konkurrenzverhältnisse aufweisen (vgl. Abschnitt „Systemtheorie sozialer Systeme"). Die *Träger* der verschiedenen Einrichtungen im Bereich der Beratungsstellen und der Wiedereingliederungseinrichtungen kommen häufig aus der Wohlfahrtspflege (z.B. Caritas oder Diakonie). Kliniken haben kommunale, kirchliche oder gemeinnützige Träger. Entwöhnungstherapieeinrichtungen werden häufig von gemeinnützigen GmbH's betrieben.

In den verschiedenen Betreuungsphasen sind unterschiedliche *Berufsgruppen* wie hauptsächlich Sozialpädagogen, Ärzte und Psychologen zuständig. Die Behandlung eines Suchtkranken ist ohne spezielle Ausbildung nicht möglich. Spezialeinrichtungen sollten frühestmöglich eingeschaltet werden. In Zusammenarbeit mit den Angehörigen muß beispielsweise der Arzt den Suchtkranken zur Nutzung der Betreuungs- und Behandlungsangebote motivieren. Trotz dieser Notwendigkeit zur Delegation ist der Arzt eine wichtige Bezugsperson für den Suchtkranken. Diese Situation ergibt häufig Probleme der Kooperation und Koordination zwischen den verschiedenen Phasen der Behandlung und Betreuung. Im Vordergrund steht die Terminkoordination der Gesamtplanung, der Umgang mit den Kostenübernahme-Anträgen und den Aufnahmeterminen für die Therapie. Die Koordination der Dienste der Suchtkrankenhilfe ist daher ein vorrangiges gesundheitspolitisches Thema. Aus diesem Grund werden in zunehmendem Maße in verschiedenen kommunalen und staatlichen Verwaltungsebenen Sucht- bzw. Drogenkoordinatoren bestellt. Diese Drogenreferenten dienen dann als Ansprechpartner für strukturelle Koordinationsprobleme.

Die *Finanzierung* der einzelnen Maßnahmen wird meist von den Krankenkassen getragen. Für die Entwöhnungstherapie kommen in der Regel die Träger der Rentenversicherung (BfA, LVA) in Betracht.

Probleme beim Umgang mit dem Suchtkranken stören die Beziehung und können zum Kontaktabbruch führen. In der Begegnung zwischen dem Suchtkranken und dem Berater koppeln sich zwei Ökosysteme - das kontrollierende gesundheitsorientierte System der Medizin und das unstrukturierte drogenzentrierte Ökosystem des Suchtkranken (Tretter, 1978, 1987). Vieles aus dem Alltagsverhalten des Kranken und seines Umfeldes ist noch unbekannt und wenig erforscht. Es ist daher nötig, die individuellen humanökologischen Aspekte der suchtkranken Person zu betrachten.

Nur so eröffnen sich tiefere Einsichten über die Ätiologie und Therapie der Sucht.

## 17.2 Therapie als Programm

Wenn nun in der Mikroperspektive Therapie als Konstituierung und Implementierung von neuen Sollwerten im Erleben und Verhalten verstanden wird, dann sind einige weiterführende Gedanken zweckmäßig.

Das Teilnehmen eines Patienten an dem Programm einer Therapieeinrichtung ist zunächst ein Eingehen in ein neues soziales Beziehungsgefüge. In der Perspektive der Humanökologie bedeutet dies ein Eingehen in ein Tauschverhältnis, bei dem der Patient die Angebote und Forderungen des Therapeuten annimmt und seinen Anteil als Therapiebeteiligung eingibt. Dies stellt das Bündel an Sollwerten dar, das zwischen Therapeuten und Patienten ausgehandelt wird. Darüber hinaus ist durch die Bezahlung der Therapie durch den Patienten bzw. durch seine Versicherung die Grundlage des Tausches „Therapie gegen Geld" gegeben. Dieser Aspekt der Behandlungsvereinbarung ist problematisch, da bei vielen Suchtkranken die Geben-Nehmen-Relation zur Umwelt schief gelagert ist und in Form überhöhter Forderungen an die Therapie (Anspruchshaltung) vorliegt.

Unter Therapeuten besteht nun Einigkeit, daß die relativierten und relativierenden Beziehungsziele „Bescheidenheit" und „Verzichtbereitschaft" sehr zentral sind. Das kann aber auch tendenziell zu einer Unterdrückung der individuellen Interessen des Patienten führen, der aber andererseits wegen seiner potentiell überhöhten Anspruchshaltung auch nicht als Kunde des Gesundheitsdienstes der König der Verhältnisse sein kann. Der Patient lernt insgesamt in der Therapie, seine Beziehung zum Suchtstoff intensiv („weniger") oder qualitativ („Abstinenz") zu verändern.

Therapie als Programm besteht dann im Detail in unterschiedlichen Inhalten des Austauschs (z.B. Vertrauen geben / annehmen), die auf die Grundebene der Patient-Therapeut-Beziehung einwirken und umgekehrt - erst die grundlegende Komplementarität der Patient-Therapeut-Beziehung gestattet den adaequaten Umgang mit den einzelnen Therapieelementen. Diese tragende Makroebene der therapeutischen Beziehung wird durch das Erschließen und Umsetzen einzelner Therapieziele moduliert, was nun expliziert wird.

*Interventionsziele*

Das Handeln von Suchtkrankenhelfern wird häufig als „Intervention" bezeichnet. Demgemäß sind ganz grundlegend folgende allgemeine Interventionsziele, die sich auf das Beziehungsgefüge von Störung, Person und Therapie beziehen, zu definieren und anzustreben:
1. Problemeinsicht
2. Veränderungsmotivation
3. Therapiemotivation

Die *Totalabstinenz* gilt generell als Ideal-und Fernziel des Verhaltens des Patienten. Je nach Stadium der Abhängigkeit kann als Therapieziel die lebenslange Abstinenz (z.B. Zustand nach langjährigem Alkoholismus) oder aber der „kontrollierter Konsum" (z.B. Startphase der Methadonsubstitution) definiert werden. Die Zieldefinition ist von therapeutischer Seite in Relation zur Schwere der Erkrankung zu entwickeln, da der Kontakt zum Patienten Vorrang hat gegenüber einer „Prinzipientreue", etwa im Sinne der Forderung zur Totalabstinenz. In der Praxis wird in der Kontaktphase eine zeitlich strukturierte Zielsetzung zweckmäßig sein. Kontrollierter Konsum kann passageres Ziel beim Süchtigen sein, beim Scheitern ist dann das Ziel die Abstinenz. Man spricht auch von der „Therapiezielehierarchie".

Im Kontakt mit dem Patienten bewährt sich das Grundprinzip, dem Patienten gegenüber den Drogenkonsum nicht zu „verbieten", sondern an die Eigenverantwortlichkeit zu appellieren: Drogenkonsum und Abstinenz sind jeweils mit subjektiven und objektiven Vorteilen und Nachteilen verbunden. Mit anderen Worten: Im Gespräch mit dem Patienten soll bei ihm ein individuelles Risiko-Nutzen-Kalkül des Rauschmittel-Konsums aufgebaut werden.

Auch diagnostisch ist diese Gegenüberstellung ergiebig - der affektive Umgang des Patienten mit der Vorteile-Nachteile Diskussion des Konsums und des Nicht-Konsums zeigt beispielsweise in Form eines Verteidigungsverhaltens einen hohen Grad der inneren Rauschmittelabhängigkeit. Diese Strategie baut darauf auf, daß der Patient möglichst stark eigene Entscheidungsspielräume vermittelt bekommt. Imperative Therapie ist bei Suchtkranken äußerst begrenzt wirksam. Er soll so früh wie möglich wieder ein kompetenter „Kapitän seiner Seele" werden (vgl. Bateson 1981).

Des weiteren können verschiedene Phasen der Therapie nach den grundlegenden Stadien der „Beziehungsdefinitionen" des Patienten in Hinsicht auf seine Suchtmittel und in Hinblick auf die Therapie unterschieden werden. Nach Feuerlein (1989, S. 177) können beim Alkoholiker sechs Stufen der Veränderungs- und Therapiemotivation unterschieden werden, die sich als Beziehungsmodifikationen deuten lassen:

1. Die Einsicht *„So geht es nicht mehr weiter"* steht am Anfang der therapeutischen Beziehungen und der Motivation des Patienten. Diese Stufe entspricht etwa dem 1. Schritt des 12-Schritte-Programms der Anonymen Alkoholiker (AA): „Wir sind gegenüber dem Alkohol machtlos". Die Kapitulation bedeutet eine indirekte Krankheitseinsicht und geht mit dem Akzeptieren der Abhängigkeit und der Lebensproblematik einher. Der Patient ist von den negativen Folgen seines Rauschmittelkonsums betroffen und zu Veränderungen bereit. Der Betreuer muß in dieser ersten Phase versuchen, die Problemaufarbeitung in Gang zu bringen, um das Gespräch und den Kontakt zu erhalten.

Aus systemtheoretisch-ökologischer Sicht hat Bateson (1981) gerade diese Phase als „kopernikanische Wende" in der kognitiven Ökologie des Süchtigen herausgearbeitet. Der Süchtige hört auf, sich in einer symmetrisch-eskalatorischen Beziehung, d.h. mit einer gegenseitigen Hochschaukelung in bezug auf seine Umwelt zu verhalten. Es stellt sich vielmehr ein Anerkennen der *relativen Übermacht der Umwelt* der Person ein. Der Person ist klar, daß sie mit dem Suchtverhalten aufhören muß.

2. Die Einsicht *„Ich schaffe es nicht alleine"* beruht auf dem Durcharbeiten der eigenen Versuche, sich selbst zu behandeln und abstinent zu leben. Sie führt allerdings manchmal zu einer völlig unrealistisch hohen Erwartung an die Hilfemöglichkeiten. Diese Stufe der Selbsterkenntnis wird bei den Anonymen Alkoholikern so formuliert: „Die geistige Gesundheit bekommen wir nur von einer Macht, die größer ist als wir selbst". Hier tritt die Überzeugung ein, daß eine Heilung möglich ist, aber nur unter der Aufgabe der Größenvorstellung, sich selbst ohne Hilfe in den Griff bekommen zu können. Diese Selbstbegrenzung ergibt die tragfähige Voraussetzung dafür, daß das Zulassen von Hilfe erforderlich ist. Der Abhängige muß *sich zurücknehmen*.

3. Die komplementäre Unterwerfung gegenüber den Umständen, deren Bewältigung bisher erfolglos versucht wurde, ist der nächste Schritt auf dem Weg zur stabilen Abstinenz. Dies geht mit der Einsicht *„Ich lasse mir helfen"* einher. Sie gestattet einen konkreten und kontinuierlichen Kontakt mit den Helfern. Die Anonymen Alkoholiker sagen: „Wir entschließen uns, unseren Willen und unser Leben der Sorge Gottes - wie wir ihn verstehen - anzuvertrauen". Damit ist keinesfalls gemeint, daß der Therapeut Gott ist. Diese Position öffnet jedoch den Patienten für Hilfe von außen. Er kann *Hilfe annehmen* und fügt sich der Situation, mit dem Suchtmittel nicht allein fertig zu werden. Er wehrt die Hilfeangebote nicht mehr ab. In diesem Stadium der Veränderung ist die Vorbereitung einer Entwöhnungstherapie erfolgversprechend.

4. Mit der Einsicht *„Ich bin Alkoholiker"* ist die beste Grundvoraussetzung für eine Entwöhnungstherapie gegeben. Damit wird beim Patienten zwar zunächst ein Defizitbild aufgebaut, doch kann er durch die weiteren Schritte etwas aktiv unternehmen, um ein Fortschreiten seiner Erkrankung zu unterbinden.

5. *„Ich darf überhaupt keinen Alkohol mehr trinken"* ist ein weiterer wesentlicher Schritt. Diese Einstellung findet sich zumindest als Absichtsäußerung schon in frühen Phasen. Mit dieser „Beziehungsdefinition" gegenüber dem Suchtmittel wird eine Neuorganisation des umweltbezogenen Verhaltens der Person erforderlich. Die Person muß soziale Räume meiden, in denen der Stoff angeboten wird, sie muß eigene Stoffdepots beseitigen usw.

6. *„Ich muß mein Leben ändern"* ist die letzte Einsicht beim Versuch, die Krankheit zum Stillstand zu bringen. Sie hat weitreichende Folgen und bedeutet für den Alkoholiker eine mehrjährige Arbeit an sich und seinen Lebensverhältnissen. Diese Einsicht leitet sich aus dem bisher Gesagten ab: Die Person muß das Gesamtgefüge ihrer Umweltbeziehungen umorganisieren. Sie baut sich gewissermaßen ein „Abstinenz-Ökosystem" auf, das in allen Lebensbereichen den Suchtstoff und Beziehungen zum Suchtstoff ausgrenzt und Ressourcen für die Abstinenz beinhaltet.

Die Schwierigkeit, diese einzelnen Veränderungsschritte zu erzielen, liegt darin, daß der Alkoholiker in seiner individuellen Ökologie seiner Sucht so gefangen ist, daß neue Einwirkungen von außen als eine Störung erlebt werden. Er entwickelt daher Widerstände (Abwehrmechanismen) gegen seine Betreuer und Behandler.

Ziel der richtigen Umgehensweise mit dem Suchtkranken ist es, die *Selbstbestimmungsfähigkeit*, die ja beim Abhängigkeitskranken schwerst gestört ist, wieder zu erhöhen. Das bedeutet, daß jederzeit die (auch minimale) Eigenverantwortlichkeit des Suchtkranken angesprochen werden soll, aber auch die Konsequenzen von Fehlverhalten (z.B. Rückfall) geklärt und dann auch umgesetzt werden müssen (z.B. Einschränkung des Freiraums).

Auch ein Gespräch mit den *Angehörigen,* als wesentlicher Teil des Umfelds, zielt auf Veränderungen von Verhaltensweisen, die suchtverstärkend sind und als co-abhängiges Verhalten vermittelt werden (s. Abschnitt „Systemische Familientherapie").

In verhaltenstherapeutisch orientierten Kliniken gibt es detaillierte und nun langjährig bewährte Vorstellungen zu den *Therapiezielen* (Schneider, 1982):

- *Akzeptieren der eigenen Suchtmittelabhängigkeit:* Informationen, wie das Suchtmittel kurzfristig auf Denken, Fühlen und Handeln wirkt und welche langfristige Schadwirkungen auftreten, werden angeboten. Dieses Wissen muß auf die eigene Person angewendet werden können und soll zum Durchschauen der Selbsttäuschungsstrategien führen.
- Erkennen des *Zusammenhangs zwischen Suchtmittelgebrauch und allgemeiner Lebensführung*: Die Patienten erfahren, wodurch ihr Verhalten beeinflußt wird und wie es analysiert werden kann. Sie lernen, Auslöser und Konsequenzen des Trinkens zu erkennen, eine selbstkritische Lebensbilanz aufzustellen und Anwendungsziele zu bestimmen. Bei diesem Therapieziel steht die Übung von Selbstkontrolle und Selbstbeobachtung im Vordergrund. Es wird darauf hingearbeitet, die Zusammenhänge zwischen dem inneren Dialog und dem Verhalten zu erkennen. Es wird gelernt, das Ver-

meidungsverhalten gegenüber Suchtmittel konkret zu realisieren (z.B. Gedanken-Stoptraining, Ablehnen von Suchtmittelangeboten durch Rollenspiel, Selbstbehauptungstraining, Tagesplanung).
- *Vergrößern der Entfaltungsmöglichkeiten:* Darunter fällt die Fähigkeit, Kontakte zu anderen aufzunehmen, sich so mitzuteilen, daß man verstanden wird, persönliche Rechte wahrnehmen zu lernen, Gefühle wahrnehmen und damit umgehen zu lernen, usw.
- *Aneignung von alternativen Verhaltensmöglichkeiten:* Lernen ohne Suchtmittel zu entspannen, für den Körper etwas zu tun, Freizeit vielseitig und sinnvoll zu gestalten, alkoholfreies Essen und Trinken genießen zu lernen, das Leben bewußt und selbständig zu planen, usw.

Diese Therapieziele werden in Form von verschiedenen Methoden der Gruppentherapie (tiefenpsychologisch, psychodramatisch, gestalttherapeutisch) mit Entspannungsübungen, mit möglichst viel Eigeninitiative des Patienten, aber in kleinen Schritten angesteuert. In den Teilphasen der Behandlung werden die Patienten zunächst allgemein vorbereitet, dann erst wird eine Klärung der individuellen Problematik angestrebt. Schließlich wird in der Übertragungsphase das Gelernte in der Realität erprobt, dann erst erfolgt die Wiedereingliederung bzw. die Entlassung aus dem therapeutischen Setting.

Gegenwärtig besteht ein Trend zur Differenzierung der Therapieziele, insofern vor allem das (im Prinzip unangetastete) Abstinenzziel relativiert und flexibler gehandhabt wird. Tendenzen sind:
- *Medikamentöse Stützung* der Therapie (Anti-Craving-Substanzen).
- *Substitution* mit Ersatzstoffen im Bereich der illegalen Drogen (Methadonsubstitution).
- *Niederschwelligkeit* von Einrichtungen (Entgiftung ohne Verpflichtung zur anschließenden Entwöhnung).
- *Individualisierung* der Therapiegestaltung.
- *Kurzzeit-Entwöhnungstherapie* um die soziale Desintegration zu vermindern.
- *Ambulante Therapie* um soziale Integration zu erhalten.

## Umgang mit dem Suchtkranken

Grundsätzlich ist die Therapeut-Klient-Interaktion von einer *Autonomie-Abhängigkeitsspannung* überlagert (Küfner 1989). Wenn ein einigermaßen motivierter Patient sich zu sehr kontrolliert und abhängig vom Therapeuten fühlt, wird er die Therapie ablehnen und abbrechen.

Bei der Betreuung und Behandlung des Suchtkranken, aber auch als problembewußter Angehöriger, muß immer bedacht werden, daß der Betroffene in einem in sich geschlossenen „Ökosystem" lebt. Jedem neuen Eingriff von außen wird er äußerst zwiespältig begegnen. Schon die Diagnose „Alkoholismus" und die Forderung einer

Alkoholabstinenz stört den Beziehungshaushalt zu sich und der Umwelt. Empfehlungen zum Umgang mit dem Suchtkranken sind vom Kontext des Therapeuten, wie auch vom Kontext des Patienten abhängig: es fragt sich, wer was will und welche Ressourcen dafür zur Verfügung stehen.

Da die psychische Verarbeitungsweise Suchtkranker, wie erwähnt, aus klinischer Sicht Auffälligkeiten zeigt, die *nach psychoanalytischem Verständnis* am besten als Ausdruck von *Abwehrmechanismen* begriffen werden können, sollen noch kurz wichtige Gesichtspunkte zusammengefaßt werden (vgl. „Systemische Psychologie der Sucht"). Als Leitgedanken für den Umgang mit dem Suchtkranken kann die Vorstellung dienen, daß der *Suchtkranke Schwierigkeiten mit Grenzen und mit Bewertungen* hat:

1. Es besteht eine übergroße Diskrepanz zwischen *Wunsch und Wirklichkeit*. Die Grenze zwischen diesen Bereichen ist bei Suchtkranken häufig unscharf.

2. Der Suchtkranke kann sich schwer *von anderen abgrenzen*. Mancher kann sich auch *selbst schlecht eingrenzen* (Thema: „Ich und die Umwelt").

3. Die Erfahrungen werden häufig *pauschal verarbeitet* - „alles ist schlecht" oder „alles ist gut". Selten ist die differenzierte affektive Verabreitung nach dem Modus „Die Umwelt ist für gut *und* schlecht" möglich.

Für alle Phasen der Betreuung und Behandlung ist daher dem Betreuer, Behandler und der Bezugsperson zu empfehlen, den Patienten als Person zu akzeptieren und ihm Empathie, Echtheit, Anteilnahme und Kongruenz im Sinne der gesprächspsychotherapeutischen Haltung entgegenzubringen. Damit muß aber andererseits auch unbedingt eine konsequente Reaktionsweise verbunden sein, die unmißverständlich vermittelt, daß die negativen Konsequenzen des Suchtmittelgebrauchs vom Suchtkranken selbst getragen werden müssen (Feldhege 1980).

Auch Angehörige müssen lernen, eine solche Haltung einzunehmen, da sie sonst im Hin- und Hergerissensein zwischen äußerstem Leid, Verzweiflung, Ärger und Hoffnung alle Vorsätze aufgeben oder selbst unbewußt zum Komplizen (z.B. Co-alkoholiker) werden (Kaufmann und Kaufmann 1983). In diesem Zusammenhang sind auch die „Spiele" von Süchtigen (Berne 1967) zu sehen, die beispielsweise der Alkoholiker inszeniert. Es geht dabei vor allem um Opfer-Täter-Retter-Spiele, bei denen etwa der Alkoholiker als Opfer seiner „bösen" Ehefrau sich beim Kellner an der Bar, der den Retter darstellt, mit einigen Bieren scheinbar berechtigt trösten läßt.

Aus psychoanalytischer Sicht läßt sich, wie erwähnt, das Grundverhältnis zwischen Suchtkrankem und seiner Umwelt am besten als Abhängigkeits-Autonomie-Konflikt begreifen (Küfner 1989). Dörner u. Plog (1984) umschrieben das Verhältnis treffend als „der sich und andere versuchende Mensch", indem der Suchtkranke immer wieder seine Grenzen und die der Umwelt erfahren und überwinden will. Diese Beziehungsstörung ist mit dem Problem verbunden, zwischen *Kontrolle und Vertrauen* den richtigen Mittelweg zu finden. So sind z.B. Suchtmittelkonsumkontrollen (Urinproben, Alkoholtest) zwar nach Vereinbarung mit dem Patienten unumgänglich, führen aber bald zu einem Spiel, mit dem Ziel zu testen, wer besser verstecken und wer besser finden kann. Dabei besteht die Gefahr, daß der Behandler entweder zu hart oder zu weich ist. Im ersten Fall fühlt sich der Patient total abgelehnt, im zweiten Fall wird er zuwenig gefordert. Um solche Probleme zu umgehen, sollte daher jede relevante Person im Umfeld des Suchtkranken ihre persönliche Haltung gegenüber Suchtstoffen geklärt haben. Sehr oft stellen Suchtkranke auch eine unpassende Nähe her. Sie sagen Sätze wie: „Sie sind der beste Therapeut", wodurch der Behandler umgarnt werden soll, so daß Kritik am Verhalten des Patienten scheinbar schwerer möglich ist (vgl. Tretter 1994c).

Es ist daher nötig, den Suchtkranken grundlegend an seiner Problematik arbeiten zu lassen und klar definierte Situationen anzustreben, die nach Wenn-dann-Regeln strukturiert sind. Auch ein Rückfall soll nicht als Katastrophe gelten, sondern nach kritischer Betrachtung als Gelegenheit gelten, mehr über die Abhängigkeit zu lernen. Bereits gelten beim ersten Kontakt ist diese Beziehungsproblematik zu berücksichtigen.

## 17.3 Suchthilfeorganisationen als Umwelt

Der Patient, der sich wegen einer Beratung oder Behandlung in eine Einrichtung des Suchthilfesystems begibt, erfährt diese Einrichtung als „Umwelt". Dieses Erleben der Einrichtung bestimmt den Therapieverlauf in hohem Maße. Dies ist aus vielen Erzählungen der Pateinten nach Teilnahme an einer Therapie zu entnehmen. Es geht daher um die Frage, wie die Einrichtung, also sozialtechnisch gesprochen „die Organisation", in ihren Merkmalen als Umwelt analytisch differenziert erfaßt werden kann, sodaß relevante Gestaltungsmöglichkeiten abgeleitet werden können.

Die Betrachtung von Organisationen der Suchthilfe hat für die Ökologie der Sucht folgende Bedeutung:
1. Die Organisation als Betriebseinheit der Beratung, Therapie und Rehabilitation ist Umwelt der Suchtkranken.
2. Die Organisation als Arbeitsumwelt der Therapeuten hat Bedeutung für das Befinden des Personals und damit auch für das der Patienten, wobei allerdings die Therapeuten auch Defizite des Betriebs gegenüber dem Patienten abpuffern können müssen.

Für eine Vertiefung der Analyse dieses Bereichs ist es zunächst sinnvoll, diese Einrichtungen als „soziale Systeme" zu verstehen. Wie im Kapitel zum Thema „Organisationen als soziale Systeme" dargestellt wurde, können auch therapeutische Einrichtungen als soziale Systeme begriffen werden. Sie sind vor allem durch ihre *Ziele* (z.B. Verhaltensänderungen bei Klienten hervorrufen) definiert, sie zeigen eine bestimmte *Organisationsstruktur* (z.B. multiprofessionelles Team), bestehen aus verschiedenen *Mitarbeitern* unterschiedlicher beruflicher Qualifikation, haben eine spezifische *tech-*

*nische* und *programmatische* Infrastruktur, beruhen auf einer bestimmten Regelung der *Finanzierung* und werden in einem *Raum* zu bestimmten *Zeiten* tätig.

Wenn man Einrichtungen der Suchthilfe in diesem Sinne als soziale Systeme ansieht, dann sind sie von einem unterschiedlich stark ausgeprägten Grad an Organisiertheit gekennzeichnet. Man unterscheidet in dieser Hinsicht *Aufbau- und Ablaufstruktur* der Organisation eines Betriebes. In der detaillierten Betrachtung zeigen sich dann folgende relevante Ebenen und Aspekte der Wirkung der Organisation auf den Patienten.

- Organisationen sind *zielgerichtet*, sie haben ein operatives *Ziel* (z.B. Kranke zu behandeln). Dieses *Ziel* ist auch ein Gefüge von Teilzielen. Statt von Ziel wird auch von Zwecken gesprochen. Organisationen lassen sich in mancher Hinsicht nach Zweck-Mittel-Relationen beurteilen.
- Immaterielle Betriebsmittel zur Zielerrreichung sind allgemein betrachtet *Organisationsstrukturen,* die sich in Form der horizontalen und vertikalen Aufgabenverteilung (Funktionsverteilung) zeigen. In Therapieeinrichtungen werden die Leitungsstrukturen und die Aufgabenverteilung vom „multiprofessionellen Team" getragen. Das Führungsproblem solcher Einrichtungen besteht in der Variation von autoritativen und egalitär-partizipativen Führungsstrategien. Dieses Steuerungsproblem für die Betriebsführung (Führen/Sich-führen-lassen) ist häufig Gegenstand von Konflikten, die dann in Teamsupervisionssitzungen oder in Meetings der Organisationseinrichtung abgearbeitet werden.
- Die Arbeit in Einrichtungen der Suchthilfe wird vom multiprofessionell qualifizierten *Personal* getragen. Knappe Personalausstattung einer Einrichtung geht zu Lasten des Personals, nicht zu Lasten des Trägers, der dies aber zu verantworten hätte.
Die Motivation eines *Mitarbeiters* in einem Betrieb zu arbeiten (und zu verbleiben) hängt neben der Bezahlung von den Alternativen zum Arbeitsplatz, dem inneren Milieu des Betriebes u.a. Faktoren ab. Viele Mitarbeiter eines Betriebes der Suchthilfe würden bei geeigneten alternativen Angeboten den Betrieb verlassen (Burnout Syndrom). In diesem Sinne könnte auch von der „Haltekraft" eines Betriebes für seine Mitarbeiter gesprochen werden.
- Für die konkrete Arbeit sind *technische Mittel* erforderlich ( z.B. Videoanlagen für das Rollenspiel). Auch therapeutische Techniken, das „Therapiekonzept", sind diesem Bereich zuzuordnen. Sie bestimmen im wesentlichen das innere Geschehen des Systems.
- Schließlich sind *räumliche* Aspekte (Enge, Weite der Räume und der Einrichtung) und *zeitliche* Aspekte (Urlaube, Wochenende, „Produktionsphasen" = Therapieprogrammabläufe) für das Verstehen des Funktionierens der Suchthilfeeinrichtungen als Betriebe erforderlich.

Die soziale Funktion der Therapieeinrichtung kann man, wie bereits im Abschnitt „Systemtheorie sozialer Systeme" dargelegt wurde, nach Parsons (1968) nach vier Teilfunktionen gliedern und beurteilen:
- Die Funktion der *Zielerreichung*. Inhaltlich betrifft dies die Abstinenz der Patienten oder ein gleichrangiges Ziel, darüberhinaus die Erlangung der körperlichen und psychischen Gesundheit. Außerdem sollen im sozialen Bereich bessere Voraussetzungen

für das weitere Leben hergestellt werden. Die Kontrolle der Zielerreichung erfolgt am besten durch Verlaufsstudien (Katamnesen).
- Die Funktion der *Integration* der Komponenten, vor allem der Mitarbeiter und der Regeln. Dies kann durch Teammeatings erreicht werden.
- Die Funktion der *Strukturerhaltung*, etwa in Hinblick auf die Patienten durch die Hausordnung, aber auch durch Verhaltensregeln für die Mitarbeiter.
- Die Funktion der *Anpassung* an die Umwelt, etwa insofern Aufnahmeregeln oder interne Therapieprinzipien an Erwartungen der Bevölkerung, der Klienten oder der Wissenschaft angepaßt werden. Veränderte Erwartungen an die Therapieeinrichtungen, etwa die Mitberücksichtigung von AIDS-Kranken in den 80er Jahren oder der Umgang mit methadonsubstituierten Heroinabhängigen oder der Umgang mit Alkoholikern, die ärztlich „Anticraving"-Substanzen verabreicht bekommen, sind Beispiele veränderter Umweltlagen aus der Sicht therapeutischer Einrichtungen.

Für den Klienten einer Beratungsstelle, ebenso wie für einen Patienten einer stationären Einrichtung ist das durch diese Faktoren und Funktionen bestimmte „Milieu" (oder die „Atmosphäre") der Einrichtung wichtig (vgl. Abb. 60). Dieser Aspekt wird auch wieder neuerdings im Rahmen der Maßnahmen der Qualitätssicherung mit der Kategorie „Patientenzufriedenheit" in Betracht gezogen. Bereits in den 70er Jahren hat Moos (1974,1976) die Atmosphären von Krankenstationen und anderen Settings untersucht.

Diese *„innere Umwelt"* einer Therapieeinrichtung, auf der Ebene der *Interaktion,* besteht im wesentlichen aus *Klienten* (oder: Patienten) und *Therapeuten* als soziale Rollenträger. Die Begegnung zwischen Therapeuten und Klienten ist durch die von Luhmann betonte „doppelte Kontingenz" geprägt, die durch Regeln und Behandlungsvereinbarungen reduziert ist: die doppelte Kontingenz ergibt sich daraus, daß jeder der beiden Handlungspartner einen beliebigen Horizont möglicher Handlungen und Erwartungen vorfindet. Der Therapeut kann beispielsweise freundlich oder neutral reagieren, neutrales Verhalten kann aber vom Klienten als Arroganz ausgelegt werden und zu Widerständen führen, die die Therapie erschweren. Der Klient andererseits kann statt Therpie machen, auch wieder heimlich alles anstellen, um erneut Drogen zu konsumieren. Dies muß der Therapeut in den Horizont seiner Erwartungen einbeziehen. Tritt dieses Klientenverhalten auf, dann sind gewisse Implikationen damit verbunden, wie beispielweise die Entlassung des Klienten bei Drogenkonsum.

Behandlungsverträge, Hausordnung und Therapiekonzept sind als programmatische Komponente eine wesentliche Ebene der Therapieeinrichtung als Umwelt. Sie klären den Horizont möglichen Verhaltens und reduzieren ihn. Daher ist in der Therapie beispielsweise, was den Drogenkonsum betrifft, nur ein relativ eingegrenzter Bereich an Verhaltensweisen und Erwartungen zulässig, während im sozioemotionalen Bereich „alles heraus" kann oder sogar soll. Sehr wesentlich ist auch die Betrachtung des Aufnahmeverfahrens, des Entlassungsverfahrens und des Behandlungsverfahrens.

Es ist bemerkenswert, daß bei der Erforschung der Einrichtungen des Suchthilfesystems die analytische Organisationsforschung erst wenige Beiträge geliefert hat.

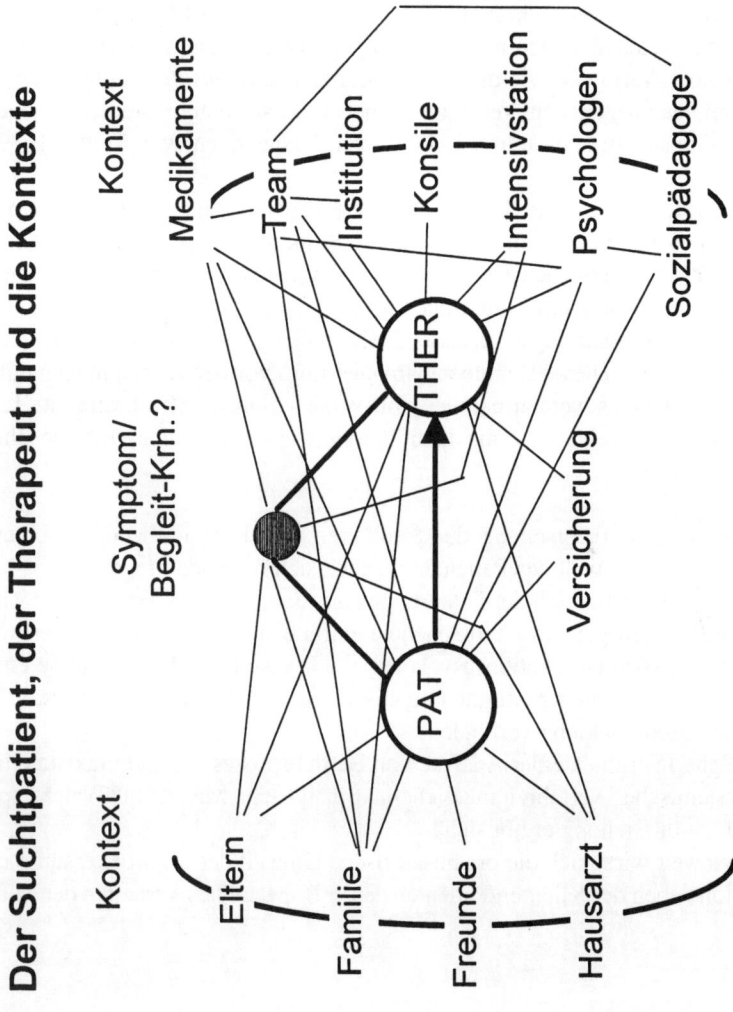

Abb. 60: Das Beziehungsnetzwerk zwischen Patient, Therapeut und den jeweiligen Kontakten.

Diese Forschungsdefizite haben möglicherweise damit zu tun, daß in Einrichtungen der Suchthilfe der Aspekt der sozioemotionalen „Beziehung" von zentraler Bedetung ist. Dieser Bereich ist der *empirischen Organisationsforschung* schwer zugänglich (vgl. Abschnitt „Systemtheorie sozialer Systeme"). Interessanterweise hat sich aber die *systemische Familientherapie* um Anwendungen in den Organisationseinheiten in Betrieben bemüht (vgl. Selvini Palazzoli et al. 1984). Die Aufgabe der Optimierung der Funktionsweise der Einrichtungen der Suchthilfe fällt derzeit vor allem der *„Supervison"* zu (vgl. Schreyögg 1991). Hier werden insbesondere sozioemotionale Aspekte in Teamsitzungen mit einem Supervisor behandelt. Etwas am Rande stehen derzeit noch Verfahren wie die strukturbezogene *Organisationsentwicklung*, die sich von den teambezogenen Verfahren abheben. Erst wenige Studien beleuchten die Teamkultur aus organisatonssoziologischen Perspektiven (vgl. Tretter 1979, Kampe 1991).

Ein weiterer Berich der Darstellung der Einrichtungen betrifft Strategien der *Qualitätssicherung*. Es geht um Aspekte der Struktur-, Prozeß- und Ergebnisqualität. Dafür sind umfangreiche EDV-gestützte Dokumentationen der betrieblichen Aktivität erforderlich. Diese Dokumentationen müssen die Ausstattung und das Funktionieren der Therapieeinrichtungen erfassen. Sie müssen den Kostenträgern zugänglich gemacht werden. Dieses Bemühen wird allerdings von den Einrichtungen mit Befremden betrachtet - es werden nämlich von Versicherungsträgern bestimmte Kategorien zur Anwendung gebracht, ohne damit beispielsweise die qualitative Atmosphäre erfassen zu können.

Für die weitere Erforschung der Strukturen und Funktion von Einrichtungen der Suchthilfe als Umwelt des Patienten ergeben sich folgende Fragen:
- Wie kann der Bereich der Erfahrungen aus der „systemischen" Supervisionsarbeit in die Betriebsgemeinschaft adaequat einfließen und instrumentalisiert werden?
- Kann die Kommunikationspsychologie hier ausreichende Kenntnisse einbringen? Wie kann sich die strukturale Organisationsentwicklung mit der personalen Organisationsentwicklung verbinden?
- Welche Instrumente der Analyse von Betriebsprozessen sind praxistauglich? Sind „systemische" Verfahren nützlicher als analytische Methoden? Welche spezifische Indikationsstellung ergibt sich?
- Inwieweit wirkt sich die organisatorische Umwelt der Mitarbeiter auf das Organisationsleben der Klienten/Patienten aus (z.B. gestreßtes Verhalten der Mitarbeiter).

## Fazit

Das System der Suchthilfe ist ein komplexes Gefüge von unterschiedlichen Hilfeangeboten. Dieses System stellt sich für den Betroffenen als ein äußerst umfassendes „Gegensystem" zu seiner suchtbezogenen Umwelt dar. Ein wichtiger Gesichtspunkt für die professionellen Helfer ist außerdem noch die mangelnde Kooperation, die durch Konkurrenzen der Träger bedingt ist.

Es ist daher ein weiterer Bereich der systemischen Betrachtung der Funktionen von Therapieeinrichtungen, die Interaktion zwischen den verschiedenen Elementen des Suchthilfesystems zu untersuchen. Dem System übergeordnet ist der Suchthilfekoordinator, dessen Aufgabe es ist, Mängel der Versorgung zu erkennen und entsprechend „Ressourcen zu allozieren", d.h. also, suchtpolitisch tätig zu werden. Er hat auch die Aufgabe, Planungen vorzunehmen.

Bei diesen Analysen muß das Stufenkonzept des Suchthilfesystems, das von den *Beratungsstellen*, über *Entgiftungseinrichtungen (Kliniken)*, *Entwöhnungstherapieeinrichtungen* und *Rehabilitationseinrichtungen* den Klienten von der Prävention über die Therapie bis zur gesellschafltlichen Wiedereingliederung und Stabilisierung über alle wesentlichen Phasen seiner Suchtentwicklung begleitet, einerseits detailliert und andererseits ganzheitlich untersucht werden.

# 18 Perspektiven

## 18.1 Rückblick auf die „Ökologie der Sucht"

Der Ansatz, ein Problem, das zu untersuchen ist, auf ein Konzept der Mensch-Umwelt-Beziehungen, also auf *Humanökologie,* zu beziehen, bietet den Vorteil, den Blick auf den *Fokus* des Problems und sofort auch auf seinen *Kontext* richten zu können. Die Technik der integrierten *multiperspektivischen Analyse*, bei der verschiedene analytische Auflösungsgrade aufeinander bezogen bleiben, ermöglicht den effektiven Standortwechsel. Dadurch eröffnen sich vielfältige Verständnis- und Verständigungsmöglichkeiten. Ein besonderes Problem bleibt dabei aber die Analyse der *komplexen Beziehungen* des Problems zu seinen Randbedingungen, zu seinem Kontext. Dafür eignet sich die *Systemwissenschaft*. Sie erlaubt nach der realwissenschaftlichen Abklärung der Problemstellung durch natur-, sozial- und geisteswissenschaftliche Betrachtungen, das *Funktionsgefüge* modellhaft darzustellen und zu testen, was hier vereinfachend an dem Phänomen der Sucht demonstriert wurde.

Durch diese Technik der Integration von Wissensbereichen bei Beibehaltung der Differenzierung können schließlich zwischen verschiedenen, am Problem partizipierenden Berufsgruppen bestimmte Kompetenzansprüche ihren Anschluß finden und damit Konfliktpotentiale gemindert werden. Man kann somit in der multidisiziplinären Praxis bei interdisziplinären Problemstellungen das Handeln nach dem Motto: „*Global denken, fokal handeln*" gestalten. Vertiefungen der hier dargelegten Ansätze, Methoden und Modelle sind allerdings nötig.

Durch die punktuelle Ausarbeitung der humanökologischen Konzepte in bekannten Problemfeldern der *Suchtforschung* und der Praxis der *Suchtkrankenhilfe* (bzw. der Suchtprävention) sollte der Nutzen dieses Ansatzes deutlich geworden sein. Der Vorteil besteht in der Geschlossenheit, die sowohl ganzheitsorientierte als auch detailorientierte Konzeptualisierungen und Analysen erlaubt (Zooming-in/Zooming-out). Die strukturorientierte Grundkonzeption (z.B. zentrale Bedeutung des Beziehungsbegriffs) erlaubt solche Operationen. Für empirische Forschungen besteht somit ein theoretischer Orientierungsraster, aus dem Detailfragen mit Bezug zum Ganzen abgeleitet werden können.

Es scheint daher eine „Ökologie der Sucht" neue Optionen im Verstehen und Umgehen mit dem Suchtproblem zu erlauben.

Das Anwendungsbeispiel „Sucht" bietet viele Brennpunkte: Besonders das zunehmende Drogenproblem mit seiner Internationalisierung durch kriminelle Organisationen kann nicht mehr alleine durch die Medizin und Psychologie betrachtet werden, sondern die jeweiligen Diagnose-, Behandlungs- und Präventionsstrategien müssen an der „Makroökologie" des Drogenproblems ausgerichtet sein, nämlich im Bereich der internationalen Beziehungen, des internationalen Wirtschafts- und Strafrechts, der internationalen Polizei usw. Daß bereits Militäreinsätze geplant und durchgeführt werden spricht für die globale Bedrohung der Zivilisation durch Drogen. Es ist aber zugleich auch Ausdruck eines einseitigen Verständnisses der Drogenproblematik insofern etwa das Vorgehen gegen Kokabauern in Kolumbien die örtliche Sozial- und Kulturökologie Kolumbiens berührt. Derzeit ist die Drogenpolitik auf die Anbieter ausgerichtet. Die konsumenseitige Vorbeuge-, Behandlungs- und Betreuungsarbeit bleibt dabei weiterhin im Hintergrund der öffentlichen Diskussion. Auch das zunehmende Interesse an Methadon-Programmen zeigt nicht nur die soziale und kulturelle Abhängigkeit der Bewertung von Konzepten von Therapie, sondern auch die Kapitulation der Gesellschaft vor der supranationalen Drogenökonomie. Für ein umfassendes Verständnis des Bedingungsgefüges der Drogenproblematik sind daher neben medizinisch-psychologischen Kenntnissen noch ethnologische, kriminologische, makroökonomische, agronomische, rechtswissenschaftliche, geographische u.a. Erkenntnisse erforderlich. Auch in der Epidemiologie der Drogenabhängigkeit sind örtliche und subkulturelle Faktoren („Szene") stärker zu berücksichtigen. Somit verbergen sich im Bereich der Suchtphänomene viele humanökologische Fragen, nicht zuletzt auch in Hinblick auf eine Interpretation der Suchtentwicklung aus der Sicht der Entwicklungsökologie nach Bronfenbrenner (1981) und der Gestaltung von Therapie (vgl.Gundel 1981, Renn u. Feser 1983, Tretter 1986, Tretter 1990).

Anhand dieser Beispiele lassen sich ganz allgemein für eine „*Ökologie der Sucht*" (genauer: „Humanökologie der Sucht") folgende Aspekte hervorheben:

- Die Ökologie der Sucht geht von einem „*Zwiebelschalenmodell*" der Sucht aus, das Faktoren, die das Phänomen Sucht konditionieren, auf der Mikro-, Meso- und Makroebene erfaßt.

- Die Ökologie der Sucht ist ein Explorationsprogramm des Phänomens Sucht, das nach Gesichtspunkten der *Mensch-Umwelt-Interaktion* ausgerichtet ist. Sie setzt den Fokus nicht allein auf die Droge (z. B. „harte Droge"), die Person (z.B. „Charakterschwäche") oder auf die Familie („süchtige Familie"), sondern auf das *Wechselspiel* dieser Faktoren mit ihren jeweiligen Ausprägungsgraden ihrer relevanten Merkmale.

- Die Ökologie der Sucht sieht Sucht als Ergebnis eines *Mißmanagements der Umweltbeziehungen der Person*. Zentral ist die Untersuchung der Person-Umwelt-Passung in Form des Gleichgewichts oder der Schieflage des Beziehungshaushaltes der Person zu ihrer Umwelt. Die süchtige Person ist daher nach dieser Sichtweise „nicht zu Hause", sei es im äußeren Umfeld, sei es im Innenleben.
Darüber hinaus ist das Verhältnis des Suchtkranken zur Umwelt in dieser Sicht

symmetrisch, d.h. in Form eines sich wechselseitig aufschaukelnden Wirkungskreises.

- Die Ökologie der Sucht sieht im Rauschmittel ein *Ausgleichsobjekt im gesamten gestörten Beziehungsfeld* des Suchtkranken.

- Die Ökologie der Sucht berücksichtigt *geographische und soziale Faktoren* bei der Entstehung, Prävention, Diagnose, Therapie und Rehabilitation. Beispielsweise wird die Rolle der Stadt als Szene oder als Nische für Devianz (Stadt-Land-Differenz), die Rolle der Kultur und die Rolle der Technologie dabei als Bündel von *Kontextfaktoren* von Suchtentwicklungen genauer betrachtet.

- Die Ökologie der Sucht betrachtet auch *örtliche Merkmale* im Großen und im Kleinen, also die „Szene" (Aggregation Süchtiger in der Stadt), ebenso wie die Frage nach der Rolle der Kneipe oder der Disco oder der Beschaffungswege beim Einsteiger oder beim Abhängigen.

- Die Ökologie der Sucht betrachtet nicht nur die *äußere Ökologie,* also das intersubjektiv gut Beobachtbare, sondern auch die Darstellungen des Patienten im Hinblick auf seine *innere Ökologie,* das heißt seine subjektiv erlebten und gelebten Person-Umwelt-Beziehungen.

- Die Ökologie der Sucht korrespondiert gut mit dem psychoanalytischen Grundproblem der *Autonomie-Abhängigkeits-Regulation,* sie erweitert aber die Perspektive insofern, da sie sich nicht nur auf die personelle Umwelt, sondern auf die gesamte Umwelt erstreckt.

- Die Ökologie der Sucht ist Leitkonzept einer umsichtigen Gestaltung der *Suchtkrankenhilfe* und ihrer Programme. Ziel ist die Herstellung einer geeigneten Komplementarität des Verhältnisses zwischen der Person und der Umwelt.

- Die Ökologie der Sucht begreift *Therapie* als Eingriff in das suchtmittelzentrierte Ökosystem des Klienten. Damit wird eine größere Umsicht bei der Intervention und mehr Verständnis für die oft schwierig nachvollziehbaren Widerstände des Suchtkranken gegenüber dem Therapiebeginn möglich.

- Die Ökologie der Sucht bezieht *Prävention* (vgl. z.B. Kelly u. Hess 1987) ebenso wie die *Rehabilitation* (z.B. Mühlmann u. Oppe 1992) auf alle Lebensbereiche der Person.

## 18.2 Seitenblick auf die klinischen „Psychofächer"

In Hinblick auf eine Ausweitung der ökologischen Perspektive im Bereich der klinischen „Psychofächer" wie vor allem klinische Psychologie, Verhaltensmedizin, Psychiatrie, Psychosomatik und Psychotherapie, aber auch Sozialpädagogik könnte der konzeptionelle Aufbau und Ausbau einer klinischen Humanökologie auf mehreren zentralen Ansätzen der „Psychofächer" aufbauen (vgl. Tretter 1992a, 1992b):

1. Ein wichtiger Bezugsbereich ist die *„systemische Familientherapie"* über die allerdings ein ökologischer Ansatz hinausgreift (vgl. Reiter et al. 1988):
- Einerseits geht die systemische Familientherapie von der Systembezogenheit des individuellen Erlebens und Verhaltens aus, andererseits legt sich die konstruktivistisch orientierte Familientherapie zu sehr auf das Mentale fest.
- Nicht nur die subjektive Weltsicht („Konstruktion der Wirklichkeit"), der die Familientherapie eine zentrale Rolle zuschreibt, sondern die Dialektik zwischen materiellen „objektiven" (d.h. intersubjektiv gut bestätigten) und subjektiven Lebensverhältnissen ist bedeutsam. So besteht Familie als Umwelt nicht nur aus ideellen Faktoren, sondern auch aus reellen Personen mit individuellen körperlichen und affektiven Merkmalen und aus materiellen Lebensbedingungen, die die Lebenschancen der Person wesentlich bestimmen.

2. Der Bezug zur *Psychoanalyse* ist vor allem im Sinne einer „inneren (subjektiven) Ökologie" zu sehen (vgl. Kernberg 1976): So betrifft das Konzept der Selbst- und Objektbeziehungstheorie (nach Kernberg) Fragen der beziehungsmäßigen Abgrenzung oder Integration der Umweltobjekte als Kern pathologischer Dispositionen. Dies korrespondiert mit den „inneren Landkarten" im Sinne des Lebensraums von K. Lewin (1936). Auch als „externe" Beziehungsanalyse bietet die Psychoanalyse Typisierungen der Entwicklungsphasen beispielsweise von der Abhängigkeit zur Autonomie (vgl. Erikson 1973). Außerdem hat die Psychoanalyse die Bedeutung der Familie als primäres Ökosystem des Individuums aufgezeigt. Zu bemerken ist auch, daß Psychoanalytiker wie Mitscherlich (1965) wichtige Analysen der konkreten urbanen Umwelt und ihrer erlebten und unbewußten Bedeutungen vorgelegt haben, ohne die eine klinische Humanökologie unzulänglich wäre.

3. Verbindungen zur *Verhaltenstherapie* ergeben sich im Rahmen der „äußeren Ökologie der Person": Das S-O-R-K-(C)-Modell orientiert sich an dem Stimulus, an der Situation, also an objektiven Umweltfaktoren. Die Differenzierung der Kategorie „Stimulus" entspricht konzeptionellen Bemühungen der Humanökologie (vgl. Kanfer et al. 1991, Tretter 1993). Der am Objektiven orientierte Ansatz der Verhaltenstherapie paßt gut zur Humanökologie.

4. Die *Sozialpsychiatrie* zeigt Korrespondenzen mit einer den Umweltbegriff zu differenzierenden ökologischen Perspektive, insofern sie sich für die konkrete soziale Umwelt der Person interessiert. Sie bietet jedoch nur teilweise eine Basis für eine ökologische Perspektive, insofern auch physische Umweltfaktoren und auch andere Lebensbereiche untersucht werden müssen (vgl. Tretter 1987).

5. Die *phänomenologische Perspektive* in der klinischen Psychiatrie, der Psychologie und Umweltpsychologie: Eine phänomenologische Psychiatrie-Schule, die in Frankfurt um Zutt (1958) ihren Sitz hatte, bietet durch die umfassende Sichtweise, die den Menschen mit seiner Situation in der Welt im Blick hat, gute Voraussetzungen für eine Konzipierung einer ökologischen Psychiatrie. Nicht zuletzt haben auch Dörner & Plog (1984) mit ihrer Neuauflage von „Irren ist menschlich" hier neue, praxisnahe Wege aufgezeigt. Erleben und Konstruieren der Situation sind wichtige Fragestellungen einer so gedachten ökologischen Perspektive. Im Bereich der Umweltpsychologie hat Boesch (1976) einen äußerst gut geeigneten Entwurf einer phänomenologischen Umweltpsychologie vorgelegt, der im klinischen Bereich bisher kaum beachtet wurde.

6. Die *Psychiatrisch-psychologische Streßforschung* zeigt vor allem in Form der „Life event-Forschung", aber auch als Psychophysiologie von Streßsituationen eine starke implizite Umweltorientiertheit. Nicht zuletzt ist in diesem Bereich eine Differenzierung des Person-Umwelt-Paradigmas zu erkennen, die für die Psychiatrie von größter Bedeutung ist.

7. Die *reflektierende Klinikpsychiatrie* zeigt eine ausdrückliche Partizipation von Psychiatern in der Klinikplanung und -gestaltung (Wiedl & Schöttke 1988). Dabei treten architekturpsychologisch-humanökologische Fragestellungen auf, für die die Psychiater unzureichend ausgebildet sind. Auch die Patientenzufriedenheitsforschung bietet Anknüpfungspunkte für einen ökologischen Ansatz. Wenn sich hier ein Theoriebedarf abzeichnet, dann kann die Humanökologie dafür einige Hilfen anbieten.

8. Die Erforschung der Relevanz der *Netzwerke* von Kranken - Personen, Inhalte, Quellen usw. – hat zu weiteren exakteren Kenntnissen bezüglich der Bedeutung der Umwelt von psychisch Kranken geführt (vgl. Angermeier & Klussmann 1988). Hierbei spielen Ortsfaktoren eine wichtige Rolle.

9. Viele Mitarbeiter von therapeutischen Wohngemeinschaften bemühen sich als *reflektierende ambulante Praxis* um die Untersuchung von Alltagsprozessen. Auch die Analyse der Prozesse in Firmen für psychisch Kranke wird vorangetrieben. In diesem Bereich bieten sich Brückenschläge zu einer ökologischen Konzeptualisierung des Alltagslebens psychisch Kranker an.

10. Traditionell könnte die *Epidemiologie* durch eine Erweiterung ihrer theoretischen Standorte um eine humanökologische Dimension gewinnen. Dabei müßte beispielsweise die städtische Umwelt konzeptuell stärker differenziert werden.

Unter der Voraussetzung von entsprechend strukturierten Arbeitsgruppen und Arbeitstagungen könnte in wenigen Jahren eine integrative Perspektive für psychiatrische bzw. klinisch-psychologische Fragestellungen entwickelt werden, die helfen kann, die Einflüsse von Umwelten integrierter und damit doch genauer zu erforschen.

Es ist daher vor allem in der klinischen Psychologie und in der Psychiatrie erforderlich, durch geeignete Seminare oder Forschungsprojekte wieder zu einer umfassenderen Sichtweise zu kommen, die als Hintergrund des speziellen klinischen Handelns genutzt werden kann, und die eine Integration der verschiedenen Denk- und Handlungsansätze erlaubt. Diese Denkweise könnte der gesamten Medizin gut anstehen, vor allem als Denkrahmen in Hinblick auf die multifunktionale Rolle, die der Hausarzt noch hat, wenngleich diese Funktion immer stärker zurückgeht und in den urbanen Versorgungsräumen nicht mehr realisierbar zu sein scheint.

## 18.3 Ausblick auf eine „klinische Humanökologie"

Es gibt im wesentlichen zwei Hauptanlässe für eine ökologische Betrachtung klinischmedizinischer Fragen - einerseits die *veränderten Lebensbedingungen* und andererseits die *reduktionistische Perspektive der Medizin* mit ihrer zunehmend molekularbiologischen Ausrichtung (vgl. Tretter 1992b).
Es sind folgende drängende Probleme der Gegenwart, die eine ökologische Perspektive in der Medizin als angebracht erscheinen lassen:

1. Der wachsende globale *Naturverbrauch* und die globale *Naturbelastung* durch Menschen, Technik und Gesellschaft sind Belastungsfaktoren, die unsere natürlichen Lebensgrundlagen zunehmend gefährden. Das ist hinreichend durch die „ökologische Diskussion" bzw. durch die „Umweltdiskussion" bekannt. Diese veränderten Lebensbedingungen haben auch Effekte auf die Gesundheit.

2. Die zunehmenden und „raumfordernden" soziophysischen Veränderungen der *Industriegesellschaft,* bedingt vor allem durch die excessive Effizienzorientierung des gesellschaftlichen Subsystems „Wirtschaft", führen zu einer zunehmenden und stärkeren sozialen und räumlichen Ausgrenzung der „insuffizienten" Personen, die immer weniger gesellschaftliche Orte oder individuelle ökologische Nischen auffinden oder bezahlen können. Allein die excessive Preissteigerung von Wohnraum in Ballungsgebieten ist Ausdruck eines makroökologischen Grundproblems der deutschen, europäischen und amerikanischen Bevölkerung. Aus der Notwendigkeit, das „WO" des menschlichen Lebens zu sichern und Zugehörigkeit, Geborgenheit, Schutz, Intimität und andere vom Örtlichen und Räumlichen mit abhängige Bedürfnisse zu befriedigen, entstehen neue Abhängigkeiten, die als Hintergrundvariable individuell unterschiedlich pathogen und pathoplastisch wirken dürften. Vor allem das Gesamtgefüge der individuellen und kollektiven Lebensbedingungen mit seinen spezifischen Einseitigkeiten erfordert klinische Aufmerksamkeit im Bereich Ursachenforschung und Prophylaxe.

3. Die steigende *Urbanisierung* der Gesellschaft erfordert eine ausdrückliche Berücksichtigung der urbanen Lebensbedingungen. In dieser Hinsicht sind die Sozialwissenschaften wie auch die Naturwissenschaften alleine überfordert. Sogar die Stadtforschung ist im Ansatz unzulänglich, wie einschlägige Diskussionen (siehe Kapitel „Stadtökologie des Drogenkonsums") gezeigt haben.

4. Zunehmend bedeutsam als Bedingungsgefüge psychischer und physischer Gesundheit sind Spezifika der *Arbeitsumwelt* und ihr Wandel. Hier ist zu beachten, daß sich eine kompetente Forschung neben der Arbeitsmedizin stark auf die „Arbeitswissenschaften" (Arbeitsingenieurwissenschaft, Arbeitspsychologie, Arbeitssoziologie, Organisationswissenschaft bzw. „Ergonomik", Schmidke 1981) stützen müßte, um eine ganzheitliche Grundperspektive der Mensch-Arbeitswelt-Beziehungen entwickeln zu können („Arbeitsökologie"). Ein solcher Betrachtungsrahmen hilft auch dem klinischen Praktiker, der beispielsweise im Bereich der Arbeitsrehabilitation tätig ist.

5. Die zunehmende *„Technisierung"* unserer Umwelt erfordert ein vorausschauendes Screening in Hinblick auf pathogene Faktoren. Vor allem die exzessive „Chemikalisierung" unserer Umwelt wirft auch im Niedrigdosis-Bereich bei Langzeitexpositionen die Frage nach der toxischen Unbedenklichkeit der einzelnen Stoffe und ihrer „Synergie-Effekte" auf. Auch die neuen Informationstechnologien erfordern selektive Anpassungsleistungen der beteiligten Menschen, deren mittel- und langfristigen Auswirkungen auf die psychischen Prozesse und Funktionen noch unklar sind. Auch zu diesen Fragen ist eine geeignete „Umweltbeziehungs-Wissenschaft", wie es die Humanökologie ist, erforderlich - Soziologie, Medizin oder Ingenieurwissenschaften alleine sind unzureichend.

6. Ein umfassendes Verständnis der Wirkungen neuer *Versorgungsmodelle* für Kranke ist wissenschaftlich derzeit nicht möglich. Beispielsweise kann das Leben in einer therapeutischen Wohngemeinschaft nicht allein auf die Gruppendynamik, die soziale Interaktion udgl. reduziert werden, sondern muß eher als Frage nach der „individuellen und kollektiven Ökologie" der darin wohnenden Menschen verstanden werden. Gefordert ist also auch in dieser Hinsicht eine allgemeine „Haushaltslehre des Menschen".

7. Die zunehmende Verantwortung für die wachsende Zahl an *chronisch Kranken* bzw. für die „Non-Responder" auf die medikamentöse Therapie macht Betreuungsstrategien erforderlich, die helfen, die Relevanz von Bedingungen des Wohnens, Arbeitens, der Familie, der Freizeit usw. in Hinblick auf den gesundheitlichen Zustand des betreffenden Menschen zu beurteilen und gegebenenfalls zu gestalten.

8. Die ständig wechselnden Lebensbedingungen für die *Jugendlichen* müssen in ihren Auswirkungen auf die (psychische) Gesundheit genau betrachtet werden. Besorgnis erregt die sich zunehmend auf „virtuelle" Produkte hin entwickelnde Medienlandschaft, mit der zugleich zunehmenden Mediennutzung durch Jugendliche. Informationen vom Typ „Fast-Food" fördern vermutlich nicht das ganzheitsorientierte Denken.

9. Die gesellschaftliche Rolle und Situation der *Frauen* und die gesundheitlichen Konsequenzen sind weiterhin von größter Wichtigkeit, sodaß eine umfassende Betrachtungsweise erforderlich ist (vgl. Tretter 1992).

10. Die zunehmende Anzahl alleinlebender *älterer Menschen* und die Notwendigkeit einer ganzheitlichen Versorgung erfordert einen entsprechend breiten Reflexionsrahmen, der über die aspkethaften Betrachtungen und Hilfen hinausgeht (vgl. Tretter 1988). „Wohnökologie" wird zu einer wesentlichen Kategorie bei der Betrachtung der Beziehungen von Gesundheit und Lebensverhältnissen älterer, alleinlebender Menschen.

11. Die medizinische *Streßforschung* erfordert als Fortführung des transaktionalen Ansatzes nach Lazarus (vgl. Lazarus u. Folkman 1984) einen stärker humanökologisch, d.h. am Person-Umwelt-Passungs-Paradigma ausgerichteten Ansatz, da die verschiedenen Umweltbereiche und Umweltbezüge systematischer als bisher thematisiert werden müssen. Dies geht mit der Weiterentwicklung einer Psychologie der Situation (vgl. Magnusson 1981, Hoefert 1982) einher.

Es liegt auf der Hand, daß der ideelle Hintergrund einer zunehmend biologisch und genetisch ausgerichteten akademischen Medizin, die den molekularbiologischen „Generator" psychischer und somatischer Krankheiten sucht und deren Verdienste unbestreitbar sind, nicht ausreicht, alltägliches medizinisch-klinisches Handeln rational zu gestalten. Den tragfähigsten Ansatz, diese weitläufige Problemlandschaft wissenschaftlich zu untersuchen, bietet die Humanökologie.

### *Humanökologische Medizin und klinische Humanökologie*

Die Themen „Ökologie und Gesundheit" oder „Umwelt und Gesundheit" lassen sich durch das Zusammenwirken einzelner relevanter Disziplinen wie Psychologie, Medizin, Sozialpädagogik usw. auch unter dem Etikett „Gesundheitswissenschaften" nicht zufriedenstellend behandeln (vgl. Hurrelmann & Laaser 1993). Es ist vielmehr nötig, eine zuverlässige Basis als Hintergrundwissen der Mensch-Umwelt-Beziehungen zu verwenden, um diese Fragen abarbeiten zu können. Auch der Bereich der Gesundheitsförderung ist hierbei relevant (Tretter 1997).
Dazu ist die Humanökologie prädestiniert. Die Anwendung differenzierter „Umwelt"-Konzepte in den klinischen Bereichen von Psychologie, Sozialpädagogik und Medizin etwa in Form einer „klinischen ökologischen Psychologie" udgl. führt zu der Frage der klinischen Relevanz ökopsychologischer bzw. humanökologisch orientierter Konzepte.

Die Anwendungen und Ausarbeitungen der humanökologischen Perspektive in klinischen Handlungsfeldern als Form von ganzheitlichem Denken und Handeln müßten folgende Schwerpunkte berücksichtigen:

- Die Kategorie Umwelt wird nur in der ökologischen Perspektive adäquat erfaßt, indem ein differenzierter und geschlossener Umweltbegriff zugrundegelegt wird, also *soziale und physische Umwelt zugleich* betrachtet wird.

- Die Beziehungen zwischen Mensch und Umwelt umfassen *psycho-soziale (ideelle) und physikochemische (materielle) Faktoren* zugleich.

- Die Komplexität der *gesamten Lebenswelt* des Menschen bzw. der Patienten muß erfaßt werden.

- Die Beziehungen zwischen *Seelischem* und *Körperlichem* als psychosomatische/ somatopsychische Beziehungen müssen explizit bedacht werden.

- Die *Beziehungen der Organe* des Organismus machen den Körper zu einem Organsystemkomplex.

- Umweltfaktoren-Forschung ohne Erforschung des *Beziehungshaushalts* geht an zentralen Problemen vorbei.

- Ökologie bedeutet die Betonung der *räumlichen* (bzw. örtlichen) und *zeitlichen Faktoren* für das Verständnis von lebenden Systemen.

- Die ökologische Perspektive betrachtet gesundheitsbezogene *fördernde* und *hemmende (belastende) Faktoren* in allen Lebensbereichen

- Die ökologische Perspektive ist eine „Doppelperspektive", die die *Außensicht* auf die Umweltverhältnisse und die *„innere" Situationssicht* des Lebewesens zugleich versucht anzuwenden. Die Beschreibung und Bewertung von Umwelt und Umweltbeziehungen wird auf „objektive und subjektive Aspekte" hin untersucht.

- Die ökologische Perspektive in klinischen Handlungszusammenhängen bietet einen umfassenden Explorationsraster, der auf die *vernetzten Zusammenhänge* der Lebensbereiche abzielt und nicht nur listenartig Merkmale der Lebenswelt des Patienten abfragt.

- Ökologische Modelle sind Lebensmodelle, sie orientieren sich an der *Lebenswelt* der Person, sie sind auch alltagsorientiert.

- Ökologische *Diagnostik* erlaubt die Anteile der Umweltfaktoren und die Lebensführungskompetenz der Person in Hinblick auf die interessierende Störung besser zu gewichten und die *Haushaltsstörung* als Ursache von Spannungen ausfindig zu machen und Therapieschwerpunkte zu definieren.

- Ökologische Modelle sind Integrationen von *Person-Umwelt-Passungs-Modellen*, wie das Kohärenz-Modell, Komplementaritäts-Modell udgl. Eine wichtige Aufgabe ist die Fundierung der Integration dieser Modelle (vgl. Tretter 1988).

- Gesundheit ist die Resultante eines *balancierten Defizit-Bewältigungs-Kompetenz-Verhältnisses* in Hinblick auf Umweltbedingungen.

- Ökologie der Person ist das *Haushalten in Lebenszusammenhängen*.

- Ökologische Modelle werden der *Unspezifität* mancher Erkrankungsursachen sehr gut gerecht (es gibt in der multifaktorellen Forschung keinen spezifischen Grund eine Sucht oder eine Psychose bekommen zu müssen).

- Ökologie der Person ist das *Haushalten in Lebenszusammenhängen*.

Eine derartige Konzeption einer „klinischen Humanökologie" (oder einer „Gesundheitsökologie") kann nur durch entsprechende universitäre Aktivitäten, also durch Lehrveranstaltungen weiter ausgebaut werden. Schließlich wäre es nötig, Lehrstühle für diesen Bereich einzurichten.

Interessant in dieser Hinsicht ist auch die *Umweltmedizin* als spezielles Fach der Medizin, das am Thema „Umwelt und Gesundheit" ausgerichtet ist. Hier zeigt sich allerdings eine einseitig naturwissenschaftliche Ausrichtung, was den Bereich „Umwelt" betrifft (Füllgraf 1992). In der Umweltmedizin wird nicht nur die psycho-chemische Umwelt genau betrachtet, sondern es wird auch immer deutlicher, daß die psychosoziale Verarbeitung dieser Umweltbedingungen gesundheitsbelastende Effekte haben kann (Aurand et al. 1993).

Das ständige Schaffen von neuen wissenschaftlichen Disziplinen wie „Gesundheitswissenschaften" oder „Public Health" hilft nicht weiter, da es sich um eine immer wieder stattfindende Neubestimmung des Aufgabefeldes handelt, wobei sich immer wieder neu stellende alte Fragen, nach den Möglichkeiten und Grenzen der „Interdisziplinarität" auftauchen: In allen Fällen geht es um das Verhältnis von Gesundheit oder Krankheit zu den „Umständen dieser Zustände". Es wird nicht versucht, wieder den Menschen in den Mittelpunkt der Untersuchungen zu stellen. Das ist seit dem Verlust der Bedeutung der Anthropologie für die klinischen Fächer immer stärker zu beobachten. Es ist in allen Fällen nur eine symptomorientierte, fokale Betrachtung gegeben. Es ist daher nötig, auch den umgekehrten Weg zu gehen, nämlich das Mensch-Umwelt-Verhältnis zur Basis der Überlegungen zu erheben, von dem aus betrachtet, sich die Einzelphänomene differenziert entwickeln lassen.

Auch die weite Konzeption der *Systemwissenschaft* als Disziplin, die analytsiche Methoden für komplexe Sachverhalte unabhängig vom realwissenschaftlichen Gegenstand bereitstellt und entwickelt, ist ein Gebot der Zeit, das allerdings bereits seit 25 Jahren gegeben ist.

Die gegenwärtige Hochschullandschaft und Perspektivlosigkeit unserer Gesellschaft, vor allem in Deutschland, läßt dazu keine optimistischen Gedanken aufkommen.
Die verarmte geistige Umwelt der Gegenwart ist vielleicht sogar ein Grund mehr, daß die Flucht in die Räusche und in die Sucht für geistig orientierte Menschen gebahnt wird, wie es möglicherweise bereits die neue Ecstasy-Welle zeigt.

# Literatur

Adorno, Th. W. (1968): Einleitung in die Musiksoziologie. Suhrkamp, Frankfurt
Alacron, R. de (1969): The spread of heroin in a community. Bull. Narc. 17-22
Altmann, J. (1994): Volkswirtschaftslehre. UTB, München
Ambos, (1994): Drogenkrieg in den Anden. Spak, München
Ambühl, B., Dünki, R., Ciompi, L. (1992): Dynamical systems and the development of schizophrenic symptoms - an approach to a formalization. In: Tschacher, W., Schiepek, G., Brunner, E.J. (Hrsg): Self organization and clinical psychology. Springer, Berlin, S. 195-203
An der Heiden, U., Schwegler, H., Tretter, F. (1997): A mathematical model of alcoholism. Brit. Jour. Math. Psychol. (in Vorber.)
An der Heiden, U. (1992): Chaos in health and disease - phenomenology and theory. In: Tascher, W., Schiepek, G., Brunner, E.J. (Hrsg): Self - organisation and clinical psychology. Springer, Berlin, S. 55-87
Andresen, B. (1992): Kontroversen zur Ökologie und Ökopsychiatrie: Vom Egoismus der Gene zur Mitverantwortung. In: Andresen, B., Stark, J., Gross, J. (Hrsg): Mensch-Psychiatrie-Umwelt. Psychiatrie Verlag, Bonn, S. 111-142
Angermeyer, M.C., Klusmann, D. (Hrsg) (1989): Soziale Netzwerke. Springer, Berlin
Angotti, T. (1993): Metropolis 2000. Routledge, New York
Antonovsky, A. (1979): Stress, health and coping. Jossey Bass, London
Antons, K. (1978): Persönlichkeitsmerkmale des Süchtigen - Ursachen oder Folgen. In: Keup, W. (Hrsg): Sucht als Symptom, Thieme, Stuttgart, S. 38-43
Antons, K., Schulz, W.(1976): Normales Trinken und Suchtentwicklung. Hogrefe, Göttingen
Anzenbacher, A. (1995): Einführung in die Philosophie. Herder, Freiburg
Arbib, M.A. (1987): Brains, machines and mathematics. Springer, New York
Arbib, M.A., Robinson, J.A. (1990): Natural and artificial parallel computation. MIT-Press, Cambridge MA
Artola, A., Broche, S., Singer, W. (1990): Different voltage-dependent thresholds for inducing long-term depression and long-term potentiation in slices of rat visual cortex. Nature 347: 69-72
Ashby, W. R.(1974): Kybernetik. Suhrkamp, Frankfurt
Ashton, H. (1992): Brain function and psychotropic drugs. Oxford Univ. Press, New York
Aston-Jones, G., Shiekhatter, R., Akaoka, H., Rajkowski, J., Kubiak, P. (1993): Opiates influence Locus Coeruleus neurons by potent indirect and direct actions. In: Hammer, R.P. (Hrsg.) (1993): The neurobiology of opiates. CRC Press, Boca Raton S.175-202
Aurand, K., Hazard, B., Tretter, F. (Hrsg.) (1993): Umweltbelastungen und Ängste. Westdeutscher Verlag, Opladen
Austin, G. (1981): Die Revolution im europäischen Drogengebrauch des 16. Jahrhunderts. In: Völger et al. (Hrsg.): Rausch und Realität. Rautenstrauch-Jost-Museum, Köln, S. 64-75

Baacke, D. (1993): Jugend und Jugendkulturen. Juventa, München
Bach, H. (1986): Die Psychologie in der Rehabilitation behinderter Menschen - Grundlagen, Aufgabenbereiche, Probleme. In: Wiedl, K.H. (Hrsg): Rehabilitationspsychologie. Kohlhammer, Stuttgart, S. 13-32
Badura, W. (Hrsg.) (1981): Soziale Unterstützung und chronische Krankheit. Frankfurt, Suhrkamp
Bandura, A. (1977): Social learning theory. Prentice Hall, Inglewood Cliffs
Bales, R.F. (1950): Interaction process analysis. Wisley, Cambridge

Ballenger, J.C., Post, R.M. (1978): Kindling as a model for alcohol withdrawal syndromes. Brit. J. Psychiatr. 133:1-14
Bargatzki, T. (1986): Einführung in die Kulturökologie. Reimer, Berlin
Barker, R. (1968) : Ecological psychology. Stanford Univ. Press, Stanford
Barker, R.G., Schoggen, P. (1973): Qualities of urban life. Jossey-Bass Publisher, London
Barz, H. (1975): Psychopathologie und ihre psychologischen Grundlagen. Huber, Bern
Bateson, G. (1981): Die Ökologie des Geistes. Suhrkamp, Frankfurt
Batra, A. (1996): Tabakabhängigkeit und moderne Rauchentwöhnungsmethoden. In: Mann, K., Buckremer, G. (Hrsg): Sucht-Grundlagen, Diagnostik, Therapie. Fischer, Stuttgart, S. 323-344
Batschelet, E. (1975): Introduction to Mathematics for Life Scientists. Springer, Berlin
Battegay, R. (1978): Vom Hintergrund der Süchte. Blaukreuz, Bern
Baumgarten, H.G. (1991): Neuroanatomie und Neurophysiologie des zentralen 5-HT-Systems. In: Heinrich, K., Hippius, H., Pöldinger, W. (Hrsg): Serotonin. Springer, Berlin
Bauriedl, T. (1984): Beziehungsanalyse. Suhrkamp, Frankfurt
Beck, A.T. (1967): Depression. Harper u. Row, New York
Beck, U. (1986): Risikogesellschaft: Auf dem Weg in die Moderne. Suhrkamp, Frankfurt
Becker, K., Leitner, N., Schulz, W. (1986): Soziales Umfeld von Alkoholikern bei Klinikentlassung und sein Einfluß auf den Behandlungserfolg. Psychiatr. Praxis 13:121-127
Becker, P. (1986): Theoretischer Rahmen. In: Becker, P., Minsel, B. (Hrsg.): Psychologie der seelischen Gesundheit. Hogrefe, Göttingen, S. 1-90
Benkert, O., Hippius, H. (1995): Psychiatrische Pharmakotherapie. Springer, Berlin
Bennett, J. W. (1976): The ecological transition. Pergamon, New York
Berg, L. van den, Drewett, R., Klaasen, L.H., Rossi, A., Visverberg, C.H.T. (1982): Urban Europe - a study of growth and decline. Pergamon, New York
Berne, E. (1967): Spiele der Erwachsenen. Rowohlt, Reinbek
Berner, P., Hoff, H., Krypsin-Exner, K. (1963): Zur Psychopathologie der Sucht. Wiener Medizinische Wochenschrift 42/43: 759-765
Bertalanffy, L.V. (1968): General system theory. Braziller, New York
Bischof, N. (1985): Das Rätsel Ödipus. Piper, München
Blaukopf, K. (1994): Tonträger. In: Bruhn, H., Oerter, R., Rösing, H. (Hrsg.): Musikpsychologie. Rowohlt, Reinbek, S. 175-181
Bless, R., Korf, D., Freemann, M. (1993): Urban drug policies in Europe. O&S, Amsterdam Bureau of Social Research & Statistics, Amsterdam
Blumenfeld, H.(1971): The modern metropolis, MIT Press. Cambridge, Mass.
Blumenfeld, H.(1979): Metropolis ... and beyond, Wiley, New York
Boesch, E.E. (1976): Psychopathologie des Alltags. Huber, Bern
Böhme, G., Schramm, E. (1985): Soziale Naturwissenschaft. Fischer Alternativ, Frankfurt
Böker, W., Brenner, H.D. (1989): Schizophrenie als systemische Störung. Huber, Bern
Böse, R., Schiepek, G. (1989): Systemische Theorie und Therapie. Asanger, Heidelberg
Bossel, H. (1989): Simulation dynamischer Systeme. Vieweg, Braunschweig
Bossel, H. (1992): Modellbildung und Simulation. Vieweg, Braunschweig
Brand-Jacobi, J. (1983): Die Außenreizabhängigkeit des Alkoholikers: ein Ansatz zur spezifischen Suchtprävention. Suchtgefahren 29: 153-159
Broadbent, D.E. (1972): Decision and Stress. Academic Press, New York
Bronfenbrenner, U. (1981): Die Ökologie der menschlichen Entwicklung. Klett, Stuttgart
Brown, R.H. (1987): Society as a text. Univ. Chicago Press, Chicago
Brown, R.H. (1989): Social sience as a civic discourse. Univ. Chicago Press, Chicago
Bruhn, H., Oerter, R., Rösing, H. (Hrsg.) (1994): Musikpsychologie. Rowohlt, Reinbek

Bühringer, G. (1992): Drogenabhängig. Herder, Freiburg
Bühringer, G. (1996): Folgen des schädlichen Gebrauchs von alkoholischen Getränken. In: Deutsche Hauptstelle gegen die Suchtgefahren (Hrsg.): Alkohol-Konsum und Mißbrauch, Alkohol-Therapie und Hilfe. Lambertus, Freiburg, S. 31-60
Burchard, J.M. (1980, 1987): Lehrbuch der systematischen Psychopathologie. 2 Bde. Schattauer, Stuttgart
Burian, W. (1984): Psychotherapie des Alkoholismus. Vandenhoeck u. Ruprecht, Göttingen

Camino, A. (1989): Coca: del uso traditional al narcotrafico. Revisa Foro 15, Bogota, Sep. 1991, S. 65-73
Capra, F. (1983): Wendezeit. Scherz, München
Carp, F.M. (1987): Environment and aging. In: Stokols, D., Altman, I. (Hrsg), Handbook of Environmental Psychology, Vol. 1, Wiley, New York, S. 329 - 360
Carp, F.M., Carp, A. (1984): A complementary/ congruence model of well-being of mental health for the community of elderly. In: Altman, I., Lawton, M.P., Wohlwill, J.F. (Hrsg): Human behavior and environment. Vol 7: Elderly people and the environment. Plenum Press, New York, S. 279-336
Carson, R. (1971): Der stumme Frühling. DTV, München
Cartwright, D., Harary, F. (1956): Structural balance: a generalization of Heider´s theory. Psychol. Review 63: 277-293
Checkland, P. (1981): Systems thinking, systems practice. Wiley, New York
Christaller, W. (1968): Die zentralen Orte Süddeutschlands. Wissenschaftl. Buchgesellschaft, Darmstadt
Churchland, P., Sejnowski, J. (1992): The computational brain. MIT Press, Cambridge (MA)
Ciompi, L. (1981): Psychoanalyse und Systemtheorie - ein Widerspruch? Psyche 35: 66-86
Ciompi, L (1982): Affektlogik. Klett, Stuttgart
Cloninger, C.R., Sigvardsson, S., Bohmann, M. (1988): Childhood personality predicts alcohol abuse in young adults. Alcoholism, Vol. 12, N.4: 494-505
Coffey, T. (1981): Beer Street - Gin Lane -Aspekte des Trinkens im 18. Jahrhundert. In: Völger et al. (Hrsg.): Rausch und Realität. Rautenstrauch-Jost-Museum, Köln, S. 106-111
Conrad (1993): Das Gesunde-Städte-Projekt der WHO - Ziele, Entwicklungen und Ergebnisse. In: Pelikan, J.M., Demmer, H., Hurrelmann, K. (Hrsg): Gesundheitsförderung durch Organisationsentwicklung. Juventa, München, S. 62-73
Craik, K.H. (1981): Environmental assessment and situational analysis. In: Magnusson, D. (Hrsg.): Toward a psychology of situations. Hillsdale, New York, S. 37-48
Cranach, von D. (1981): Drogen im alten Ägypten. In: Völger et al. (Hrsg.): Rausch und Realität. Rautenstrauch-Jost-Museum, Köln, S. 266-269
Czayka, L. (1974): Systemwissenschaft. UTB, München.

Daun, A. (1989): Swedish Mentality. Pennsylvania Univ. Press, Pennsylvania
Deleuxe, G., Guattari, F. (1996): Was ist Philosophie? Suhrkamp, Frankfurt
Deppert, W. (Hrsg) (1992): Wissenschaftstheorien in der Medizin. De Gryter, Berlin
Der Spiegel (1995): Totales Schweigen oder Krieg. Nr. 23, S. 198-203
De Shazer, S. (1992): Muster familientherapeutischer Kurzzeit-Therapie. Jungjohann, Paderborn
Deutscher Bundestag (Hrsg) (1975): Bericht über die Lage der Psychiatrie in der BRD. Drucksache 7/4200, Bonn
Dörner, D., Selg, H. (Hrsg) (1985): Psychologie. Kohlhammer, Stuttgart
Dörner, D. (1989): Die Logik des Mißlingens. Rohwolt, Reinbeck

Dörner, D. (1994): Über die Mechanisierbarkeit der Gefühle. In: Krämer, S. (Hrsg): Geist-Gehirn-künstliche Intelligenz. De Gryter, Berlin, S. 131-161
Dörner, D., Kreuzig, H., Reither F., Stäuder, T. (Hrsg) (1983): Lohhausen. Vom Umgang mit Komplexität. Huber, Bern
Dörner, K. (Hrsg) (1987): Neue Praxis braucht neue Theorie. v. Hoddis, Gütersloh
Dörner, K., Plog, H. (1984): Irren ist menschlich. Psychiatrie-Verlag, Rehburg
Dogan, M., Kasadra, J.D. (Hrsg.) (1988): The metropolitan era. Sage, London
Dorsch, P. (1972): Eine neue Heimat in Perlach. Callewey, München
DTV (Hrsg.) (1991): Lexikon d. Philosophie. DTV, München
Dürkheim, E. (1973): Der Selbstmord. Luchterhand, Neuwied
Duncan, O.D. (1966): Human ecology and population studies. In: Hauser, P.M., Duncan, O.D. (Hrsg): The study of population. Univ. Chicago Press, Chicago, S. 678-716
Duncan, O.D., Schnore, L.F. (1959): Cultural, behavioral and ecological perspectives in the study of social organization. Am. Journ. Sociol. 65: 132-146
Dunham, H.W. (1966): Epidemiology of psychiatric disorders as a contribution to medical ecology. Archives of General Psychiatry 14: 1-19
Dunlap, R.E. (1979): Environmental Sociology. Ann. Rev. Sociol. 5: 243-273
Dworkin, S.I., Porrino, L.J., Smith, J.E. (1993): Neurobiological Substrates of Opioid Abuse. In: Hammer, R.P. (Hrsg): The neurobiology of opiates. CRC Press, Boca Raton S. 333-360

Eccles, J.C. (1990): Das Gehirn des Menschen. Piper, München
Eckert, A. (1988a): Auf dem Wege zu einer Theorie der Alkoholabhängigkeit-(1). Prävention 1: 3-6
Eckert, A. (1988b): Auf dem Wege zu einer Theorie der Alkoholabhängigkeit-(2). Prävention 2: 35-39
Ehrlich, P.R., Ehrlich, A.H, Holdren, I.P. (1975): Humanökologie. Springer, Heidelberg
Eibl-Eibesfeld, I (1984): Die Biologie menschlichen Verhaltens. Piper, München
Ellenberg, H. (Hrsg) (1973): Ökosystemforschung. Springer, Berlin
Elsenhans, E. (Hrsg) (1979): Agrarreform in der Dritten Welt. Campus, Frankfurt
Emboden, W.A. (1981): Cannabis in Ostasien- Herkunft, Wanderung und Gebrauch. In: Völger et al. (Hrsg.): Rausch und Realität. Rautenstrauch-Jost-Museum, Köln, S. 324-329
Emery, F.E., Trist, E.L. (1973): Towards a social ecology. Penguin, Harmondsworth
Emrich, H.M. (1988): Zur Entwicklung einer Systemtheorie produktiver Psychosen. Nervenarzt 59: 456-464
Engel, G.L. (1977): The need for a new medical model. A challenge for biomedicine. Science 196: 129-136
Engel, U., Hurrelmann, K. (1993): Was Jugendliche wagen. Juventa, München
Engels, F. (1975): The housing question. Progress, Moscow
Erikson, E.H. (1973): Identität und Lebenszyklus. Suhrkamp, Frankfurt
Esser, A. (1974): Environment and health. Science, Medicine and Man, 1: 181-193

Faris, R.E.L., Dunham, H.W. (1939): Mental disorders in urban areas. Chicago University Press, Chicago
Faris, R.E.L., Dunham, H.W. (1960): Mental disorders in urban areas. Hafner, New York
Feest, C. (1981): Alkohol bei den Indianern Nordamerikas. In: Völger et al. (Hrsg.): Rausch und Realität. Rautenstrauch-Jost-Museum, Köln, S. 162-169
Feldhege, F.-J. (1980): Selbstkontrolle bei rauschmittelabhängigen Patienten. Springer, Berlin
Fenichel, O. (1954): The psychoanalytic theory of neurosis. Norton, New York

Feselmayer, S., Beiglböck, W. (1990a): Der Einfluß des sozialen Umfeldes auf die Abhängigheitsentwicklung von Männern und Frauen. In: Deutsche Hauptstelle gegen die Suchtgefahren (Hrsg.): Abhängigkeit bei Männern und Frauen. Lambertus, Freiburg, S. 23-37
Feselmayer, S., Beiglböck W. (1990b): Der systemische Ansatz in der Therapie jugendlicher Abhängiger.TW Neurologie Psychiatrie, 4: 84-91
Feser, H. (1986): Sozialpsychologische Beiträge zu einer Theorie von Mißbrauch und Sucht. In: Feuerlein, W. (Hrsg): Theorie der Sucht. Springer, Heidelberg
Festinger, C. (1957): A theory of cognitive dissonance. Stanford Univ. Press, Stanford
Feuerlein, W. (Hrsg) (1980): Cannabis heute - Bestandsaufnahme zum Haschischproblem. Akademische Verlagsgesellschaft, Wiesbaden
Feuerlein, W. (Hrsg) (1986): Theorie der Sucht. Springer, Berlin
Feuerlein, W. (1989): Alkoholismus - Mißbrauch und Abhängigkeit. Thieme, Stuttgart
Feuerlein, W., Küfner, H., Ringer, C., Antons, K. (1979): Der Münchner Alkoholismustest (MALT) Testmanual. Beltz, Weinheim
Feyerabend, P. (1976): Wider den Methodenzwang. Suhrkamp, Frankfurt
Feyerabend, P. (1979): Erkenntnis für freie Menschen. Suhrkamp, Frankfurt
Fischer, C.S. (1984): The urban experience. Brace Jovanovich Publ., New York
Flade, A. (1987): Wohnen. Huber, Stuttgart
Flender, R., Rauhe, H. (1989): Popmusik. Wissenschaftliche Buch Gesellschaft, Darmstadt
Foa, E.B., Foa, U.G. (1980): Ressource theory: Interpersonal behavior as exchange. In: Gergen, K.J., Greenberg, M.S., Willis, D.H. (Hrsg): Social exchange: Advances in theory and research. Plenum, New York, S. 77-101
Focus 24 (1995): Mythos Rolling Stones. S. 180-188
Foerster, H.von (1981): On cybernetics of cybernetics and social theory. In: Roth, G., Schwegler, H. (Hrsg): Self organizing systems. Campus, Frankfurt, S.102-105
Foerster, H.von (1985): Das Konstruieren einer Wirklichkeit. In: Watzlawick, P. (Hrsg.): Die erfundene Wirklichkeit. Piper, München, S. 39-60
Foerster, H.von (1992): Entdecken oder Erfinden. In: Gumin, H., Meier, H. (Hrsg.): Einführung in den Konstruktivismus. Piper, München, S. 41-88
Frese, M., Greif, S., Semmer, N. (Hrsg) (1979): Industrielle Psychopathologie. Huber, Bern
Frick, D. (1986): The quality of urban life. De Gruyter, New York
Friedrichs, J. (1981): Stadtanalyse. Westdeutscher Verlag, Oplanden
Friedrichs, J. (1995): Stadtsoziologie. Leske u. Budrich, Oplanden
Frith, S. (1988): Jugendkulturen und Rockmusik. Rowohlt, Reinbek
Fritze, J. (1989): Biologische Psychiatrie. Fischer, Stuttgart
Frommer, J. (Hrsg) (1989): Möglichkeiten und Grenzen des systhemtheoretischen Ansatzes in der Psychopathologie. Nervenarzt 60: 61-70
Füllgraf, G. (1992): Aufgabe der Umweltmedizin. In: Wichmann, H.E., Füllgraf, G., Schlipköter, H.W. (Hrsg.): Handbuch der Umweltmedizin. Ecomed, Landsberg, II-2: 1-8
Fürstenau, (1992): Vortrag auf der Tagung „Systemwissenschaft und Psychopathologie". Werner-Reimers-Stiftung, Mai 1992, Bad Homburg

Gaar, G.G. (1994): Rebellinnen. Argument, Hamburg
Garcia, M.M., Harlan, R. (1993): Stimulus-Transcription Coupling at the my-Opiate Rezeptor. In: Hammer, R.P. (Hrsg): The neurobiology of Opiates. CRC Press, Boca Raton S. 301-332
Garms-Homolova, V., Hütter, U., Leibing, C. (1982): Wohnbedingungen und Selbstversorgung im Alter. Zeitschrift für Gerontologie 15: 150 - 157
Gazzaniga, M.S. (1992): Nature´s Mind. Basic Books, New York
Gibson, J.J. (1982): Umwelt und Wahrnehmung. Urban und Schwarzenberg, München

Giddens, A. (1984): The constitution of society. Univ. Calif. Press, Los Angeles
Glaeser, B. (Hrsg) (1989): Humanökologie - Grundlagen präventiver Umweltpolitik. Westdeutscher Verlag, Opladen
Glaeser, B., Teherani-Krönner, P. (Hrsg.) (1992): Humanökologie und Kulturökologie. Westdeutscher Verlag, Opladen
Glaeske, G. (1996): Suchterzeugende Stoffe - Verbreitung und Mißbrauch. In: Nowak, N., Schifman, R., Brinkmann, R. (Hrsg): Drogensucht - Entstehung und therapeutische Praxis. Schattauer, Stuttgart, S. 75-86
Glantz, M., Pickens, R. (1992): Vulnerability to drug abuse. American Psychological Association, Washington DC
Glasersfeld, E.von (1992): Konstruktion der Wirklichkeit und des Begriffs der Objektivität. In: Gumin, H., Meier, H. (Hrsg.): Einführung in den Konstruktivismus. Piper, München, S. 9-40
Glass, L., Mackey, C. (1988): From clocks to chaos - the rhythms of life. Princeton Univ. Press, New Jersey
Glass, L., Young, R. (1979): Structure and dynamics of neural network oszillators. Brain Research 179: 207-218
Goodwin, D.W., Schulsinger, F.F., Hermansen, L., Guze, S.B., Winokur, G. (1973): Alcohol problems in adoptees raised apart from alcoholic biological parents. Arch. Gen. Psychiatry 28: 238-243
Goodwin, D.W. (1987): Adoption studies of alcoholism. In: Goede, H. W., Agardwal, D.P. (Hrsg): Genetics and alkoholism. Liss, New York, S. 60-70
Gottwald, P. (1971): Kybernetische Analyse von Lernprozessen. Oldenbourg, München
Graul, E.H. (Hrsg) (1974): Mensch und Umweltmedizinische Environtologie. I. Deutscher Ärzteverlag, Köln
Graumann, C.F. (Hrsg) (1978): Die ökologische Perspektive in der Psychologie. Huber, Bern
Graumann, C.F., Metraux, A. (1977): Die phänomenologische Orientierung in der Psychologie. In: Schneewind, K.A. (Hrsg): Wissenschaftstheoretische Grundlagen der Psychologie. UTB, München, S. 27-53
Gray, C.M., König, P., Engel, A.K., Singer, W. (1989): Oscillatory responses in cat visual cortex exhibit inter-columnar synchronization which reflects global stimulus properties. Nature 338: 334-337
Gray, J. A. (1991): The neuropsychology of schizophrenia. Behav Brain Sci 14: 56-84
Greif, S. (1983): Konzepte der Organisationspsychologie. Huber, Bern
Gross, W. (1987): Arbeitstherapie. Ehrendorf, Mannheim
Grünberger, J. (1977): Psychodiagnostik des Alkoholkranken. Maudrich, Wien
Gumin, H., Meier, H. (Hrsg) (1992): Einführung in den Konstruktivismus. Piper, München
Gundel, K. (1980): Die Ökologie der Sucht - eine neue Perspektive. Medizin, Mensch, Gesellschaft 5: 187-192
Gundel, K (1981): Sucht und Situation - eine „Ökoanalyse". Wiener Zeitschrift für Suchtforschung 3: 17-34
Guntern, G. (1992): Die Phasenstruktur des Alkoholismus: Theoretische und praktische Aspekte aus systemischer Sicht. In: Osterhold, G., Molter, H. (Hrsg): Systemische Suchttherapie. Asanger, Heidelberg, S. 29-62
Guntern, G. (1983): Systemtherapie. In : Schneider, K. (Hrsg.) Familientherapie. Jungfermann, Paderborn, S. 38-77

Habermas, J. (1973): Erkenntnis und Interesse. Suhrkamp, Frankfurt

Habermas, J. (1985): Die neue Unübersichtlichkeit. Suhrkamp, Frankfurt
Habermas, J., Luhman, N. (1971): Theorie der Gesellschaft oder Sozialtechnologie. Suhrkamp, Frankfurt
Hacker, W.(1986): Arbeitspsychologie. VEB, Berlin
Haeckel, E. (1866): Generelle Morphologie der Organismen. 2 Bde., Reimer, Berlin
Häfner, H. (Hrsg.) (1978): Psychiatrische Epidemiologie. Springer, Berlin
Hagget, P. (1983): Geographie. Harper & Row, New York
Haken, H. (1983): Synergetics. Springer, Berlin
Hall, E.T. (1976): Die Sprache des Raumes. Schwann, Düsseldorf
Hardesty, D.L. (1977): Ecological Anthropology. Wiley, New York
Hartwig, K.H., Pies, I. (1995): Rationale Drogenplitik in der Demokratie. Mohr, Tübingen
Hauser, P.M., Schnore, L.F. (Hrsg) (1965): The study of urbanization. Wiley, New York
Hawley, A.H. (1950): Human Ecology: A theory of community structure. Ronald, New York
Hawley, A.H. (1968): Ecology I: Human Ecology. In: Sills, D.L. (Hrsg.): International Encyclopedia of the Social Science. Crowell, Collier & Mac Millan, New York, S. 328-337
Hawley, A.H. (1974): Theorie und Forschung in der Sozialökologie. In: König, R. (Hrsg), Handbuch der empirischen Sozialforschung, Bd. 4, Thieme, Stuttgart, S. 445-448,
Hawley, A.H. (1986): Human ecology - a theoretical essay. University of Chicago Press, Chicago
Heckhausen, H. (1989): Motivation und Handeln. Springer, Berlin
Heckmann, W. (1983): „Wir Kinder vom Bahnhof Zoo" als Unterrichtsthema? Medien Sonderheft: Sucht im Film, 4/5: 72-76
Heider, F. (1946): Attitudes and cognitive organization. Journ. Psychol. 21: 358-374
Heider, F. (1958): The psychology of interpersonal relations. Wiley, New York
Heigl-Evers, A. (1985): Sucht und Alkoholabhängigkeit aus tiefenpsychologischer Sicht. In: Deutsche Hauptstelle gegen die Suchtgefahren (Hrsg.): Süchtiges Verhalten. Hoheneck. Hamm, S. 23-27
Heigl-Evers, A., Standke, G. (1989): Sachbericht zum Forschungsprojekt Selbsterleben und Objektbeziehungen von Alkoholkranken. Suchtgefahren. 35: 191-201
Heigl-Evers, A., Schultze-Dierbach, E., Standke, G. (1991): Grundstörungen bei Abhängigkeit und Sucht aus tiefenpsychologischer Sicht. In: Wanke, K., Bührunger, G. (Hrsg): Grundstörungen der Sucht. Springer, Berlin, S. 37-54
Heiss, W.D. (1995). Positronen-Emissions-Tomographie - Klinische Wertigkeit in Neurologie und Psychiatrie. Deutsches Ärzteblatt 92/8: B372 - B378
Hellinger, B. (1995): Ordnungen der Liebe. Auer, Heidelberg
Hellpach, (1902): Nervosität und Kultur. Räde, Berlin
Hellpach, (1924): Psychologie der Umwelt. In: Abderhalden, E. (Hrsg): Handbuch der biologischen Arbeitsmethoden. Abt. VI: Methoden der experimentellen Psychologie. C, 3. Urban & Schwarzenberg, Berlin
Henderson, J.V. (1988): Urban development. Oxford University Press, New York
Herman, K., Rieck, H. (1981): Christiane F. - Wir Kinder vom Bahnhof Zoo. Gruner u. Jahr, Hamburg
Herman, G. (1994): Rock´n´Roll Babylon. Plexus, London
Herz, A. (1985): Biologische Mechanismen der Opiatsucht. In: Keup, W. (Hrsg): Biologie der Sucht. Springer, Berlin, S. 168-177
Herz, A. (1988): Biochemische und pharmakologische Aspekte der Drogensucht. Spektrum der Wissenschaft: Gehirn und Nervensystem. Spektrum Verlag, Heidelberg, S. 194-205
Herz, A. (1995): Neurobiologische Grundlagen des Suchtgeschehens. Nervenarzt 66:3-14
Herz, A., Shippenberg, T.S., Bals-Kubik, R., Spanagel, R. (1992): Analysis of Addictive Pro-

Herz, A. (1995): Neurobiologische Grundlagen des Suchtgeschehens. Nervenarzt 66:3-14
Herz, A., Shippenberg, T.S., Bals-Kubik, R., Spanagel, R. (1992): Analysis of Addictive Processes: Neurotransmitter Mechanisms. In: Cohèn-Yànez, J., Ameccua-Gastèlum, J., Villarreal, J., Zavala, L.S. (Hrsg): Drug dependence - from the molecular to the social level. Elesevier, Amsterdam, S. 81-90
Hess, H. (1989): Der illegale Drogenhandel. In: Scheerer, S., Vogt, I. (Hrsg): Drogen und Drogenpolitik. Frankfurt, S. 447-485.
Hobfoll, S.E. (1988): The ecology of stress. Hemisphere, New York
Hobson, J.A. (1988): The dreaming brain. Basic Books, New York
Hoefert, H.W. (Hrsg) (1982): Person und Situation. Hogrefe, Göttingen
Hoffmann, F. (1976): Entwicklung der Organsiationsforschung. Gabler, Wiesbaden
Hofmann, A. (1979): LSD - mein Sorgenkind. Klett-Cotta, Stuttgart
Holder, H.D. (1987): Alcoholism treatment and potential health care cost saving. Med Care 1: 52-71
Holst, E.von, Mittelstaedt, H.von (1950): Das Reafferenzprinzip. Naturwissenschaften 37: 464-476
Homans, G. (1960): Theorie der sozialen Gruppe. Westdeutscher Verlag, Köln
Hubel, D.H., Wiesel, T.N. (1963): Shape and arrangement of columns in cat's striate cortex. Journ Physiol. 165: 559-568
Hubel, D.H., Wiesel, T.N. (1988): Die Verarbeitung visueller Information. Spektrum der Wissenschaft. Gehirn und Nervensystem. Spektrum Verlag, Heidelberg, S. 123-133
Hurrelmann, K., Hesse, S. (1991): Drogenkonsum als problematische Form der Lebensbewältigung im Jugendalter. Sucht 37: 42-252
Hurrelmann, K., Laaser, U. (1993): Gesundheitswissenschaften als interdisziplinäre Herausforderung. In: Hurrelmann, K., Laaser, U. (Hrsg): Gesundheitswissenschaften. Beltz, Weinheim, S. 3-25
Huxley, A. (1979): Die Pforten der Wahrnehmung Pieper, München

IFT (Hrsg) (1994): Report on methods to estimate the extent of the drug problem in Germany. IFT Reports No 71, Institut für Therapieforschung, München
Irrgang, B. (1996): Lehrbuch der evolutionären Erkenntnistheorie. UTB, München
Ittelson, W.H., Proshansky, H.M., Rivlin, L.G., Winkel, G.H. (1977): Einführung in die Umweltpsychologie. Klett, Stuttgart
Iversen, L.L. (1988): Die Chemie der Signalübertragung im Gehirn. Spektrum der Wissenschaft. Gehirn und Nervensystem. Spektrum Verlag, Heidelberg, S. 21-31

Janke, K., Niehues, S. (1995): Echt abgedreht - Die Jugend der 90er Jahre. Beck, München
Janzarik, W. (1988): Strukturdynamische Grundlagen der Psychiatrie. Enke, Stuttgart
Jaspers, K. (1973): Allgemeine Psychopathologie. Springer, Berlin
Jellinek, E.M. (1960): The disease concept of alcoholism. Yale Univ. Press, New Haven
Jochheim, K.A., Scholz, F.J., Hofrichter, M., Jung, K., Lungfiel, E. (1975): Rehabilitation. Thieme, Stuttgart
Jugendwerk der Deutschen Shell (1992): Jugend '92. Lebenslagen, Orientierungen und Entwicklungsperspektiven im vereinigten Deutschland. 4 Bde. Westdeutscher Verlag, Opladen

Kahana, E. (1982): A congruence model of person-environment interaction. In: Lawton, M.P., Windley, P.G., Byerts, T.O. (Hrsg): Aging and environment: theoretical approaches. Springer, New York, S. 97-121

Werner Reimers Stiftung, Bad Homburg

Kandel, E.R., Schwartz, J., Jessell, T.M. (Hrsg) (1991): Principles of Neural Science. Elesivier, New York

Kanfer F.H., Reinecker, H., Schmelzer, D. (1991): Selbstmanagement - Therapie. Springer, Berlin

Kanfer, F.H., Saslow, G. (1965): Behavioral analysis: an alternative to diagnostic classification. Archives General Psychiatry 12: 529-538

Kaufmann, E., Kaufmann, P.N. (1983): Familientherapie bei Alkohol- und Drogenabhängigkeit. Lambertus, Freiburg

Kelly, J.G., Hess, R.E. (Hrsg) (1987): The ecology of prevention. Haworth Press, New York

Kernberg, O. (1979): Object relations theory and clinical psychoanalysis. Jason, Aronson, New York

Keup, W. (Hrsg) (1985): Biologie der Sucht. Springer, Berlin

Kindermann, W., Sickinger, R., Hedrich, D., Kindermann, S. (1989): Drogenabhängig. Lebenswelten zwischen Szene, Justiz, Therapie und Drogenfreiheit. Lambertus, Freiburg

Keynes, R.D. (1988): Ionenkanäle in Nervenmembranen. Spektrum der Wissenschaft. Gehirn und Nervensystem. Spektrum Verlag, Heidelberg, S. 15-19

Kirsch, W., Esser, W.M., Gabele, E. (1979): Das Management des geplanten Wandels von Organisationen. Poeschel, Stuttgart

Kisker K.P., Lauter, H., Heyer, J.E., Müller, C., Strömgen, E. (Hrsg) (1987): Psychiatrie der Gegenwart: Abhängigkeit und Sucht. Springer, Berlin

Klaus, G. (1969): Wörterbuch der Kybernetik. Fischer, Frankfurt

Klaus, G., Liebscher, H. (1974): Systeme, Informationen, Strategien. VEB, Berlin

Klosterkötter, J. (1992): Der Wahn und seine Genese - Vergleich angloamerikanischer und deutscher Modellvorstellungen. In: Kaschka, W.P., Lungershausen, E. (Hrsg): Paranoide Psychosen. Springer, Berlin, S. 161-174

Klotz, V. (1987): Die erzählte Stadt. Rowohlt, Reinbek

Knötig, H. (1972): Bemerkungen zum Begriff „Humanökologie". Humanökologische Blätter, H.2/3, 3-140

Knötig, H. (Hrsg) (1976): Proceedings of the First International Meeting on Human Ecology, Vienna 1975, St.Saphorin, Georgi

Knötig, H. (Hrsg) (1979): Proceedings of the Second International Meeting on Human Ecology, Vienna 1977, St.Saphorin, Georgi

Knötig, H., Panzhauser, E. (1976): Grundsatzerklärung der Humanökologischen Gesellschaft. In: Knötig, H. (Hrsg): Proceedings of the first international meeting on human ecology. Vienna 1975, St. Saphorin, Georgi, S. 22-28

Koehler, K., Sass, H. (1984): Diagnostisches und Statistisches Manual psychischer Störungen DSM-III. Beltz, Weinheim

Kölsch, O. (1989): Humanökologische Forschung für Landwirtschaft und Agrarpolitik. In: Glaeser, B. (Hrsg): Humanökologie - Grundlagen präventiver Umweltpolitik. West Deutscher Verlag, Opladen, S. 181-193

Körkel, J. (Hrsg) (1988): Der Rückfall des Suchtkranken. Springer, Berlin

Kommer, D., Röhrle, B. (Hrsg) (1983): Ökologie und Lebenslagen. DGVT, Tübingen

Korf, D.J. (1994): Drug tourists and drug refugees. In: Leuw, E., Marshall, J.H. (Hrsg): Between prohibition and legalization - the Dutch experiment in drug policy, Kugler, Amsterdam, S. 119-143

Kozel, N.J. (1993): Strategies and findings in drug abuse epidemiology and prevention research in the United States. Sucht 3: 156-168

Kozel, N.J. (1993): Strategies and findings in drug abuse epidemiology and prevention research in the United States. Sucht 3: 156-168
Krawietz, W., Welker M. (Hrsg) (1992): Kritik der Theorie sozialer Systeme, Suhrkamp, Frankfurt
Kreutel, M. (1988): Die Opiumsucht. Deutscher Apotheker Verlag, Stuttgart
Kreuzer, A. (1987): Jugend - Drogen - Kriminalität. Luchterhand, Neuwied
Kreuzer, A., Wille, R. (1988): Drogenkriminologie und Therapie. Decker u. Müller, Heidelberg
Kruse, L. (1974): Räumliche Umwelt. De Gruyter, Berlin
Kruse, L. (1980): Privatheit als Problem und Gegenstand der Psychologie. Huber, Bern
Kruse, L.,Graumann, C.F., Lantermann, E.D. (Hrsg) (1990): Ökologische Psychologie - ein Handbuch in Schlüsselbegriffen. Psychologie Verlags Union, München
Krystal, H., Raskin, H.A. (1983): Drogensucht. Van der Hoeck, Göttingen
Küfner, H. (1981): Zur Persönlichkeit von Alkoholabhängigen. In: Knischewski, E. (Hrsg): Alkoholismustherapie. Nicol, Kassel, S. 23-40
Küfner, H. (1989): Bindung und Autonomie als Grundmotivation des Erlebens und Verhaltens. Forum Psychoanalyse 5: S. 3-16
Küfner, H., Yassouridis, A. (1990): Computer-Simulation des Alkoholismus. Drogalkohol 1, 4: 19-40
Kuhn, T.S. (1973): Die Struktur wissenschaftlicher Revolutionen. Suhrkamp, Frankfurt
Kunze, K. (Hrsg) (1992): Lehrbuch der Neurologie. Thieme, Stuttgart

Lamnek, S. (1988): Qualitative Sozialforschung. Psychologie Verlags Union, Weinheim
Langenbach, C. (1994): Musikverhalten und Persönlichkeit. Lang, Frankfurt
Lassen, I., Ingvar, D.H., Skinhoj, E. (1988): Hirnfunktion und Hirndurchblutung. Spektrum der Wissenschaft. Gehirn und Nervensystem. Spektrum Verlag, Heidelberg, S. 135-143
Laszlo, E. (1972): Introduction to Systems Philosophy. Gordon & Breach, New York
Laufenberg, F. (1995): Frank Laufenbergs Rock- und Pop-Lexikon. Econ, Düsseldorf
Lawton, M.P. (1980): Environment and aging. Brooks u. Cole, Monterey
Lazarus, R.S., Folkman, S. (1984): Stress, apraisal and coping. Springer, New York
Leary, T. (1970): Politik der Ekstase. Wegener, Hamburg
Leehey, S.C., Moskowitz, C., Cook, A., Brill, S., Held, R. (1975): Orientational anisotropy in infant vision. Science 190: 900-901
Legnaro, A. (1981): Ansätze zu einer Soziologie des Rausches. In: Völger et al. (Hrsg.) Rausch und Realität - Drogen im Kulturvergleich. Rautenstrauch-Jost-Museum, Köln, S. 52-63
Lelbach, W.K. (1995): Epidemiologie des Alkoholismus. In: Seitz, H.K., Lieber, C.S., Simanowski, U.A. (Hrsg): Handbuch Alkohol, Alkoholismus, Alkoholbedingte Organschäden. Barth, Leipzig, S. 21-72
Lenk, H., Ropohl, G. (Hrsg.) (1978): Systemtheorie als Wissenschaftsprogramm. Athenäum, Frankfurt.
Levine, G. (1981a): Die Entdeckung der Sucht - Wandel der Vorstellung über Trunkenheit in Nordamerika. In: Völger et al. (Hrsg.): Rausch und Realität. Rautenstrauch-Jost-Museum, Köln, S. 118-125
Levine, G. (1981b): Mäßigkeitsbewegung und Prohibition in den USA. In: Völger et al. (Hrsg.): Rausch und Realität. Rautenstrauch-Jost-Museum, Köln, S. 126-131
Lewin, K. (1936): Principles of topological psychology. McGraw-Hill, New York, deutsch Huber, Bern (1969)
Lichtenberger, E. (1986): Stadtgeographie. Teubner, Stuttgart
Liedke, G. (1979): Im Bauch des Fisches. Ökologische Theologie. Kreuz, Stuttgart
London, J. (o.J.): König Alkohol. DTV, München

Luhmann, N. (1984): Soziale Systeme. Suhrkamp, Frankfurt
Luhmann, N. (1986): Ökologische Kommunikation. Westdeutscher Verlag, Opladen
Luhmann, N. (1990): Soziologische Aufklärung. Westdeutscher Verlag, Opladen
Lürssen, E. (1976): Das Suchtproblem in neuerer psychoanalytischer Sicht. In: Eicke, D. (Hrsg): Psychologie des 20. Jahrhunderts, Bd. 2, Kindler, München, S. 838-867
Lynch, K. (1960): The image of the city, MIT Press, Cambridge
Lyotard, F. (1986): Das postmoderne Wissen. Böhlau, Wien
Lyotard, F. (1987): Der Widerstreit. Fruh, München

Mackey, M.C., An der Heiden, U. (1982): Dynamical diseases. Funkt. Biol. Med. 1: 156-164
Maher, B.A., Ross, J.S. (1984): Delusions. In: Adams, H.E. Sutker, P. (Hrsg): Comprehensive textbook of psychopathology. Plenum Press, New York, S. 383-409
Magnusson, D. (Hrsg) (1981): Toward a psychology of situations. Hillsdale, New York
Majils, B. (1981): Alkoholische Getränke im alten China. In: Völger et al. (Hrsg.): Rausch und Realität. Rautenstrauch-Jost-Museum, Köln, S. 314- 319
Malmberg, T. (1982): Human territoriality. Mouton Publ., New York
Mariategui, J. (1985): Conception del hombre y alcoholismo en el antiguo Peru. In: Acta Psychiatrica de America Latina, S. 253-267
Marko, H. (1995): Systemtheorie. Springer, Berlin
Maruyama, M. (Hrsg) (1992): Context and complexity. Springer, New York
Maturana, H.R., Lettvin, J.Y., McColloch, W.S., Pitts, W.H. (1960): Anatomy and physiology of vision in the frog (Rana pipiens). J. Gen. Physiol. 4: 129-175
Maturana, H.R. (1982): Erkennen. Vieweg, Braunschweig
Maturana, H.R., Varela, F.J. (1987): Der Baum der Erkenntnis. Scherz, Bern
Mayer-Tasch, P.C. (1978): Umweltrecht im Wandel. Westdeutscher Verlag, Opladen
Mayer-Tasch, C. (1983): Wörterbuch der politischen Ökologie. DTV, München
McCelland, J.D., Rumelhart, D.E. and the PDP Research Group (1986): Parallel distributed Processing: Explorations in the microstructure of cognition. Vol 2, MIT Press, Cambridge, MA
McCornell, C., Brue, S.L.(1996): Economics. McGraw Hill, New York
Mc Kenna, C.J., Rees, R. (1992): Economics - a mathematical introduction. Oxford Univ. Press, Oxford
Mc Kenzie, R.D. (1924): The ecological approach to the study of the community. Amer. Journ. o. Sociol. 30
Mc Kenzie, R.D. (1924/1968): The Ecologocal Approach to the Study of the Human Community. In: Mc Kenzie, R.D. (Hrsg): Chicago Univ. Press
Mc Luhan, M., Powers, B.R. (1995): The global village. Jungfermann, Bonn
Meadows, D.L. (1972): Die Grenzen des Wachstums. DTV, Stuttgart.
Meadows, D.L., Meadows, D.H. (1974): Das globale Gleichgewicht. DTV, Stuttgart.
Mehrabian, A. (1978): Räume des Alltags. Campus, Frankfurt
Mertens, W. (1981): Psychoanalyse. Kohlhammer, Stuttgart
Merton, R. (1975): Social Theory and Social Structure. Free Press, Glencoe
Mesarovic, M., Pestel, E. (1974): Menschheit am Wendepunkt. DVA, Stuttgart.
Miller, G.A., Galanter, E., Pribram, K.H. (1973): Strategien des Handelns. Klett, Stuttgart
Miller, J.G. (1976): The nature of living systems. Behavioral Science 21: 295-319
Miller, R. (1985): Überlegungen zur Ökopsychologie des Lokals. Gruppendynamik
Miller, R. (1986): Einführung in die ökologische Psychologie. Leske u. Budrich, Opladen
Mitscherlich, A. (1965): Die Unwirtlichkeit der Städte. Suhrkamp, Frankfurt

Möller, H.J. (1976): Methodische Grundprobleme der Psychiatrie. Kohlhammer, Stuttgart
Mogel, H. (1984): Ökopsychologie. Kohlhammer, Stuttgart
Moles, A. (1986): Vers un modele systemique du pessage du l'us a l'abus dans la consommation de l'alcool considere comme un psychotrope. Humankybernetik 27: 33-43
Moos, R.H., (1974): Evaluating Treatment Environments. Wiley, New York
Moos, R.M. (1976): The human context. Wiley, New York
Morel, J., Bauer, E., Meleghy, T., Niedenzu, H.J., Preglan, M., Staubmann, H. (1995): Soziologische Theorie. Oldenbourg, München
Moser-Schmitt, E. (1981): Sozio-kultureller Gebrauch von Cannabis in Indien. In: Völger et al. (Hrsg): Rausch und Realität. Rautenstrauch-Jost-Museum, Köln, S. 542-545
Mühlum, A., Olschowy, G., Oppl, H., Wendt, W.R. (Hrsg) (1986): Umwelt-Lebenswelt: Beiträge zu Theorie und Praxis ökosozialer Arbeit. Diesterweg, Frankfurt
Mühlum, A., Oppl, H. (Hrsg) (1992): Handbuch der Rehabilitation. Luchterhand, Neuwied
Münch, R. (1992): Die Struktur der Moderne. Suhrkamp, Frankfurt
Müller, H.P. (1989): Lebensstile. Ein neues Paradigma der Differenzierung- und Ungleichheitsforschung? Kölner Zeitschr. f. Soziol. und Sozialpsychol. 41: 53-71
Mumford, L. (1938): The culture of cities. Harcourt Brace & World, New York
Mumford, L. (1961): The city in history. Harcourt Brace & World, New York
Musikexpress (1995): Rolling Stones. Nr. 6, S. 32-39

National Institute on Drug Abuse (1993). Epidemiologic trends in drug abuse: National Institutes of Health, Rock Ville
Neisser, U. (1967): Kognitive Psychology. Appleton-Century & Crofts, New York
Neuendorff, S., Schiel, J. (1982): Die Anonymen Alkoholiker. Beltz, Basel
News (1995): Trauriger König. Nr. 17: S. 150-153
Nitsch, J.R. (Hrsg) (1981): Stress. Huber, Stuttgart

Olds, M.E., Olds, J. (1961): Emotional and associative mechanisms in the rat brain. J. Comp. Physiol. Psychol. 54: 120-126
Opaschowski, H. W. (1983): Arbeit, Freizeit, Lebenssinn? Orientierung für eine Zukunft die längst begonnen hat. Westdeutscher Verlag, Opladen
Oppl, H. (1986): Auf dem Weg zur ökosozialen Praxis. In: Mühlum et al. (Hrsg): Umwelt-Lebenswelt: Beiträge zur Theorie und Praxis ökosozialer Arbeit. Diesterweg, Frankfurt, S. 167 - 207
Oppl, H., Weber-Falkensammer, H. (Hrsg) (1986): Lebenslagen und Gesundheit. 3 Bde., Diesterweg, Frankfurt

Park, R. E., Burgess, E.W., McKenzie, R.D. (1925): The city. University of Chicago Press. Chicago
Park, R.E. (1936): Human ecology. Americ. Journal Sociol. 42: 1-15
Park, R.E. (1952): Humon communities. Free Press, Glencoe
Parsons, T. (1951): The social system. Free Press, Glencoe
Parsons, T. (1968): Systems - Social systems. In: Sills, D.L. (Hrsg): International encyclopedia of the social science. Crowell & Co., New York, S. 458-473
Parsons T. (1980): Zur Theorie der sozialen Interaktionsmedien. Westdeutscher Verlag, Opladen
Patzak, G. (1982): Systemtechnik. Springer, Berlin
Paul, H. (1976): Zur Ökologie der Behinderten. In: Knötig, H. (Hrsg.): Proceedings of the First International Meeting on Human Ecology. Vienna 1975, St. Saphorin, Georgi, S. 645-650

Pekrun, R. (1990): Emotion - Ätiologie / Bedingungsanalyse. In: Baumann, U., Perrez, M. (Hrsg): Klinische Psychologie. Huber, Bern, S. 219-234
Petry, J. (1985): Alkoholismustherapie: Vom Einstellungswandel zur kognitiven Therapie. Urban u. Schwarzenberg, München
Pieper, R. (1989): Die neue Sozialphysik. Campus, Frankfurt
Pincus, A. (1968): The definition and measurement of institutional environment in homes for the aged. The Gerontologist 8: 207 - 210
Plänkers, T. (1986): Zum Verhältnis von Psychoanalyse und Systemtheorie. Psyche 40: 678-708
Platon (1578): Theathetos. Stephanus - Ausgabe, Paris; zit. nach Glasersfeld 1992, S. 12
Pöppel, E. (1985): Grenzen des Bewußtseins. DVA, Stuttgart
Pöppel, E. (1988): Taxonomie des Subjektiven auf der Grundlage eines pragmatischen Monismus. In: Böcker, F., Weig, W. (Hrsg): Aktuelle Kernfragen der Psychiatrie. Springer, Berlin, S. 25-36
Popper, K. (1984): Objektive Erkenntnis. Campus Paperback, Frankfurt
Posener, A. (1987): John Lennon. Rowohlt, Reinbeck
Postman, N. (1988): Das Verschwinden der Kindheit. Fischer, Frankfurt
Preiser, G. (1981): Wein im Urteil der grichischen Antike. In: Völger et al. (Hrsg.): Rausch und Realität. Rautenstrauch-Jost-Museum, Köln, S. 296-303
Preuss, S. (1996): Ökopsychosomatik. Asanger, Heidelberg
Prigogine, E. (1985): Vom Sein zum Werden. Piper, München
Probst, G.J.B. (1987): Selbstorganisation. Parey, Berlin
Probst, G.J.B., Gomez, P. (Hrsg) (1991): Vernetztes Denken. Gabler, Wiesbaden

Rado, S. (1926): The psychic effects of intoxicants: an attempt to evolve a psychoanalytical theory of morbid cravings. Int. Journ. Psychoanalyt. 7: 326-413
Rapoport, A. (1982): The meaning of the built environment. Sage, Beverly Hills
Rauchfleisch, U. (1971): Zur Psychodynamik der Sucht. Prax. Psychother. 16: 1-8
Rauchfleisch, U. (1972): Vergleichend-experimentelle Untersuchung zur Persönlichkeitsstruktur von Suchtkranken. Psychiat. Clin. 5: 27-40
Reinecker, H., Zauner, H. (1983): Kritische Lebensereignisse als Risikofaktoren des Alkoholismus. Arch. Psychiatr. Nervenkr. 233: 333-346
Reiter, L., Brunner, E., Reiter-Theil, S. (Hrsg) (1988): Von der Familientherapie zur systemischen Perspektive. Springer, Berlin
Reiter, L. (1992): Systemisches Denken und Handeln – Wohin? In: Schwerte, W., Rattisfeld, E., Emlein, G. (Hrsg): Systemische Theorie und Perspektiven der Praxis. Klotz, Frankfurt, S. 9-74
Remmert, H. (1978): Ökologie - Ein Lehrbuch. Springer, Berlin
Renn, H., Feser, H. (1983): Probleme des Alkoholmißbrauchs junger Soldaten im Vergleich zu gleichaltrigen Zivilpersonen. Wehrpsychologische Untersuchungen 18, Heft 6
Renn, H. (1986): Beiträge aus Epidemiologie und Soziologie zu einer Theorie von Mißbrauch und Abhängigkeit. In: Feuerlein, W. (Hrsg): Theorie der Sucht. Springer, Berlin, S. 103-120
Renn J. (1996) Zum Strukturwandel der wissenschaftlichen Öffentlichkeit durch elektronische Medien. Max Plank Spiegel 1: 2-4
Reuband, K.H. (1995): Drug use and drug policy in Western Europe. Eur. Addiction Res. 1: 32-41
Revenstorf, D., Metsch, H. (1986): Lerntheoretische Grundlagen der Sucht. In: Feuerlein (Hrsg): Theorie der Sucht. Springer, Heidelberg, S. 121-150
Rohracher, H. (1971): Einführung in die Psychologie. Springer, Berlin

Rohrbach, K. (1992): Rockmusik-Grundlagen. Institut für Didaktik populärer Musik, Oldershausen
Rojas Mackenzie, R. (1990): Psychosoziale Gesundheit in Lateinamerika: ein epidemiologischer Ansatz. In: Riquelme, H. (Hrsg): Erkundungen zu Lateinamerika. Vervuet, Frankfurt, S. 194-224
Rolling Stone (1995): Mehr Mick. Nr. 1, S. 49-67
Rombeck, H., Neumann, W., Moers, R. (1981): Die Beatles. Bastei-Lübbe, Bergisch Gladbach
Rommelspacher, H., Schmidt, L.G., Helmchen, H. (1991): Pathobiochemie und Pharmakotherapie des Alkoholentzugssyndroms. Nervenarzt 62: 649-657
Rommelspacher, H., Schmidt, L.G. (1994): Pathobiochemische und pharmakologische Aspekte der Abhängigkeit. In: Tretter, F., Busello-Spieth, S., Bender, W. (Hrsg.): Therapie von Entzugssyndromen. Springer, Berlin, S. 28-46
Ropohl, G. (1985): Die unvollkommene Technik. Suhrkamp, Frankfurt
Rost, W.D. (1986): Psychoanalyse des Alkoholismus. Klett, Stuttgart
Roth, G., Schwegler, H. (Hrsg) (1980): Self-organizing Systems. Campus, Frankfurt
Roth, J. (1983): Die Legende vom heiligen Trinker. Kiepenheuer u. Witsch, Köln
Routtenberg, A. (1988): Das Belohungssystem des Gehirns. Spektrum der Wissenschaft: Gehirn und Nervensystem. Spektrum Verlag, Heidelberg, S. 161-167

Sachsse, H. (1984): Ökologische Philosophie. Wissenschaftliche Buchgesellschaft, Darmstadt
Saint Exupery, A.d. (1980): Der kleine Prinz. Rauch, Düsseldorf
Saleh, A. (1981): Alkohol und Haschisch im heutigen Orient. In: Völger et al. (Hrsg): Rausch und Realität. Rautenstrauch-Jost-Museum, Köln, S. 488-491
Sanchez, T., Blake, J. (1995): 30 Jahre mit den Rolling Stones. Heyne, München
Sassen, S. (1988): The Mobility of Labor and Capital: A Study in International Investment and Labor Flow. Cambridge University Press, Cambridge
Sassen, S. (1991): The Global City: New York, London, Tokyo. Princeton University Press, Princeton
Saunders, P.T. (1986): Katastrophentheorie. Vieweg, Braunschweig
Saup, W. (1984): Streß und Streßbewältigung bei der Heimübersiedlung alter Menschen. Zeitschrift f. Gerontologie
Saup, W. (1992): Alter und Umwelt. Kohlhammer, Stuttgart
Schaefer, H., Blohmke, M. (1974): Sozialmedizin. Thieme, Stuttgart
Schafer, R.M. (1988): Klang und Krach. Athenäum, Frankfurt
Scharfetter, C. (1989) Schizophrene Menschen. Hogrefe, Göttingen
Scharfetter, C. (1991): Allgemeine Psychopathologie. Thieme, Stuttgart
Schaub, H. (1993): Computersimulationen als Forschungsinstrument in der Psychologie. In: Tretter, F., Goldhorn, F. (Hrsg): Computer in der Psychiatrie. Asanger, Heidelberg, S. 393-423
Schaub, H., Schiepek, G. (1992): Simulation of psychological processes - basic issues and an illustration within the etiology of a depressive disorder. In: Tschacher, W., Schiepek, G., Brunner, E.J. (Hrsg): Self organization and clinical psychology. Springer, Berlin, S. 121-149
Scheffer, K.-G. (1981): Coca in Südamerika. In: Völger et al. (Hrsg): Rausch und Realität, Rautenstrauch-Jost-Museum, Köln, S. 428-435
Scheidt, J.von (1976): Der falsche Weg zum Selbst. Kindler, München
Scherer, J., Tretter, F. (1995): Systemische Psychopharmakologie - Einführung und Beispiele. Vortrag. Workshop Systemische Psychopharmakologie. Dez. 1995, Bezirkskrankenhaus Haar

Scherer, J. , Tasch, K., Schwarz, J., Gertel, W.H., Konjarczyk, M., Albus, M. (1994): D2-dopmaine receptor occupancy differs between patients with and without extrapyramidal side effects. Acta psychiatr. Scand. 90: 266-268

Schiepek, G. (1986): Systemische Diagnostik in der klinischen Psychologie. Beltz, Weinheim

Schiepek, G. (Hrsg) (1987): Systeme erkennen Systeme. Psychologie-Verlags-Union, Weinheim.

Schiepek, G. (1991): Systemtheorie der klinischen Psychologie. Vieweg, Braunschweig

Schiepek, G. (1992): Zum Selbstverständnis Ökologischer Psychiatrie im Kontext der Postmoderne. In: Andresen, B., Stark, F.-M.,Gross, J. (Hrsg): Mench-Psychiatrie-Umwelt. Psychiatrie Verlag, Bonn, S. 47-69

Schiepek, G., Schoppek, W., Tretter, F. (1992): Synergetics in psychiatry - simulation of evolutionary patterns of schizophrenia on the basis of nonlinear difference equations. In: Tschacher, W., Schiepek, G., Brunner, E.J. (Hrsg): Self organization and clinical psychology. Springer, Berlin, S. 163-194

Schipperges, H. (1978): Medizin und Umwelt. Hütter, Heidelberg

Schipperges, H., Vescovic, G., Gene, B., Schlemmer, J. (1988): Die Regelkreise der Lebensführung. Deutscher Ärzteverlag, Köln

Schiriwan, K.P. (Hrsg) (1974): Comparative urban structure. Heath & Co, London

Schleiffer, R. (1981): Wahn und Sinn. Systemtheoretische Überlegungen zum Wahnproblem. Nervenarzt 52: 516-521

Schleiffer, R. (1989): Überlegungen zu einer systemtheoretischen Psychopathologie. In: Du Bois, R. (Hrsg): Praxis und Umfeld der Kinder- und Jugendpsychiatrie, S. 16-26

Schmidbauer, W. (1981): Suchtgefahren vorprogrammiert? Gesellschaftliche Ursachen süchtigen Verhaltens. In: Furian, M. (Hrsg): Ursachenorientierte Prophylaxe süchtigen Verhaltens. Heidelberg , S. 24-34

Schmid, G. (1992): Sucht-"Krankheit" und/oder Sucht(t)-Kompetenzen - Lösungsorientierte systemische Therapiekonzepte für eine gleichrangig-partnerschaftliche Umgestaltung von „Sucht" in Beziehungs- und Lebensressourcen. In: Richelshagen, K. (Hrsg): Süchte und Systeme. Lambertus, Freiburg, S. 27-71

Schmidke, H. (1981): Lehrbuch der Ergonomie. Hanser, München

Schmidt, R.F., Thews, G. (Hrsg) (1990): Physiologie des Menschen. Springer, Berlin

Schmitt, W. (Hrsg) (1986): Systemtheorie und Psychiatrie. Reihe Janssen-Symposien, Janssen, Neuss

Schneider, R.(1982): Grundlagen für die Verhaltenstherapie der Abhängigkeit. In: Schneider, R. (Hrsg): Stationäre Behandlung von Alkoholabhängigen. Höttger, München, S. 1-52

Schneider, R. (1985): Suchtverhalten aus lerntheoretischer und verhaltenstheoretischer Sicht. In: Deutsche Hauptstelle gegen die Suchtgefahren. (Hrsg.): Süchtiges Verhalten. Hoheneck. Hamm, S. 48-65

Schneewind, K.A. (Hrsg) (1977): Wissenschaftstheoretische Grundlagen der Psychologie. UTB, München

Schönpflug, W. (1977) : System Mensch. Klett, Stuttgart

Schramm, E. (Hrsg) (1984): Ökologie-Lesebuch. Fischer Alternativ, Frankfurt

Schreyögg, A. (1991): Supervision. Jungfermann, Bonn

Schulze, G. (1992): Die Erlebnisgesellschaft. Suhrkamp, Frankfurt

Schuster, H.G. (1988): Deterministic Chaos. VCH, Weinheim

Schuster, P. (1992): Four-Ever-Die. Geschichte der Beatles. Belser, Stuttgart

Schwegler, H., An der Heiden, U., Tretter, F. (1991): Die Mathematik des Trinkers im „Kleinen Prinzen". Vortrag, Diskussion und Nachlese der Tagung „Sucht systemisch betrachtet", Werner-Reimers-Stiftung, November 1991, Bad Homburg

tionsfiguren im Umgang mit Alkoholikern. In: Andresen, B., Stark, F.M., Gross, J. (Hrsg): Psychiatrie und Zivilisation. Humanistische Psychologie, Köln, S. 213-228
Seiffert, H. (1983): Einführung in die Wissenschaftstheorie. 3 Bde., Beck, München
Seiffert, H., Radnitzky, G. (Hrsg.) (1992): Handlexikon der Wissenschaftsthorie. DTV, München
Selvini Palazzoli, M., Anolli, L., DiBlasio, P., Giossi, L., Pisano, J., Ricci, C., Sacchi, M., Uganzio, V. (1984): Hinter den Kulissen der Organisation. Klett-Cotta, StuttgartShapiro, H. (1989): Drugs & Rock'n Roll - Rauschgift und Popmusik. Hannibal, Wien
Shapiro, H. (1989): Drugs & Rock'n Roll - Rauschgift und Popmusik. Hannibal, Wien
Shepherd (1994): Neurobiology. Oxford Univ. Press, New York
Shippenberg, T.S. (1992): Neurobiologie der Sucht. Vortrag, Systemwissenschaft und Medizin. Workshop, Werner Reimers Stiftung, Bad Homburg 1991, Bad Homburg
Simon, F. (1988): Unterschiede, die Unterschiede ausmachen. Springer, Berlin
Simon, F.B., Stierlin, H. (1984): Die Sprache der Familientherapie. Klett, Stuttgart.
Simonis, U.E. (Hrsg) (1991): Ökonomie und Ökologie. Muller, Karlsruhe
Singer, W. (1990): Search for Coherence: a basic principle of cortical self-organization. Neuroscience 1:1-26
Smith, M.P. (1979). The city and social theory. St. Martin´s Press, New York
Smith, M.P., Feagin, J.R. (Hrsg) (1987): The capitalist city. Blackwell, Cambridge: Mass Sommer 1967
Soyka, M. (Hrsg) (1996): Acamprosate in Relapse Prevevention of Alcoholism. Springer, Berlin
Specht, O. (1988): System Heilpädagogik. Reinhardt, München
Spitzer, M. (1990): Ein Beitrag zum Wahnproblem. Nervenarzt 60: 95-101
Stachowiak, H. (Hrsg.) (1986, 1987, 1993): Pragmatik. 5 Bde., Meiner, Hamburg
Staley, S. (1993): Drug policy and the decline of american cities. Transaction Publishers, New Brunswick.
Stanton, M.D. (1979): Drugs and the family. Marriage and Family Review 2: 1-10
Statistisches Bundesamt (Hrsg) (1993a): Länderbericht 1993 für die Bundesrepublik Deutschland. Metzler/Poeschel, Wiesbaden
Statistisches Bundesamt (Hrsg) (1993b): Statistisches Jahrbuch 1993 für die Bundesrepublik Deutschland. Metzler/Poeschel, Wiesbaden
Steffan (1995): Rolling Stones. Edition Steffan, Köln
Stegmüller, W. (1969-1986): Probleme und Resultate der Wissenschaftstheorie und analytischen Philosophie. 4 Bde., Springer, Berlin
Steiner, D., Nauser, M. (Hrsg) (1993): Human ecology - fragments of anti-fragmentary views of the world. Routledge, London
Stern (1995): Die Rolling Stones Story. Nr. 25
Stevens, C.F. (1988): Die Nervenzelle. Spektrum der Wissenschaft: Gehirn und Nervensystem. Spektrum Verlag, Heidelberg, S 3-14
Steward, J.H. (1955): Theory of cultural change. Univ. of Illinois Press, Urbana
Stokols, D., Altmann, I. (Hrsg) (1987): Handbook of Environmental Psychology, 2 Bde., Wiley, New York
Stolleis, M. (1981): Von dem grewlichen Laster der Trunkenheit- Trinkverbote im 16. und 17. Jahrhundert. In: Völger et al. (Hrsg.): Rausch und Realität. Rautenstrauch-Jost-Museum, Köln, S. 98-105
Straus, L. (1967): Strukturale Anthropologie. Suhrkamp, Frankfurt
Straus, L. (1981): Die elementaren Strukturen der Verwandtschaft. Suhrkamp, Frankfurt
Strohmeyer, K.P. (1983): Quartier und soziale Netzwerke. Campus, Frankfurt

Täschner, K.-L. (1986): Das Cannabisproblem - Haschisch und seine Wirkungen. Deutscher Ärzte-Verlag, Köln
Täschner, K.-L., Richtberg, W. (1982): Kokain-Peport. Akademische Verlagsgesellschaft, Wiesbaden
Tempo (1993): David Bowie, April: S. 22-30
Titzmann, M. (1977): Strukturale Textanalyse. Fink, München
Toates, F.M. (1975): Control theory in biology and experimental psychology. Hutchinson, London
Trappl, R., Klir, J., Pichler, F. (Hrsg) (1982): Progress in Cybernetics and systems research. Bd. 3, Mc Graw Hill, New York
Tretter, F. (1974): Die kortikalen Detektoren des visuellen Systems. Diss. Univ. Wien
Tretter, F. (1976): Integrale Humanökologie - Synopsis von Human- und Umweltwissenschaften. In: Humanökologische Blätter 3: 89-125
Tretter, F. (1977): Was bedeutet Umwelt ? Humanökologische Blätter 6: 93-111.
Tretter, F. (1978): Medizinsystem und Umwelt. Diss. Universität München
Tretter, F. (1979) : Cybernetics - a revised conception and its relevance for theoretical human ecology. In: Knötig, H. (Hrsg): Proceedings of the second international meeting on human ecology. Vienna 1977, St. Saphorin Georgi, S. 209-232
Tretter, F. (1982): On the development and multidisciplinary relevance of a qualitative analytical systems technology for biology, psychology and sociology. In: Trappl, R., Klir, J., Pichler, F. (Hrsg) (1982): Progress in Cybernetics and systems research. Bd. 3, Mc Graw Hill, New York, S. 179-184
Tretter, F. (1983): Filmgenie Fassbinder: Kreativität durch Drogen? Deutsches Ärzteblatt 22: 52-58 u. 23: 56-59
Tretter, F. (1985): Die Sehnsucht der Veronika Voss - ein Film zur Sucht oder für Cineasten? In: Wulf, H. J. (Hrsg.): Filmbeschreibungen. MaKS Münster, Münster, S. 173-195.
Tretter, F. (1986): Umwelt und Gesundheit: Ansätze einer ökologischen Medizin. Deutsches Ärzteblatt 17: 1192-1196
Tretter, F. (1987) : Perspektiven einer psychiatrischen Ökologie der Sucht. In: Dörner, K. (Hrsg.): Neue Praxis braucht neue Theorie. Van Hoddis, Gütersloh, S. 144-171
Tretter, F. (1988a): Systemwissenschaft in der Medizin - Begriffe, Methoden, Modelle, System Familie 1: 199 - 201
Tretter, F. (1988b): Humanökologie. Psychosozial 35: 22-29
Tretter, F. (1988c): Altern, Umwelt und Gesundheit ganzheitlich betrachtet - Wege zu einer ökologisch-systemischen Perspektive in der geriatrischen Praxis. Psychosozial 35: 97-102
Tretter, F. (1989a): Systemwissenschaft in der Medizin. Deutsches Ärzteblatt 43: 3198-3209
Tretter, F. (1989b): Grundprobleme des Begriffs „Umwelt". In: Natur- und Ganzheitsmedizin 7: 193-201
Tretter, F. (1989c): Humanökologische Medizin. In: Glaeser, B. (Hrsg): Humanökologie. Westdeutscher Verlag, Oplanden
Tretter, F. (1990): Systemische und ökologische Konzepte - Konsequenzen für Forschung und Praxis in der Suchtkrankenhilfe. Suchtgefahren 36: 43-48
Tretter, F. (1989): Zur Psychopathometrie des Delirium tremens – Evaluation eines Fragebogens; Diss. Medizin. Fak. Univ. München
Tretter, F. (1992a): Wissenschaftstheoretische Probleme der Umweltmedizin. Deutsches Ärzteblatt 1/2A: 31-32
Tretter, F. (1992b): Zur sozialen und kulturellen Ökologie der Drogenepidemie. In: Glaeser, B., Teherani-Krönner, P. (Hrsg): Humanökologie und Kulturökologie. Westdeutscher Ver-

B., Teherani-Krönner, P. (Hrsg): Humanökologie und Kulturökologie. Westdeutscher Verlag, Opladen, S. 406-422

Tretter, F. (1993a): Skizze einer systemischen Psychopathologie. In: Tretter, F., Goldhorn, F. (Hrsg.): Computer in der Psychiatrie. Asanger, Heidelberg, S. 355-393

Tretter, F. (1993b): Skizze einer „Ökologie der Person" als Denkrahmen der Psychiatrie. Forum für interdisziplinäre Forschung. 10: 21-47

Tretter, F. (1994a): Ökologisch-systemische Denkansätze als wissenschaftliche Basis einer ganzheitlichen Perspektive in der Medizin. Der Deutsche Apotheker 5:120-128

Tretter, F. (1994b): Skizze einer „Humanökologie der Sucht". In: Landesstelle gegen die Suchtgefahren Baden Würtemberg (Hrsg): Sucht und Umwelt. Neuland, Buchholz, S. 86-111

Tretter, F. (1994c): Psychosoziale Aspekte der Entzugstherapie. In: Tretter, F., Bussello-Spieth, S., Bender, W. (Hrsg): Therapie von Entzugssyndromen. Springer, Berlin, S. 47-62

Tretter, F. (1994d): Sehnsucht als Basis von Abhängigkeitskrankheiten: Evidenzen aus Kunst und Literatur. In: Heuser, M., Hinterhuber, H., Kühne, G.E., Pöldinger, W. (Hrsg): Sehnsucht. VIP-Verlag, Innsbruck

Tretter, F. (1995a): How to understand the „feeling" of heroin addicts? Curare 1/2:405-408

Tretter, F. (1995b): The Social Ecology of the Drug Problem. In: Wright, S., Borden, R., Bubolz, M., Hens, L., Taylor, J., Webler, T., Meeker, D., Griffore, R. (Hrsg): Human Ecology - progress through integrative perspectives. Society for Human Ecology, Bar Harbour, S. 338-356

Tretter, F. (1996): Umweltmedizin: Beschreibungen sind derzeit wichtiger als Erklärungen. Deutsches Ärzteblatt 93, 34-35: A2136-A2139

Tretter, F. (1997): Humanökologie und Gesundheitsförderung. Hazard, B. (Hrsg):(in Druck): Humanökologie und Gesundheitsförderung. Westdeutscher Verlag, Opladen

Tretter, F., Schmid, J. (1979): On the development of a new conception of social ecology, In: Knötig, H. (Hrsg): Proceedings of the second international meeting on human ecology, Vienna 1977, St. Saphorin, Georgi, S. 233-242

Tretter, F., Kolitzus, H., Wille, R. (Hrsg) (1983): Sucht im Film. Sonderheft Medien 4/5

Tretter, F., Küfner, H. (1992): Netzwerke der Sucht. Psycho, Supplement 1/1992:2-10

Tretter, F., Bender, W. (Hrsg) (1995): Kunsttherapie in der Psychiatrie. Richter, Köln

Tschacher, W., Schiepek, G., Brunner, E.J. (Hrsg): Self organization and clinical psychology. Springer, Berlin

Tretter, F., Lehmann, A., Aurin, O., Merfert-Diete, C., Schneider, K. (1989): Sucht und Literatur. Lambertus, Freiburg

Uchtenhagen, A., Zimmer-Höfler, D. (1982): Heroinabhängige und ihre „normalen" Altersgenossen. Huber, Bern

Uexküll, J.von, Kriszat, G. (1970): Streifzüge durch die Umwelten von Tieren und Menschen. Fischer, Frankfurt

Uexküll, Th. v. (1985): Lehrbuch der psychosomatischen Medizin. Urban und Schwarzenberg, München

Uexküll, Th. v., Wesiack, W. (1988): Theorie der Humanmedizin. Urban u. Schwarzenberg, München

Ulrich, H., Probst, G.J.B. (1988): Anleitung zum ganzheitlichen Denken. Haupt, Bern

Vaillant, G.E. (1983): The natural history of alcoholism. Harvard Univ. Press, Cambridge/ Mass

van Praag, H.M. (1991): Classification of depression: from biology to functional psychopathology. In: Racagni, G., Brunello, N., Fukada, T. (Hrsg): Biological psychiatry, Bd.1, Excerpta Medica, Amsterdam, S. 23-27

Vester, F. (1980): Neuland des Denkens. DTV, Stuttgart
Vester, F. (1983): Ballungsgebiete in der Krise. DTV, München
Vetter, H.R. (Hrsg) (1991): Muster moderner Lebensführung. Deutsches Jugendinstitut, München
Villiez, T. (1986): Sucht und Familie. Springer, Heidelberg
Völger, G., Welck, K. v., Legnaro, A. (Hrsg) ( 1981): Rausch und Realität - Drogen im Kulturvergleich. Rautenstrauch-Jost-Museum, Köln
Vogt, I. (1981): Alkoholkonsum, Industrialisierung und Klassenkonfklikte. In: Völger et al. (Hrsg.): Rausch und Realität. Rautenstrauch-Jost-Museum, Köln, S. 112-117
Vogt, R. (1983): Systemwissenschaften. Haagen-Herden, Frankfurt
Volpert, W. (Hrsg) (1981): Beiträge zur psychologischen Handlungstheorie. Huber, Bern
Volpert, W. (1983): Das Modell der hierarchisch-sequentiellen Handlungsorganisation. In: Hacker, W., Cranach, M.v. (Hrsg): Kognitive und motivationale Aspekte der Handlung. Huber, Bern, S. 38-58
Voss, G.G. (1991): Lebensführung als Arbeit. Enke, Stuttgart

Walther, E. (1981): Kulturhistorisch-ethnolgischer Abriß über den Gebrauch von Tabak. In: Völger et al. (Hrsg.): Rausch und Realität. Rautenstrauch-Jost-Museum, Köln, S. 208-215
Wanke, K. (1985): Normal - abhängig - süchtig: Zur Klärung des Suchtbegriffs. In: Deutsche Hauptstelle gegen die Suchtgefahren (Hrsg), S. 11-22
Wanke, K. (1987): Zur Psychologie der Sucht. Neuland, Hoheneck In: Kisker, K.P., Lauter, H., Meyer, J.E, Müller, C., Strömgren, E. (Hrsg): Abhängigkeit und Sucht. Psychiatrie der Gegenwart, Springer, Berlin, S. 19-52
Wanke, K., Täschner, K.-L. (1985): Rauschmittel. Drogen - Medikamente - Alkohol. Enke, Stuttgart
Watzlawick, P., Beavin, J.H., Jackson, D.D. (1971): Menschliche Kommunikation. Huber, Bern
Watzlawick, P. (Hrsg) (1985): Die erfundene Wirklichkeit. Piper, München
Watzlawik, P. (Hrsg) (1991): Die erfundene Wirklichkeit. Piper, München
Weber, M. (1958): The city. Free Press, Glencoe (Ill.)
Weber, M. (1979): Die protestantische Ethik I. Mohr, Gütersloh
Weichhart, P. (1979): Remarks on the term „environment". Geo Journal 3(6):523-531
Weichhart, P. (1989): Die Rezeption des humanökologischen Paradigmas. In: Glaeser, B. (Hrsg): Humanökologie - Grundlagenpräventiver Umweltpolitik. Westdeutscher Verlag, Opladen, S. 46-56
Weichhart, P. (1990): Raumbezogene Identität. Steiner, Stuttgart
Welsch, W. (Hrsg.) (1986): Wege aus der Moderne. VHC, Weinheim
Welter-Enderlin, R. (1992): Alkoholismus und Familie. In: Osterhold, G., Molter, H. (Hrsg): Systemische Suchttherapie. Asanger, Heidelberg, S. 13-28
Welter, R. (1986): Diagnose und Therapie von Demenz aus umweltpsychologischer Sicht. Schweizerische Ärztezeitung 18: 841 -844
Welz, R. (1983): Drogen, Alkohol und Suizid. Enke, Stuttgart
Welz, R. (1987): Epidemiologie des Drogenmißbrauchs. In: Kisker, K.P., Lauter, H., Heyer, J.E., Müller, C., Strömgen, E. (Hrsg.): Psychiatrie der Gegenwart, Bd. 3: Abhängigkeit und Sucht. Springer, Berlin, S. 105- 125
Wendt, W.R. (1982): Ökologie und soziale Arbeit. Enke, Stuttgart
Wendt, W.R. (1986): Die ökosoziale Aufgabe: Haushalten im Lebenszusammenhang. In: Mühlum et al. (Hrsg): Umwelt-Lebenswelt: Beiträge zur Theorie und Praxis ökosozialer Arbeit. Diesterweg, Frankfurt, S. 7-84

Wendt, W.R. (1987): Zur Ökologie des sozialen Handelns. In: Dörner, K. (Hrsg): Neue Praxis braucht neue Theorie. Van Hoddis, Gütersloh, S. 26-45

Wendt, W.R. (1992): Die Lebenwelt: kränkend und heilend - eine ökosoziale Übersicht. In: Andresen, B., Stark, F.-M., Gross, J. (Hrsg.): Mensch-Psychiatrie-Umwelt. Psychiatrie Verlag, Bonn, S. 89-110

WHO (1995): The economics of alcohol policy. WHO Regional Publications, European Series No. 61, Copenhagen

Wicke, L. (1982): Umweltökonomie. Vahlen, München

Wicke, L. (1986): Die ökologischen Milliarden. Kösel, München

Wiedl, K.H. (Hrsg) (1986): Rehabilitationspsychologie. Kohlhammer, Stuttgart

Wiedl, K.H., Schöttke, H. (1988): Die Evaluation von Veränderungen der Stationsumwelt in einem Landeskrankenhaus. In: Böker, F., Weig, W. (Hrsg): Aktuelle Kernfragen in der Psychiatrie. Springer, Berlin, S. 330-339

Wiener, N. (1948): Cybernetics. MIT press, Cambridge, Mass.

Willi, J. (Hrsg) (1988): Psychoökologie. Psychosozial 35

Willi, J. (1996): Ökologische Psychotherapie. Hogrefe, Göttingen

Willke, H. (1982): Systemtheorie. UTB, München

Wilson, P.N. (1988): Unterwegs zu einer Ökologie der Klänge. Melos 4: 33-55

Winter, I., Mack, J. (1988): Herausforderung Stadt - Aspekte einer Humanökologie. Ullstein, Frankfurt

Wirth, L. (1964): On cities and social life. University of Chicago Press, Chicago

Wittgenstein, L. (1984): Werkausgabe. 8 Bde. Suhrkamp, Frankfurt

Wohlgenannt, R. (1969): Was ist Wissenschaft? Vieweg, Braunschweig

Wunsch, G. (1985): Geschichte der Systemtheorie. Oldenbourg, München

Wurmser, L. (1987): Flucht vor dem Gewissen. Springer, Berlin

Young, G.L. (1983): Origins of human ecology. Hutchinson, Stroudsburg

Zapf, W. et al. (1987): Individualisierung und Sicherheit. Untersuchungen zur Lebensqualität in der Bundesrepublik Deutschland. Schriften des Bundeskanzleramtes. München

Zeigler, B.P. (1985): Theory of modelling and simulation. Kreiger, Matabar

Zerbin-Rüdin, E. (1985): Allgemeine humangenetische Gesichtspunkte der Sucht. In: Keup (Hrsg): Biologie der Sucht. Springer, Heidelberg, S. 1-14

v. Zerssen, D. (1980): Psychopathometrische Verfahren und ihre Anwendungen in der Psychiatrie. In: Peters, H.U. (Hrsg): Psychologie des 20. Jahrhunderts, Bd. X, Psychiatrie. Kindler, München, S. 149-169

Zubin, J., Spring, B. (1977): Vulnerability - a new view of schizophrenia. Journ. abn. Psychol., Bd. 86, 2: 103-126

Zutt, J. (1958): Zur Anthropologie der Sucht. Nervenarzt 10: 439-445

# Klinische Psychologie

Rainer Sachse
## Persönlichkeitsstörungen
*Psychotherapie dysfunktionaler Interaktionsstile*
1997, 268 Seiten, DM 59,–/sFr. 51,–/öS 431,–
ISBN 3-8017-1079-3

Klienten mit Persönlichkeitsstörungen gelten therapeutisch als schwierig, weil sie ihre problematischen Interaktionsstile auch im Therapieprozeß realisieren und dadurch eine konstruktive Bearbeitung anderer Inhalte verhindern. Das in diesem Buch vorgestellte psychologische Erklärungsmodell soll dazu dienen, das zum Teil schwer verständliche, intransparente, paradoxe Handeln von Personen mit Persönlichkeitsstörungen verständlich zu machen. Das Buch beschreibt praxisnah konkrete Vorgehensweisen für zahlreiche schwierige therapeutische Situationen.

Hans Watzl / Brigitte Rockstroh (Hrsg.)
## Abhängigkeit und Mißbrauch von Alkohol und Drogen
1997, VIII/288 Seiten, DM 59,–/sFr. 51,–/öS 431,–
ISBN 3-8017-0992-2

Ziel des Bandes ist die Vermittlung aktueller Entwicklungen, Methoden und Erkenntnisse bei der Untersuchung von Alkohol- und Drogenabhängigkeit oder -mißbrauch. Die Autoren befassen sich u.a. mit Aspekten der Behandlung von Drogenmißbrauch und -abhängigkeit sowie mit diagnostischen Methoden und deren Ergebnissen. In weiteren Kapiteln werden Untersuchungen über Mechanismen der Entstehung von Mißbrauch und Abhängigkeit dargestellt und über alkoholbedingte Entwicklungsstörungen bei Kindern berichtet.

Dieter Schmelzer
## Verhaltenstherapeutische Supervision
*Theorie und Praxis*
1997, XIV/507 Seiten, DM 69,–/sFr. 60,–/öS 504,–
ISBN 3-8017-1067-X

Das Buch beschreibt Theorie und Praxis der verhaltenstherapeutischen Supervision. Nach einer Erörterung der theoretischen Grundlagen verhaltenstherapeutischer Supervision, wird als Resultat dieser Vorüberlegungen ein Mehrebenen-Prozeßmodell für die Supervisionspraxis dargestellt. Mit dessen Hilfe wird ein systematisches Bearbeiten von Supervisionsanliegen in den einzelnen Sitzungen möglich. Das Buch schließt mit praktischen Anregungen und Hilfsmitteln für die Therapieausbildung und Supervision sowie einem alphabetischen Glossar wichtiger Methoden im Rahmen der Selbstmanagement-Supervision.

Sigrun Schmidt-Traub
## Panikstörung und Agoraphobie
*Kurzzeitbehandlung in kombinierter Gruppen- und Einzeltherapie (Therapeutische Praxis)*
1997, 181 Seiten, DM 44,80/sFr. 40,30/öS 327,–
ISBN 3-8017-1061-0

In diesem Buch wird ein therapeutischer Leitfaden für eine Kurzzeit-Behandlung von Angstpatienten vorgestellt. Das verhaltenstherapeutische Vorgehen beinhaltet konfrontative und edukative sowie andere kognitive Maßnahmen. Entspannungstrainings, die Schulung der Fertigkeiten in Kommunikation und Streßmanagement, die motivierende Kraft der Gruppe und das Lernen am sozialen Modell sind weitere Elemente des Angstbehandlungsprogramms. Neben ausführlichen Hinweisen für den Therapeuten enthält das Buch zahlreiche, leicht verständliche Informationsmaterialien für Patienten.

 **Hogrefe - Verlag für Psychologie**
Rohnsweg 25, 37085 Göttingen • Tel. 0551/49609-0 • http://www.hogrefe.de

- Aktuell
- Praxisorientiert
- Klare Struktur und Gliederung

Herwig Scholz

# Syndrombezogene Alkoholismustherapie

Ein verlaufsorientierter Stufenplan für die Praxis
*1996, 206 Seiten, DM 49,80 / sFr. 49,80 / öS 364,–*
ISBN 3-8017-0811-X

Das Buch stellt die diagnostischen und therapeutischen Aufgaben bei der Behandlung Alkoholkranker vor:

- Neuartig ist die direkte verlaufsorientierte Anpassung der einzelnen Behandlungsschritte an die konkreten, in der Abstinenzzeit zu erwartenden Krisen und Rückfallfaktoren.

- Grundlage dafür ist ein Bewertungsschema zur Erfassung und Verlaufsbeobachtung der konkreten Abhängigkeitsvariante einschließlich ihrer psychischen, körperlichen und familiär-sozialen Komponenten.

- Schwerpunkte werden vor allem auf die Motivationsarbeit, den Umgang mit konkreten Abwehrmechanismen sowie die individuelle Therapieplanung gelegt.

- Für Praxisnähe und für eine anschauliche Zusammenfassung sorgt ein komprimierter Stufenplan aller notwendigen diagnostischen und therapeutischen Maßnahmen am Ende des Buches.

Ausgehend von der grundsätzlichen Problematik der Alkoholismusdiagnostik, beschreibt der Autor zunächst das konkrete Vorgehen beim Erstkontakt und bei der weiteren Abklärung des Einzelfalls. Ausführlich wird anschließend auf mögliche Probleme während der Motivationsphase eingegangen und das therapeutische Vorgehen in der akuten Entzugsphase, Restitutionsphase, Latenzphase und Stabilisierungsphase sowie bei Alkoholrückfällen dargestellt. Einzelne Kapitel befassen sich darüber hinaus mit besonderen therapeutischen Problemen, z.B. mit Besonderheiten der Motivationsarbeit bei alkoholabhängigen Jugendlichen, Frauen und älteren Personen sowie mit therapeutischen Maßnahmen bei Alkoholabhängigkeit mit depressiver Symptomatik und mit Angststörungen.

 **Hogrefe - Verlag für Psychologie**
Rohnsweg 25, D-37085 Göttingen • Tel. 0551/49 609-0 • http://www.hogrefe.de • verlag@hogrefe.de